Habsburger Reich vor dem Ersten Weltkrieg
Grenzen vor dem Ersten Weltkrieg
Helsinki
Tallinn
ESTLAND
LETTLAND
Windau/
Ventspils
Riga
LITAUEN
Wilna
Moskau
SOWJETUNION
Bug
Warschau
Wolhynien
POLEN
Ost-
galizien
Dnjepr
Don
Dnjestr
Bug
Bessarabien
Asowsches
Meer
Krim
Kassa/Košice
Miskolc
UNGARN
RUMÄNIEN
Schwarzes Meer
Belgrad
Bukarest
Donau
Serbien
BULGARIEN
Sofia
Monte-
negro
Istanbul
(Konstantinopel)
Ankara
Tirana
ALBANIEN
TÜRKEI
GRIECHENLAND
Athen
Zypern

Michèle Minelli

Die Ruhelosen

aufbau

Michèle Minelli

Die Ruhelosen

Roman

aufbau

Mit einem Stammbaum und einer Karte
Die Stammbäume der Familien Czöke, Israël und Senigaglia finden sich auf der Rückseite des Schutzumschlags.

FSC
www.fsc.org
MIX
Papier aus verantwortungsvollen Quellen
FSC® C083411

ISBN 978-3-351-03386-6

Aufbau ist eine Marke der Aufbau Verlag GmbH & Co. KG

1. Auflage 2012

Einbandgestaltung hißmann, heilmann, hamburg
Satz LVD GmbH, Berlin
Druck und Binden CPI – Clausen & Bosse, Leck
Printed in Germany

www.aufbau-verlag.de

Für Jermaine Jerome, wieder einmal
und in dankbarer Erinnerung an O'Mama und O'Papa,
Grosmami und Grosvati

Prolog

Vor rund 150 Millionen Jahren entstanden aus besonders anpassungs- und entwicklungsfreudigen Echsen die ersten Vögel, die uns unter dem Namen Archeopteryx bekannt sind. Im Laufe ihrer abenteuerlichen Entwicklungsgeschichte lernten sie, praktisch alle Zonen unserer Erde zu bewohnen, jede nur erdenkliche Ernährungsmöglichkeit auszunützen, und konnten weit über 10 000 Arten herausbilden, von denen heute noch rund 8 500 leben, die größten drei Meter hoch und die kleinsten gerade maikäfergroß. Jede Art ein großes Wunder der Natur.

die Namenlose

Zug, 4. März 1435

An dem Abend, als die namenlose große Frau nach ungezählt vielen Tagen und Nächten der steten Wanderung, die ihre Beherztheit unter Prüfung stellte, an einem Ort ankam, an dem sie ernstlich in Erwägung zog, nicht nur Herberge, sondern auch Heim zu finden, stürzte die Welt unter ihren Füßen ein und versank.

Die Gasse roch sauber, die Häuser standen dicht bei dicht, keine Schweine in den Gräben, Vögelchen zwitscherten munter auf den Dächern, und in der Luft hing ein frischer Geruch nach See. Die namenlose große Frau blieb einen Moment stehen, lange genug, um ihre Idee abzuwägen und auch, um des Vagabunden ansichtig zu werden, der ihren Blick erhaschte, kurz nur, spöttisch wissend, der Erkennungsblick aller Heimatlosen. Festen Schrittes ging sie weiter, drehte in die nächste Gasse ab und dann in die übernächste, dem Zugersee entgegen.

Noch aus der niederen Gasse suchte die namenlose große Frau mit ihren Blicken die zitternde Spiegeloberfläche im Glast der Sonne ab, sah die steil ins Ufer gerammten hölzernen Palisadenpfähle, die Einmäster, die Flößer, die weißen und die schwarzen Vögel auf dem See, drehte sich um, betrachtete die trutzig stolzen Giebel der Häuserzeile, die Menschen, die auf und ab und ihres Weges gingen, den gelben Hund, der vor einem Hauseingang stand und wachsam schaute.

Ein plötzlicher Schwindel hinter ihrer Stirn, ihre Hand, die sich an einem Gesims abstützte. Sie horchte. Tatsächlich, kein Vogellaut mehr, nur Stille und Starre. Und während sie sich noch wunderte und staunte, flogen mit einem Male alle Wasservögel auf. Ein anschwellendes Rauschen in ihren Ohren, von dem sie nicht wusste, ob es in der Welt um sie herum auch zu hören war oder allein in ihrem Inneren, und dann, mit unvermitteltem Druck und rasender Wut, ein infernalisches Krachen, das ihren Körper erschütterte. Danach war nichts mehr, wie sie es kannte.

Als sich der See aufbäumte, sanken bereits die Häuser in sich zusammen wie müde Fassaden aus Tuch, und das Kopfüberbild des Vagabunden auf ihrer Netzhaut wurde in dem Moment ausgelöscht, als eine dicke Staubwolke über sie hinwegwalzte, die dem Auge nichts mehr sichtbar ließ, außer dem leeren Platz, der da prangte, wo der Mann einen Herzschlag zuvor noch gestanden hatte.

Die namenlose große Frau machte einen Satz irgendwohin und dann noch einen und noch einen, floh Satz für Satz, schürfte sich an etwas Hartem auf, sprang in wildem Schrecken rückwärts und weg vom berstenden Gebälk, weg vom Boden, der unter ihren Füßen abrutschte, und weg von der Doppelhäuserzeile, die in sich zusammenfiel und in tosendem Weh in den Fluten unterging. Ein regloser Körper tauchte aus den Wassermassen auf; so einfach stirbt ein Mensch, dachte die Frau. Eine Katze schrie um ihre Jungen, die im ersten Stock eines aufgerissenen Hauses übereinanderpurzelten, und weiter war da in ihrem Schlafgemach ein Weib, das sich hektisch an den Haaren zog und schrie und stöhnte, und die Namenlose nahm ziellos Satz für Satz für Satz für Satz und kletterte irgendwohin, egal wohin, nur fort von dieser Vorspiegelung von Ankunft und Heim. Sie würde ein andermal wiederkommen müssen, wenn überhaupt.

Was man von ihr noch hätte sehen können, hätte man ihr nachgeschaut, wie sie da mit mächtigen Schritten über die

Felder rannte, war ein kupferner Widerschein, ihr langes goldrotes Haar, das den Weg für sie, und nur für sie, erleuchtete.

Teil 1
Instinkte. 1855–1860

Ist es eine Ahnung des kommenden Frühlings, welche die Vögel noch tief im eisigen Winter bunt werden lässt? Die sie schmückt mit Federn und Farben von berückendem Zauber? Auch wenn es das nicht ist, auch wenn wir heute diese Ahnung, diese Sehnsucht so nüchtern hormonproduzierende Hypophyse nennen – es ist dennoch ein Wunder!

der Haarteilmacher

Kassa, 1859

Man könnte ihn drehen und wenden, schütteln und knüppeln, man könnte ihn auf den Kopf stellen, in ein Fass stecken, den hohen Hügel hinab und in den Hornád rollen und ihn dort ersäufen, man könnte ihn schlagen und plagen und foltern, es würde doch nichts aus ihm herauszubekommen sein, sein Lebtag nicht, nicht, solange er noch ein Restchen Stolz in sich hatte, und den hatte er doch, sich doch aufbauen können diese letzten paar Jahre über, auch wenn er erst dreiundzwanzig war, sein Stolz reichte für dreißig, und dieses bisschen Sicherheit, das er sich damit erobert hatte, dieses Fleckchen Land, das wie abgemessenes Leder unter seine Fußsohlen passte, gleichviel, wohin er seine Schritte lenkte, würde er sich nicht wieder abpressen lassen, durch nichts und niemanden; zu einem Geständnis war er nicht bereit.

Er ließ sich nichts anmerken, so dachte er zumindest, als er die Ribartierspangen etwas fester anklemmte, aber der Gummibügel streifte wohl doch spürbar unsorgfältig über die hohe Stirn der Dame, die unter seinen sonst so geübten Händen nun ein erstes und ernstzunehmendes Mal aufstöhnte. »Franta, was machst du denn? Du bringst mich ja um!« Er lächelte kläglich. »Magst du mich etwa nicht mehr leiden, František Schön?«

Sie spielte mit ihm wie eine ihrer unzähligen Katzen mit der Maus, das mochte er nicht, seine Lippen blieben verschlossen. Er konnte es jetzt gar nicht gebrauchen, dass seine Finger zu transpirieren begannen. Rasch wandte er sich seinem

Instrumentenkasten zu, hantierte mit dem Klebtaffet herum, den er als Unterlage bei der Toupetklebestelle verwenden wollte. Die alte Dame langte nun ihrerseits nach seinen gesammelten Gütern, den wunderlichen Artefakten und zauberhaften Materialien, linkisch, gespielt ungekonnt, und griff schließlich leicht schnaubend, als ob sie soeben eine ungeheure Anstrengung hinter sich gebracht hätte, nach der Holzschachtel mit dem Asiatenhaar, aus dem František Schön so herrliche Modeposticћes aller Art anzufertigen wusste. Er war ein Künstler, nur benahm er sich nicht so, sie fand sogar, er war viel zu scheu, und ein bisschen Frivolität hätte ihm gut angestanden, immerhin war er einer der wenigen, der sich in ihre Gemächer allein vorwagen durfte. Zumal zu einem Zeitpunkt, zu dem sie noch nicht hergerichtet war.

»Für wen hast du diesen hübschen Zopf gekordelt?«

»Für Sie, Gräfin. Ausschließlich für Sie.«

Mehr war aus ihm nicht herauszubekommen. Dieses »Ausschließlich für Sie« war das Tüpfelchen auf dem i, der Höhepunkt aller Gefühle; das bisschen Schall und Rauch einer jeden Zaubernummer, das noch in der Luft hängen bleibt, wenn der Artist die Bühne längst verlassen hat, wie der Beweis für ein eingelöstes Versprechen – die alte Hausherrin seufzte und gab endlich Ruhe.

Er wäre ein schöner Schafskopf gewesen, hätte er ihr gegenüber etwas zugegeben. Nun wieder in der gewohnten Sicherheit, die die Stille für ihn bedeutete, befestigte der Perückenmacher die fertige Montur auf den kahlen und auf den spärlich behaarten Stellen. Für ihn hatte es nichts mit Schönheit oder Hässlichkeit zu tun, dass seine Dienstherrin, Gräfin Csöke, eine Halbglatze hatte, darin unterschied sich ihr Kopf nur wenig von dem Holzkopf, den er nach ihren Maßen angefertigt hatte. Sämtliche Haarteile und aufgenähten Tressen für ihre Halbperücke fanden zuerst an diesem Holzkopfmodell Halt. An ihm erprobte er die teuren Chinahaare, die veredelten, gebleichten und gewellten Indohaare, die Federn und die Bänder, den Baumwolltüll. Und wenn er sich dann schließlich an ihr, der lebenden Person, zu schaffen machte und ihr Äußeres in Schwung brachte, so war das für ihn jedes Mal nur der gerechte Lohn für seine Anstrengung: das Bild einer gemachten Frau dank modisch perfekter Frisurenlinie. Es war für ihn ganz einfach nur folgerichtig, dass die Damen zu Hofe, die Freundinnen der Gräfin Csöke, ihre Herzallerliebsten, Gnädigsten, ihre Schwägerinnen, Basen und Nichten, unter seinen Fingern zum Maximum ihrer Anlagen fanden. Freilich, zuweilen waren diese Anlagen doch recht dürftig, vielleicht weil sich viele so fürchterlich und heimlich grämten über ihr Nichtstun, und Nichtstun war František Schön ein Gräuel. Aber dennoch, sie wurden durch sein Werk zum bestmöglichen Vorzeigeobjekt, und mehr waren sie ja auch nicht, oder?

Nein, sie alle nicht. Die da in ihrer Phantasie Leidenschaften ausbrüteten, die sie nicht einmal der besten Freundin hinter vorgehaltener Hand ins Ohr zu flüstern gewagt hätten und von denen ihre Ehemänner ganz bestimmt nicht die geringste Ahnung hatten. Das wusste er schon, er spürte es an ihren anzüglichen Blicken, den mehrdeutigen Bemerkungen, den Föppeleien, die er dann und wann über sich ergehen lassen musste, speziell, wenn die eine Dame die andere in seiner Gesellschaft antraf. Aber dafür konnte er nichts. Er hatte sie nicht ermuntert, er war nicht an ihnen interessiert. Nicht an ihnen als Figuren, als Frauen, menschlichen Wesen von Verstand gar, das, woran er tatsächlich ab und zu eine gewisse Freude hatte, und das merkten die Damen nicht zu selten und gaben ihm auch gerne neuen Stoff, ebendiese Freude zu nähren, war ihre Ausgefallenheit! Ihre Gefallsucht, ihr Geltungsdrang, mit immer wieder überraschenden und noch unglaublicheren Haarteilen die Aufmerksamkeit auf sich ziehen zu wollen. Und dadurch natürlich auch auf ihn, den etwas schmächtigen, dunklen, sanften, ach so stillen Posticheur zu Hofe. Und was sie sich nicht alles ausdachten, um ihn herauszufordern und ins Schwitzen zu bringen, das gefiel ihnen, ja, das hatte er schon gemerkt, dass sie ganz begeistert waren und ihre behandschuhten Händchen zusammenklatschten, wenn er nach Luft japste, wenn sie wieder einmal einen Spleen äußerten. Und diesen natürlich nicht als Spleen, sondern als unwiderrufbares Dekret. Als ob man ihn ansonsten den hohen Hügel hinunterrollen würde und im Hornád ertränken …

Aber sie hatten ja auch Ideen! Frische Lorbeerblätter aus Florenz, weiße Wolfshaare aus den Abruzzen, Fasanenköpfe aus der Walachei, Miniaturmarionettenfiguren aus Lemberg und glasierte Schwanenschnäbel aus Wien – was nicht noch alles wollten sie in ihre Frisuren und Perücken von ihm eingearbeitet haben! Bunte Webborten, kristallbestückte Tressen, aufgesteckte Glasperlen und schillernd eingefärbte Bürzel der Nebelkrähe am Seidenband, aber auch getrocknete und schwarz getönte Seesterne, alles war ihnen einen Versuch wert in ihrem spielerischen Wettbewerb, die andere auszubooten. Und sie freuten sich ja wirklich, wenn er ihnen den Spiegel vor die Augen hob und sie in Andacht still umrundete, Schritt für Schritt. Sein leicht vorgebeugter Gang – aufgrund einer Rachitis, die er als Kind durchlitten hatte – störte sie da wenig, im Gegenteil, das brachte ihn nur noch näher an sie heran, so dass es der einen oder anderen hin und wieder gelang, seinen Duft einzuatmen. Seinen aufreizenden Jungmännerschweiß, der ihm aus den Poren drang, und damit sein einziges großes Ärgernis über sich selbst.

Und eigentlich waren sie gar nicht so schlimm, gar nicht so etepetete, wie sie gerne vorgaben zu sein, eigentlich waren sie wie kleine Kinder, verrückt nach ihrem eigenen Spiegelbild, was hatten sie denn sonst?

Ihre Stoffe, ihre Kleider, ihre Korsetts und Mieder, diese ganzen Spangenschuhe aus Venezien und die Crefelder Seidenstrümpfe, bergeweise Tand – das alles konnte doch nicht darüber hinwegtäuschen, dass sie sich langweilten! Sie waren ihrer selbst so überdrüssig, ihrer eigenen Gedanken, die doch nie irgendwohin führten, ihrer Stickereien, mit denen sie gegen die Tristesse ins Gefecht zogen, ihrer erfolglosen Liebschaften, ihrer gewichtigen und stets abwesenden Ehemänner – denen er nur zu gerne auch eine ordentliche Frisur verpasst hätte, einen gekonnten Backenbart –, ja, überdrüssig der eigenen Gesellschaft sogar. Da war die eine wie die andere. Und auch ihre Zeitvertreibe, deren sie sich bemüßigten, die buntbemalten Brettspiele, das Puzzle, bei dem sie mittels unzähliger kleiner gestanzter Teilchen immer und immer wieder die Ländereien ihrer Männer falsch zusammenfügten und darüber lachen konnten und sich ergötzen konnten, als sei die Welt der Politik ein Spiel für Teegesellschaften! Oder dann die Gräfin Csöke selbst, die eine eigentümliche und das Maß alles Erträglichen übertreffende Katzenzucht betrieb – all diese lächerlichen Selbstbeschäftigungen waren nichts gegen einen echten Beruf! Ein Beruf nur gab einem Menschen Profil, gab ihm Selbstbewusstsein, Stand. Und er, František Schön, war Perückenmacher mit Leib und Seele. So brachte er den Damen des Adels und ihren Trabanten, den Emporkömmlingen und jenen, die in Kassa etwas auf sich hielten, Abwechslung und Zauberei ins höfische Leben.

Und damit eben auch das eine oder andere beißende Geheimnis, nach dessen Aufklärung der Gräfin Csökes Blicke verlangten. Aber da gab's nichts, da hielt er sich bedeckt.

Eine der ungezähmten Katzen, die diesen Hof so unsicher machten, sprang an seinem Bein hoch. Es war wahrscheinlich nur eine der jungen gewesen oder der greise gescheckte Kater, den offenbar gar nichts umbringen konnte, der hatte seinen eigenen Tod gewiss schon sieben Mal überlebt. František Schön wischte das Tier impulsiv und unbesehen mit dem Handrücken fort. Er hasste diese Viecher, sie waren überall, und man konnte sich nie sicher sein, ob einem nicht irgendwo eines auflauerte. Am schlimmsten war es, wenn eine der Katzen sich in die Haare einer Dame verkrallte, nur weil sie ein Seidenbändchen mit einem Mäuseschwanz verwechselte. Oder vielleicht tat sie es auch absichtlich und aus teuflischer Bosheit, wer weiß das schon zu sagen bei so einem Tier.

»Aber nicht doch! Das war doch nur Flecki!«, tadelte ihn Madame, aber da war er schon mit der Dachshaarbürste dabei, ihr den Nacken frei zu wischen, ein Ritual, auf dem sie bestand, seit sie es ihn bei ihrem Mann hatte ausführen sehen. Dass es sich dabei um das Wegwischen nicht vorhandener Rasurhaare handelte, war ihr schnurzegal, viel wichtiger war der Akt selbst, das Berührtwerden, der eine Moment der Zärtlichkeit zwischen ihnen beiden. Es war so etwas wie eine kleine Heimlichkeit, die sie eifrig hütete, wenn sonst schon nichts war, dann wenigstens dies, dass ihr Posticheur sie sanft an Hals und Nacken koste mit seinem zweifarbigen Pinsel.

Er spielte das Spiel mit und spielte es herunter. Wenn er ganz ehrlich gegen sich gewesen wäre, hätte er diesen Ort sofort verlassen. Aber was dann? Wohin dann? Und wäre es dort, wo auch immer, nicht doch wieder nur dasselbe? Die Damen reagierten nun einmal so auf ihn, er konnte es sich nicht erklären. Die kurzen Augenblicke, in denen er sich selber in einem Spiegel betrachtete, brachten ihm kein Enträtseln. Er war ein normal großer, vielleicht etwas zu dünn geratener Mann von dreiundzwanzig Jahren, mit dunkelbraunem Haar, leicht gewellt und stets ordentlich, aber, ja, er gab es gerne zu, altmodisch in seiner Konsequenz nach hinten frisiert, sein Backenbärtchen war bescheiden gehalten und sein Kleid dem Stande entsprechend dezent. Natürlich trug er die Seidenschals, die ihm die Damen schenkten, und im Winter die fellverbrämten Handschuhe aus feingegerbtem Hirschleder, den wollenen Rock, aber vieles hatte er nicht an Kleidsamem, was ihn herausstaffiert hätte; er blieb ein einfacher Perückenmacher mit einem Händchen für das Ausgefallene.

Nun ja, seine Hände, hier musste er fast lächeln, seine Hände waren schon etwas Besonderes. Kräftig und feingliedrig zugleich, mit sicheren Fingern ... Speziell wenn sie in das Haar der einen eintauchten, ihren Hals entlangglitten, ihre Wangenknochen berührten ... Er hatte lange Finger, die in perfekte Nägel ausliefen, jedes Nagelbett mit einem weißen Halbmöndchen, das die flachen, kurzgehaltenen Nägel verschönte, er hatte gleichmäßige, fast identische Fingerknöchel, die immer etwas heller waren als die Finger selbst, und er hatte blaue Adern, die sich unter der Haut erhoben und durch sie hindurchleuchteten, unterirdische Flüsse, die strömten, so dass seiner Hände Farbe je nach Lichteinfall changierte und ähnlich faszinierend anzusehen war wie Schildpatt im Sonnenlicht. Das wusste er wohl, und dieses Wissen war die einzige Eitelkeit, die er sich erlaubte.

»Gräfin«, sagte er. Das war der Moment, den all die Damen am intensivsten herbeisehnten und doch am meisten verabscheuten, war er doch beides zugleich: größte Lust und Abschied in einem. Gräfin Csöke ließ ihn ganze vier Mal den schweren geäderten Spiegel um sie herumtragen, ihr Anblick, dessen sie im Oval des Zinnamalgamblattes ihrer Poudreuse ansichtig wurde, überzeugte sie nur halb. Zumindest gab sie das vor.

»Da fehlt doch noch was, Franta, irgendein Detail, etwas,

das mich heute ganz besonders herausputzt, findest du nicht? Zeig mal her, was hast du noch für Kostbarkeiten mitgebracht?«

Geduldig und wie in einer einstudierten Zugabe holte er ein Schiffchen aus bemaltem Balsaholz mit Segeln aus fliederfarbenem Seidentaft hervor. Es maß nur etwa eine halbe Handlänge von Kiel zu Bug, und es war auch nicht besonders zart herausgeschnitzt – sein Talent für Holzbearbeitung lebte er lieber bei den Modellköpfen seiner Kundschaft aus –, aber es war recht eigenwillig und irgendwie hübsch mit seiner barbusigen Gallionsfigur, und es war auch irgendwie – »Rokoko, nicht wahr?«.

»Wenn Sie so sagen, Gräfin.«

»Gut, mach es rein.« Und so kam Gräfin Csöke zu einem weiteren Viertelstündchen, in dem die zartgliedrigen bleichen Finger des sonst eher dunklen Posticheurs in ihren Haaren zugange waren, sie hier und dort unabsichtlich streiften und unverzüglich wieder aufflogen wie hektische Vögelchen, wenn die Katze naht. Oder auch – sinnierte sie – wie die Hände eines Klavierspielers, der die Tasten nur kurz antippt und doch genau so zu größtem Überschwang treibt …, und sie, die Gräfin, war das hohle Instrument, das erschallte und den ganzen Raum für sich einzunehmen vermochte. Wie üblich sprang Gräfin Csöke dann unvermittelt auf, piepste ihr schnippisches »So« und schlug ihm zwei-, dreimal mit ihrem venezianischen Fächer auf die Hände. »Jetzt aber genug gefingert, eine Dame hat auch noch anderes zu tun, als ihrem nicht mehr ganz so blutjungen Haarteilzauberer Modell zu sitzen. Egal, wie sehr es schmerzen mag, die Sitzung ist beendet. Hopphopp, husch ab zu deinesgleichen – oder zu wem auch immer du nun huschen musst!«

Er war bereits eiligst damit befasst, seine Kapitalien zusammenzuräumen und sich rückwärts und bücklings von ihr zu verabschieden, als sie das sagte. Diese kleine Stichelei, die er zu seinem Abgang empfangen durfte, brachte ihn nicht aus der Ruhe. Es war einfach ganz und gar unmöglich, dass sie wirklich etwas wusste, und raten konnte sie, soviel sie wollte, sie käme ja doch nie ganz dahinter. Solange er nur an sich hielt, die Nerven und den Kopf behielt, seinen Mund hielt.

Beinahe wäre er über Flecki gestolpert – oder war es Schecki?, Tatzi-Fratzi?, Molli-Wolli, Mietzi-Trietzi, Pfoti, Punkti?, auf alle Fälle eines ihrer lästigen Katzi-Katzi-Viecher, und damit eben auch eine Hochheiligkeit seiner Logisgeberin. Aber sie hatte es zum Glück nicht bemerkt, sie tat sehr geschäftig an ihrer Frisierkommode herum, und er lachte einen Augenblick in sich hinein, mehr aus Erleichterung denn aus Hohn.

Man hatte ihm hier zu Hofe eine Kammer gerichtet. Eigentlich zwei, wollte man die kleine Holzwerkstatt hinten bei den Stallungen dazuzählen, die er gelegentlich und auf Nachfragen hin benutzen durfte. Sein Zimmer war im äußersten Westtrakt untergebracht, dem renovierungsbedürftigen Teil des Schlosses, und František durfte hier so lange hausen, als die Damen der ersten Gesellschaft seine Dienste in Anspruch zu nehmen gesonnen waren, und das hieß: ewig. Wie ein Spielzeug und um den anderen zu zeigen, was sie an ihm besaßen, liehen sie ihn hin und wieder an andere Adelshäuser aus. Dann musste er jeweils seine Kisten, Bündel und Schachteln packen und wurde mit einem Einspänner vom magyarischen Stallburschen zum nächsten Schloss gefahren, wo er dann die Mütter und Töchter und Cousinen des Hauses aufhübschen konnte.

Mit der Zeit hatte sich František Schön von ihnen allen eine ganze Sammlung von Holzköpfen geschnitzt, gehobelt und zurechtgefeilt, die wie eine Parade von Versprechungen und lebenslanger Versicherung akkurat aufgereiht auf dem obersten Tablar neben der Menora in einer Wandnische standen. Darunter dann die verschieden großen Haarhecheln, die Lederkardätschen, die Kordelmaschine und der Kopfhalter, die Zwingen und Spulen, die Hechelschrauben und die Zangen, Scheren, Hammer, die Montierstifte und all die Näh- und Knüpfnadeln, die er sich in den neun Jahren seiner Berufstätigkeit hatte zusammenkaufen können oder die er vom Vater geerbt hatte. Ein Regal weiter unten prangten die Pappschachteln, jede einzelne mit Tusche und feiner Hand beschriftet. Sie enthielten Tressierfaden, Nähfaden, Blumendraht und Federn, Fischhaut und in braune Fläschchen abgefüllten Zaponlack. Toupetpflaster und Postichespangen, Seidenbänder und Hohlbänder zum Einfassen von Federn. Baumwollbänder und verschiedenfarbige Kordelbänder. Und schließlich die Truhen mit den Stoffen und Stoffballen: englischer Steiftüll, Seidengaze, das feinste Gewebe aus Thal bei Rheineck, Etamine, Nanking und Hirschleder, Baumwolle und Samt für das Geflecht.

Am kostbarsten aber waren ihm die Haare, über deren fachmännische Lagerung er wie eine Bracke über das erlegte Wild wachte: Schnitthaare vom lebenden Kopfe, Remishaare, ausgefallene Wirrhaare, die er neu präparierte und inszenierte. Und erst all die Exporthaare: Indohaare, Chinesenhaare und Haare der Südländer, die in dicken Zöpfen gehandelt wurden, denn die Südländer hatten ganz einfach noch Tradition.

Aber auch Büffelhaare für die Bartteile der Männer und Angorahaare oder Bockhaare hielt er sauber und trocken abgepackt in Schachteln. Es war ihm selbst immer wieder wie ein Wunder, wie er es fertigbrachte, sein Handwerk mit den Ideen und Wünschen seiner Kundschaft zu vereinen. Wie er der Damen lieblos wirkendes Eigenhaar dank der Herstellung von gekraustem Falschhaar beleben konnte, ja, er war ein Virtuose auf dem Gebiet des Haarekrausens, und er arbeitete darin sehr gewissenhaft mit einer Messerspitze Soda und einem Tropfen Glyzerin auf einen Liter Wasser, und auch bei der Säurespülung wusste er, wie und wie lange er das Material behandeln durfte, damit es weich und jugendlich elastisch wurde. Je nach Wickelart brachte er dicke Locken zustande oder heitere Spiralen, selbst kleinste Kräuselungen konnte er mit der Kammspitze hervorbringen. Er wusste wie. Und er wusste, dass die Damen wussten, dass er es konnte. Und weil er wirklich ein Künstler in seinem Fach war und ihn diese Frauenzimmer auch tatsächlich dauerten in ihrem einfältigen Leben, bemühte er sich redlich, deren Phantastereien umzusetzen und sie so mit wuchtigen Kamelhaarbüscheln aus fernen Steppen, gülden gefärbten Daunensträußchen der russischen Eiderente, einem hauchdünnen Webschleier aus Pfauenfedern der eigenen Zucht und einmal sogar mit einem kunstvoll gefertigten filigranen Diadem aus farblich ansprechend arrangierten und überwältigend zarten Schmetterlingen auftreten zu lassen. Die Gräfin hatte sich hierzu der Beute der etwas läppischen Freizeitbeschäftigung ihres Gatten bemächtigt; ein völlig überflüssig naturbegeisterter Mann, der in gewalkten Gamaschen über flatternder Leinenhose buntem Gefleuch hinterherjagte, es mit lächerlichen Netzen, die er jubelnd durch die Luft schwang, einfing und es dann zu Hause in seinem staubigen Kabuff, möglichst weit entfernt von ihren Gelassen, systematisierte und nach penibel überwachten Nadelungsregeln durch den Thorax auf Spannbrettchen festpinnte. Aber da dieser Verrückte ohnehin wieder einmal seine Gattin alleine zurückgelassen hatte, nur um irgendwo in entlegenen Gebirgen, Steppen oder Sümpfen neuen Mosaikmustern nachzuhechten, hatte sie sich ihren Teil geholt und die seltensten Imagines für sich und ihre eigene Vergänglichkeit beansprucht.

František war für noch so extraordinäre Wünsche zu begeistern, ihn konnte in dieser Hinsicht nichts mehr aus der Fassung bringen, und so überlegte er zufrieden und etwas selbstgefällig, womit er die Gräfin Csöke wohl morgen überraschen könnte. Als er sich umdrehte und die Flügeltür zum Vorzimmer der Gräfin Csöke verschloss und den langen gewundenen Flur entlanggehen wollte, der ihn über drei Treppen und Fluchten und durch unzählige weitere Flügeltüren zum Westteil des Anwesens führen sollte, ließ ihn plötzlich und unerwartet die Stimme von Alžbetas Kammerzofe aufschrecken, wie sie zu jemand anderem sagte: »… und das ist ganz gewiss, er hat sich in die junge Csöke vergafft und sie sich in ihn, da gibt es keinen Zweifel.«

die Giraffe

Livorno, 1855–56

Costanza Modigliani war eine große, schlanke junge Dame mit Beinen, die eins zwanzig maßen. Ihre Kleider wurden maßangefertigt und ihre Hüte zumeist flach gehalten. Im Jahr 1855, als sie ihren sechzehnten Geburtstag feiern sollte, empfahl sich mit einem Schlag das Lächeln aus ihrem Gesicht. Wo einst ein glückliches, leicht übermütiges und ebenso leicht überhitztes junges Mädchen voller Lebenslust war, nahm nun ein Schatten Position ein, der wie ein nasses Tuch an einem hohen Stock schlaff herunterbaumelte. Nie zuvor war ihre giraffenartige Körpergröße so störend empfunden worden wie in der Sekunde des väterlichen Basta, als sich jegliche Freude, jegliche Leichtigkeit und auch jeglicher Lebenswille von ihr verabschiedeten. Costanza Modigliani war von der einen zur anderen Sekunde zur alten Frau geworden, noch bevor ihr Körper überhaupt richtig erblüht war.

»Ein Zwerg? Ihr wollt mich an einen Zwerg verschachern?«

Sie raffte ihre gepolsterten Röcke und Unterröcke aus Pferdehaar und gesteiftem Rohr, die herrlichen Volants, die applizierten Schleifen und Rosetten, um ihre imposanten weißbestrumpften Beine zu befreien und stampfte laut auf. »Nein! Das könnt ihr mit mir nicht machen!«

»Es ist das Beste für dich. Und das Beste für uns, Costanza.«

Aber die Giraffe Costanza versuchte es noch einmal und stieß den Fuß so kräftig auf den Boden, dass all die aufgebauschten Stoffe, die Röcke und Unterröcke, an ihren langen Beinen herunterraschelten und dabei ein Geräusch machten wie das Ligurische Meer, das bei Sturm an seine Ufer schlägt.

»Find dich damit ab, Costanza. Und damit basta.«

Die Modiglianis wohnten schon geraume Zeit in Livorno und Umgebung, man hatte sich hier mit anderen sephardischen Juden aus Portugal und Spanien niedergelassen und lebte nach einer recht liberalen Auslegung des Glaubens. Dennoch war wichtig, dass bewahrt blieb, was bewahrt bleiben musste. Und dass Lazzaro Israël ein rechtschaffener Jude war, der zudem ein beträchtliches Vermögen gemacht hatte mit seiner Ledergerberei am Arno, konnte nicht von der Hand gewiesen werden. Er war einer der Ersten, die Maschinen für die Gerberei benutzten, und er betrieb mit ebensolchem Erfolg die Lacklederfabrikation, wie er sich auf das Weißgerben von Schaf-, Lamm- und Ziegenfellen verstand, und wer weiß, was nicht noch alles in seiner Fabrik veredelt und hergestellt wurde, wo doch die Kamine unablässig weiße Wölkchen in den blauen Himmel pafften.

Costanzas Vater würde sich bei einem seiner nächsten Besuche noch etwas genauer erkundigen, ja, das würde er.

Und dass Lazzaro Israël ein bisschen zu kurz geraten war, na ja, darüber konnte man im wahrsten Sinne des Wortes doch einfach hinwegsehen, nicht wahr? Die Paarung Modigliani–Israël jedenfalls war über diesen nichtigen Defekt erhaben, denn sie versprach Dauerhaftigkeit und Anerkennung dank sicherer geschäftlicher Beziehungen. Vielleicht, so die stille Hoffnung des Herrn Papa, vielleicht würde sogar er selbst wieder ins Geschäft einsteigen, der Handel mit Leder war dieser Tage zu einem lukrativen Betätigungsfeld geworden, wenn man es richtig anpackte. Da konnte eine Ledergerberei in der Verwandtschaft nicht schaden. So ein kleines Import-Export-Unternehmen auf seine alten

Tage, das täte ihm schon taugen. Einmal ganz davon abgesehen, dass er damit seiner stets etwas kränklichen Frau entfliehen konnte. Wieder reisen. Ganz legitim. Und schließlich: Dass man einen Passenden in ihrer Größe gefunden hätte, war ohnehin Illusion. Costanzas Gestalt war eine Zumutung, kein Vater hätte das vermocht, eine adäquate Giraffe für diese Giraffin aufzutreiben, und wenn er sich noch so darum bemüht hätte. Nun, er hatte sich auch nicht gerade überanstrengt, aber Giraffen sind Exoten, wieso also nicht eine Giraffin mit einem sagen wir mal Büffelchen vereinen? Wenn doch alles andere geradezu wunderbar stimmte.

Für Costanza Modigliani war Lazzaro Israël kein Büffelchen. Er war Schildkröte, Froschlurch, Molch, seine wässrigen Glupschaugen auf sich zu spüren ertrug sie nicht und noch weniger die geriffelte Haut seiner Hände, die er sich bei irgendwelchen chemischen Arbeitsvorgängen verhässlicht hatte, egal, wie oft er sie sich mit Gallseife schrubben mochte. Mit einem Wort: Sie verabscheute ihn. Und dass dieser Lazzaro Israël nur winzige Einmeterfünfzig maß, war der Gipfel der Unverschämtheit. Er war ein Zwerg. Sein Kopf reichte gerade mal knapp über ihre Hüfte – wie sollte sie so einen Mann je lieben können? Und dann sein Stock mit dem geschnitzten Papageienschnabel aus Jade – wer glaubte er eigentlich zu sein? Nein, diesen Menschen konnte sie nicht ehelichen, lieber würde sie sterben.

Sie schnitt ihn. Wann immer sie seine Zwergenschritte im Haus um eine Ecke tapsen oder die Stufen zu den Wohngemächern hinaufsteigen hörte, verschwand sie gazellengleich in einem der oberen Zimmer. Oder sie huschte eine andere Treppe wieder hinunter und entwischte ins Atrium, durch den Hinterhof und ohne ein Geräusch zu verursachen, auf leisen Sohlen – sie hielt dazu ihre Schuhe in den Händen – die Bedienstetentreppe hinauf, nur, um kurz vor den Bedienstetenkammern vom eigenen Vater überrascht und entschieden zurück in den Salon geführt zu werden.

Es war besiegelt. Sein verkniffenes Gesicht duldete keine Widerrede. Und so verstummte Costanza Modigliani, schluckte ihren Abscheu, ihre Angst und ihren Ärger hinunter und beschränkte sich auf ein nunmehr traumloses, hoffnungsloses Leben, das jeglicher Phantasie entbehrte. Ihr Flair fürs Zeichnen erstarb an dem Tag, als sie Lazzaros Ring überstreifen musste. Nie wieder würde sie mit dieser Hand etwas Neues schaffen, nie wieder einen Kohlestift oder einen Pinsel anrühren, nichts, gar nichts.

Lazzaro Israël, achtundzwanzig zum Zeitpunkt seiner Hochzeit, war zwar kurz gewachsen, aber sein Verstand übertraf den der meisten seiner Zeitgenossen um Längen. Nicht zuletzt seiner geistigen Wendigkeit und seiner messerscharfen Denkweise hatte er den Erfolg als Fabrikant und Unternehmer zu verdanken. Aber auch in Gefühlsbelangen trog ihn sein Spürsinn nicht. Sein Empfindungsvermögen hatte sich früh schon zu einem verlässlichen Seismoskop ausgewachsen, das jegliche Stimmungsregung umgehend aufnahm, registrierte und auswertete. Dass seine junge Frau, Costanza Israël, geborene Modigliani, ihm mit keiner Faser ihres Wesens zugeneigt war, entging ihm nicht, er spürte es in jeder einzelnen seiner Zellen – und lernte damit zu leben. Er hatte schnell begriffen, dass sie alles und jedes, das er ihr vorschlug, ausnahmslos ausschlug. Ihr Trotz war das letzte Überbleibsel ihres einst so fröhlichen Lebensmutes, das letzte Fünkchen Lebendigkeit, das in diesem beeindruckenden und so wendigen Körper durchgehalten hatte. Traurige Ironie, dass dieses bisschen Selbst, das da noch irgendwo in ihr atmete, ein fremdbestimmtes war, denn was anderes als Fremdbestimmung war schon Trotz?

Die Staffelei, die er ihr ins hintere Winterzimmer gestellt

hatte, rührte sie nicht an. Und mit wachsender Traurigkeit nahm er wahr, dass die Melodien, die sie auf dem Pianino anstimmte, von Tag zu Tag düsterer und monotoner wurden.

Indes, Lazzaro war nicht nur ein präziser Denker, er war auch ein anspruchslos Harrender. Seine ganze Kindheit und Jugend lang, die von Hänseleien und Übergriffen, von körperlichen wie seelischen Quälereien geplagt waren, wusste er, seine Zeit würde kommen. Und so hatte er Tag für Tag Neues dazugelernt, hatte sich den geschmähten Beruf des Gerbers angeeignet, hatte sich dazu gedrillt, gelassen mit sich selber und seiner Größe umzugehen, hatte geübt, gerade zu stehen und anderen aufrecht ins Gesicht zu blicken, selbst wenn der Winkel, den er zu überwinden hatte, zumeist um die 18 Grad ausmachte. Mit der Zeit und einem anwachsenden Vermögen hatte es Lazzaro Israël schließlich geschafft, ein geachtetes Mitglied der israelitischen Gesellschaften von Ferrara, Florenz und Livorno, den ganzen Arno entlang, zu werden. Sein Name war bekannt.

Und so wollte er es auch bei der Eroberung dieser verschlossenen Frau halten. Still und anspruchslos dulden, dass die Türe zu Costanzas Zimmer zugesperrt war und er ergebnislos mit dem Handrücken dagegenklopfte.

War die Hautevolee im Umgang mit dem Kleinwüchsigen schon immer etwas gehemmt, so befremdete sie das ungleiche Ehepaar nun umso mehr. »Der langer Schabbes mitn kurzn Freitig« wurden sie genannt, und so gab Lazzaro Israël aus Rücksicht auf seine Frau keine Empfänge. Seine geschäftlichen Verhandlungen tätigte er weitestgehend in seinem Kontor oder direkt vor Ort in der Fabrik, gesellschaftsorientierte Konversation benötigte er keine. Alles ohnehin nutzloses Geschwafel, die Leute reden gerade mal so, wie der Wind weht, da ist kein Verlass, kein Bestand, nichts von Bestand. Trost fand er hingegen in der verlässlichen Beständigkeit seiner Frau und in ihrer Ablehnung ihm gegenüber, und obwohl er wusste, dass dies ein irriger Trost war, begann er doch, sich in genau dieser Ablehnung zu Hause zu fühlen.

Als er am 8. Dezember des Jahres 1856 spät abends von seinen anspruchsvollen Unternehmungen heimkehrte – die Arbeiter hatten einen Aufstand versucht, weil sie eine höhere Arbeitssicherheit im Umgang mit den chemischen Farbstoffen forderten –, setzte er sich müde an den Tisch, den ihm allabendlich Costanza bereithielt. Den frischen Tomatensalat verspeiste er mit sichtlichem Genuss, die dampfende Cacciucco mit den nahrhaften Miesmuscheln, den Kraken und dem Tintenfisch, den Heuschreckenkrebsen und den geschmeidigen Salbeiblättern, die zwischen mächtigen Garnelen wie Samtfähnlein im Rot der Suppe schwammen, bewunderte er in gewählt zarten Worten; aber seine Hand blieb brav liegen, er spürte ihren Blick darauf, der zugleich ängstlich über ihr eigenes Hoheitsgebiet, ihren Körper, wachte. Dann sagte er ohne Vorankündigung, ohne Einleitung, einfach so: »Costanza, ich möchte dich bitten, die Tür zu deinem Zimmer heute Nacht offen zu lassen.«

Sie zeigte keine sichtbare Reaktion, aber er spürte, dass er sie mit dieser Bitte im Innern getroffen hatte. Er kannte Costanzas Vater, seit der Zeit der Eheschließung hatte er auch beruflich mit ihm zu tun, und er wusste, dass er ein Mann des Herrschaftswortes war, kein Bittsteller, nie. Die Geduld, die Lazzaro seiner Frau lange gezeigt hatte, sowie diese schlichte Bitte hatten sie getroffen. So etwas kannte sie nicht, es war nicht vorhanden als Schema in ihrem dürftigen Verhaltensrepertoire: Sie dachte nach.

Nach dem Essen schenkte sie ihm wortlos ein Glas Rotwein ein. Dann, als er ausgetrunken hatte, stand sie auf, trug das Geschirr in die Küche und begann den Abwasch. Es war ihr Wunsch, zumindest abends kein Dienstpersonal zu beschäftigen, sie fühlte sich ganz offensichtlich wohler so in ihrem neuen Daheim, in dem ihre Seele nie wirklich angekommen war. Bedrückt, aber doch von einer kleinen Hoffnung beflügelt, betrachtete er im Türrahmen angelehnt den Rücken seiner Frau. Wie groß sie war, wie augenscheinlich reif mit ihren siebzehn Jahren. Und wie traurig ihre Haltung jeden Tag. Vielleicht, vielleicht ..., aber das wagte er fast nicht mehr zu hoffen. Mit einem Seufzer streckte er sich und zog sich in die Bibliothek zurück.

Als die Nacht am tiefsten war, gab er sich einen Ruck und kletterte mit einer flackernden Kerze bewehrt die Stiegen hinauf zu ihrem Zimmer. Mit leisem Druck presste er die Klinke hinunter und fand die Türe wundersamerweise unverschlossen. Er trat ein. Die Dunkelheit umhüllte ihn wie einen Dieb. Er musste ein paar Atemzüge nehmen, bevor er weiterging, sein Herz war mit einem Male ganz aufgewühlt. Er empfing einen Duft von Veilchen und Lavendel, er hatte dieses Zimmer seit Costanzas Einzug in seinem Hause nicht mehr betreten. Hatte es schon früher so eigenartig geduftet? Die kalte Luft, die durch das geöffnete Fenster hereinstrich, erfasste seine Locken, kitzelte an seinem Schnauzbart.

Da lag sie, seine große Schöne, wie eine hastig zusammengeklappte Leiter in einem viel zu kurzen Bett. Dass er daran nicht gedacht hatte, sie bräuchte eine Spezialanfertigung, dringend, morgen früh als Erstes!

Er tat einen Schritt auf die Liegende zu. Schlief sie? Spielte sie ihm ihren Schlummer vor? Sein Seismoskop weigerte sich, irgendwelche fremden Signale zu empfangen, er spürte nur sich selbst, sein Herz klopfen, seine wackeligen kurzen Beine, den unsicheren Fuß, als er sich noch weiter an das Bett heranschob und schließlich dicht neben seiner Frau zu stehen kam. Er brauchte sich nicht zu ihr hinunterzubücken, sein Arm reichte, um ihr eine Haarsträhne aus der Stirn zu wischen, sanft, ganz sanft. Jetzt wusste er, dass sie die ganze Zeit gewacht hatte, dass sie auf ihn, auf sein Eintreten in ihr Gemach, gewartet hatte, auf diese Berührung, diesen Moment. Er betrachtete sie lange still. Kein Muskel zuckte in ihrem Gesicht, das konnte nur der altbekannte Trotz sein, die Fremdbestimmung. Er erschrak. Lazzaro wurde von einer meertiefen und meerweiten Traurigkeit erfasst: Seine Frau würde ihn nie lieben können.

Müde entledigte er sich seiner Kleidung, bis er nackt neben ihr stand. Dann schlüpfte er ungeschickt und viel zu schnell zu ihr ins Bett und suchte mit seinen Händen nach einem Ort auf ihrer Haut, der etwas weniger kalt und klamm erschien als ihre Arme, ihre Hüfte, ihre Schenkel. Auf ihrem Bauch ließ er sie zur Ruhe kommen und atmete tief durch.

... Costanza spürte, wie seine abgearbeiteten harten Finger wie Blindschleichen über ihre Haut irrten. Ihre Augen hielt sie fest verschlossen, und in ihrem Schädel dröhnte immer und immer wieder des Vaters Basta!, es fiel ihr schwer, ruhig zu atmen. Als seine Hand zwischen ihre Beine rutschte, schrie sie kurz nutzlos auf. Seinen Geruch empfand sie noch immer als unerträglich, egal, wie sehr er sich gesäubert haben mochte, der Umgang mit faulenden Häuten und Chemikalien setzte doch jenen Gestank in seinen Poren ab, den sie unweigerlich mit seiner unzulänglichen Postur verband.

... Vergeblich versuchte Lazzaro in dieser Nacht, die Arme und Hände seiner Gemahlin in Umarmung um sich selbst zu winden, schlaff fielen ihre Glieder jedes Mal von ihm ab, und er blieb allein in seinem Eroberungszug, einziger Conquistador bei der Erkundung von Neuland, das ihm vor etwas mehr als einem Jahr zugeschlagen worden war. War es das wert? Aber Lazzaro erinnerte sich plötzlich auch all der Momente in seinem Leben, in denen er geschnitten, ausgelacht, gehänselt, geplagt und bedroht, der Lächerlichkeit preisgegeben worden war. Das Schicksal hatte ihm weißgott schon böse genug mitgespielt mit seiner Kleinwüchsigkeit. Wenigstens ein Mensch, ein Mensch auf Erden nur, sollte ihn doch so lieben und annehmen können, wie er war – unvollkommen. Und wer war sie überhaupt, diese Costanza Modigliani, wer glaubte sie zu sein mit ihren Einmeterachtzig und der doch etwas zweifelhaften Herkunft, wenn man es sich recht besah?

… Costanza fühlte, dass sich etwas zwischen ihnen verändert hatte, sie war augenblicklich unschlüssig, ob sie die zarten Streichelversuche ihres ihr angetrauten Mannes nun nicht doch ein kleines bisschen erwidern könnte, aber da war er wieder, der Trotz, das Gefühl von Macht und Lebendigsein im Moment ihrer Verweigerung. Sie widersetzte sich, und sie blieb kalt und gefühllos wie eine schiefgeratene und aus der Kollektion ausgesonderte Puppe unter ihm liegen, als er irgendetwas, einen Finger?, nein, zu groß, zu anders, was war es dann?, in sie einführte und mit regelmäßigen Bewegungen und röchelnden Atembemühungen sich ihrem knochigen Körper entlang aufrieb. Als ihre Beine seinen Oberschenkeln Weg geben wollten, weigerte sie sich aufgrund eines Impulses, wie von einer sehr starken, sehr harten und sehr unnachgiebigen Feder zurückgehalten. Und als ihr ein plötzliches Stöhnen aus der Kehle entfuhr, wieso ist mein Mund geöffnet, wieso?, hätte sie sich selbst nur zu gerne der Hölle übergeben, wenn dieser Schmach von Selbstverlust dadurch ein Ende hätte bereitet werden können.

… Lazzaro war jetzt wieder Herr seiner Sinne, er spürte das zögerliche Kommen und Gehen von wohligen Empfindungen, die er seiner Frau durch seines eigenen Körpers Kraft bescheren konnte. Er spürte ihren Kampf, und er spürte den seinen. Wenn er ihr doch nur ein bisschen Beglückung, ein bisschen Freude in ihr trauriges verschlossenes Leben bringen konnte, er wusste, dass das möglich war. Die Mädchen, die er in La Spezia, Genua und Viareggio besucht hatte, hatten es ihm allesamt lustvoll kichernd bezeugt, er war ein ganzer Mann, was das anbelangte, diese Sache war mehrfach erprobt und unbestritten. Es gab ja sogar Mädchen, die weitere Besuche speziell erbaten, wenn er sie seiner Reisen wegen verlassen musste. Und er wusste, wusste einfach, dass diese Freude an der Kraft, die seine schmalen Lenden hervorbrachten, keine geheuchelte war.

... Dass sich Männer und Frauen küssten, kannte Costanza aus eigenen verstohlenen Beobachtungen. Dass dabei aber die männliche Zunge in den weiblichen Mund witscht, war ihr neu und entsetzlich fremd. Wie abartig, wie tierisch, Lazzaro war plötzlich einfach überall in ihr drin, seine Finger in ihren Ohren, in ihrer Halsmulde, ihrem Nabel, ihrem ... ach!, und unten, was immer das war, was er da mit zu ihr ins Bett gebracht hatte oder was an seinem schändlichen Körper klebte, es pulsierte in ihr mit einem Eigenleben, so als wollte es etwas aus ihr heraushämmern. Mit überquellender Kraft.

... Lazzaro kannte nun kein Zurück mehr, das Kopfteil des Bettes rumste gegen die Wand, und er wusste, dass er seine Frau mit seiner Leidenschaft nun entweder für sich gewinnen – oder ganz verlieren würde. Seine Zunge erforschte ihren Körper und fand immer wieder, wie um Bestätigung heischend, zurück in ihren Mund. Ihr Speichel schmeckte süß wie Rosenduft, ihre Achselbüschel rau und unerforscht, ihr Nabel tief wie das weite Meer.

Als er sich wie in einem letzten Beweiszug vor Gericht aufbäumte und sich mit zwei, drei festen Stößen in ihr ergoss, blieb Costanza steif und fischblütig unter ihm liegen; sie wusste instinktiv, dass sie ihn damit besiegt hatte.

Alžbeta

Kassa, 1859

»Aber ich habe es gehört, sie hat es ganz deutlich gesagt!«

»Ach, Franta, was genau betrübt dich so? Ist sie denn nicht wunderbar, die Liebe?« Alžbeta zupfte an einem Strauß blauer Kornblumen herum und steckte zwei, drei Klatschmohnstängel dazu. Dann setzte sie sich auf die Fensterbank und ließ die schweren nachtblauen Vorhänge herunter und verdunkelte den Raum. Sie tätschelte den freien Platz neben sich mit der flachen, morgendlich unberingten Hand und wies ihren Posticheur damit an, sich neben sie hinzusetzen.

»Die werden aber nicht lang halten. Mohn braucht lockeres Erdreich, keine Überschwemmungen.«

»Ach, Franta, was bist du wieder ungezogen!« Sie liebte es, dieserart mit ihm zu tändeln, so als wäre er ihr Kind. Und fürwahr, es ließ sich ja nicht leugnen, dass Alžbeta Csöke, letzte der sieben Töchter des Grafenhauses Csöke in Kassa, mit ihren bald neunundzwanzig Jahren noch immer unverheiratet, doch schon recht alt war. Mutter könnte sie selbst längst sein, gar Großmutter, so alt war sie. Und störrisch, was das betraf, wie ein Esel. Aber man ließ sie lieber gewähren in ihrer Eigensucht, anstatt sich blaue Male zu holen. Alžbeta galt als unberechenbar. Nicht selten schützten sich ihre Zofen und Kammerdiener, ja selbst die eigene Mutter mit aufgeworfenen Händen und Armen gegen einen Schuh, einen Kamm, ein Buch, die nacheinander geflogen kamen. Was Alžbeta nicht wollte, tat sie nicht. Und umgekehrt hielt sie es genauso. Ein verzogenes Kind, könnte man meinen, aber er ahnte es besser. Und dass, noch bevor er auch nur ein Wort an sie gerichtet hatte oder sie an ihn. Eher ein Kind, das am Rande seiner auf Reichtum und Äußerlichkeiten versessenen Familie still und eigen groß geworden war. Ihre gräfliche Verwandtschaft war wie ein altes, nobles Seidentuch, an den Rändern ausgefranst, und keiner, dem das wirklich wichtig war, keiner, der da hinschaute, solange das Tuch nur in seiner Mitte fest war und berückend glänzte. Eine dieser Fransen, eben sie, reizte ihn, sie, die so etwas wie Persönlichkeit entwickelt hatte in all dem verwirrenden Banalen, fast wie ein intelligenter Mann, dachte František hin und wieder, grad ebenso interessiert und informiert, das war unbestritten; Alžbeta wusste Bescheid.

Es war ja auch sie, die seine Hand in die ihre genommen hatte, die ihn dazu gezwungen hatte, vor ihr still zu stehen, bis ihm beinahe die Knie wegsackten, und die ihn aufgefordert hatte, mit ihr ausreiten zu gehen. Nur zu zweit.

Aber das ging dann natürlich doch nicht, drei Anstandsdamen waren damals mitgekommen, und die Gespräche waren nicht über die modernste Form der Wickler, die neuesten Erkenntnisse über das Kreolieren oder den Preis der einzelnen Haarlieferungen hinausgegangen. Besonders das amüsierte die Damen, wie viel so ein Haar kostete, und František, der kaum rechnen konnte, log ihnen die verrücktesten Additionen und Multiplikationen vor, so dass sie allesamt ihre lachend geöffneten Münder hinter den behandschuhten Händen versteckten und aufgestachelt alberten. Alle, außer der einen, die ihre breiten, milchigen Zähne nie versteckte, wenn sie lachte, und sie lachte laut und sicher, grad so wie ein Mann.

Nur ihre Blicke waren stiller, still. So, als ob sich hinter ihrer hohen Stirn, die in der gesamten Familie Csöke vorherrschte, schwerwiegende Gedanken wälzten, von denen die Außenwelt ja keine Ahnung hatte.

Was hätte er damals als junger Posticheur darum gegeben, als ihre Plaudereien ihren zaghaften und etwas holperigen Anfang nahmen, wenn er diese zarten Linien, die ungekannte Gedanken in ihre unverwechselbare Alžbeta-Csöke-Stirn eingeflochten hatten, einzeln mit den Fingern hätte nachfahren können, um sie danach im Holzkopfmodell nachzuahmen und eine nach der anderen gewissenhaft einzukerben. Aber er hatte sich mit einer buchhalterischen Wachsamkeit damit begnügt, festzustellen, dass diese Linien mit jedem Jahr mehr wurden, und auch wenn sie für alle anderen kaum zu bemerken waren, er kannte sie. Als Posticheur kam er den Damen näher als so mancher. Und Alžbeta hatte ihn gewähren lassen, blieb ernst oder zog ihn auf, spielte mit ihm, kokettierte, sah ihn lange in dieser stillen nachsichtigen Art an, und dann lachte sie wie ein Mann, der einfach nur gütig wartet.

»Wo bist du, meine Liebe, da ist ja immer so viel Kleid an dir!«, raunte er ihr in den Nacken, die Hände suchend ihren gewölbten Körper auf und ab fahrend. Alžbeta Csöke von Kassa hatte sich um Schnürbrüste, Korsette, versteifte Mieder und Konsorten zumeist foutiert, war in ihren eigenen Gemächern gern schlampig angezogen, nur ein oder zwei Hemden übergestreift, es war ja früh am Morgen, und wer konnte da schon etwas dagegen einzuwenden haben? Aber heute hatte sie ihn in voller Montur empfangen, als er in ihr Zimmer trat, die Postiche-Utensilien unter den Arm geklemmt, ein Lächeln im Gesicht, das nichts Gutes verhieß. Und dann platzte er ja auch gleich damit heraus, dass er irgendjemanden irgendetwas über sie beide hatte sagen hören. Und verdarb ihr damit die Morgenfreude, die große Überraschung, die sie ängstlich und freudvoll zugleich für ihn parat hatte. »Weshalb steckt man Frauen aber auch in Kleider, die sie selber gar nicht an- und ausziehen können?«

»Damit du mir eben hilfst, František.«

Und für einen Moment sah er pure, nackte, zerbrechliche Hoffnung über ihre Iris flattern.

František war nicht der Mann, der nachfragte, wenn er etwas nicht verstand. Er war viel lieber der Beobachtende auf sicherem Posten. Da Alžbeta nun aber nichts nachrückte, verließ er sich auf seine Finger, die noch immer Häkchen von Öschen trennten, eins ums andere, bis seine Hand ihren Rücken berührte. Alžbeta lehnte sich vor und lehnte sich an ihn. Sie ließ ihm die Schultern entgegensacken, damit hatte er es leichter, sie aus all den Stoffen und Nähten und Spangen zu schälen, die diesen Menschen heute so eng zusammenhielten wie ein Gerüst, nach dessen Abbau man nicht wissen konnte, ob die Gestalt überhaupt noch stehen bliebe oder in sich zusammenfiele.

Er hielt sie fest und senkte seine Nase zwischen ihre Brüste. Sie roch so gut. Ihr Haar lockerte sich und plätscherte lose über ihre nackten Schultern, verhakelte sich in seinem Mund in zarter Konfusion. Und Alžbetas Haare waren eine Wucht! Braun wie reife Kastanien mit einem warmen goldenen Honigschimmer, einem Glanz, der sich in den natürlichen Locken mannigfach spiegelte und wiederholte, wie ein Wasserfall aus edlem Samt. Sie war eine der wenigen Damen des Hauses, die mit ihrem eigenen Haar spielen konnte, eine Krinoline bei Alžbeta anzufertigen war ein einziger Genuss. Der gemittete Scheitel betonte dann ihre aristokratische Stirn, die auf die Schultern herabhängenden Zapfenlocken und die seitlichen Lockentuffs mit ihren abstehenden Schlaufen und Blumen und dem Vielerlei an Bänderschmuck waren eine Verheißung für die ganze Welt. Und sie scherte sich nicht einmal darum, wie hübsch sie aussah! Sie verlangte viel mehr nach Gesprächen, wenn er bei ihr war, als dass sie sich nach der Prozedur des Frisierens auch nur eines ernsthaft interessierten Blickes im Spiegel gewürdigt hätte. Und sie war immer so herrlich direkt, sagte Dinge, die keine Frau sonst sagen würde. Es wird schon recht sein, es ist ja von dir, František, pflegte sie ihn zu beschwichtigen, wenn sie eines seiner Haarornamente, die er eigens für sie geschaffen hatte, wieder einmal nur kurz beguckte. So war es, Tag für Tag und Jahr für Jahr, bis sie genug gewartet hatte, bis er es begriff und sie ihn zu sich nehmen konnte, endlich, sanft in ihren Arm.

Und darin unterschied sie sich so sehr von den anderen Frauen, sie war sich selbst genug.

Heute war sie zerbrechlich wie eines jener Jungkätzchen, die durch die Flure tobten, und lag weich an seiner Brust. Ihr Atem ging schwer, sie roch nach gepuderter Haut und Rosenwasser, und irgendein neuer Geruch kitzelte František in seiner Nase. Vielleicht waren es aber auch die vielen Blumen, die sie frühmorgens taufrisch gepflückt und zusammengebunden, aber noch nicht alle eingestellt hatte. Die Sträuße lagen auf Tischen, Kommoden und Stühlen verstreut.

Irgendetwas an der Art, wie sie heute seine Nähe suchte, überraschte ihn. Er hatte sich in den letzten zwei Jahren wohl daran gewöhnt, dass sie impulsiv sein konnte, hitzig, aber dieses Sich-an-ihn-Drängen war von einer anderen Herkunft. Er fragte nicht nach. Die Zeit mit Alžbeta hatte ihm gezeigt, dass sie nichts für sich behalten konnte, dass sie ihm doch anvertrauen würde, was immer es war.

Alžbeta vertraute František blind.

Seine Berührungen ihr Rückgrat entlang, über ihren Po, seine warmen, festen Arme, die Finger, die solche Wunderdinge hervorbringen konnten aus toter Materie wie Vogelschnäbelchen, Wurzelstücken, Muschelhälften und die damit etwas so Überflüssiges wie Haare zu wahren Kunstwerken werden lassen konnten, diese Finger führten nun Strich für Strich ihre Traurigkeit, ihre Angespanntheit, dieses ungewohnte Gefühl von Nicht-wissen-Können und doch Entscheiden-Müssen aus ihrem Körper hinaus.

Sie hatte ihm so lange und so still entgegenschmachten müssen, sie hatte ihn über Jahre hinweg beobachtet und geprüft, sie hatte die eigene Leidenschaft, das eigene Hingezogensein zu ihm zügeln müssen, mit langen und ausgiebigen Ritten in die Wälder und über die Felder abtöten oder zumindest zeitweilig austreiben müssen, nie hätte sie sich erlaubt, eine solche Liebe einzugestehen vor der rechten Zeit. Und dass dieser Jüngling, der mit siebzehn den Vater an einer nicht heilen wollenden Rippenfellentzündung verloren hatte, das Einzige, was ihm geblieben war, da seine Mutter ja schon im Kindsbett verstorben war, dass dieser Junge Zeit brauchte, um erwachsen zu werden, eben Mann zu werden und damit fühlendes Wesen, nachdem er seine Empfindungen beim Verlust des Vaters wie über Nacht weggepackt hatte und fortan in einer seiner unzähligen Schachteln, die er in seiner Kammer aufgebahrt hatte, gefangen hielt, das spürte sie instinktiv. Und mit der Sicherheit jener, die durch die eigene Einsamkeit gegangen waren, wartete sie. Ihr Instinkt trog sie nicht, so viel war klar, so viel erkannte sie an dem herzlieben Blick, den er nicht wegschachteln konnte, so viel erkannte sie an der Qualität der Berührung, die unter seinen Fingerkuppen entbrannte, jedes Mal, wenn er ihren Haarknoten vom Nacken löste, und sie wollte nicht um die Welt von ihm ablassen, nein, sie hatte gewartet, und das hatte ihr schließlich den Erfolg gebracht.

Aber jetzt rang sie mit sich oder um etwas, das spürte auch er, der abwog, was zu tun das Rechte wäre. Einerseits genoss er diese stillen Morgenstunden bei seiner heimlichen Geliebten auf der Fensterbank, andererseits wusste er, dass er sich mit dem Frisieren heute sputen musste, sollte nicht noch mehr Geschwätz die Flure und Kammern des Schlosses erfüllen. Sein ganzes schönes Frisierimperium drohte mit dem einen Satz von gestern zusammenzukrachen und noch viel mehr. Er versuchte es mit einer Versöhnung: »Ich wollte dich nicht erschrecken, Alžbeta. Aber was wir tun, ist …«

»Was wir getan haben, Franta.«

»Wie meinst du das?« Er schob ihren duftenden Körper etwas von sich, damit er ihr Kinn hochhalten und ihr ins Gesicht schauen konnte. »Was? Was haben wir denn getan?«

Sein blaues Täubchen gurrte, sah ihm aber nicht in die Augen, als sie sagte, sie hätte eine Unregelmäßigkeit bei sich bemerkt. Und der Zofe sei das wohl auch aufgefallen, und …, weiter kam sie nicht, da er sie unterbrach mit dieser heiseren brüchigen Stimme, die ihn immer dann befiel, wenn ihn etwas wirklich aus der Façon brachte, und das war selten genug der Fall: »Von was für einer Unregelmäßigkeit sprichst du, Alžbeta?«

Sie entzog sich seinem Griff und schaute ihn nunmehr mit dieser gewohnt tadelnd-nachsichtigen Art an, und stur fast, herrschsüchtig über jedes Stückchen Freiheit wachend, ganz besonders, wenn es die Freiheit ihres Blickes betraf: Sie wollte entscheiden, wann sie ihm in die Augen sah und wann nicht. Ihr Blick zielte fadengerade, als sie sagte: »Ja. Die Möglichkeit besteht.« Die alte Überheblichkeit der Adeligen schimmerte durch ihre Haut, aber nur für einen Moment, dann rüttelte sie wie an sich und setzte sich noch aufrechter vor ihn hin, ihre Brüste wie zwei vollendet schöne, vollendet runde, baumelnde Produkte Kassaer Glockengießkunst. »Oder willst du mich etwa nicht mehr haben?«

Es blieb ihm natürlich nichts anderes, als ihr zu widersprechen, sie mit einem Kuss zum Schweigen zu bringen. Und doch, und ja, und wie er sie haben wollte, spürst du das etwa nicht, hier, zwischen meinen Lenden? Endlich fragte er sie mit Bruch in der Stimme: »Bist du …, sind wir …, werden wir …, werde ich Vater sein?«

»Das weiß ich noch nicht. Könnte sein, doch, wieso nicht?«

»Ach, das ist doch bloß deine gewohnte Pedanterie!«

»Nein, Franta, das hat nichts mit Pedanterie zu tun. Ich bin überfällig, und wenn du nachzählst, wenn du deine eigene Pedanterie des Haarteilanfertigens nur für einen Moment fürs Rechnen aufbringen würdest, dann wüsstest du das auch.«

Das war eine ungerechte Spitze, und er wusste, dass sie sie schon bereute, kaum dass sie ihren aufgeworfenen Lippen entsprungen war. Er küsste sie. Dann küsste er sie noch einmal, etwas eiliger. Und mit der Kraft und dem Willen und der Großspurigkeit eines Vaterlosen verkündete er, dass er sich der Aufgabe stellen würde, dass er seinen Mann stehen würde, dass er gespart habe, lange gespart habe, viel gespart habe, und dass er seine Verantwortung, seine Pflicht ..., aber da unterbrach sie ihn mit schallendem Gelächter, warf sich mitsamt den Glockenbrüsten an ihn und biss ihn sanft ins Ohrläppchen.

Eine Seidenrolle hatte sich im leichten Wind des Morgens selbständig gemacht und holperte über den Holzboden. Von weiß nicht woher sprang eine Katze hinzu, es war die cremig-rote, eine langhaarige, deren Vater einst aus Sibirien importiert worden war und deren Mutter, wie man sagte, eine türkische Angora gewesen sein musste, diese cremigrote also, Pfoti oder Tatzi oder wie auch immer, stürzte sich mit Todeswut auf die Rolle und verkrallte sich in ihr. »Buschi! Geh weg! Das hat der František doch speziell für mich mitgebracht, lass ab, Buschi, geh, troll dich!«, schimpfte Alžbeta und tänzelte mit baren Füßen vor und zurück, dass ein kleiner Luftzug ging.

Dies war der Moment, in dem sich František zurückmeldete. Er erhob sich, etwas Unverständliches gurgelnd, von der Fensterbank und sagte so etwas wie »... nun also, jetzt ..., Haare machen ...«, und Alžbeta setzte sich schulterzuckend an ihren Frisiertisch. »Willst du dir nicht vielleicht vorher noch etwas …, etwas überziehen?«

»Wozu habe ich Zofen?«, murrte sie und schlüpfte doch in ihre Kleider zurück, eins nach dem anderen. František sprach kein Wort, als er ihr Häkchen für Häkchen durch Öse für Öse zog, als er an den Bändern schnürte, dass ihr die Luft für einen kurzen Schrei ausblieb, ihr die Puffärmel aufdrapierte mit einigen wenigen, lässigen Knuffen. Dann stellte er sich hinter die sitzende Schöne und griff ihr gekonnt ins Haar. Er sah, dass sie lächelte.

Ja, ihr kleiner František war doch tatsächlich zum Mann geworden. Sie wusste, worauf sie sich verlassen konnte, und eines davon war ganz bestimmt ihr Instinkt.

la famiglia

Bergamo, 1859

Bèrghem war also nach jahrhundertelanger österreichischer Herrschaft wieder italienisch geworden und 1859 zur Provinzhauptstadt des Königreichs Italien avanciert. Die Stadt zählte bald 20 000 Einwohner, und das Eisendrahtgewerbe florierte. Vitale Senigaglia hätte nicht zufriedener sein können mit sich und seinem Leben. Er hatte ein gutes Auskommen und eine arbeitsame Frau. Giuseppina hatte ihm in den zwölf Jahren ihrer Ehe sieben Kinder geboren, wovon fünf noch lebten, eine gesunde Horde, alles Jungen, die bald ins anpackende Alter kommen würden und ihm unter die Arme greifen könnten; Vitale war's zufrieden.

Besonders gefiel ihm Serafino, sein Erstgeborener. Der Neunjährige hatte ein stabiles Gemüt und war ihm wie ein gelehriger Schatten beständig auf den Fersen. Er lernte mit den Augen, und wenn er mit seinen Kinderhänden nach den Materialien des Vaters griff, so tat er dies nie unüberlegt, sondern wie ein Sachverständiger auf dem Gebiet des Drahtziehens. Wenn er es genau nahm, so war Serafino gar nicht sein Erstgeborener, vor ihm war noch Vitale junior gewesen, dieser aber hatte entgegen seinem Namen nur zwei Tage und drei Stunden gelebt, dann war er reglos und ohne einen Laut des Protestes von ihnen gegangen. Ein totes Kind in der Tannenholzwiege, das kam seine Frau Giuseppina hart an, Vitale musste darum bemüht sein, bald Ersatz zu schaffen. Ein Segen der Natur, dass sie beide so gesund und eben: stabil waren, so ließ die zweite Schwangerschaft nicht lange auf sich warten. Das einzige Mädchen, das Giuseppina gebar, Maria Giuseppa, starb dann aber ebenfalls an ihrem zweiten Lebenstag. Sie beschlossen, nicht aufzugeben. Bei ihrer dritten Schwangerschaft bestand Giuseppina darauf, das werdende Kind bereits vor seiner Geburt mit einem Namen zu bedenken, der Schutz verspräche: Serafina, wenn es wieder ein Mädchen sein sollte, und Serafino, wenn es ein Junge war. Und so kam Serafino zu ihnen, von allen Engeln dieser Welt beschützt oder auch nur von dem einen; und dieses Kind blieb ihnen erhalten.

In kurzer Folge gebar Giuseppina danach vier weitere zähe Jungen. Auch gut, so konnte man an Kleidern sparen, und auch sonst war vieles einfacher, wenn die eigene Kinderschar aus nur dem einen Geschlecht bestand, entschied sie. Und wenn alle so gefällig und pfiffig wie sein Serafino herauskommen würden, dann wäre einst auch ihr Lebensabend gesichert, fügte Vitale hinzu.

Vitale war ein Mann, der sich auf alles vorbereitete, was da je kommen könnte, Überraschungen waren seine Sache nicht. Und so händigte er seiner Frau regelmäßig das Geld aus, das er für die Familie auf die Seite gelegt haben wollte. Auf dass sie es in die hart mit Stroh und Werg gestopfte Matratze einnähte, da, wo die Naht schon sichtbar mehrfach aufgedröselt und wieder zugestichelt worden war.

»Bald werden wir ihm Schuhe kaufen müssen, und wenn er so weiterwächst, auch gleich die ersten langen Hosen.«

»Das hat noch Zeit, Peppa, wir wollen nichts übereilen.«

Giuseppina, Peppa, wandte sich der flachen Pfanne mit der Polenta zu. Im Blechtopf köchelten die Lammpolpette, es roch nach frischen Lorbeerblättern und Estragon, der von Vitale geliebten Mischung sizilianischer und bergamasker Küche. Ein Festmahl, ja, es ging ihnen gut.

Mit ihren bloßen Händen holte Giuseppina das Weißbrot aus dem Ofen, ihre vielen Schwielen machten jeden Topflappen überflüssig. Rasch legte sie den heißen Brotlaib auf die Anrichte, und schon drehte sie wieder mit der Holzkelle die Polpette in ihrer sämigen roten Sauce um. Das Ragout konnte noch eine Weile vor sich hin simmern, Zeit genug für Peppa, um den Tisch zu richten. Mit ihrer Schürze wischte sie die Kastanienholzplatte sauber und platzierte sieben Keramikschalen und sieben Löffel aus Blech. Dem Mann ein Stofftuch als Serviette und den Kindern die Becher, die sie Zia Clara letzten Winter, als das Leben hart war und Zia Clara dringend Geld für den Doktor benötigte, abgekauft hatten. Und schließlich die zwei bunt geäderten Kelche aus teurem Muranoglas, ein Hochzeitsgeschenk ihrer Eltern, das sie nur einmal im Jahr hervorholte, eben dann, wenn ihr Mann Vitale »sein Fest« feierte. Sie rieb sich die Hände am Schurz.

Peppa hatte früh schon ein runzeliges Gesicht bekommen, die Arbeit auf den Feldern, auf dem kleinen Hof und später in der eigenen Familie, hatte ihr immer viel abverlangt. Von Geburt an eher zerbrechlich, lernte sie, auf die Zähne zu beißen und durchzuhalten, bis ihr Knochengebilde, wie sie es selber nannte, zu einer Metallschnur geworden war, die einzig in Vitales Händen weich werden konnte. Ein Skelett aus Draht, das hält bis zum Sankt Nimmerleinstag, war ein Scherz, den sich ihr Mann ab und an, wenn er sich an sie schmiegte, erlaubte. Dann kicherte er wie ein Kind, und sie hatte Angst, dass sie erneut empfangen könnte, fünf von sieben war wirklich Glück genug, welcher Mensch hätte da noch mehr verlangt?

In der Kindheit hatte sie sich mehrfach Zehen, Knöchel und Schienbein an Steinen gestoßen, war gefallen und wieder gefallen und, sie konnte sich nicht erklären wie, hatte sich dabei etliche ihrer Knochen entzweigebrochen. Aber eine Zehe war nur eine Zehe, und, egal ob schief oder krumm, die würde schon irgendwie neu zusammenwachsen.

Als sie Vitale, diesen schlanken, überschaubaren Mann mit seinem verschmitzten Lächeln und der Ernsthaftigkeit auch, mit der er jeden Schritt einzeln auf den Boden setzte, das erste Mal sah, schämte sie sich keinen Moment für ihre krummen Füße. Sie warf die Zöpfe nach hinten und schnatterte munter drauflos. Irgendetwas über Polpette, und: Ihr Nordländer wisst ja nicht, was ein gutes Essen ist! Zusammen mit ihren Cousinen und Schwestern, den Zias und den Nonnas, war sie in der Küche eingeteilt, um für das Hochzeitsfest von Vitales Vater zu kochen. Er hatte in zweiter Ehe nach dem Süden hin geheiratet, und so kam es zu dieser einen Begegnung, die für die beiden jungen Menschen schicksalhaft war.

Vitale hatte seine frisch gewaschene Kappe noch lange vor der Brust gehalten, hatte diesem Mädchen, das da mit natürlichem Stolz und selbstbewusst gerecktem Hals, kanariengelbe Bänder in den Zöpfen, spottend vor ihm davongestolpert war, nachgeschaut: Diese oder keine, sein Beschluss stand fest.

Dass er dann nach einem scheuen Kuss auf den Mundwinkel und ein bisschen Händedrücken und einer einzigen hastigen Umarmung ganze zwei Jahre auf ihr Erscheinen vor seiner Haustüre oben im Norden, in Bèrghem, warten musste, machte ihm nichts aus. Sie war gekommen. Bewies, dass sie wusste, was es hieß, ein Versprechen einzuhalten. War eine wohlerzogene junge Frau, sparsam und patent, nicht so wie die Mädchen von heute – auch darum war er nun froh, dass seine fünf Kinder Buben waren, bei Mädchen konnte man ja seiner Ehre nicht mehr sicher sein. Aber Peppa, Peppina, war eine von alter Erziehung, eine, die Tradition hatte und den Mann nicht in Frage stellte, die zu ihm halten würde, selbst wenn es in der Drahtzieherei einmal nicht mehr so gut laufen sollte, Peppa würde einfach mit der Zunge schnalzen und weitermachen. So war sie: Einmal aufgezogen, lief sie bis in alle Ewigkeit.

All ihre kleinen Brüche und Gebresten hatten aus Peppa diese vorzeitig gealterte, drahtige Frau gemacht, die jetzt in ihrer Küche stand und nach den Kindern, nach dem Mann rief.

Und wie sie angestürmt kamen, aus allen Winkeln, vom Dach und aus der Scheune, vom Flüsslein oder vom Wald, eine Meute hungriger blonder Wölfe! Der gesamte Männerstamm Senigaglia war biondo, blond, und blauäugig mit dazu. Sie hatte oft genug damit zu tun, dieses struppige strohhelle Haar zurechtzuharken mit ihrem grob gezinkten Kamm, den alle fast mehr noch fürchteten als den Lausrechen mit seiner eng beieinanderstehenden Zinkenreihe, den Giuseppina einmal jährlich bei den Kindern zum Einsatz brachte.

Sie überprüfte, ob alle saubere Hände hatten, und schickte den einen oder anderen stracks nach draußen zum Quellbrunnen. Murren wurde mit lautem Schimpfen quittiert, und als auch der Vater endlich saß, saßen da mit ihm um seinen Tisch vereint fünf adrette, aufgeweckte Blondschöpfe und eine bedürfnisarme, brave Frau. Ihre grauen Strähnen hielt sie mit einem Kopftuch zurück, ihre Hände waren bis auf ein schlichtes Goldband um den Ehefinger unberingt.

Nach dem Tischgebet, einem denkbar kurzen, vom Vater hingemurmelten und von den Kindern ungeduldig abgewarteten Singsang, schöpfte Giuseppina zuerst dem Familienoberhaupt, dann den Söhnen ihrer Reihe nach auf. Zuletzt pflanzte sie auf den eigenen Teller einen Berg Polenta und grub mit dem Löffel einen kleinen See für die Sauce. Appetit hatte sie immer einen gesunden gehabt, und, so vermutete Vitale, ein gesundes Essen bringt gesunden Mut hervor, einen, der etwas aushalten kann, wenn es den Gürtel einmal enger zu schnallen gilt, einen, der langen Atem beweisen kann, der stetig ist und stetig bleibt, weil es der Mut der Anspruchslosen ist. Er hatte sich sein Nest gemacht und hätte nichts dagegen gehabt, für ewige Zeit und bis zu seinem jüngsten Tag hier zu bleiben. Er war immerhin dreiunddreißig, lange aufwärtsgehen konnte es nicht mehr, eine Weile noch geradeaus, das war alles, was er vom Leben verlangte. Und wenn ihm der Herrgott gut gesinnt war, gelänge ihm auch dies: vielleicht noch ein Zimmer mehr anzubauen oder zwei und den Stall auszubessern, so dass sie mehr als nur das mickrige Grüppchen von Schafen halten konnten und, ja, jüngere Hühner, die noch lange legten, und vielleicht doch einen zweiten Hahn, nur so zum Plausch, hui, das gäbe ein Erwachen!

Sie wohnten mit Sicht auf Bergamo Alta in einem kleinen Häuschen mit zwei Zimmern, einer Küche und einem solid gefertigten Steindach. Daneben befand sich der Schafkoben, der sechs bergamasker Hängeohrschafe, eines davon mit gefleckten Ohren, und einen weißen Bock beherbergte. Etwas hinterhalb, im Schatten des Hauses, kramten die Hühner in ihrem Schlag. Die meisten waren bereits alt und zäh, außer als Suppenhuhn nicht mehr zu gebrauchen, aber solange sie noch ab und an ein Ei legten, durften sie auch am Leben bleiben und den Boden nach Käfern aufscharren.

Vitales Schwager Alfonso, einer von Peppas Brüdern, der damals mit ihr den Weg fort von Sizilien angetreten hatte und hier, in Bergamo, geblieben war, hatte ihm heute in der Drahtzieherei von neuen Möglichkeiten oben im Norden gesprochen. Im preußischen Altena hätten sie mit der Entwicklung der Drahtzieherei gewaltige Schritte vorwärts getan, man war nicht mehr nur auf die Wasserkraft angewiesen, um die Ziehmaschinen anzutreiben, und es gäbe da sogar eigens Nähnadelfabriken, einen regelrechten Produktionskreislauf, und welch einen gewieften, wusste Alfonso zu berichten und wirkte dabei auf Vitale fast ein bisschen verschwörerisch.

»Ich werde mein Bündel nicht mit dir schnüren, Alfonso, falls du das meinst. Ich bin ein eingefleischter Bergamasker, und ich habe nicht vor, meinem Heimatland, dem Land, in dem ich das erste Mal Muttermilch getrunken habe, den Rücken zu kehren. Zumal für eine ungewisse Sache.«

»Dein Pech soll's nicht sein, aber ich sag's dir, Schwager, überleg es dir gut. Es können auch wieder schwierigere Zeiten auf uns zukommen, die Welt bewegt sich immer schneller, und dann hockst du plötzlich mit deiner Sippschaft hier und drehst Däumchen.«

»Wen hast du denn, der sich dafür verbürgt, dass es dort oben im Preußenland tatsächlich Arbeit gibt?«

»Diodato Virgilio ist nach dem Norden gegangen, und er ist jedenfalls nicht zurückgekehrt. Schickt seiner Mutter nun Pakete.«

»Das will nichts heißen. Diodato war schon immer ein Unspund, ein unsteter Bursche. Wer weiß, womit der seinen Lebtag fristet. Nein, nein, Alfonso, zieh dir ruhig deine Wanderschuhe an, mich lockst du damit nicht aus dem Haus. Ich habe hier doch alles, was ich will! Und wer weiß denn überhaupt, wie du auf die Wetter jenseits der Berge, im Norden, reagierst? Da ist dann plötzlich Schluss mit Sonne Tag für Tag. Man hört ja gelegentlich sogar von wetterbedingter Schwermut, die sich dort auf die Gemüter der Menschen legt und brave Familienväter und fleißige Frauen bereits in den Tod getrieben haben soll, Gott sei mit ihnen, nein, das ist mir zu ungesichert, bei so etwas mache ich nicht mit.«

»Na, was das Wetter angeht, habe ich meine Zähigkeit schon einmal unter Beweis gestellt. Oder glaubst du wirklich, das bisschen Gelb, das ihr hier oben habt, könnte sich auch nur einen Tag lang mit unserer sizilianischen Sonne messen?« Alfonso lachte.

Der Abend lief ab wie alle Jahre, er war Giuseppina und Vitale zur Tradition geworden. Nach dem Essen machte die

Frau den Abwasch, dann traten sie gemeinsam nach draußen und spazierten Hand in Hand im Abendsonnenlicht. Es war sein Tag, Vitales »Festtag«, nie würde er vergessen, wie er vor zwölf Jahren die Türe zu seinem damals noch gerade ein Zimmer umfassenden Häuschen öffnete und völlig unverhofft Alfonso mit der rotbackigen Giuseppina vor sich stehen sah. Sie war gekommen, um zu bleiben. Ein solcher Tag musste geehrt werden. Mit einem gebührenden Essen und einem Spaziergang nur zu zweit. Meistens war das auch der passende Zeitpunkt, um das anzusprechen, was man das letzte Jahr über vielleicht in sich zurückgehalten hatte oder, wie in Vitales Fall, auch nur einen halben Tag.

»Alfonso hat heute mit mir gesprochen. Er will weg, weiter hinauf in den Norden.«

»Ah.«

»Er meint, in Preußen gäbe es bessere Möglichkeiten, modernere Maschinen, Arbeit.«

»So, meint er das.«

Zwei, drei Schritte ohne Worte. Dann mit einer etwas tieferen Stimme wieder Vitale: »Er denkt nicht an die Nebel, an die dunklen Seiten.«

Ein undefinierbarer Laut aus Giuseppinas Mund.

Drei, vier Schritte ohne Worte.

»Ich glaube, für uns ist das nichts, wir bleiben besser hier, oder wie siehst du das, Peppa?«

Sie hielten bei einem mächtigen Nussbaum, der buschig grün umrankt und braun umwuchert war von allerlei Efeu-, Schling- und Kletterpflanzen. In diesem Baum erörterte allabendlich ein buntes Gemenge von Vögeln die Erlebnisse und Befindlichkeiten des Tages, so auch heute. Hier hob Giuseppina den Blick und schaute Vitale prüfend ins Gesicht. »Ecco, du bist zufrieden hier, Vitale?«

»Ja.«

»Dir fehlt es an nichts?«

»Nein.«

»Dein Nest ist also gemacht. Warum die ganze Mühe, es abzureißen und anderswo neu aufzubauen?« Dieser letzte Satz Giuseppinas war mehr eine Feststellung denn eine Frage. Und langsam, so, als ob er sich das grad eben überlegt hätte, begann Vitale in seinen offenen Hemdkragen hineinzunicken.

Der kleine Serafino, der hinter dem Hühnerstall mit einer an ihrem Bein festgebundenen Singzikade gespielt hatte, bis er sie halb flügellahm endlich fliehen ließ, hatte das Gespräch mitangehört. Und als sein Vater im Begriff war, nach drinnen zu gehen, seinen Vorderlader zu holen, um ein paar Spatzen für die nächsten Tage zu schießen, wuchs in dem neunjährigen Kind bereits der Wunsch, in jenen unbekannten Norden zu ziehen, wohin sein Onkel ging, dorthin, wohin seit neuestem auch ganze Gruppen von Frauen zogen, weil es mehr Arbeit und mehr Leben gäbe – ein Wunsch, bald schon fixe Idee, farbenkräftige Vision, verheißungsvoll und mit einer fast mystischen Kraft nach ihm winkend.

allein

Kassa, 1859

František Schön brauchte diese Zeit. Er hatte um zwei Tage nur für sich gebeten, und die Gräfin hatte sie ihm widerwillig und mit der einen oder anderen unüberhörbaren Bemerkung bewilligt. Zwar war er kein Leibeigener des Schlosses Csöke, aber es wurde dennoch nicht gern gesehen, wenn der berühmteste Frisuren- und Perückenmacher nicht uneingeschränkt zur Verfügung stand. Man konnte ja nie wissen, was kam. Oder wer. Es war schon schlimm genug, dass er zweimal im Jahr auf Reisen ging, aber nu ja, irgendwoher musste er die ganzen glitzernden und fließenden Attraktivitäten ja beschaffen, ach, es war ein Kreuz mit dem Personal.

František suchte als Erstes die Zvonárskastraße auf. Das Jiddisch, das allenthalben an sein Ohr schwappte, beruhigte ihn. Obwohl er nicht allzu viele Menschen hier mit Namen kannte, waren ihm ihre Gewohnheiten, ihr Sprechtempo, ja sogar ihre Mimik und Gestik im Innersten vertraut. Er hielt nach dem Rabbi Ausschau, halbherzig, denn eigentlich wusste er es besser, dass er den Rabbi am ehesten bei sich zu Hause antreffen würde und nicht müßiggehend auf offener Straße. Als Nächstes schlug er den Weg zum Friedhof ein. Dazu musste er die Stadt durchqueren. Es war Markt, das arhythmische Geschnarre und Geschnatter der Magyaren drang aus einem Haus zu ihm herüber, aus einer Kutsche grüßte lässig eine Dame mit der Hand. Zigeuner lungerten um die Stände herum, besprachen sich über irgendein Geschäft, wogen ab, blieben dann aber doch untätig und mit hängenden Armen aneinandergelehnt stehen. Jede Minderheit in diesem Vielvölkerstaat referierte, parlierte, schwadronierte im eigenen Idiom, Polnisch, Tschechisch, Kroatisch, Deutsch, Slowakisch, Ruthenisch, Rumänisch, Serbisch, Armenisch, Griechisch und natürlich Ungarisch, es war gut, dass František bei seinem Vater noch das Ungarische hatte erlernen können, so waren ihm doch ganze vier Sprachen vertraut: Jiddisch, Slowakisch, Ungarisch und etwas Deutsch.

Er schlenderte seinen eigenen Gedanken nach durch die Gassen. Aus dem Alžbety-Dom purzelten Familiendolden auf die Straße, die alten Frauen mit ihren Kopftüchern, die jungen herausgeputzt mit hohen Hüten, die Männer ausstaffiert mit geblümter Weste unter dem Gehrock, Zylinder und Stock, hakten sich beieinander unter, sprachen im Plauderton und fanden allmählich in diesen Tag. Mit einer leicht befremdeten Ehrfurcht schaute er an diesem Monument der Hochgotik empor, das Filigran erstaunte ihn immer wieder, die Türme und Türmchen stachen scharf in den blauen Himmel und zeigten unerschütterlich, wo Gott hockte. Nachdenklich umrundete František das fünfschiffige Bauwerk, das der ungarischen Schutzpatronin, der heiligen Elisabeth, gewidmet war. Trotz Bränden und Erdbeben stand der Alžbety-Dom unverrückbar und gewichtig seit seiner Grundsteinlegung. František fragte sich, was die Menschen heute zu feiern hatten.

Bereits ein, zwei Gassen weiter hörte man nicht einmal mehr das Echo der klappernden Damenschuhe. František fühlte sich mit einem Male unsichtbar und wie von einer Tarnkappe der Nichtzugehörigkeit geschützt; er betrachtete zärtlich Verliebte, wie sie sich im Schutze eines Maulbeerbaumes verstohlen küssten. Ein Paar zu sein schien ihm in diesem Moment das höchste Ziel, zugehörig zu sein, selbst die Stadttauben waren samt und sonders nur zu zweien unterwegs. Er ging allein. In Pastell gehaltene Greife, geflügelte Löwen, Drachen, Lindwürmer, Ornamente, ausgemalte Fresken, Medaillons und phantasievolle Karyatiden starrten ihm von den Brüstungen, Balkonen, Arkaden und Fassaden entgegen. Was František Schön an jedem anderen Tag künstlerische Inspiration für gewagte Postichekreationen gewesen wäre, war ihm heute nichts als wehmutsvolle Sicht wie bei einer Verabschiedung auf Nimmerwiedersehen. Jeder Blick war von einer Endgültigkeit eingefasst, die ihm das Schauen erschwerte.

Vom Alžbety-Dom her schlug der Klöppel an die Glocke, Klang für Klang ein weiterer Beweis Kassaer Glockenkunst – ein weiterer irreversibler Verlust. Vor dem Stadttheater standen ein paar Männer, die Hände in den Taschen oder auf einen Stock gestützt, den Hut in die Stirn gedrückt, um dem sanften Wind, der vom hohen Hügel herunterwehte, kein leichtes Spiel zu gewähren. Sie schwätzten, sie hörten einander zu, sie schauten sich um, sie waren ganz einfach da in einer Art und einer Form, wie es František Schön von seinem eigenen Dasein her nicht kannte. Diese Unbescholtenheit, diese Sicherheit, diese Rechtmäßigkeit.

Von den Hinterhöfen schlängelte sich Essensduft in die Straßen, die Arbeiterfamilien erholten sich von der Woche Werk. Durch Schlitze wurden Briefschaften in die hohen Holztüren eingelassen, bestimmt, so war František an diesem Tag überzeugt, schmachtende Liebesnachrichten. Eine Festtagsgesellschaft feierte unter den hohen Platanen, den Birken und den Eiben. Sie hatten orientalische Teppiche auf der Wiese ausgebreitet und lachten ohne Scham. Er wagte sich etwas näher heran und setzte sich dann auf einen kahlen Stein. Leicht vorgebeugt stützte er sich auf seine Knie, ließ die Tauben kommen, um ihnen zuzuschauen, und hatte überhaupt nichts zum Füttern dabei. Nichts, gar nichts, ging es ihm durch den Kopf. Eine schwarze mit einer einzigen weißen Feder im Schwanz tänzelte vor ihm her, plusterte das Gefieder und flog dann auf zu ihrem weißen Pendant in der Platane.

Es war nicht von der Hand zu weisen, er fühlte sich furchtbar allein. Mit seiner verbotenen Liebe zu einer Kassaer Aristokratin hatte er sich nicht gerade einen Gefallen getan, was die Gründung eines eigenen Hausstandes betraf. Es war ja völlig undenkbar, dass er als einfacher Posticheur und Jude eine angemessene Partie für Gräfin Csökes Jüngste sein könnte. Nie und nimmer, dieser Tag müsste erst noch erfunden werden. Aber dann hatte Alžbeta etwas zu ihm gesagt, das ihm noch immer in den Ohren hallte, wie eine Kassaer Glocke, die einfach nicht aufhören wollte zu bimmeln. Sie hatte zu ihm gesagt: »Wir wollen unseren Kindern gegenüber doch einmal zugeben können, dass sich unser Leben gelohnt hat. Wir wollen es doch lieber leben, als es nur erdulden.«

Das hatte ihn berührt, das gab keine Ruhe, das ließ ihn taubengleich davonfliegen mit seinen Gedanken, fort aus Kassa und über die Hügel und Wiesen von Oberungarn hinweg, die wie aufgeworfene Tischtücher kurz vor dem Glattziehen unter ihm lagen, und er flog, flog weiter in seinen Gedanken über das ganze Land und bis ans Meer, viele Teile der Weltkarte waren doch nichts weiter als weiße Flecken, was konnte man da nicht noch alles erfahren! Ja: erleben! Und wie recht Alžbeta doch hatte, das Leben war zum Leben da und nicht nur zum Erdulden! Schließlich hatten ja auch seine Vorfahren weite Wege zurückgelegt, bis sie an den Ufern des Hornád angelangt und hier fast so etwas wie heimisch geworden waren. Wenn er, nein, wenn sie zwei es tatsächlich wagen sollten, fortzugehen, dann würde er diese ganzen Hügel, Ebenen und Wälder und Felder, die Karpaten und die Tatra, die Schiefer- und die Tondächer und die gelben und grünen und weißen Blumenwiesen vielleicht nie mehr wiedersehen. Bestimmt nie mehr wiedersehen. Nun, dachte er, als er sich erhob, immerhin plante man jetzt ja schon eine Bahnlinie von Budapest via Miskolc nach Kassa hinauf; Europa, die Welt, entwickelte sich und rückte zusammen.

Zu Fuß war es ein ganzes Stück des Weges zum Friedhof vor der Stadt. František beeilte sich nicht, es war ihm so, als ob er alles, was seine Augen erblickten, nun zum letzten Male sehen würde. Er begrüßte jedes Ding und nahm zugleich Abschied davon. Die beiden Tauben gingen ihm nicht mehr aus dem Sinn: Wieso nicht einmal versuchen, zwei präparierte schnäbelnde Täubchen einer Dame ins Haar zu stecken? Fast schon erwachte in ihm die alte Schöpferlust. Die Sonne war gütig und der Wind ein Freund. Die Ruhe, die auf dem Friedhof herrschte, würde ihm die nötige Gelassenheit geben. Und mit der Gelassenheit, das wusste er, käme Kraft.

Eidechsen wuselten auf den Grabplatten umher, eine Kreuzotter verschwand rasch im Gras. Der Friedhof war an einem Waldhang angelegt. Ein magyarischer Friedhofswärter mit seinem großen Deutschen Hütehund bewachte die Anlage, in der er zweimal täglich seine Runden drehte. Geklaut war aber schon lange nichts mehr worden, auch die Ruhebänkchen, die sich alle paar Schritte fanden, waren heil geblieben, alles angenehm und gepflegt und fast einladend an diesem kostbaren freien Tag im Leben des František Schön.

Der Wind rauschte voller Versprechungen in den hohen Baumwipfeln, und weiße Wolken hingen über dem Wald, als er schließlich das Grab seiner Eltern erreichte. Ein Schmetterling saß auf dem Grabstein, zitterte mit den Flügeln und flog dann davon. František fühlte sich beseelt.

Er legte ein paar Kiesel, die er unterwegs aufgelesen hatte, auf die Grabsteine seiner Eltern, dann versank er in stumme Monologe.

Als er nach zwei Tagen wieder ins Schloss zurückmarschierte, wusste er sich noch immer keinen Rat. Wäre er nur ein reicher Kassaer gewesen, die Frage hätte sich ihm nicht gestellt. Aber er war, wer er war. Und das konnte doch nie gut genug sein für eine Alžbeta Csöke.

das Seismoskop

Livorno, 1859

Von ihrem spöttischen Trotz angestachelt, hatte Costanza die Türe fortan einen Spaltbreit für Lazzaro offen gelassen, sie wusste auch nicht, was sie dazu trieb, am ehesten noch das Gefühl des Triumphes, wenn ihr Mann, der Zwerg, mit seiner Kraft den Zenit erreicht hatte und nach einem jeweils immer gleich kurzen, immer gleich heftigen kleinen Schrei auf ihr zusammensackte und erschlaffte. Die gespannten Sehnen seiner Oberarme, die sie, hätte sie es gewollt, mit Ringfinger und Daumen leicht hätte umfassen können, wurden dann zu toten Schlangen, die zuckenden kurzen Beine, die so unangenehm gegen ihre Knie geschlagen hatten, gaben Ruhe, und es dauerte nur noch einen Moment, bis er sich tonlos erhob und ihr Bett, ihr Zimmer, sie, verließ.

Sein Streicheln über ihre Stirn nahm sie verbissen zur Kenntnis. Es war dies der einzige Moment, diese knappe Zärtlichkeit des Abschieds, der in ihr etwas zum Beben brachte. Ansonsten blieb sie Herrin der Lage, ansonsten blieb sie kalt.

Lazzaro hing eine unvernünftige Zeitlang noch der Idee nach, er könnte seine Frau mit Hilfe seines Einfühlungsvermögens erreichen, er spürte sehr genau, dass seine zwei Finger, die er regelmäßig zum Abschied über ihre Stirn gleiten ließ, wie Wasser waren, die den Stein vielleicht, ja, doch mit Sicherheit, zu höhlen vermöchten. Würde er nur lange genug aushalten, würde sie nur ein bisschen nachgeben. Würde es sein Schicksal nur für ihn bereithalten wollen, dieses eine ersehnte Glück. Er verweigerte sich seinen eigenen enttäuschten Gefühlen, die ihm da schon untrüglich das Nein entgegenhielten, er verweigerte sich der Ahnung, dass er über kurz oder lang ja doch wieder zu den Prostituierten der nahen Hafenstädte schleichen müsste. Sich zwar nicht auf eine herzensgütige Art lieben zu lassen, aber auf eine körperlich warme.

Um weder sich noch seiner Frau Unannehmlichkeiten zu bereiten, bediente er sich der bewährten Tiermembrane. Damit schützte er sich vor der gefürchteten Franzosenkrankheit, der Syphilis, und auch vor ungewollten Fremdschwangerschaften, was nur Ärger und neues Leid für sie alle bedeutet hätte.

Costanza ahnte nichts von seinen Seitensprüngen oder wollte ganz einfach nichts davon wissen. Mit der Zeit lernte sie ihren Mann durch diese nächtlichen Besuche besser kennen. Sie bekam auch ein Bild davon, wie sein Gehänge da unten aussehen mochte, obwohl sie sich beharrlich weigerte, ihren Blick dorthin zu lenken. Und sie bekam eine weitergefasste Idee des weiblichen Körpers und damit von sich selbst. Sie betrachtete sich nun nicht mehr so sehr als das vom Vater verstoßene unannehmlich große Kind, sondern als eigenständigen Menschen mit Möglichkeiten. Sie spürte ihre plötzliche Macht, wenn sie ihrem Mann Lust bereitete durch eine unverhinderte Bewegung oder einen Ton, und sie behielt die Fäden fest in ihren Händen, eine Grausamkeit, die sie zu genießen begann, auch wenn sie sie nur selten anwandte.

So also waren die Männer. Ob ihr eigener Vater solches auch mit ihrer Mutter angestellt haben mochte? Ihre Mutter, dieser ewige Schatten, der im Haus von Zimmer zu Zimmer huschte in der hehren Absicht, nicht gesehen, nicht gehört zu werden, inexistent zu sein. Und ihre Tanten! Keine hatte sie auf diese Ungeheuerlichkeit vorbereitet, keiner war es auch nur einmal eingefallen, ihr, dem Giraffenkind von sechzehn Jahren, auch noch so etwas wie Wissen über die Ehe mit auf den Weg zu geben. Aus den Augen, aus dem Sinn. Da war sie nun und lernte.

Der unaufhaltsame Fortschritt seiner Gerberei brachte es mit sich, dass Lazzaro seine Frau des Öfteren alleine lassen musste. Er hatte mittlerweile neben seinem eigentlichen Gerbgewerbe noch eine Fabrik zur Lederverarbeitung eröffnet. Nun beschäftigte er nebst den normalen Arbeitern auch von weit her gereiste Spezialisten im Sämischgerben, Rotgerben und sogar drei russische Pelzzurichter. Seine Abnehmer fand er nah und fern, auch in den umliegenden Ländern wie Böhmen, Mähren, Serbien, Rumänien; vom Königreich Italien bis in die Schweiz sogar reichten seine Handelsbeziehungen.

Einmal, sie waren seit bald vier Jahren Mann und Frau, kam Costanza ihn in seiner Fabrik besuchen. Es war dies das erste und einzige Mal überhaupt, dass sie so etwas wie Interesse an seiner Arbeit, an ihm, zeigte. Er war hocherfreut über den Korb mit Essbarem, den sie mitgebracht hatte, und nahm ihn ihr aus der Hand mit der Galanterie eines frisch Verliebten. Er führte sie mit gestrecktem Rücken an seinem Papageienstock durch die Hallen, zeigte ihr die mächtige Dampfmaschine und die Gerbfässer, lachte über das Leinentaschentuch, das sie sich vor Nase und Mund gepresst hielt, und war in seinem Element. Seine giraffengroße Frau folgte ihm auf Schritt und Tritt, lauschte seinen Ausführungen, und manch einer seiner Arbeiter verkniff sich einen Pfiff, als sie mit ihren gerafften Kleidern an ihm vorüberrauschte. Sie blieb länger als erwartet, länger als erhofft, und als er von einem Entfleischer zur Abbalgerei gerufen wurde, ließ er sie sogar frei herumspazieren zwischen all den schwitzenden und dampfenden Männern und Maschinen. Hin und wieder beobachtete er sie aus dem

Augenwinkel, wie sie mit diesem oder jenem ein paar kurze Worte, einen freundlichen Satz wechselte. Er ließ sie gewähren, ichbewusst und glücklich erfüllt, und wenn sein inneres Gefühl in Längen gezählt hätte, so wäre er an diesem Tag um Köpfe gewachsen.

Für einmal in seinem Leben fühlte er sich alles überragend.

Nur als sie sich etwas zu lange bei den Kadaverbottichen aufhielt, jagte ihm sein siebter Sinn eine dumpfe Ahnung heiß durch die Adern, und er ging rasch zu ihr hin, sie mit ausladenden Schritten dort wegzuführen: »Das ist viel zu gefährlich, meine Liebe. Böse kleine Stäbchen, Bacillus anthracis, lauern hier und können dich befallen. Komm, Liebes, sag, willst du noch eine Lagerhalle sehen?«

Ihr Interesse an den möglichen Krankheiten und Seuchen, an den verwendeten Chemikalien, ja sogar an den verschiedenen Holz- und Rindengerbstoffen, wie Kastanien- oder Eichenholz, Mimosa oder Sumach, irritierte ihn nur kurz, sein Seismoskop versagte einmal mehr.

Und das ausgerechnet da, wo es ihm am wichtigsten war.

Verlust

Kassa, 1859

»Aber er ist Jude!«

»Sind wir das nicht alle irgendwie ein bisschen, Mutter?«

»Alžbeta!«

»Wenn man weit genug zurückschaut, stammen doch die meisten Menschen von den Juden ab.«

»Du liest zu viele Bücher!«

»Gerade in der Literatur! Heinrich Heine oder …«

»Schweig! Du bringst Schande über unser Haus!« Ihre Mutter kreischte. Und sie kreischte für zwei, das stand ihr zu als Strohwitwe.

Einst war Viera Csöke froh gewesen um ihren Mann, aber heute war er ihr nur noch eine Last. Interesselos an allen Familienbelangen, verbrachte dieser Naturschwärmer die meiste Zeit auf der Jagd, auf anderen Schlössern oder Ländereien oder sogar in weit entfernten Gegenden auf wahnwitziger Schmetterlingspirsch. Sie wusste, sie hatte mit dieser Sache allein fertig zu werden; manchmal zweifelte sie sogar an seinem Verstand.

Wieder allein in ihrem Zimmer – Alžbeta hatte ihr Gemach verlassen, nicht ohne die schwere Eichentür wuchtig ins Schloss fallenzulassen, wo der Nachhall noch immer brummte –, setzte sich die Gräfin erschöpft auf ihren Frisierstuhl. So weit war es also mit ihrer Familie gekommen. Der eigene Mann auf unbestimmt verreist, die ersten sechs Töchter in andere Herrschaftshäuser verheiratet, und zurück blieb nur sie, sie allein mit dieser aufmüpfigen und jetzt schandbaren Alžbeta. Wie konnte eine Frau ihres Alters, und eine Frau war sie jetzt ja unbestritten, so schrecklich unbedacht handeln? Sich mit einem Posticheur einlassen … ihrem Posticheur.

Sie betrachtete sich müde im dreiteiligen Spiegel, dann hob sie die Perücke vom Kopf. Wo waren nur die jungen Jahre geblieben? Wo die Kultur, der Anstand, das, was man doch hätte bewahren wollen, bewahren sollen? Unter ihren Augen hatten sich hässliche Krähenfüße eingekratzt. Die von papierner Haut tapezierten Wangen hingen ihr schlaff im Gesicht herunter, der schmale Mund ein beinahe unsichtbarer Strich. Mit den Jahren des Erduldens und Erdauerns waren ihr die Lippen irgendwie abhandengekommen, wie Attribute, die niemand mehr brauchte, auf sie hörte ja doch niemand. Ob ihre anderen Töchter glücklich waren? Zufrieden zumindest? Wohl versorgt. Aber was Alžbeta da anzettelte in ihrer Inkonsequenz und Selbstverliebtheit, konnte ja nur in einer Tragödie enden. Man würde den Posticheur vom Hofe jagen müssen. Definitiv.

Und was würde dann aus ihr? Ihre dürren Schnakenärmchen bewegten sich kantig nach oben, eine schmale Hand kam wie vom Himmel gefallen und betastete mit knochigen Fingern die kahlen Stellen. Die Gräfin seufzte. Sie hatte immer geahnt, dass ihr dieses Kind einmal Unglück bringen würde. Sechs Kinder gebar sie, ohne zu jammern, einzig dieses letzte eine hatte sie an den Talgrund ihres Verstandes gebracht. Der Arzt war genauso davon überzeugt gewesen, dass sie diese Geburt nicht überleben würde, wie sie selbst. Das Kind war irgendwie verdreht in ihrem Bauch gelegen und hatte gestrampelt und sich gewehrt mit beiden Beinen. So, als hätte sie es sich anders überlegt unterwegs und nun noch etwas länger in ihrer Mutter Wasserbett verbleiben wollen. Und auch ihre ganze Kindheit über hatte Alžbeta dieses Schloss in Aufruhr versetzt, die Kinderfrau hatte mehrmals um Erbarmen gebeten – ach, man hätte Alžbeta weit weg zu einer Ziehfrau geben sollen –, wenn sie sie wieder einmal die Treppen auf und ab jagen musste.

Alžbeta war so ganz anders als sie, wie nicht von ihrem Blute. Vielleicht war das ja deshalb passiert. Vielleicht hatte ihr irgendein böser Geist dieses Kind unter die Brust gelegt, vielleicht war es eine Strafe dafür, dass sie so unbedingt einen männlichen Nachkommen haben wollten.

Sie, Viera, hatte ihr Leben doch stets konform und etwa nicht auch anspruchslos gelebt. Ach, was war sie doch für eine hübsche Braut gewesen damals! Nicht von der aufdringlichen Art, wie sie die Bräute mit ihren reizbetonenden Korsagen heutzutage so gerne zur Schau trugen, nein, von einer ganz natürlich reizvollen, weil zurückhaltenden Art, aber wissend, wissend um den kostbaren Dienst, den sie ihren Eltern mit dieser Heirat erwies. Geld zu Geld, und du wirst nie um etwas bitten müssen. Und jetzt war Alžbeta im Begriff, das alles von sich zu werfen. Fortzuschleudern ihr Glück.

Mein Gott, mein Gott. Grundgütiger.

Vor ihren feuchten Augen trat plötzlich eine Spiegelung auf, sie sah sich zurückversetzt in die Zeit, als sie als junge Gräfin Csöke, geborene Lasslob, über die weiten Ländereien kutschiert worden war, zu dem Mann, den sie fortan ihren Gemahl würde nennen dürfen. Sie in ihrem weißen Tüllkleid mit der taubengrauen Schlaufe unter der Brust und dem himmelblauen Blütenkranz, der sich durch ihr Haar zog, und die runde Sonne am Himmel oben, die dieses Glück mit heißen, gleißenden Strahlen guthieß. Was war sie aufgeregt. Und was war sie gehorsam. Sie wusste, dass sie das Rechte tat, als sie mit ihrem halben Besitztum oder etwas mehr auf Schloss Csöke Einzug hielt. In ihren Truhen befanden sich nicht weniger als vierzehn feine, wadenlange Chemisen, eine lieblicher verziert als die andere, sieben hauchzarte Hemdkleider, fünf Nachthemden und drei Schlafröcke, diverse Mieder und unzählige Unterkleider sowie Morgenhauben, acht aufwendig gearbeitete federleichte Mousselinkleider – und es stimmte gar nicht, dass diese »nackte Mode« zur Mousselinkrankheit führte, die Schwindsucht hatte es zuvor ja schon gegeben, alles nur Hirngespinste von weniger begüterten Menschen, die neidisch auf die Pariser Neuheiten schielten – und ein Armvoll Ballkleider mit abgesetzten Schleppen, Dutzende Schachteln mit Seidentüchern, Schals und Federn, vier Roben mit kurzen Ärmelchen und acht mit langen, eine winzige Weste, betresst mit feinster Chinaseide, Silbergespinst und Korallenbesatz, drei verschiedene Morgenmäntel, ein paar Dutzend Schnupftücher und Schärpen ohne Ende. Zudem die gesamte Reitausstattung, Stiefel, Rock, Weste, Handschuhe, Hut, Gamaschen aus marmorgemasertem Leder. Bestickte Reticules noch und noch, einen griechischen Peplos, auf den sie damals besonders stolz war. Einen Kaschmirschal und sogar einen englischen Redingote aus bester Kaschmirwolle konnte sie ihr Eigen nennen! Im Weiteren helle und dunkle fellverbrämte Handschuhe. Und Schuhe! Schuhe! Schuhe ... mit glanzvollem Satin überzogene Ballschuhe! Lederschuhe, maßgefertigt! Ach ja, und die Pelzmuffs, die Fächer und all die anderen nützlichen Dinge, die man als junge Regentin auf einem Schloss so dringlich brauchte: Strümpfe, Schmuck und Kopfputz wie die schneeweißen Albino-Pfauenfedern, die damals so begehrt waren!

Sie hatte nicht gefragt, aufbegehrt oder gar nein gesagt, als der Tag für sie gekommen war, ihren Schritt in der Erbfolge zu tun. Aber Alžbeta. Alžbeta.

Ach. Kurz nach ihrer Geburt hatte das Übel eingesetzt. Wie ein böses Omen. Sie hätte es wissen müssen, das Kind bringt nichts als Unglück über unsere Häupter.

Die ersten Haare fielen Viera da bereits in Büscheln aus. Da war keine Vorwarnung gewesen, nichts, was darauf hingedeutet hätte, dass die Gräfin Csöke plötzlich kahl werden würde. Hundert Bürstenstriche am Morgen und hundert Bürstenstriche am Abend, hatte sie denn nicht immer alles getan, was schicklich war? Was Pflicht war? Nein? Die Haare fielen ihr also in Büscheln aus, und nichts, keine der unzähligen Haartinkturen, die Doktor Slota, dieser Quacksalber, geschäftstüchtig vorbeiweibelte, hatte das Unheil verhindern können. Oder auch nur aufhalten. Viera Csöke verlor nicht nur läppische achtzig oder verschmerzbare hundert Haare am Tag, nein, sie verlor Tausende vor Gram ob der Unartigkeit dieses jüngsten Kindes. Die Zofe hatte sie schließlich alle gezählt. Zuerst war es nur eine kleine, mondrunde Lichtung, die sich an ihrem Hinterkopf abzeichnete, dann aber wurden es schnell ganze Krater, die sich in der Landschaft ihres sonst so glanzvollen Haupthaars auftaten! Dass ihre Fingernägel zur selben Zeit rau und rillig wurden, hätte sie ja noch verkraften, mit ihren schlanken ärmellangen Handschuhen elegant wegverstecken können, aber die kahlen Stellen auf ihrem Kopf konnte ihre Frisierdame nicht länger kaschieren. Da half nichts, sie musste ihren Mann ins Vertrauen ziehen. Und dieser, weitgereist und weltgewandt, tat für einmal etwas Nützliches und ließ einen Posticheur aufs Schloss kommen. Einen wohlgelittenen Juden mit seinem adoleszenten Sohn. Ein geschickter Mann in seinem Fach und umsichtiger Lehrmeister für seinen Jungen, František. So dass dieser seiner Tage einmal den Vater noch übertreffen sollte in der Kunst des Haaremachens.

Diese Canaille. Jetzt war der doch tatsächlich auf den Lockruf einer tadeligen, frustrierten Adelstochter hereingefallen. Ja, sollte denn diese sturköpfige, ichsüchtige und wie ihr Vater grad ebenso nutzlose Tochter Alžbeta ihr, der Gräfin, diesen wunderbaren Menschen entreißen? Wie kaltherzig konnte eine Tochter gegen die eigene Mutter sein? Wie ungemein rücksichtslos und kalt?

Viera schauderte.

Engel und Pferd

Bergamo, 1859

Serafino besaß seit seinem dritten Lebensjahr ein hölzernes Nachziehpferd, naturecht geschnitzt und farbig gefasst, an den Ohren und an der Schweifrübe schon etwas abgestoßen und am Brustgeschirr zerkratzt, aber dennoch: Serafino war Herr über einen Schatz. Dieses Spielzeug, das er ebenfalls Serafino nannte, war sein Ein und Alles. Echtes Pferdehaar hing ihm bis an den Fesselkopf hinab als Schweif und als Mähne. Dass die angestaubten schwarzen Zotteln nur schlecht zu den braunen Flecken auf dem weiß bemalten Körper passten, kam ihm nicht in den Sinn. Für ihn war Serafino-Pferd das schönste Schmuckstück, der größte Schatz überhaupt. Seine Hufe schwärzte er regelmäßig mit Kohlestückchen, und Schweif und Mähne wusch er einmal wöchentlich im Bach. Um das Pferd schön glänzend zu halten, schmierte er es mit Paraffinöl ein, wann immer er einiger Tropfen habhaft wurde.

Vitale, der seinerseits sehr geschickt und erfinderisch war, wenn es darum ging, aus alt neu zu machen, aus den noch so kleinsten Resten etwas Brauchbares herauszupressen, beobachtete mit Wohlwollen das Treiben seines Ältesten. Um das Nachziehpferd schneller werden zu lassen, hatte er aus getrockneten Kastanien und einem Stückchen Draht fünf Räder gefertigt, die das Brettchen mit dem Pferd nun antrieben und recht gut im Gleichgewicht hielten, wenn er an der vorgespannten Schnur zog.

Eines Abends brachte ihm der Vater etwas Farbe mit nach Hause und zeigte ihm, wie er weiße Punkte auf das Halfter malen konnte, um Silberbeschläge zu imitieren. Ganz verzückt von dieser neuen Möglichkeit, zeichnete der Junge noch etwas Schaum vors Maul des Gaules und zog das Weiß der Augäpfel nach. Zufrieden mit seinem Werk, galoppierte er mit dem Spielzeug einmal ums Haus herum, stellte es dann zurück in die Küchenlade der Mutter, wo Serafino-Pferd neben Mehl, Mais und Grieß seinen Futterplatz hatte und wo er auf seine nächsten Ausflüge warten musste.

Aber egal wie friedvoll, ruhig und selbstvergessen Serafino bei der Ausübung einer handwerklichen Tätigkeit auch sein mochte, so konnte er in der Schule nicht einen einzigen Gedanken an den andern reihen, geschweige denn sich vernünftig benehmen. Ordnung und Sauberkeit, zwei der Attribute, die sich die moderne Schule dieser Tage auf die Fahne geschrieben hatte, brachte er zwar anstrengungslos auf, aber beim Gehorsam und beim Fleiß haperte es beträchtlich. Mehr als einmal hatte der Dorfschullehrer Vitale nach dem Kirchgang darauf angesprochen, dass sein Ältester, il grande biondo mit dem engelsgleichen Flatterhaar, im Unterricht eine gesundheitsschädigende Einstellung zum Schreiben hatte. Nicht nur, dass seine Körperhaltung zu wünschen übrig ließ, auch an Selbstbeherrschung mangelte es dem Neunjährigen. »So schlimm kann es nicht sein, oder, Maestro?«

»Kommt darauf an, Vitale, kommt ganz darauf an, was sich daraus noch entwickeln mag.« Und dann unkte der Lehrer von allerlei Schäden an Körper und Geist, die ein junger Mensch genau in dem Alter, in dem sich Serafino befand, nehmen könne, wenn er den hehren Geboten der Schulgesundheitspflege nicht fromme, zumal diese auf den neuesten Erkenntnissen basierten und in keinem einzigen Punkt wissenschaftlich in Zweifel stünden. Vitale nickte sein bekanntes In-den-Kragen-hinein-Nicken und bemühte sich, das eigene Schritttempo zu drosseln und sich den gewichtig behäbigen Schritten des Lehrers unterzuordnen. Keine Frage, das war eine höhere Autorität, die zu ihm sprach, da tat man schon gut daran, zuzuhören und möglichst viele der gesprochenen Worte zu verstehen. Ab und zu hatte Vitale ja selber seine Mühe damit, den Ausführungen gebildeter Leute zu folgen, dann wurden seine Hände und Füße unruhig, und in ihm begann ein Kribbeln und ein Krabbeln die Blutbahnen hinauf und hinab. Aber dennoch, es ging hier um die Zukunft, um die Schicklichkeit und um das Seelenwohl von ihnen allen. Also bemühte er sich redlich und spitzte die Ohren, als der andere einmal mehr in einer Art pädagogischer Besessenheit seine Litanei über die Unerlässlichkeit einer korrekten Schreibstellung herunterbetete: Beide Füße mit flacher Sohle auf das Fußbrett stellen; Oberschenkel so platzieren, dass sie mit dem größeren Teil ihrer Länge auf der Bankfläche aufliegen, Kantensitzen oder gar Schaukeln verweichlicht den Geist; den Oberkörper nur gering nach vorne neigen und sich nicht an die Tischkante anlehnen; den Kopf gerade halten, das Kinn in gesunder Höhe mindestens eine Handbreit von der Brust entfernt, mindestens, Vitale!; alsdann die Schultern in gleichlaufender Richtung mit der Tischkante halten, keine höher als die andere; und schließlich soll der linke Vorderarm ganz und der rechte wenigstens mit seiner vorderen Hälfte auf der Tischplatte liegen.

»Aber sehen Sie«, wagte Vitale einen Einspruch, »da haben wir ein Problem: Serafino benutzt für alle seine Arbeiten, bei denen es auf Genauigkeit und Ausdauer und Reinlichkeit, wie Sie sagen, ankommt, seine linke Hand. Eine Angewohnheit, die ich übrigens auch habe, sehen Sie, meine linke Muskulatur ist viel stärker ausgeprägt als die rechte –« Weiter kam er nicht, denn schon erhob sich die Stimme des Lehrers zu einem kurzen eifrigen Crescendo: »Nein, nein, nein, aber nein, Vitale! Die linke Hand ist eine unreine Hand! Ich bitte dich dringlich, diese schädliche Angewohnheit schnellstens zu unterlassen und so deinen Söhnen ein gutes Vorbild zu sein.«

Vitale wusste zwar nicht, wie er das hätte bewerkstelligen sollen, nickte aber dennoch, was sonst hätte er tun können. Seine eigene Schulzeit war ihm noch zu gut in düsterer Erinnerung, Handtatzen waren die eindeutig mildere Variante, zumeist hagelte es für ihn Stock- oder Rutenschläge, oder er musste stundenlang auf einem schmalen Holzscheit knien, wenn er gedankenverloren den Stift in die falsche Hand genommen hatte. Überhaupt überkam Vitale immer dann ein Gefühl der Verlorenheit, wenn er an die Schule zurückdachte oder mit dem Lernverhalten seiner Söhne konfrontiert wurde. Und dabei hatte er nie wie einige kecke Schulkollegen der Unart gefrönt, das Geschriebene hinter dem Rücken des Lehrers von der Schiefertafel zu löschen oder, schlimmer noch: Fratzen auf den schwarzen Stein zu kritzeln. Sein Serafino war bestimmt ein braver Junge, seine Arbeitsgerätschaften hielt er tadellos beisammen in einem kleinen Holztornister, aber es war nicht von der Hand zu weisen, dass er eben doch an derselben Unzulänglichkeit krankte wie sein Vater. Allein, das machte ihm seinen Serafino noch liebenswerter, es war eine fugenlose Zuneigung, die er zu allen seinen Söhnen empfand.

Das hätte er dem nun sanft lächelnden Maestro nicht sagen können, vermutlich war dieser sogar ausgesprochen zufrieden mit seiner Rede, hatte er sich doch wieder einmal in aller Länge mitteilen können. Und doch, er musste es ja wissen. Vitale war hin und her gerissen.

Serafino kannte während der Jahre seiner Kindheit kein Gefühl von Misstrauen. Sein Weltgefüge war ein festes, geordnetes. Da war seine Mutter mit den ausgewaschenen Kopftüchern, da war sein Vater mit den magischen Händen, von denen er so vieles abschauen konnte. Da waren der

Zio und die Zia, Onkel und Tante, mit allerlei Vettern und Basen, die in Alzano Lombardo wohnten. Und schließlich seine vier kleinen Brüder, die ihn allesamt vergötterten. Einmal im Jahr gab es Lammpolpette, hin und wieder auf dem Rost gebratene Spatzen. Die Quelle hinter dem Haus lieferte kristallklares Wasser, das beim Baden immer so herrlich den Bauch kitzelte, und der einäugige Hahn verteidigte die spärlichen Eier der Hühner mehr als diese selbst. Was hätte ihn da je beunruhigen können? Und doch war seit dem belauschten elterlichen Gespräch über den Norden eine Sehnsucht in ihm erwacht, die ihn an den Entscheidungen der beiden zweifeln ließ. Er fühlte sich erhaben und unglücklich zugleich über die Erkenntnis, dass seine Eltern vielleicht ja doch ein bisschen zu wenig mutig waren. Zu wenig abenteuerlustig. Zu simpel. Und was wäre, wenn Zio Alfonso recht behielte und die Arbeit in Bergamo plötzlich knapp würde, weil die Preußen – Prussia, dieses Wort klang für ihn wie Gold und Silber zugleich – sie mit den besseren Maschinen einfach vom Spielbrett der Welt putzen würden?

Was dann? Wenn seine Eltern schon nichts unternahmen, so müsste zuwenigst er vorausschauend sein. Er war Serafino der Erste, er war neun Jahre alt, und es war allmählich an der Zeit, Verantwortung zu übernehmen.

Zusammen mit Serafino-Pferd schichtete er Pläne und Phantasien übereinander wie Scheite in einem Kamin, die sein Ungestüm, etwas zu erleben und in seiner Familie, ja, in ganz Bergamo, Wichtigkeit zu erlangen, anfeuerten. Das schlechte Gewissen überkam ihn immer abends, wenn seine Eltern ihn zu Bett brachten und mit ihm und den Brüdern das Nachtgebet sprachen und er sturzmüde vom Tage seinen Geschwistern kopfvoran entgegenrollte, bis sie in trauter Brüderlichkeit einschlummerten. Dann fühlte er sich schaurig unentschieden zwischen seinem Kindsein, dem kindlichen Vertrauen und dem Drang, eigene Wege zu beschreiten. Er wollte nicht gescheiter sein als seine Eltern. Er wollte zu ihnen aufschauen. Aber wenn sein Vater nun einmal ein coniglio war, ein Angsthase, dem es an Beherztheit und Vorstellungskraft mangelte, und nur er, Serafino, den Ruf vernommen hatte? Wenn er der Prophet wäre, der die Familie zu neuen Ufern führen sollte? Alfonso hatte es getan, er war gegangen, wieso also nicht auch er?

Hals über Kopf

Kassa, 1859

Als František Schön zurück ins Schloss kam, eilte ihm eine Zofe der Gräfin mit fliegenden Zöpfen entgegen. Ihre Schürze flatterte wie ein zuckender Muskel vor einem Krampf. Es sei etwas ganz Schreckliches geschehen, er habe sich unverzüglich in den Gemächern der Gräfin Csöke einzufinden.

František überreichte ihr seinen runden Filzhut, ohne den er keinen Schritt unter freiem Himmel tat, und begab sich auf, wie er vermutete, seinen Büßergang. Unterwegs fielen ihm erneut die vielen Katzen auf, die überall herumtollten, an Samttroddeln kauten oder am edlen Rosenholz der Tischchen ihre Krallen wetzten. Ein Graus. Wo man hinblickte, ein Schwanz, eine Pfote, ein Ohr zu viel, und all die toten Mäuse, die sich unter den Teppichen häuften und platt gedrückt darauf warteten, von einem Bediensteten entdeckt und weggeschafft zu werden. Seit der Graf nicht mehr im Hause war, verkamen die Sitten, Verrohung allüberall. Und beim Adel war Verrohung etwas vom Abscheulichsten. Gerade hier, wo nach außen hin das Gesicht gewahrt werden musste. Aber damit wäre es ja nun ohnehin vorbei. Und er war schuld, er ganz allein. František war bereit, alles zu ertragen, was nun folgen würde. Man würde ihn schon nicht töten, exilieren ja, aber nicht töten. Teeren und federn …, in ein Fass stecken und den hohen Hügel hinab bis in den strudelnden Hornád rollen …

Gräfin Csöke stand ohne Perücke in ihrem Zimmer, halbfertig angekleidet und auch ohne Schuhe an den Füßen. In all der Zeit hatte er noch nie bemerkt, wie lang ihre Zehennägel waren, fast so wie die Krallen ihrer Katzen.

»František, Lieber!«, säuselte sie. Eine Begrüßung, mit der er nun gar nicht gerechnet hatte.

»Gräfin«, er verbeugte sich etwas zu tief, so dass er seines leichten Haltungsschadens wegen beinahe das Gleichgewicht verlor und einen Fangschritt tun musste.

»Schau mich an, lieber František, Künstler, Virtuose deines Faches, schau mich an, und sag mir, was du siehst!« Was war das wieder für ein Spiel? Sollte er sich darauf einlassen? Wie weit konnte er gehen? Flüchtig ließ er seinen Blick über die Neunundsechzigjährige gleiten. Ihr Unterhemd war nur nachlässig zugeknöpft. Durch den leichten Gazestoff schimmerten dunkel – konnte das wirklich sein? – flächig ausgedehnte Brustwarzen. War diese Greisin jetzt vollkommen übergeschnappt?

»Sag mir, was du siehst!«, wiederholte sie in aller Seelenruhe. Draußen schrie ein Pfau. Der Wind zupfte am Vorhang. In der Luft lag ein herber Geruch nach Tannenholz, das die Gräfin zu jeder Jahreszeit in ihrem Hauptgemach glühen hatte. In ihrem hohen Alter und aufgrund des fehlenden Fettes, das ihr das Herz warm hätte polstern können, war dies nicht weiter verwunderlich. Zudem konnte sie als Gräfin tun und lassen, was sie wollte. Auch das Vermögen ihres Mannes verprassen, wenn es ihr beliebte. Proteste pochten durch Františeks Kopf, aber er blieb um Worte verlegen. Die Gräfin, die offenbar Spaß an ihrem kleinen Ratespiel bekommen hatte, verzog die Fadenstrichlippen zu einem grauenvollen Lächeln, so dass František all ihre wackeligen Zähne entgegenbleckten, dann singsangte sie: »Warte, ich helfe dir. Sag mir also, lieber František, was du nicht siehst! Was fehlt hier?«

Er schaute sich um. In der dunklen Nordecke des Raumes sah er den Schaukelstuhl aus Kirschbaumholz mit seinem zerfetzten Rohrgeflecht. Daneben die Reisetruhe aus Nuss, bei der die Einlegearbeit aus Eibenholz gefertigt war, lauter Tiere, die unter den vielen Kratzspuren kaum mehr zu erkennen waren. Vor dem Damenschreibtisch einen Stuhl mit ebenfalls angegriffenem Schilfrohrgeflecht, passend zum Schaukelstuhl. Schräg hinter der Gräfin ihr nach eigenen Entwürfen geschnitztes und bemaltes Himmelbett mit dem orientalisch anmutenden Baldachin, blau gefärbtes Leinen von hellem Seidentüll umschmeichelt, den er selbst ihr noch beschafft hatte. Ein moderiger Geruch stach ihm in die Nase, und er wandte sich ab. Betrachtete forschend die bejahrten Wände, jede anders, jede üppig verziert, als fielen dort tatsächlich Girlanden von Blüten herab. An der Südwand angelehnt der präsentable Kleiderschrank mit den kunstfertigen Intarsien, Bein in Nussbaum, und einem meisterhaften Beschlagwerk aus silbernen Seepferdchen, Muscheln, Kranichen und Sternen. Still und statisch die eiserne Geldtruhe gleich daneben und daran anschließend wiederum die Truhe mit den Stoffen. Alles da. Auch der Kachelofen und die vor Ewigkeiten gesprungenen Kacheln oben in der Ecke, bemalt mit biblischen Szenen. Unverändert auch die schweren Orientteppiche mit ihren symmetrischen gelb-lila Mustern, das elfenbeinfarbene Sofa mit den geschnitzten vergoldeten Rosenzöpfen, wackelig auf filigranen Beinen. Der Samt sieht auch schon reichlich verschossen aus, dachte František bestürzt, und seine Blicke glitten weiter über die bestickten Kissen aus Wildseide, noch einmal eine Panoramasicht rundherum, auf und ab über all die nutzlosen Gegenstände verblichenen Prestiges. Und sosehr er sich auch anstrengen mochte: Es war alles, alles da, alles, wie immer.

Dann jedoch fiel sein Blick auf etwas Pelziges, Geschecktes, das auf einem der sechs Stühle mit Wachsleinwandbezug lag, wie absichtlich hingeworfen. Die Welt hielt ihren

Atem an. Konnte das sein? Das war doch nicht etwa schon wieder ein … mit einem Satz war die vigilante Gräfin bei der toten Katze angelangt und riss den schlecht verarbeiteten Balg hoch, dass einzelne Fellbüschel durch die Luft flogen wie böse kleine Schwüre. »Siehst du, was du uns mit deiner dummen, dummen Flucht angetan hast, du Einfältiger? Siehst du das große Unglück, das über uns alle kommt, wenn du auch nur zwei Tage fort bist? Sieh doch hin, du mit Blindheit Geschlagener!«

František Schön wusste nicht, wohin mit seinem Blick. Seine Augen suchten irgendeinen Ankerpunkt, an dem er innehalten und geradeaus denken konnte. Da war also dieser blöde alte Kater gestorben, was kümmerte das ihn, hatte wohl zu viele der Ratten gefressen, für die der Koch neuerdings Gifthäppchen auslegte, und war selber daran verreckt, oder vielleicht war er auch dem eigenen Alter erlegen, und der Katzi-Katzi-Knochenmann hat ihn endlich heimgeholt, seine Zeit für gekommen gehalten … nur: Was hatte das mit ihm zu tun?

Aber die Gräfin war ja völlig besinnungslos. Immer weiter stoben die losen Fellteile durch die Luft, schwebten ihm ins Gesicht, in die Nase; ihr Gekreisch in seinen Ohren.

Ganz einerlei, in welchen Kreisen oder mit welcher Nation, welchem Berufsstand und welchem Geschlecht man es auf dieser Welt zu tun hatte: Es gab immer eine vordere und eine hintere Bühne, und sobald man hinter die Kulisse blickte, wurde alles, was sich auf der Bühne zelebrierte, entmystifiziert und gemein.

Von einem Moment zum anderen verstummte die Gräfin. Sie tat einen bestimmten Schritt auf ihn zu, er sah erschrocken, wie sich ihre eingefallene Brust gegen das Hemd abzeichnete, dann legte sie ihm das zerzauste Etwas andachtsvoll in beide Arme und sprach: »Hier. Mach etwas daraus. Fertige mir ein Haarteil, wie es die Welt noch nicht gesehen hat. Striegle und kämme das Fell, bis es wieder glänzt. Dann verarbeite es zusammen mit den teuersten Materialien, die du in deinem dummen kleinen Regal lagern hast. Beschaff dir Zubehör, Flitter, Glitter und Firlefanz. Kosten spielen keine Rolle. Kordle, locke oder zwirble Fleckis Haare, und stell sicher, dass du einzelne Strähnen mit seinem eigenen Blut färbst, das wir dir extra aufbewahrt haben. Du kannst es dir beim Schlachter abholen.«

Völlig vor den Kopf gestoßen, verbeugte sich František mechanisch, blieb aber wie angewurzelt vor ihr stehen. Fleckis sterbliche Überreste, oder eher die Reste der Überreste, in seinen Händen.

Gräfin Csökes Augen schleuderten ihm Blitze entgegen. Und gerade als sie zu einer neuen Auflage anhob und an sein Pflichtgefühl appellieren wollte, fiel er aus seinem Schockzustand und schmetterte den Balg in hohem Bogen in den offenen Kamin. Augenblicklich roch es angekokelt, unnatürlich, dramatisch, fremd. In seiner Berufsehre verletzt, schaute er der Gräfin frontal ins Gesicht und erwartete ihren Todesstoß. Diese überlegte einen theatralischen Moment lang, ob sie sich ihrer Lieblingskatze, dem ehemaligen und so zuverlässigen Zuchtkater, nicht einfach hinterherstürzen und verbrennen, verbrennen, in Feuer und Flamme und beißendem Rauch aufgehen wollte, besann sich dann aber offenbar eines Besseren und wandte sich gelangweilt ab. Ihr Spielchen hatte sie erschöpft. Ohne ein weiteres Wort über die Sache zu verlieren, winkte sie den Mann ihrer verblichenen Träume hinaus. Hinaus, hinaus, sie wollte jetzt mit ihrem Gram alleine sein.

Dazu musste man František nicht zweimal auffordern. Noch immer voller Empörung und heißen Zorns hastete er aus ihren Gemächern, durch die Flure, die langen Korridore, durch die Flügeltüren und die vielen Treppchen und Treppen hinab bis in sein eigenes Refugium, den Raum, in dem er Herr über alle Dinge war, am meisten aber über sich selbst. Er konnte nicht umhin, sich Vorwürfe zu machen. Er hatte es gewußt. Trotz seiner erst dreiundzwanzig Jahre, trotz seiner Unerfahrenheit mit dem weiblichen Geschlecht, den heimlichen Umgang mit Alžbeta nicht mit einberechnet, hatte er immer gewusst, dass er in die leeren, sperrigen Nester der Damen des Hofes Eier der Hoffnung gelegt hatte, die sie mit der Verzweiflung und Inbrunst jener, die geliebt werden wollen, gehütet und ausgebrütet hatten. Nur, dass aus ihnen nie etwas geschlüpft wäre, was den Namen lebendig verdient hätte. Nur, dass es nie wirklich zu einer liebevollen Begegnung gekommen war zwischen ihm und ihnen. Außer der einen. Denn ein Ei hatte er befruchtet. Aus Unwissenheit, Dummheit oder, wie die Gräfin sagte, Blindheit auch. In einem pochte ein lebenshungriges Herz. Und seine Alžbeta würde es sorgsam ausbrüten, es hegen und pflegen mit einem beträchtlichen Überschwang an Mutterliebe, sie würde es unter ihrem Gefieder beinahe ersticken, so viel wusste er schon heute, mit dieser immensen, alles verschlingenden, alles für sich beanspruchenden Liebe, mit dieser bezwingenden Lust am Leben, dieser so alles andere als verachtenswerten Sinnlichkeit.

Und während die anderen Damen zu Hofe noch munter gegeneinander intrigierten und sich gegenseitig damit austricksten, dass sie überraschend schöner, überraschend spezieller, überraschend reicher ausstaffiert auftraten und durch die ungezählten Zimmer des Schlosses wandelten, packte František Schön seine Tücher, Bänder, Banderolen zusammen, seine Schachteln und Instrumente, und sehnte sich mit einer nie gekannten Heftigkeit der Berührung seiner Alžbeta entgegen, ihren Glockenbrüsten, ihrem geschwungenen Schlüsselbein, der hohen breiten Stirn, ihrem lachenden Mund.

Ja, die Frauen hier in Kassa waren dafür bekannt, dass sie

handelten, während ihre Männer träumten. Aber er, František Schön, Künstler seines Faches, begehrtester Sheitlmacher Oberungarns, würde nun auch ein Handelnder. Er würde furchtlos sein und entschlossen in ein Leben voll der Ungewissheit gehen.

erschöpft

Livorno/Ferrara, 1859

Gerüche wurden für sie zur Tortur, das tägliche Bereiten der Mahlzeit erschöpfende Herausforderung. Und was noch schlimmer war: Ihre Haut wurde ganz schuppig. Nicht, dass sie seit ihrer Zwangsheirat viel für sich selbst empfunden hätte, sich selbst mehr als nötig berührt hätte, aber als Kind hatte sie doch einen recht ungezwungenen Umgang mit ihrer Körperlichkeit gelebt und selber auch nie an ihrer Größe Anstoß genommen. Nun aber war dieser ganze lange Körper von Schuppen übersät, hauchdünn nur, aber doch so irritierend, so peinlich. So fehl.

Ihre sonst so tadellosen Zähne waren blutgerändert, so, als ob ihr Zahnfleisch sich lösen würde. Und ihren Hunger konnte sie kaum mehr dämmen, sie schlang, während ihr Mann bei der Arbeit war, wie ein Wildschwein alles und jedes in sich hinein. Dennoch blieb sie dünn und wirkte ausgezehrt.

Das blieb auch Lazzaro nicht verborgen, und er versuchte sich dazu zu überwinden, bei seinen nächtlichen Visiten bei ihr mehr als nur erschöpfte Befriedigung zu empfinden, diese kurzlebige Lüge von trauter Zweisamkeit, sondern auch echte Zuneigung, Mitgefühl. Aber seit einiger Zeit fühlte er sich bei seinen Gespielinnen tatsächlich wohler, runder und erfüllter nach einem Liebesakt, und das Emporsteigen zum Schlafgemach seiner Frau verkam zu bloßer Gewohnheit. Und so häufte er in seinem Kopf allerlei Bilder von seinen Konkubinen, von perlendem Speichel auf kleinen Zähnen, von glänzenden Nägeln in seiner feuchten

Haut, und reicherte so sein Gefühlsleben an, pumpte es auf, wenn er mit Costanza zusammenkam. Dann biss er sie gekonnt ins Ohrläppchen, nuckelte an ihren Brüsten, leckte und schmeckte wieder an ihren kitzligsten Stellen, in ihren Kniekehlen, zwischen ihren Zehen, anderswo, und war anständig bemüht, an die alte schwache Hoffnung anzuknüpfen, sie könnte ihm doch noch eines Tages liebevoll ergeben sein.

Nur, das alles wirkte einstudiert, mehrfach ausprobiert und schal. Costanza überlegte ernsthaft, ob sie das Zimmer wieder verschließen sollte, um nachts ihre Ruhe vor ihrem lüsternen Mann zu haben. Seine künstliche Erregung war für sie wie ein wiederholter und abermals erlebter Fall und stürzte sie in tiefe Fassungslosigkeit, zumal er ab und zu tatsächlich sie meinte, sie umkrallte, sich an sie klammerte und verzweifelt ihren Namen rief.

Verbissen setzte Lazzaro all seine Phantasie dazu ein, seine Frau zu einer seiner Lustfrauen zu machen. Irgendetwas von dem, das er an ihr ausprobierte, musste ihr doch Freude bereiten! Irgendwie musste dieser verstockte Geist zu erreichen, aus seiner engen Fassung zu befreien sein. Und er drang in ihre Spalte ein, so tief es sein Glied erlaubte, und er zwang sie, ihn anzufassen, ihm Lust zu bereiten, und sie war erschüttert über dieses gummiartige Ding, aus dessen kleinem Mund so viel schleimige Flüssigkeit schießen konnte, die so schwer aus den Haaren herauszubringen war, wenn sie nicht aufpasste. Wo nahm dieser Mann nur all diesen Glibber her? Sie stellte ihn sich innen hohl und angefüllt mit einer Flut voller Exkrete vor, und wenn sie ihn nicht einmal aus der Nase hätte bluten sehen, als er vor wenigen Wochen kopfwehgeplagt von der Gerberei heimgekehrt war und sich mit einem feuchten Tuch im Nacken hinlegte, bevor er essen kam, sie hätte geglaubt, auch in seinen Adern flösse weiße Schmier.

Lazzaro, Eigentümer einer Großgerberei, anerkannter Livornese, Überwinder seiner Zwergengröße und Bezwinger sämtlicher Widerstände, Besitzer einer untrüglichen Sinnesapparatur, war ermüdet von dem Kampf, dem ewigen labyrinthischen Hin und Her und Auf und Ab, durch das ihn sein Erschütterungsmessgebilde hetzte ... Costanza gehen zu lassen bedeutete für Lazarro vielleicht auch Aufatmen. Besinnung. Und später, wer weiß: Neuanfang. Er kannte sich ja selbst nicht mehr.

Bevor er sich gänzlich abhandenkam, setzte er seine Frau für eine lange und umständliche Reise in den Zug, für das letzte Stück bis nach Ferrara würde sie in die Kutsche umsteigen müssen, da Ferrara noch keinen Anschluss ans Schienennetz besaß, aber er war sich sicher: Costanza würde sich am ehesten bei seiner Schwester erholen und auf andere Gedanken kommen. Vielleicht würde sie ihn mit der Zeit sogar vermissen. Ein kleines bisschen nur. Das könnte dann wieder ein Anfang sein. Wer vermochte es zu sagen?

Zum ersten Mal seit langem atmete Costanza auf. Lazzaros jüngste Schwester Anat war im selben Alter wie sie und mit ihrem Frohmut und ihrer Lebenskraft ungemein einnehmend. Kein Vergleich mit dem Schatten, als den sich Costanza an ihre Mutter, die sie kaum mehr gesehen hatte, erinnerte. Ja, das pure Gegenteil. Strahlendes Sonnenlicht, Emphase! Gemeinsam stöberten sie Anats Stoffe durch und bestimmten einen hübschen, grünen. Damit wollten sie ein neues Kleid für Costanza schneidern lassen, eines mit Reifrock und mit moderner englischer Konstruktion aus besten Stahlbändern, in einer Drahtzieherei in Bergamo gefertigt, und auch eine üppige Saumweite von sieben Metern verlangten sie in ihrer Lustigkeit. Freimütig besprachen sie mit dem Schneider alle Wünsche: Das grüne Taftkleid musste eine weiße Schleppe haben, die abwechslungsweise mit applizierten Rosenknospen und Goldbrokat besetzt sein sollte, geschlitzte und an drei Stellen zugeknöpfte Puffärmel sowie ebenfalls goldbrokatenes Blattwerk am Ausschnitt, der im Weiteren schulterfrei zu sein hatte. Zudem ein grünes Samtband, das sich Costanza um den Hals legen konnte, und grüne Perlbändchen mit gefärbten Fasanenfedern für ins Haar. Costanza glühte in stillem Jubel und ließ sich von Anat bereitwillig zu jeder neuen Entscheidung führen. Einzig beim Maßnehmen stellte sie sich an, so, als ob sie sich vor ihr genierte, ansonsten aber war sich Anat sicher, der neuen Freundin mit dieser Unvernünftigkeit eine Freude zu bereiten.

Eine Freundin ganz für sich im Hause zu haben, das war für Anat Geschenk. Dem Umstand, dass diese so überaus groß war, maß sie keine Bedeutung bei, war sie doch durch ihren Bruder daran gewöhnt, dass das Leben allerlei Wunderlichkeiten hervorbringen konnte.

Gemeinsam gingen sie in Ferrara auf Gesellschaften, spazierten durch den Park und zwinkerten sich hinter ihren Fächern zu, wenn ihnen der eine oder andere Herr, überrascht den Hut lüpfend, hinterherblickte. Anat fand nichts Unschickliches dabei, sich ohne männliche Begleitung in der Gesellschaft zu bewegen.

Costanza lebte hier in einem reinen Frauenhaushalt, eine selbständiger als die andere. Anats Mutter war eine ruhige und auf einnehmende Art resolute Frau, von der Anat sicherlich viel vom bestimmenden Temperament geerbt hatte, und auch das Dienstpersonal bestand nur aus Frauen.

Wo der Vater war, hätte sich Costanza nicht zu fragen getraut. Sie war's glücklich, für einmal weg vom schändlichen Einfluss männlicher Anmaßung zu sein, und genoss die feinen Zärtlichkeiten, die sich allmählich zwischen ihr und Anat entspannen. Anat lebte eine warme Zugänglichkeit, unterschritt den gebührlichen Abstand zwischen sich und anderen Menschen wie absichtlich und trat so in deren

Raum ein. Costanza flirrte es jedes Mal vor den Augen, wenn Anat so nah bei ihr stand und sich ihrer beider Atem in der Luft berührte. Aber es ging noch weiter. Eines Abends, als es draußen fürchterlich donnerte und gewitterte und der Himmel Wassermassen über Ferrara herabregnen ließ, die das Land, so behauptete jedenfalls Anat, noch nie gesehen hatte und die sie alle »einfach hinwegschwemmen, weit weit fort und in ein anderes Land und Leben spülen« würden, lüpfte Costanza wie natürlich ihre Decke und ließ Anat zu sich ins Bett schlüpfen. Anats duftenden schwarzhaarigen Kopf zwischen ihren Brüsten zu spüren erlaubte Costanza, komplett neue Gefühle kennenzulernen. Bald brauchten sie den Regen und die aktuelle Wetterlage nicht mehr, um zueinander in eine Umarmung zu finden, bald wurden sie unzertrennlich und wie eins. Bei ihren monatlichen Beschwerden wärmte Costanza der Freundin den Bauch, bei ihren täglichen Klavierstunden, für die Anat eine schlesische Lehrerin mit jungenhaftem Haar kommen ließ, spielte sie bald die Begleitung, und vierhändig flogen sie über die Tasten und lachten, bis ihnen die Muskeln vom vielen Lachen weh taten.

Anat schrieb ihrem Bruder heimlich Briefchen mit knappen Berichten über die Befindlichkeit seiner Frau, bestätigte, dass sie gesund aß und auch an Gewicht zugelegt hatte, dass ihre Haut wieder den rosigen Teint angenommen habe, dass sie gemeinsam promenierten und ab und zu an einem Ball teilnahmen, sich generell gut verstehen würden, unterließ es aber, zu genau zu werden, und behielt ihr kostbares Geheimnis für sich. Von seiner Frau selbst erhielt Lazzaro nie Kunde, was ihm, wenn er daran dachte, fast das Herz abdrückte. Aber wenigstens, so tröstete er sich, ist sie nicht mehr allein und in sich verschlossen. Wenigstens hat sie jemanden, zu dem sie spricht.

Eines Morgens traf Anat ihre Freundin nicht wie gewohnt beim Frühstück an. Sie wartete eine Weile und trommelte mit ihren eleganten Fingern auf den Tisch, übte eine gewagte Partitur, dann schritt sie doch, von Neugier und Ungeduld getrieben, die Treppen hinauf und ging, ohne anzuklopfen, in Costanzas Zimmer. Was sie da sah, verschlug ihr fast den Atem. Das ganze Bett, so schien es, voller Blut, alles rot verschmiert und schlierige Streifen an Costanzas Händen, Armen, Beinen, die Haare klebten ihr verschwitzt über der Stirn, und das Gesicht war grotesk karikiert und in einem grellen, großen lautlosen Schrei gefangen, dem sie, kaum dass sie ihrer Freundin im Türrahmen ansichtig wurde, freie Bahn ließ und ihn schrie wie ein Ochse auf der Schlachtbank. Blitzartig überschlug Anat in ihrem Kopf die Dauer von Costanzas Hiersein und kam zum einzig möglichen Schluss, dass diese schwanger bei ihr angekommen sein musste. Schwanger, mit einem Kind unter dem Herzen, das nun nirgendwo anders hinwollte als hinaus. Schnell rief sie ihre Mutter zu Hilfe, und diese schickte wiederum nach dem Arzt. Gemeinsam bewerkstelligten die drei entschlossenen Frauen die für alle überraschende Geburt eines neuen Menschen. Als der Arzt eintraf, konnte er die korrekte Abtrennung der Nabelschnur nur bestätigen. Er besichtigte das Kind wie einen Diamanten, den man gegen das Licht hält, um seine Echtheit zu prüfen, und ja, es handelte sich um einen veritablen Säugling, einen Jungen mit zwei Händen und zwei Füßen, ordnungsgemäß mit zehn Fingern und zehn Zehen und mit tiefschwarzem Haar. Im Bett lag erschöpft und entgeistert, oder war sie entrüstet?, Costanza. Anat reichte ihr heißes Wasser zu trinken und versuchte sie mit einem Lächeln aufzumuntern. Ähnlich wie ihr Bruder vermochte auch sie, innere Befindlichkeiten, die sich änderten, intuitiv zu erfassen, und sollten sie noch so gut camoufliert sein. Jedoch: wie Schwangerschaft hatte sie nicht bemerkt. Sie war von der werdenden Mutter so gut weggeleugnet worden, dass keiner etwas hätte merken können, betete sich Anat vor und hoffte, dass Costanzas Ablehnung bald in Mutterglück umschwingen würde.

Aber auch in den nächsten Tagen zeigte Costanza keinerlei Begeisterung für das Kind. Ein Junge, Mitglied der Gesellschaft der Verräter. Sie hatte ein Monster geboren.

Ein Wesen mehr, das an ihrem Körper nuckeln wollte. Sie ertrug es nicht. Schnellstens wurde eine Amme beschafft und eine Depesche an Lazzaro geschickt.

Dieser ließ Angestellte, Handelspartner und Prostituierte stehen und eilte spornstreichs zu seiner Frau nach Ferrara. Er war Vater geworden. Er wollte bei ihr sein, sie ansehen, sie in seinen Armen halten und sie auf diese unerwiderte Art lieben, wie er sie einzig bei ihr kannte. Sie hatte ihn zum Vater gemacht: »Ewiger, ich danke dir!«

Bei seiner Ankunft lag der Junge noch immer namenlos in seiner Wiege, Lazzaro sah ihn an und wusste, dass er Elia heißen sollte. Seine Frau blieb dieser Erkenntnis gegenüber unberührt, ihr war es einerlei, mit welchem Namen man dieses Geschöpf rufen wollte. Da sich Lazzaro in seiner momentanen Überwältigung noch mehr Kinder vorstellen konnte, beriet er sich mit dem Rabbi, klaubte noch ein Primo dazu, und so gab man dem Jungen am achten Tag, dem Tage der Brit Mila, seiner Beschneidung, den Namen Elia Primo.

Lazzaro blieb eine ganze Woche in Ferrara und dann noch eine und noch eine weitere. Er war gewillt, so lange zu bleiben, bis sich seine Frau in die neue Rolle gefunden hätte und wieder etwas Daseinssicherheit verspüren würde.

Kaum ein Tag verging, da man ihn nicht mit dem Kleinen im Arm durch das Haus, durch die Straßen, im Park entlangspazieren sah. Hin und wieder ließ er sich mit dem Säugling an die Ufer des Pos kutschieren, und einmal fuhr er sogar bis ans adriatische Meer. Eifersüchtig beobachtete er die Amme beim Verrichten ihrer Pflicht und nahm den Jungen umgehend wieder an sich, wenn dieser satt und zum Schlafen oder Gurgeln oder zu lustigem Glucksen bereit war. Er war ganz vernarrt in seinen Elia Primo und überzeugt davon, diesem Kind all die Liebe und Anerkennung zu schenken, ein Leben lang, die ihm selber verwehrt geblieben war, und zwar ganz egal, ob dieser ein Hüne oder ein Zwerg wie er werden würde. Er sollte um seiner selbst willen geliebt sein.

Lazzaro führte Buch über Elia Primos Tagesablauf, notierte, wie lange er suckelte und wie lange er wach war oder schlief. Er prüfte jeden Tag aufs Neue die Vollständigkeit seiner Gliedmaßen und war über die Wuchtigkeit seines kleinen Geschlechts erstaunt. Die Amme, die seinen Blick bemerkte, klärte ihn ungefragt darüber auf, dass alle Babyjungen zu solchem Stolz Anlass gäben, auch ihre eigenen. Als sich auf Elias Hinterkopf eine kleine Glatze abzeichnete, wusste sich Lazzaro aber doch keinen anderen Rat, als bei der Amme diesbezüglich nachzufragen. Sie versicherte ihm, dass der Haarausfall nur ein vorübergehender war, Elia habe sich halt kahlgelegen in seiner Wiege, mehr nicht.

Ganz Ferrara war belustigt und im Bilde über diese amüsante Begebenheit; ein kindgroßer Mann in teurem Tuch, der in der einen Hand einen Stock mit einem grünlichen Papageienkopf vor sich her führte und im anderen Arm einen Säugling trug. Endlich wieder einmal etwas so richtig Deftiges, nachdem die feine Gesellschaft seit einiger Zeit um das Vergnügen betrogen wurde, eine luftig herausstaffierte Giraffenfrau an der Seite der unvermählten Anat Israël durch die Straßen schlendern zu sehen.

Die Giraffenfrau. Sie lag mit zur Wand gedrehtem Kopf im Bett und wollte tagelang nicht aufstehen. Erst das inständige Flehen und Betteln ihrer kleinen Freundin vermochte sie zu erreichen, weil ihr das Gejammer allmählich an den Nerven zog. Das Kind ignorierte sie weiterhin und tat ganz so, als existiere es nicht. Auch um Lazzaro machte sie einen großen Bogen. Sie ertrug es nicht, seine kurze Gestalt zu sehen, seinen gebrochenen Blick, der nach dem ihren haschte. Oder: seine ungespielte Begeisterung, wann immer er mit Elia Primo zusammen war. Primo. Als ob da noch mehr kommen sollten. Als ob sie nicht mehr wäre als bloße Gebärmaschine, die man besteigen, schwängern und benutzen konnte. Die das geforderte Maß an Material hervorbringen musste, ihren Auftrag stillschweigend zu erledigen hätte, grad wie seine Nasszurichter, Kämmer und Entfleischer. Seine Giftmischer, ach!

Da war sie, Costanza, noch keine zwanzig Jahre junge Tochter einer Mutter, die sie nie wirklich gekannt hatte, und eines Vaters, der sie eines eitlen Handels wegen verschachert hatte, nun selber Mutter eines Sohnes, den sie nie gewollt hatte, und Gemahlin eines Mannes, den sie nicht lieben konnte. Wo sollte sie nur hin?

Hier konnte sie nicht bleiben. Die Zeit des Unbeschwertseins in diesem Hause, das ihr nicht gehörte, in dem sie sich aber doch geborgen gefühlt hatte, war unwiderruflich vorbei. Seit Lazzaro ihr hinter jeder Ecke, in jedem Winkel auflauern konnte, waren ihre Tage der sorglosen Ruhe gezählt. Und Anat wurde auch immer lästiger in ihrer Anhänglichkeit, ihrem Drängen, so, als wollte auch sie irgendetwas aus ihr herauszerren, was sie zu geben nicht bereit war.

Anat litt ungehört. Es brach ihr fast das Herz, ihre Freundin so verstört zu sehen, und sie bekam nun eine Ahnung von den Jahren des Martyriums, die ihr Bruder zu erdulden gehabt hatte. Sie war festen Willens für ihn und für sich und schließlich auch für das Kind, die alte, die lustige, lebendige Costanza aus dieser Larve, dieser leeren Hülle herauszuholen, mit allen Mitteln. Sie versuchte es mit Schmeicheleien, mit Scherzen und mit Charme. Sie versuchte es mit erquengelten gemeinsamen Spaziergängen, bei denen sie unerschöpflich um Gesprächsstoff rang und alles dafür tat, dass Costanza den Mund öffnete, denn: »Einmal, ein einziges Mal am Tag nur, Costanza, will ich deine liebe Stimme hören!«

Sie versuchte es mit einem Duett auf dem Flügel, das sie sie für eine kleine Gesellschaft zu spielen überlistet hatte, und sie versuchte es mit verstohlenen Berührungen. Doch ihre Freundin von einst blieb kalt. Sie wusste sich keinen Rat. Als der Arzt die lehrbuchgemäße Entwicklung des Säuglings überprüfen kam – insgeheim hatte er ja gehofft, doch noch irgendeine Sonderbarkeit an ihm zu entdecken, die ihm zu neuen wissenschaftlichen Erkenntnissen, vielleicht zu einem Aufsatz oder zwei in einer renommierten Zeitschrift verholfen hätte –, schaffte es Costanza, einen Moment mit diesem allein zu haben, aber da war nichts, was er ihr hätte bieten können, und auf die überstürzten Fragen dieser jungen Frau, die ihn wie ein Schwall und, wie er fand, auch ziemlich ungehörig und unaufgeklärt überfluteten, es war ja nichts Besonderes, dass eine Mutter bei ihrem Erstgeborenen eine gewisse Abneigung empfand, das kam immer mal wieder und auch in den besten Kreisen vor, dazu hatte man Ammen, bitte sehr, auf diese dummen krämerischen und haltlosen Fragen also hatte er außer ein paar wichtigtuerisch auf Lateinisch hingepredigten Begriffen nichts zu sagen. Und wie um einem ungehörten Argument Nachdruck zu verleihen, verlor sich jede Farbe aus Costanzas Antlitz. Sie wurde aschfahl.

So trödelten die Tage dahin, und Lazzaro wusste, dass er sich allmählich wieder um seine Geschäfte in Livorno zu kümmern hätte. Es war ja nicht schlimm, bei genauerer Betrachtung, es war doch nur einfach alles beim Alten. Und wenn man ausreichend ehrlich gegen sich selbst sein wollte, so musste man auch zugeben, dass es für Lazzaro nie anders gewesen war. Der Haushalt lief wie geschmiert, Costanza konnte, wenn sie das vorzog, gut noch eine Weile trotz ihrer zurückgezogenen, kummervollen Art hier bleiben. Er hatte sie die letzten Tage über ohnehin kaum mehr zu Gesicht bekommen, sie verbarrikadierte sich geradezu in ihrem Gemach und erklärte sich mit Unwohlsein. Einzig Elia Primo würde er vermissen, aber etwas zu vermissen war Lazzaro gewohnt. Er besprach sich mit seiner Mutter. Sie hatte nichts dagegen einzuwenden, dass Costanza zusammen mit dem Kind auf unbestimmte Zeit bei ihnen bliebe. Sie störte ja nicht im Hause, war kaum mehr zu bemerken als ein Spuk, und außer dass sich der Verbrauch an Stearinkerzen und Zündhölzern etwas über die Maßen entwickelt hatte, auf den sie sich jetzt aber auch keinen Reim machen konnte, wäre es ihr Verlust nicht. Also war die Sache beschlossen.

Bevor er abreiste, wollte Lazzaro noch einmal mit seinem Sohn einen Tag am Po verbringen. Zusammen mit der Amme fuhr er hinaus an den Strom und betrachtete lange versonnen das beständige Ziehen des Wassers. Dieses Inswasserschauen war wie ein metaphorisches Versinken in sich selbst. Er gelangte in Tiefen, in denen er neue Kraft zu spüren glaubte. Er hatte schon so vieles überstanden. Als plötzlich eine Anzahl Bäume tief unter dem Wasser trieb, längsgerichtet und noch mit vollem Laubbestand wie feenhafte Wesen aus einer anderen Welt, die mit grünen Armen nach ihm winkten, nach ihm riefen, ihm irgendetwas Wichtiges mitteilen wollten, überkam ihn eine ungeheure Ahnung, und eine Welle der Erschöpfung brach sich in ihm. Bäume, an dieser Biegung des Pos, waren etwas völlig Unpassendes. Die Flößer kamen nie bis hier herunter, und dass man belaubte Bäume, ein so wertvolles Gut, einfach so zu Wasser und forttreiben ließ, war etwas vollständig Undenkbares.

Etwas Unvorstellbares musste geschehen sein, etwas, das sich gar nicht denken ließ. Also war kein Denken angesagt, sondern Handeln, rasches Handeln.

Als er sich gefasst hatte, sprang er auf, rief die Amme mit dem Kind zu sich und veranlasste alles, um umgehend zurück in sein Mutterhaus nach Ferrara zu fahren.

Seine Mutter empfing ihn mit konsterniertem Blick. Seine Schwester saß in einer Ecke des Studierzimmers und heulte ungehemmt.

»Was ist ..., wo ist ..., was ist geschehen, Mutter?«

»Du gehst da nicht hoch!«

»Mutter – was ist passiert?«

»Rühr dich nicht von der Stelle, Lazzaro!«

»Du sagst mir jetzt sofort, wo Costanza ist!«

»Ach, Sohn!«

Lazzaro sah, wie der Körper seiner Mutter in sich zusammenfiel wie von einer übermenschlich großen Müdigkeit befallen.

»Mutter?«

»Sie hat die Köpfchen von den Zündhölzern geraspelt und sich damit vergiftet. Warte – geh da jetzt nicht hoch!«

Aber Lazzaro stieß seine Mutter zur Seite, nahm die Treppenstufen mit ausholenden Schritten und platzte ins Totenzimmer.

Entsetzt warf der Arzt den Kopf herum, er hatte gerade erst damit begonnen, den Leichnam zu säubern. Von Kot und Erbrochenem, Costanzas spontanen Abgängen, zwirbelte sich eine dünne rauchige Fahne in die Luft empor. Es roch leicht knoblauchig. Aber was wirklich unheimlich war: Kot und Erbrochenes waren von einem kalten Leuchten umgeben, sie phosphoreszierten, das heißt – sie schimmerten in einem geisterhaften Grün.

für die Ewigkeit

Bergamo, 1860

Serafino musste seinem Pferdchen Mut zusprechen. Er tränkte es am Bach, wir werden schon immer wieder etwas Essbares finden auf unserem Weg nach Prussia, das Wort selbst klang für ihn wie ein Kastanienbonbon. Er striegelte ihm Mähne und Schweifhaar, schlafen werden wir einfach unter den Bäumen, und schnürte sich sein Bündel. Das war nicht viel. Außer den Kleidern, die er trug, hatte er nur noch eine zweite kurze Hose, diese allerdings mit hübschen Hosenträgern samt Lederbesatz, ein Kragentuch, ein paar Socken und zwei fadenscheinige Unterhemden. Sein Sonntagshemd wollte er nicht mitnehmen, das würde er seinen Brüdern überlassen, ebenso den Schultornister mit den fraglichen Schreibutensilien darin. Den gestrickten dunkelgrünen Pullover, den er von seiner Nonna letzte Weihnachten geschenkt bekommen hatte, ließ er in der Truhe liegen; er wollte vor Wintereinbruch bei seinem Onkel angelangt sein. Es schien, er war gerüstet.

Nun galt es nur noch, den richtigen Zeitpunkt abzuwarten. Zwei seiner Brüder spielten hinter dem Haus mit einem abgenagten Fuchsschädel, sie warfen Steinchen in die Augenhöhlen und verschreckten die Hennen mit dem stoßweisen Vorschnellen des Kopfes und lautem Gefiep. Das Baby krabbelte in der Küche um Mutters Beine herum, wo der vierte Bruder war, wusste er nicht. Er gab sich einen Ruck und schlich an seiner Mutter vorbei ins hintere Zimmer, wo er sein Säcklein gepackt hatte. Dann begann er, unschuldsvoll ein Liedlein zu pfeifen, und schlenderte betont unbekümmert an Giuseppina vorbei. Ein letzter prüfender Blick über die Schulter, nein, sie stand noch immer den Töpfen zugewandt und hantierte mit der Kelle, ihre kantige Gestalt in hochgeschlossenem, schattigem Kittel, der einzige Farbtupfer war das bleiche Rot ihres Kopftuches, und auch der Jüngste schaute ihm mit keinem Blick nach. Es war höchste Zeit, dass er die Fäden in die Hand nahm und die Geschicke der Familie in eine neue Richtung lenkte.

Also holte er beim Stapel mit dem Feuerholz Serafino-Pferd hervor und machte sich auf den Weg.

Zuerst sprang er mit Serafino-Pferd in großem Schwung über die Trockenmauer, die den Schafshort umfriedete, dann führte sein Marsch das muntere Bächlein entlang, zuerst talwärts, später, wenn er genügend weit weg von seinem Zuhause und den Häusern und Hütten anderer Bekannter war, würde er sich westwärts wenden und bald darauf wie geplant die nördliche Richtung einschlagen. Bis zum Einbruch der Nacht und damit zur unweigerlichen Entdeckung seines Auszugs, hätte er so genügend Land zwischen sich und die Seinen gebracht, dass sie zwar bestimmt gram über sein Verschwinden wären, aber ihn einzuholen und zu finden ein Ding der Aussichtslosigkeit würde. Und bereits im nächsten Sommer wollte er ihnen Geschenke schicken, Pakete voller Kleider und Schuhe, und eingebunden ein Brieflein mit der Antwort, auf die sie alle so sehr warteten, ohne es überhaupt gewusst zu haben, nämlich: Kommt her, es stimmt, das Leben besteht aus Zucker und Melone hier. Der Arbeit ist genug, Vater. Und dann, spätestens nach einem weiteren Jahr, wären sie alle wieder vereint im hohen stolzen Norden, und der Vater würde ihm anerkennend den Kopf tätscheln und sagen: Gut, dass du vorausgegangen bist, Junge, wir hätten das ohne dich und deinen Mut wohl nie geschafft. Und schließlich würden sie alle gemeinsam das Abendgebet sprechen und friedlich schlafen, mit angenehm gefüllten Bäuchen, jeder in einem eigenen Bett und mit der sicheren Gewissheit, das Richtige getan und damit für die Zukunft ausgesorgt zu haben. Er war der Retter, der seine Familie von der alten in die neue Zeit bringen sollte, der Ritter, der vorausging, diese Schlacht für sie zu schlagen.

Die Sonne schien außergewöhnlich heiß an diesem Tag, als ob ihm der Herr im Himmel selbst einen letzten Abschiedsgruß schicken und ihn mit einem gleißend hellen Tag einen guten Weg bereiten wollte.

Das Bündel an einen Stock geschnürt, das Nachziehpferdchen fest im Arm, setzte der kleine Serafino einen Fuß vor den anderen und war bar jeglicher böser Gedanken, als er plötzlich vom Tal herauf eine Prozession grauer Gestalten auf sich zukommen sah. Er stutzte und rieb sich die Augen. Das Grüppchen Menschen schien irgendwie unförmig, unnatürlich auch in seinem Gang, eine Fortbewegungsart wie von einer Raupe oder einem Tausendfüßler.

Serafino strengte sich an und wollte einen Moment warten, bis er eine etwas bessere Sicht auf diese Figuren hätte und erkennen könnte, was sie da taten. Er stellte sich in den Schatten eines Kastanienbaumes und schaute. Was sich da in wogendem Rhythmus und wie mit Verzögerung auf ihn zubewegte, waren sechs Männer in Arbeitskleidung, die irgendetwas geschultert hatten. Es sah ganz so aus, als wären sie auf dem Weg zu ihm nach Hause, aber warum und wozu? Sein Vater wäre ja doch nicht anzutreffen, sondern bei der Arbeit in der Fabrik. Und plötzlich erkannte er Natale und di Pietro, die beiden vorderen Männer, wie sie ernste Gesichter machten und starr zu Boden sahen bei jedem Schritt, der überdies unglaublich mühevoll erschien und beinahe unbezwingbar, und dann erkannte er auch, dass das, was die sechs Männer da geschultert hatten, ein

Mensch war, ein großer, ausgewachsener Mensch, und jäh durchfuhr ihn ein unheimliches Wissen, dass etwas ganz Schlimmes passiert sein musste. Blitzschnell drehte er um und rannte dem Zug voraus, zurück und seinem Elternhaus entgegen.

Als ob sie es geahnt hätte, dass da etwas im Anmarsch war und unweigerlich auf sie zuhielt, auf ihr Zuhause, ihr Heim zukam wie eine Sturmböe, die man von weit her über das Meer auf das Ufer zusteuern sah und der man nicht entkommen konnte, ganz egal, wie schnell man rannte – und Giuseppinas Beine wären ohnedies nie schnell genug, einem ausgewachsenen Sturm zu entkommen –, blieb sie stehen vor dem Häuschen, das sie mit ihrer gesunden blonden Männerschar bewohnte, und hielt sich mit beiden Händen an der Schürze fest, dieser Schürze, die sie noch aus Sizilien mitgebracht hatte, diese Schürze, in der sie Jahr für Jahr Polpette mit Polenta gekocht hatte, diese Festtagsschürze, Alltagsschürze, die Vitale so an ihr liebte, wie er alles an ihr liebte, und sie sah überdies ihren Jungen, den Serafino, ihren Engel mit dem Pferdchen und einem Stock mit einem Säcklein dran, was hatte er nur gemacht damit und wo kam er her?, wie er keuchend auf sie zurannte und dann bei ihr anlangte, verschwitzt, vergeistert, wie er sich an ihre Beine drängte wie das Baby, und dann wieder die Männer mit dem geschulterten Ding, das sich ebenfalls als Mann herausstellte, und sie trat stumm einen Schritt zur Seite, ließ sie alle eintreten, einen nach dem anderen, die Köpfe in Demut gesenkt, Entschuldigungen murmelnd, betend?, und sie ging ihnen hinterher ins eigene Haus, ins hintere Zimmer und sah ihnen zu, wie sie Vitale auf das Bett legten, ihm die Hände auf dem Bauch übereinander verschränkten, wie sie dann die Mützen vom Kopf zogen und betreten und stumm vor dem Toten stehenblieben.

Ein Schrei wie aus der Hölle selbst durchschnitt Serafinos

Gehör, und noch bevor er den eigenen Vater tot daliegen sah – er sah zunächst nur Männerbeine und hängende Arme –, vernahm er das animalische Wehklagen seiner Mutter Giuseppina, wie sie den Himmel anrief, den Himmel, ihren Gott und die Mutter Maria und wieder den Herrn, immer und immer wieder, bis sie vor allen zu Boden ging und auf den Gneisplatten zusammenbrach.

Es hatte einen Unfall in der Drahtzieherei gegeben. Alles war blitzschnell gegangen und eins zum anderen gekommen, so dass die Zeit zwischen Verstehen und Handeln zu knapp war. Vitale hatte sich mit seiner Jacke in der Ziehtrommel verhakelt, und fast gleichzeitig war der Draht gerissen, ein ganz furchtbares Bild, wie dieser völlig außer Rand und Band in wilden Bahnen durch die Luft schnitt und auf den armen Vitale eindrosch wie des Teufels Schwanz. Die Trommel hatte sich natürlich weitergedreht, auch als Vitale schon längst den Halt verloren hatte, und die gewaltige Kraft, die im Draht durch die Teilung erwacht war, musste den Unglücklichen direkt an seiner Schläfe getroffen haben. Vitale hatte wohl noch versucht, sich loszureißen, und war bei diesem Versuch ins Säurebecken gefallen, wo Teile seiner Hand aufblaterten.

Aufgrund der Gleichzeitigkeit der Geschehnisse war für die Arbeiter schließlich nicht ganz klar, was Vitale nun zu Tode gebracht hatte, der Peitschenschlag an seine Schläfe oder der letzte Schritt, der ihn seitlich ins Säurebecken stolpern ließ, oder der Schrecken über beide Vorfälle zusammen. Tot lag er, und tot blieb er, und was anderes, als ihn nach Hause zu tragen, hätte man nun tun sollen?

Ungläubig drängte sich Serafino zwischen den Beinen hindurch und starrte zuerst auf das Häufchen Mutter und dann auf das Gesicht des Toten. Es sah so aus, als ob er schliefe, jeden Moment konnte er seine Augen wieder aufmachen, aber die unheimliche Stille, die ihn umgab und die nur durch das heftige Atmen seiner Mutter durchschnitten wurde, entkräftete jeden Versuch, sich den Toten wieder lebendig zu reden.

Mit einer Mischung aus Scham, Empörung, Schuldgefühlen und Wut verräumte Serafino unbemerkt seine Siebensachen, die Kleider in der Truhe, das Stück Brot in der Küche und Serafino-Pferd im Küchenschrank, von wo er es nie wieder hervorholen sollte.

Natale, der die Daguerreotypien der Familie Senigaglia kannte, erkundigte sich bei Giuseppina in gedrücktem Ton, ob man nun nach dem Fotografen schicken solle. Als vor etwas mehr als elf Jahren ihr erstes Kind, Vitale junior, so plötzlich gestorben war, hatte Vitale senior darauf bestanden, von seinem toten Kind eine Daguerreotypie anfertigen zu lassen. Der Fotograf war zu ihnen hinaufgekommen und hatte für teures Geld, das Giuseppina eigens aus der Matratze hatte lösen müssen, ein Bild für die Ewigkeit gefertigt. Man hatte dazu das Kind in weißes Tuch gekleidet und auf einem Kissen drapiert: Das Tuch war zwar nur eine einfache Stoffbahn, aber durch geschicktes Arrangieren wirkte es wie ein weißes Kleidchen samt Bündchen und Saum. Die Augen des Säuglings waren friedvoll geschlossen, die kleinen Händchen mit den perfekten Fingerchen in andächtiger Ruhe übereinandergefaltet, ein rundes Beinchen am Knöchel über das andere gelegt. Die Haare hatte ihm der Fotograf noch penibel gescheitelt, ein dunkler Schopf, der sich sicher wie bei allen anderen Senigaglias in ein körniges lombardisches Blond ausgewachsen hätte, und selbst am Kissen hatte der Fotograf noch eine Weile herumgezupft, bis er mit dem Ergebnis zufrieden war. Dann hatte er das Bild gemacht und es wenige Tage darauf den trauernden Eltern überbracht. Die Erinnerung an ihr erstes Kind blieb so auf einer fünf mal sechs Zentimeter großen galvanisch versilberten und polierten Kupferplatte konserviert und über dem elterlichen Bett auf einem Wandregal angelehnt stehen. Die Ausleuchtung hatte dem Köpfchen so etwas wie einen Heiligenschein hingezaubert, einen hellen, lichten Schimmer, der hinter den säuberlich frisierten Säuglingshärchen hervorstrahlte. Neben das Bild hatte Giuseppina ein glasiertes Keramiktöpfchen mit Blumen, die sie regelmäßig erneuerte, gestellt, eine Marienfigur aus blaugelb bemaltem Gips, und über allem wachte aus Rosenholz geschnitzt Jesus am Kreuz.

Ein gutes Jahr später war die zweite Daguerreotypie dazugekommen, diesmal sieben mal acht Zentimeter groß, und darauf zu sehen drei eingefallene Gestalten vor ihrem einfachen Haus, niemand anderer als Vitale und Giuseppina, ein, wie es schien, schlafendes Mädchen im Arm. Tapfere Eltern, die minutenlang ernst und regungslos in das dunkle Loch des Holzkastens geblickt hatten. Giuseppina hatte sich von ihrer Nachbarin für diesen Moment eilig einen Chignon über den Hinterkopf drechseln und zwei Schneckenzöpfe flechten lassen, die ihr streng auf die Ohren drückten. Über der Schulter trug sie das gehäkelte Dreieck ihrer Mutter, und der weiße Kragen ihrer Bluse faltete sich ordentlich über den hochgeschlossenen Halsbund ihres schwarzen Kleids. Ihr Mann hatte sich die Haare seitlich aus dem Gesicht geschmiert und seinen Sonntagsstaat angetan. Sein Jackett war nicht bis ganz oben zugeknöpft, ein gemustertes Tuch war um seinen Hals gewickelt und vorne geknotet, der Vatermörderkragen lugte gesteift daraus hervor. In seinen Händen hielt er die Mütze, die er auch bei seiner ersten Begegnung mit Giuseppina dabeigehabt hatte, und der Stoff seiner Hosen spannte über den muskulösen Arbeiterbeinen, die aus nichts außer drahtigen Sehnen, Muskeln und Haut bestanden.

Felipe Natale also, der um diese Bilder wusste und sie, wenn er sich nur danach umgedreht hätte, auch jetzt hätte sehen können an der Wand, wie sie noch immer dastanden, etwas verstaubt und angeschmutzt, bewacht vom Kreuz des Erlösers und geschmückt mit einem Blumengruß, brachte diesen Vorschlag vor und wartete geduldig auf Giuseppinas Anweisung. Ja, wenn Vitale noch da gewesen wäre, diesen Entschluss zu fällen, wenn sie ihn hätte fragen können, aber jetzt oblag diese Entscheidung ihr, ihr ganz allein, der zweiunddreißigjährigen Familienfrau, die so völlig unverhofft und nur wenige Wochen nach Vitales Fest zur Witwe geworden war, und sie wusste nicht, was schlimmer war: den Entscheid alleine fällen zu müssen oder ihn Vitales Arbeitskollegen zu überlassen, und schließlich schüttelte sie nur matt den Kopf. Weshalb ein weiteres Bild eines Toten anfertigen lassen, weshalb diese ganzen Mühen, ja waren denn hier oben im Norden alle moribund?, weshalb noch ein Bild mehr auf dem Regal über ihrem Bett, das von der Leblosigkeit der Ihren zeugte, was hätte ihr das genützt?

Es war nicht, dass ihm das irgendjemand hätte sagen müssen, es war auch kein bewusster Gedanke, den Serafino dachte, wie ein folgsam herbeigearbeitetes Rechenresultat, es war mehr ein Instinkt, der ihm bedeutete, dass er der Nächste in der Stufenfolge war, dass sein Platz nun unverrückbar hier war und hier bleiben würde. Irgendetwas verlor sich an diesem traurigen Tag in ihm, ein Teil seiner Selbst, das ihm abhandenkam und das von den hereinbrechenden Rändern seines verwegenen Planes überrollt wurde; seines Planes, den er sich so schön und in Riesenschritten zurechtgelegt hatte, mit dem er doch hätte mutig sein wollen, mutig für alle sein können und der ihm nun nur noch für das eine übrigblieb, die eine Handlung, ihn zu zerreißen.

Nie wieder würde er über eine Zukunft als Familienritter nachdenken und nie wieder darüber, was aus seinem Schulunterricht beim gestrengen Maestro werden sollte, nein, es war einfach nur klar, dass mit alldem ab sofort Schluss sein sollte und er als nächster Vitale Senigaglias Platz an der Drahtwinde einnehmen müsste. Zuerst als anzulernender Handlanger, dann als nützliches Mitglied der Arbeiterschaft. Sein Ritterschlag bestand aus einer schweren Hand, die von di Pietro an jenem Nachmittag auf seine Schulter gesenkt wurde und mit der alles, alles gesagt war.

Der Arzt, der kam, die Leichenschau vorzunehmen, war derselbe, der auch beim Tod der beiden Kinder Zeuge der Unwiderrufbarkeit gewesen war. Er willigte ein, den Leichnam aufzubahren, damit ihm in den nächsten drei Tagen die Ehre erwiesen werden konnte. Aber das Wetter spielte nicht mit. Die Hitze schwoll bereits am ersten Tag der Aufbahrung dermaßen an, dass Vitale zu riechen begann und sich die Nachbarn und Verwandten sputen mussten mit ihrem Kondolenzbesuch bei der Familie. Dann lag er unter der Erde. Vereint mit seinen beiden Erstgeborenen, Vitale junior und Maria Giuseppa, gebettet auf Leinen, eingeschlossen in einfachem Fichtenholz, zugeschüttet vom fruchtbaren Humus Bergamos wie eine anachronistische Saat, eine Gabe an die Erde, die von dieser nie mehr zurückgegeben würde und deren Früchte für Giuseppina niemals mehr erreichbar wären, zumindest nicht bis zum Tage ihres eigenen Hinscheidens, und damit keine wirkliche Option, wenigstens jetzt nicht, solange vier ihrer Kinder noch klein waren und sie brauchten.

rotweiß gescheckt

unterwegs, 1860

Den größten Teil des Gepäcks machten Františeks Koffer und Kisten aus. Der Kutscher hatte nichts gesagt und Alžbeta nichts geantwortet. Die Abstandssumme zwischen Brust und Kleid gepresst, ein Mieder wäre ihres fortgeschrittenen Zustandes wegen ohnehin nicht denkbar gewesen, war sie tapfer noch einmal von Zimmer zu Zimmer durch das ganze Schloss gegangen und dann, ohne einmal zurückzuschauen an Frantas galanter Hand in die Kutsche gestiegen. Ihren Heimatboden, Kassa und die umgebenden Ländereien, würde sie nie wiedersehen. Mit einem Lächeln, das František nicht deuten konnte, hielt sie ihr Gesicht ans Fenster. Sie blickte allem zum letzten Mal nach: den weichen grünen Hügeln, die in andere weiche grüne Hügel flossen, den Feldern mit Korn und Blumen, soweit das Auge reichte, dem hoch aufgeschossenen weißen Kerbel, dem ruhigen Lauf des Flusses. Aber Alžbeta lächelte.

Nie wieder würde sie die vertrauten vollen Klänge der Glocke des Alžbety-Doms hören, nie wieder die schmucken zwei- und dreistöckigen Häuser von Kassa in ihren pastellenen Farben bewundern können. Das alles würde sie nun Radumdrehung für Radumdrehung hinter sich lassen. Aber sie lächelte.

Einen Tag vor dem Aufbruch hatte Alžbeta noch darum gebeten, ihr Pferd mitnehmen zu dürfen, aber die Mutter hatte das kategorisch abgelehnt, und František fand diese Idee leider auch eher unpraktisch. Alžbeta hatte den Entscheid mit größter Fassung getragen, nur als sie in den

Stallungen an ihrem rotglänzenden Lipizzanerfuchs vorbeikam, der ihr mit seinem treuen Karstergemüt so viele glückliche freie Stunden beschert hatte, hatte sie laut aufgeschluchzt und war dem ungarischen Stallburschen, der noch ein, zwei Worte des Trostes zu ihr sagen wollte, brüsk davongerannt.

Sie erinnerte sich daran – und lächelte.

Sie kamen an einer Begräbnisprozession vorbei, auf ihrem Weg vors Dorf zum Friedhof, die Frauen in dunklen Kopftüchern, ein gutes Omen, befand Alžbeta, immer noch lächelnd, beide Hände auf den Bauch gepresst.

Alžbeta sah all die bekannten Herrenhäuser und Schlösser, die mit ihren Türmen und Erkern, ihren Chinaschirmdächern, warm in grüne Tannen eingemümmelt, Hügelspitzen beflaggten. Alžbeta lächelte. Und lächelte.

Dann kam eine weite Wiese mit einzelnen Sonnenblumentupfern drin, dann Röhricht, hoher Röhricht und Störche in den Feldern, wohin man sah. Alžbeta erinnerte sich an ihre Zeit als Kind, als junges Mädchen mit staksigen Storchenbeinen, immer irgendwo draußen, immer irgendwo in der Wildnis auf Abenteuerpfaden unterwegs, das Gesicht und die Hände beständig angeschmutzt zum ewigen Ärger ihrer Zofe, die man ihr schon ganz jung zur Seite gestellt hatte. Woher war sie noch mal gekommen? Sie hatte so lustig dahergeredet. Ja, richtig, aus Trakai stammte sie, sprach die karaimische Sprache und sang unverständliche Lieder, wenn sie sich alleine glaubte. Alžbeta summte, und sie lächelte.

Ein Schwarm Vögel wogte über den Himmel wie eine gepunktete Beteuerung des Glücks. »Schau, Franta, schnell, das ist ein gutes, ein wirklich gutes Omen!«, und eine übermütige Alžbeta forderte ihn mit ihrem Lächeln zum Lächeln auf.

Sie schaute still und versonnen den Wäldern nach, den

Wiesen und den Feldern. Eine rotweiß gescheckte Katze verschwand zwischen ausgebleichten Halmen. »Ein gutes, ein sehr sehr gutes Omen«, hörte František seine Geliebte murmeln. »Weißt du, es sind nicht nur die Erfolge, die einen Menschen wachsen lassen. Gerade die Schwierigkeiten führen uns zu unserer wahren Größe.« Wo seine Wunderbare solch philosophischen Gedanken herhatte, war ihm ein Rätsel, aber er spürte in sich eine Liebe, eine Wärme aufsteigen, wie einen Papierlampion, den die Hitze in die Höhe treibt. Noch einmal neigte auch er seinen Kopf dem Fenster entgegen, und noch einmal sah auch er hoch über sich zwei Wellen von Hunderten und Aberhunderten Vögeln schwappen. So viele Individuen unterwegs, es war die Zeit der Zugvögel, und darunter waren nun auch er und sie, seine mannsgescheite Alžbeta, die herzbetrunken vor sich hin lächelte.

Die vier der Kutsche vorgespannten Kladruber trabten mit der Beständigkeit eines Uhrwerks. Ihre schwarzen Rammsköpfe waren von dicken Adern durchzogen, und um die großen Kugelaugen glänzten sie vor Schweiß. Der Kutscher hatte ihnen beim letzten Halt Decken übergelegt, und sie trabten ohne Unterlass, als gelte es selbst für sie, untadelige Entschlossenheit zu beweisen. Ihre kraftstrotzenden Gliedmaßen und die elastischen Muskelpakete federten unter dem makellosen schwarzen Fell, und ihre Hufe traten fest und sicher auf mit jedem Schritt, den sie, gut einstudiert, im Gleichtakt auf dem unebenen Boden aufsetzten. Die Gräfin hatte extra angeordnet, die Prachtstiere vorzuspannen, Prestigegläubigkeit und die Furcht, ihr Ansehen könnte sonst noch weiteren Schaden nehmen, verleiteten sie zu dieser kleinen Maßlosigkeit. Ihre Tochter hatte zu verschwinden zusammen mit diesem schmierigen Angestellten, aber es brauchte ja nicht gleich alle Welt zu wissen, dass sie ein illegitimes Kind in sich trug und in

Schande vom Schlosse verbannt worden war. Eine jährliche Apanage sollte fürs Erste das Nötigste sichern.

Als es eindunkelte, war Alžbeta aus ihrer Versunkenheit aufgewacht und redete in munterem Plauderton auf František ein, malte ihnen beiden ein Leben aus voll der herrlichsten Farben und kühnsten Mischungen. Sie rührte die Farben immer wieder neu und mutig an, diese Verwegenheit musste sie von ihrem Vater mit ins Blut bekommen haben.

František notierte in ihrem Gesicht rote Flecken, sie war ganz außer sich vor lauter Draufgängertum. Dann fragte sie ihn wieder nach der Ortschaft, und wie es dort aussehe, wollte ihm jedes Detail, dessen er sich noch erinnerte, entlocken.

Sie waren unterwegs nach Ödenburg, einer aufstrebenden freundlichen Stadt, in der bestimmt Bedarf an Haarteilmachern und geschickten Friseuren war. Dahin, wo Deutsch und Ungarisch gesprochen wurde.

Sie klatschte ihrem František mit der flachen Hand flapsig auf den Schenkel, ha!, sie hatte sich alles genau ausgedacht, sie würde als Französisch-Sprachlehrerin in besseren Häusern arbeiten und die höheren Töchter bei Bedarf auch in Benimm unterrichten. Aufgrund ihrer eigenen Dreistigkeit wusste sie ja nur zu genau, worauf es beim modernen Comment ankam.

Sie lächelte im Widerschein des aufgehenden Mondes so verträumt und so verzückt vor sich hin, dass es František ein Vergnügen war, ihren Anblick in sich aufzunehmen.

Alžbetas Herz bebte voller Abenteuer- und Entdeckerlust, sie war ganz durchwoben von Wiss- und Lernbegier, spürte, dass ihr Leben unheimlich in Fahrt kam, und staunte ob des Tempos, bis sie unvermittelt leise aufschrie und František mit Entsetzen beichtete: »Ich kann ja gar nicht kochen!« Dann lachte sie laut los, grad so wie ein Mann, dachte er wieder gerührt und voller Anerkennung. »Außer Halušky hab ich nie etwas gelernt, František!«

»Dann essen wir eben Halušky, bis uns der Käse zu den Ohren herauskommt.« František lachte endlich ehrlich zurück, und gemeinsam hielten sie sich an den Händen und lächelten einander Mut zu. Alles würde gut werden, alles würde gut sein. Ein langes wunderschönes Leben lag vor ihnen ausgebreitet, sie brauchten es nur wahr zu machen und zueinander immer wahr zu sein. Und obwohl weder er noch sie wusste, was die kommenden Tage und Wochen und Monate und Jahre noch alles bringen und für sie bereithalten würden, so waren sie doch der felsenfesten Überzeugung, dass es nichts als Gutes sein konnte, nichts als Außergewöhnliches und nichts als atemberaubend Neues.

Die zwei waren zwar erst seit ein paar Tagen von Kassa weg, aber ihr Ruf war ihnen vorausgeeilt, vorausgeflogen wie flügge gewordene Vögelchen, und über die frohe Botschaft, dass ein virtuoser Posticheur mit seiner durchgebrannten blaublütigen Geliebten gerade jetzt unterwegs war, in neuen Gegenden den Adelsdamen Blumen in die Haare und, wer weiß, vielleicht den einen oder anderen Floh ins Ohr zu setzen, geriet so manche Gräfin, so manche Madame in Aufruhr.

Und als die beiden zwölf Tage später in Ödenburg einen Pfarrer fanden, der endlich dazu bereit war, sie zu trauen, natürlich nicht ohne dass František Schön zum katholischen Glauben konvertiert war, zumindest die wichtigsten Schritte dafür unternommen hatte, was er auch gar nicht bedauerte, die Welt war einfach größer so, bemaß sich Františeks zukünftige Kundschaft, die er noch gar nicht kannte, bereits auf über zwanzig ungeduldig wartende Damen höherer Herkunft.

Am 11. November 1860 brachte Alžbeta den gesunden Ferenc Dušan Schön zur Welt, einen kahlköpfigen Jungen von neunundvierzig Zentimetern Körperlänge und annähernd dreitausend Gramm Gewicht.

Und was machte Alžbetas Gesicht, als sie sich das erste Mal über den Knaben beugte?

Es lächelte.

Macrolepidoptera csökei

irgendwo an einem nicht näher bezeichneten Ort
im Russischen Reich, 1860

Dušan Csöke, unvernünftiger und unfassliche fünfundsiebzig Jahre alter Mann, schlohhaariger Narr mit Gamaschen an den hellen Hosen und einem leinenen Cutaway, lebte in einer anderen Welt. Konkret: Er war ordentlich in der Bredouille.

Sein Anblick muss sich äußerst wunderlich ausgenommen haben, aufgestützt auf den Stiel seines Schmetterlingsnetzes, so bis zu beiden Oberschenkeln versunken in einer Sumpfmoorwiese und umweht von den fauligen Schwaden der blassen Blumen, deren Geruch ihn schon seit Stunden in der Nase plagte. Irgendwo zwischen dem letzten Gebirge und dem vorletzten Tal hatte er wohl die Orientierung und vielleicht auch ein bisschen seinen Verstand verloren, dafür war er siegesgewiss einem flatterhaften Gaukler hinterhergestolpert, einem Riesenexemplar von Schmetterling, das er so in der Wissenschaft noch nirgends beschrieben gesehen hatte.

Allein dessen Flugverhalten war wahrhaft erstaunlich, ein schneller Flatterschlag, der ihn über einer Blüte seiner Wahl wie in der Luft frei schweben ließ, verblüffend verblüffend, und sein Mimikry war schlichtweg sensationell! Tieraugen von einer farblichen Intensität, wie er sie sein Leben nicht zu Gesicht bekommen hatte, und auf der Flügelunterseite nicht etwa einfach die gewöhnliche Welkes-Laub-Tarnung, sondern ein ganz eigensinniges Mosaik von blauen, grünen und braunen Schimmern, gewaltig gewaltig! Dušan Csöke war voller Begeisterung über seine Neuentdeckung, die in den einschlägigen Kreisen der Lepidopteraforschung sicher noch gehörig Furore machen würde, aber all diese Begeisterung nützte ihm nichts, er kam auch mit ausgestreckten Armen nicht an das atemberaubende Ziel seines Trachtens heran, das sich nur ein paar wenige neckische Schritte von ihm entfernt auf einer morschen Borke die Flügel sonnte.

Tja, da war er nun, Graf Dušan Csöke, übergeschnappt und überglücklich über seinen Fund und kam mit keinem seiner beiden Beine aus dem Bruch heraus.

Teil 2
Nestlinge. 1860–1899

Die Schlüpflinge selbst unterteilt man in zwei Gruppen: Nestflüchter und Nesthocker. Nestflüchter sind vom ersten Tag an imstande, die Füße zu gebrauchen.

wie sich Dinge lösen

Ödenburg, 1860/1861

Und wie er sich da getäuscht hatte, ha, er tippte sich mit dem Handschuh an die Stirn, dass es ein Geräusch wie flapsiger Flügelschlag machte. Wie hatte er nur so naiv sein können, sich einer solchen Geisteslahmheit hingeben, so träge, so sehr ans eigene Versagen glauben können und so wenig ans Gelingen! Dabei war seine Frau unwiderlegbar vernünftig gewesen in ihrer Lebensungeduld, ja, einzig ihr und ihrer unkonventionellen Kühnheit war es zu verdanken, dass sie nun eine Existenz hatten, eine eigene, ein gesellschaftliches Leben, das sich sehen lassen konnte, das mithalten konnte und das von Bestand sein würde; auf sie konnte František bauen.

Als er ihr das eines Abends im trauten Licht der Gaslaternen auf dem Weg zu ihrem Haus durch die Gassen von Ödenburg – der Laternenanzünder immer zwei Schritte ihnen voraus, sie machten sich ein Scherzlein mit ihm und kicherten wie kleine Kinder – ins Ohr flüsterte, lachte Alžbeta ihr männliches Lachen, das aus der Tiefe ihrer Brust emporschallte, und sie erwiderte: »Du weißt ja nicht, wie sehr ich mich geschämt habe für mein leeres, leeres Leben, Franta!«

Er wusste es.

Vielleicht glückte es ihm deshalb, seiner Frau den Vortritt zu lassen, sie wirken zu lassen und die kleine Dosis Eifersucht mit dem Seim der Dankbarkeit so weit zu verwässern, dass in seinem Blut nie genügend Groll aufquoll, um ihr Zusammenleben ernstlich zu gefährden.

Jetzt war ihrer beider Leben voll. Sie besaßen ein zweistöckiges Haus eingangs der Müller-Paulin-Straße, das Alžbeta kontinuierlich ausgestattet hatte. Damals, als sie eingezogen waren, nach unseligen Wochen des wenig standesgemäßen Hausens in einem einfachen Gasthof, der weit vor der Grabenrunde und noch vor der Außenmauer der Stadt lag, war das Objekt kaum ansehnlich gewesen. Ein wasserfleckiges stumpffarbenes Gebäude mit langen Rissen im Holzboden. Aber Alžbeta erwies sich als geschickte Handwerkerin, hantierte mit Teer und anderen Kleb-, Farb- und Füllstoffen herum, und ja, er traute es sich nirgends laut zu sagen, sie war der Mann im Hause, und sie bestimmte mit sicherem Kalkül und gesunder Weitsicht, welche Schritte die nächsten waren.

Sie wohnten noch in kahlen Wänden, da nahm sie schon Kontakt zur feinen Gesellschaft auf, bezirzte die Männer der Oberschicht mit hochgeistiger Konversation und freundete sich mit deren Frauen an dank ihres weiten gefühlvollen Herzens. Rasch hatte sie Anstellung als Sprachlehrerin gefunden, und ihr Kundenkreis vergrößerte sich ständig. František sah, tolerierte und staunte. Als die Damen und Herren Alžbetas Geschick in gestalterischen Belangen entdeckten, wurde sie der einen oder anderen Familie sogar zur Dekorationsberaterin. Ab und zu fertigte František nun auf ihr Geheiß kleine Schaukasten an, Musterzimmer, fügsam ausstaffiert mit lockenden Stofftüchlein und possierlichen Holzmöbelchen. Seine Skizzen, nach ihrem Plan, fanden mehr als nur einmal Verwendung und wurden wegen ihrer verwegenen Herrlichkeit auch von den ausführenden Schreinern beneidet.

Mit der Zeit hatte Alžbeta ihr eigenes Heim von oben bis unten geschmackvoll eingerichtet mit roten Samtbordüren und goldenen Rahmen, hatte die gipswelligen Decken und jede fleckige Wand mit Weißkalk und Mineralfarbe sachgemäß verputzt, und die beiden konnten selbst zu Gesellschaften laden. Und sie taten es mit Verstand.

Jedes Mal, wenn eine feine Dame Alžbeta hinter vorgehaltener Hand und wider besseres Wissen nach ihrem Friseur fragte, von dem man doch schon so viel gehört hatte, nicht wahr – berechnenderweise trug Alžbeta zu diesen Anlässen ihre Haarpracht wie auf dem Präsentiertablett, immer scharf an den Grenzen der Ziemlichkeit, manchmal um Haaresbreite über den Rand hinauslockend, dann zum Beispiel, wenn ihr František eine verspielte Tolle in eine Ondulationswelle geknüpft hatte –, ging die Rechnung auf. Alžbeta rollte die Augen und flüsterte: »Es handelt sich bei Bewusstem um meinen Mann. Ehemaliger Hofposticheur zu Kassa.«

»Also doch!«, konstatierten die anderen dann in vorfreudiger Erregtheit über dieses bisschen Gerücht, das sich als wahr herausgestellt hatte. Und noch bevor sie wieder klar denken konnten, hatte Alžbeta ein kleines zusammengebundenes Heft mit losen Blättern aus ihrem Täschchen gezogen und zeigte Frisuren auf Bestellung, während sich František dezent im Hintergrund hielt.

Gemeinsam hatten sie nächtelang über Namen für jede Kreation gebrütet: *Marie Antoinette, Noblesse oblige, Katharina von Russland, Pleinair, Rokoko-Rosette, Erotica, Imperium Femininum, Stelle e Mare, Naturelle-Belle.* Alžbeta überzeugte, ohne Luft zu holen: »... auch als Zweitfrisur ist eine Vollperücke nicht zu verachten, man hat ja so viel zu tun als Frau und kann sich nicht jeden Tag neu auffrisieren, nicht wahr? Und für die Männer, nun, die Männer, die blühen nach einer Haartrachtbehandlung bei František Schön zu regelrechten, wie soll man sagen, Göttern, vielleicht?, auf. Eine gestaltete Kopf-und-Bartfrisur bewirkt bei ihrem Selbstverständnis wahre Wunder. Nebst dem, dass getrimmte Barthaare ganz wunderherrlich kitzeln ...«

Spätestens jetzt hatten die Damen angebissen und František ein Haus mehr auf seiner Kundenliste. Dann trat er jeweils aus dem Schatten hervor, faltete die Hände, schwieg und lächelte. Er enttäuschte nie. Er überraschte seine Kundschaft mit Fingerfertigkeit und Horizont, die Gräfinnen und Grafen, die Söhne und Töchter, ganz besonders aber die Mütter der Töchter, wenn er aus einem ersten Haarschnitt – einmal mussten die Zöpfe der Kinderchen ja fallen – verspielte Schnecken-Postiches knüpfte, die die Zeit bis zur Hochzeit überdauern würden, auf dass sich die Braut an ihrem schönsten Tage dereinst damit schmücken könnte; er bediente sie alle zu ihrer sicheren Zufriedenheit, ob auf irgendeinem Schloss oder ebengeschossig an der Müller-Paulin-Straße in seinem eigenen »Fodrász – Frisier-, Barbier- und Haarkunst«-Geschäft.

Immer wieder berührte es František warm, wenn er seine Frau in stillen Stunden mit dem gemeinsamen Sohn im Arm betrachtete. Wie diese versonnen und erfüllt und ohne Verlangen zufrieden war, voll inneren Glücks leuchtete. Alžbeta war für František alles: Mutter, Vater, Geliebte, Frau – wahre Gefährtin auf dem Weg. Sie hatte zu kochen gelernt, Sauerkirschsuppe mit Zimt und Schlag und Grammelpogatscherl, Grießnockerln mit Bohnensuppe, Sauerkrautauflauf, Lunge mit Semmelknödeln, Paprikahuhn, Ödenburger Nudelauflauf, Vanillekipferln und Husarenkuss, Bohnentorte und Hobelspan, sie besorgte zusammen mit einem Mädchen den Haushalt, schrieb für František die Fakturen und überwachte die Finanzen und war dennoch ganz selbstverständlich Adel geblieben auf die natürliche Art, die er an ihr seit jeher bewundert hatte.

Im hinteren Hof pflanzte sie zusammen mit dem Mädchen an, verschiedenes Stiel- und Wurzelgemüse sowie Spargelerbse, Erdbirne, süße Rahne, und bereits im ersten Spätsommer, den sie im Haus an der Müller-Paulin-Straße verbrachten, überraschte sie der struppige Baum im Garten mit einem üppigen Behang reifer Renekloden. Das ganze Leben duftete, und František und seine Alžbeta standen mittendrin!

Obgleich. Anfänglich war sich František nicht so sicher gewesen, ob die Entscheidung, in das Haus in der Müller-Paulin-Straße einzuziehen, die richtige war. Lag es nicht zu nah an der ehemaligen Judengasse? Lediglich durch das Ordenshaus der Ursulinerinnen, den Ursuliner Platz und, schräg gegenüberliegend, durch das Arkadenhaus davon getrennt? Zweimal umfallen, und man würde sich wieder dort vorfinden, von wo aus man geflüchtet war?

»Es war ja keine Flucht, Franta. Es war der einzig richtige Schritt, den es zu unternehmen galt.«

Dennoch war es fast ein bisschen so, als ob sich František Schön vor den Juden Ödenburgs verdrückte, sich verschämt aus deren Gesellschaft schlich, wenn er sich am Hauptplatz unversehens zwischen ihnen wiederfand. Die meisten Juden waren zwar irgendwann im 16. Jahrhundert von hier wie andernorts vertrieben worden, weil, wie man munkelte, sie wohl die schönsten Häuser besessen hätten, aber mittlerweile waren viele zurückgekehrt oder neu dazugestoßen und sesshaft geworden. Immer wenn František ihre schwarzen Hüte, die federnden Locken, die weißen Gesichter sah, drehte sich etwas in ihm um, so dass er glaubte, er stünde kopf. Und er reagierte darauf mit der üblichen Intoleranz aller Konvertierten, indem er sich innerlich zuredete, er sei etwas Besseres, ja, er habe vielleicht, wirklich, nein, ganz bestimmt sogar, den Ruf des Herrn empfangen und wisse nun, wie sich ein nützliches und gottgefälliges Mitglied der Gesellschaft zu benehmen habe. Ach. Weshalb mussten sie auch so anders sein? Es ging ihm nicht in den Kopf hinein. Und auch hierin beobachtete er seine Frau, staunte, staunte.

Alžbeta begegnete den Menschen entspannt. Sie prallte an keiner Oberfläche ab, sie tauchte nach dem Wesentlichen. Weil ihm das selber nicht zur Zufriedenheit gelang und er an den Grenzen seiner Großmütigkeit angelangt war, erledigte er diese eine Sache halt doch auf seine Art. Das erste heilige Christfest feierte er mit Pomp und Glamour, ein unmissverständlich großer Baum, der bis an die Zimmerdecke reichte, dicht mit Flitter und funkelnden Kristallen geschmückt, mit handgearbeitetem Perlenschmuck, Kombinationen aus Glasseide und Oblaten, Püppchen aus Biskuit-Porzellan und bemalter Holzware aus dem Erzgebirge. Ferner bestand er auf dem Absingen sämtlicher heiliger Lieder, die er zusammenbrachte, sowie auf dem Besuch der Mitternachtsmette mitsamt Frau und Säugling, tja, und damit war diese Sache dann für ihn besiegelt.

František konnte sich wichtigeren Dingen zuwenden. Dem Katalogisieren der gesellschaftlichen Strukturen Ödenburgs zum Beispiel, dem Wer-mit-wem-Ratespiel, dem unerlässlichen Feine-Leute-Tratsch, über den gerade er als Friseur unbedingt im Bilde sein musste.

So also hatte er in Ödenburg Tritt gefasst, barbierte, frisierte, stellte Haararbeiten her, hörte den Damen bei ihrem Gezwitscher zu und hauchte der einen oder anderen auf ihren Wunsch auch schon mal eine Locke aus der Stirn. Aber nie hätte er irgendetwas unternommen, was seiner geliebten Alžbeta entgegengewirkt hätte. Ihr hatte er es zu verdanken, zu so etwas wie einem eigenen Leben gekommen zu sein, sie war seine Retterin, seine Entdeckerin, seine Schöpferin, und er ließ sie seine Zuneigung in jedem Moment des gemeinsamen Lebens spüren.

»Du sollst wissen, wie sehr ich dich respektiere«, pflegte er zu sagen. Und Alžbeta lachte darauf ihr tiefes Lachen und nahm ihn zu sich in die warmen Arme.

Die Tage kamen und die Tage vergingen, und je sicherer er sich im gesellschaftlichen Gefüge der Kaufleute, Geschäftsherren und noblen Damen Ödenburgs und des Umlandes fühlte, umso leichter fiel ihm mit der Zeit auch der Verkehr mit Juden. Er fühlte sich nicht mehr länger verfolgt von ihnen wie ein Abtrünniger, Verräter, und die Zeit seiner mühsam aufgebauten Abwehr war weitgehend vorüber, da er jetzt ja endlich wusste, wer er war und wo er hingehörte.

Was nicht darüber hinwegzutäuschen vermochte, dass jener gewisse Konvertiten-Dünkel, der leider immer wieder in ihm aufquoll und auf den ihn Alžbeta regelmäßig aufmerksam machte, nie ganz wegzuleugnen war.

Bild aus Draht

Alzano Lombardo, 1860–1876

Es war für den Knaben Serafino eine harte erste Zeit gewesen: Mit einem Schlag war er damals zum Mann der Familie geworden, und er konnte sich keine Phantastereien mehr leisten. Er musste Verantwortung übernehmen und sich mehr als nur einmal und nicht nur sinnbildlich ein schweres Joch überschultern, um bei anderen Familien einen kleinen Dienst zu verrichten, eine Knechtsarbeit zu übernehmen. Einen Zustupf mit nach Hause zu bringen, solange ihn seine müden Beine aufrecht hielten. Die Schafe hatten sie verkaufen müssen, eines nach dem andern, die Hühner waren allesamt der Reihe nach im Suppentopf gelandet. Aber was hätte man auch tun wollen, es war ja keiner da, der die Spatzen schoss oder ab und zu ein Karnickel mit nach Hause brachte, und die Beute, die er von seinen Plünderungszügen auf Schwalbennester heimtrug, war auch nicht gerade berauschend.

Immaculatas Vater, der sich seiner irgendwann erbarmte, brachte ihm das Schießen mit der Schrotflinte bei, und so kam doch hin und wieder eine Ente oder eines der zugewanderten Blesshühner, die in Norditalien überwinterten, auf den Tisch der bedürftigen Familie Senigaglia.

Überhaupt war ihm dieser Mann wie zum Ziehvater geworden. Da auch er in der Drahtzieherei arbeitete, konnte Serafino ihm jahraus, jahrein neue Handgriffe abschauen. Ganz besonders angeheimelt hatte Serafino aber, dass dieser Mann eine Geschicklichkeit und Sorgfalt an den Tag legte, grad wie sie ihm sein eigener Vater stets vorgelebt hatte.

Nie hätte er ein Stücklein weggeworfen, nie ein Restlein ungenutzt verkümmern lassen, aus allem und jedem konnte er etwas herstellen, das ihm selbst oder irgendeinem anderen von Nutzen war.

Seine erste Blume aus Drahtschrott hatte Serafino dann auch speziell für Immaculata geknüpft: eine einfache Margerite, in der mittig eine gelbe Glaskugel festgeklammert war. Sie hatte gelacht und sich die Blume hinters Ohr gesteckt, und mit jedem neuen Stück, das sein Erfinderreichtum hervorbrachte, wurde das Schleichweglein zu Immaculatas Haus breiter ausgetrampelt, bis es bald kein Geheimnis mehr war, dass Serafino und Immaculata einander zugetan waren. Sie kam nach der Schule bei Giuseppina vorbei und half ihr mit den Kleinsten und bei der Wirtschaft. Ab und zu brachte sie Käse mit, den ihre Familie produziert hatte, Brot, eine Wursthälfte. Als Serafino damit anfing, seine Drahtgeflechte immer routinierter herzustellen, war es Immaculata, die die nötigen Kontakte zu den mittelständischen Familien Bergamos knüpfte, so dass das vaterlose Kind Abnehmer für seine aus silbrigem Draht geflochtenen und geknüpften Früchteschalen, Teeglashalter und Untersetzer fand. Zusammen mit seiner Arbeit in der Fabrik und unterstützt von der einen oder anderen Familie, die mit Naturalien und manchmal sogar mit einer einzelnen Lire-Münze aushalf, meisterten sie in großer Solidarität diese schwere Zeit.

Giuseppina heiratete nicht mehr, ihre Söhne zogen alle bis auf Serafino früh aus, und als er sich schließlich mit Immaculata verloben wollte, hörte sie sich den Entschluss ihres Sohnes an, hielt mit ihren knöcherigen Händen die Hände von Serafino und Immaculata, drückte sie fest zusammen wie ein Buch, dessen Geschichte man nicht entkommen lassen will, und legte sich dann schlafen. Es war, als ob sie nun loslassen konnte, alles Schwere endgültig hinter sich lassen konnte und leicht wurde, so leicht, dass sie in ihrem weißen Nachtgewand ihrem Liebsten, Vitale, entgegenschwebte durchs weiche weite All, in dem sie sich ganz bestimmt nirgends mehr die Füße stoßen konnte.

Serafino war mit der Rede des Pfarrers sehr zufrieden. In Eintracht standen er, Immaculata, seine Brüder und eine Handvoll Trauergäste vor dem frisch ausgehobenen Grab und warfen jeder eine Blume ins dunkle Loch der Unendlichkeit. Immaculata drückte ihrem Serafino wie zur Bestätigung die Hand, dann stupste sie ihn leicht von sich weg; Serafino hätte diese liebevolle Aufforderung gar nicht gebraucht: In Frieden mit sich selbst und so, als sei nun endlich etwas wieder ins Gleichgewicht gekommen, tat er einen Schritt nach vorne an das Grab, fasste in seine Hosentasche und zog etwas Drahtiges daraus hervor. Es war das Bild von vier Figuren, zwei großen und zwei kleinen, die in einem Rahmen aus Drahtrosen einander bei den Händen hielten.

Er warf es hinein.

Tiere der Nacht

Triest, 1887

»Ich kann es mir einfach nicht vorstellen!«

Der servile wieselflinke Kellner, der seinen Körper wie ein krummes Häkchen vorbeugte, brachte die Getränke. Abelarda tat einen wilden Schluck, der weiße Schaum verunzierte ihr Gesicht, das noch auf der Wippe von kindlich zu erwachsen hin- und herwankte, je nach Stimmung, in der sie sich befand. Sie wischte sich den Schaum mit einer schwungvollen Handbewegung weg. Sie liebte diesen herbnussigen Geschmack, der eine leichte Bitterkeit auf ihrer Zunge zurückließ, wie einen Belag, der sie daran gemahnte, dass ihr Kinderleben voll zuckersüßen Gebäcks nun bald zu Ende gekostet wäre und dass da etwas viel Größeres, Spannenderes, Erleseneres auch ihrer harrte. Etwas Geheimnisvoll-Verführerisches, und sie merkte dabei nicht, dass sie diejenige war, die im Begriff war, zu verführen.

Ein Blitz, dann ein Donner gingen in rascher Folge über Triest nieder. Ihr Blick schweifte kurz ab zum Kellner, der hastig die Tische und Stühle und Schirme vor dem Restaurant verräumte. Dann setzte der Regen ein. Er prasselte ungebremst vom Himmel herunter und spielte im Sturmwind, der draußen toste, auf den Fensterläden Xylophon. Das plötzliche Aufziehen – so schnell und nie vorherzusehen – eines Sturmes hier! Was gerade eben noch ein laues Abendwindchen war, wurde ein ausgewachsener Orkan. Triest nahm sich alle Freiheit heraus, in jeder Beziehung.

»Ich frage mich immer wieder: Wie ist das möglich?«, ereiferte sie sich weiter, als sei nichts gewesen und als hause sie in einem Kokon, geschützt vor aller Unbill des Lebens. Ihre Mimik war eine lebhafte, nicht selten schoss ihr ob der eigenen Gedanken die Röte in den Kopf, aber sie redete einfach weiter drauflos und hob die Augenbrauen in Erstaunen, lachte über das ganze Gesicht und in ihren Ausschnitt hinein oder kniff die Augen zu zwei verschwörerischen Strichen zusammen, als ob sie einen ihrer Gedankengänge unterlinieren sollten. Im Moment war ihr kommandierender Blick erfüllt von Erstaunen, dass sie den eigenen Mund kaum mehr zubrachte.

»Ist es nicht einfach unvorstellbar und absolut atemberaubend, wie viele Gedanken schon gedacht, wie viele Gefühle schon gefühlt worden sind vor unserer Zeit?« Wieder setzte sie das Glas mit dem Friauler Bier an ihren noch nie geküssten Mund und trank begierig. Sie schluckte in schneller Folge, und er befürchtete schon, sie könnte sich verschlucken und laut aufhusten. Aber nein, sie hatte das sonnige und alles einnehmende Gemüt einer Löwin, einer Königin.

»... Kelten, Römer, Markomannen, Quaden, Hunnen, Langobarden, sie alle hatten einmal ein ganzes Leben gehabt! Und das auch hier, wo wir gehen und stehen, Aquileia, Grado und Triest sind ja ganz voll von ihren Überresten! Und wer weiß, was noch in unserer Triester Luft von ihrem Erbe schwirrt, sie waren ja wohl auch vorne, hinten und rundherum voller Gefühle, sie haben geliebt, gelacht und Kinder geboren, sie haben geplündert und gemordet und wieder geliebt! Ist es nicht unvorstellbar, Elia Primo, dass es auch damals Männer und Frauen gegeben hat, die sich, so wie wir heute, zusammengesetzt haben, um zu reden, sich auszutauschen und zusammen zu sein? Ist es überhaupt vorstellbar, dass irgendein Mensch aus der Vorzeit so gelebt und empfunden haben könnte grad so wie wir jetzt hier?«

Elia Primo machte ein undefinierbares Geräusch in seinen gepflegten Schnauzbart hinein. Er fühlte sich überrumpelt, es überraschte ihn, welche Gedanken dieser gemeinsame Ausflug nach Aquileia bei Abelarda ausgelöst hatte. Liebe, Hass, da überstürzte sich ja alles in diesem hübschen jungen Kopf und wirbelte wild durcheinander wie eine schlecht verzurrte Schiffsladung bei Bora-Wind, das war doch zu groß, zu viel für ein junges Mädchen wie sie. Und hoffentlich hörte ihnen niemand zu, das Pärchen links von ihnen saß doch recht nah, aber sie ließ sich ja nicht bremsen, sie wäre ja nur noch lauter geworden, hätte er etwas einzuwenden gewagt, also lieber schweigen, nicken, zuhören. Hoffen. Irgendwie hoffen, dass dies zu einem guten Ende kam.

Endlich erinnerte sich der Kellner an die Bestellung und brachte kommentarlos die Brioches, mit Puderzucker reichlich überstäubt, an ihren Tisch. Ohne wirklich hungrig zu sein, biss Elia Primo in sein Küchlein, es wäre ohnehin verrückt gewesen, jetzt heimgehen zu wollen, er würde schon noch eine Weile hierbleiben und sich Abelardas Verstiegenheiten anhören müssen, bis er sie wieder zurück in ihr Elternhaus begleiten könnte. Ihm war unwohl. Er spürte eine dünne Schnur Schweiß sein Rückgrat entlang nach unten rinnen und in den Spalt seiner Pobacken hinein. Er rutschte auf dem Stuhl hin und her und versuchte sich mit Gedanken an bevorstehende Geschäfte abzulenken. In seinem Mund klebte, wie es schien, Sand, und überhaupt war sein ganzer Körper wie durcheinander, wenn er dieser Abelarda gegenübersaß. Jedes Mal, wenn sein Blick ihre Augen streifte, warf sie etwas mehr Kleister hinein, wie eine Spinne, die ihr Netz webt mit diesen dünnen, fast unsichtbaren Fäden voller Klebstoff, denen keines ihrer Opfer je entkommt; was war das bloß für eine Manier dieser jungen Frau, wohin ist das Kind entschwunden mit dem weißen

Taschentuch, wer war das eigentlich, der ihm da gegenübersaß, wie kam das, er mit dieser jungen Dame einen ganzen Tag lang schon alleine unterwegs?

Noch immer instrumentierten Regen und Wind im Takt und schmetterten Trommelwirbel über die Dächer des abendlichen Triest. Und in Elia Primo dröhnten nicht nur diese despotischen äolischen Klänge, nein, ganze Partituren spannten Notenblätter vom Licht- zum Schattenreich, und in seinem Kopf stämpfelte ein kleiner herrischer Dirigent und trieb ihm damit den Schweiß aus allen Poren.

Und dann startete sie wieder mit dieser albernen Beweisführung: »Es musste einfach so sein! Wenn nicht mit diesem wunderbaren Kamelhaarmantel, dann spätestens hier hätten sich unsere Wege gekreuzt, Elia. Mein Vater führt mich oft hierher aus, weißt du, ein Wunder eigentlich, dass wir uns nicht schon früher begegnet sind. Es musste einfach so sein«, konstatierte sie einmal mehr abschließend.

Elia Primo war es zwar bereits gewohnt, Abelardas wuchernden Phantasien zuzuhören, aber noch immer bestürzte sie ihn mit ihrer bestimmenden, selbstverliebten Art. Immer wieder fand sie neue Parallelen, neue Wegkreuzungen, an denen sie sich ganz bestimmt und zweifelsohne begegnet wären, hätte sie das Schicksal nicht schon damals, als er seine Mäntel ins Haus Polacco brachte, zusammengeführt. Sei es beim Matze-Bäcker Coën, dessen Mehlspeise sie beide anbeteten, oder sei es auf einem Spaziergang durch das Karstgelände, das so archaisch, wie Abelarda es bezeichnete, so gefährlich abschüssig, wie Elia Primo das erste Mal noch entgegengehalten hatte, über dem Meer trutzte: Immer, immer hätte es irgendwo passieren können, passieren müssen, von dieser Wahrheit war die sechzehnjährige Abelarda felsenfest überzeugt, und kein Marmorarbeiter aus Carrara hätte diesen Glauben je zu sprengen vermocht. Wenn er es genau bedachte, hatte sie ihm regelrecht nachgestellt. Eine Unverschämtheit eigentlich, die er ihr aber leicht verzeihen konnte, sie war ja noch ein halbes Kind. Aber war sie das auch heute Abend? Der Schweiß zog unaufhaltsam seine Bahnen, Elia Primo wusste kaum mehr, wie sitzen. Irgendwie schmeichelte ihm diese kindlich unverhohlene Verehrung auch, richtete ihn im Innern auf und machte ihn noch größer, als er ohnehin schon war. Er rückte sich auf dem Stuhl zurecht. Und hatte ihre Lebensart nicht auch etwas für sich? Sie hatte einfach immer mehr an die Chancen und Möglichkeiten gedacht, als dass sie Risiken und Gefahren interessierten.

»Aber so gut, wie wir uns verstehen, dieses Gefühl haben sie sicher nicht gekannt, diese Menschen vorheriger Zeit.«

Etwas verwirrt lächelte Elia Primo zurück. »Äh, wen meinst du?« Abelardas Mandelaugen glitzerten meerblau, sehnsuchtsblau – welche Edelsteine hatten noch einmal genau diese Farbe? Er vermochte es nicht zu sagen, aber er würde sich entscheiden müssen, das wusste er. Ihr Vater, Italo Polacco, vertraute ihm seine Tochter nicht einfach so an. Der Tag, der die Entscheidung mit sich brächte, konnte so fern nicht mehr sein.

»Die Menschen der vergangenen Epochen, Elia Primo! Hörst du mir denn überhaupt zu? Du bist mir ein lustiger Kavalier, führst mich junge Dame aus und bist in Gedanken doch ganz woanders!«

Als Bier und Brioche und auch die letzte Böe Geschichte waren, brachen sie auf. Wie immer schlüpfte Abelarda mit ihrer schmalen Hand in die seine und drückte ihren Körper an seine Seite. Seinen schnellen Gang musste er etwas zügeln, damit sie Schritt mit ihm halten konnte.

Geschäftig, tüchtig, agil, man will es ja zu etwas bringen, so hatte sie ihn kennengelernt und war seither bemüht mitzukommen. Sie gab sich schon recht vertraut mit ihm, seit bald einem Jahr begegneten sie sich öfter, gezielter, sie wusste um seinen Ehrgeiz, spürte seine Träume, die alle von Größe und Reichtum sprachen. Sie hätte seinen Schritt, so glaubte sie, unter Hunderten heraushören können, auf möglichst wenig Reibungsverlust aus. Sie durchschaute seine, wie sie fand, humoreske, aber stets knappe, aufs Wesentliche beschränkte Geschäftigkeit, spürte seine Dünnhäutigkeit, die er vor den Compagnons zu überspielen versuchte. Sie hatte seine einzelnen Charakterzüge und Wesenseigenheiten akkurat gesammelt und in ihrem Innern abgelegt. Oft lächelte sie im Stillen mit dem Hochmut der Jugend über ihn, wie über ein Spielzeug, das man bei einer Auktion in Händen dreht, dessen Mechanismus man noch nicht ganz zu begreifen gelernt hat, als dessen legitimen Eigentümer man sich aber dennoch schon weiß, bevor die Versteigerung überhaupt begonnen hat.

Es roch frisch, es roch nach Meer, das Unwetter hatte die Luft über Triest wie ausgetauscht. Die Frische fegte durch ihr Gehirn, sie überlegte sich schon wieder murmelnd neue Pläne für zufällige Ersatz-Begegnungen, betrieb ihre kabbalistische Rendezvous-Buchhaltung im Kopf; die Frische fegte durch sein Gehirn, und er überlegte sich einmal mehr, wie er es schaffen könnte, von Opicina wegzukommen und endlich in Hafennähe eine kleine Dependance zu eröffnen. Sein Hauptsitz war in Fiume. Aber wenn er seine Geschäfte in Triest tätigte, wohnte er bei Bekannten am Rande des Karstplateaus in Opicina, in einem einzelnen Zimmer, das gegen einen hundbewehrten Hühnerhof hinausging. Vollkommen unmöglich, von hier oben zu geschäften. »Ich kann nicht immer so weit herkommen und unten ganz verschwitzt anlangen«, hatte er Abelarda kürzlich vorgejammert, im kläglichen Versuch, etwas zu manipulieren, was er vielleicht, hätte er ihren Vater, Italo Polacco, direkt zu fragen gewagt, auch frank und frei hätte haben können.

Aber Abelarda hatte die bittende Note in seinem Klagelied überhört und sang die Melodie bereits auf ihre Weise weiter: »Dafür hast du uns Gelegenheiten geschaffen, bei denen wir uns auch noch hätten begegnen können! Beim Obelisken von Opicina findest du mich ja fast täglich sitzen, da ruhe ich mich aus und komme zu neuem Atem, wenn ich mit Mutter zusammen spazieren gehe!«

Abelarda hatte ihn einmal zufällig, wirklich, ganz ohne ihr eigenes Zutun, in Triest getroffen, als sie mit ihrer Mutter beim Schneider über ein neues Abendkleid referierte und Elia Primo verärgert über sein schweißnasses Hemd hilfesuchend eingetreten war. All der Talkpuder, mit dem er sich unter den Achseln einpulverte, nützte nichts, Elia Primo hatte ein Schweißdrüsenproblem, und zwar, wie er fand, ein massives. Völlig überrumpelt von der Anwesenheit der Polacco-Frauen starrte er sie böse an und kam sich so vor, als bestünde er nur aus Armen und Schweißflecken. Die kleine Abelarda hatte sich geschickt am Schneider vorbeimanövriert und hatte ihm ihr Händchen mit einem artigen Knicks gereicht. Wie ein rolliges Kätzchen war sie um den erwachsenen Mann herumgeschnurrt, sog seinen Geruch in sich auf und war ganz erfüllt von einer vorfreudigen Ahnung, über die, hätte ihre Mutter davon Wind bekommen, diese nur laut hätte aufschreien können.

Elia Primo versuchte so gut wie möglich Haltung zu wahren und bedeutete dem aufmerksamen Schneider, ihm ein neues Hemd mit Fischgratkragen zu bringen. Das Geld, das er dafür hatte hergeben müssen, schmerzte ihn noch lange. Die folgenden Tage wollte Elia Primo bis in die tiefe Nacht hinein hier unten verbringen, indem er in der Stadt und an der Hafenanlage von Compagnons zu Auftraggebern und von diesen zu möglichen neuen Geschäftspartnern trabte; den Weg zurück den steilen Berg hinauf bis nach Opicina wollte er sich, solang es ging, ersparen.

Auch jetzt versuchte Abelarda seinen Duft durch das

Gewebe seines Mantels hindurch in sich aufzunehmen. Es war das erste Mal, dass er nicht von ihr abrückte, und es war einer momentanen Unaufmerksamkeit, einer müden Nachlässigkeit zuzuschreiben, dass er sie so nahe an sich heranließ, überhaupt eine Frau so nahe an sich heranließ, seit er kein Kind mehr und in der Obhut seiner Tante Anat war, das verwunderte ihn selbst, und diese junge, hellhäutige, lebhafte Frau mit den perfekt mandelförmigen Augen in der tiefen Farbe des Meeres, die sich da an ihn schmiegte, war ihm, wie es den Anschein machte, ja willig von ihrem Vater überlassen worden; ja war es denn nicht so? Hatte Italo Polacco nicht seltsam gelacht, als er seine Tochter dem Kaufmann entgegenspringen sah? Hatte er, nein, hatte er oder hatte er nicht, Elia Primo sogar zugezwinkert? Und wenn ja, was anderes hätte das bedeuten sollen als aufforderndes Einverständnis?

Sie waren noch nicht ganz bei ihrem Elternhause angekommen, da knickte Abelarda um: »Au! Mein Knöchel!« Sie hockte sich auf ein Mäuerchen und rieb sich mit beiden Händen das Fußgelenk, das in einer Schnürstiefelette steckte. Elia Primo sah das feine Kalbsleder des Schuhs und darüber hin- und herwellend die bleichen schmalen Hände von Abelarda, einer jungen Frau, die kein Kind mehr war, so, wie sie ihren Körper über den Fuß gewölbt hielt, so rund, so weich, so fraulich auch in all ihrer Zierlichkeit, für ihn, den Mann in dieser Kaufmannsschale, mit einem Mal unheimlich begehrlich. Er näherte sich ihr wie ein Panther, der Witterung aufgenommen hat.

»Zeig einmal her.« Er nahm ihren Fuß etwas unsanft in den eigenen Schoß, zog ihn nahe, ganz nahe an seinen verschwitzten Körper heran, ihr Rocksaum rutschte hinauf bis ans Knie, und er berührte sie endlich mit der Hand an ihrem Bein.

Abelarda stockte der Atem. Seine Hand, die so viel größer war als ihre, fuhr den Strumpf entlang zuerst nach oben und dann wieder nach unten. Eigentlich wollte er sie fragen: Tut es da weh?, er fand aber in seinem eigenen kleinen Schockzustand seine Stimme nicht, und so ließ er es einfach bleiben. Er wollte nichts denken und starrte auf das Stück Bein, das da unter seiner Hand und quer über seinem Schoß lag. Langsam und mit festem Druck bewegte er seine Finger und drückte in das Fleisch. Kurz bevor seine Hand bei ihrem Schuh angelangt war, rutschte sein Zeigfinger über ein Loch im Strumpf. »Oh«, entfuhr es ihm und ihr fast gleichzeitig, simpler Laut des Erschreckens, in Übereinstimmung vorgebracht wie bei einem der perfekt einstudierten Triester Theaterstücke, die Abelarda so überaus gerne beklatschen ging. Und mit derselben Übereinstimmung fuhr sein Finger nun durch das Strumpfloch und drang in einen Bereich vor, der noch von niemandem zuvor erkundet worden war. Abelarda glaubte, ihr Bein, ihre Wade müsse demnächst zerspringen, sich von ihr lösen und in die Luft erheben, sie wagte kaum zu atmen und wünschte sich ein größeres Loch in den Seidenstrumpf, ein weiteres, ein abenteuerlich großes und mächtiges Loch. Als Elia Primo einen zweiten Finger durch die Öffnung zwängte, löste sich ein Faden aus dem Gewebe, und es gab ein Geräusch, als ob die Luft wie ein Vorhang zerriss. Da hatte Abelarda kurz aufgeschrien. Von einem ihm unbekannten Instinkt angetrieben, einem, der aber bereits bei Kelten, Römern, Markomannen, Quaden, Hunnen und Langobarden gewirkt haben musste, vielleicht auch bei Abelardas Vater und Mutter und, wer weiß, vielleicht einmal, ein einziges Mal auch nur bei Elia Primos eigenen Eltern, Lazzaro und Costanza, rückte der verschwitzte Kaufmann hautnah an Abelarda heran, fasste ihren Kopf mit seiner zweiten Hand und schob seinen Mund an ihren. Öffnete ihr die Lippen mit seinen. Ihre Zähne schlugen an seine Schaufeln, aber anstatt sich über diese kleine Unbotmäßigkeit zu entrüsten, rüstete Elia viel eher auf und nahm einen großen Bissen aus ihrem Mund: Ihm war, als stünde er kurz vor dem Hungertod, als äße er sie in einem letzten verzweifelten Selbstrettungsversuch. Er schmeckte ihre jungfräuliche Rohheit, ihre Süße, ihr eigenes junges Verlangen, als sie ihn zurückbiss, ungestüm ihn wirklich in die Lippen biss, bis aus seinem Mundwinkel Blut tropfte. Er drückte sie härter an sich heran.

Und ah, sie wünschte sich, ihr ganzer Körper könnte in diese löcherige Strumpfseide eingewickelt sein, nur um sich überall von ihm berühren und erhitzen zu lassen!

Elia Primo seinerseits wünschte sich mittlerweile gar nichts mehr, er war in einem Reich fern der Wünsche angelangt, und wie von Sinnen tastete er sich durch ihre Stoffe hindurch, zog da und zerrte dort, riss, wo er nicht mehr weiterkam, war nicht mehr Mensch und nicht mehr Mann, war nur noch Woge und Gefühl, ein Wellenschlag, der seinen unberührten Körper gewaltsam an ihre Ufer schmetterte. Er klammerte sich an ihr fest wie ein Ertrinkender. Unerbittlich kreiste er sie mit Händen und Beinen ein. Er berührte sie überall da, wo er hingelangen konnte, und tastete sich weiter vor. Ihre Brüste waren kleiner, als er erwartet hatte, sie musste sich das Korsett mit irgendetwas aufgepolstert haben. Macht nichts. Seine Hände fanden dennoch Halt, und es fühlte sich warm und wohlig an, so ungekannt zu Hause, bei ihr, dieser Kindfrau, äolische Klänge schmetterten durch die Luft, und sie wanderten über ihre weichen Knospen und Hügel, die Sonnenbahnen entlang und die Früchte, die Berge und Täler, besonders innig bei dem einen kleinen Hügelchen, dieser umwucherten weichen Wölbung, die tauig feucht war wie das Gestrüpp entlang des Spazierweges, der zum Obelisken von Opicina führte, an einem dunstigen Sommermorgen, und auch jetzt geriet er wieder heftig ins Schwitzen, war ganz und gar durchnässt.

Ihr Haar war zerzaust und ihre Strümpfe zerschlissen, als die beiden endlich wieder voneinander ließen und sich aus dem Dunkel der Gasse schälten. Die Nacht war längst schon nicht mehr für Menschen gedacht, die unzähligen Katzen, die in Pärchen und kleinen Gruppen aus allen Winkeln und Ecken auftauchten, reklamierten ihr Territorium unerbittlich für sich selbst. Sie hatte etwas gesagt, irgendwann, als die Hitze zwischen ihnen den Spiegel der Nacht beschlagen hatte, es war die Stimme einer Erwachsenen, mit der sie da plötzlich zu sprechen angefangen hatte und deren Vibrieren er noch in seinem Ohr hatte, wie es das Äolenkonzert durchschnitt, sie hatte gesagt: »Niemand. Nicht so wie wir. Nicht so wie du und ich grad eben. So etwas können nur wir erleben, so fühlt sonst keiner, Elia, und wenn ich sonst nichts weiß: Das weiß ich bestimmt.«

Ohne zu antworten, ohne ein Wort über das zu verlieren, was heute Nacht mit ihnen geschehen war oder was sie getan hatten, führte er sie am Ellenbogen geradewegs zu ihr nach Hause. Morgen würde er um ihre Hand anhalten müssen, so viel stand fest.

Ihr Elternhaus war bereits dunkel, nur aus der Bibliothek drang ein fahles Licht. Der Bedienstete würde gleich die Türe öffnen und Abelarda einlassen, auf dass sie katzengleich in die obere Etage entschwinden könnte, in ihr Zimmer. Elia stand steif da und wartete.

Noch einmal drehte sie sich zu dem großgewachsenen schönen Mann um, dem schönsten, den es für sie je geben konnte überhaupt, stand auf den Zehenspitzen und biss ihm in den Mundwinkel, sog an seinem Blut. Dann entwand sie sich ihm und glitt durch die Türe, noch bevor diese ganz geöffnet war.

Wunsch und Wirklichkeit

Ödenburg, 1887

Alžbeta hatte die dunkelroten Vorhänge in der Mitte zusammengeknotet, auf dass die frische Luft durch die geöffneten Fenster hereinströmen konnte. Von den Gassen vernahm man die vertrauten Geräusche der Pferdehufe, die auf den Boden klopften, hie und da einen Magyaren, der eines mit einem luftigen Peitschenknall antrieb, und die ungarischen Frauen, die so selbstsicher ihre Wäscheleinen spannten vom einen Haus zum anderen und in den Durchgängen plauderten, als ob die ganze Welt nur ihnen gehörte, strahlten nichts als Lebenszufriedenheit aus; die Kinder, spielend, lachend, rufend, das Leben in Ödenburg prosperierte, und es war, als ob jede und jeder und auch die letzte graue Maus im Getreidespeicher das wüssten.

Angestrengt studierte Alžbeta den neuesten Preis-Courant von Samuel Lenck, »Colonialwaaren-, Papier-, Commissions- und Speditions-Geschäft« und kleingedruckt »Zuckerfabrik-Niederlage« und in üppiger Fraktalschrift, kursiv, hinzugefügt: *Wein = Groß = handlung.* Man schrieb den 16. Juni 1887, ein heißer, windiger Tag, der an ihren Haaren riss und sie reizbar machte, aber die Material- und Esswarenbestellungen waren wirklich überfällig, also konzentrierte sie sich auf das große Blatt, das eng beschrieben war und mit Hunderten von Artikeln lockte. Sie murmelte vor sich hin, als ihre Blicke über die Anzeigen hin und her und auf und ab flatterten wie Spatzen vor einem früchtetragenden Kirschbaum: »… Bartwichse, hundert Schachteln à 50 österreichischen Kronen, wir nehmen, hm, drei;

Brillantine Putzpulver ½ Pfund; venetianer Borax; Caffeemehl, und vielleicht sollte ich doch einmal Fliegenholz probieren wegen meiner dauernden Appetitlosigkeit; dann, ah, hier Erfrischungsbonbons für unsere Kunden. Gyps, Alabaster und Stukkatur, bei 1/1 Fass 5 Florin; Haarpuder; Tafelkerzen; Kanzleipapier, gerippt; Tafelreis; Estragonsenf im Glastiegel, ach und endlich wieder: Waschblau!«

Sie schnappte plötzlich nach Luft, da hatte sie in der Aufregung wohl ganz das Atmen vergessen. Sie drückte sich die flache Hand auf die Brust und nahm ein paar tiefe Atemzüge. Und wieder versenkte sie sich in die endlose Liste und schrieb auf einen kleinen hellblauen Zettel: »... ein Dutzend Flaschen Ödenburger Auslese Wein; Zündwaren, Reibhölzeln in Kisten à 50 Päckchen, blaue, rote und galvanisierte ohne Schwefel, genau. Briefpapier pro Neuriess 1000 Quart, Couverts haben wir noch viele. Nun noch ... wo ist er? Ah, hier, russisch Leim und, nicht vergessen, eine Büchse Theriak, wir werden ja auch nicht jünger. Hm. Weißer Pfeffer, den kann ich auch gebrauchen. Und Pomeranzen, die liebt František, und für mich noch dieser feine neue Thee, Kaisermischung im Originalpaquet mit Candis Zucker.«

Dann glaubte sie, durch zu sein. Unschlüssig überflog sie die Selbstanpreisung des Händlers, der behauptete, mit allen übrigen hier nicht aufgeführten Artikeln ebenfalls billigst zu beliefern, und Artikel, die nicht in sein Fach schlügen, wäre er gerne bereit zu besorgen, so, so, jedoch ohne für Qualität und Preis die Haftung übernehmen zu können, weshalb bei solchen Bestellungen Preis und Qualität genauestens anzugeben seien, aha, aha. Dann stand da noch etwas von Speditionen, die er gerne übernehmen würde, und von Packgeschirren, die er zu eigenen Kosten verrechne. Jaja, das Leben geht beständig aufwärts, nichts, was man nicht auch noch haben könnte.

Sie hatte für heute kein Programm, langweilte sich ein bisschen, und der Wind zerrte noch immer an ihrem Nervenkostüm. Um sich etwas Freude zu verschaffen, befand sie, könnte eine kleine Ablenkung nicht schaden, also beschloss sie, einen Einkauf zu unternehmen. Sie stand mühsam auf, ihre Gelenke knackten hier und dort, als sie sich für den Ausgang zurechtmachte.

Bei Löwensteins wollte sie vorbeigehen, bei Horvaths, Seidls und den von Schrickers, und Ausschau halten nach neuen Leinen-, Baumwoll- und Schafwollwaren, Porzellan vielleicht, und ein neuer Hut für František wäre auch wieder einmal fällig. Das trifft sich ohnehin gut, von Schrickers Hut-Niederlage befindet sich in der Grabenrunde Nummer 117, im Samuel Lenck'schen Hause, wie praktisch, dachte sie, und so brauchte sie sich keinen zweiten Gedanken über den eigentlichen Sinn und Zweck ihres Vorhabens zu machen. Den, der sie eigentlich antrieb, den, der in einer gewissen Leere zu finden war, die alle Frauen erleben, wenn sie nicht mehr Mütter von kleinen Kindern sind und ihre beiden Hände plötzlich wieder ganz für sich alleine zur Verfügung haben.

Wenn nur heute dieser Wind nicht wäre, an diesen Puszta-Wind werde ich mich nie gewöhnen, wie kann es nur sein, dass zwei Menschen, die sich lieben, ein und dieselbe Sache so unterschiedlich erleben! Ich verabscheue diesen heftigen Wind geradezu, ja, er jagt mir je länger, je mehr einen Schauder über den Rücken mit seinem Geheul und dem Um-die-Ecken-Schleichen, aber mir ist, als ob gerade dieser Wind bei František die innere Bindung zu diesem Land gestärkt hat. Wie oft zieht es ihn hinaus, gerade wenn der Wind geht. Nun gut, er ist ja auch etwas jünger als ich, man hat das zwar nie groß gemerkt, aber ich merke es schon. Ich werde allmählich alt. Solche und ähnliche Gedanken bevölkerten Alžbetas Kopf, den sie mühevoll unter einem Hut hielt.

Seit einiger Zeit fühlte sie sich nicht mehr rundweg wohl in ihrem Körper, sie hatte ein unangenehmes Sausen in den Ohren und klagte über einen Mangel an Appetit, allerlei Schmerzen in den Gliedern waren im letzten Winter noch dazugekommen. Sie war stolze siebenundfünfzig Jahre alt, wer weiß, wie lange ihr der Herrgott noch das Erdenleben vergönnen mochte. Und eigentlich, so sinnierte Alžbeta weiter, habe ich alles gehabt.

Ganz ohne Wunsch und Traum schritt sie wie eine Schlafwandlerin durch die Ödenburger Gassen, als sie sich bei ihren Selbstbetrachtungen plötzlich in der Vergangenheit verlor … František und ich haben all unsere Ziele erreicht, wir verkehren in den angesehensten Kreisen und leben dennoch traut im eigenen kleinen Paradies, und auch für unseren Ferenc haben wir sämtliche Wege bereitet, haben ihn gut eingeführt in alle großen und kleinen Adelshäuser. Nein, ich vermisse nichts, ich habe mein Leben doch immer bis zum Höchstmaß meiner Anlagen ausgelebt, ich habe mich erfüllt!

Als eine Familie mit ihrem Kind an ihr vorbeiging und sie nickend grüßte, überkam es sie dann doch. Nur schade, dass es bei uns nur bei dem einen Kind geblieben ist. Ich hätte gerne mehr gehabt, eine ganze Kinderschar!

Sie bog in die Grabenrunde ein. Wenn wenigstens Enkel da wären, einer nur, aber Ferenc ist ja nicht gerade mutig, was das anbelangt. Da geht er mehr nach seinem Vater.

Obwohl, fiel ihr ein, und die dünne Flamme einer kleinen Hoffnung flackerte in ihr auf, obwohl wir ihn schon mehrfach in Gesellschaft dieser herzigen Roten aus Wien gesehen haben, hm, wer weiß, vielleicht sollten wir die beiden einmal zu einer Promenade einladen durch den Neuhof Park, dort, wo jetzt so oft zwei Artisten auf ihren Hochrädern kutschieren, oder, noch besser, zu einem Spaziergang mit Picknick auf die Karlshöhe! Der Wald ist so luftig und grün, alles duftet und ist von Tausenden Vögeln belebt, und oben, auf dem obersten Podest des Holzturmes, wird sich das Kind, wenn es denn will, bestimmt vertrauensvoll an Ferenc schmiegen, wenn der Wind ihr so um die Ohren saust wie mir grad jetzt. Mit einem Male lächelte sie in sich hinein, und ihr Schritt ging etwas fester, bestimmter, als sie ihren Gedanken zu Ende zu denken wagte: Ach, wir können ja auch ein bisschen nachhelfen, ich werde heute Abend mit Franta darüber sprechen müssen, vielleicht ist nicht alles verloren, vielleicht erlebe ich den glücklichen Geburtstag eines Enkelkindes ja doch auch noch!

Fait accompli

Fiume, 1889

Er hatte sie dann schließlich doch geheiratet. Nach einer fluchtartigen Reise, die er wenige Tage auf diese nächtliche Entgleisung nach Sremska Mitrovica unternommen hatte, war er reuig zurückgekehrt und hatte wie ein in der Schlacht geschlagener Ritter bei Italo Polacco um die Hand seiner Tochter angehalten. Nicht, weil keine anderen da waren, aber es schien ihm einfach kein Argument mehr dagegen einzufallen, oder vielleicht gerade, weil so viele andere Frauen da waren, deren aufmerksame Blicke er erst nach besagtem Abend überhaupt wahrzunehmen begann und die ihm allesamt zutiefst zuwider waren. Einzig Abelardas Blick, der, begleitet von seltsamer Musik, immer wieder vor seinem geistigen Auge auftauchte, schien ihm nur in Maßen gefährlich, war ihm erträglich, und da sie ihn ja so sehr liebte und ihre Schwärmerei wohl doch etwas mehr war als dumme jugendliche Blindheit, vielleicht Kalkül und Schlauheit sogar, aus welchem Grunde auch immer, aber logische Schlussfolgerung und damit überlegtes Tun, wer weiß, auf jeden Fall gerade noch berechenbar für ihn, war es auszuhalten.

Die Wohnung in der Triester Innenstadt jedenfalls war keine Frage mehr, sie wurde ihm auf demselben blankpolierten Tablett serviert wie schon die junge Abelarda.

Und er konnte sich nicht beklagen. Als Ehefrau lernte Abelarda erschreckend schnell, nach welchen Regeln sie mit ihrem Manne zu spielen hatte und was galt. Hinter verschlossenen Türen, eingehüllt in die dunklen Decken ihres gemeinsamen Schlafgemaches, konnte sie mit ihm tun und lassen, wie ihr beliebte, da war auch er hemmungsloser, enthemmter, baumstarker Mann und ebenbürtiges Gegenüber für ihr Verlangen. Befanden sie sich aber gemeinsam auf offenem Feld, und dafür galt bereits der Salon vor der eigenen Schlafzimmertür, war jegliche Spielerei untersagt, und als einzig schicklich galt es: Abstand zu wahren. Selbst ihre gelegentlichen vielsagenden Blicke duldete er nicht und strafte Abelarda mit sofortigem Aufbruch, verließ sie für ein, zwei, drei, vier Tage, und bis er wiederkäme, hätte sie die Lektion wohl gelernt. Elia Primo kompromittierte man nicht, selbst dann nicht, wenn man seine Angetraute war.

Und sie erfüllte ihre Rolle ja zur vollen Zufriedenheit, sorgte sich darum, dass seine Hemden allabendlich gewaschen und gestärkt wurden, besorgte ihm Talgnachschub, soviel er brauchte, ließ das Leder seiner Schuhe durch das Tagespersonal zum Glänzen bringen und achtete darauf, dass er nie ohne perfekten Scheitel das Haus verließ. Und auch in geschäftlichen Belangen mischte sie sich nicht unwesentlich ein, jedoch immer mit der gebührenden Zurückhaltung, so dass ihre Ideen für neue Accessoires genauso gut die seinen hätten sein können, und wirklich, wer könnte denn auseinanderhalten, wer von den beiden die Eingebung mit den Schmucktäschchen und Juwelenbeuteln aus besonders feinem Lammnappa, Pannésamt und Zobelfellsaum gehabt hatte, die im Winter 1889 in keinem Weiberhaushalt fehlen durften?

Dafür ließ er sie auch gewähren mit ihrem kleinen dummen Fimmel für Spielzeugwaren. Sie sammelte unermüdlich Karussells, Schiffe und Eisenbahnen, buntbemaltes wertloses Blechzeug, das sie stundenlang versonnen polieren konnte und aufreihen in immer neuen Arrangements über dem Kamin, auf dem Flügel, selbst auf der Fensterbank in der Küche, wo sie der Köchin in die Quere kamen und nun wirklich nichts verloren hatten. Aber Abelarda war still und glücklich und auf eine besondere Weise auch gefügig, wenn sie nur ihre täglichen Spielstunden verleben konnte, allein mit sich und den kleinen Dingen aus Holz und Blech und Kupfer und Stoff. Denn dass irgendein anderer ihre Sammlung anfassen durfte, war undenkbar. Zum Glück. So blieb ihm einzig die Rolle des stillen Bewunderers zugedacht, wenn sie ihm wieder einmal ein besonders hübsches Stück unter die Nase hielt, das sie irgendwo ergattert hatte.

Obwohl er sich oft selbst wie eines ihrer Spielzeuge fühlte, nicht als Mann, sondern als etwas Putziges, Kleines, Kurioses gar – und das behagte ihm am allerwenigsten –, ließ er sie gewähren. Ihr Geist schien im Spiele mit ihm und ihren tausend Sachen interessiert und angestrengt, als lerne sie irgendein Wissenschaftsfach, von dem er selbst keine Ahnung hatte. So paradox ihn das in seinem logischen Denken auch anmuten musste, sie entspannte sich auch, je tiefer sie in dieses geheimnisvolle Spiel eindrang, wie ein Kind, das mit einem Puppenhaus spielt und dabei ganz verzückt ist, so verzückt, dass es gar nicht merkt, wann die Zeit gekommen ist, um endlich erschöpft ins Bett zu fallen und einem guten Traum entgegenzugleiten, der einem die nötige Erholung bringt, damit man für den nächsten Tag wieder zu Kräften kommt.

Nur manchmal funktionierte dieser Trick nicht, seine Frau spielen zu lassen, sie war wie ein junger Löwe im Zoo, der auf seinem Vaterlöwen herumturnt, ohne die Gefahr zu spüren, die ihm damit droht. Dann musste er sie entweder gewaltsam zurück in die Welt holen, indem er sie wieder für ein paar Tage alleine ließ, auf dass ihr der Kopf klarte, oder indem er genau das Gegenteil davon machte und er sich seiner eigenen fürchterlichen Musik stellte, die in seinem

Körper Resonanz fand, wenn er sich über sie warf – und sich hingab. Die Riten ihrer körperlichen Vereinigung waren rasch heftiger und brutaler geworden, unkontrollierbar für sie beide, und manches Mal betrachteten sie sich danach gegenseitig verschämt und schwiegen über die blauen und violetten Flecken, die sich auf der Haut abzeichneten, kaschierten Bissstellen am Hals und hinter den Ohren mit einer bewährten Mischung aus Puder, Reismehl und Karmin und lieferten sich bei Tageslicht ermüdende Gefechte der Leidenschaftslosigkeit, bis es wieder so weit war und sie die Rechtmäßigkeit ihrer Ehe unter Beweis stellten.

Er war soeben nach Hause gekommen und hatte seinen Hut auf die Ablage gelegt, da öffnete Abelarda schon die Türe zum Flur, wo er noch im Halbdunkeln stand, und sah ihn auf diese unerklärliche Art mit einer Mischung aus Lust und Besserwisserei an. »Ich habe der Köchin freigegeben. Der Risotto al Nero di Seppia ist warmgestellt. Wir haben Zeit.«

Diese gertenschlanke biegsame Zarte, kam es Elia Primo an, und er versuchte bei seiner Betrachtung ihre Augen auszusparen. Abelarda tat einen ungeduldigen Schritt auf ihn zu, hastig zog er sich die Jacke aus und schlängelte sich an ihr vorbei in den Salon. Das Feuer prasselte im Kamin, völlig unnötig, es war ja noch nicht wirklich kalt, und davor hatte sie doch tatsächlich Felle ausgelegt, die sie weiß der Teufel woher beschafft hatte. Er tat so, als würde er dieses inszenierte Bühnenbild übersehen, und schritt stattdessen zum Buffet, wo er sich den Tiffany & Co.-Sterling-Cocktail-Shaker vom Tablett griff und Rum, Soda, Zitrone und diesen eigenartigen braunen klebrigen Sirup, Coca irgendwas, den ihm ein Kaufmann kürzlich aus Atlanta zum Probieren mitgebracht hatte, zu einem magischen Stärkungsmittel, einem Zauberdrink mixte. Und während er noch dastand und schüttelte und rührte, spürte er schon wieder diesen kalten Streifen an seinem Rückgrat hinunterrieseln, seinen Schweiß, den sie nun unweigerlich von ihm fordern würde, er wusste es, wusste es und: »Äh«, stotterte er, »möchtest du auch?«

»Nein. Das ist nicht, was ich von dir will.« Und er hätte gar nicht zu fragen brauchen, er hätte einfach den Mund halten sollen, aber da war die Frage schon über seine Lippen gerutscht und dem Parkett ihres stummen Fechtkampfes entgegengeglitten. »Was wünschst du dir denn?«, wie dumm, wie dumm, wie dumm, genau das zu fragen, und genau auf diesen fünf Worten glitt er nun auch aus und streckte die Waffen, als sie indifferent und überlegen sagte: »Ich wünsche mir ein Kind von dir.«

Er brauchte weder logisches Denken noch sonst irgendeine Hirnleistung für das, was jetzt kam, durfte ganz dumm sein. Abelarda wuchtete ihm ihr Becken entgegen, es war fast so, als ob sie ihn nahm und nicht er sie, aber das war altbekanntes Spiel, das kühl und abgebrüht gegenseitige Steigerung von beiden Partnern verlangte, und er steigerte sich, steigerte sich in sie hinein, und sie presste sich ihm entgegen, und zusammen schufteten sie sich aneinander ab, bis die Felle nassgeschwitzt waren und diese beiden Menschen darauf vor dem züngelnden und knackenden Feuer nichts mehr als schlaffe Haut um müde Knochen, Lumpen auf dem eigenen Körpergestell. Diese Besinnungslosigkeit, die er eigentlich so sehr verabscheute, war zugleich seine einzige Chance, unter seinen Schwierigkeiten hinwegzutauchen und Nähe zuzulassen. Ihr Atem beschlug ihm noch immer das Innenohr, die Ohrmuschel schmerzte und war vielleicht schon wieder angebissen, darüber würde er sich morgen ganz bestimmt ärgern. »Elia, lass los … lass einfach los … komm mit mir mit, komm«, hauchte sie, und er wusste nicht, ob es mit dem Drink zu tun hatte oder womit, aber sein Glied war schon wieder erigiert, und ihre schlanken kühlen Finger waren darum geschlungen wie um ein Werkzeug, das ganz ihr gehörte und nicht mehr ihm, ein bloßes Spielzeug, eines, das es glattzupolieren galt, und sie polierte es wirklich, tat sie das?, und dann spürte er schon ihren Mund an seinem Penis, wie er ihn umschloss, einschloss und aufsog. Elia glitt weg und ließ endlich los, um den Gefilden entgegenzutreiben, deren er sich morgen nicht mehr zu erinnern bräuchte, deren er sich bei Tageslicht schämte, so sehr schämte, und diese vorgeahnte Scham machte, dass er im Augenblick des Loslassens auch wirklich und vollständig und mit aller Inbrunst und Kraft losließ, zu welcher sein wohlkontrollierter und streng verwahrter Körper fähig war und die ihn jedes Mal wie zersprengte. Elia Primo schrie sich die Seele aus dem Leib. Und Abelarda verschloss ihm gewaltsam den Mund mit dem ihren, feucht und nass die beiden Menschen, die beiden Münder, und sie überlegte erschöpft und flüsternd: »Manchmal weiß ich nicht, ist es Liebe, ist es Kampf, was uns zueinandertreibt.« Und dann: »Ist es nicht so, dass sich viele Menschen ihre Feinde als Partner aussuchen, nur um dann eine Ehe lang den Beweis zu erbringen, gegeneinander bestehen zu können?« Elia sagte noch immer nichts. »Ich frage mich: Wem müssen sie das beweisen?«

»Was meinst du denn damit, Abelarda? Wer kämpft hier gegen wen? Sagst nicht immer du, es müsse so sein, genau so, und nur wir würden die Liebe kennen, wie sie wirklich ist?«

»Ich frage mich einfach, Elia Primo, warum das immer so schwierig ist zwischen uns, der Anfang, meine ich. Wie eine Widerkraft, die uns Antrieb ist, eine Ruhelosigkeit, die jeder von uns ganz für sich nur lebt und die uns einander entgegenschmettert, bis wir dann, so wie jetzt und hier, enden. Stranden. Und das nennen wir dann Leben.«

»Willst du deshalb ein Kind?«

»Ja. Nein. Ich weiß nicht, vielleicht. Ich will ein Kind von dir, weil ich dich besitzen will. Ich glaube, das ist die ehrliche Antwort. Wenn ich ein Kind von dir habe, bist du ganz mein und durch gemeinsames Blut gebunden.«

»Um Himmels willen, Abelarda.« Und er dachte an diese kurzgewachsenen stumpengroßen Kinder, die wie kleine Erwachsene, Männchen und Dämchen gleich, durch die Straßen und Gassen von Triest und Fiume getrieben wurden von ihren ehrgeizigen Eltern, die ihnen Klaviere, Flügel, nützliche Ausstattung und überflüssigen Tand kauften, er dachte daran, wie lächerlich diese kleinen Gestalten aussahen in ihrer Ausstaffiertheit, wie lächerlich, wie beschämend und lächerlich, grad so wie sein eigener Vater. Und es war eines der seltenen Male, dass sich Elia Primo seinerseits der Aufrichtigkeit hingab, und er fragte Abelarda erschrocken: »Hast du keine Angst? Unsere Kinder könnten entweder viel zu groß oder viel zu klein werden.«

»Elia Primo. Ich habe deine Mutter nicht gekannt. Ich weiß also nicht, ob sie wirklich so giraffengroß war, wie du gerne zu erzählen pflegst. Kein Bild von ihr hast du mir je gezeigt. Und dein Vater, na ja, er ist ein bisschen kurz geraten, damit magst du recht haben, aber schau doch dich an, du bist groß und stark und …« Ihre Hand umschloss schon wieder sein Glied, drückte es rhythmisch und gekonnt, und gar nicht lang, und es pochte bereits, und mit der zweiten Hand verschloss sie ihm grad ebenso gewaltsam und gekonnt den Mund und platzierte sich rittlings auf seinem Körper, brachte ihn in Bedrängnis und bemächtigte sich seiner, wie ein Feind sich dem anderen Feind überwarf, wenn er seinen Vorteil für sich erkannte, die Gelegenheit günstig war und er die Chancen bei ihrem Schopfe zu packen verstand.

Die erneute Besamung, die Empfängnis, die Wochen und Monate der Schwangerschaft, schließlich das Kind – all das war beschlossene Sache, jeder Widerstand wäre zwecklos, sinnlose Spiegelfechterei nur, ob sie sich nun handelseinig waren oder nicht. Abelardas Begehren duldete keinen Aufschub mehr.

böse Wunderwelten

Ödenburg, 1893

Feri saß auf dem obersten Treppenabsatz und schob mit seinen Fingern den Schnee die schräg verlaufenden Wasserrinnen entlang. Seine roten Lederhandschuhe waren schon ganz durchnässt, er hatte sie ausgezogen und irgendwo hinter sich ins überpuderte Gebüsch geworfen. Seine Omami war vor einiger Zeit durch diese Tür gegangen und hatte ihm bedeutet, kurz draußen auf sie zu warten, sie hätte eine Überraschung für ihn. Aber die Überraschung kam nicht, und auch Omami ließ sich Zeit, also baute sich der kleine Junge, in sich vertieft, eine Welt aus Schnee. Oder viel eher: Er zerstörte sie. Selbstvergessen, ein kleiner Speichelfaden hing ihm aus dem Mund, der zusammen mit den Tönen, die er machte, in der Luft vibrierte, ließ er Schlösser, Häuser, Gehöfte unter den Schneemengen einstürzen, ließ die Menschen rennen, Frauen mit Händen und Haaren flatternd in der Luft, Männer mit Schießgewehren – wozu und gegen wen hätte Feri nicht zu sagen vermocht –, alle rannten sie und entkamen der niederwallenden Schneelawine doch nicht. In seinem Köpfchen spielte eine hartnäckige Musik, monotone Klänge, die sich einer nach dem anderen wiederholten ohne Änderung, Ausbruch, Variation, und mit seinen eigenen dünnen Stimmbändern verfolgte er diese Noten, die die inszenierte Heimsuchung instrumentierten.

Seit Tagen hatte es geschneit, so viel, dass es in der Geschichte Ödenburgs als beispiellos galt, die Luft stand still, und alle Geräusche waren dumpf. Wenn man nicht gesehen, sondern nur gehört hätte, man hätte glatt denken mögen, Ödenburg wäre eine ausgestorbene Stadt. Wer nicht vor die Haustüre musste, ließ es nur zu gerne bleiben. Und auch die Vögel, der Mäusebussard, die Kohlmeise, die Blaumeise und die Sumpfmeise, das Rotkehlchen, der Fasan, die Amsel, der Habicht und der Blauspecht, selbst der Spatz, all die Vögel, die sonst so gerne im milden Ödenburg überwinterten, zupften sich das Gefieder in Reumut über ihre Nachlässigkeit – wären sie doch nur mit den anderen fortgeflogen!

Feri störte sich ob der Kälte nicht. Nicht, wenn er wusste, dass er den Rest des Tages bei seiner Omami, dieser großen Frau mit ihrem rollenden Lachen bleiben konnte. Bei seiner Omami war es mollig weich und warm, und wenn er sich an sie drückte, war es gerade so, als schwinge da im Innern ihrer Brust eine voluminöse Glocke. Und wie bei der massigen Pendule, die im Hausflur neben dem Eingang zum Barbiergeschäft seines Opapis stand, musste er sich keine Gedanken darüber machen, dass diese Glocke bis in die Unendlichkeit schwingen würde, ihr Takt war unfehlbar und vom ersten Augenblick an in seinem Leben immer gegenwärtig, und Feri war es, als sei er durch genau diese innere Schwingung mit seiner Großmutter unsterblich verbunden. Wenn er seinen Kopf an ihre Brust geschmiegt hielt, konnte er ihr Uhrwerk sogar ticken hören. Die Klangfarbe war ihm ebenso in Fleisch und Blut übergegangen wie ihr Duft. Ein dumpfer, schwerer Geruch, der noch lange präsent blieb, wenn seine Omami einen Raum verlassen hatte, ihr Duft blieb in der Luft hängen, für Feri zum Greifen nah wie Stofffetzen. Auch jetzt konnte er sie riechen und glaubte, die Duftbanner über ihm, wo sie mit ihren Röcken und Stoffen entlanggeraschelt war, zu sehen. Und solange das so war, war seine kleine Welt in Ordnung, einerlei, wie viele Lawinen noch über die Treppenstufen polterten, einerlei, ob seine feinen rotledrigen Handschuhe bald vollständig mit Schnee überdeckt wären, Omamis Duft und ihr schwingender Glockenklang waren ihm Tarnkappe und Schutzschild zugleich. Solange er seine Omami hatte, war er geborgen.

Irgendwo tief in ihm drin lauerte eine gefühlte Erinnerung, eine Empfindung, die den kleinen Ferenc in blanke Hysterie versetzen konnte. Vor ihr fürchtete er sich wie vor nichts sonst, sie galt es auszulöschen mit aller Macht. Und das mächtigste Zaubermittel gegen diese zitternde Furcht hieß: Omami Alžbeta.

»Da bin ich wieder! Oh, Feri-Schatz, wo hast du denn deine Handschuhe gelassen?« Schnell wischte diese große sichere Frau den Schnee weg, pustete über das Leder und machte damit alles wieder heil. Willig ließ Feri seine Finger in die Fellwärme schlüpfen, sein Oberkörper wackelte, als Alžbeta die Handschuhe am Handgelenk mit einem Ruck nach hinten zog, lachend rief, »Drin!«, und dem Kind einen Nasenstubser mit der eigenen Nase gab. Ihre quirligen Augen so nahe an seinem Gesicht, die kleinen Nasenflügel bebten vor Entzücken.

»Du hast dich ja schmutzig gemacht, Feri!« Schon spürte er ihr taubenblaues Spitzentaschentuch, wie es ihm über Mund und Wange streifte. »So, fertig, junger Mann. Gehen wir nach Hause.«

Alžbeta nahm keine Rücksicht auf seine Schritte, und er trabte mit offenem Mund neben ihr her und hatte in seiner Willigkeit etwas von den stolzen Kladruberpferden, die Alžbeta und František einst hierher gebracht hatten. Ihre Winterrobe rauschte vertraut an seinem Ohr, als sie den aufwendig in Falten gelegten Keilrock mit einer Hand hochraffte. Am anderen Arm hing über dem eleganten Mantelet aus Pelz und Wollstoff ein Päckchen mit Samtschleife. Sicherlich für ihn bestimmt. Höchstwahrscheinlich für ihn. Und er machte bei seinem Versuch, den Anschluss nicht zu verpassen, große Augen.

Wenn für Ferenc Dušan diese üppige Liebe seiner Eltern auch eine Belastung gewesen war, für den Enkel Feri war sie nichts als Geschenk. Alles das, was ihm gut und lieb im Leben war, verknüpfte er mit ebendieser Liebe. Er kannte die Blicke, die sich das alte Ehepaar jedes Mal zuwarf, wenn sich die Gelegenheit dazu bot. Er konnte sie zwar nicht deuten, hätte sie noch nicht in Worte zu fassen gewusst, spürte aber, dass sie auch etwas mit ihm, seiner Existenz auf Erden zu tun hatten, und wickelte sich gerne in diese Empfindung ein.

Das Haus an der Müller-Paulin-Straße war für Feri ein zweites Zuhause geworden. Noch bevor seine Omami an der Türe angelangt war, sprang er im Zickzack über die zusammengekehrten Schneehaufen und zog an der Klinke. Das von rotem Sandstein eingefasste Holztor knarzte, und einmal mehr hob Feri den Blick ganz nach oben und starrte zu den neun Eisenpfeilen, die im Torkranz zusammenliefen, so, als steckten in der Sonne federbesetzte Wurfspeere. Diese Pfeile zeugten von der Wehrhaftigkeit seiner Großeltern, dessen war er sich gewiss, auch wenn sie im Vergleich zum Hause selbst eher einer Bastelei glichen, waren sie doch eine Parade des Widerstands. Bei keinem anderen Ödenburger Haus hatte er je ein solches Zeugnis der Kriegsbereitschaft gesehen. Obwohl es nur wenige Gassen weiter ein Haus gab, das ihm ganz besonders gefiel, fast ebenso gut wie das Haus seiner Großeltern. Jenes Haus, das sich sonst durch nichts von den vielen anderen typisch ein- und zweistöckigen Häusern hier unterschied, hatte auf dem Gesimse einer Fenstereinfassung einen weißen Schakal sitzen. Ein Relief, das sich nüchtern und stolz abhob und wachsam der Sonne entgegenschaute. Die langen schlanken Ohren des Schakals waren spitz aufgestellt, der Schweif fiel in einem lockeren Puschel den Sims hinab und das Fenster entlang. Seine Rippen zeichneten sich durch sein dünnes Fell klar ab, kein Gramm Fett, Feri ahnte bei seinem Anblick eine Elastizität, die ihn anzog. Wann immer er es einrichten konnte, drängte er seine Großmutter dazu, den Heimweg zu nehmen, der ihn an jenem fabelhaften Geschöpf vorbeiführte, das über sein Haus grad ebenso wachte wie die Werbeschilder aus Emaille und die neun eisernen Pfeile über die Müller-Paulin-Straße 1.

Aber heute hatte er es eilig gehabt, nichts als das blaue Päckchen mit der breiten lila Schleife im Kopf und Fragen über Fragen, was wohl darin verborgen sein mochte. Seine Großmutter hatte nichts mehr gesagt auf dem Nachhauseweg, überhaupt behauptete sie, man müsse in einem Winter wie diesem den Mund verschlossen halten draußen, sonst wüchsen einem Eiszapfen im Hals ..., aber das glaubte ihr Feri nicht so recht, immerhin musste er ab und zu nach Luft schnappen bei dem Tempo, das sie an den Tag legte.

Sachte schloss Omami Alžbeta die Türe hinter ihm und schüttelte sich den Schnee von den Schultern. Dann klopfte sie ihm die Jacke aus und öffnete ihm die Knöpfe. Seine Handschuhe hatte Feri schon wieder von den Fingern gezerrt und in die Ecke geworfen, eine Nachlässigkeit, die ihm Alžbeta verzieh. Sie bückte sich und sank vor ihm in die Knie, um seine Schuhe zu öffnen. Die ganze Zeit über, während die Großmutter mit seiner Befreiung zugange war, blieb sein Blick auf dem Päckchen haften, so, als könnte er es allein dadurch zwingen, sich ihm zu offenbaren.

»Warte, hab auch etwas Geduld, Feri. Du bekommst es schon noch.«

Hatte er es doch gewusst! Seins!

Als sie ihm endlich auch die Überhose abgestreift hatte, rannte er hinüber in den Frisiersalon seines Großvaters. Keiner da. Also drehte er sich um und trampelte die hohe

Treppe hinauf in die Wohngemächer, die aufstöhnende Alžbeta im Schlepp.

»Opapi, Opapi! Ich bekomme ein Geschenk!«

František Schön saß in seinem Barocksessel beim vorderen Fenster und blätterte in einer Friseursfachschrift. In den Rücken hatte er sich ein dickes Samtkissen gestopft, und vor ihm auf dem geschwungenen Tischchen mit Eichenfurnier dampfte eine bauchige Tasse warmen Kakaos. »Zeig her, was hast du denn bekommen?«

»Ich weiß es eben nicht! Omami Alžbeta verheimlicht es vor mir! Aber es ist meins! Meins!«

Alžbeta schnaufte laut auf, als sie oben anlangte und ging stracks auf den Tisch mit dem Kakao zu. »Fein, du kannst mir gerne grad auch so einen machen. Und für Feri ebenfalls, nicht wahr, junger Mann? Du bist doch auch hungrig von der langen Einkaufsreise?«

Feri nickte geistesabwesend, seine Augen konnten nirgends das blaue Päckchen mit der lila Schleife ausmachen, seine Großmutter würde es doch wohl nicht unten vergessen haben?

»Es ist mir eine Freude, Gnädigste!«, hauchte František theatralisch und machte eine untertänige Handbewegung. Dann stand er auf, umarmte seine Frau mit den Worten »Mmh, dein Haar riecht nach Schnee!« und ging in die Küche. Alžbeta sah ihm nach.

»Gleich gibt's was, Feri.«

»Wo ist es?«

»Gleich.«

»Aber wo?«

»Gleich.«

Alžbeta bestand darauf, dass sie zuerst alle drei ihre Tassen mit Kakao austranken. Aber Feri hatte keine Lust auf Schnauz-Spiele und wischte sich mit dem Ärmel seines Hemdes den Mund sauber, was ihm einen liebevoll tadelnden Blick seiner Großmutter eintrug. In ihrer Gluckenhaftigkeit konnte sie ihm gar nicht böse sein, das wusste er. Dann endlich stand sie auf und holte aus dem Vorraum das Päckchen. Feierlich überreichte sie es ihm. Es wog schwerer, als er gedacht hätte. Aufmerksam betrachtete er es von allen Seiten.

»Darf ich es jetzt aufmachen?«

»Mh.«

Vorsichtig öffnete Feri die Schleife. Bevor er sich an das blaue Papier machte, rollte er das Bändchen zu einem Kringel auf, den er seiner Großmutter auf den Schoß legte. Ihre Finger spielten nervös damit. Noch einmal besichtigte er die Konturen des Paketes, alles glatt, nichts ließ auf seinen Inhalt schließen. Er zögerte. František, dem das Getue bereits ein bisschen zu lange dauerte, er wollte sich onduliertechnisch noch auf den neuesten Wissensstand bringen und den Artikel zu Ende lesen, hüstelte auffällig. Alžbeta funkelte ihn kurz an und wandte sich dann mit ihrer Glockenklangstimme dem Enkel zu, der auf dem Boden vor ihr unschlüssig über dem Päckchen kauerte: »Es wird dir gefallen. Ganz bestimmt.«

Beruhigt durch die Worte seiner Großmutter faltete Feri die Ecken des blauen Packpapiers auseinander und enthüllte so zwei kleine quadratische Schachteln. Sorgfältig stellte er sie vor sich auf den Boden, die Klappe nach oben. Alžbeta kannte diese Angewohnheit ihres Enkels. Es war, als wäre er immer vor etwas auf der Hut, deshalb auch seine Faszination für alles, was wehrhaft war, er brauchte diesen Schutz vor der äußeren Welt, auf dass seine innere nicht in sich zusammenfiele. »Nur zu, du kannst sie ruhig aufmachen.«

Feri legte beide Hände auf die Klappen der Pappschachteln und zog die Laschen gleichzeitig aus den Schlitzen. Nun waren die Schachteln offen, aber was er sah, gab ihm noch keinen Aufschluss. Dünnes Seidenpapier versperrte ihm den Blick auf das, was seine neuen Besitztümer sein sollten. In einer letzten kindlich dramatischen Überwindung zog er das Papier heraus und schaute auf zwei Kuppeln aus Glas.

»Schneekugeln, Feri. Nimm sie heraus. Aber sei vorsichtig damit!«

Alžbeta half dem Kind, die beiden Kugeln aus der Verpackung zu befreien, und stellte sie auf den Tisch. Feri war langsam aufgestanden und auf einen Sessel geklettert. Angestrengt überlegend, betrachtete er die gläsernen Kugeln auf ihren schwarz gebeizten Podesten. In einer Kugel fuhr eine filigrane goldene Kutsche, gezogen von zwei schwarz lackierten Pferden. Die Kutsche war bemannt, eine winzige Figur in blauem Gewand schwang eine Peitsche durch die Glaskugelluft. Der Boden unter der Kutsche war weiß bemalt. Aber was an dem Bild nicht stimmte, war, dass diese Welt in Wasser schwamm. Fragend blickte er seine Großmutter an.

»Du musst sie schütteln, Feri.«

Voller Konzentration beugte er seinen kleinen Körper der Kugel entgegen, bis er mit der Nase beinahe an sie stieß. Mit offenem Mund und – Alžbeta mochte es gar nicht sehen – schon wieder einem Speichelfädchen im Mundwinkel, stierte er in diese Miniaturwunderwelt hinein, in der blauberockte Kutscher mit Pferden durch das Wasser fuhren. Die Kutsche hatte etwas Orientalisches oder Chinesisches mit feinen Strukturen und Prägungen und einem Dach, das wohl einen güldenen Stoff hätte imitieren sollen. Eines der beiden Pferde hob beide Vorderbeine in die Luft, es war im Begriff, sich aufzubäumen, das andere Pferd lag schwer im Geschirr und hatte seinen Hals durchgebogen wie ein Schwan in Schwarz. Ob jemand in der Kutsche saß, konnte Feri nicht erkennen, aber dass da etwas Kraftvolles,

Gewaltsames vor sich ging, das merkte er schon. Behutsam nahm er die Kugel endlich in beide Hände und schwang sie auf und ab durch die Luft. Dadurch kam etwas darin in Bewegung, das er vorhin nicht wahrgenommen hatte, ein Wirbel, ein Sturm, eine Schneelawine, die um diese Szenerie strudelte – Feri konnte seinen Blick kaum davon abwenden. Wieder hatte er damit begonnen, leise Töne aus seinem Mund zu entlassen. Alžbeta unterbrach ihn und lenkte seinen Blick auf die zweite Kugel: In ihr stand ein hellbrauner Hund, der das Maul offen hatte und bellte. Aber man hörte ihn nicht, oder wenn, dann war es nur Feri, der ihn durch das Winterwasser bellen hörte, ein muskulöser kraftstrotzender Hund mit festem Stand. Feri schüttelte abwechselnd die eine und dann die andere Kugel, konnte gar nicht genug von diesem Anblick bekommen von stiebendem Schnee, hörte den Kutscher rufen, die Glöckchen klingen am Geschirr der Pferde, hörte den Hund bellen, den Schnee fallen. Als er sich sattgesehen hatte, wandte er den Blick zu seiner Großmutter, die ihm zulachte. Aber etwas war plötzlich falsch in diesem Lachen, die Glocken in ihrer Brust schwangen nicht mehr in der reinen Klangfarbe, die er von ihr kannte und der er so sehr vertraute, und auch in ihre Stimme hatte sich ein neuer Ton gemischt wie ein Dieb unters Volk, als sie, Tränen unterdrückend, zu ihm sagte: »Damit du uns nicht vergisst, Feri. Und damit du immer, immer, wenn du es willst, in eine Kutsche steigen kannst und zu uns fährst, wenn du Sehnsucht nach uns hast. Und den Hund, ich habe leider keinen Schakal finden können, geben wir dir zur Bewachung mit. Auf dass du auch fern von hier zu dem Menschen werden kannst, der du tief in deinem Innern bist.«

Couvade-Syndrom

Alzano Lombardo, 1894

Feuchtblattern! Ja hatte sie denn ein Attentat auf ihn vor? »Du hast sie als Kind schon gehabt, Serafino, sei unbesorgt, diese Krankheit trage ich alleine aus« – Immaculata lag im Bett, das Gesicht, die Arme voller kleiner Krater, die Wasser spien –, »il dottore ist schon unterwegs.« Serafino krampfte die Kappe in seinen Händen zusammen und wusste nicht, wohin mit sich. Ein, zwei Momente blieb er noch wie festgebunden im Türrahmen stehen, dann wandte er sich nuschelnd ab. Er konnte es sich nicht leisten, krank zu werden, oder: schein-krank; sie hatten endlich wieder Großaufträge eingefahren, da wurde jeder Mann gebraucht. Da konnte er sich ein erneutes Schlappmachen nicht erlauben.

Serafino erinnerte sich nur zu gut an das erste Mal, als er eine Krankheit seiner Frau einfach mitmachte. Eigentlich war es gar keine Krankheit, sondern Immaculatas erste Schwangerschaft. Das war vor etwas mehr als vierzehn Jahren gewesen, und die Erkenntnis, dass er nicht Herr über seinen eigenen Körper war, traf ihn wie eine Faust. Oder schlimmer: zwei Fäuste, ein ganzes Heer von Fäusten. Seine Immaculata war also bereits drei, vier Monate schwanger, die Rundung formte ihr einen gesunden prallen Körper, und sie ging hocherhobenen Hauptes hinunter ins Dorf, die stolzeste Schwangere, die er je gesehen hatte, er betrachtete sie so lange und gern. Ausgerechnet in dieser Zeit der Glückseligkeit kam das Unheil über ihn, innert weniger Tage quoll sein eigener Bauch auf und stülpte sich aus der

Hose hervor, so dass er Mühe hatte, die Schöße seines Hemdes ordentlich zu versorgen. Keiner wusste ihm einen Rat, und Immaculata staunte, hatte er sie in seinem Umfang doch recht bald schon eingeholt. Was für ein Mann war das, der seiner Frau das Kindaustragen neidete? Aber alles gute Zureden, alle zusammengebrauten Kräutergetränke und die Segenssprüche, ja selbst die Schluckbildchen mit der heiligen Maria drauf, die Immaculata und ihr Mann vom Pfarrer bekommen hatten und die sie, wie geheißen, in einer Neumondnacht gegessen hatten, nützten nichts, und da wussten Serafino und Immaculata, dass nur der Herrgott selbst ihn wieder würde erlösen können von seinem ungeheuren Fluch. Und zwar dann, wenn dieser das wollte. Der Arzt hatte nur den Kopf geschüttelt und gesagt, Gebärenwollen sei eine Sünde für einen Mann, dann war er abgezottelt und hatte über die Dorfbewohner leise schimpfend vor sich hergebrabbelt.

Und so blieb Serafino nichts, als aufgedickt seinen Dienst in der Drahtzieherei zu versehen, auch wenn er sich mehrmals pro Tag, von Übelkeit überwältigt, draußen hinter der Halle übergeben musste.

Er machte sich damit ja zum Gespött seiner Kameraden, war eine Lachnummer, Witzfigur, aber es spottete nie einer über ihn, weder in Serafinos Anwesenheit noch hinter seinem Rücken. Sie alle kannten ihn von klein auf, wussten um den Knacks, den sein Lebenslauf erfahren hatte. Wie seine Mutter war er zu einem drahtigen dünnen Menschen herangewachsen, mager und anspruchslos, und sein Gemüt war schon mit der kleinsten Kleinigkeit zu beglücken, denn: Er erwartete für sich nichts.

Umso außergewöhnlicher sah der sonst so unauffällige Serafino mit seiner Kugel aus, die ihm in der Drahtzieherei beim Flechten von Metallstäben nicht wenig in die Quere kam.

Gott sei Dank dauerte diese Peinlichkeit nur kurze Zeit. Nach weniger als zwei Monaten war der Spuk ebenso plötzlich vorbei, wie er gekommen war. Immaculata hatte ihm diese Episode nie vorgeworfen, kein einziges Mal, sie war noch immer das treue Mädchen aus seiner ehemaligen Klasse, die erste, der sein Fernbleiben vom Unterricht damals, nach seines Vaters Tod, aufgefallen war, und sie hatte immer nur zu ihm gehalten, ganz besonders damals, als ihnen vor acht Jahren ein Erdbeben das Häuschen pulverisierte und sie ihr Heim etwas weiter oben am Fluss Serio wieder neu, Stein für Stein, hatten aufbauen müssen.

Glücklicherweise war Serafino später eine zweite Parallelschwangerschaft erspart geblieben, und es gab auch keine dritte oder vierte mehr, nur diese eine, erste, als seine Frau den Sohn Guerrino unter ihrem Herzen trug. Die vier Mädchen, die folgen sollten, konnte Immaculata ohne das Mitwirken ihres Mannes austragen.

Dafür ging er bei fast all ihren anderen Krankheiten und Unpässlichkeiten mit: Wenn ihre Zeit des Monats war, verspürte auch er so etwas wie ein Ziehen in seinem Unterleib, als sie in ihrem ersten Ehejahr unter einem starken Keuchhusten litt, hustete sich Serafino während der Arbeit beinahe die Lungen heraus, und jedes Mal, wenn sie sich an irgendetwas stieß oder schnitt, spürte auch er den Schmerz gerade so, als hätte er sich selbst gestoßen oder geschnitten. Gegenüber dem Arzt, der regelmäßig zwei anstatt nur des einen eigentlichen Patienten im Hause Senigaglia vorfand, war ihm das mehr als peinlich. Es war eine regelrechte Schmach, wann immer er dem Deutschen auf der Straße begegnete. Ihm kam es so vor, als würde dieser ihn mit scheelem Blick beäugen, als wäre er überhaupt nicht verwundert, würde aus seiner Stirn plötzlich ein Frosch wachsen oder sich irgendeine andere Ungeheuerlichkeit begeben. Und ungeheuer war es ja, was Serafino widerfuhr, nur hätte er selbst am liebsten gewusst, wie er sich dieses permanent dräuenden Fluchs hätte entledigen können.

Auch heute Abend erschien der dottore mit diesem unaussprechlichen Namen, Wolfgang Spinnenhirn, den Serafino schon bei seiner ersten Begegnung nur mit größter Mühe von dem hingestreckten Kärtchen hatte ablesen können – mit dem Finger war er dabei den einzelnen Buchstaben nachgefahren, was ihn danach noch lange gewürgt hatte –, dieser Doktor also mit seinem gewohnt schiefen Lächeln im Gesicht kam, und Serafino versuchte das Unangenehme der Begegnung wegzustreifen, indem er sich etwas zusammenhangslos, aber überhöflich nach Spinnenhirns Frau erkundigte. Diese war eine wichtige Figur unter den Frauenrechtlerinnen, setzte sich für das Wahlrecht und so manches andere ein, was doch in den Händen der Männer ungleich sicherer war, wie Serafino fand, nur hätte er diesen Gedanken nie laut zu äußern gewagt, gerade er nicht, der selbst wie eine Frau seine Wehwehchen pflegte.

»Gut. Die Frauen marschieren voran, gewöhnen Sie sich besser an den Gedanken, dass sie in der Politik mitmischen werden, lieber Serafino. Es scheint mir oft, Frauen seien ohnehin die stärkeren Gemüter. Gerade auch bei Ihnen. Nun denn, wo ist denn Ihre cara moglie? Oben? Im Bett?«

Als Dr. Spinnenhirn ins Zimmer trat, hatte sich Immaculata bereits ihrer Oberkleider entledigt und wartete wie eine geduldig Gläubige darauf, dass er sie abhörte. Dr. Spinnenhirn rieb die Hände aneinander und legte dann die eine auf die Stirn der Entstellten, eine unter ihr Kinn. Er prüfte das Kopfgelenk zwischen Axis und Atlas, indem er Immaculatas Kopf nach allen vier Himmelsrichtungen abwinkelte. Dann bat er sie, den Kopf nun selber, ohne seine Hilfe, von hinten nach vorne und von rechts nach links zu bewegen. Sie verspürte keine Schmerzen dabei, nein.

»Ist etwas unterwegs?«

»Nein. Ich bin gerade in meiner Zeit des Monats.«

»Gut. Dann helfen Sie Ihrem Mann in den nächsten drei, vier Wochen mit der Hand.«

Serafino errötete, seine Frau aber fragte zielsicher: »Es sind die Feuchtblattern, nicht wahr?«

»Ja, Sie leiden unter den falschen Pocken. Vermutlich wird es nun ihre ganze Familie treffen, Guerrino, die Mädchen, Seraf...«

»Er hat die falschen Blattern schon als Kind durchgemacht. Ich erinnere mich noch gut an sein gesprenkeltes Gesicht.«

»Na ja, Sie wissen, Signora, das will bei Serafino nicht viel heißen, Ihr Gatte ...« In Serafinos Kopf brodelte ein Vulkan, schnell trat er einen halben Schritt zurück in den Schatten des Gebälks.

»Was muss ich tun, dottore Espinneghirne?«

»Nun, man hätte sich impfen lassen können. Zahlreiche deutsche Fürstentümer und Reichsstädte lassen alle Säuglinge, alle Bewohnerinnen und Bewohner der Ländereien per Erlass impfen.« Bevor die erstaunte Immaculata etwas entgegnen konnte, fügte der Arzt friedfertiger hinzu: »Hüten Sie ein paar Tage lang das Bett. Bei einer lebhaften Beteiligung Ihrer Mundhöhle an Ihrem Krankheitszustand spülen Sie bitte täglich mit toskanischer Borsäurelösung«, leierte er hinunter, und dann schnell noch die Ermäßigung: »oder sonst halt mit Kamillentee. Fügen Sie jedoch unbedingt ein paar Tropfen Opiumtinktur bei. Wenn Sie in einer Woche den Drang dazu verspüren, nehmen Sie ein zwanzigminütiges Jodbad und machen sich anschließend Umschläge mit essigsaurer Tonerde. Mehr kann ich Ihnen eigentlich nicht empfehlen. Seien Sie schön brav, bitten Sie Ihren Mann um Geduld, mit Windpocken bei Schwangerschaft ist nicht zu spaßen, und lassen Sie mich in zwei, drei Wochen wissen, wie es Ihnen und den Kindern geht. D'accordo?«

»Si, dottore, d'accordo.«

»Va bene.« Doktor Spinnenhirn klappte seine Arzttasche zusammen und machte sich auf, das Haus der Senigaglias wieder zu verlassen. Als er die Stiegen herunterging und in der Küche anlangte, schaute er sich mit diesem mitleidigen Hundeblick um, der Serafino jedes Mal einen Schauer über den Rücken jagte, offenbar hatte es Immaculata heute noch nicht geschafft, den Haushalt in Ordnung zu bringen, die Mädchen waren irgendwo draußen, Guerrino arbeitete eine zweite Schicht in der Fabrik. Aber das war diesem Mann ja egal, der da aus seinen deutschen Landen zu ihnen heruntergekommen war wie ein Krösus vom Thron zu seinen Untergebenen, der von Frauenstimmrecht und Gleichberechtigung und Impfungen schwadronierte, als ob das hier in Alzano Lombardo überhaupt je eine Rolle spielen würde, hier unten hatte man ganz andere Sorgen, wirkliche Sorgen, drahtseildicke Sorgen, steinschlagharte Sorgen, unerbittliche, aber davon konnte so ein feiner Dünkel, der sich hinter seinem maßlosen Endlosbart ja doch nur versteckt hielt, natürlich nichts wissen. Dieser Bart, die gestreifte Hose, der lange Rock mit den ausladenden Schößen, das grüne Tuch um seinen Hals und der vergoldete Zwicker zusammen mit der glänzenden Ledertasche und dem so gefürchteten Baderkoffer mit all den vielen Schreckensutensilien und dem wenig beruhigenden Deckelzettel – für alle Fälle auf der Innenseite angeleimt – darin, all dies entfernte den Studierten um Kontinente vom einfachen Arbeiter und Familienvater Serafino Senigaglia. So als stünden da noch immer Gebirge und Klüfte zwischen ihnen beiden, die nie zu überwinden wären. Und noch bevor der Arzt seine übliche Jeremiade zum Abschied anstimmen konnte, wie gewohnt über den Verfall der Sitten, über die unbewusst lebenden Familien, die vernachlässigten hygienischen Pflichten und was auch immer ihm hinter dieser schmalen engen Stirn an Ermahnungsgut noch hocken mochte, sagte ihm Serafino auch schon mit bestimmtem Ton »Grazie, e arrivederci« und komplimentierte den leicht überrumpelten Dr. Spinnenhirn aus seinem Haus hinaus.

Serafino schaute ihm nicht nach. Er schloss behutsam die Tür und begab sich dann nach oben zu seiner Frau, um sie zu fragen, ob er irgendetwas Gutes für sie tun könne.

zweite Garnitur

Ödenburg, 1894

Wenn Ferenc es wollte, konnte er seinen Geist ganz eng machen. Er konnte, wie durch ein Fernglas schauend, immer nur einem winzig kleinen Teil seines Lebens Aufmerksamkeit schenken und alles andere ausblenden, so, als gehörte es zu einer anderen Welt, nicht zu seiner. Sein Blick glitt über seine Fingernägel: tadellos sauber. Sein Scheitel: perfekt. Eine Haarzunge links gekonnt zur Schläfe hin frisiert. Noch ein paar letzte Striche mit der Bartbürste, einer fast identischen Nachfertigung derer, die bei Kaiser Franz Josef zum Einsatz gelangte: feinste Silbermontur, monogrammisiert und verziert, an ihrem Griff gepunzt mit Halbmond und angedeuteter Krone, das rechte Objekt für eine Bartpflege mit Stil. Ferenc Schön trug einen üppigen, millimetergenau geschnittenen Backenbart, perfekte Kontur, wie sein Vorbild und bester Auftraggeber, der Potentat, Seine Kaiserliche Majestät Kaiser Franz Josef.

In wenigen Momenten wäre es so weit, und er würde seine zweite Frau ehelichen, die schwarzhaarige, wohlgenährte, ochsenstarke und hochschwangere Anna Leopoldina Maltzahn. Er hatte sie früh aufzustehen angehalten, ungeachtet der Beschwerden, die sie offensichtlich hatte, ihren schweren Körper dem Schlaf zu entreißen und sich gerade und reglos vor ihn hinzusetzen, aber es war der Tag ihrer Hochzeit, da wollte er aus ihrem hüftlangen Zopf ein Opus schaffen, prächtig wie ein Gemälde sollte sie sein. Und zudem würde die Frisur von ihrem umständehalber ballonartigen Bauch ablenken. Es brauchte sich ja nicht jede und jeder gleich das Maul darüber zu zerreißen. Ferenc hasste Klatsch, war aber selber einer, der die Ohren fast ausschließlich dafür offenhielt und alles registrierte. Besonders zuwider war ihm, wenn er einen Gesprächsfetzen auffing, der seine Eltern, die schöne Alžbeta und den um so viel jüngeren František, betraf. Dass sich die beiden auch jetzt noch, mit weit über sechzig Jahren, die seine Mutter mit sich herumschleppte wie die vielfaltigen Stoffe ihrer Kleider, so unübersehbar herzeigen mussten, missfiel ihm aufs Höchste.

Wer weiß, wie sie heute wieder antanzen würden; wenn das nur nicht zu peinlich wurde. Und trotz ihrer Gelenkschmerzen dieser stete Umgang mit seinem Sohn, Feri, als ob der mit seinen sechs Jahren überhaupt noch einen so engen Umgang mit der Großmutter gebraucht hätte. Er bekäme jetzt ja eine neue Mutter, dann würde endlich Ruhe sein. Und Omami und Opapi könnten sich vom öffentlichen Parkett zurückziehen und ihren Ruhestand genießen. Aber was dachte er da überhaupt zusammen, es war höchste Zeit!

Annas festliche Gesellschaftsfrisur erforderte eine Ondulation der gesamten Vorderpartie in Hufeisenform von Ohr zu Ohr – und Anna verfügte über ganz reizende Öhrchen. Ferenc hatte dabei sorgfältig darauf zu achten, dass je eine der Wellen noch vor dem hübschen Fleischröllchen auf die rosa Wange fiel. Die Einteilung der Frisur hatte klar nach Schema zu erfolgen – Seitenteil links, Seitenteil rechts, Nackenpartie mit Bund und Knoten –, das überstarke Ponyhaar wickelte er mit geübter Hand nach oben auf das Eisen und legte es wie eine Rolle auf ihre flache Stirn. Danach frisierte er ihre Vorderpartie in drei Teilen auf. Die Hinterkopffrisur formte er aus einem hochgestellten hahnenkammartigen Doppeldreher, das saß wie angegossen. Dann toupierte Ferenc seiner schläfrig dasitzenden Noch-nicht-Ehefrau das linke Seitenteil und steckte es unter dem

Bund fest. Sodann frisierte er, wie von einem Dampftriebwerk beschleunigt, das Mittelteil, indem er es andeutungsweise antoupierte und nach hinten feststeckte. Nun heizte seine innere Perfektionsmaschine erst recht auf – er verschaffte sich Kühlung, indem er sich mit der Zungenspitze an der Oberlippe berührt hielt und durch die offenen Mundwinkel Luft zu seinem dampfenden Apparat strömen ließ. Anna kannte diese Marotte ihres Verlobten und stieß sich nicht weiter daran. Hauptsache, er behielt seine Zunge für sich, wenn er den Kaiser frisierte, war einer der wenigen Sätze, mit denen sie sich überhaupt in seine Angelegenheiten einmischte – und dergestalt konzentriert, fixiert, ja fast besessen, flogen seine Hände mit Kamm und Nadel und Bürste über ihren Kopf und zelebrierten dort ihr ganz eigenes Fest. Sein Ehrgeiz hatte für sie etwas Unheimliches, Unberechenbares. Besser, man käme ihm nicht ins Gehege, wenn er so eifrig bei der Sache war. Sie wartete fügsam ab, bis er die abgebundene Strähne ebenfalls toupiert hatte und sie geschickt wie ein Bandeau nach vorn herumgelegt hatte. Nun musste er sich nur noch den Knoten vornehmen, für den er eine dreifach gedrehte Strähne und einzeln platzierte Springlöckchen vorsah. Zu guter Letzt, Anna atmete auf, kämmte er das rechte Seitenteil, das den ganzen Hinterkopf bedeckte, eingeschlagen auf, so dass der Schluss knapp hinter dem linken Ohr zu finden wäre, wo er mit einer Nadel mit Perlmuttbesatz ebenfalls festgesteckt und verdeckt wurde.

Ein Kranz von gelben Rosenblüten wurde ihr leicht angeschrägt über den Kopf gelegt und ein ausgestopfter Pirol, eine junge Goldamsel mit schwarzen Perlen als Augen, ins Bandeau fast grad wie in ein Nest gesteckt. Die gelben Blüten wie auch die goldgelben Federn des Vogels sollten sich als Thema in ihrem Kleid, dem Brauttäschchen und den mit Samt überzogenen gelben Schuhen wiederholen.

Er selbst würde ein kleines feines Gesteck von Rosenknospe und Pirolfeder mit einer Nadel an seinem Anzug befestigen. Er sah sie sich an. Sie war eine Wucht. Obwohl viel zu dick für einen so bedeutenden gesellschaftlichen Tag, hatte sie doch eine umwerfende Wirkung auf ihn, als sie schließlich in aller Pracht vor ihm stand: eins achtundfünfzig, rund und eingehüllt in ein hellgelbes Brokatkleid mit Seidenchiffonärmeln, zwei Lagen Pongéseide und Seidensamt das Unterkleid, der Rocksaum mit feinen abschließenden Silberborten verziert und auf dem bestickten Mieder einzelne, mit Bedacht applizierte weiße Glastropfenperlen. Das hatte er fein gemacht mit seinem Entwurf für die Schneiderin. Ja, wenn Ferenc Schön, vierunddreißig Jahre alt, bester Friseur im ganzen Ödenburgland, heute durch sein Fernglas schaute, erblickte sein trainiertes Auge in der Frau ihm gegenüber nichts als die eigene Perfektion.

Außer vielleicht dem einen unübersehbaren Umstand, dass die Frau keine Jungfrau mehr war. Deshalb hätte er sich ja auch nicht getraut, sie in Weiß auftreten zu lassen, das hätte einfach nicht gepasst. Nicht mehr, nicht jetzt, wo es für alle Welt zu sehen war, eben mit nichts mehr zu kaschieren.

Der Arzt hatte gesagt, dass sie jederzeit niederkommen könne, es war ein Segen, dass sich diese Hochzeit in der Kürze der Zeit überhaupt noch arrangieren ließ. Hätte er das mit ihrer Schwangerschaft früher gewusst, wäre er schon früher vom Kaiserlichen Hofe zurückgekehrt. So aber … tss, nun ja, morgen schon wären sie ein ehrbares Paar, und was gewesen war, wäre aus und vorbei und bald schon vergessen.

Vergessen hatte er auch seine erste Frau, Krisztina Selzam, einfach ausgeblendet und sich mit ihrem erinnerten Anblick nicht mehr belastet. Hätte Ferenc Schön den Mut dazu gehabt, ja die Kraft dazu aufbringen können, das Fernglas auf diese seine erste Frau, die viel zu früh und völlig unerwartet von ihm gegangen war, zu richten, so hätte er eine schlanke Schönheit mit starken Händen, großen weißen Zähnen im breiten Gesicht, das über und über mit goldenen Sommersprossen besprenkelt war, gesehen. Er hatte sie als junges Mädchen in Wien kennengelernt, als er selber mit knapp achtzehn Jahren in den kaiserlichen Frisierdienst Franz Josefs trat. Sie war die Tochter eines kaiserlichen Bereiters, und sie hielt sich lieber im Freien auf als in den kühlen Schluchten des Palastes. Ihr Haar war eine krisselige, nur schlecht gebändigte Fontäne von Dunkelblond, Kupfer und Ambra, und ihre bleiche Haut war eine Landkarte, ein Gemälde, ein berückendes Wirrwarr von Punkten, Pünktchen und flächigen Ansammlungen von rötlichem Braun. Man hätte ein ganzes Leben gebraucht und dann noch eines dazu, um sie abschließend zu kartographieren. Das hatte ihn vom ersten Moment an an dieser Frau fasziniert, ihr Geheimnis, das so offen sichtbar für die Welt sich unter die Ärmel ihrer Kleider zurückzog und dort weiterwirkte. Denn, und das erfuhr er erst, als er sie für sich gewonnen hatte und das erste Mal im Stall hinter den Strohballen fast ganz nackt besehen durfte, auch ihre Beine waren bis zu den milchigen Schenkeln hinauf scheckig getüpfelt. Ihr Rücken. Ihre Brust, die runde, die ihn immer an irgendetwas Fernes, Warmes erinnerte, die etwas in ihm zum Klingen brachte, er wusste nicht was – er hatte es ausgeblendet. An ihrem linken Oberarm gab es eine gestreute Ansammlung, die ein bisschen wie ein in einem milchigen Meer schwimmender unentdeckter Archipel aussah, Flecken und Formen und Punkte waren zu Hunderten über ihren samtigen Körper verstreut. Er hatte Krisztina wirklich geliebt. Er hatte sie vergöttert und in den Olymp gehoben, nichts liebte er mehr, als seine Nase in ihr blütenduftendes Haar zu drücken und seinen Geruch in sich aufzusaugen. Wenn sie ihn ansah, zu ihm aufsah mit ihren grünen Kleeblattaugen und den niedlichen zweifarbigen Wimpern, die Kissen ihrer Lippen zu einem verschmitzten Lächeln flach gezogen, die etwas breit geratene Nase amüsiert gekräuselt, dann wusste er, spürte er einfach, dass sie die Frau sein würde, mit der er eine grad ebenso unantastbare Liebe leben könnte, wie es ihm seine Eltern vorzelebriert hatten.

Er hatte auch Krisztina spät geheiratet, fast zu spät. Ihr Vater wollte sie nach Marseille ins ehemalige französische Kaiserreich, nun wieder Republik, zum Sprachenlernen schicken. Ferenc war mit seinen vierundzwanzig Jahren ein richtiger Spätzünder. Obwohl er sie bereits mit seinem ersten Fernrohrblick auserkoren hatte, brauchte er viel länger als andere junge Männer seiner Generation, den Schritt auf sie zu zu wagen. Und vielleicht hatten dabei sogar seine selbstherrliche Mutter und sein fügsamer Vater nachgeholfen, er wusste es nicht mehr.

Seine Ideale von der Ehe waren eben doch an die hehre Liebe und spürbar tiefe Zuneigung, die seine Eltern einander in jeder Minute ihres Lebens schenkten und die sie in aller Öffentlichkeit zur Schau stellten, geknüpft. Und erst wenn er die absolute Gewissheit darüber erlangt haben würde, dass er mit einer Frau grad ebenso fest verbunden wäre und mit ihr dasselbe ewige Band als Triumphbanner über ihrer aller Köpfe würde schwingen können, würde er bereit sein. Und so prüfte er seine Angebetete lange. Lange.

Ferenc war als Kind von seinen Eltern sein ganzes Leben mit Liebe überschwemmt worden, er war ihr Augenstern, Beweis ihrer Courage, Beweis ihres Ungehorsams, ihres Eigensinns und obendrein Beweis der Gültigkeit ihres damaligen Schrittes.

Was waren sie glücklich und erfüllt, als ihr einziger Sohn erwachsen geworden war und eine so schöne, eine so spezielle und außergewöhnliche Braut endlich vor den Altar führte! Alžbeta hatte Tränen der Freude geweint und sich ungehemmt, wie das eben noch immer ihre Art war, in die Arme ihres František gestürzt, und sein Vater hatte wie ein stolzer Gipsabguss seiner selbst dagestanden, vor lauter Überwältigung der Sprache entmächtigt. Es war, als wäre die Familie František Schön durch die Heirat ihres Sohnes ein zweites Mal in Ödenburg angekommen, hätte die endgültige Ratifizierung ihres einstmaligen Beschlusses erreicht. Mit Siegel verbrieft.

Über der gesamten Sopronpuszta lag ein Flimmern und ein Sirren wie von tausendundeinem Engel, die sangen.

All das hätte Ferenc' Auge erblicken können, wenn es denn zurückgeschaut hätte. Aber heute war kein Tag, um zurückzuschauen, heute war ein Tag, der in eine neue Zukunft wies! Auch diesmal sollten seine Eltern zugegen sein, inzwischen deutlich angegraut, und Ferenc konnte in der Frisur der Mutter die seltsamen Bemühungen seines Vaters wiedererkennen, ewige Jugend aufleben zu lassen, ein bisschen gewagt vielleicht, ein bisschen exaltiert, genauso unkonventionell wie das Duftöl, das sich seine Mutter neuerdings hinter die Ohrläppchen und in die Ellenbogenbeuge tröpfelte, Patchouli oder so, ganz seine Eltern eben, en vogue, komme, was wolle.

Und auch Annas Eltern waren da, einfache Leute, der Vater ein Holzbildhauer, der Sakralplastiken auf Bestellung anfertigte, die Mutter eine typische Frau vom Lande halt. Für die Anreise seiner Schwiegereltern hatte Ferenc Schön extra bezahlt, und er hatte sich dabei nicht lumpen lassen. Dass sie blaublütigen Geschlechts waren, uradeliger Abstammung, wie sie jedermann gegenüber behaupteten, der es eigentlich gar nicht wissen wollte, Aristokraten, die des Lebens Unbill irgendwann und irgendwie nach Rechnitz verschlagen und ihrer Ehre beraubt hatte, konnte heute leider niemand mehr beweisen, und wen hätte das auch interessiert, es gab Adelige genug, und vielleicht wollte der Vater, Sebastian Leopold Maltzahn auch nur wichtigtun mit diesen märchenhaften Chroniken, sich bei ihm, dem Hoffriseur, einschmeicheln und beliebt machen seiner Tochter zuliebe. Dabei hatte die das gar nicht nötig gehabt. Als Ferenc von ihrer Schwangerschaft erfuhr, war er natürlich sofort dazu bereit, die Entehrte zu ehelichen.

Etwas anderes hätten seine Eltern, die im Stillen noch immer den Tod Krisztinas beklagten – und deren Mutter grollten –, auch gar nicht geduldet.

Krisztinas Mutter. Eine vom Ehrgeiz zerfressene Empordrängende, Hochstrebende. Keine Woche nach Krisztinas Tod fand Alžbeta bei den Räumarbeiten, um die sie ihr Sohn gebeten hatte, in deren Zimmer Briefe, Briefe über Briefe, in denen die Mutter ihrer Tochter lauter überflüssigen Benimm eintrichterte und die wohl auch zu deren Tod geführt hatten. Ganz bestimmt zu deren Tod geführt hatten. Nie wieder würde Alžbeta dieser vermaledeiten Frau die Türe öffnen. Sie hatte ihren eigenen Augen nicht getraut und František herbeirufen lassen, dann hatte sie ihm die schändlichsten Stellen vorgelesen, dazwischen kleine Pausen eingelegt und mit den Händen ins Leere gegriffen, so perplex, so erschüttert war sie. Wenn sie das nur vorher gewusst hätte. Wenn sie doch nur eine Ahnung davon gehabt hätte, sie hätte Krisztina retten können, vor ihrem schlimmen Schicksal bewahren können, ganz bestimmt, das arme Kind.

Meine liebe Tochter!

Sei munter gegrüßt nach Ödenburg, in das hübsche beschauliche Städtchen Deines Ehegatten. Nun bist Du also eine Ehefrau an der Seite eines strebsamen Mannes. Den Weg, den wir für Dich vorgesehen haben, beschreitest Du mit erhobenem Haupte, das erfüllt mich, Deine Mutter, mit Stolz. Die Hochzeitsfeierlichkeiten sind mir noch in bester Erinnerung, das Ganze war ein mustergültiger Anlass, dem Du durchaus gerecht geworden bist.

Nun aber, liebe Tochter, lass mich Dich mahnen: Eine neue Bestimmung kommt auf Dich zu, gesellschaftliche Anlässe und vielerlei Erwartungen, die Du bitte alle sittsam erfüllen willst. Mach uns keine Schande, nur weil Du dem Wirkkreis meines Auges entschwunden bist. Wien ist nicht allzu weit von Ödenburg entfernt und glaube mir, ich höre davon, solltest Du Dir einen Fehltritt leisten. Also bleibe nur schön streng gegen Dich, dann wird sich alles geben. Bei uns, in Deinem Elternhause, hat es Dir gewiss nie an Gelegenheit gefehlt, Dich auf ein erlesenes Leben vorzubereiten. Du kennst die Regeln, und wenn Du Dein Haus auf die Pfeiler Anstand, Zurückhaltung und Fügsamkeit baust, kannst Du Dich auch in großen Gesellschaften fehlerfrei bewegen.

Dein Gemahl hat mir selber noch versichert, wie gut man deine Wohlerzogenheit, die Etikette!, in Deinem Gebaren ausmachen kann, halte also auch in Zukunft unbedingt daran fest! Ja, halte die seelische Ordnung streng, und lockere Dich nicht, dann machst Du auch Deinem Manne alle Ehre. Klage nicht, dann wird man auch über Dich nie Klagen hören.

Und vor allem: Beweise Deine Hartherzigkeit gegen Dich selbst und schnüre auch nach diesem bedeutungsvollen Tag Dein Mieder immer schön eng und fest, dann wirst Du die Figur, an der wir beide Deine ganze Kindheit durch so lange hart und standhaft gearbeitet haben, nicht verheeren. Die Folgen einer solchen Nachlässigkeit wären undenkbar. Schreib nur recht ungeniert, wenn es Dich nach Ratschlägen Deiner alten Mutter dürstet, ich gebe sie Dir freimütig und gern.

Ach ja: Dein Mann wird Dir unweigerlich eine neue Garderobe anschaffen, sei dabei also nicht bequem, sonst wirst Du ewig büßen – und wir mit Dir! Lass Dir die Kleider lieber etwas zu eng schneidern, und geh nie ohne Mieder! Nicht, dass Dir plötzlich die Taille Sorgen macht, das wäre der Anfang Deines Endes. Pflege Dich also, wie ich es Dich gelehrt habe, wahre Haltung und Figur – die Grundlage weiblicher Eleganz. Je mehr es Dir gelingt, mit Deinem Korsett zu verwachsen, umso stabiler wird auch Deine Stellung in der neuen Gesellschaft sein, in der Du Dich nun bewegst. Wenn Du willst, bediene Dich des alten Tricks und lege Dich mit dem Korsett schlafen. Vier, fünf Nächte und Dein Körper wird sich daran gewöhnt haben, solltest Du der neuen Nahrungsgewohnheiten wegen etwas aus dem Leim gegangen sein.

Beiß ein paar Tage auf die Zähne, und mach ein nettes Gesicht, bald wirst Du merken, dass für eine Frau von einem gewissen Stand nichts unerträglich ist. Halt aus und denk an mich, Deine Mutter, die Dich innigst liebt und die Dir mit den guten Wegweisungen noch lange zur Seite stehen wird. Mach nur weiter tüchtig Deine Körperübungen und halte Dich bei fetten Speisen zurück, so wirst Du Papa und mir viel Freude bereiten, wenn wir Dich nächstes Jahr in Deiner neuen Toilette besichtigen kommen. Dir in Liebe und Verantwortung zugeneigt, Deine Mutter.

Welche dünkelhafte Aufgeblasenheit! Welch impertinente Grausamkeit! Wenn sie das doch nur geahnt hätte! Aber sie hatte ja keinen Schimmer davon gehabt, mit welchem Druck, innerem und äußerem, ihre liebe Schwiegertochter hatte fertig werden müssen. Sie wäre die Erste gewesen, die mit ihr in einem ausgelassenen Freudentanz sämtliche Mieder und Korsette und Schnürbrüste im Hinterhof verbrannt hätte! Die Erste, die beim Bäcker für sie Mehlspeisen geholt hätte für ein kaltes Kuchenbuffet!

Sie hatte sich einfach nichts dabei gedacht, als sie Krisztina bereits Tage nach ihrer Niederkunft in einem hübschen Kleid und ihrer reizvollen Figur im Haushalt hantieren sah. Sie wusste gar nicht, wie sehr sich Krisztina schnüren ließ, kannte sie nicht in dem Zustande, in dem Gott sie geschaffen hatte, das arme schöne Kind, und als sie so plötzlich zusammensackte und nach Luft röchelte, war's des Schadens schon zu viel. Auch der eiligst herbeigerufene Arzt, eine Koryphäe auf seinem Gebiete, hatte den Kopf geschüttelt und traurig gesagt, da käme wohl jede Hilfe zu spät. Die strengen Schnürungen hatten ihr die Gedärme verschoben und verdreht, und als der Darm in die Bauchhöhle durchgebrochen war, war es eine Frage von wenigen Stunden, dass die wunderschöne Krisztina an ihrer Sepsis starb. Ein einziges Bild der Verheerung: unten das Geschliere und der Gestank und oben das nass geschwitzte strähnige Goldhaar, an dem Klein Feri mit seinem Babymündchen sog und zerrte.

Selbst bei ihrer Beerdigung führte der Arzt, kläglich aufbegehrend und wie schuldbewusst, noch einmal in aller Form aus, dass die schädlichen Auswirkungen der Corsetage auf die somatischen Verhältnisse noch nicht wirklich suffizient bekannt seien, obwohl, er müsse zugeben, einiges wisse man eben doch, aber die feinen Damen seien ja durch nichts, nichts, gar nichts davon abzubringen, ihre Körper einzuschnüren! Bedingt durch diesen unnachgiebigen Kompressionsmechanismus verlagerten sich bei manchen die lebenswichtigen Organe, komme es zu Rückgratverkrümmungen und immer, immer wieder auch zu Störungen des Blutkreislaufes, ganz speziell heute, ja, da die Mode längere Korsetts erfordere, die nun auch Hüfte und Bauch nach gängigen Sanduhridealen modellierten, und wie eine Sanduhr, so sehe der Mensch, die Frau, nun wirklich nicht aus! Und die immer enger werdenden Taillenweiten, die da von der Modeindustrie gefordert würden, das sei doch die reinste Kriegserklärung an den Körper einer jeden Frau, er wisse das, er habe das auch hinreichend geäußert auf Kongressen und in schriftlichen Abhandlungen, aber oft rufe man ihn eben zu spät, oft sei der Schaden schon angerichtet und das ganze Ausmaß der Zerstörung einfach nur erschütternd, erschütternd, ja Erschütterung sei es, die ihn jedes Mal ergreife, wenn er zu einem Opfer des Modediktats gerufen werde.

Alžbeta hatte dieses Opfer geliebt. Aber um Anna zu lieben, war es noch zu früh. Alžbeta musste sich einen Ruck geben, die Frau überhaupt in ihren Gefühlsbereich vordringen zu lassen. Zu heiß glühte in ihr der Schmerz des Verlustes. Und mit über vierundsechzig gab man sein Herz auch nicht mehr so freimütig einem jeden dahergelaufenen Menschen her, man wusste ja nie, wie's kommen würde, besser, man hatte sie erst einmal nicht allzu gern.

Dieses runde dunkle Surrogat mit dem schreienden Nistplatz auf ihrem schwarzen Haupt und der Brut in ihrem Bauch, als ob man durch all dieses Getöse etwas überdecken und zudröhnen wollte, was ja doch nicht aus ihrer aller Erinnerung zu entfernen war.

Wen sie aber weiter ungehindert gernhaben konnte, wen sie über all die Maßen liebte, herzte und immer wieder an sich drückte, gerade so, wie sie es einst mit ihrem eigenen Sohne gemacht hatte, war der sechsjährige Feri Schön. Er hatte die goldenen Locken seiner Mutter geerbt und deren teichtiefe Augen. Zwei, drei Sprenkel blassen Rots über die breite, gerade Nase verstreut, war er eine konstante Erinnerung an Ferenc Dušans erste Frau. Er saß auf Omamis Schoß und staunte mit offenem Mund, als er den ganzen Aufmarsch auf sich zukommen sah. Ach, das arme Kind hatte ja keine Ahnung, welchem Schauspiel es da zujubelte, und ob diese neue Zukunft auch für ihn ein paar Wunder bereithalten würde, vermochte noch keiner zu sagen. Alžbeta umschlang den Jungen mit Inbrunst, so wie sie es seit Krisztinas Tod oft tat, auch und gerade vor Ferenc Dušans Augen. Der hatte sie gewähren lassen, war froh darum, der Verantwortung enthoben zu sein, lieben zu müssen. Jetzt, wo sein Plan, mit Krisztina alt und ewig vertraut zu werden, zerborsten war, was wollte er da mit dem Kind? Bloße Erinnerung an sein Versagen, denn, hatte er nicht so etwas wie Ungläubigkeit, ja giftige Anklage gespürt in Alžbetas Blick, als er ihr beteuerte, er habe davon keinerlei Kenntnis gehabt, wirklich nicht, er habe nicht gewusst, wie eng sich Krisztina den Bauch schnürte?

Seit dem Verlust der Schwiegertochter aber empfand es Alžbeta gerade selbst so, als wäre ihr die Brust abgeschnürt, und manchmal, und gerade in den letzten Tagen vermehrt, überkam sie eine Ahnung, als ob sie nicht mehr allzu lange zu leben hätte. Aber jetzt war sie ja lebendig, jetzt war sie hier und hielt den kleinen Feri fest im Griff, und einerlei, wohin Ferenc Dušan seinen Blick auch lenkte, ob er ihr damit auswich, große Bogen in der Luft nachfuhr und mit seinem inneren Operngucker auf irgendein belangloses Detail blickte und dabei den Gesamtkontext nicht sah, weil er für ihn einfach nicht sichtbar war, egal, egal, dem kleinen Feri würde sie Mutter und Vater und Omami zugleich sein, solange sie noch lebte, keine Frage.

Nein, diesen Beweis seiner Unfähigkeit mochte er nicht länger und nicht öfter als nötig unter seinen Augen haben, und so hatte Ferenc Dušan nichts dagegen, dass sich seine Mutter mit Ferenc junior in der Kirche in die erste Reihe setzte und das Kind eng an sich drückte, mit Blicken verwöhnte und Händen verzärtelte, dass sie ihn gerade so gern hatte und liebte, wie sie es tat – Ferenc Dušan konnte es ja nicht.

Aufschwung

Fiume, 1894

Acht Pritschenwagen mit insgesamt sechs Rappen, einem Fuchs, einem Caramel, zwei Braunen und zwei Apfelschimmeln vorgespannt, zwei herrenlose Hunde, sieben Katzen, sechzehn übereinandergestapelte Fässer, ein Berg zusammengefalteten Segeltuchs, vier Männer mit Handkarren, dreizehn Matrosen, unzählige Kaufleute in braunen, schwarzen und grauen Hosen, allesamt mit weißen Hemden und behutet, mit und ohne Schlips, mit Papieren in der Hand, einem Stock, einem Koffer, dann eine Gruppe orthodoxer Juden, fünf Jungen mit angeschmutzten Gesichtern, und groß und stolz und mächtig die Dampfschiffe des Österreichisch-Ungarischen Lloyd, anziehend und berückend die Segelschiffe aus Malta, Griechenland und der Türkei, Meeresriesen der Adria-Linie, der Oriente-Linie und die dampfbetriebenen Ungetüme der Anchor-Line, welche mutig die Ozeane der Welt durchpflügten, am Boden die Tauben und auf seiner eichenen Bake, die die Fahrrinne markierte, der Rosapelikan, der vor Jahren mutterseelenallein vom Donaudelta herübergeflogen kam und seither geblieben war und der mit seinem Käscherschnabel so geschickt nach Futter tauchen konnte, in der Luft die schwirrenden Schwalben und die segelnden, kreischenden Möwen, die ihr Teil zu erobern versuchten an dieser schönen neuen Welt, an diesem Hochglanz, diesem Wunder des Fortschritts, diesen ganzen glückverheißenden Optionen, die sich an diesem frühen Morgen an der Via del molo in Fiume freimütig präsentierten.

»Acht! Es sind sogar acht Katzen!«, zählte der bernsteinäugige Junge mit den adretten gerade so angesagten Knickerbocker und den feinen Lederschuhen. Er rückte stolz die obligate blau-weiße Seemannsmütze auf dem Kopf zurecht, ohne die er nie aus dem Hause ging, ja, nicht einmal schlafen. »Bravo, sehr aufmerksam, Elia Costantino! Die kleine gelbe dort, ich sehe sie auch. Komm, suchen wir Papa, er muss hier irgendwo sein!«

Elia Costantino leckte sich die Lippen, schmeckte das Salz der Meere, nicht nur das des Adriatischen, nein, er schmeckte das Salz auch der Meere, die hinter dem Horizont über den Erdball wogten, sich wölbten voller Geheimnis, voller Prophezeiung und Macht, hörte nichts als das Heisern der Seemöwen über dem gespannten Himmel und spürte zu spät, dass ihn seine Mutter an der Hand gefasst hatte und mit sich mitzog, so dass er beinahe den Halt verlor und nun nach zwei hastigen Ausfallschritten unaufmerksam hinter ihr herschlenkerte.

Fiume im Königreich Kroatien und Slawonien mit seinem Meerhafen und den umliegenden Dörfern war ein wahr gewordener Traum, und jeder träumte ihn auf seine Weise. Mit privaten Prunkbauten, Palästen, stil- und kunstvollen Häusern, eines höher als das andere, mit Renaissance-Elementen oder orientalisch angehaucht, selbstbewusst hingestellt und hochgezogen, mit unverschämten Fenstern und riesigen Balkonen ausgestattet, bewies die Hafenstadt jedem Neuankömmling, wie wichtig sie war, wie unverzichtbar. Die Mole entlang reihte sich Lagermagazin an Lagermagazin, man konnte der vielen angelieferten und auszuliefernden Ware kaum Herr werden, so schnell entwickelte sich alles, alles, und man hatte ja auch alles in genügend hoher Zahl, ausreichend und zentnerweise und immer auf dem neuesten Stand der Technik: zum Beispiel den in ganz Europa anerkannten Petroleumhafen, der mit einem ausgeklügelten und allseits bewunderten Pumpwerk den ankommenden Rohstoff direkt in die Raffinerien pumpte, oder auch die Reisschäl- und Stärkefabrik, in welcher der ungeschälte zumeist aus Ostindien angelieferte Reis veredelt wurde, auf dass man ihn weiterschicken konnte auf seiner Reise nach Österreich-Ungarn hinein, nach Italien, Griechenland und in die Türkei, und nach England expedierte man die beim Polieren der Reiskörner entfernte Randschicht ihrerseits als begehrte Reiskleie, oder auch ab nach Holland damit, nach Portugal und Frankreich.

Der Handel in Fiume hatte sich in den letzten Jahren mehr als verdoppelt, die Stadt verfügte über Straßenbahnen und Bahnlinien nach Ljubljana und Zagreb, Wien, Budapest und Triest.

Banken waren entstanden, Hotels, ein Theater, an dessen Bau Abelardas Vater maßgeblich beteiligt war. Italo Polacco war ein erfolgsverwöhnter, hart arbeitender Architekt, ein Mann, der rund um die Uhr plante, zeichnete, befahl und berechnete, auch dank ihm erstrahlte seine Heimatstadt Triest wie neuerdings auch Fiume in diesem die Augen so blendenden Reichtum und Glanz, in der schillernden Brillanz, die ein Muss für alle Städte war, die etwas auf sich hielten.

Abelarda, ihren Elia Costantino hinter sich herziehend, fand ihren Gatten Elia Primo Israël am Ostende der Mole hinter einem Stapel Holzkisten, die unappetitlich rochen, wie er gerade einen Handel mit einem halbseidenen Mann abschloss. Abelarda blieb etwas zu abrupt stehen, eine Unregelmäßigkeit in den fließenden Bewegungen, die an jenem Morgen Fiume prägten, so dass Elia Primo sie im Augenwinkel bemerkt haben musste und sich mit dem Rücken sekundenschnell gegen seine Frau und den Sohn abschirmte, eine Reaktion, die Abelarda von ihrem Mann bereits kannte und die sie ihm nicht wirklich übelnahm, nur als überflüssig empfand, dann aber, als sich der andere entfernte, drehte sich ihr Gatte schwungvoll zu ihr um, auch das eine bekannte Geste, und öffnete beide Arme.

Eine Andeutung, keine echte Einladung, ein Aufzeigen, was möglich wäre, wäre es dunkel, wären sie alleine, wären sie nicht hier in aller Öffentlichkeit, seiner Öffentlichkeit, in seinem Revier. Durch ein schräges Nicken deutete Abelarda an, dass sie verstanden hatte und dass die Umarmung ruhig warten konnte. Das Kind hätte er ohnehin nicht in seine Arme geschlossen, ihm reichte Elia Primo förmlich die Hand wie ein Geschäftsmann dem anderen. Abelarda schnaufte laut auf, dieses ganze Begrüßungsgehabe für nichts und wieder nichts, aber sie wartete geduldig, bis die Reihe zu sprechen an ihr war. Der Kleine übersah das Ritual hartnäckig und fasste sich schon aufgeregt an die Kappe, als er fragte: »Was hast du gekauft, Papa, sag schnell, was hast du gekauft?«

»Diesmal nichts für dich. Und auch nichts für dich, Abela.«

»Das sah aber geheimnisvoll aus, willst du es uns nicht verraten?«

Elia Primo rückte ein Schrittchen näher an seine Frau heran – er war wachmännisch darum bemüht, eine gewisse Distanz zu ihr nicht zu unterschreiten, so, als ob er sonst befürchten müsste, von einem unwiderstehlichen Magneten angezogen und verschlungen zu werden –, streckte ihr so ungelenk den Kopf entgegen, dass er ihm beinahe vom steifen Schaft seines Halses fiel, und flüsterte: »Kaimanbälge. Und Gürteltiere aus Kolumbien.«

»Was immer das sein soll, Elia Primo, was willst du denn damit?«

»Du wirst schon sehen. Jetzt gehen wir noch zum Alaunhändler, ich brauche neues Alaun aus Tolfa oder Munkács, dann kann ich aus diesen Häuten wunderbares Leder für die neue Kofferkollektion herstellen lassen.«

»Ah, Tiere! Sie leben doch hoffentlich nicht mehr?«

In der Tat: Aus dem mutterlosen Kind Elia Primo Israël war ein wohlhabender und bekannter Kaufmann geworden, der überall, wo es ihm von Nutzen war, seinen Einfluss geltend machte. In Fiume betrieb er eine Valigeria, ein Koffer-und-Reiseutensilien-Geschäft, sowie einen Pianogroßhandel. Er arbeitete rund um die Uhr, und das schon seit Jahren. Seinen alten Vater sah er nur noch selten, seine Tante Anat, die geholfen hatte, ihn großzuziehen, ebenso wenig, sie beide erinnerten ihn an irgendetwas, das er lieber vergessen hätte, ein Gefühl, eine Empfindung, die sich seiner bemächtigte, wann immer er in Livorno oder Ferrara war, in den Häusern seiner Kindheit. Es war, als sängen die Gemäuer zu ihm und brächten mit ihren Klängen sein Gehirn durcheinander, sein Denken, die Fähigkeit, Schlüsse zu ziehen, und damit die Rettung, die Rettung von – er wusste auch nicht was. Nein, für ihn war es besser, sein Leben fern der Verwandten zu meistern, sich sein eigenes Imperium aufzubauen, über die eigenen Schleichpfade zu schnüren und dadurch ganz gewiss an seinem gesteckten Ziele anzukommen. Er hatte nicht geruht, er hatte gekrampft und geschuftet für seine Anerkennung, hatte zuweilen die Arbeit von vieren allein gemacht, weil er sich immer wieder vorsagte: Von nichts kommt nichts. Also musste doch von viel viel kommen, eine durchwegs vernünftige Schlussfolgerung, das war sie doch? Und auch mit dem Rabbi stand er auf bestem Fuße; man konnte sagen, in der Gesellschaft besserer Herren fühlte er sich wohl. In ihren Gesichtern konnte er lesen, wusste, wo Handel möglich war und wo nicht, erkannte seine zukünftigen Geschäftspartner intuitiv. Im Gegensatz zum so zielsicheren Umgang mit Männern war er Damen jahrelang erfolgreich aus dem Weg gegangen – wenn er es sich recht überlegte, wusste er auch nicht mehr genau, wie es dazu gekommen war, dass er sich heute als Familienvater einem Sohn und einer hübschen Frau gegenübersah, die, zwölf Jahre jünger als er, mit ihren dreiundzwanzig Jahren ganz schön naseweis war, wie er zuweilen fand.

Anstatt sich aber darüber zu viele Gedanken zu machen, plante er lieber eine seiner nächsten Reisen nach Wien. Diesmal natürlich mit dem hochmodernen Dampfross und nicht mehr mit einer lädierten Kutsche wie damals, als er Abelarda gerade frisch kennengelernt hatte, dieses Kind, das ihm da mit einem weißen Spitzentaschentuch nachgewinkt hatte, bis er aus ihrem Blickfeld verschwand. Ihm war das irgendwie peinlich gewesen, so lange bewinkt zu werden, aber danach hatte er den Zwischenfall schnell vergessen, die Ladung war das Einzige, was ihn in diesem Moment des Wagnisses interessierte, die Stoffe und Kleider und Hüte, die er geschichtet hatte auf seiner Kutschenfahrt nach Wien, die gute drei Wochen dauern sollte und dann noch einmal so lange zurück, und er war voller Ideen und geschäftlicher Vorhaben, selber dreiundzwanzig damals, jung und tüchtig und gut im Saft, und nichts, nichts hätte ihn davon abbringen können, einst ein Großer zu werden, mit oder ohne Vaters Vermögen, er würde sich schon eine Existenz aufzubauen wissen, eine, die beeindruckte, eine, die hielt. Heute war von seinem damaligen Erfolgswillen allem voran der Eifer übriggeblieben, und dieser war fast noch ausgeprägter: der Eifer, dazuzugehören, der Eifer, einer von den Wichtigen zu sein, auf seinem Gebiete der Wichtigste. Und das war er wohl geworden.

Die Idee, mit seinem Geld eine neue Synagoge bauen zu lassen, natürlich mit Hilfe seines Schwiegervaters, und sich im neu anzulegenden Friedhof dieser Synagoge den Herzensplatz, das Grab in der Mitte, im Zentrum und Ausgangspunkt von allem und zu allem und das bis in alle Zeiten hinein, zu sichern, hatte er noch nicht ganz aufgegeben. Obwohl ihm sein Freund, der Rabbi Shemuel Herz, schmunzelnd erklärt hatte, dass das erste Grab in einem neuen Friedhof dem Erstgestorbenen gehören würde und er sich diesen Platz nur dann erobern könne, wenn ihm dieser kleine Begleitumstand, diese Unbedeutsamkeit seines vorzeitigen Ablebens – jetzt, auf dem Zenit seiner Schaffenskraft –, nichts ausmache, wobei er auch dann noch immerhin etwas auf die Gnade des Ewigen angewiesen sei, der ihm diesen Wunsch, der zugegeben etwas für sich hatte, vielleicht tatsächlich großzügigerweise erfülle, schob und zerrte und zog Elia Primo diesen Gedanken noch etwas in seinem Kopfe herum, sein ehrenvoller Platz im Zirkel der Nachwelt musste doch irgendwie zu sichern sein. Eines der wenigen Geschäfte also, das er noch nicht abgeschlossen hatte.

Als er damals von Wien endlich zurückgekommen war, war es höchste Zeit gewesen. Der Schnee fiel schon in dicken Flocken, und mehrfach waren die Räder der Kutsche seitwärts ausgebrochen und weggerutscht. Die Pferde, die er unterwegs eigentlich noch einmal einen Tag hatte ruhen lassen wollen, wurden bis zum Äußersten angetrieben, man würde sie nachher nur noch zum Abdecker bringen können, es wäre nicht auszudenken gewesen, wenn er mit seinem teuren Frachtgut und den neu geschlossenen Verträgen unterwegs festfrieren und umkommen würde wegen eines unerwarteten Wetterumschwungs! Aber wer hätte auch wissen können, dass es 1882 in der Gegend von Görz frühzeitig schneien würde? Und dann war sie wieder da gewesen, vor ihrem Hause in Triest, die Tochter des Architekten, mit dem langen hellbraunen Haar und den wie hingepinselten mandelförmigen blauen Augen, in dem edlen Gesicht klar abgegrenzt durch dichte Wimpern – mit demselben Spitzentüchlein winkend. Ihm winkend.

Ihr Vater, Italo Polacco, hatte bei Elia Primo Mäntel bestellt aus hundert Prozent Kamelflaumhaar für sich, seine Eltern und seine Frau. Und es war Elia Primo anzurechnen, dass er die Körpergröße der kleinen Abelarda, damals elf Jahre alt, richtig geschätzt hatte: Auch ihr Mantel saß perfekt. Das hatte dem Alten Eindruck gemacht, und Elia Primo konnte die Familie Polacco auf seiner Kundenliste zweimal unterstreichen.

Es hatte dann noch einmal gut drei Jahre gebraucht, bis sich Elia Primo mit seiner Valigeria einen Namen gemacht hatte, und noch einmal zwei, bis sein Pianohandel genügend bekannt war. Besonders beim Geschäftsaufbau mit den Taschnerwaren hatte Elia Primo Geduld beweisen müssen. Bis er das Vertrauen der wichtigsten Hersteller, damals vor allem Würzls in Wien, gewonnen hatte, musste er eine Gutweile katzbuckeln und ihnen allerlei Gefälligkeiten erweisen. Aber Elia Primo wusste, was er wollte, und das war ganz bestimmt keine Mittelware, also blieb er der beständig geduldige Kaufmann aus der Hafenstadt, der um die Gunst der Wiener Taschnerwarenhersteller buhlte, bis er sie schließlich für sich gewann. Die Solidität der Koffer und Reiseutensilien übertraf alles, was Elia Primo kannte, und er wusste, dass in Fiume und Triest, ja bis weit ins Landesinnere hinein, zahlreiche geldschwere Abnehmer zu finden waren. Und Würzl war ja selbst dafür bekannt, dass er gut und gerne Sondermodelle für valable Kunden anfertigte: Von der voluminösesten Tasche bis hin zum kleinsten Necessaire war bei ihm alles zu bekommen. Futterale aus mit Silber durchwirktem Satin, Behälter aus Saffianleder für Spiegel und Nagelfeilen und -scherchen der Damen, für Uhren und für Besteck, ja ganze Geschirrkoffer fabrizierte Würzl nach Maß. Die Lederbeutelchen für Parfumflakons waren im ersten Winter, in dem Elia Primo sie in Triest und Fiume auf den Markt brachte, le dernier cri bei den Damen der Gesellschaft. Überhaupt: Je überflüssiger, desto beliebter war ein Produkt beim weiblichen Geschlecht, eine Verschwenderei, die Elia Primo als Mann zutiefst abstieß, die ihn als Kaufmann aber anzog wie Honig den Bären.

Nebst alldem blieb er eine ganze Weile lang dem Geschäft mit den Kleidern treu, kaufte Meterware wie Batist, Pikee und Musselin aus feiner Baumwolle, aber auch Taft und schillernde Atlasstoffe, die in Triest und Fiume lange Zeit in Mode waren, jede Menge Samt in den Farbtönen Rosa, Flieder, Mauve, Mokka, Schiefer, in Königsblau und Schilfgrün, Moosgrün, Laubgrün, in Fuchsia und Karmesin und sand-, crème-, mandarinfarben, einfach alles, was irgendwie anders, irgendwie speziell war, sowie fertige Qualitätsware wie Häkelschals aus sizilianischer Muschelseide und natürlich eng taillierte Kleider mit stark betonten Ballon- und Keulenärmeln oder kleinen Flügeln und breiten Kragen mit Spitzenbesatz. Und erst die gefragten halbdurchsichtigen plissierten Blusen mit den samtüberzogenen Knöpfen in den Farben der Morgendämmerung, wie sie ihm von den jungen Mädchen der besseren Häuser geradezu aus den Händen gerissen wurden, lauter herrliche Sachen aus den Modezentren Paris, Berlin und Wien. Er hielt sich mittels der einschlägigen Zeitschriften informiert, las regelmäßig »Die Modenwelt. Illustrierte Zeitung für Toilette und Handarbeiten«, studierte »Die elegante Mode« und blätterte im »Bazar«, und durch seine täglichen Hafenkontakte wusste er schließlich immer als Erster, wo wann welche Ladung gelöscht werden würde, und er sorgte genauso wie die Möwen bei ihrem Sturzflug vom Himmel ins Wasser hinab hier auf der Erde dafür, dass eine angemessene Menge dieses Überflusses für ihn abfiel.

Irgendwann wurde es ihm zu viel, und als das Geschäft mit dem Reisegepäck so richtig aufkam, konnte er seinen Stoff- und Kleiderfundus mitsamt den Vorjahresmodellen an einen jungen aufstrebenden Händler losschlagen und strich dabei obendrein einen massigen Gewinn ein. Von dem Tag an hatte er nicht mehr so viel weibliche Kundschaft in seinem Laden, aber da ihm das Weibliche ohnehin noch immer einen unheimlichen Schiss einjagte, fühlte er sich nun entspannter und in seinen Verhandlungen sicher.

Seine neuen Kunden kamen von überall her und waren wohlhabende Reisende, Geschäftsleute und Unternehmer wie er, denen er seine Ware von Fiume aus zuverlässig nach Ferrara, Triest, Venedig, Paris, Budapest und in die königliche Freistadt Mitrowitza lieferte. Reisekoffer, Schrankkoffer, Überseekoffer, Koffer aus Leder, Metall oder Schachtelpappe und sogar Instrumentenkoffer, alles ließ er anfertigen und experimentierte dabei gerne mit Materialien herum. Handtaschen für den feinen Herrn und zierliche Lederbeutel für die Damen, selbst eine Spielzeugschachtel aus gesteiftem Büffelleder hatte er einmal auf Wunsch der Eltern für ein Kind anfertigen lassen. Dabei kam ihm all das Wissen um Leder und Lederverarbeitung zugute, das er in der Lehre beim Vater hatte ansammeln können. Zudem tätigte er das eine oder andere erfreuliche Geschäft mit Vaters Nachfolger in Livorno und hielt sich so auch dabei auf dem Laufenden.

»Nein, natürlich nicht, wo denkst du hin, Abelarda. Die sind alle tot, es sind nur die Häute.«

»Nun, einerlei. Ich bin gekommen, dir zu sagen, dass wir nächste Woche nach Triest fahren. Eine Theaterpremiere steht an, und die Zaritskys haben uns zu einer Gesellschaft eingeladen. Es wird Zeit, dass wir uns bei ihnen wieder einmal blicken lassen, findest du nicht?«

Obwohl es Elia Primo eher unbequem ankam, gerade jetzt, gerade in der Hochsaison der ein- und auslaufenden Schiffe Fiume zu verlassen, so hatte er gegen ein, zwei Tage

Triest nichts einzuwenden. Auch in Triest verzeichnete er wichtige Handelspartner, und die Zaritskys selbst hatten sich als gute Abnehmer zahlreicher Sondermodelle erwiesen. Lion Zaritsky war Pianist und Komponist, und Elia hatte schon lange mit ihm über ein Klavier der Marke Kaim & Sohn aus Kirchheim bei Stuttgart plaudern wollen, ein wuchtiges Stück mit geschwärztem Wurzelholzfurnier, Rosenholzintarsien und einer gleißenden Elfenbeinklaviatur sowie, als besondere Pointe, zwei stilvoll geschwungenen Bronzekerzenhaltern, das nur zu gut geeignet wäre für dessen Tochter Sara, die überdies genau im rechten Alter war.

Ein plötzlicher ablandiger Wind wirbelte über die Mole und erfasste Abelardas Hütchen, ein mit einem Federhörnchen garniertes und Silberband drapiertes Einzelstück, das er ihr aus Florenz mitgebracht hatte. Sie griff mit beiden behandschuhten Händen in die Luft und jauchzte, als sie den Propeller vom Davonsegeln abhielt, ihr leicht ausgestellter Rock mit den vielen Stofflagen und ihr modisch geschnürtes Korsett behinderten sie dabei nur unbedeutend. Ein paar der aufgesteckten Haare hatten sich gelöst und kringelten sich in natürlicher Schönheit um ihr herzförmiges Gesicht, sie hatte alle Hände voll zu tun, sich wieder als feine Dame herzurichten, und sie lachte ein kurzes melodiöses Lachen, als wäre es ihr ein Jux. Elia Costantino Italo drückte sich mit beiden Händen die Mütze auf den Kopf und barg ihn zwischen den Schultern, sagte uh-huuu und leckte sich über die Lippen.

Die drei standen da in losem Verbund, jeder mit sich selbst beschäftigt, Sinnbild des prosperierenden Fiume, Sinnbild einer Welt, die nach ihren Möglichkeiten langte. Abelarda schob sich die Haarsträhnen zurück unter das Hütchen und beugte sich dann zum Sohn hinunter, um ihm einer plötzlichen Eingebung nach einen Kuss auf die Wange zu drücken. Sie war ganz beglückt in diesem Moment, hier stehen zu können mit ihrem Mann, der so wichtig war, den sie sich einst erobert hatte wie ein lukratives Spielzeug, das nun ihres war auf immer und ewig, auf das sie Anrecht hatte und das sie beanspruchte, und dem Sohn, der seiner kleinen Eigenheit, dem beständigen Zählen von Dingen, frönte, sie erkannte es an den Lippenbewegungen, mit ihren beiden Herren eben, wie sie in Gesellschaft gerne sagte.

Und auch Elia Primo konnte eigentlich zufrieden sein mit dieser gegenwartsfreundlichen Frau und dem Sprössling, den es zum Meer und zu den Zahlen zog, eigentlich war doch das das Glück eines jeden Geschäftsmannes, nicht nur beruflich, sondern auch privat erfolgreich zu sein, und er lebte nun bereits wirklich schon darüber hinaus wie in einer Extraportion Sahnehäubchen, das auf einem Schokoladekuchen thronte, und die Welt um ihn herum bot ihm reichlich kandierte Früchte und anderes Zuckerwerk an, ihm ging es gut, dachte er ungeduldig, und dennoch wirkte ein Unwohlsein in der eigenen Haut, das er fast nie abstreifen konnte, ein Dorn, den ihm auch seine ihm zugewandte Abelarda nicht herausziehen konnte, das Gefühl eines Verlusts, der nie mehr wiedergutzumachen war. Er sog hastig Luft ein und sah über die Köpfe der Seinen hinweg in die Menge, in die allgemeine Geschäftigkeit, den Tumult von Kauf und Verkauf, das Einzige, was ihm dieses unwillkommene Gefühl betäuben konnte.

Lange Zeit hatte er geglaubt, dass sein Zorn mit seinem Vater zusammenhinge, dem er grollte wegen der lächerlichen Figur, die dieser abgab, nur ein halbes Männchen mit Hut und Stock und einem überspannten Rückgrat, um irgendeine Körperlichkeit vorzutäuschen, die er sicher nicht hatte. So ging Elia Primo überstürzt mit achtzehn Jahren auf Wanderschaft, und als er vier Jahre später endlich wieder zu Hause auftauchte, unangemeldet, aber so willkommen, so gern gesehen, so geliebt?, als er sich nach diesem warmen Empfang schließlich mit dem Vater versöhnt hatte, spürte er, dass dieser Schmerz doch tiefer lag. Trotz der Wiedervereinigung hatte es Elia Primo beim Vater erneut nicht lange gehalten, und er musste endgültig wegziehen aus Livorno, fort auch von Ferrara und den ewig traurigen Blicken seiner Tante Anat. Von ihr ganz besonders: Immer hatte Elia Primo neben dem natürlichen Stolz auf ihn, den stattlichen Neffen, auch eine dirigierte Trauer und damit ein Sich-Abwenden durch die Tante gespürt. Unbewusst hatte er früh gelernt, dass ihm da wohl etwas fehlte, das er immerzu suchen und das er vermutlich nirgends je finden würde.

Und so pochte in Elia Primo eine Unruh, die ihn an keinem Platze länger verweilen ließ als unbedingt notwendig. Noch bevor Abelarda ein neues Thema hätte anschneiden können, sah sie ihren Mann schon unbestimmt in die ferne Menge nicken und, nach einem flüchtigen, nur hingehauchten, weil etwas verschämten Ciao, ci vediamo, dem nächsten imaginären oder auch echten Geschäftspartner entgegen- und damit ihrem Blick enteilen.

von Pferden und von Hunden

Alzano Lombardo, 1894

Seit vielen Jahren stand das hölzerne Nachziehpferd nun schon auf einem dunklen Regal im Schuppen hinter dem Haus. Serafino hatte es längst vergessen, und wer hätte sich sonst noch daran erinnern sollen? Als sein Sohn Guerrino so unvermittelt damit vor ihm stand, war er zuerst um Worte verlegen. Unbewusst nahm er den vergessenen Geruch von Paraffin wahr, und mit diesem Geruch zog die Erinnerung ein wie eine Parade bunter Bilder, die vor ihm defilierten, die Bürste für den Schweif, das Oel für den Glanz, das Sammeln und sorgfältige Auswählen der Kastanien für die Räder … das lachende Winken seines Onkels Alfonso, als er denn gegangen war und von dem er hin und wieder Geschenke zugeschickt erhalten hatte wie alle seine Verwandten, seine eigene Hand in der Luft, die damals vom langen Winken gezittert hatte, als Alfonso außer Sicht geraten war, der Plan, der Wald, das Bächlein, die unerbittliche Hitze jenes Tages, und dann das Auftauchen einer ganz anderen Parade, einer Männerparade, die irgendetwas geschultert hatte, was nicht sein sollte, nicht sein durfte, das Haar seiner Mutter, wie es ihr über die Schulter fiel, als sie zusammenbrach, das Bett, die heilige Mutter Maria auf dem kleinen Holzregal, die Daguerreotypien eins und zwei.

»Was ist damit? Und weshalb habe ich das nie gesehen? Das wäre doch ein herrliches Spielzeug für mich und meine Schwestern gewesen?«

Sein Vater antwortete nicht. Er bückte sich nach den Körben für die beiden Mulis. Die Tiere waren beim Nachbarn ausgeliehen, und er wollte zügig starten auf seinem Weg nach Osten, um bis zum Abend möglichst weit zu kommen und möglichst viel Drahtschrott zusammenzutragen.

»Was hat es damit auf sich, Papa?«

»Man kann sein Wissen nicht rückgängig machen, Guerrino.«

»Was, Papa? Es ist doch nur ein Holzpferdchen!« Guerrino sah seinen Vater herausfordernd an. Dieser warf ihm die Zügel des einen Mulis zu, so dass sein Sohn das Spielzeug fallen lassen musste. Es gab einen dumpfen Ton, als es auf dem Boden aufschlug. Widerwillig ging Guerrino daran, sein Muli fertig aufzuzäumen. Wenn Vater stumm sein konnte, dann konnte es Guerrino erst recht. Sein jugendlich ungeformtes Gesicht nahm einen mürrischen Ausdruck an, was es nur noch mehr wie aus Spachtelmasse geknetet aussehen ließ. Er sehnte sich danach, erwachsen zu sein.

Serafino schmunzelte nicht, er wusste, dass er wie gefangen durch Gitterstäbe auf die Welt da draußen sah. Die Welt, in die er als Kind viel zu rasch hineingestoßen worden war. Er hatte nie mehr nach dem Traum gelangt, der ihm und seinem Holzpferdchen hätte Flügel wachsen lassen können. Beinahe. Er hatte seine Kraft für das aufgewandt, was anstand. Eine nach der anderen hatte er seine Pflichten erledigt, zuerst als ältester Sohn einer verarmten Familie, dann als Ehemann, Familienvater. Sein Kummet war ihm mit neun um den Hals gelegt worden, das Jochgeschirr ungünstiger Umstände, und solange er auf dieser Erde stehen und noch gehen könnte, so lange würde man es ihm auch nicht abnehmen.

»Ich finde dich altmodisch, Papa, in deiner Art, die Dinge wegzuschweigen.«

»Nicht jeder Mensch ist dazu geboren, modern zu sein.«

Serafino scharrte mit der Fußspitze durch den Staub, der sich am Boden hinter der Scheune gesammelt hatte und schob die Kotäpfel des helleren Mulis sorgfältig zur Seite, seine Frau würde sie später aufsammeln und im Garten über die Gemüsebeete verteilen; es war alles vorhersehbar für den, der sehen mochte. Alles, außer dem Tod, der als ungeladener Gast und Kostgänger zu keinerlei Zugeständnissen bereit war, wenn er einmal an die reichgedeckte Tafel des Lebens trat, forderte er alles. Serafino hatte die charakteristischen Bewegungen einer selbstvergessenen Zweckmäßigkeit, sein Blick ging durch den Boden hindurch und tief in die Erde hinein, wie in ein altes dunkles Loch, das er vor langer Zeit einmal gesehen hatte. Er sah den Boden, auf dem er heute stand, gar nicht, er sah andere Bilder. Hin- und hergerissen zwischen der Wahl, aufrichtig zu sein und sich seinem Sohn zu offenbaren oder eben das Thema seines eigenen gebrochenen Widerstandes grad ebenso wegzubolzen wie den Staub unter seinen Stiefeln, konnte er sich nicht entscheiden.

Guerrino blieb hartnäckig neben dem Muli stehen und demonstrierte seine Kraft, die Kraft der Jugend, des Aufbruchs – wie gut das Serafino alles kannte. »Avanti, Guerrino, wir wollen nicht erst auf die Sonne warten, d'avvero?«

Die beiden Tiere zogen an, die zweirädrigen Karren knirschten und knarrten. Zweimal jährlich wanderten Serafino und Guerrino die Pfade entlang von Ortschaft zu Ortschaft, von Alzano Lombardo über Brescia nach Verona und hinauf bis nach Vicenza und sogar noch weiter bis nach Marostica, wo man ihnen alte Eisenkleinteile und Drahtschrott abgab. Dabei achteten die zwei Männer gewissenhaft darauf, dass bei Serafino ausschließlich die Altware geladen wurde, die kaputt war, wohingegen Guerrino auch schon mal den einen oder anderen Gegenstand entgegennahm, den sie auszubessern und zurückzubringen hatten. Von herumziehenden Drahtbindern, ehemaligen Bauern aus Žilina, die vor der ungarischen Feudalherrschaft geflohen waren, hatte Serafino das Handwerk, das aus der Not geboren war, einst erlernt. Längst nicht so geübt wie diese wortkargen Männer, gelang es ihm mit der Zeit immer besser, mit einer Mischung aus Wasser und Mehl zerbrochene Krüge zu kitten und sie mit einem Drahtgeflecht zu stabilisieren und damit wieder nutzbar zu machen. Mit der Zeit erweiterte er sein Repertoire und fertigte Vogelfallen an aus Draht oder auf Wunsch auch Vogelbauer, Mausefallen und Kartoffelkörbe. Und immer wieder gerne: Obstdarren.

Krumme Nägel, Stiftschrauben und Muttern, altes Handwerkszeug, verbogene Türbeschläge, stumpfe Zahnräder und abgebrochene Zahnradteile, Metallspäne und Metallbürsten, Drahtspitzen oder Blechtöpfe und zerbrochenes Besteck nahmen Serafino und sein Sohn dankend entgegen. Zu Hause würden sie das Material sortieren und entscheiden, was daraus zu fertigen wäre. Zumeist einfaches Haushaltszeug, und eben: Obstdarren, die sich die Täler hinauf bis an den Lagh Maggior und neuerdings auch bis nach Domodossola gut verkaufen ließen. Serafino hatte ein feingesponnenes Händlernetz aufgetan, so dass er die weiten Reisen nicht selber unternehmen musste, lediglich die eine, auf der er alles zusammensammelte, was zusammenzubekommen war.

Auch dieses Mal führte sie ihr Weg von Provinznest zu Provinznest, von Haus zu Haus, gute zweihundert Kilometer weit und wieder zurück. Sie aßen unterwegs, was sie mitgenommen hatten, Äpfel, Aprikosen, oder sie lutschten auf Oliven herum, kauten an einem Kanten Brot. Sie tranken das Wasser aus den Bächen. Nur in Marostica, dem Wendepunkt ihrer Reise, konnten sie sich jeweils auf etwas Besonderes freuen. Dort nämlich kehrten sie gewohnheitsmäßig bei der Familie di Bosco ein und futterten nahrhafte Salami, frisches Brot und tranken den Wein aus den Bergen.

Die di Boscos waren eine mittelständische Familie mit vielen Kindern und Neffen und Nichten.

Eine der Nichten, Comsola aus Vallonara, war eine besonders aufgeweckte. Sie schreckte vor keinem frechen Wort zurück und war nie um eine Antwort verlegen. Mit den Jahren, die sie in der Wirtschaft ihrer Verwandten aushalf, hatte sie sich daran gewöhnt, den Gästen Paroli zu bieten. Dann stampfte sie mit ihren O-Beinen durch die Wirtsstube und schimpfte auf Zimbrisch eine Tirade, bei der ihre Hände durch die Luft fuchtelten, als wollte sie diese selbst neu ordnen. Guerrino fürchtete und bewunderte sie zugleich, dieses stämmige Geschöpf, das durch nichts aus ihrer Verankerung zu bringen war. Von ihr hätte er gerne die Welt erklärt bekommen. Und er überlegte sich, wie es wohl sein musste, wenn man sich getraute, so ohne jegliche Bedenken jeder und jedem seine Meinung kundzutun. Dabei war sie nicht einmal hübsch. Wenigstens hatte Guerrino nie jemanden dieserart von ihr reden hören. Aber darauf gab Comsola, die mit vollem Namen Comsola Rodope di Bosco hieß, nichts.

Den wohlig-aufregenden Gedanken an die bevorstehende Begegnung im Hinterkopf, stachelte sich Guerrino schrittweise dazu an, selber eine bestimmte Unangepasstheit zu leben, ohne jedoch zu sehr aus dem Rahmen zu fallen, und so wartete er ab, bis sein Vater und er nach Stunden der Wanderschaft das Zaumzeug lockerten, die Mulis grasen ließen und an der gestauten Stelle eines Bächleins eine Rast einlegten. Guerrino entschloss sich dazu, es auf eine, wie er fand, nüchtern-erwachsene Weise erneut zu versuchen, zu den Geheimnissen seines Vaters vorzustoßen.

Erst räusperte er sich so, wie er es von seinem Vater und anderen erwachsenen Männern abgeschaut hatte, zog die Augenbrauen in der Stirnmitte zusammen und schob sie in die Höhe. Dann begann er mit einer Floskel, die er ebenfalls dem Erwachsenenvokabular zuordnete und die seiner Stimme die nötige Zeit ließ, sich zu festigen: »Um noch einmal auf dieses Holzpferd zu sprechen zu kommen, Vater …«, und als zu seiner Überraschung bis hierher kein Veto gekommen war, fügte er in möglichst unbeschwertem, unbekümmertem, fast gleichgültigem Tonfall hinzu: »Wie war seine Geschichte noch mal?«

Wie ein Falke auf Futterschau beobachtete er jede Regung seines Vaters. Er sah, wie gefasst dessen Gesicht geblieben war, und er sah ebenfalls, wie seine Hände kurz gezuckt hatten, so, als würde ein rasches Feuer durch sie in die Finger ziehen, nichts davon blieb Guerrino verborgen.

»Setz dich, Guerrino.« Der Vater warf ihm die Zügel seines Mulis zu, so dass der Junge auf beide Tiere aufpasste, während er sich mit gespreizten Händen nach hinten lehnend auf dem kühlen Boden aufstützte. Guerrino kam es so vor, als ob sein Vater, der damit wohl seine Körperhaltung öffnete, auf diese Weise dennoch die eigenen Hände bändigte, zurückhielt von – was? Einer Handlung? War da etwas Feiges in dieser offen zur Schau gestellten Lässigkeit, einer Pose, die so gar nicht zu Serafino Senigaglia passte?

»Ich war neun, als ich meine Zukunft zum ersten Mal in die eigenen Hände nahm, und im selben Moment, als ich sie in der Hand hielt, musste ich sie auch schon wieder fahrenlassen. Von da ab bekam ich sie nie mehr ganz zu fassen.«

Sein Oberkörper wölbte sich bei dem tiefen Atemzug, der nun durch seinen Körper fuhr. Eines der Mulis schnaubte laut in die eigenen Mampfgeräusche hinein. Sein Huf stampfte auf den Boden, ein-, zweimal, dann war es wieder ganz ins Fressen vertieft. Die Vögel zwitscherten aufgeregt, es war die Zeit der großen Besammlung vor der Reise, und eine wärmende Sonne langte durch die Baumwipfel und spielte auf dem schlohblonden Haar des Vaters auf der Suche nach einzelnen Silberfäden. Die Vogelfänger hatten schon überall ihre Fallen aufgestellt, und Guerrino hoffte, spätestens auf dem Rückweg die eine oder andere Schnepfe aufsammeln und mit nach Hause in Mutters Kochtopf bringen zu können. Irgendwo hämmerte ein Specht. Guerrino hatte sich sein Knäuschen nicht herunterzuschlucken getraut, er malmte darauf herum, als gälte es, das Brot im Speichel zu ertränken. Er würde aufpassen müssen, sich nicht daran zu verschlucken. Noch immer schaute sein Vater in die weite Ferne auf der Suche nach den rechten Worten, die, nicht zu viel und nicht zu wenig, dem Sohn erklären könnten, was damals in ihm vorgegangen war und weshalb er alles, was mit diesem Holzpferd zu tun hatte, am liebsten in Vergessenheit versenken wollte.

Aber in seinem Leben hatte Serafino auch gelernt, wie wichtig Aufrichtigkeit war. Schon seine Eltern hatten ihn nie an der Nase herumgeführt, immer hatte er gewusst, woran er war, im Guten wie im Strengen. Und seine Frau Immaculata war ihm mehr als einmal auch der Kamerad gewesen, den er so nötig hatte. Da war kein Platz für Lügen, Verheimlichung oder falsches Getue, Serafino hatte in seinem ganzen Leben nichts anderes gelernt, als dass eine der größten Tugenden die Aufrichtigkeit war. Indem der Mensch dazu steht, wie es um ihn steht, findet er am ehesten und schnellsten aus Fährnissen und Wirrnissen heraus. Und so wäre es wohl auch mit dieser Situation, die ihm die Größe abverlangte, zur eigenen, wie er fand, Kleinheit zu stehen.

Serafino hatte mittlerweile seine Gedanken genügend geordnet und schaute seinem Sohn fest in die Augen. Guerrino stockte fast der Atem, aber er erwiderte den Blick wie ein erwachsener Mann. Er konnte sich überhaupt nicht vorstellen, weshalb sein Vater in diese so sichtbare Beklommenheit verfallen war. Vielleicht war eben doch nicht alles so klar und gewissenhaft und vorhersehbar in seines Vaters Leben, vielleicht gab es da doch die eine oder andere Ungereimtheit, schoss es Guerrino durch den Kopf, und plötzlich bedauerte er, insistiert zu haben. Seine Eltern waren ihm immer wie eine Einheit vorgekommen in ihrer stillen Verständnisinnigkeit. Zwei wie aus einem Stück Holz geschnitzt oder mit einem Draht fest umwickelt. Seine Eltern gehörten nicht zu der Sorte, die man gegeneinander ausspielen konnte, es nützte nichts, den Zweiten zu fragen, wenn der Erste bereits Nein gesagt hatte. Ihre Antwort war unisono. »Hat es dir dein Papa erlaubt? Nein? Dann kennst du die Antwort also schon, was fragst du mich.« Und umgekehrt grad ebenso: »Was hat deine Mama dazu gesagt? Nein? Was verschwendest du nun Zeit bei mir?« Beide mit dem gleichen liebevollen Schmunzeln, dem einen Blick, der Guerrino durch seine ganze Kindheit bis heute vierzehn Jahre lang geführt hatte, der Blick, der ohne Unterlass bestätigte: Ich respektiere dich, du bist mein Sohn, du kannst dich in jeder Situation ganz auf mich und mein Wort verlassen.

Und noch bevor er ausgeatmet hatte, spürte er ihn schon wieder auf sich, in sich, diesen Blick, wie ein warmes Wasser, in dem er sicher schwamm und das ihn trug, und er hörte seinem Vater zu, als dieser seine Geschichte zu erzählen anhob.

Diese Rast war etwas länger geraten als gewohnt, und als sein Vater endete, indem er sagte, dass damals andere Zeiten gewesen wären und dass sie alle nicht die Möglichkeiten gehabt hätten, die ihm und Guerrinos Schwestern heute offenstünden, war es bereits höchste Zeit, aufzustehen, die Hosen auszuklopfen und die Mulis neu anzuschirren.

Die nächsten ein oder zwei Stunden marschierten Vater und Sohn schweigsam Schulter an Schulter oder, wo es der Weg nicht erlaubte, wie Säumer hintereinander her, der

Sohn in der Spur des Vorgängers. Guerrino hatte vieles zu überdenken. Er empfand eine neue Art der Ehrfurcht vor der Tapferkeit seines Vaters. Er war ja selbst fast ein fertiger Mann, ihm wuchsen ja schon überall da Haare, wo nur richtige Männer welche hatten!, aber wenn er daran dachte, er müsste jetzt für eine Familie sorgen, seit Jahren schon, bekam er es doch mit der Angst zu tun. Ein Bild, das er gar nicht erst zu Ende ausmalen wollte. Die Schulterblätter seines Vaters vor ihm bewegten sich gleichmäßig mit jedem Schritt, beständig, verlässlich. Die gegerbten Hautfalten in seinem Nacken sprachen von harter Arbeit, der blonde Schopf, der um einiges heller als Guerrinos eigenes Haar war, aber ließ eine Ahnung von den einstigen hochfliegenden Träumen des jungen Serafino aufblitzen. Guerrino stellte sich vor, wie die Figur vor ihm plötzlich zusammenschrumpfen und sich in einen neunjährigen Jungen verwandeln würde. Ein blondes Kind, das ein Muli am Strick führt. Oder ein Holzpferdchen hinter sich herzog … wo war da heute noch ein Unterschied? Aber warum hat er es später nicht mehr versucht? Wenn es sein Traum war, in den Norden zu gehen, weshalb nicht mit seiner eigenen Familie, vor vierzehn Jahren? Jetzt? Dazu war er doch nicht auf die Dienste eines Holzpferdchens angewiesen.

Ja, warum reisen wir immer nur gegen Osten, weshalb spart er die Reisen mit den Obstdarren für andere auf? Wieso gehen nur die nach Norden und nach Westen, wieso nie wir?

Soviel Guerrino wusste, und jetzt schnaufte er unwillkürlich laut, war sein Vater keinen einzigen Schritt aus der Region hinausgekommen, wenn man einmal von diesen Drahtschrotttouren mit den Mulis absehen mochte. Und weiter als bis Albino war er auch nie nordwärts gelangt.

Als ob der Vordermann diese Fragen zwischen seinen Schulterblättern gespürt hätte, drehte er den Kopf leicht zur Seite und zog sein Maultier zu sich, auf dass Guerrino aufschließen und schließlich wieder neben ihm einhergehen konnte. Nach ein paar Schritten im gleichen Takt setzte der Vater räuspernd an: »Der Mut eines Menschen, Guerrino, ist wie ein Hund. Fütterst du ihn gut und gehst korrekt mit ihm um, bist liebevoll und gerecht gegen ihn, so würde er einfach alles für dich tun, wenn es einmal darauf ankommt. Im umgekehrten Falle aber wird er, wenn du ihn am nötigsten hast, die Ohren anlegen, den Schwanz einziehen, sich eng und klein machen und seine Schnauze zwischen den eigenen Vorderpfoten verstecken. Du musst ihn als das behandeln, was er ist. Und zwar ein Leben lang und ohne Unterlass.« Sein Vater räusperte sich erneut und schaute dem Jungen streng in die Augen: »Füttere und pflege deinen Mut, Guerrino, auf dass du ihn zur Seite hast, wenn du ihn eines Tages brauchst. Nicht zuletzt deshalb haben wir dich Guerrino getauft. Guerrino …« Der Rest blieb ihm im Halse stecken. Also klärte er seinen Hals zum dritten Mal und fuhr eindringlich fort: »Das Leben kann wie ein Krieg sein, es kann dir alles nehmen, was dir lieb und heilig ist. Es kann dir deine Pläne durchkreuzen und sie allesamt zerstören. Wir, deine Mama und ich, wollten, dass du Schicksalsschläge dereinst nicht einfach so hinnimmst. Wir wollten, dass du es einmal besser hast, dass du für deine Träume kämpfst. Dass du für deine eigene rechte Sache auch ein Krieger bist. Ein Krieger mit einem stolzen Hund im Herzen.«

Sünde, Sünde

Ödenburg, 1896

Durfte das wirklich sein? Konnte das der Gott der Christen zulassen, oder war es doch nur wieder der alte Gott der Juden, der hier und heute Ferenc zu seinem persönlichen Hiob machte?

Der Würgeengel hatte seine Anna Leopoldina fest im Griff, es würde kein Entrinnen geben, die Zeichen des bevorstehenden Todes seiner zweiten Ehefrau waren allzu deutlich, wenn nur das Kind nicht auch noch starb! Die kleine Anna Sebastiana war noch keine zwei Jahre alt, und schon lag sie mit dieser schauervollen Diphtherie darnieder, der schmale Kinderhals zur Groteske angeschwollen. Die Chancen, dass dieses schwarzhaarige Etwas überleben sollte, standen vierzig zu sechzig, wenn man zuversichtlich war. Und bei einer so düsteren Seelenveranlagung, wie sie Ferenc zu beklagen hatte, rechnete man gerne auch mit geringeren Heilungswerten. »Wir sehen keine andere Möglichkeit. Sagen Sie mir: Wollen wir es versuchen?«

In Ferenc' Kopf wirbelte alles wild durcheinander. Man wollte seiner Tochter prophylaktisch den Hals aufschneiden, ein Loch in ihren Atemweg bohren, damit sie nicht ersticken müsse. Eine lebensgefährliche Operation gegen eine lebensbedrohende Krankheit, die Tracheotomie, der Luftröhrenschnitt, als einziges Ventil, letzter zu versuchender Weg aus dieser Höllenqual hinaus. Und während Ferenc wie benommen vor sich hin nickte und dabei zusah, wie der Arzt, die Schwester und der Gehilfe die kleine Anna aus ihrem Bettchen hoben und hinaustrugen, fort von ihm und ins Hospital, drang aus dem Nebenzimmer das letzte Röcheln seiner Frau, das schließlich in barbarischer Stille erstickte.

Ferenc musste raus. Nichts wie raus aus diesem Teufelshaus, diesem ewigen Born des Todes, er musste ihn irgendwie loswerden, den Fluch des Verdammten, ihn abstreifen, abschütteln oder ersäufen in Alkohol.

Er ging in die Weinstube und blieb dort, bis man ihn in den Hof warf wie einen Sack Lumpen, und dort lag er sternhagelvoll mit Alkohol und Trauer und Wut, einer so unbändigen Wut, die ihn seine Faust immer wieder in die leere Luft und gegen den Himmel donnern ließ.

Wenn ihn dieser Gott schon als Prügelknabe auserkoren hatte, warum stieg er dann nicht selbst vom Himmel herunter und prügelte sich mit ihm wie ein rechter Mann? Feiger Hund, der sich einen Gott schimpfte und von sicheren Fernen seine Geschütze auf wehrlose Untertanen abfeuerte, feiger, feiger Hund das, der sich die Frauen anderer Männer schnappte, weil er selber keine abbekam, müder alter Sack, dieser Gott im Himmel, der da hoch oben und über ihm thronte in all seinem Spott und Hohn. Noch einmal warf er seine ganze Kraft in diese eine kleine Trotzbewegung, diese müde und wenig furchteinflößende Schwingkeule, die da an seinem schlaffen Handgelenk herumschlotterte. Dann ließ seine Anspannung nach, und Ferenc heulte wie ein alleingelassenes Kind.

Über ihm spannte sich geschmeidig der Nachthimmel von Ödenburg. Die Sterne tanzten, alle Tauben schliefen wohlig in ihren Schlägen, und Ferenc schien in seinem berauschten Zustand plötzlich zu begreifen, was in der Welt um ihn herum gespielt wurde. In seinem verkrusteten Bewusstsein kratzte er nach Untaten und Verstößen, deren sich seine Familie schuldig gemacht hatte. Nie hätte seine Mutter Alžbeta mit diesem einfachen Bediensteten durchbrennen sollen! Nie hätte sich sein Vater František mit einer höheren Tochter einlassen sollen! Nie hätte die Gräfin Großmutter, die Ferenc sein Lebtag nicht kennengelernt hatte, ihren Mann in die Welt hinausziehen lassen dürfen, um Nachtfaltern, Motten oder was auch immer für Gefleuch nachzujagen! Nie, nie hätte dieser vermaledeite Großvater diese ganze verfluchte Sippschaft alleine und sich selbst überlassen sollen! Nie hätte er, Ferenc, als Sohn eines Juden und einer Katholikin geboren werden sollen: kein Wunder, dass solche Gotteslästerung bestraft wurde. Man stelle sie sich nur mal vor, die Götter der beiden Religionen im gleichen Olymp, wie sie in Rage geraten sein mussten, als sein Vater František einfach so mir nichts, dir nichts den Glauben gewechselt hatte. Das musste einen ja erzürnen, ob man nun Gott war oder nicht, so jämmerlich abgespeist wollte niemand werden. Und dann diese ewig östliche, ewig lüsterne Art, diese Verliebtheit, die die beiden seit Jahr und Tag so unverhohlen zur Schau stellten, das ziemte sich einfach nicht, wenn zwei sich so aneinander ergötzten, einander so unabrückbar ein und alles waren, die Liebe in ihrer reinsten und engsten und naivsten Form überhaupt waren, da blieb für den einen Nächsten nichts, da wurde er schlicht übergangen, hatte seinerseits kein Anrecht auf die Liebe, vielleicht der Nächste wieder in der Folge oder auch erst der Übernächste, so groß war die Liebe seiner Eltern zueinander, das bräuchte Zeit und Generationen, bis wieder einmal einer der Schöns liebenswürdig wäre, das dämmerte ihm nun, das wusste er nun, das und dass ihm allein dadurch seine erste und auch seine zweite Frau genommen worden waren, weil seine Eltern alle Liebe und das gesamte zur Verfügung stehende Liebesglück schon für sich aufgebraucht hatten.

Und je mehr sich Ferenc in seinen Kummer und seine Ohnmacht sinken ließ, umso ruhiger wurde es in ihm, er fühlte sich fast so wie ein Teich, der allmählich verlandete, und noch bevor der Morgen über ihm und dieser namenlosen Gasse graute, ahnte er, dass diese neue, vom Verlust seiner zweiten Frau frisch geschlagene Wunde bald Schorf bilden würde, und Schorf, so wusste sich Ferenc weiter zu beruhigen, würde mit der Zeit abschilfern und verschwinden.

Es fiel ihm schwer, wieder auf die Beine zu kommen. Er musste sich mit beiden Händen abstützen, und wo war eigentlich sein Mantel, hatte er sich nicht einen Mantel übergezogen, als er das Haus vorangegangene Nacht so übereilt verlassen hatte? Er wischte sich den Straßenstaub von beiden Hosenbeinen, zuerst vorne, dann hinten, fuhr sich mit den Fingern durch die Haare und pflanzte seinen Hut obenauf, dann rückte er sich auf dem eigenen Skelett zurecht und stakste zurück und in die nächstbeste Weinstube, die ihm Einlass bot. Dort bestellte er sich ein Häferl Wein, man musste ja noch an irgendetwas glauben können, und wollte sich erst mal die nötige Bettschwere antrinken, bevor er zurück nach Hause ginge, in das Haus des Todes, in dem der Teufel immer wieder seine unerwarteten Trümpfe mit ins Spiel warf und in dem seine Herzdame, nun herztot auf dem Bette liegend, auf ihren Bestatter wartete.

Elia, der Unerschrockene

Fiume, 1899

Sie hatten es mit dem Lieben nicht. Schon immer hatten sie es schwer gehabt, die richtige Paarung zu finden. Es schien fast so, als wäre es das Kismet der Israëls, nie denjenigen Menschen ganz lieben zu können, den das Schicksal für sie auserkoren hatte oder, schlimmer noch: den sie selbst gewählt hatten, aus Gründen, die sie selber nicht genau zu bestimmen wussten, aber der Fluss der Liebe floss in diesen Tagen und, wie man weiß, auch in früheren für die Israëls nicht. Was Elia Primo und Abelarda lebten, war ein kampfreiches Duett von Contenance-Bewahren und Übereinander-Herfallen, ohne sich die Mühe zu machen, einander näher kennenzulernen, und ohne die Seele des anderen je wirklich zu erreichen. Wie es schien, wollten das auch beide nicht, nicht wirklich. Elia Primo hatte seine Geschäfte, die ihn erregten, die er bis in die tiefsten Winkel verfolgte und deren Abläufe er bis ins kleinste Detail verstand und mehr noch: die er voraussagen konnte. Ein allumfassendes, beruhigendes Verständnis, wie ein Mann eine Frau ja doch nie würde verstehen können; und Abelarda hatte ihren Sohn. Den bernsteinäugigen Elia Costantino Italo, den sie überallhin mitschleifte, herumzeigte, in kokette Anzüge steckte oder in die Uniform eines Matrosen, dem sie nachrief, wenn er wieder einmal verträumt an der Mole stand, aufs Meer hinausstarrte und Wellenkämme aufaddierte. Den kleinen Elia, den sie zu Musiklektionen anhielt auf dem Flügel und auf dem Cello, das eigens nach seinen Maßen angefertigt worden war, Elia, ihr blankpoliertes, ausstaffiertes, ihr schönstes Spielzeug unter allen, den sie auch jetzt noch eigenhändig zu baden und einzuseifen pflegte, als wäre er ein Kleinkind. Und solange sie sich ab und zu aneinander abregen konnten, Abelarda und ihr Mann, in ihren wilden, ungehaltenen und immer auch sehr liebesarmen Lustspielen, in denen jeder perfekter Schauspieler war und doch einsamer Solist, so lange würde diese Ehe auch ein durchaus lebbares Arrangement bilden, dem keiner der beiden je entfliehen müsste. Wenigstens nicht für länger als für zwei, drei Tage, und Abelarda wusste immer schon im Voraus, dass ihr Herr Gemahl zu ihr zurückkommen würde. Ganz bestimmt. Ihre gemeinsame Komposition brauchte die Dynamisierung von Abstandgewinnung und Wiederannäherung. Ganz allgemein verfügte Abelarda nur über geringe Aufregungsbereitschaft, was das zeitweilige Fernbleiben ihres Gatten vom ehelichen Hause betraf, sie pflegte lieber großzügige Nonchalance bei ihrem Mann, aber sie duldete keine Sekunde des Nichtwissens über den Verbleib ihres Sohnes, und so war sie völlig aus dem Häuschen und ganz und gar aufgebracht, als sie ins Spielzimmer trat und dieses verwaist vorfand. Kein Elia Costantino Italo, der sich über all die hübschen Spielwaren beugte, die sie in den vorangegangenen Jahren für ihn angesammelt hatte, kein lustiger Strubbelkopf, der durch das Zimmer wirbelte, keine Bernsteinaugen, die in die Luken eines Blechdampfers lugten – nichts: Er war nicht da!

Abelarda fuhr auf und rief nach der Köchin, Abelarda befragte bange und halb hysterisch die Nachbarn, den Milchmann, der vorbeikarrte, den Bäcker Coën, und dann stürzte Abelarda wie von Sinnen aus dem Hause dem Hafen entgegen, als peitschte Mephistopheles selbst hinter ihr her.

Elia Costantino Italo stand an der Reling des Handelsschiffes »Anna« der Frachterlinie Austro-Americana und bewunderte den Vormast. So hoch ragte er in den Himmel hinauf, und seiner Maserung sah man die Wetter an, die er schon erfahren hatte. Elia sah die Winde in den Segeln, das Blähen und das Zerren, er hörte das anschwellende Pfeifen einer Bö, ahnte das baldige Aufbrausen eines Orkans, unter seinen Füßen spürte er das Vibrieren der Maschinen und bemerkte zufrieden, wie aus dem vorderen Schornstein eine konstante Rauchfahne dem Ufer Adieu winkte, einzige sichtbare Spur zwischen Schiff und Hafen, an der sich Elia vielleicht noch hätte entlanghangeln können, zurück in sein altes, beschauliches Leben, wenn er es denn gewollt hätte. Aber Elia hatte anderes im Sinn. Dieses Schiff würde ihn an den Ausgangspunkt seiner Wünsche bringen, in neue Lande. Nach Amerika, wie es hieß, und er war wahrlich willens, diese Reise zu unternehmen mit seinen gerade mal neun Jahren.

Einem kleinen Jungen boten sich so allerlei Verstecke an auf einem Frachter. Ob er sich im Heck hinter der Niedergangstreppe ins Dunkle duckte oder ob er am Bug die eine Luke hinabkletterte und in der Nähe des Kompasshauses durch eine andere wieder oben auftauchte, selbst hinter Seilwinden und Abdeckplanen fand er vorübergehend Unterschlupf, wenn ihm ein Passagier zu nahe auf die Pelle rückte, wie er ärgerlich in seiner geheimen Seemannssprache vor sich hinmurmelte, selbst wenn ihm eine Passagierin mit besorgtem Blick hinterherschaute und unentschlossen mit der Hand nach ihm langte, immer fand er einen Winkel, der wie für ihn und seine bubenhafte Gestalt geschaffen war, die er, wenn es darauf ankam, zur Größe eines Balles komprimieren konnte.

Viel schwieriger als Versteckspielen gestaltete sich die Proviantbeschaffung. Es gelang ihm, einer Signora schöne

Augen zu machen und dafür auf einen Kakao mit Keks eingeladen zu werden in den feudalen Salon mittschiffs, wo ein Orchester spielte. Die Dame sprach in einer fremden Sprache, und ihre Augen rollten lustig. Elia wusste, wie man sich als Spielzeug zu präsentieren hatte, und bekam dabei den einen oder anderen zärtlichen Knuff ab; diese unverständlich Plappernde war ganz vernarrt in ihre putzige Deckbekanntschaft.

Später schnorrte Elia einem Matrosen ein halbes Butterbrot ab, der junge Seefahrer schien selbst nicht viel älter als Elia zu sein, und beinahe hätte aus den beiden so etwas wie Freunde werden können, wäre da nicht Elias angeborenes Misstrauen sozialen Beziehungen gegenüber gewesen. Er blieb lieber selbstverantwortlich, er blieb lieber allein. Dann hätte er sein Geschick in der Hand, dann wäre er Herr seiner Wege, und dieser eine Weg hier führte ihn tief in das Schwarz hinein, in dem sich der Ozean mit dem Nachthimmel vereinte.

Er fror nicht wenig. Die eine Decke, die er sich vom Flanierdeck ergattert hatte, hielt ihn nur unzulänglich warm, und bereits in dieser ersten Nacht zweifelte er an der Durchführbarkeit seines Plans. Es war stockfinster. Am Himmel zog vielleicht tatsächlich ein Gewitter auf, und keine Möwe kreischte. Kein Vogel, der seinem hellwachen Blick hätte Schauspiel sein können, nichts. Er versuchte, eine Weile mit offenen Augen zu schlafen, was ihm aber auch nicht recht gelingen wollte, und so schlüpfte er aus seinem Versteck hervor und marschierte über das menschenverlassene Deck. Aus dem Schiffsinnern vernahm er hier und da einzelne Worte, die dumpf durch die Wände zu ihm drangen, Männer, die miteinander Karten spielten und über die Regeln debattierten, Frauen, die lachten, und manchmal auch die Geräusche von Männern und Frauen gemeinsam, die sich gerade so anhörten wie seine eigenen Eltern mitten in der Nacht, dann, wenn sie dachten, er schliefe, dann, wenn sie sich sicher waren, er hörte nichts. Oder wenn es ihnen einfach egal war, ob er etwas hörte oder nicht; aber er hörte sie immer, und er hasste es, die Stimmen seiner Eltern so zu hören. Es entfremdete ihn seiner Mutter und ließ ihn auch vom Vater abrücken; wenn jemand so unkontrolliert stöhnen konnte, dann wäre auf diesen Menschen kein Verlass. Ganz bestimmt nicht. Er, Elia Costantino Italo, er würde der Welt schon zeigen, wie man als Mann und Mensch zu leben hätte. Planvoll, selbstbeherrscht und siegesgewiss. Und auf alle Fälle: still. Reden war nicht seine Sache, er geizte mit seinen Worten und gab nur unwillig Antwort, wenn eine der Freundinnen seiner Mutter ihn nach dem Alter »des kleinen Herrn«, nach der Anzahl seiner Musikstunden, nach einem möglichen Süßspeisengelüst ansprach und ihn dabei mit dieser unerträglichen Mischung aus Begehren und Spott ansah, die er an den Weibsbildern ganz allgemein verachtete. Die fremde Frau im Salon hatte ihn ebenfalls belustigt angesehen, aber nicht wie man ein kleines Kind ansah, sondern irgendwie doch respektvoller, fast so, als wäre er bereits ein großer Herr.

Der Hunger nagte nun an seinen Eingeweiden, und die Spitzen seiner Finger waren klamm, als er sich Schritt für Schritt zum Heck des Schiffes vorarbeitete. An den goldglänzenden Leisten der Reling hielt er sich fest, zog seine kräftige Hand über das Geländer und zählte die Anzahl der Stützen bis zum Heck. Dann blieb er stehen und beugte sich über die Reling. Sein Blick erhaschte etwas Großes, Schwarzes, das unter der anthrazitenen Wasseroberfläche hinter dem Schiff herschoss. Elia rieb sich die Augen und kniff sich in den Arm: Wachte er oder träumte er? Seine Stirn zog sich zu angestrengten Runzeln zusammen: Was für ein Meeresungeheuer verfolgte ihn denn da? Er stand und er schaute. Und plötzlich brach ein glitzeriges, schlankes Etwas durch die Oberfläche und schnellte ihm grinsend entgegen, diesem erstaunten Jungen, der darob beinahe das Gleichgewicht verlor. Ein lachender Delphin der Adria, der sich ihn zum Spielkameraden auserkoren hatte! »Juhuu!«, rief Elia in die Nacht, »juhuu, hier bin ich!«, und: »Siehst du mich! Ich sehe dich, ich sehe dich!«

Der Delphin schimmerte ölig und schwamm pfeilschnell unter den Wellen hindurch, brach durch die Gischt und planschte wie ein Kind in der Wanne. Elia war ganz Begeisterung und spreizte beide Hände in der Luft, komm, spring noch einmal hoch, spring hoch, berühre mich, dachte er gebannt, und schneller und schneller glitt das schlanke Tier durchs Wasser, scherte einmal nach links, ein andermal nach rechts aus, warf sich auf die Seite oder warf sich in die Höhe, bis es wieder mit lautem Knall tief hinab ins Wasser klatschte und untertauchte, nur um andernorts noch schneller und zielgerichteter emporzuschießen.

Das Dröhnen des Schiffes war auf ein regelmäßiges dumpfes Stampfen zurückgeschraubt, das von der Stille des Ozeans umrahmt wurde, ein Geräusch, das Elia nun erstmals störte. Ein kühler werdender Wind spielte mit seinem Haar, Vorbote eines weit mächtigeren Gebläses, in das das Schiff bald einfahren würde. Elia hätte gerne alle Klänge ausgeschaltet und den Atemgeräuschen des Delphins gelauscht, der seine Akrobatik zur Schau stellte. Als müsste er noch immer um seine Aufmerksamkeit buhlen. Dabei hast du mich doch schon, ich bin ja schon ganz herzbetrunken vor lauter Glück und Glückseligkeit! Mit gewagten Flugeinlagen beabsichtigte der Delphin, die Blicke des Jungen auf sich zu halten, ein kleiner Halbstarker, der einen anderen kleinen Halbstarken zu beeindrucken versucht. Seine Sprünge versprühten Lebenslust, der dunkel verhängte Himmel kümmerte dieses Wasserlebewesen keinen Deut, nichts, was ihn hätte verschrecken können: Er hatte seinen

Bewunderer für die Nacht gefunden und würde diesen so schnell nicht hergeben. Und Elia war ein treuer Bewunderer, er zog sich die Decke enger um die Schultern und vergrub seine Fäuste in ihrem Saum als sicherem Verschluss. Dann leckte er sich das Salz von der Unter- und der Oberlippe und flüsterte: »Nur zu, ich kann dich sehen. Ich sehe dich«, und dann noch einmal, kaum hörbar: »Ich sehe dich.«

Erst, als die ersten Tropfen mächtig auf ihn platschten, ihm in null Komma nichts die Schulterpolster tränkten und das Haar den Gesichtskonturen entlang gelten, fühlte Elia, dass er wohl früher oder später klein beigeben müsste. Der Delphin tauchte hier und dort aus dem Wasser empor, vollbrachte seine Kunststücke nur für ihn, den einzigen Betrachter, den verwegenen Seefahrer, Elia, den Unerschrockenen, aber schon wurden seine Sprünge nachlässiger, wie abgelenkt. Noch grinste er, und er grinste auch noch, als sich eine heiße schwere Hand auf Elias Schulter niederließ, die ihn zum Umdrehen zwang … dieses letzte verschwörerische Grinsen hatte sich in Elias Hirn eingebrannt und würde als Sehnsuchtsbild durch nichts mehr auszulöschen sein: das Konterfei eines jubelnden Tümmlers, wie eine Gravur, da wo der Mensch am weichsten und empfänglichsten ist.

Der erste Schiffsingenieur war ein alter Seebär. Ihm brauchte man nichts vorzumachen. Man konnte es gar nicht. Mit einem einzigen Blick hatte er an der Haltung dieser Halbmastfigur abgelesen, dass es sich um einen Verlorenen handelte. Um einen, der dem Ruf des Meeres folgen musste, sein Leben lang. Er war selbst einmal als junger Bursche von zu Hause ausgezogen, um diesem Ruf zu folgen, er kannte die Macht des Magnets, der aus den Tiefen des Ozeans nach oben und bis in die Herzen einzelner Auserwählter wirkte, ob die dieses Sehnen und Ziehen nun wollten oder nicht. Einmal davon befallen, kamen sie nie mehr davon los.

Der Schiffsingenieur sprach nichts, er begnügte sich damit, den Jungen von der Reling fortzuführen und ihn zu sich in die Kabine zu nehmen, wo er ihm erst mal einen Grog aus seiner Isolierkanne zu trinken gab. Während Elia verwirrt und wie benebelt trank, kramte der alte Mann einen Pullover und pluderige Weißware aus seinem Spind und reichte sie dem Jungen, der, so überlegte er einen Augenblick, sein Enkel hätte sein können. Dann machte er mit der Hand frottierende Bewegungen in der Luft, und Elia begriff, dass er sich mit dem Tuch die Haare trockenrubbeln sollte. Endlich hob der Mann zu sprechen an und fragte: »Ausgerissen?«

»Nein, auf Reisen. Ich will bis nach Amerika.«

»Soso, Amerika also. Und was willst du dort, wenn ich fragen darf?«

»Vielleicht«, improvisierte Elia geschwind, »Piano spielen? Auf einem Schiff?«

Da lachte der Ingenieur ein bärbeißiges Lachen und schlug mit der flachen Hand auf den Tisch, dass der Blechbecher mit dem Heißgetränk über die Platte hüpfte. Elia griff ihn sich schnell und tat einen weiteren hastigen Schluck. Das war ein komischer alter Mann, dieser hier, mit seinem struppigen Bart, dem schieferfarbenen Haar, der Pfeife im Mund. Seine Nase nahm den größten Teil des Gesichtes ein, rot und blau geädert und hubbelig wie ein Blumenkohl, und die Art, wie er sprach, klang nicht nach einem Fiumeser, und er sprach auch nicht wie einer aus Triest.

»Mein Name ist Gunnar Larsson. Erster Schiffsingenieur.«

Höflich streckte ihm Elia seine Hand entgegen. Gunnar warf einen kurzen prüfenden Blick auf die manikürten Fingernägel, da wusste er alles.

»Hier, trink, Kind.«

Schiffsgrog war zwar nicht das bevorzugte Getränk für blinde Passagiere, aber dieser kleine Seemann hier sollte nur lieber gleich wissen, worauf er sich einließ.

In Elias Brust wölbte sich die Wärme und füllte ihm jede noch so kleine Nische aus, dass ihm vor lauter Wohlsein richtig schwindlig wurde.

»Hm.« Der Ingenieur betrachtete sich seinen Fund einmal von oben bis unten mit undurchdringbarem Blick, Elia hielt stand, aber in Larssons Augen lag nichts Verstecktes, nichts Lauerndes.

»Ganz schön mutig, Sohn. Wie alt bist du denn?«

»Was ist schon das Alter!«, entgegnete dieser versuchsweise, mal sehen, wie weit man mit diesem Opa gehen konnte.

»Ein wahres Wort. Alter vermag wenig, wenn das Gehirn nicht richtig dreht. Und deines dreht wohl ganz im Takt einer Schiffsschraube, was!«

Elia wusste nicht, ob er lachen durfte, also blieb er ernst und leerte die Tasse ganz. Dann schüttelte ihn ein großer, tiefer Seufzer, der aus dem hintersten Winkel seines Körpers hervorgekrochen war und nun dieser alles durchdringenden Wärme Platz machte.

Der Ingenieur war mittlerweile aufgestanden und kümmerte sich um eine behelfsmäßige Schlafgelegenheit. Zu oft hatte er in seiner Karriere schon mit blinden Passagieren zu tun gehabt, als dass er die Torheit begangen hätte, diesen vorwitzigen Jungen allein in einer Kabine zu lassen. Nein, dieses Kind, das ihn auf eine berührende Weise an sich selber erinnerte, sollte heute Nacht hier bei ihm schlafen.

Morgen wäre auch noch Zeit, den kleinen Strolch dem Kapitän vorzuführen, und wenn sie in Palermo einen Zwischenstopp einlegten, um die letzten zahlenden Passagiere an Bord zu nehmen, könnte man ihn dort den örtlichen Behörden übergeben, die wüssten dann schon, was mit ihm zu tun wäre.

Elia nutzte die Gelegenheit, dass ihm der Alte den Rücken zukehrte, und pellte sich aus seiner klammen Kleidung.

Dann stieg er rasch in die viel zu lange Unterhose und zog sich den Pullover über den Kopf. Er kratzte. Elia biss sich auf die Lippen. »Vom vielen Salz gesprungen, was?«, fragte der Ingenieur lachend. Elia schwieg entschlossen.

»Wie heißt du überhaupt?«

Elia überlegte, ob eine Lüge angebracht wäre, aber wieder überkam ihn dieses Gefühl, das er schon oben an Deck hatte, als er diesem großen alten Mann im ersten Schrecken über das Entdecktwordensein in die Augen geblickt hatte, das Gefühl nämlich, dass dieser ohnehin schon alles wüsste, selbst, wenn es eine pfiffige Lüge wäre, also konnte man geradeso gut gleich die Wahrheit sagen. Er sagte: »Ich bin Elia, der Zweite. Elia Costantino Italo Israël.«

»Soso, der Zweite also. Weiß denn der Erste, dass der Zweite hier ist?«

»Wieso sollte er?«

Keckes Bürschchen, dachte der Ingenieur, und wieder: ganz wie ich damals. Nur, was trägt er da an seinen Füßen? Waren das silberne Spangen über dem Spann? Der Arme. Er war mit seinen wenigen Jahren wirklich noch zu jung, um anzuheuern, man konnte ihn noch nicht so recht gebrauchen. Gunnar Larsson seufzte. Er würde ihn in die Knechtschaft einer überbehüteten Kindheit zurückführen müssen, in die Salonsüffisanz und Dekordekadenz einer auf Oberflächlichkeit bedachten Oberschicht, da gab es kein Drumherumkommen, nein. Mit einem Nicken bedeutete er ihm, er möge sich nun in die eigens für ihn zurechtgemachte Koje begeben. Elia gehorchte und zog den Vorhang zu.

Keine Armlänge von ihm entfernt, hörte er den alten Mann schnaufen. Von draußen prasselten noch immer dicke Regentropfen gegen das Bullauge, und der Dampfer wogte auf und ab. Was wohl sein Freund auf dem weiten offenen Meer machen würde, wenn es so weiterregnete und bald wohl auch gewitterte? Und als ob der Ingenieur auch jetzt im Dunkeln noch und kurz vor dem Einschlafen seine Gedanken lesen könnte, brummelte dieser in die Stille der Kabine hinein: »Das war ein ganz schön Verwegener, ein wunderbares Geschöpf unserer herrlichen Natur, dein Delphin«, und als es am Vorhang ruckelte, »jaja, ich hab ihn auch gesehen, Elia, der Zweite, ein ganz großer Tümmler war das, dein Kamerad.«

aus dem Nest geworfen

Miskolc, 1899

Das Kind lebte mal bei diesem, mal bei jenem, wurde von Hand zu Hand und hin- und hergegeben und war allen immer nur eine Zeitlang genehm. Selbst seine hoffärtigen Großeltern zu Wien hatten für seine Präsenz keine Verwendung. Leider nein. Und so schickte Ferenc Dušan seinen Sohn Feri nach einem erneut missglückten Versuch, ihn zu Hause bei sich, der schwachköpfigen Halbschwester Anna Sebastiana, dem neuen Bruder Imre und der nunmehr zweiten Stiefmutter, Ferenc Dušans dritter Frau, Zelma, einzupassen, den Himmel anklagend fort, mit dem Zug bis nach Miskolc, wo eine entfernte Verwandte von Zelma, passenderweise Friseuse von Beruf, seiner Erziehung und Ausbildung obwalten sollte. Zelma hatte es gutgemeint, aber Ferenc Dušan hatte es nicht ertragen, den Jungen noch länger um sich zu haben. Er empfand das Gesicht des eigenen Sohnes wie einen Teich, von dessen Grund das verlorene Antlitz seiner ersten Frau, Krisztina, nach oben schwebte, Tag für Tag. Selbst seine Haut glich der der Verstorbenen. Obwohl sich die Guckerschecken mittlerweile fast bis auf den letzten verflüchtigt hatten. Aber die breiten Schaufelzähne hinter den vollen Lippen gemahnten an das Bild der Mutter, der gesprenkelten Krisztina, deren Erinnerung doch bitte endlich, endlich verblassen sollte!

Feri spürte die Veränderung, die in ihm vorging. In seinem Inneren ließ er die vielen Bilder verbleichen, die ihn mit seiner Großmutter Alžbeta verbanden. Er hätte es zwar nicht mit Worten auszudrücken vermocht, aber ohne

Omami Alžbeta und Opapi František, die entrückt von dieser irdischen Welt waren, würde die Zukunft für ihn ein gehöriges Stück ärmer aussehen.

Eine erratische Wut perforierte sein Gemüt, Feri wurde böse, und er spürte das auch. Und er lernte, dieses Wissen ganz für sich zu behalten. Virag und Károly, die gemeinsam ein Friseurgeschäft in Miskolc führten und sehr bestrebt waren, ihren Kundenkreis möglichst weit und weiter über die Bürgerhäuser hinaus auszudehnen, in südlicher Richtung bis nach Debrecen und in nördlicher hinauf nach Kassa, wo die erste Gesellschaft regelrecht ausgehungert nach neuen Frisuren gierte, und zwar einerlei, ob Altadelige oder Nobilitierte, ahnten nichts von seinen düsteren Gedanken. Sie sahen in ihm einfach ein Paar Hände mehr, die mit anpacken konnten, und im Übrigen war er im besten Alter, um in die Kunst des Frisierens eingeführt zu werden. Mit seinem Blick verzückte er so manche Kundin, die sich das Haar nur von ihm waschen lassen wollte. Virag und Károly beobachteten diese Anziehungskraft mit einem gewissen Missbehagen, hielten sich aber mit Vorhaltungen zurück, solange keine Beschwerden an sie herangetragen wurden, keine Gerüchte über allfällige Unarten und kein Klatsch.

Feri lernte schnell. Binnen kurzem beherrschte er die Klaviatur des eigenen Mienenspiels, sein Gesichtsausdruck schien einer jeden Situation passend eingeübt, seine Gesten blieben zurückhaltend, verfehlten ihre Wirkung aber nie. Es war ihm bald, als führe er die Menschen in seinem Umfeld an unsichtbaren Fäden, ähnlich den Marionettenfigürchen, die aufgeregt an Seidenschnürchen zitterten, welche mit einem feinen Gestell aus Sandelholz über einem Hut thronten, den seine Muhme und sein Oheim nebst einem verstaubten Diadem aus Schmetterlingsflügeln und einem Aufsteck-Schiffchen von einem Gebrauchtwarenmarkt aus Kassa mit nach Hause getragen hatten. Sie bewunderten die zarte Machart der einzelnen Gebilde, welche einst, zu ihrer Zeit, sicher der letzte Schrei gewesen sein mussten, als sie auf irgendeiner Hochsteckfrisur einer Gräfin oder sonst einer Weibsperson prangten, und das Zucken seines Fußes, das trotz der übereinandergeschlagenen Beine wie ein Flügelschlag des Unwillens, wie ein kleiner Blitzableiter – flip flap und weg –, diesen Gedanken sichtbar weit von sich kickte, verriet niemandem außer Feri selbst, wie tief unglücklich er hier war, bei diesen dummen Begaffern und Sammlern anderer Leute Schaffenskunst.

die große Reise beginnt

1899, Herisau

Vergessen waren die Tage und Nächte der Ungewissheit, vergessen der Hunger und der Durst, vergessen und verdrängt und in den See des Nichtmehrwissenwollens hinabgestoßen die Abende, an denen er halbtote Vögel aus Rosshaarschlingen, Leimruten und Steinquetschfallen geklaubt hatte, nur um sie eilends zu rupfen und über dem offenen Feuer anzubraten, bevor er sie gierig in den Mund stopfte und verschlang. Unterdrückt und ins Unterbewusste befördert, das Bild des hungrigen Krähenbeißers, zu dem er auf dieser Reise geworden war.

Nie mehr daran denken, nicht erinnerungswürdig, wie ihn seine Verdauung danach geplagt hatte, ganze zwei Tage lang, wie er fieberte und sich beschmutzte und wie lange es gedauerte hatte, bis er die Hose im Bach wieder sauber gerubbelt hatte und sie an der Luft getrocknet war. Verschmerzt die Scham über das Sich-verstecken-Müssen, ob mit oder ohne Kleider.

Verweht auch die Angst vor dem Herbst, entfallen die Bangigkeit, ob ihm dieser gütig gestimmt bliebe auch da, wo der Vogelfang keine Notwendigkeit mehr war, da, wo er fremden Menschen mit fremden Gesichtern die Kastanien aus den Kellern klauen sollte oder die Dörrfrüchte von den Gestellen rauben, die ihm zumindest einmal peinlich bekannt vorkamen. Vergessen und hinuntergeschluckt auch der Schmerz, als er den Genuss einer bleigespickten Schnepfe mit dem Verlust eines Eckzahnes bitter büßte und wie er davonstiefeln und Fersengeld geben musste, als ihn der großgewachsene Jäger im Unterholz entdeckte, was waren die Nordländer doch hochgeschossen, beeindruckendes Volk, zu dem er da unterwegs war. Denn ja, das war er, unterwegs, seit Tagen und seit Wochen schon. Verirrt hatte er sich wie ein dummes Kind, verirrt und in den Tiefen des Gebirges verlaufen, war tumb im Kreis gegangen wieder und wieder, bis er endlich den Lauf der Sonne verstand, die Himmelsrichtungen spürte und eine neue, diesmal richtige Richtung einschlug. Und nun, endlich, war er angekommen. Guerrino hatte sich aus lauter Erleichterung auf dem Felde vor dem Dorfe noch eine gelbe Blume gepflückt, die er nicht kannte, eine späte Primel vielleicht, und er hatte sie sich wie zur Selbstaufrichtung ins Knopfloch gesteckt, die weiße Krawatte gebunden, den Kragen zurechtgestupft, Sakko und Überrock gestrafft und sich das Haar mit etwas Spucke aus dem Gesicht gestrichen, sportlich nach hinten, und da saß er nun, auf dem dreibeinigen Hocker vor einem Fotografen, auf dessen Fensterscheibe »Edwin Jucker, Photographisches Atelier«, gepinselt stand und der geduldig darauf wartete, bis Guerrino seine Schultern dreimal nach hinten gerollt hatte, um sich zu lockern, dann das Kinn mit Schmiss leicht schräg nach vorne und den Kopf um ein paar Grad weiter in den Nacken warf.

»Nöt bewegä«, sagte Jucker bedeutsam und betätigte seine Balgenkamera.

Noch Tage später, als die Tinte mit dem Eintrag *Zuzüger Senigaglia Guerrino aus Italien, Beruf: Arbeiter* im Arbeitergemeindebuch getrocknet war und sich bereits Dutzende neuer hoffnungsfroher Namen unter dem seinen befanden, rührte es Guerrino unheimlich an, wann immer er diese erste Fotografie seiner selbst betrachtete. Er sah einen forschen jungen Mann, das Haupthaar in widerspenstigem Kampf nach hinten geflacht, den kleinen Schnauzbart zaghaft angetönt über der steilen Oberlippe, die

Unterlippe fast wie im Trotz zugeklappt, den Mund hermetisch geschlossen, grimmiger Fisch, und doch spitzelte da in den Winkeln ein kleines überzeugtes Lächeln hervor, ein Blitzen, das sich auch in seinem rechten Auge widerspiegelte, derweil das linke fest und ehern in eine Zukunft blickte, die irgendwo weit draußen, weit hinter dem Schaufenster von Edwin Juckers Photographischem Atelier, hinter dem unebenen Plätzchen, dem zweitrogigen Brunnen und hinter der nächsten Häuserzeile, hinter dem dahinterliegenden Felde noch soeben erst begann.

la suffragista

Westaustralien, 1899

Grazia Modestina Senigaglia, Guerrinos älteste Schwester, aber war mit der Gattin des Doktors Spinnenhirn im Hafen von Genua über das Fallreep auf einen aufsehenerregenden Ozeandampfer gestiegen. Als Frauenrechtlerinnen hatten die beiden die letzten Jahre über für das Wahlrecht gekämpft, hatten Politiker mit faulen Tomaten beworfen oder waren mit Gleichgesinnten wochenlang in Hungerstreiks getreten, hatten passiven Widerstand geleistet und öffentliche Veranstaltungen einflussreicher Männer durch ihre ungebetenen Auftritte gestört. Nichts hatte sich verändert, kein Stift hatte sich gelöst im lückenlosen Gefüge männlicher Herrschaftsgewalt.

Und so machte sich Grazia, noch bevor das alte Jahrhundert sein Haupt zur ewigen Ruhe niederlegte, zusammen mit Emilia Spinnenhirn auf den Weg nach Liverpool, wo sie sich anderen wilden Frauen anschlossen und von wo sie schließlich mit einem Frachter erneut in See stachen.

Nach bald vierzigtägiger Reise landete der Frachter in Freemantle Harbour, Australien, an, zu den Zeiten des großen Goldrausches, und es schien zumindest so, als ob die Menschen hier gewillt wären, auch ihnen als Frauen einen gleichberechtigten Platz in der Gesellschaft zu gewähren. Grazia Modestina Senigaglia heiratete noch im selben Jahr den Goldschürfer Ernest Daniel Young und bearbeitete mit ihm gemeinsam die neuen Claims. Sie gründete die West Australian Women's Gold Corporation und war eine geschätzte Gastgeberin.

Teil 3
Paarungsrituale. 1900–1932

So verschieden der Ritus der Fortpflanzung ist, so verschieden die Formen der Vogelehen sind, um die Art zu erhalten, braucht es immer zwei: das Paar.

das Ungeheuer aus den Abruzzen

Herisau, 1900

Als der Glückliche bereits über eine Anstellung bei der Firma Longoni in Herisau, dem Baugeschäft eines Tessiners mit Namen Josef Longoni, verfügte, wo er seit drei Wochen mauerte und handlangerte, und als er an einem seiner freien Tage abends an der Glatt entlangspazierte und dann wieder hoch ins Zentrum von Herisau und durch die pittoresken Gassen schlenderte, herbstliche Schweizer Luft schnupperte und seine Arme schlenkern ließ, durchfuhr es ihn wie ein Stromstoß. Gerade noch hatte er die neue Brückenwaage auf dem Obstmarkt bewundert und über die geschindelten Klebdächer geschmunzelt, die jedes Fensterchen wie ein enges Äuglein mit Braue anmuten ließen, als er abrupt stehenblieb und seine Ohren spitzte. Aus einem der sonnengebeizten Holzhäuser hörte er Stimmen, ob deren Sprachmelodie ihm heiß und kalt den Rücken herabrieselte. War er noch bei Sinnen? Trübte die Schweizer Luft seinen Verstand? Oder war das wirklich der Singsang der Zimbern? Er strengte sich an, etwas vom Gesprochenen zu verstehen.

»Bas tüüt de Zait? Khimmet dar Reego?«

»Ja, de Zait ombìttart.«

»Oi, bittana sante!«

Eindeutig, da waren zwei Frauen in ein Gespräch über das Wetter vertieft. Er kannte sich in den einzelnen Vokabeln des Zimbrischen nicht aus, aber seine alljährlichen »Handelsreisen«, die er als Jugendlicher mit seinem Vater Serafino unternommen hatte, hatten ihn regelmäßig in die Sette Comuni, die Sieben Gemeinden, geführt, in die oberitalienische Provinz Vicenza und Umgegend, und nicht selten hatte er sich in diesen Hochebenen wie auf einer Sprachinsel gefühlt, umwogt von fremden Klängen, die in eigentümlicher Harmonie fast mystisch sein Gehör umnebelten. Und ihn verzauberten. Wohl nicht zuletzt, weil Comsola di Bosco dieser Minderheit angehörte.

Unwillkürlich sah sich Guerrino wieder den Fabrikschloten von Alzano Lombardo gegenüber, den patinagrünen Wäldern, den ausgesprochen freundlichen Menschen, die jederzeit so hilfreich waren, so wohlgesinnt und arglos, er sah die dunkel bewachsenen Füße der Alpen und spürte den schweren Sommerwind in seinem Gesicht. Und wieder war er unterwegs, diesmal in Gedanken und gefühlten Momenten, den heißen Maultieratem dicht an seinem Ohr, wenn er das Lasttier die schmalen Bergpfade am rohen Strick hinter sich herführte; er spürte das Heiße, Helle, Drückende, den kindlichen Wunsch nach Meer ..., und während Guerrino so dastand, dicht an die Hauswand gelehnt, und seinen Ohren kaum traute, wischte ihn seine Erinnerung hin und her zwischen Bergamo und Marostica, beides große Städte für einen kleinen lombardischen Jungen, und noch einmal ließ er sein Maultier an der Tränke nahe der Piazza saufen, noch einmal strich er vorbei am Gewürzgarten, hörte die Zikaden und erschauderte ob der erschreckenden Fresken von Hölle und Verdammnis, die einzelne Häuser zierten. Die Sonne war damals wie Balsam mit Sand vermengt, Watte mit einem scheuernden Kern auf seiner Haut, und nur in den Hinterhöfen von Bergamo war es dunkel und kühl. Und dann wieder ein Bild von unterwegs, Zedern, phosphoreszierende Tupfer und Pinselstriche in der flachen Landschaft und Zypressen, Manifestationen von Glück. Je tiefer sie nach Marostica hineinkamen, desto knorriger und krumpeliger wurden die Stämme der Olivenbäume, die an den Hängen wurzelten, alt und von der Sonne ausgebrannt, und wenn er weiter die Bergkuppen hinaufschaute, hingen da die allein stehenden Bäume wie Bartstoppeln an einem Wangenbein, der Wald reichte diesem Riesen bis über das Kinn hinab und lief als rotbuschiger Bewuchs noch über seine Wiesenbrust. So kannte er seine Heimat, so kannte Guerrino sein Land. Das Land, das auch den Zuwanderern, welche vor vielen Hundert Jahren die Sieben Gemeinden gegründet hatten, zur Heimat geworden war. Eben zum Beispiel Marostica, das Ziel und der Wendepunkt der alljährlichen Drahtschrottreise, eine Stadt, in der die Menschen schnatterten und ein geflügelter Löwe auf der Säule den Hauptplatz majestätisch überwachte. Die Klarheit und Strukturiertheit dieses Platzes vermittelten ihm immer ein Gefühl von Sichersein, hier konnte man sich gehenlassen, alles war endlich gut, man war ja schließlich angekommen.

Von oben her betrachtet, verteilten sich die roten Dächer kreuz und quer über die Ebene, und wenn man von unten hinaufsah, erkannte man die Geborgenheit dieses Städtchens inmitten der Hügel und des Waldes. Und irgendwo dort also hatte sie gewohnt, Guerrinos meist gefürchtete und heißest begehrte Bergziege, die unerschütterliche Comsola di Bosco aus dem Vallonara bei Marostica. Ihre Schlagfertigkeit ließ ihn jedes Mal verstummen, sie war eine waschechte Tochter der Zimbern, redete zu Hause ausschließlich Zimbrisch, und auf ihre krummen Beine angesprochen, behauptete sie, diese seien das stolze Erbe einer langen Wanderung.

Er lauschte noch immer, auch als es leise zu graupeln begann, merkte er das kaum. Denn jetzt hörte er es ganz genau, das Heisere ihrer Stimme, und er war sich sicher, dass hinter diesen Wänden, hinter diesem halb geöffneten Fenster, der Geist von Comsola war, der da sagte: »Dai, dai, dai!«

Guerrino bemühte sich zu verstehen. Offenbar war Comsola Vorarbeiterin einer Textilfabrik in Tablat, zumindest sprach sie mit einer anderen Frau über ihren Arbeitstag, der mehr als ermüdend gewesen sein musste.

Die weitere Konversation schien auf einer etwas vertraulicheren Basis zu verlaufen. Die beiden Frauen mussten wohl die Köpfe näher zueinander gerückt haben, überlegte Guerrino, aber Glück gehabt, sie redeten nun Italienisch, und Guerrino klaubte jede einzelne Begriffsschwade aus der Luft und verstaute sie verstohlen in seinem Gedächtnis.

»Dio mio. Sie hätten mich ja nicht unbedingt in einer Vollmondnacht zu zeugen brauchen.«

»Comsola, versündige dich nicht!«

»Ist doch wahr, Esperanza, keine andere Frau habe ich je gesehen, die solche Beine hat«, und etwas leiser, kaum mehr zu verstehen für einen, der draußen an der Hauswand lauschte, »so behaart.«

Darauf folgte ein unverständliches Gebrabbel auf Zimbrisch, das in trautes Gelächter überging. Dann blieb es eine Weile still.

Guerrino merkte nun doch, dass sein Kopf nass wurde, die Mütze schirmte ihn nur unzulänglich vor dem kühlen Schauer. Beide Hände hatte er fest in die Hosentasche gestopft, als ob er dadurch ein Entdecktwerden verhindern wollte. Klar denken konnte er nicht, hätte er eins und eins zusammenzählen sollen, er hätte wohl immer wieder von vorne beginnen müssen. In seinem Kopf waren die Gedanken zu einer wilden Jagd aufgebrochen, die er in ein Stillleben versuchte zu verwandeln, in etwas, das Sinn ergab. Comsola hier. In Herisau, dem Hauptort des kleinen Kantons Appenzell Ausserrhoden. Im Herzen der Eidgenossenschaft. Mittendrin. Er wusste wohl, dass die Betreiber der Bleichereien,

Färbereien und der Ätzereien, deren Gebäude und Hochkamine man im ganzen Tale bewundern konnte, in Norditalien aggressiv um neues Personal warben. Die italienischen Frauen galten als zähe Arbeiterinnen, auch hier hörte er von italienischen Webermädchen, die ihre Schiffchen noch durch den Wasserfall der Fäden steuerten, wenn das die Schweizerinnen wegen wunder Finger längst aufgegeben hatten. Sie hatten sich einen guten Ruf erworben, diese Italienerinnen, einen Ruf des Fleißes und der Robustheit, so jedenfalls wussten es die Stammtischler im Storchen zu berichten, und die hatte Guerrino mehr als nur einmal zufrieden belauscht. Stolz war er ja auch, dass er selbst in die Schweiz gekommen war und es ihm gelungen war, gute Arbeit zu finden, zumal doch die meisten seiner Landsmänner lediglich als Anhängsel ihrer strebsamen Frauen geduldet wurden. Es war ein offenes Geheimnis in Herisau, dass man sie für Tunichtgute hielt, die das Geld der braven Frauen schamlos versoffen. Zum Glück gab es im Steinbruch immer wieder Einsatzmöglichkeiten für sie, dort konnten sie Appenzeller- oder Schachengranit für die Bodensee-Toggenburg-Bahn abbauen. Oder sonst was tun. Jedenfalls nicht mehr zwischen den Schindelhäusern herumlungern und der ehrbaren Schweizer Frau nachpfeifen. War Comsola etwa mit einem solchen Mann im Schlepptau hergekommen?

Und dann hob die eine Stimme wieder zu sprechen an, die, so ohne jeden Zweifel, seiner krummbeinigen Jugendbekanntschaft gehörte: »Wie ein Werwolf aus den Abruzzen, so sehe ich aus. Meine Strümpfe können nie dick genug sein, Esperanza, es ist doch zum Verzweifeln.«

»Komm, halt still, sonst kann ich dir die Härchen nicht zupfen. Hör zu, ich habe vernommen, dass man mit Hilfe von galvanischem Strom und einer Nadel die Haare auf Dauer entfernen kann. Man muss nur einen Arzt finden, der sich darauf versteht, dann bist du deine Sorge los.«

»Und wer soll das bezahlen? Es ist ja nicht gerade so, dass wir reiche Leute wären.«

»Gib die Hoffnung nicht auf, Comsola. Übe dich in Zuversicht. Bete.«

»Du hast leicht reden.«

»Und sprich nicht mehr von Kreaturen der Hölle, Comsola! Du bist ein Geschöpf Gottes wie wir anderen auch.«

»Auch wenn ich pelzig bin wie eine Bärin …«

»Scht, beweg dich nicht, ich bin noch nicht fertig mit deinem linken Bein.«

In Guerrinos Kopf war alles ganz durcheinandergeraten. Was sprachen die beiden da von Tieren, Haaren und elektrischen Nadeln? Er wusste, dass er sie bei etwas belauscht hatte, was nicht für seine Ohren bestimmt gewesen war, aber diese Stimme, die er so lange vermisst hatte, ohne dass er wirklich hätte benennen können, was ihm fehlte, diese Stimme band ihn an diesen Ort, hielt ihn in diesem Moment gefangen, und er wäre nirgendwo anders lieber gewesen als ganz genau jetzt ganz genau hier.

Der Himmel hatte seine Wolkenwand aufgerissen, so dass das sanfte Abendrot durch die dunklen schweren Schwaden leuchten konnte. Mit beiden Händen wrang Guerrino seine Mütze aus und setzte sie wieder auf. Nie hätte er damit gerechnet, so bald schon jemanden aus der alten Heimat in der Schweiz wiederzufinden. Alleine war er losgezogen, alleine war er angekommen. Alleine hatte er alles gemeistert, was zu meistern war. Und nun Comsola. Nur eine dünne Holzwand von ihm entfernt. Wäre er ein Geist, er hätte die Hand ausstrecken und durch die Wand zu ihr hinlangen können.

Sie jetzt hier wiederzufinden entsprach einem unmissverständlichen Wink des Schicksals – aber was, wenn Comsola eben doch verheiratet war? Seine Gedanken rotierten, und er wünschte sich zu ihr hin, in diesen Raum, hinter diese gebeizten Wände, in ihr Leben und ihr Gespräch hinein und damit in eine Nähe, die nichts mit Berührung zu tun hatte, aber vieles mit seelischer Trautheit, geistigem Verbund. Das Leben war plötzlich so unmittelbar. Dem jungen Krieger für ein neues Glück, Guerrino, verschob sich der Schwerpunkt im eigenen Körper mit jedem Herzschlag, wanderte, wanderte, und er musste sich von Sekunde zu Sekunde ein neues Gleichgewicht suchen. Indem er sich aus der eigenen Lebensmitte, dem Zentrum seiner eigenen Wahrnehmung rückte, schaffte er Platz für kommende Schätze. Sein aufbewahrendes Herz war ganz außer Rand und Band, es rumpelte, etwas aber bereitete ihm Sorge: die Erinnerung an ein unschönes Wort, das sich ergeben hatte, ausgerechnet bei seiner letzten Drahtschrottsammeltour, ausgerechnet damals, als er Comsola das letzte Mal gesehen hatte …

Irgendein Dorflümmel hatte es darauf abgesehen gehabt, sich mit Comsola ein Späßchen zu erlauben. Er hatte sie im Wirtshaus getriezt und war sie in zweideutiger Weise angegangen, so dass sie lauthals schimpfte. Jetzt erinnerte sich Guerrino auch daran, dass sich damals vor Aufregung die Idiome vermischten und Comsola in einem unverständlichen Kauderwelsch, halb Italienisch, halb Zimbrisch Paroli bot. Umso erregter hatte der Junge reagiert, der sich Comsola als Opfer ausgesucht hatte. Er hatte, wenn sich Guerrino recht erinnerte, heftig über ihr Aussehen gespottet, darüber, dass sie wie ein unfruchtbarer Olivenbaum nutzlos in der Gegend herumstehe und die Sicht auf blühendere Bäume verstelle, und dann hatte er noch behauptet, er hätte sie bei der Toilette beobachtet, und da hätte er gar Schauderliches gesehen, sie wisse wohl, worauf er anspiele, und sie solle jetzt nur schön brav den Mund halten, sonst wüsste morgen die ganze Provinz Vicenza, was für ein Monstrum – und dieses Wort hatte der Junge ganz besonders betont: mostro – oben in Vallonara wohnte und in Marostica gelegentlich servierte: »Mit dir stimmt doch einfach etwas nicht!«

Guerrino und sein Vater waren just in dem Moment dazugekommen, als der Junge seine Tirade mit einem gehässigen Zungenschlag zu Ende brachte. »Was soll mit mir schon nicht stimmen?«, hatte Comsola aufbegehrt, aber sie klang kleinmütig und hatte sich hilfesuchend an die Eintretenden gewandt. Und in diesen beiden rechtschaffenen Drahtschrotthändlern aus dem fernen Bergamo erkannte sie die Gelegenheit für Rehabilitation, die beiden waren ohne Falsch und Trug, sie würden die Welt wieder geraderücken und diesen impertinenten Trottel blöd dastehen lassen, ganz bestimmt. Und so setzte sie zur rettenden Frage an, die sie ziellos an einen der beiden Senigagliamänner richtete: »Und ihr? Findet ihr etwa auch, dass mit mir etwas nicht stimmt?« Randvoll von verzweifelter Hoffnung und Ungeduld bangte Comsola auf Antwort. Aber Serafino Senigaglia griff sich lediglich ans Kinn und sein überrumpelter Sohn Guerrino sagte nur: »Ich weiß nicht, ich vermag das nicht zu sagen, ich kenne dich ja kaum.«

Damit war diese Chance zünftig vertan, und Comsola ging den Senigaglias in den Folgejahren mit beharrlicher Regelmäßigkeit aus dem Weg.

Und er, Guerrino, begossener Pudel, Unglücksrabe, povero ragazzo, fühlte sich von dem Tag an wie ein Wurm. Dabei hatte er doch nur die Wahrheit gesagt, er kannte sie ja wirklich nicht. Und wie gern er sie doch gekannt hätte! Wie gern mit ihr geredet und Geheimnisse mit ihr geteilt, aber dazu war es jetzt wohl zu spät, diese Flausen konnte er sich aus dem Kopf schlagen.

Guerrino wachte aus seiner Versteinerung erst wieder auf, als er die zweite, die unbekannte Frauenstimme von drinnen sagen hörte: »S tüü-mar ante missan ingheenan hèmmest.«

Wenn diese jetzt wirklich aufbrechen musste, würde er beim Lauschen ertappt – ein zweites Mal der mit Pech Übergossene. Nein, das konnte er nicht zulassen, also schnappte er dem Schicksal kurzerhand den Vortritt weg und klopfte mutig an die Türe. Auf das fröhliche »Bèar ist hia?« erwiderte er seinerseits in gebrochenem Zimbrisch: »Guerrino Senigaglia, ich süuche Comsola di Bosco.«

Die Türe wurde ihm geöffnet, und er trat hinein in eine Tannenstube. Die beiden Frauen standen da wie eine Front der Heiterkeit, als sie sein Gesicht erkannten. Die mit Namen Esperanza, offenbar eine der Cousinen, er erinnerte sich an ihr Gesicht, sagte »Guten Abend, bia steesto?«, und er erwiderte: »Gut, mir geht es gut.« Dann traute er sich einen langen und tiefen Blick in Comsolas dunkle Augen zu legen, und sie hätte es nicht auszusprechen brauchen, das zimbrische Wort für Willkommen, Boolkhent, er hätte sie auch so verstanden. Und als Comsola sah, wie verlegen ihre Jugendbekanntschaft aus dem fernen Heimatlande dastand, den Kopf wie nicht allein vom Regen gewaschen, fügte sie auf Italienisch energisch hinzu: »Ich habe vor kurzem gehört, dass du auch hier bist. Komm, vertragen wir uns wieder. Es wäre schade um diese Gelegenheit.«

ein rotes Kreuz

irgendwo auf einer Eisenbahnstrecke fern des Asowschen Meeres, in einem Land ohne Namen, 1901

Ein Traum. Ein Schemen. Ein Bild. Eine Gravur. Im Herzen. Der Seele. In mir. Versehrt. Gravierend. Ich. Ein Traum. Ein Bild. Nur eines. Das bleibt. Das eine. Keines, das ganz verwirbelt. Von einem Schneesturm. Im Schnee. Keines, das ganz vom Wind davongetragen wird. Im Sommer. Nur eines, das bleibt. Ein Bild. Eine Gravur. Meine Erinnerung. Kein Traum.

Ich sehe …

Das Städtchen. Die Synagoge. Das Dorf. Die Äcker. Das Land. Die Luft. Der Himmel. Immer voller Wolken. Immer fern und weit. Die Häuser. Die Straßen. Chausseen. So breit. So weit. So hoch. So weit.

Ein Duften. Immer. Über allem. Der Duft. Nach Blüten. Nach Menschen. Nach Leben. Die Stadt. Die Stadtluft. Der Fortschritt. Und wir. Mittendrin.

Beliebt. Bekannt. Beklatscht. Ich höre. Ich rieche. Ich sehe. Ich erinnere mich.

Die Verwandten. Tante Sophie. Meine Mamme, meine Schwester. Und ich. Und wir. Die Moisseiffs. Die Musik, die wir spielten. Das erste Frauenorchester. Melitopol. Wir! Die Finger. Vor lauter Üben. Ganz wund. Harsche Frauenfinger. Weit und breit. Unser Orchester. Das Erste in ganz

Russland. Ja, Mamme. Ich erinnere mich. Ich war dabei. Ich war da. Ich spielte. Ich hörte. Ich höre …

(Ich höre das Rattern dieses Zugs. Ich spüre jeden Schienenstoß, jedes Teilstück, das er quert.)

Meine Violine. Im Meer der andern. Das Cello. Piano. Die Bratsche. Die Zimbel. Saxophon. Wir spielten. Kultur. So viel Kultur. Unser Leben. Das Wort: Kultur. Der Aufstieg. Für uns. Endlich. Ja, Mamme. Und so begeistert. Beklatscht. Meine Finger. Die Kuppen. Harsch. Die Nägel schön kurz. Die Haare nach hinten. Gebunden auch das Kleid. Jedes Kleid. Die Masche, so weich, so seidig, eine Masche an jedem Kleid.

Die Finger, die glitten. Darüber. Meiner Mutter Hände. Berührung. Sie hat mich lieb. Ich sehe sie. Ich sehe sie. Ich hab sie lieb. (Über ihr das rote Kreuz. Auf weißem Grund. Ich bin nicht da. Nein, ich schlafe nicht.)

Meine Schwester. So groß. So ernst. So beklatscht. Lacht nicht. Selten. Nie. Oder lacht immer nur uns aus. Scherzhaft, gänsehalsig. Weil sie mehr kann. Mehr weiß. Erhaben ist. Meine Schwester. Und ich.

Meine Schwester. Mit ihrer Begabung wie ein Kismet. Das sie nicht will. Es gar nicht will. Ihrer Bratsche harter Klang. Und dann: so ein weicher Klang. Sie hat das alles in der Hand. Und doch nichts. (Jetzt nicht mehr. Ihre Hände sind leer.)

Wir spielen. Spielen. Spielen. Geben ein Konzert. Nach dem anderen. Eine Perlenkette voller Noten. Um unsere Hälse. Geschlungen. Die Musik verschlingt uns. (Das Rattern des Zugs.)

Und Tante Sophie. Ihr Kind. Ein Jüngelchen, ein Knabe, ihr Jossel. Schwarzes Häubchen auf dem Haupt. So klein. So klein. So klein. So klein. Und Fingerchen mit Nägelchen. Perfekt manikürt schon wie ein großer Violinist. Violinistenfingerchen. Der Erste, der uns zu sprengen vermocht hätte. Unser Frauenorchester. Die Ausnahme, er.

Ich sehe. Ich rieche. Ich fühle sein Säuglingsköpfchen. Die Schüppchen, die aus seinen Härchen rieseln. Ich fühle. Das Hügelchen der Naht, die dünne Stelle im Kopf. Fontanelle, kleine Quelle. Ein Ort mehr, durch den die Musik in seinen Körper dringt. In seinen Körper drang. Mein Josselchen. Unser aller Josselchen. Mein Jossel, mein Kind.

Unser Haus. Ein mit Türmchen beschirmtes. Und Zinnen. Aus Gold. Wenn die Sonne scheint. Und keine Wolken ziehen. Zinnen aus Gold und Musik aus jedem Zimmer. Do-re-mi-fa-so-la-ti-do. Aus jedem Zimmer. Aus jedem Zimmer. Aus jedem. Und ich.

Ich rieche. Ich sehe. Ich höre. Das Rufen. Das Fluchen. Die Worte. Die Scherben. Die Schritte. Das Wort. Pogrom. Und Angst. Ich schmecke. Die Angst. Und Flucht. Und alles das flieht. Die Häuserzeile. Sie flieht. Ihr Zurückweichen. Wir können. Nicht mehr. Zurück. Nicht mehr. Hinein.

Das Kreischen. Die Frau. Das Klatschen. Mein Kopf. Auf meinem Kopf. Ein Ei. Das platzt. Das Ei. Das Ei. Ich rieche. Das Klebrige. Der Geruch. In meinem Haar. Auf meinem Kopf. Ich fühle. Ich träume. Ich träume nicht. Ich bin ganz wach. Mein Herz zerhämmert. Meine Seele. Das Ei. Geplatzt.

Zu Hause. Mein Fenster. Ich höre. Ich höre. Ich höre. Ich höre. Ich höre. Meinbettmeintischmeinstuhlmeininstrumentmeinlebenmeinich. Zerschellt. Ein Klang. Ein Schmerz. Ich bin nicht da. Nein. Ich schlafe nicht.

Sie sind da. Sie lachen. Die Männer. Das Lachen. Tante Sophie.

Ich träume. Ich träume. Ich träume nicht. Mein Jossel. Mein Federchen, mein Engelchen. Es fliegt. Mein Flügelchen in der Luft. Mein Jossel, das kleine Kind. Hochgeworfen. Und wieder aufgefangen. Ich höre nicht. Hochgeworfen, aufgefangen, ich sehe nicht, hoch ... Die Männer. Im Hoch. Der Jubel. Ich höre, ich höre nicht. Mein Rufen. Mein Weinen. Mein Schreien. Ich höre, ich höre nicht. Ich sehe. Mein Jossel. Sein Gesichtchen. Er weint. Er hat so Angst.

Das Lachen. Die Männer. Die Waffen. Gewehre. Ich träume, ich träume nicht, ich höre. Ich sehe ...

Mein Jossel. In der Luft. Er fliegt ganz hoch, nach oben, nach oben, nach oben, wird langsam, hält an und dann ...

und Tante Sophie

... die Wende, noch in der Luft.

Und unten. Die Männer. Ich schreie. Man hört nicht. Und Jossel. Gewehre. Nach oben. Der Fingerzeig. Das eine Bajonett. Und Jossel ... mein Jossel.

Ich sehe. Ich höre nicht.

Ein Traum. Ein Schemen. Ein Bild. Eine Gravur. Im Herzen. Der Seele. In mir. Versehrt. Graviert. Ein Traum. Mein Ich. Ein Bild. Ein Schwur. Nur einer. Der bleibt. Und Jossel. Sein Flug nach unten. Das Bajonett. Nur Bilder. Keine Töne. Kein Ton. Keine Gefühle. Kein Ich. Nur er. Und eines, das bleibt. Der Stahl. Die Klinge. Die schneidige Eleganz dieser Tat …

wie ein Ballett …

ein Akt …

auf der Bühne …

zur Schau.

Meine Erinnerung an Jossel. Kein Traum.

Füchslin, Bisig, Öchslin, Schädler, Ruhstaller und der Pfarrer Kälin auch

in der March, 1902–1906

Pfarrer Kälin hatte schon den ganzen Morgen über an den Fingern gefroren, seine Durchblutung ließ eindeutig zu wünschen übrig, aber er konnte ja nicht schon vor der Sonntagspredigt Wein trinken, nicht jedes Mal jedenfalls, das wäre dann vielleicht doch einmal jemandem aufgefallen, und das wäre das Letzte, das wirklich Allerletzte, was er hätte gebrauchen können, einen Skandal wegen des bisschen Weins oder überhaupt noch einen Skandal, denn Pfarrer Kälin wusste es nur zu gut, dass er in dieser Gemeinde mit beiden Füßen auf Glatteis stand. Und das nicht nur, weil man ihm seit neuestem eine Kebse andichtete, ein Weibsbild, pfui pfui, sondern eben gerade auch, weil sein Lebensstil ein eher auffälliger war die letzten paar Jahre über, und das sah man hier oben gar nicht gern, hier oben in dieser Gemeinde, immerhin hatte man große Stücke auf ihn gehalten, damals als man ihn geholt hatte, nach der Ausbildung, die er genossen hatte an der renommierten Theologischen Fakultät zu Zürich. Sein einziger Pluspunkt in diesem erbärmlichen Erdenleben, heiliger Bimbam, was wäre er ohne dieses eine Faktum in seinem Curriculum Vitae!

Überhaupt vermutete Pfarrer Kälin schon seit geraumer Zeit, dass ihm jemand Übles wollte, ihn verunglimpfte und seinen Namen in den Dreck zog. Wahrscheinlich handelte es sich bei diesem ominösen Jemand sogar um den alten Quacksalber Bartholomäus Bisig selbst, diese Dorftrottelkapazität, diesen Verräter, der mit der Geschichte seiner,

Pfarrer Kälins, Herpes genitalis damals im ganzen Ort hausieren ging und der auch ganz allgemein viel zu gerne über anderer Leute Leiden in aller Öffentlichkeit schwadronierte. Umso besser, dass der Gemeinderat Füchslin nun ihn, Kälin, um Hilfe ersuchte. Füchslin einen Gefallen zu erweisen konnte nur darin münden, vice versa ebenfalls Unterstützung zu empfangen. Vielleicht einen neuen Opferstock? Einen kolossalen Blumenschmuck oder einen Nussbaumschrank in der Sakristei? Allenfalls würde er für ihn auch ein gutes Wort einlegen bei der Kirchenpflege, wenn die Zeit der Wiederwahl käme, und seinen Namen dem Bischof flüstern.

Pfarrer Kälin knabberte an seinem Daumennagel, es störte ihn, wenn sich Schmutz darunter ansammelte, und mit seinen scharfen Schneidezähnen putzte er sich die Finger sauber. Seine Nägel waren ungewöhnlich lang, unziemlich, könnte man meinen, aber ihm gefielen sie so, und die Rillen, die vom Nagelbett her dem geschliffenen Dreieck nach in eine pointierte Nagelspitze zogen, fühlten sich auf seiner Zunge aufregend an.

»Gemeinderat Füchslin, da sind Sie ja schon!«, rief er aus und schwenkte theatralisch beide Arme, im Kuschen und Kotauen war er meisterlich. »Kommen Sie, setzen Sie sich, nehmen Sie Platz, ein Gläschen … W-asser, vielleicht?« Er konnte die Situation gerade noch retten, und der Stolz darüber trieb ihm holde Schamesröte ins Gesicht.

»Nume nid gsprängt, Pfarrer.« Damit setzte sich der Gemeinderat behäbig und ebenfalls sehr theatralisch auf den dargebotenen Stuhl und legte beide Hände auf den Tisch. Was für Pranken. Hügelig und behaart. Und unter jedem Nagel Schmutz. Wo der wohl wieder seine Finger hineingesteckt hatte? Pfarrer Kälin starrte fasziniert auf diese breiten Finger, er hatte gar nicht gewusst, was für massige Hände dieser Füchslin hatte.

»Ihr kennt ja die Stygerkinder, Pfarrer, nicht wahr?«

»Ich könnte nicht gerade behaupten, dass sie regelmäßige Kirchgänger wären ...«, probierte Kälin – mit einem kleinen Obolus im Sinn –, die Stimmung bereits zu Anfang in Richtung Mitleid zu schwenken.

»Darum geht es heute nicht. Die Mutter ist gestorben.«

»Nein!«

»Doch. Heute früh. Schwindsucht. Ich komme soeben von Doktor Bisig zurück. Er hat ihren Tod festgestellt.«

Pfarrer Kälin zählte flink eins und eins zusammen: Da der Vater bei einem ominösen Unfall bei der Nord-Ost-Bahn vor nur knapp einem Jahr ums Leben gekommen war, wären die Kinder nun allein – wo man ja bis heute nicht so genau wusste, ob der das gar am Ende nicht auch so gewollt hatte, der war ja so ein Jammerlappen sein Lebtag lang. Und jetzt also die Mutter, Gott erbarm's, die armen Kinderchen. Mündel also. Mündel, das bedeutete Mündelgeld. Vielleicht auch einen Batzen für ihn. Er horchte auf.

»Die beiden werden verdingt.«

»Die beiden?«

»Der Größte ist verschwunden. Wir wissen nicht, wo er sich zurzeit aufhält. Das Ganze ist noch nicht spruchreif, aber wenn es zur Verdingung kommt, und diese Gant wird sicher in den nächsten Tagen über die Bühne gehen, will ich, dass das Los der Älteren, Mauritzia, auf meinen Schwager, Bauer Schädler aus Samstagern, fällt. Man soll sie ihm überantworten.«

Pfarrer Kälin kannte die Stygerkinder vom Sehen, den Jeremias, der wohl schon erwachsen sein dürfte, aber immer noch ab und zu im Dorf herumlümmelte, und die beiden blonden Seelchen Mauritzia und Lina, denen die Zöpfe beim Laufen immer so lustig hinterherzappelten. »Wo sind die Mädchen jetzt?«

»Wir haben sie auf dem Polizeiposten abgegeben. Die

Frau von Polizist Öchslin kümmert sich um sie. Kann ich mich auf Sie verlassen?«

Der Pfarrer nahm seine linke Hand in die rechte und strich sich mit dem Daumen über jeden der fünf pfeilförmigen Fingernägel, als müsste er noch überlegen. Dann lehnte er sich schwungvoll zurück, breitete wie zu Beginn einer Predigt seine beiden Arme aus und rief im liebedienerischen Tonfall eines erschöpfenden Hallelujahs: »Aber ja doch! Natürlich, soll gelten! Sie können auf mich zählen, Gemeinderat Füchslin, jederzeit!«

Wenn nur die beiden Burschen nicht auch noch kamen. Mauritzia schob ihren Rock zurecht, der geblümte Schurz war schon wieder eingerissen, wie sie das vor der Bäuerin Schädler geheim halten sollte, wusste sie nicht. Mit zittrigen Fingern flocht sie sich die langen Zöpfe neu. In ihrem Mund schmeckte sie Blut, Bauer Schädler, den sie »Vatti« nennen musste, hatte sie mit seinem Ledergürtel ins Gesicht geschlagen, dabei war ihr wohl ein Zahn ins Wackeln geraten. Sie schluckte. Weil sie das hellblaue Bändchen, die Masche für ihren Zopf, nicht mehr finden konnte, schnitt sie sich kurzerhand ein Stück Schnur von einem der Futtersäcke ab. Gerne hätte sie in einen Spiegel geschaut, aber sie wusste beim besten Willen nicht, wie sie das hätte anstellen sollen. Wenn bloß die Bäuerin keinen Verdacht schöpfte. Verheult wandte sie sich den Kühen zu, es war höchste Zeit, sie anzumelken. Gleich würde Knecht Rüedi Ruhstaller seinen Kopf hereinstecken und wissen wollen, ob alles bereit sei.

Der warme Geruch der Kühe beruhigte sie etwas, das Dampfen und Malmen und Wiederkäuen stimmten sie versöhnlich. Mauritzia holte den Melkschemel, die Holzwatte und das Jod und begann ihre Arbeit mit der vordersten Kuh, Albeli, der mit den großen gelben Hörnern, die sich so gerne von ihr streicheln ließ. Plötzlich aber wurde Mauritzia von hinten gepackt und durch die Luft geschleudert.

»Wusst ich's doch!« Das war die Stimme Ruhstallers, der ihr jetzt unschön in die Augen starrte. »Ich habe euch gesehen, dich und den alten Sack!« Mauritzias Lunge füllte sich mit dem Schrecken seines beschwipsten Atems, ihr wurde übel, und ihr Körper wurde von einem Wimmern erfasst, das sie schüttelte. »Halt still, du kleines Luder, was der kann, kann ich schon lange ...«

Um ihre Zöpfe würde sie sich später kümmern müssen, jetzt war sie eiligst dabei, die Kühe auszumelken, Rüedi war verschwunden, und bevor »Vatti« auftauchte, um nach dem Rechten zu sehen, wollte sie fertig und aus dem Stall heraus sein. Zwischen den Beinen brannte es sie, und immer wenn sie sich da kratzte, wurde es noch schlimmer, aber Nichtkratzen ging auch nicht. Wäre es Sommer gewesen, wäre sie kurzum in den Brunnen getaucht, aber jetzt war das undenkbar. Überhaupt hatte sie das »Müetti« schon zweimal nach ihr rufen hören. Mauritzia musste sich wirklich beeilen, wenn in ihr kein Argwohn aufkommen sollte. Ihre Tränen schmeckten heiß, süß-säuerlich. Sie vermisste ihre Schwester Lina, und sie vermisste ihren großen Bruder Jeremias, der sich nie von irgendjemandem auf der Nase hatte herumtanzen lassen, aber sie hatte beide nicht mehr gesehen seit dem Tag, als ihre Mutter starb, und es wollte ihr auch keiner sagen, wo und wie sie sie je wiederfinden könnte.

Am allerschlimmsten waren die langen Winternächte. In der oberen Kammer, wo das »Müetti« ein Bett für sie hingestellt hatte, einen Krug und eine Waschschüssel auch, zog es durch die Sparrenritzen hinein, und es schien, als ob gegen diesen zugigen Nachtwind einfach kein Schutz wäre.

Mauritzia war es nicht erlaubt, eine Wärmeflasche mit nach oben zu nehmen, solch teures Gerät war den Schädlers allein vorbehalten, und, »du musst dich nicht grämen, Meitli«, wurde sie von »Vatti« zwischen Tür und Angel des WC-Häuschens beruhigt, wenn er wieder einmal schlauer gewesen war als sie und sie da überrascht hatte, wo sie für ein paar kostbare Minuten des Tages allein sein konnte, »uns wird schon etwas einfallen, um dich warm zu halten«.

Besonders reute Mauritzia, dass sie für sämtliche Wärmflaschen des Hauses hatte neue weiße Überzüge häkeln müssen, mit Mustern, die sie einst von ihrer lieben Mutter selig gelernt hatte, aber da gab es kein Erbarmen. Mauritzia zog sich die garstige Decke fester über den Kopf.

In ungezählten Nächten war der »Vatti« dafür besorgt, sie »warm zu halten«. Er rieb sich an ihr und drückte an ihr herum, dass sie sich wünschte, ihre Brüste würden ewig klein bleiben, nur um ihm nicht noch mehr Angriffsfläche zu bieten. Tagsüber bandagierte sie sie mit einem Stück Stoff und hielt sie so davon ab, sich unter den zerschlissenen Schürzenkleidern allzu deutlich abzuzeichnen. Aber wie hätte sie diese Spalte zwischen ihren Beinen schützen können? Nur einmal, ein einziges Mal, hatte sie versucht, sich zu wehren. Das war, als Aegidius Schädler, der älteste Sohn der Familie, sie bei der Apfelernte hinterrücks überfallen hatte und gegen den rauen Stamm des Obstbaumes warf. »Nicht, lass mich in Ruhe!«, hatte sie aufbegehrt, aber dummerweise war auch der jüngere nicht weit, Ferdinand, und der war sogleich zur Stelle. Gemeinsam hatten die beiden Schädler-Brüder ihr die Hände festgehalten und die Beine auseinandergedrückt. Als sie fertig waren und sie so daliegen sahen, gekrümmt wie eine tote Spinne, und als sie bemerkten, wie Mauritzia den Stoff ihres Unterrockes mit beiden Fäusten gegen ihren kleinen flaumigen Hügel presste, lachten sie gleichzeitig auf, und es war der Jüngere,

Ferdinand, der sagte: »Dich verlangt wohl nach noch einer Ladung, was! Komm, Aegidius, hilf mir mal«, und das war's dann gewesen, ihre Hände wurden ihr erneut weggezerrt, so dass ihr die Finger noch tagelang weh getan hatten und das Blut in ihnen pulsierte.

Nein, das Leben auf dem Schädlerhof war für Mauritzia kein Zuckerschlecken. Und auch in der Schule hatte sie einen schweren Stand, da sie nur selten den Unterricht besuchen durfte und nicht mehr richtig mitkam.

Die Arbeit auf dem Bauernhof laugte sie rasch aus, so dass sie bereits mit vierzehn Jahren noch vor Sonnenuntergang müde war und nicht mehr aufrecht gehen mochte. Um ihre Lippen hatten sich hauchdünne Linien eingekerbt, und auf ihrem Kinn prangte eine dünne Narbe, an der Knecht Ruhstaller Schuld trug oder auch Ferdinand oder Aegidius oder, wer weiß, vielleicht auch einer von »Vattis« Kameraden, den gelegentlichen Kostgängern, mit denen sich die Familie einen Zustupf verdiente und die ab und zu in der Kammer nebenan übernachteten und betrunken an ihre Türe klopften.

»Mauritzli, aufmachen«, war ein Spruch, der sie jedes Mal in null Komma nichts in eine schreckliche Beklemmung versetzte. »Mauritzli, aufmachen«, war auch ein Spruch, den irgendeiner in die Eichenholzplatte des Lehrerpults geritzt hatte, weswegen dieser einmal zum Bauern Schädler vorsprechen gekommen war. Dreißig Schläge mit dem Butterlöffel, und die Sache war gegessen.

im Sommerhoch

Küsnacht, 1910

Seit zwei Jahren nun hatte das Herumziehen ein Ende, und die Zeit des sich alles und jedes vom Mund Absparens, was nur irgendwie entbehrlich, war endgültig und tief im Pfuhl der Vergessenheit versunken, denn seit genau vierundzwanzig Stunden und zwanzig Minuten waren sie stolze Besitzer eines zwillingsgesichtigen Geschäfts- und Wohnhauses mitten im Geschehen an der Dorfstraße, und das an der sogenannten Goldküste: Guerrino und Comsola waren in Küsnacht am Zürichsee endlich zur Ruhe gekommen. Zusammen mit ihren bislang vier Kindern saßen sie auf den sonnigen Steinen des Küsnachter Horns, schauten auf den Zürichsee und ließen die Beine ins Wasser baumeln. Comsola hatte an Umfang ganz schön zugelegt in diesen gebärfreudigen Jahren, und ihre Beckenknochen standen breit wie die einer Kuh, aber noch immer musste Guerrino verlegen lächeln, wenn er seine Frau von der Seite betrachtete: In ihrem einteiligen Badeanzug mit den gerafften Bändchen über den wuchtigen Oberschenkeln mit den Besenreiserchen, ihrer gestreiften Badekappe, die eines Sultans würdig gewesen wäre, und den schmalen schwarzen Riemchen ihrer Badeschuhe, die sich um ihre Fesseln schnürten, sie beinahe ein bisschen, ja, doch, schmunzelte Guerrino, einschnürten, sah seine Frau Comsola Rodope Senigaglia einfach hinreißend aus. Sie verscheuchte mit einem Schlenker des Fußgelenkes eine Wespe von ihrer Wade.

Die Tortur der Haarentfernung, die einem jeden Bade in der Öffentlichkeit vorangehen musste, war rasch vergessen, spätestens als Severino, der jüngste Spross, ein Biondo wie sein Vater und noch kein Jahr alt, vor lauter Freude quietschte und mit beiden Beinchen nach dem Wasser trat. Der älteste, Tullio, und seine beiden Brüder Benedetto und Nunzio planschten in Ufernähe. Es waren an diesem glühenden Tag im Hochsommer 1910 einige Dutzend Frauen, Männer und Kinder am Küsnachter Horn anzutreffen, sie badeten, plauschten, brieten eingekerbte Würste über offenem Feuer. Auch Guerrino hatte ein Picknick mitgebracht, Salami, Prosciutto, Wein und Brot und für die Kinder hartgekochte Eier. Es ging ihnen gut, jeder, der auch nur einen Blick auf sie geworfen hatte, hatte es gewusst: Hier war eine glückliche Familie, deren Strebsamkeit sich ausbezahlt hat. Guerrino glaubte den neidischen Augenaufschlag eines kürzlich aus Vorarlberg zugezogenen Ehepaares – der Mann hatte bei ihm um Arbeit ersucht, vergeblich – auf sich und seiner Kinderschar zu spüren.

Das inoffizielle Bad entlang der Küsnachter Ufernase war sommerlicher Treffpunkt des Mittelstandes, und Guerrino erfüllte es mit heißem Stolz, dass er nun dazugehörte. Er war Hausbesitzer. Zufrieden ließ er seinerseits seinen Blick über die Anwesenden schweifen. Er konnte sich des Eindrucks nicht erwehren, dass hier unter den Augen aller eine verstohlene Heiratsbörse stattfand. So etwas aber auch, wie hatten sie das nur damals in Bergamo, in Marostica gemacht? Die roten, schwarzen, grünen und dunkelblauen Badekleider der Frauen waren modisch aufgepeppt, bunt wie auf einem Bazar! Die eine hatte mit einem silbernen Gürtelchen die Taille, die andere den Saum ihres Kleidchens mit Rüschen verziert, und eine weitere trug sogar einen zusammengestückelten Einteiler, der oben gepunktet und unten gestreift war. Gar manche hatte sich die Bänder der Badeschuhe kreuzweise hoch über die Waden geschnürt, so dass sie wie historische Römersandalen wirkten. Guerrino war nicht der Einzige, der dieses Treiben beobachtete: Ein Dorfpolizist hatte sich im Schatten einer Linde aufgebaut und stierte mit scheinbar unbewegten Blicken über den See. Junge Männer warfen einander Bälle zu, und junge Frauen keckerten heiser, wenn sie – unabsichtlich oder absichtlich – unter vielen Entschuldigungen der Junggesellen und Hagestolze getroffen wurden. »Weit haben wir es gebracht, Comsola. Eine solche Freiheit uns errungen.«

Gemeinsam führten sie ein Comestibles-Geschäft an der Dorfstraße sowie ein Restaurant, den Falken. Comsola war die Königin der Krämerware, derweil Guerrino das Servierpersonal in der Wirtschaft dirigierte. Eintretende Gäste begrüßte der Padrone persönlich, und jeden Abend, wenn Comsola den Schlüssel von der Türe zum Comestibles-Geschäft abzog, kam sie herübergewatschelt und stieg hinunter in die Kellerküche, wo sie bis Mitternacht in Töpfen rührte.

Senigaglias hatten 1908 die Gelegenheit beim Schopf gepackt und sich – zuerst nur zur Miete, nun als im Grundbuch eingetragene Besitzer – mit dem Geschäft an der Dorfstraße der Zentralschweizerischen Einkaufsgesellschaft Union angeschlossen, einem Schweizer Detailhandelsunternehmen, das Einkauf und Logistik unabhängiger Detaillisten übernahm und damit in direkter Konkurrenz zum Verband schweizerischer Konsumgenossenschaften stand, der mit seinem »Genossenschaftlichen Volksblatt« eine aggressive Werbestrategie verfolgte, wie so mancher unabhängige Detaillist hinter vorgehaltener Hand oder auch ganz offen wetterte.

Mit viel Fleiß und Einsatz hatten Guerrino und Comsola die Räume frisch herausgeputzt, die Wände gekalkt, jede einzelne Diele des Flechtparketts mit geschlämmtem Umbrasand geölt und gebohnert. In manche der Fensterrahmen musste Guerrino neue Scheiben einlegen lassen, und die Kücheneinrichtung erfolgte nach eigenen Überlegungen. Für sich selber hatte er in der hinteren linken Ecke der Küche eine Arbeitsplatte zum Ausbeinen eingerichtet, und Comsola wusste, wann immer er des Morgens verschwörerisch in ihr Ohr hauchte: »Atta wida Enteli in de Bacc ...«, würde er spätestens im Laufe des Vormittags mit zwei oder drei erlegten Küsnachter Bachenten herrisch Einzug halten.

Sollte er damit glücklich werden, hin und wieder auf die Jagd zu gehen, um Selbsterlegtes zu servieren, ihr Glück bestand allmorgendlich darin, den großen Bartschlüssel in der Tür zweimal umzudrehen und in den unvergleichlichen Geruch ihres eigenen Reiches einzutreten. Drei Treppenstufen hatte sie zu nehmen vom Trottoir aus, um auf die Ladenebene zu gelangen, und nach besagter Schlüsselzeremonie schritt sie in ihr Geschäft und stand vor einer ausladenden Theke, in welche Guerrino speziell für sie Schütten eingearbeitet hatte. Die schwarzen Eisengriffe hatten eine zarte ovale Muschelform und glänzten wie Rabenaugen. Vorsichtig prüfend, kippte Comsola Morgen für Morgen jede einzelne leicht nach vorne, um mit der halbrunden Löffelschaufel genussvoll darin herumzufahren. Das war ihr persönlicher Schöpfungsakt, an den sie im Laufe eines Arbeitstages immer wieder erinnert wurde, wenn sie den Inhalt eines Behälters von der Schaufel in die Papiertüte gleiten ließ. Die spezifischen Geräusche, die Kaffeebohnen, Zucker, Grieß, Salz und Mehl auf ihrer Rutschfahrt machten, waren wie Musik in ihren Ohren. Zucker kräuselte ihr die Nackenhaut, Kaffeebohnen kitzelten sie unter den Armen, und das luftige Rieseln des ansonsten stillen Mehls streichelte ihr noch minutenlang über den Rücken hinab, so dass sie jeweils mit fernem Blick dastand und in sich hineinlächelte. Die sonst so resolute und für ihren scharfen Ton bekannte Comsola Senigaglia schenkte ihren Kundinnen und Kunden in diesen Momenten eine ganz andere Seite von sich, eine, die jene oft mit nachbarschaftlicher Freundlichkeit verwechselten, weswegen sie auch gerne wiederkamen, war sie doch ein Ausgleich zu Comsolas zuweilen doch recht aufbrausender Art.

Denn Comsola konnte loslegen wie ein Herbstgewitter. Hatte zum Beispiel ein Kunde eine Ware ohne ihr Einverständnis mit bloßen Händen angetastet, ließ sie ein Gezeter von der Leine, dass einem Hören und Sehen verging. Dann war sie ganz außer sich und redete sich halb um den Verstand – und den reuigen Kunden um jedes Verständnis. Aber man musste einfach Nachsicht mit ihr üben – einen Krämerladen wie den ihren gab es weit und breit sonst keinen.

Oft kauften die Kunden von allem etwas in handlichen Mengen, bestellten zum Beispiel einen Vierlig Zucker oder ein Halbeli Wein, den die beiden aus den Abruzzen importierten, Oliven, Reis und Aprikosen und ließen es sich gutgehen mit ausländischen Spezereien. Darauf waren die Hiesigen ohnehin ganz versessen: sich mit dem Besten, was andere Länder zu bieten hatten, die eigene kartoffel-, kohl- und käselastige Küche aufzumotzen.

Inmitten der großen, stets blankpolierten Theke thronte die reich verzierte gusseiserne Ladenwaage der Firma Busch, und gleich rechts neben ihr stand die rot lackierte Aufschnitt-Schneidemaschine, eine Holländische Berkel, deren Kaufbetrag die Eheleute in monatlichen Raten abstotterten. Die erste und leider nicht die letzte Errungenschaft, die sie auf Pump getätigt hatten. Die Bauchschmerzen, die ihnen die offene Rechnung in den ersten Nächten machte, an die gewöhnte man sich bald. Zu bald.

Immer öfter bestellte nun Comsola auch in Katalogen, am liebsten war ihr der Illustrierte Hauptkatalog von August Stukenbrok aus dem deutschen Einbeck. Seine Ware war, wie er selber anpries, in Dauerhaftigkeit allen überlegen. Bei ihm erwarb sie sich für den Eigenbedarf und manchmal für ein kleines Nebengeschäft Dinge wie Eieruhren, Korkzieher oder Büchsenöffner. Einmal auch einen Sperrtrichter aus Aluminium, mit dem sie den Wein aus den großen Flaschen in kleinere umfüllte, ohne dabei eines einzigen Tropfens verlustig zu gehen. Für die Kinder hatte sie ein eigenes Eck im Laden eingerichtet, ausstaffiert mit Stukenbrok-Artikeln: Zungenbällen, Doppelgelenkpuppen mit Schlafaugen und Wimpern und sogar einer elektrischen Puppenstubenbeleuchtung. Letztere ging besonders gut, Comsola war zu einer regelrechten Wiederverkäuferin von Stukenbroks Puppenstubenleuchtungen avanciert. Nicht einmal als sie für ihren Mann ein Geschäftsrad bestellte, muckte dieser auf. Sie zählte ihm einfach die Vorzüge auf – solideste deutsche Bauart, Gepäckträger, ein unübertroffenes Doppelglockenlager, ein kräftiger, besonders großer Sattel sowie eine Werkzeugtasche feinster Präzisionsarbeit –, und die Bestellung war geritzt. Einvernehmlich tat man so, als ob der Geldfluss grad nie versiegen könnte, spielte die Scharade vor niemand anderem als dem Ehepartner und genoss die Möglichkeit der Bestellungen auf Pump. Als Zugabe erstand Comsola noch zwei Reservereifen der Marke Teutonia Prima sowie eine vierteilige Teleskoppumpe. Was will man mehr?

Comsola hatte alles, was sie wollte. Auf den massiven Holztablaren beiderseits des Tresens fanden sich Haushaltsgüter wie Essig, Speiseöl, selbstgemachte Teigwaren wie Ravioli, Gnocchi, Involtini, weiter Reis, Flocken, Honig, Confituren, Gewürze und Senf, aber auch Charcuteriewaren wie Salami, Schinken, Mortadella sowie allerlei Gemüse und Früchte, je nachdem, was die Saison zu bieten hatte. Sie führten Mandelcreme, Maronencreme, hatten sizilianische Pistazien im Sortiment, und ganz besonders stolz war Comsola auf ihre selbstgemachten Sugos, grüne, rote, und wenn Sepia da war, dann auch schwarze.

Neben der wuchtigen »National«-Registrierkasse standen mit zurückgeklappten Deckeln, unübersehbar bunt lackiert, die sieben Blechdosen mit den Bonbons und Caramels. Und in flachen langen Schalen hin und wieder Hülsenfrüchte oder Nüsse.

Sogar eine ganz besondere Exklusivität bot Comsola feil: Coca-Cola in geschwungenen Flaschen, was – zusammen mit einem Trinkhalm – besonders gut bei der Dorfjugend ankam; die junge Oberschicht mit ihren Dämchen der ersten Gesellschaft bestellte dazu gerne ein Tablett mit Gläsern, mit dem man sich, noch vor dem Ladenlokal in der Sonne stehend, amüsierte. Comsola ärgerte sich über einen solchen Verfall der Sitten nur gespielt, heimlich hätte sie darauf wetten mögen, dass die entsprechende Coca-Cola-Blechplakette, welche eingangs des Ladens hing, nichts mehr und nichts weniger als ihren guten Dienst versah. Darauf abgebildet, lächelte eine rotgewandete junge Brunette ein herausforderndes Lächeln unter üppig blumenbestecktem Sommerhut und leerte soeben ihr Gläschen …

In der Mitte der Rückwand des Ladens führte eine enge Treppe in den Keller hinab; dort unten wurden weitere Frischwaren aufbewahrt, von den lokalen Bauern abgenommene und auf einfachen Hürdeli gelagerte Kartoffeln, Äpfel, Wirsingkraut, aber auch Tiegel mit Pflanzenfett, Butter, Milch und nicht selten ein ganzes Schock Eier.

Und alles andere als verschämt präsentierte sich auf dem wackeligen Rüsttischchen eine geschickt verdrahtete Obstdarre. Auf ihr ruhten Küsnachter Hutzeln – Dörrbirnen, im Ganzen getrocknet mit Stumpf und Stiel –, Feigen, Datteln, Kirschtomaten, allerlei Gattung Steinfrüchte aus dem Ofen sowie ein paar Oliven vom vergangenen Jahr.

Seit sie in Küsnacht ins Geschäft gekommen waren, ähnelten sich die Tagesabläufe zuverlässig. Guerrino fuhr jeweils am Morgen früh um vier Uhr zusammen mit anderen Händlern mit der Kutsche auf einem Pritschenwagen zum Engros-Markt nach Zürich, um frisches Obst und Gemüse einzukaufen. Nachdem er es im Comestibles-Geschäft untergebracht hatte, pflegte er oben in der Wohnung ein, zwei Stunden der Ruhe. Später stand er stumm und erhaben im Restaurant Falken und dirigierte die Serviertöchter eben auf seine ganz spezifische wortlose Weise nur mit Kopf und Augen. In der Küche hatten sie tagsüber einen Koch angestellt, der einfache lokale Gerichte reichte, abends war sie Comsolas Bühne, auf der sie wunderbare Drei-, Vier- oder Fünfakter der italienischen Gourmetkunst inszenierte. Nur im Herbst machte Guerrino ihr ihren Platz ab und zu streitig, dann eben, wenn er zur Jagd gewesen war und selber Wild servieren wollte.

Weit nach Mitternacht zogen sich die beiden in ihr Schlafgemach zurück, beseelt von der Glückseligkeit, die einzig das Übersichhinauswachsen mit sich bringen konnte, ein letzter Blick ins Bubenzimmer, ein letztes Mal Ohren spitzen und die zarten Schlafgeräusche der Nachkommenschaft in sich aufnehmen, und endlich löschten auch Comsola und Guerrino das Licht.

»Davvero, das ist wahr. Das Leben hat es gut mit uns gemeint.«

günstige Gelegenheit

Sankt Immer, 1913

Als François Schön, wie sich Feri mittlerweile nannte, Mauritzia das erste Mal gesehen hatte, waren ihre Knospen bereits verdorrt. Sie war mit der Familie Schädler am Abendbrottisch gesessen, stumpfsinnig, trüb, und zuckte bei jedem lauten Wort zusammen. Kein schöner Anblick. Aber als sie aufgestanden war und sich über die Spüle beugte, hatte er ihr dann doch hinterhergeluchst. Sie hatte ein Hinterteil, das konnte man nicht übersehen, selbst nicht, wenn man frisch von Paris kam und dort allerlei Frauenzimmer gewohnt war.

Das war vor etwa fünf Jahren gewesen, irgendwann im Winter 1907 auf 1908.

Damals hatte François angefangen, sich in der Schweiz umzusehen, dem Land, in dem einst am 9. September 1898 der Italiener Luigi Lucheni mit einer selbstgebastelten Feile der Kaiserin von Österreich und Ungarn, Sisi, einen tödlichen Stoß ins Herz versetzt hatte.

François' Geschäft in Paris ging zwar gut, aber er hatte doch das Gefühl, dass in der Schweiz dem Handel mit Kammwaren noch mehr abzugewinnen wäre. Zudem sagte ihm sein siebter Sinn, dass Europa bald nicht mehr Europa wäre, jedenfalls nicht in der Gestalt, wie man es kannte. Er wollte rechtzeitig den Absprung schaffen. In der Gegend von Montmartre belegte sein Geschäft »François S. – Posticheur d'Art – Hors Concours« zwei Stockwerke eines schmalen Häuserblocks, jede Pariserin, die etwas auf sich hielt, musste einfach Haarteile besitzen, die sie sich nach

Belieben und je nach Anlass anstecken lassen konnte. Reichtum wurde über das Volumen des Kopfes zur Schau gestellt: je mehr Haare auf dem Kopf, je angesehener, und François lieferte an die Friseure von Paris jeden einzelnen Buchstaben des Haarteilalphabets, den man für diese Sprache des Luxus brauchte. Er hatte seinen eigenen Telefonanschluss, einen wuchtigen Wandapparat mit Kurbel, und der Draht glühte. Der Entschluss, den er noch als halber Junge gefasst hatte, Miskolc auf schnellstmöglichem Weg zu verlassen und so bald nicht mehr zurückzukehren, wenigstens nicht, bevor er nicht ein Arrivierter war, hatte sich für ihn ausbezahlt. In Paris war er an die richtigen Leute gelangt, Frauen, um genau zu sein, die ihm den Start erleichterten mit Krediten, auf deren Rückzahlung keine bestand. Wohl auch, weil keine von der anderen wusste und sich jede im Glauben wiegte, die Einzige zu sein.

Sein Sortiment umfasste bald über tausend Artikel, und die Vision, damit in die Schweiz auszuwandern und weiter zu vergrößern, trieb ihm die Tränen der Gier in die Augen.

Und so reiste er nun kreuz und quer durch die Schweiz, besuchte Genf, Lugano, Basel, Zürich, Bern und knüpfte erste Kontakte zu den Friseuren dieses mystischen Kleinstaates. Nur gut, dass es unter den Friseuren selbst so viele Ungaren gab, man verstand sich auf Anhieb.

Wie er einmal am Zürichsee unterwegs war und dort die Gemeinden nach einer günstigen Pension abklapperte, gab ihm ein Friseur den Tipp, es bei Schädlers zu versuchen. Es hieß, der Bauer sei ein weitaus besserer Gastwirt als Landwirt. »Ich kenne ihn selber nicht, aber er gilt als Geheimtipp hier in der Umgegend, und man erzählt sich, dass er es einem Gast an nichts mangeln lasse. Wenn er so großzügig ist, wie ich gehört habe, wird er dir sicher ein Bett für die Nacht anbieten.«

Eigentlich war sie für seinen Geschmack zu jung gewesen, er bevorzugte reife Frauen. Solche, die wussten, wie sie einem Mann zu gefallen hatten. François pflegte sich in Paris mit routinierten Tänzerinnen zu amüsieren, hier und da schon etwas ramponiert oder aufgedunsen, aber dennoch hübsche Häschen, spärlich bekleidet und mit ihren Fingern und dem Mund so flink, dass er sich manchmal gar nicht daran erinnern konnte, wann und wie sein Hosenlatz aufgesprungen war. Was wollte er also mit einem so jungen Ding? Andererseits: hatte sie nicht wirklich einladende Hüften? Ein Hinterteil, das nur darauf wartete, poliert zu werden? Wieso nicht einfach einmal drübersteigen, der Bauer hatte ja gesagt, wenn er noch etwas nötig hätte, Mauritzli im Zimmer nebenan würde ihm gern zu Diensten sein. Wonach es ihn auch immer gelüstete. Aber vielleicht bildete er sich das auch nur ein, man hatte ja bis weit in die Nacht hinein gezecht und palavert, ein eigenbrötlerisches Volk, diese Schweizer, schwer zu durchschauen in ihrem Hin und Her von Offenheit und Zugeknöpftheit. Es wurde mehr angedeutet als ausgesprochen, und François würde gut daran tun, ihren sprunghaften Charakter zu studieren, bevor er in die Geschäfte mit den Bürgern dieses Landes eintauchte. Man musste sich in den Köpfen seiner Geschäftspartner auskennen wie in Feindesland.

Als er kurze Zeit später in seinem knarrigen Holzbett lag und die Augen schloss, sah er sie über sich hängen. Diese Früchte der Natur, saftig wie Äpfel, vollmundig, erntereif. Kein Zweifel, dass unter ihrer strengen Bauerntracht kräftige Brüste warteten. Die müsste man einmal in Schwung bringen. Doch, es wäre eine wahre Sünde, dieses appetitliche Geschöpf Gottes nicht unter die Fittiche zu nehmen, nur für die eine Nacht, nur für eine Stunde, und diese aber mit aller Wollust füllen, zu der er fähig war, ja, das wollte er. Er hatte zwar schon einiges intus, aber probieren musste er sie auf jeden Fall.

Als er ihr nun Jahre später in Sankt Immer so unvermittelt gegenüberstand, waren ihm fast beide Augen aus dem Kopf gefallen. Er ging den steilen Weg vom Bahnhof in Richtung Dorfmitte hinan, der Mont Soleil lag verhüllt im Nebel, und die Menschen, denen François auf seinem kurzen Spaziergang begegnete, schlaarpten mit den Füßen. Alles schien verschlafen, müde, Menschen mit Gesichtern matt wie ungefärbter Marzipan. Einzig François war im Geiste voller Schmiss, ging er doch gerade seine Rede durch, mit der er den Notar, den er heute kennenlernen wollte, zu beeindrucken beabsichtigte. Auf der Reise durch die Franches-Montagnes nach Sankt Immer hatte er sich die Wörter einzeln zurechtgelegt und dann zufrieden und etwas irritiert zum Fenster hinausgeschaut; so viele Weiden. Die Worte in seinem Kopf waren auf Erfolg aus; das Unterfangen sollte unbedingt gelingen. In Bern hatte er ein leerstehendes Gebäude an der Kramgasse 75 ins Auge gefasst, und geistig sah er sie schon, die einladend gestalteten Werbeschriften, die Inserate, die er in den Tagblättern schalten wollte: *Toiletten-Artikel, Parfumerien en gros, Bedarfsartikel für Coiffeure, Posticheure und Manicure, Haarhandlung*. Auf einem Notizzettel, den er aus der eingenähten Tasche seines Trilbys, des knielangen Gehrocks, den er sich letzte Saison bei Aux Galeries Lafayette für spezielle Gelegenheiten geleistet hatte, kramte, notierte er: DEVISE: *Qualitätsware, Größte Auswahl, Niedrigste Preise* – so viel glaubte er vom Schweizer Volk mittlerweile verstanden zu haben, es kam ihm vor allem auf Qualität an. Dann hatte er seinen Blick wieder aus dem Fenster schweifen lassen, über die Hügel und Felder, die hohen Wälder, die verträumt in weichem Wiesenboden wurzelten, und Ewigkeiten lang nichts anderes mehr gesehen als Pferde, die ihren Kopf hoben, als der Zug an ihnen vorüberstampfte.

Die Häuser in Sankt Immer standen etwas hochnäsig

kreuz und quer und drückten Unantastbarkeit aus, Distanz. In jedem zweiten oder dritten schien ein Uhrmacher zu residieren. Ja, das hatte er schon gemerkt, dass in der Schweiz Pünktlichkeit die Erkennungsmarke der Erfolgreichen war, und ganz offensichtlich war sie hier erfunden worden: in Sankt Immer. Überhaupt schien ihm der Ort wie ein kategorischer Imperativ zu sein, so und nicht anders hatte der Schweizer Mensch, die Welt der Schweizer zu sein. Selbstsicher, aber nicht zu sehr, unübersehbar, obgleich nicht allzu herausgeputzt, ohne Angriffstendenzen, aber zu jedem Kampf bereit. Sakrosankt in einer typisierten stillen, leicht überheblichen Ausstrahlung.

Vielleicht wegen der umliegenden Berge, überlegte François, sie vermochten die Außenwelt auf annehmbarer Distanz zu halten. Egal, er brauchte sich hier ja nicht länger als nötig aufzuhalten. Und auch in Peuchapatte nicht, der Gemeinde, die nach Einnahmen langte: ein Drittel für die Armenunterstützung, zwei Drittel in dic Gemeindekasse. Ein Handel, bei dem ihm besagter Notar helfen würde. Und der sein Entréebillett in die Schweizer Gesellschaft war. Wenn er es geschickt anstellte, wenn er überzeugte. François hatte in einer liegengelassenen Zeitung, LE JURA, zwischen Annoncen für Lotterielose, einem Danse Publique irgendwo im Haut-Rhin, einem Mardi Gras mit Maskenball ab acht Uhr abends in Porrentruy, Insektenpulver, Grippemittel, Waldverkäufen, einer kleingedruckten Gebrauchsanweisung für Persil sowie einer Affiche für das Schuhputzmittel Congo die einzige wirklich bedeutsame Notiz und damit den ausschlaggebenden Impuls für diese Reise in die Westschweiz erspäht: *Notar F. Bumsel, wieder aus dem Militärdienst zurück.*

Er musste einem Zedel ausweichen, der unvorsichtig nahe am Bürgersteig schlingerte. Diese Marotte, dass nun jeder ein Automobil fahren musste! Reichte es nicht, dass sie das geruhsame Promenieren im schönen Paris verunmöglichten, mussten sie jetzt schon au bout du monde, im hintersten und letzten Krachen der Welt also, die Luft verpesten? François frottierte sich den Staub von seiner Hose, zupfte die Bügelfalte zurecht und schüttelte die Füße einmal links, einmal rechts, so dass er wieder einen ordentlichen, feinen Eindruck machte, ganz Herr von Welt.

Als er seinen Blick wieder hob, dem Platze zu, der sich vor ihm auftat, erkannte er sie sofort: dieser Arsch. Diese Brüste, die ganze Figur. Wie sie da über die Straße marschierte, ein Kind an jeder Hand. Mauritzias Blick wechselte in Sekundenschnelle von Erstaunen zu einer scheuen Freude, ihre Zähne blitzten kurz auf, und ihre Augen blieben auf François haften, als hätten sie nach Jahren der Ruhelosigkeit endlich ihren Ankerpunkt gefunden. Er erkannte, dass sie noch immer Magd war, das eine Kind, das sommersprossige, flachnasige – ein Junge – trug ein abgestoßenes Gewand, das andere, ein Mädchen mit braunen Zöpfen und bunten Schleifchen im Haar gehörte zweifelsohne irgendeiner Madame, bei der Mauritzia wohl in Diensten stand. Sie starrte ihn noch immer an, zwei Meter vor ihm, der ganze Körper angespannt. Er konnte sie riechen, und sein Herz erinnerte sich an den Geruch von Milch, von Holzkohle und von getragenen Sachen, und mit einem Male spürte François in sich eine Gemütsbewegung, die ihn irgendwie rührte, und außerdem: Eine Schweizerin zu ehelichen wäre vielleicht gar nicht schlecht. Gerade zum jetzigen Zeitpunkt nicht.

Die Okkasion schlechthin.

Alles stimmte. Sein Haus an der Kramgasse in Bern, sein Kammwarenhandel, die Expansionspläne, das ganze Zukunftsbild! Und wie wollte er alleine die Verkaufsebene im Parterre, die Stockwerke und obenauf noch die Mansarde bewältigen? Früher oder später würde er ohnehin Personal benötigen, wieso also nicht gleich damit beginnen?

Er war auf einem Glücksritt, alles, was er anpackte, wurde zu Gold. Und nun war er also gerade noch rechtzeitig in ein Land gekommen, das für sich die Neutralität reklamierte. Die Schweiz, neutraler Kleinstaat, der vielleicht einzig sichere in diesen unsicheren Zeiten. Diese unerwartete Wendung, diese neue Möglichkeit, die sich da vor seinem geistigen Auge eröffnete, ließ ihn beide Arme auseinanderfalten und wie in grenzenloser Verwunderung und menschenmöglicher Überraschung exklamieren: »Mauritzli! Du hier! Welch wunderbare Fügung des Schicksals!«

Als sie sich abends wiedertrafen, in einem Etablissement zweifelhaften Charakters, mit einer ausgestopften Dachsfamilie, die rechts vom Eingang Menukarten hochhielt, bestätigte sich seine Vermutung, zu der ihn die Sommersprossen gebracht hatten: Das Kind war seines. Am 10. 10. 1908 war es zur Welt gekommen. Franz Mauritz hieß es. Und Mauritzia hatte noch vor der Geburt die Flucht aus Samstagern angetreten. Wie es sie ausgerechnet hierhin, nach Sankt Immer, verschlagen hatte, wollte sie nicht sagen, aber vielleicht konnte sie es auch einfach nicht, weil sie sich wirklich nicht mehr daran erinnerte. Irgendwann war sie in diesem Teil der Schweiz angekommen und hatte sich eine Beschäftigung in einem Haushalt gefunden, bei der sie das Kind behalten konnte. Aber sie sehnte sich danach, endlich nicht mehr fremdes Brot essen zu müssen.

»Das ganze Theater hat hier auch schon wieder angefangen, François. Bislang ist es mir gelungen, Monsieur auszusperren. Aber Madame mit ihrer Leichenbittermiene und der Totengräberstimmung, in die sie sich Tag für Tag hüllt wie in eine alte Robe, macht mir halt das Leben schwer.«

Und das Herz. Hätte sie hinzufügen wollen. Aber die vielen Worte hatten sie so erschöpft, sie war es gar nicht mehr gewohnt, zu reden. Ihre Brust bebte. François füllte ihr ein Glas mit Wein und schob es ihr zu. »Du hast ihn also nach mir benannt. Nach uns. Wie konntest du so sicher sein?«

Also holte Mauritzia tief Luft und antwortete: »Der Herrgott hat mich geleitet. Der Herrgott hat dich damals in meine Kammer geführt und entschieden, dass daraus ein Kind erwachsen sollte. Er hat es mir unter die Brust gelegt und dazu geschaut, dass es lebendig und heil auf diese Welt kam«, sie holte noch einmal Luft, dann fügte sie abschließend hinzu: »Nun hat der Herrgott unsere Wege wieder zusammengeführt.«

Dieser Herrgott überzeugte François wenig. Aber seine Idee, sich mit einer Schweizerin zu verheiraten, kam ihm mit vorrückender Stunde immer folgerichtiger vor. Zuerst heiraten, dann sich einbürgern lassen. Hier bleiben. Sicher sein. Erfolgreich sein. Jemand sein. Integriert sein. So, wie er in Paris jemand gewesen war. Aber auf die Franzosen mit diesem Windbeutel Poincaré als Präsidenten war ja kein Verlass. Dieses groteske Gesocks dort palaverte viel zu viel und handelte zu wenig. Das alles war zu unbeständig; erschütternd eigentlich.

Er kramte etwas aus seiner Rocktasche hervor, einen Zeitungsausriss, den er schon eine geraume Zeit mit sich herumtrug. »Hier. Hier steht es schwarz auf weiß: *Helfe Ihnen bei der Einbürgerung. Alle Papiere werden für Sie ausgefüllt. Erfolgsgarantie. Honorar angemessen.* Man hört, es gibt Gemeinden mit nicht mehr als 34 Bewohnern, die nicht weniger als 200 Ausländer eingebürgert haben, ohne dass diese jemals einen Fuß auf Gemeindeboden gesetzt haben! Damit bessern sich diese Gemeinden die Kassen auf und senken die Steuern für die Eigenen, schlau, diese Schweizer. Und alles nur eine Sache des Geldes, Mauritzia, verstehst du? Es geht ihnen dabei nur ums Geld. Und wenn ich etwas habe, dann ist es Geld. Geld, damit kann man sich hier einfach alles kaufen.«

le tzigane de la mer

Atlantischer Ozean/Rio de Janeiro, 1914–1915

Und dann war es plötzlich wieder so weit, er sah Europa, er sah einen ganzen Kontinent hinter dem Horizont verschwinden. Aus Elia Costantino Italo Israël war ein musizierender Seemann geworden, einer, der mindestens drei weinende Frauen in jedem Hafen zurückließ und der wahrscheinlich nicht einmal von ihnen wusste. Sein Charakter war wie das offene Meer, unberechenbar und den eigenen Gesetzen folgend. Insgesamt war Elia schon dreimal um die Welt gereist und hatte dabei auf den modernsten Konzert-Dampfern gespielt. In einem leichten Anflug von Selbstironie nannte er sich gerne »le tzigane de la mer« und wusste nur zu gut um das Bezirzpotential, das solch eine scheinbar unbedacht hingeworfene Phrase bei den Damen der feinen Reisegesellschaften haben konnte. Er spielte Cello und Klavier, und sein musikalischer Schwung war einfach göttlich. Beinahe in jedem Ensemble war er der Kopf der Truppe, der Kapellmeister, das heißt, er war der Chef.

Zurzeit stampfte der Koloss – die Cap Arcona – in Richtung Südamerika. In Rio, der Hauptstadt Brasiliens, wo Elia an Land gehen wollte, hatte er bei seinen früheren Aufenthalten für gutes Geld gespielt. In Bars und Spelunken und bald auch in feinen Salons und bei »Soirées Privées«, welche sich für ihn als ganz besonders lukrativ erwiesen.

Für wie lange er dieses Mal bleiben würde, wusste er nicht. Auch nicht, ob es ihn früher oder später nicht doch wieder weitertreiben würde, nach Montevideo oder nach Buenos Aires zum Beispiel. Allerdings wäre auch ein Abstecher weiter nördlich möglich, die Kleinen Antillen wollte er sehen, auf die kolonialisierten Inseln Englands oder Frankreichs seinen Fuß setzen, Guadeloupe zum Beispiel, wo die schwarze und mulattische Bevölkerung ja bereits französisches Wahlrecht besaß.

Elia fühlte sich in Südamerika geradeso zu Hause wie in Fiume oder in Triest. Als er, ein Jüngling noch, das erste Mal in Rio war, hatte er ungefragt sein Cello ausgepackt und musiziert. Er war von Lokal zu Lokal getingelt, hatte gespielt, an Bekanntheit gewonnen und Erfolg gehabt und dabei so viel verdient, dass er – wie er zu Hause in Fiume der Mutter gegenüber gern plagierte – die ganze Copacabana hätte kaufen können. Saisonweise übernahm er Aufträge in Lichtspieltheatern und begleitete das Geschehen auf der Leinwand mit dem Klavier. Georges Méliès' »Reise zum Mond« fand durch seine Musik zu dramatischen Höhepunkten, und bei Edwin S. Porters »Der große Eisenbahnraub« trieb er dem Publikum Schauer des Entsetzens über die Haut, so virtuos vermochte er diese zwölf Minuten Filmmaterial zu intonieren. Film hieß das neue Wundermittel, um den Leuten das Geld aus den Taschen zu ziehen, Film, und nicht nur die Amerikaner waren groß darin, auch einige Franzosen, und spätestens als Luigi Maggi mit seinem Epos »Die letzten Tage von Pompeji« die Leinwände dieser Welt belebte, gehörte auch ein Italiener dazu. Kolossal, was für Bauten dieser Regisseur erschaffen hatte, um das alte Rom wieder aufleben zu lassen. Elia erinnerten sie an die ewig wiederkehrenden Gespräche seiner Eltern, wie seine Mutter Abelarda über die »Menschen der alten Zeit« parlierte und darüber sinnierte, ob diese sich überhaupt je hätten so lieben können wie sie und Elia Primo. Unangenehm berührt, hatte er sich dazu entschlossen, bei diesem Film keinerlei Sentimentalität durch seine musikalische Begleitung aufkommen zu lassen.

Wie viele Filme Elia so auch vertont hatte, im Dunkeln des Kinosaals gab es nur ihn und sein Instrument, die Besucherinnen und Besucher, Vergnügungssüchtige allesamt, die ihren Kopf mit Unsinn vollstopften, traten für ihn in den Hintergrund, sobald er zum ersten Takt anhob.

Immer legte er seine ganze Fingerfertigkeit in eine solche Komposition hinein, obgleich ihn die Musik selbst wenig interessierte: Sie war ihm nur Mittel zum Zweck. Die einzige Musik, die Elias Herz höher schlagen ließ, war der Klang der weiten offenen See. Selbst das Geld, das er im Lauf der Jahre regelrecht angehäuft und, im Geheimfach seines Instrumentenkastens zuverlässig versteckt, nach Hause und in Fiume auf die Bank getragen hatte, verlockte ihn nicht. Was er dereinst damit anfangen sollte, war ihm völlig nebelhaft. Vielleicht die Geschäfte seines Vaters übernehmen, zumindest den Pianohandel – aber sonst?

Elia hatte Spielpause. Auf dem beplankten Oberdeck steckte er seinen Gefährten der Reihe nach die Zigaretten an. Camel, eine neue Marke, die Elia in Zwanzigerpackungen kaufte. »Worin liegt nur der Sinn, so viele Zigaretten auf einmal zu kaufen? Langt die alte Fünferpackung denn nicht aus?«, war ein Bonmot, das Stratis Pogonatos gerne zum Besten gab, wann immer er eine zweite oder eine dritte Zigarette aus Elias Packung klaubte. Bei seinen Ensemblemitgliedern übte Elia eine unnachahmliche Großzügigkeit, allen anderen Menschen gegenüber pflegte er den Geiz. Zu sechst beugten sie ihre Rücken gegen den Fahrtwind und hielten die Köpfe einander zugewandt, rieben sich die Hände. Die Glut beleuchtete abwechselnd ihre Gesichter. Stratis Pogonatos, der Saxophonist, ein griechischer Jude, hatte seine Heimatstadt Thessaloniki 1908 für immer verlassen, als Enver Pascha mit seiner Jungtürkischen Revolution das Zepter übernahm. Als Kind hatte er das verheerende Feuer vom 4. September 1890 miterlebt, bei dem seine Familie und Tausende weiterer jüdischer Familien Hab und Gut und Obdach verloren hatten. »Und warum, so frage ich euch: fast ausschließlich wir Juden?« Als äußerst friedfertiger Mensch litt er sichtlich mit, selbst wenn eine Motte in eine Kerzenflamme zischte. Stratis wollte sich auf keine Experimente einlassen. »Ganz egal, wie es ausgehen mag: für uns Juden wird es bestimmt nicht besser«, pflegte er zu sagen, und damit war das Thema »Rückkehr« für ihn abschließend behandelt. Gwalchgwyn Bowen, der überhaupt keine brauchbare Sprache sprach und den alle wegen seines zungenbrecherischen Namens einfach »Eddie« nannten, war ein walisischer Violinist. Wo immer er sein Spiel erlernt hatte, er hätte jedes Duell mit Geige und Bogen für sich entschieden, das stand für Elia außer Zweifel.

Schlagzeuger war der Jungspund Mihemed Mardan, ein Kurde aus Bagdad, der seinen Schnauzbart immer ganz besonders pflegte und dazu sein sichelförmiges Rasiermesser minutenlang gedankenversunken am Abziehstein schliff. Nach jeder Rasur ölte er die Klinge mit der Zärtlichkeit eines frischgebackenen Vaters, und als ihm der alte brüchige Streichriemen zunehmend Sorgen bereitete, schwatzte er so lange auf Pierrot Lasalle ein, bis Elia das Gejammer nicht mehr hören konnte, ein Machtwort sprach und Pierrot Lasalle ihm endlich seinen Gürtel gab. Für gewöhnlich legte dieser auf solchen Überfahrten ohnehin drei bis fünf Kilo zu, das Essen war wirklich nicht zu verachten, und als Pianist konnte Lasalle zumeist sitzen, brauchte also seinen Hosengürtel nicht, e basta.

Lasalle verstand kein Italienisch, er sprach Französisch und gebrochen Deutsch. Woher er kam, damit wollte er nie so recht rausrücken, fest stand, dass er Jude war und niemandem je schrieb und auch keine Briefe empfing. Sein einziges Thema war das Piano, sein Anschlag, sein Sofortklang und sein Nachklang, das Raumklima und die Politur.

Sein trübes Gesicht ließ keinen Zweifel darüber, dass er Anlässe zur Heiterkeit lieber verschmähte. Die gelegentlichen Rauchpausen, die hingemurmelten Kurzgespräche im Stenostil an Deck waren sein einziges Vergnügen und damit genug. An seinen »schwarzen Tagen«, wie das Ensemble einvernehmlich diejenigen Tage nannte, an denen Pierrot Lasalle von morgens früh bis abends spät im Bette liegen blieb, setzte sich Elia an seiner statt ans Klavier. Das Trinkgeld teilte er, sie alle taten das.

Sechster und Letzter im Bunde war der krausköpfige Deutsche Klaus Staub, der die Holzblasinstrumente, die Klarinette, Oboe und das Fagott, spielte. Er spielte zwar nicht immer einwandfrei, wie Elia ohne Zurückhaltung bemerkte, dafür mit der Inbrunst eines leidenschaftlich Verliebten, Verlorenen. Im Geiste ging er bereits wieder die nächsten Stücke, seine Einsätze und die Akkorde durch, Elia erkannte das daran, dass er seine Lippen bewegte, als ob zwischen ihnen nicht eine Zigarette, sondern ein Mundstück läge.

Im Salon wartete man bereits ungeduldig auf ihr Wiedererscheinen. Und als die sechs Musiker ihre Plätze einnahmen, schien es, die Damen und Herren auf ihren Sofas, Sesseln und Sitzen wären grad ebenso stumm und regungslos wie die beiden Reihen Karyatiden, die die Säulen des Salons auf ihren lockigen Häuptern trugen.

»Uno, due, tre, quattro …« Elia gab den Takt vor, und ein flotter Foxtrott erklang. Schiebtänze waren ganz besonders gefragt, je weiter die Nacht in den Morgen griff. Und Elia und sein Ensemble hatten sie alle im Repertoire: die Kompositionen für den Cakewalk, den Glide-Waltz, Twostep, Onestep, den Castle Walk, und neuerdings spielten sie sogar Ragtime. Ihre Salonkonzerte begannen jedoch zumeist mit Operettentiteln von Franz Lehár, Leo Fall oder Jacques Offenbach. Großer Beliebtheit erfreuten sich nach wie vor die Walzer, bei denen man die Damen tüchtig herumschwenken konnte. Dazwischen fügten sie gerne zum Verschnaufen ein, zwei Glanzstücke aus den Opern von Rossini, Verdi, Gounod oder Puccini ein oder forderten ihr Publikum mit einem Tango heraus. Elia spürte intuitiv, welche Sehnsüchte im Raum vorherrschten, und brachte sie mit seinen Arrangements zum Schwingen. Unter den zwei Dutzend Glaslüstern wirbelten die Röcke, flogen die Haare und glänzten Damenarme in ellbogenlangen Satinhandschuhen …, es erbebte der Boden …, es erwachte die Lust …, es ging ein Pulsschlag vom obersten zum untersten Deck. Und immer dann, wenn die Stimmung am tollsten war, zwinkerten sich die sechs Männer zu und stimmten Zigeunerweisen an. Selten blieb dabei ein Auge trocken, und je bewegter die Gesellschaft war, umso spendabler verschenkte sie ihr Geld.

Dieses Fernweh war ihnen sonderbarerweise allen gemein. Den Musikern wie den Passagieren, irgendwohin zog ihr Herz sie immer. Eine Unrast, die sie miteinander verband und durch die sie sich ohne Kommentar verstanden. Und ganz besonders im wehklagenden Zauber der sogenannten Zigeunermusik. Dem Zigeunermoll. Das Gerüst der Ungarischen Rhapsodien von Franz Liszt, es war gewohntermaßen Ausgangspunkt zu weitschweifigeren, tiefgreifenderen Moll-Eskapaden, und das Sextett spielte, als wollte es diese ganze Salongesellschaft in den Wassern der Wehmut ersäufen.

Nur, wenn nicht nur die Augen der Damen, sondern auch die ihrer Begleiter feucht wurden, war es ein guter Abend, war Elia mit sich und seinem Kismet zufrieden. Dann packte er müde und erschöpft, aber glücklich, wirklich glücklich, sein Cello ein, streichelte noch ein-, zweimal mit seinen Handschuhen über den Instrumentenkoffer und verabschiedete sich mit einem lächelnden und einem weinenden Auge von seiner Truppe, indem er mit den Fingern kurz seine Hutkrempe antippte. Die letzte Zigarette des Abends genoss Elia regelmäßig alleine, indem er gedankenversunken über die einsamen Decks strich, den Mond und die Sterne betrachtete und sich eines ganz bestimmten Delphins erinnerte, seines ersten Freundes auf See.

Als sie Rio de Janeiro erreicht hatten, gaben sich die sechs Gefährten auf Zeit die Hand. Sie wussten nicht, wann sich ihre Wege wieder kreuzen würden. Und als Stratis Pogonatos mit Zeitungen in der Luft fuchtelnd auf die anderen zugestürmt kam, wurde ihnen klar, dass es fraglich war, ob sie sich überhaupt je wiedersehen würden. Krieg war das Wort, das keiner laut auszusprechen wagte. Und sein Eintreffen immer gewisser. Am 28. Juni 1914 war ein Attentat auf den österreichischen Thronfolger Franz Ferdinand und seine Frau Sophie verübt worden, bei dem beide ums Leben kamen. Ein Serbe sei es gewesen, hieß es.

Das alte zurückgelassene Europa war zu einer unübersichtlichen Schlachtplatte von Ländereien, Bündnissen und Vertragsbrüdern geworden, einem kolossalen gordischen Knoten von Seilschaften gleich, den zu entwirren wohl kein Staatsmann mehr in der Lage war.

Wann immer Elia zwischen zwei Kinotheateraufführungen im schattigen Hinterhof Pause machte, las er mit bebenden Lippen, was sein Kopf zu verstehen sich weigerte. Dieses ganze Hin und Her, dieses kindische Wie-du-mir-so-ich-dir! In seiner alten Heimat war ein Rüstungswettlauf sondergleichen am Aufschäumen, wen wollten die damit eigentlich erschrecken, wenn nicht zuallererst sich selbst? Die eigenen Leute klein und in den Schranken halten? Ja, Angst war schon immer ein tüchtiger Zuchtmeister, keiner zuverlässiger als er.

Ihm war, als ob in seinem alten Europa alles voneinander

wegstrebte wie in einer Zentrifuge, bei der die Kräfte, die an den Rändern wirkten, die stärksten, die kräftigsten und die gefährlichsten waren. Kaum mehr zu überblicken für einen am anderen Rand der Welt. Ihn schauderte.

All diese hungernden und dürstenden überfressenen Regenten, die die Welt unter sich aufgeteilt hatten, wussten ja selbst bald nicht mehr, wohin ihr wirrer Bündnisreigen führen sollte. Verheerend. Verheerend. Vielleicht war auch das ein Grund gewesen, die meiste Zeit des Jahres über eine Kabine auf dem Ozean sein Zuhause zu nennen.

Der achtzehnjährige Serbe, Gavrilo Princip, ein halbes Kind mit hängenden Schultern, schmal und mit einem trüben Blick, wie Elia befand, als er sein Bild betrachtete, war also der Verursacher gewesen, der eine kleine Tropfen, der das Fass zum Überlaufen brachte, der eine kleine Funke, der eine Explosion auslöste, die weit über alle Meere zu spüren war.

Elia fieberte nun täglich Meldungen entgegen, die er in den verschiedenen internationalen Zeitungen las, welche er Reisenden im Hafen abschnorrte. Und wie er es vermutet hatte: Trotz intensiver diplomatischer Bemühungen von verschiedenen Seiten lehnte Serbien eine umfassende gerichtliche Untersuchung des Attentates unter Beizug der Staatsorgane der k. u. k. Monarchie ab. Wieso auch nicht? Weshalb sollte schon wieder ein Kleinstaat für ein Verbrechen bezahlen, wenn die Verbrechen der Großreiche um so vieles schwerwiegender, um so viele Jahrzehnte älter waren? Elia wurde von widersprüchlichen Gefühlen überflutet. Er wusste nicht, was er getan oder geglaubt hätte, wäre er zu diesem Zeitpunkt auf europäischem Festland gewesen. Die Distanz zu den Geschehnissen machte aus ihm einen Zweifler, einen Zyniker, er war enttäuscht von diesen Ländern Europas, die sich gegenseitig Messer an die Kehle setzten. Und er konnte nicht begreifen, dass eine Staatsmacht dermaßen unbeweglich, dermaßen dumm sein konnte. Obwohl Serbien auf sämtliche andere Punkte des Ultimatums eingegangen war, waren neunundneunzig Prozent eben doch keine hundert – und Österreich-Ungarn machte mobil.

Stupid und eidestreu zog das Deutsche Kaiserreich in den Krieg gegen Serbien und damit ebenso eidestreu das Zarenreich in den Krieg gegen Österreich-Ungarn und das Deutsche Reich, was wiederum die Französische Republik auf den Plan gerufen hatte ..., es war nur noch eine Frage der Zeit, bis auch Großbritannien und Italien aufgestellt waren. Mit Entsetzen las Elia, dass die Selbstverwaltung Triests einmal mehr diskutiert wurde, da Italien den Tumult der Stunde für sich zu nutzen plante.

Elia spürte, wie ihm der Speichel im Mund pappig wurde. Ihm waren politische Verwicklungen und Händel zutiefst zuwider, und er versuchte, seine Düsternis Tag für Tag, Woche um Woche und Monat für Monat wegzuspielen.

Als aber ein Telegramm seines Vaters eintraf mit der Mitteilung, dieser sei sehr krank und der Sohn möge umgehend nach Fiume zurückkehren, falls ihm ein letztes Wiedersehen am Herzen läge, packte Elia Costantino Italo Israël sein Gold und die Geldscheine in die Geheimfächer seines Instrumentenkoffers, heuerte für ein letztes Engagement an und schiffte sich ein, zurück nach Hause.

Den Begriff der Zeit, und wie sie vergeht und die Dinge verändern kann, empfand Elia auf dieser Rückreise fast physisch. Er beklagte allerlei kleine Schmerzen in den Gelenken, mochte nichts tragen, halten, fassen, und ihm war, egal, was er nun auch täte, er hätte seine Geschicke nicht mehr in seiner Hand.

Die Nachricht, dass sein bislang angehäuftes Geld, zusammengespart aus Gagen, auf der Fiumeser Bank wertlos geworden war, ersparte er seinem Vater. Während er den eigenen Schock darüber weitgehend unter Kontrolle zu halten versuchte, ließ er sich von den Ärzten aufklären, und zuletzt, als sein Vater tatsächlich verstarb, suchte er den Rabbi Herz auf, der zu seinem großen Erstaunen Elia Primo doch tatsächlich die ganzen Jahre über ein zentrales Grab frei gehalten hatte.

Sämtliche Geschäfte des Vaters wurden danach mehr schlecht als recht verkauft. Abelarda entschloss sich, zurück nach Triest zu ziehen zu ihren Verwandten. Elia Costantino Italo lungerte noch eine Weile in Fiume herum, befürchtete dann aber, als Soldat einberufen zu werden, und machte sich kurzerhand auf in die Schweiz – ausgerechnet in ein Binnenland, ja bin ich denn verrückt? Aber für eine Rückkehr nach Südamerika reichte ihm das Geld nicht, und die Menschen, die als vermeintliche Musiker auf einem Dampfer flüchteten, sprengten ohnehin schon jedes Ensemble, die Schiffsstege waren voll mit Scharlatanen, die noch irgendwie unterkommen wollten.

Gerade als Jude spürte er, wie sich die Schlinge enger zog, und so brauchte er nicht lange zu überlegen: Ein neutraler Kleinstaat, der schon seit 1848 von sieben Bundesräten geführt wurde, konnte unmöglich so dumm sein wie ein Großreich, das von nur einem Einzelnen regiert wurde, dessen einzige Legitimation blaues Blut war. Er wusste zwar nicht genau, wohin er in diesem Land ohne Meer gehen sollte, aber für einen talentierten Musiker mit einem Repertoire, das von Ost nach West, von Süd nach Nord reichte, würde sich allemal ein Plätzchen finden. Es war höchste Zeit.

Bilderstturm

Küsnacht, 1916

So richtig ruhig und entspannt war Comsola nur an den wenigen Tagen, an denen die Wirtschaft geschlossen blieb, und auch dann erst, wenn sie selber Feierabend machte, alle Tablare fertig gereinigt und die Stühle wieder von den Tischen gehoben hatte, zurückgestellt und rechtwinklig ausgerichtet auf dem blank polierten Boden. Das Weltgetöse, die Sorge um die Ihren, die in Vallonara und Marostica zurückgeblieben waren, die Sorge auch um Guerrinos Geschwister – all das zog einen luftdichten Schleier um sie herum. Im Umgang mit ihren Kunden wurde sie zusehends nervöser. Wenn die Welt verrücktspielte und jeder nur auf den eigenen Vorteil aus war, wer wusste dann schon zu sagen, was als Nächstes kommen würde? Was im Großen möglich war, könnte sich im Kleinen vervielfachen, folgerte Comsola düster, und ehe man sich's versah, könnten sich die Ränder der Schweiz durch die äußeren Einflüsse nach innen aufrollen, und was, wenn dann plötzlich kein Platz mehr wäre, in diesem Land von Zucker, Honig und Milch? Was, wenn die Dorffrauen, die in der Kirche Socken für die Grenzsoldaten strickten, plötzlich aufbegehrten gegen die Zugezogenen, oder schlimmer: wenn alle, die nicht den Eid geschworen hatten, dies Land verlassen müssten? Die Bedrohung war da, das spürte sie in jedem Blick, und so hatte sie sich angewöhnt, an den Menschen vorbeizuschauen, die in ihr Comestibles kamen, und ihnen so mit ihrer Unhöflichkeit und Ablehnung zumindest zuvorzukommen.

Gequält vom dauernden Wahn, jede und jeder würde sie

wann immer möglich um ihr Geld bringen wollen, war aus Comsola eine regelrechte Kontrolleurin geworden. Man hätte sie ohne Zweifel als Zuchthauswärterin engagieren können. Dass sie Schäufelchen um Schäufelchen je zweimal wog und sogar an der Funktionstüchtigkeit der Waage selbst zweifelte, war zur lästigen Schrulle geworden, über die ihre Kundschaft kaum mehr lachen mochte. Aber es nützte nichts, denn wenn Comsola merkte, dass es ein Käufer eilig hatte, legte sie die Papiertüte gerne noch ein drittes Mal auf die Waage und rupfte daran herum, um sicher zu sein, dass ihr in der Eile und dem Druck, den diese Menschen auf sie ausübten, kein Fehler unterlief. Nur nicht unvorsichtig werden, lieber zweimal hinschauen, als einmal mehr übers Ohr gehauen zu werden. Die Tatsache, dass es kein einziges Mal zu einer »Überführung« gekommen war, der Umstand, dass sie auch nie jemanden tatsächlich beim Klauen gesehen oder erwischt hatte, beruhigte sie keineswegs. Sie musste einfach noch mehr auf der Hut sein, noch genauer aufpassen und noch sorgfältiger abwägen, wem sie Vertrauen schenken wollte und wem nicht. Den meisten nicht. Eigentlich niemandem so wirklich.

Woher ihr Unmut den Schweizern gegenüber rührte, hätte sie nicht zu sagen vermocht. Ihr Argwohn wuchs dennoch rasant, vielleicht auch, weil sie selbst sich den Schweizern gegenüber so oft als unzulänglich empfand. Sie waren hier alle so pedantisch, so ordentlich, so sauber, so pünktlich, so perfekt, sie hielten alle so zusammen! Wie eine Wand der Ignoranz, an der sie abprallte und sich aufriss.

Die Lebensleichtigkeit ihrer eigenen Landsleute tat sie alsbald als Leichtsinn ab, und es war ihr Ziel, ihre einzig wahre Überlebensgarantie, selber eben noch pedantischer, ordentlicher, sauberer, pünktlicher, perfekter zu werden als alle Schweizerinnen und Schweizer zusammen. Nur so wäre sie gegen etwas gefeit, das sie selbst nicht benennen konnte, das ihr aber Angst machte und sie ausgrenzte. Ein Gefühl nur, aber eines, das ihr hartnäckig in den Knochen saß und in eben dieser Vorstellung von den zusammenrollenden Rändern der Schweiz endete.

Wenn sie dann endlich nach dem Großreinemachen der beiden Lokalitäten auf der Liege ihre krummen Beine ausstreckte, die beiden rosa Pantoffeln mit den Puscheln locker an den Füßen wippend, wenn sie dann endlich, endlich einmal ausatmete, wussten ihre Kinder: Jetzt war die Zeit der Geschichten da. Dann ließ sie sich gerne von ihnen zu langen Erzählnächten verführen, dann konnte sie für einen Augenblick ihre Sorge vergessen, dass die Gäste des Restaurants sie begaunerten, wann immer sie im Laden war, und dass die Kunden des Ladens sie begaunerten, wann immer sie im Restaurant war. Vom Personal ganz zu schweigen.

Und eins ums andere setzten sie sich zu ihr hin, angefangen mit dem Ältesten, Tullio, über Benedetto, Nunzio, Severino und Ultimo, der der Letzte hätte sein sollen, aber la bionda Aurora, zwei Jahre alt, belehrte sie alle eines Besseren. Sechs Kinder installierten sich und machten sich bereit für ein wohliges Kribbeln, Privileg der Zuhörerschaft, bis sie schließlich alle ihre Beine und Arme irgendwo untergebracht hatten und Decken und Deckchen, vor, neben und auf der Liege, und ihre Mutter mit einem langgezogenen »Ecco«, das aus der Tiefe ihrer Brust drang, zu erzählen anhob. Es waren Geschichten, Märchen, Fabeln, die sie mit ihren Worten wie aus dem Nichts in die Wohnstube trug und zum Leben erweckte. Jeder Person, jedem Tier schenkte sie dazu eine eigene Stimme, mal kehlig-kratzend, mal kreidig-weich, und so erlebten die Kinder ganze Bilderstürme, deren Wirkung sie manchmal spätnachts noch bis in ihre Träume verfolgte. Egal, welche Geschichte Comsola heute aus dem vielfächrigen Erinnerungs-Sekretär ihrer

Phantasie kramen würde, man würde sich ganz bestimmt gruseln, freuen, man würde ganz bestimmt mitfiebern können und ganz bestimmt staunen. Am allerliebsten hörten sie jedoch diese eine alterslose Geschichte, welche Comsola immer wieder und mit ganz besonders eindringlicher Stimme vortrug: die Geschichte der Menschen von Bolzwang, die einst auszogen, den Süden urbar zu machen.

»Vorrei contare. C'era una volta …, es war einmal, weit vor unserer Zeit, um das Jahr eintausend oder eintausendzwei oder vielleicht auch ein-, zweihundert Jahre später, so genau vermag das heute keiner mehr zu sagen, als unser alter Landboden erschöpft war und man der Erde keine einzige Frucht mehr abzwingen konnte, da saß im Dunkeln eines Holzhauses bei offenem Feuer der Vater Bosch mit seiner Familie zu Rate. Er brachte die Kunde nach Hause, dass ein paar Familienälteste der umliegenden Höfe beim Wirmsee sich dazu entschlossen hatten, Hab und Gut seinzulassen und mit nicht viel mehr als den Kleidern, die sie umhatten, und einer Bibel in der Hand loszuziehen, südwärts, wo man sich ein besseres Leben erhoffte. Im Süden, hinter den Alpen, so hieß es, brächten die Wälder freiwillig Beeren und Früchte hervor und läge der braune Boden brach in der Sonne in Erwartung einer kundigen Bauernhand, die ihn doch bestellen möge. Die Boschs wohnten, schon seit sie denken konnten, an einer buschigen Anhöhe und kämpften mit einem Ochsen oder zwei und ihren Hakenpflügen um den einen Bissen in der Hand, der sie vor der nächsten Hungersnot bewahren sollte. Damals war es keine Seltenheit, dass man sogar Menschen aß …«

»Oh!«

»… wenn sonst nichts zu bekommen war. Etwas mussten die Zähne ja beißen, und Kannibalismus war der letzte Ausweg vor dem sicheren Tod in manchem dunklen Jahr.«

»Nein, Mama, so etwas ist ganz und gar unmöglich!«

»Hört, hört nur, wie es weitergeht. *Nun, wir Boschs, die bei den Büschen wohnten, hatten wohl ganz gewiss nie auch nur einen einzigen Finger angenagt, wir waren schlauer. Und so sprach Bauer Bosch auch in jener kalten Nacht zu den Seinen und sagte ihnen: Wenn die Ernte weniger als die Aussaat ausmacht und wenn der eine Ochse lahmt und am Pflug der letzte Zinken bricht, dann ist die Zeit gekommen, dass unsereins Roggen, Weizen, Gerste, Hafer, Mohn und Spelz ins Säckel auf den Buckel packt und die Füße zum Wandern benutzt.*

Und so geschah es, dass viele Bauersfamilien ihrem Heimatlande den Rücken kehrten und diesen weiten, beschwerlichen Weg antraten, der sie zu neuen Ackerflächen, zu einem Leben mit vollem Wanst führen sollte.

Bauer Hattu war ebenso dabei wie Bauer Bosch, der unser Urahn ist und von dem ich euch ja schon gesprochen habe. Zusammen bildeten die beiden Familien einen losen Trupp von vierzehn Menschen, die sich wiederum anderen Bauern anschlossen und die wiederum anderen und diese wiederum anderen, und so ging es eine ganze Weile, Tag für Tag, und auch nachts kamen noch welche über die dürren toten Felder den mutigen Auswanderern nachgerannt, sie alle wollten mitgehen ins Gelobte Land, das sich über viele Tausend Fußschritte weit entfernt in wärmeren Winden sonnte. So erzählte man sich Geschichten auf der langen und beschwerlichen Reise, die manche von uns mit nichts anderem als dem Leder ihrer Füße unternahmen, und machte sich gegenseitig immer wieder von neuem Mut. Darum, gemahnt euch, Kinder, wenn euch eine Aufgabe einmal zu groß erscheinen sollte im Leben, denkt zurück an die, die bei den Büschen wohnten, jene von Bolzwang, und bezwingt euren Kleinmut, eure Eitelkeit und eure Müdigkeit. Denkt daran, wenn der Kopf nicht mehr mag, lasst den Körper tun. So gelingt das Werk.

Wir, die Boschs, verließen also unseren geliebten Wirmsee und kehrten ihm den Rücken, ihn nie mehr zu sehen, unser ganzes Leben und viele nachfolgende Generationen lang. Einigen fiel das nicht besonders schwer, die Missernte der letzten Jahre hatte sie mürbe und gegen das Heimatland ungnädig gemacht. Andere wollten sich nicht so vor dem Herrgott versündigen und schlossen fortan die Länder nördlich und südlich der Alpen in ihre Gebete mit ein, ohne das eine dem anderen vorzuziehen oder jenes zu Gunsten des anderen zu vernachlässigen.

Oi, das war ein langer Weg. Und nicht jeder, der losgezogen war, kam auch an. Einige kostete die Wanderschaft das Leben. Anderen bogen sich die Beine krumm. Der Pfad führte steil hinan bis auf die höchsten Gipfel der Welt schönster Alpen, da, wo der ewige Schnee liegt und mit der Abenddämmerung die Schneehasen ihre Tänze feiern. Und in den Wäldern wohnten Wölfe und Bären, man sah ihre Spuren und fürchtete ihren Appetit.

Aber wie die Überlieferung es will, ist nie einer von uns von einem wilden Tier gerissen worden. Viel eher kamen wir ums Leben durch eigene Unbedachtheit. Man stürzte hinab in eine Felsritze oder in ein tiefes Loch, und heraus aus dem Berg kam damals keiner mehr. Andere raffte ein geheimnisvolles Fieber dahin, und wieder andere kehrten unterwegs um, weil sie das Heimweh zurückzog an die Gestade unseres Sees. Ach, unser See … Ja, was trieb einen in jener Zeit, einen, eine Familie, eine ganze Sippschaft, ein Dorf dazu, über so viele unwirtliche Kilometer hinweg unbeirrt und stur gen Süden zu wandern, grad ebenso, wie die Vögel im Herbstlicht zogen? Ungewissheit stand sich Aug in Aug mit Hoffnung. Es muss ein seltenes Aufbegehren gewesen sein, dieses Festhalten am Glauben, dass das Neue auf jeden Fall besser zu sein habe, als es das Altbekannte war. Es muss die Flucht vor der Menschenfresserei gewesen sein, die die

Unserigen dazu bewog, Tritt vor Tritt zu setzen und immer weiter zu gehen, einen Ochsen an der einen Hand und ein Kind oder zwei an der andern.

Aber auch mindestens eine Geburt gab es auf dieser Reise und damit Verheißung für einen nahen Neubeginn. Eine Hattu kam unterwegs nieder und konnte sich dazu nur für wenige Stunden vom Trupp zurückziehen. Ich weiß das, weil die Großmutter meiner Großmutter meiner Großmutter und so weiter ihr bei der Geburt als Helferin zur Seite stand. Doch, doch, man hat sich das erzählt und wieder erzählt und wieder erzählt, bis diese Erzählung schließlich so wie am ersten Tage bei mir angelangt ist und ich sie nun heute an euch weiterreiche. Die Hattufrau musste bald darauf wieder aufstehen, den Säugling schultern und die Zähne zusammenbeißen. So hatte man das damals gemacht, seht ihr? Die Zähne ganz, ganz fest aufeinandergebissen und eine Sache durchgestanden, bis man ganz an ihrem Ende angelangt war. Nicht ohne Grund ist bei uns *kräftig wie ein Bauerntritt und fest wie ein Gebiss* zum geflügelten Wort geworden, uns hält nichts zurück.«

Die Kinder, die noch wach waren, lachten unsicher.

»Ich kann euch nicht mehr mit Gewissheit sagen, wie lange diese Reise dauerte, bestimmt waren es Tage, vielleicht mehrere Wochen oder Monate, ich weiß es nicht, man müsste einmal zurückkehren zu Fuß und dabei die Tage zählen, dann wüsste man es vielleicht, aber einerlei, wie viele Sonnen und Monde die Unserigen haben werden sehen über den Hügeln und Bergen, den Wäldern und Wiesentälern dieser gottesherrlichen Welt: Irgendwann hatten sie es geschafft. Irgendwann waren die Menschen von Bolzwang, die Hattus und die Boschs und all die anderen ungezählten Bauersfamilien, angekommen und hatten in der Hochebene von Asiago die Sieben Gemeinden und die Dreizehn Gemeinden bei Verona gegründet. Sie verwalteten sich selber, sprachen ihre

Sprache, ein letztes Glied einer langen Kette von Erinnerungen, die sie nach und nach ablegten, als aus den alten Bauern neue wurden und immer wieder neue aus ihnen hervorkamen. Denn die Sprache, meine Lieben, die Sprache ist ein gar kostbares Gut. Sie verbindet uns mit unserer Kultur, und das heißt: mit vergangenen Tagen und künftigen zugleich. Nur wer die Sprache seiner Vorfahren spricht, vermag deren Weisheit auch den Nachkommen zu vermitteln. Einzig in der Sprache der Vorfahren ist vieles enthalten, was anders nicht gesagt werden kann. Es ist eine Schande, dass ihr diese alte Sprache nicht mehr sprecht. Ihr wachst hier auf und lernt dieses Harte, Kratzige der ungeschlachten Schweizer – oh, meine lieben Ahnen, vergebt mir, dass ich nicht öfter Zimbrisch mit ihnen gesprochen habe! Oi, oi, oi, oi, oi.

So verging also die Zeit. Über Hunderte von Jahren waren wir eine eigenständige deutschstämmige Bauernrepublik. Natürlich passten wir uns an, das Land hatte uns ja aufgenommen mit offenen Armen und mit reicher Ernte beschenkt, Jahr für Jahr, und wir dankten, indem aus den Hattus Attus und dann später Addas wurden, und aus uns Boschs schliff die Zeit den Namen di Bosco heraus. Von den Wäldern, das passt ja auch, und was ist schon ein Name, wenn das Herz weiß, wo es hingehört?

Gegen Ende des 18. Jahrhunderts, vor etwas mehr als hundert Jahren also, Kinder, hundert Jahre, das ist ein Begriff der Zeit, den ihr nicht in Händen halten könnt, weil euer Geist noch so jung ist, *vor vielen vielen Jahren also, aber doch nicht so weit weg, als dass sich die neue Welt nicht daran erinnern könnte, kamen die Sieben Gemeinden zu Österreich. Ein gewisser Herr Napoleon nahm uns unsere Eigenständigkeit weg, und bald darauf begann die Italianisierung. Noch einmal ein paar Handvoll Jahre später, und wir wurden dem Königreich Italien zugeschlagen. Unser geliebtes*

Zimbrisch getrauten wir uns da nur noch hinter vorgehaltener Hand zu sprechen. Und so ist das geblieben, ihr lieben Kinderlein, Nachkommen der Menschen von Bolzwang, heute sprechen dort unten nur noch wenige die Sprache jener Zeit.«

Comsola schaute von einem ihrer Kinder zum anderen. Die, die noch wach waren, hatten die Augen sperrangelweit offen und warteten auf das gewohnte Ende dieser Geschichte, darauf, dass sich ihre Eltern nur dank dieser Muttersprache wiedererkannt hatten durch fremde Wände hindurch in einem neuen, fremden, fernen Land. Und wirklich. Sie sagte es. Auch dieses Mal.

»Die Sprache hat uns wieder zueinander geführt. Keiner, der wirklich fühlt, kann ihrem Klang wiederstehen. Und um sie wieder sprechen zu können, bin ich damals fortgezogen. Deshalb, und weil meine Brüder es für das Beste hielten, mich mitzunehmen in diese kleine Schweiz.

So. Und jetzt sind wir hier, Kinder, und bilden unsere eigene kleine verschworene Gemeinschaft. Wir werden schon irgendwie zurechtkommen mit diesen Seebewohnern hier. Wir wohnen zwar nicht mehr bei den Büschen von Wirms, nicht mehr in Bolzwang, und unser Name ist auch nicht mehr Bosch oder di Bosco, aber erinnert euch daran: Unsere Beine vermögen uns jederzeit so weit zu tragen, wie unsere Träume wandern. Man muss sich nur erheben und gehen. Schritt für Schritt für Schritt für Schritt. Fragt den Papa, er wird es euch bestätigen. Auch als Senigaglia. So. Und nun schlaft. Der Herrgott wird über euch wachen und bei euch sein.«

Als auch das letzte Äuglein von des Schlafes Gewicht beschwert traumsäumelnd geschlossen war, raffte sich Comsola auf, schob ihre Füße in die Puschelpantoffeln zurück und stiegelte die Treppen hinunter. Im Keller des Comestibles wollte sie noch ein letztes Mal nach dem

Rechten sehen. Obwohl ihr Guerrino nicht wirklich Glauben schenkte, beharrte sie auf der Richtigkeit ihrer Erzählung, predigte die Wirklichkeit ihrer Erinnerung und behauptete weiterhin stur, sie hätte dort vor zwei Tagen mit eigenen Augen gesehen, wie die eine Bachratte die andere am Schwanz gezogen hätte, derweil jene ein rohes Ei auf ihrem Bäuchlein trug. »Come una barca«, wie ein Schifflein hätte sie ausgesehen, mit voller Fracht, und die andere Ratte »com'il capitano«. Nutzlos, Guerrino dazu bewegen zu wollen, mitzugehen. Er lachte ja sogar noch immer darüber, dass seine Frau allen, die es wissen wollten, erklärte, aus dem Gelben des Eis kämen die Hühner und aus dem Weißen die Federn. Stupida! Also hebelte sie nun alleine an den Fallen herum, die sie gestern schlauerweise aufgestellt hatte. Noch einmal wollte sie sich nicht beklauen lassen. Schon gar nicht von einer Bachratte aus dem Dorfbach Küsnachts.

gesichert

Bern, 1916

Im Weiteren: Ferenc Schön, von Oedenburg, Ungarn, geboren den 26. September 1888, Coiffeur in Bern, Ehemann der Mauritzia geborene Styger, geboren 1890, Vater von drei minderjährigen Kindern, welchem die gemischte Gemeinde Peuchapatte das Ortsburgerrecht zugesichert hat.

Mit der Gewissheit dieser gewichtigen Notiz, publiziert im Tagblatt des Großen Rates des Kantons Bern (Sitzung vom 1. November 1916), wusste der fahnenflüchtige und mittlerweile staatenlose François Schön: Jetzt konnte ihm gar nichts mehr passieren. Europa wurde neu verteilt, und er hatte sich das richtige Stück Land für sich ausgewählt.

alle Folgerichtigkeit der Dinge

Aarau, 1916

In der Aarauer Altstadt, wo sich Häuserdach an Häuserdach schmiegte und in den schmalen hohen Zwischenräumen dürre Bäumchen ihre Krone gen Himmel reckten, wo es nach frischem Brot und nach dem nahen Fluss roch und wo die Nachbarn abwechselnd ihren Hut lüpften, sobald sie einander auf der Straße kreuzten und das manchmal mehrmals am selben Tag, spielte Cheina Malka Moisseiff im ersten Hotel am Platz, dem Hotel Gerber Terminus, Violine. Fünf Kutschen mit Fuhrmann und der Portier erwarteten die Gäste der Schnellzüge am Bahnhof, um sie über die eine Querstraße vor die Tore des Hotels zu chauffieren, wo drei Schweizer Fahnen an hohen Stangen flatterten. Schräg vis-à-vis des Bahnhofplatzes wachten drei barbusige Sphingen über dem Eingang eines reichverzierten mehrstöckigen Geschäftshauses, daneben prangte das imposante Postgebäude, und davor patroullierte in unregelmäßigen Abständen die elektrische Straßenbahn.

Aarau mit seiner Kettenbrücke und dem Streben nach Größe, Aarau, ehemalige Hauptstadt der Helvetischen Republik von Napoleons Gnaden, Aarau, ein lauschiges Städtchen, Mélange von Zerfall und Frische mit einem Hauch von Fin de Siècle, der im Geäst der kargen Bäumchen hängengeblieben war und um die Stämme herumwaberte, von den Straßenkehrern und Passanten regelmäßig übersehen. Was die Aarauerinnen und Aarauer viel lieber sahen, war das russische Frauenorchester im Hotel Gerber Terminus.

Cheina, ihre Schwester und ihre Mutter spielten, wo immer es für sie Unterkunft und Essen gab. Viel wollten sie nicht. Nur irgendwie überleben. Zusammen mit anderen Frauen aus Russland waren sie so etwas wie eine Attraktion, etwas von großer Zugkraft, eine Glanznummer, die es unbedingt zu sehen galt in diesem Kanton, in diesen Zeiten.

Für Cheina blieben Publikum und Patron ohne Gesicht. Für sie gab es nur ihre Geige. Die Musik, die sie damit hervorbrachte, ließ sie wie auf Flügeln sich erheben und aus diesem grauen Loch entschweben, die Musik ermöglichte ihr, diese Lokalität, diese Stadt, dieses Land weit unter sich zu lassen, Europa absinken zu lassen in ungreifbare Nebel; die Musik ließ sie los.

Angestrengt trapezierten ihre Finger über das Griffbrett des Instruments, ihre Augen blieben starr in die eine Richtung fixiert, eine staubige Ecke des Salons, derweil ihr Kopf und hin und wieder, je nach Akkord, auch ihr Rumpf sich ruckartig bewegten. Ihr ganzer Körper: Muskulatur. Ein Zusammenspiel von Anspannung und Entspannung, ein Anziehen und Lösen, Auferstehen und Ersterben im Takt der Musik.

Ohne Frage, sie war das Zentrum dieses Orchesters; was von ihr ausging, war mehr als nur Rhythmus und Klangfolge der Töne, ihr Bogenschwung war mehr als nur der Taktstock: Sie hatte etwas Zwingendes. Es schien, als befehlige sie mit ihrer Musik ein unsichtbares Heer durch eine nebulöse Schlacht, die – für sie – von vornherein verloren war. Denn immer war da auch etwas Kühles, Ungreifbares, Tragisches, das dem Publikum ein leises Frösteln über den Rücken laufen ließ – von dem es nie genug bekommen konnte. In diesen Jahren des Großen Krieges, wo keiner so recht wusste, was der Morgen bringen würde, und man sich das Fühlen auf Abstand hielt, war hier im Gerber Terminus eines gewiss: Diese junge Frau spielte jede nur erdenkliche Gefühlsregung, jede Sinneslage, jede Gemütsverfassung in den klarsten Tönen. Sie schnitten durch die allgemeine Empfindungslosigkeit, die Haltung der Verwahrung derer, denen es besser ging, schnitten in die Herzen der Menschen und brachten sie zum Bluten. Ein Aderlass als Heilverfahren, Verstockung, die sich auflöste, Lebendigkeit, die endlich wieder sein durfte, auf dass sich Mann und Frau wieder spürten in ihren Jacken und Mänteln und Kleidern und Blusen, auf dass da wieder Körper war und Seele, auch wenn der Kopf verwirrt blieb und die meisten gar nicht wussten, wohin mit all diesem Gefühl.

Cheina spielte, und ihre Figur war reinste Grazie. In ihrem weißen Kleid aus plissiertem Crèpe mit den längs abgesteppten Ärmeln und dem hohen bestickten Kragen, der sich um ihren bleichen Schwanenhals schloss wie ein Band um eine Wunde, mit dem breiten Seidengürtel und der Schildpattschnalle, der ihre mädchenhafte Taille noch zusätzlich hervorhob, und mit der überdimensionalen Schlaufe im ewig langen schwarzen Haar, das sie im Nacken streng zusammengebunden hielt, war sie unwiderstehlicher Magnet und unnahbare Gottheit zugleich, Anfang und Ende jeder Leidenschaft, und nur das brüchig gewordene Leder ihrer weinroten Knopfstiefel verriet so etwas wie Mensch, Armut, Asyl. Die Männer beobachteten jede einzelne ihrer Bewegungen, jedes Zucken ihrer schweren Augenlider erschütterte sie, als ob der Erdboden selbst unter ihren Füßen bebte. Und sie wussten nicht, was sie mehr fürchten sollten, einen einzigen Blick dieser unnahbaren Frau oder das Horn des Feindes in ihren Gassen. Wenn sie einen doch nur einmal anschauen würde, wenn sie doch nur, ein einziges Mal nur …, aber dieses exotische Wesen Gottes blieb der Aarauer Welt verschlossen. Aaraus Enigma, und niemand, der es zu entziffern verstand. So stand sie da, Abend für Abend im Hotel Gerber Terminus und spielte.

Cheinas Spiel war anstrengungslos; sie wusste: Die einzige Anstrengung, die ihr das Leben abverlangte, war Nichtspielen. Nichts war schlimmer als das. Nichts unmöglicher, verstörender. Zerstörender. Also spielte sie, bis ihre Finger brannten. Alles, alles, jedes Notenblatt, das ihr in die Hände gelangte, spielte sie, Chopin, Liszt, Strauß. Am liebsten russische Weisen. Dann konnte es sogar geschehen, dass sich etwas in ihrem Gesicht, in ihrer Miene öffnete, eine geheime bislang verschlossen gehaltene Türe, die in Räume führte voller Erinnerung, Sehnsucht und Schmerz, und je mehr sie die Musik verwundete, umso heftiger strich sie den Bogen über die Saiten, ließ dessen Rosshaar vibrieren und vibrierte mit jeder Faser ihres jungen, elastischen Körpers mit. Ihre Verlorenheit war so groß, so umfassend, dass um sie herum unweigerlich das ganze Etablissement in Tränen versank. Ein Meer der Schwermut erfasste die Männer, die um ihre verpassten Gelegenheiten trauerten, und selbst die Frauen liebten sie in diesem Moment, und sie fühlten sich ihr auf eine Weise verbunden, die keinerlei Worte bedurfte, Worte wären der Vollkommenheit des Augenblickes nicht würdig gewesen.

Zwischendurch, wenn es dann doch Spielpausen und damit wieder Raum für Atemschöpfen, Gespräche, Träume und Mutmaßungen geben musste, hockte die Musikerin gestaltlos auf einem Schemel in der Ecke und verschwand in der Tapete, dem Vorhang, der Wand. Ihr empfindsamer Mund blieb geschlossen, man sah ihr Atmen nicht, nur hin und wieder und auch nur, wenn man den Blick lange genug auf sie gerichtet hielt, erkannte man so etwas wie ein Aufbäumen des Brustkorbes, gefolgt von einem Insichzusammensinken, so dass die Wartende noch mehr Tapete, Vorhang, Wand wurde, als sie in diesen Momenten der Pause ohnehin schon war.

Cheina hasste Wartezeiten, wenn irgendein blöder Bajazzo seine Kunststückchen zum Besten gab, für den doch kaum jemand ein Lachen übrig hatte, sie hasste die Zauberkünstler, von denen dieses Land Dutzende hervorzubringen schien, die doch niemanden so recht hinters Licht zu führen vermochten mit ihren gepanschten Auftritten, den schäbigen Tricks, und bei denen der Anfangserwartungsapplaus den Schlussapplaus gewöhnlich übertraf, weil nichts als ein schales Gefühl zurückblieb im Saal, die Enttäuschung darüber, noch nicht einmal gut betrogen worden zu sein; Cheina verabscheute das Nichtstun, das Dasitzen, und in ihrer Unversöhnlichkeit kletterte sie ein ums andere Mal dem Teufel auf den Karren und bat ihn, sie mitzunehmen, weg von hier und fort aus diesem Leben, raisonierte mit ihm stumm und ohne Luft zu holen, bis er sie einmal mehr von seiner Schippe schubste, zurück in die Aarauer Wirklichkeit des Hotel Gerber Terminus, und ihre Lungen sich wieder mit Atem füllten.

Die Blicke der Männer auf ihrer Haut spürte sie wie Krimsand, das Schmirgelpapier des Vaters, den sie mitsamt Schreinerei zurückgelassen hatten … als es brannte … als alle Fenster zerbrachen, die Balken barsten …

Sie hätte sich eine dicke Brille gewünscht, eine mit drei Zentimeter dicken Gläsern, um besser geschützt zu sein. Einen Hut, einen Sack über dem Kopf, im mindesten ein Tuch. Ein feuchtes Grab. Aber der Tod wies sie ab. Sie hätte nie gedacht, überhaupt so lange zu überleben.

Sie waren nun schon einige Monate in dieser Stadt, Cheina zählte sie nicht, und Äonen weg von der Heimat, von Jossel, Sophie …, lange genug, um Schriftzeichen und Sprache kennenzulernen, die hier das Leben regelten. Ohnehin waren Sprachen für Cheina nichts anderes als neue Noten, die man einzustudieren hatte. Neue Zeichen für das immer gleiche Altbekannte. Und da die echten Notenblätter in diesen Zeiten eine teure Rarität blieben und ihre eigenen zu zerfleddern drohten, zog sie sich Morgen für Morgen die

Zeitung vors Gesicht und studierte die Musikalität der Meldungen. Ihr ureigener Weg, mit dem Land, das sie aufgenommen hatte, Bekanntschaft zu schließen, war das Studieren der Anzeigen geblieben.

Ein praktisches Festgeschenk auf Weihnachten u. Neujahr ist 1 Paar gute Schuhe. Solche finden Sie in großer Auswahl zu vorteilhaften Preisen in der Schuhhandlung F. Walther & Schärer, Metzgergasse, Aarau.

Fortwährend junges, fettes Kuhfleisch empfiehlt A. Reeser, Metzger.

In meinem Verlag ist erschienen: Rationelle Kaninchenzucht. Kurze Anleitung zu Nebenerwerb und zur Produktion von ›Billig Fleisch‹ von J. Bloch. 3. vermehrte und verbesserte Auflage mit 8 Illustrationen. Preis 80 Cts. Emil Wirz, vorm. J. J. Christen, Aarau.

Aber auch die Meldungen des Gemeinderats verfolgte sie mit Sperberblick:

Bekanntmachung. Produzenten und Besitzer von Kartoffeln werden darauf aufmerksam gemacht, dass gemäß Verfügungen der Bundes- und kantonalen Behörden Kartoffeln mit einem Durchmesser von mehr als 2 ½ cm ohne ausdrückliche Ermächtigung der eidg. Zentralstelle für Kartoffelversorgung nur zu menschlicher Ernährung oder zur Saat verwendet werden dürfen. Uebertretungen werden mit Buße bis auf Fr. 10 000 oder mit Gefängnis bis zu 3 Monaten oder mit Buße und Gefängnis bestraft.

Ein gründliches Volk. Buße und Gefängnis also. Cheina schüttelte den Kopf. Sie stellte sich die Schweizer gerne vor, wie sie neben jeder einzelnen Kartoffel das Metermaß aufzogen und die Erdfrucht vermaßen. Gewissenhaft und untrüglich. Alles erschien ihr kleiner hier. Die Längen- und die Flächenmaße in diesem eigenartigen Zwergenland waren so beschränkt im Vergleich zu ihrem Heimatland. Ihrer Erde, dem festen, lehmhaltigen Boden, dem sie entstammte. Das Land ... die Weite ... die Ferne ... der Wind.

Mit Einzug der Abenddämmerung des ansonsten datumslosen Sonntags im Jahre 1901 hatte die damals achtjährige Cheina Malka jegliche Kindheitserinnerung an die Dunkelheit verloren. Jedes helle Bild, das sie einst voller Wertschätzung und Liebe in ihrem Herzen getragen hatte, übergab sie dem Feuer jener Brandnacht, sie spürte nur noch den Südwind an ihren Wangen, in ihrem Haar. (Und dann etwas Hässliches, ein Ei vielleicht.)

Was danach kam, nach dieser Nacht, waren endlose Fußmärsche westwärts die Sonnenbahn entlang, waren Versteckspiele mit berittenen Männern, nur dass dies keine Spiele waren und die Verstecke immer so unzulänglich, so lächerlich, so klein ... und doch: so gut. Jedesmal: gut genug. Es reichte. Man konnte nicht sagen, sie hatten Glück. Was Glück war, hatte Cheina ebenfalls dem Feuer und der Nacht übergeben, aber sie kamen davon. Mit bescheidenen Hilfen hie und da. Einmal gab ihnen ein Bauer, der sie bei einem Regensturz in seiner Scheune entdeckt hatte, Rohmilch zu trinken, ein anderes Mal durften sie bei einer Familie die Banja benutzen. Nie blieben sie länger als eine Nacht, nie nahmen sie Geld, ein Bett im Stroh, ein Schweigen, und zum Dank spielten die drei auf ihren Fiedeln.

Cheina entwickelte einen stummen Zeitvertreib, der sie unterwegs in Bewegung hielt, ein Rätselraten nur für sich allein: Wie oft passierte es, dass sie auf einem Hügel, einem Feld, einer Wiese von weitem einen Baum stehen sah, der beim Näherkommen aus zwei, drei oder wundersamerweise vier einzelnen Stämmen bestand, die so dicht beieinander, manches Mal fast umschlungen standen und gemeinsam die herrlichsten Kronen bildeten? – und so komponierte sie im Kopfe Weisen für diese Baumfamilien, gab jeder einen eigenen Namen und probte stumm die Noten, mit jedem Schritt, den ihre müden Füße taten.

Einmal nahm sie ein Schnitter auf dem Felde mit, der hatte sie kommen sehen und ließ sie abends nach getanem Tagwerk auf dem Karren ein Stück des Weges mitfahren. Sein Hof lag abseits, der Hofherr war verreist. Und so gab es eine ruhige Nacht im Warmen. Die größeren Dörfer und Städte aber mieden sie. Nach zehn oder elf Tagen langten sie in Odessa am Schwarzen Meer an, wo sie ein Schiff bestiegen. Die Stadt, in der sie später ankerten und wo sie schließlich das Schiff wieder verließen, hatte Cheina kaum wahrgenommen. Ihr Kopf war leer, und ihr Körper voller Schmerzen. Dass der Tod sie nicht holen kommen wollte, hatte ihr beinahe den Willen gebrochen, und doch war dieser Todeswunsch das Einzige, was sie noch am Leben hielt. Was machte, dass sie einen Fuß wie blindlings vor den anderen setzte, wollte sie doch unbedingt aus diesem Kampf als Siegerin hervorgehen – und sterben.

Dort, in dieser Stadt, hatte sie zum ersten Mal diese befremdlichen Blicke bemerkt, man hielt sie für Zigeuner, fahrendes Volk, für solche, die bestimmt Ärger brachten, die man besser weiterziehen ließ, die keiner haben wollte. Und doch hingen ihr diese Blicke nach, als könnte man sie nicht von ihr lösen, diesem stillen düsteren Menschenkind, Alabasterhaut und Rabenhaar, inmitten dieses armseligen Grüppchens lumpenbehangener Menschen; Vorhut einer anderen Menschenwelle, einer kommenden Flut. So viel ahnte man da schon, und besorgt um die eigenen Lebensmittelvorräte, den eigenen Fortbestand, scheuchte man sie aus der Straße, um die Ecke und außer Sicht.

Die Mutter hielt die Fahrkarten in der Hand und stierte verständnislos in den Trubel des Bahnhofes. Menschen, die fremde Sprachen redeten und deren Mienen so ganz anders waren, böse fast, wie konnte das sein, aber auch besorgt, einzelne, und anteilnehmend für die Dauer eines Augenblicks. Eine Frau mit einem Abzeichen – ein rotes Kreuz auf weißem Grund – auf dem Häubchen erklärte Cheinas Mutter, wohin sie sich um welche Zeit mit ihren Töchtern zu begeben hatte. Auf die Frage nach ihrem Mann, nach ihren Verwandten, den Eltern oder eigenen Geschwistern vielleicht, brachte die Mutter nur einen kehligen Laut hervor, und viel später, als sie längst in der Schweiz waren, würde sie sagen, die Erinnerung an ihren eigenen Mädchennamen sei ihr auf dieser Flucht verlorengegangen. Sie wusste nicht mehr, wer sie war.

Die Zugfahrt selbst dann ein einziges Martyrium. Vor lauter Furcht blieben die drei eng aneinandergeschmiegt und wechselten kaum die Sitze. Als sie in der Stadt ankamen, die sie für das Ziel ihrer Reise, für Bern, hielten, der Kondukteur hatte so etwas jedenfalls gesagt und die Buchstaben, die man hier zum Schreiben gebrauchte, konnte man ja nicht entziffern, fiel die Mutter vor Schreck beinahe in Ohnmacht, als sie die vielen Wachmänner mit ihren Pickelhauben sah. Erinnerte Bilder eines Bajonetts zerstörten ihr die Sicht auf die Wirklichkeit um sie herum, sie schrie auf und kreischte, und als ihr Irrtum endlich aufgeklärt war, half ihnen ein freundlicher Bahnhofsbeamter, in den richtigen Zug umzusteigen, der sie nun endlich nach Bern, der confoederierten Hauptstadt befördern sollte.

Und dann war es Bern. Später Fribourg. Danach Schaffhausen. Die Namen der Städte änderten sich, ebenso wie die Unterkünfte. Das Planmäßige hinter den erzwungenen Ortswechseln konnte die Mutter nie recht erkennen, aber Hauptsache war, man ließ sie ein paar Monate in Ruhe nach dem Umzug, gab ihnen Kost und Logis und dies vor allem: ließ sie spielen.

Die Mutter spürte, dass das Geigenspiel für ihre jüngere Tochter zu einem Nadelöhr geworden war, durch das das Fädchen ihrer strengen Selbstbeherrschung geschlungen werden konnte. Der Trick, ihre Töchter mittels Musizieren in ihre eigenen Weiten ziehen zu lassen, war letztlich auch der Trick der Mutter, einen Ausweg zu finden, nicht denken zu müssen, nur zu funktionieren. Als bildeten die drei zusammen ein unbekanntes Musikinstrument, in dessen Klangkörper Töne schlummerten, die noch kein menschliches Ohr je vorher vernommen hatte und die es auch nie mehr wieder hören würde, es sei denn, man käme Abend für Abend in den Salon, wenn sich das Wunder der spielenden Russinnen offenbarte. Auch die Mutter blieb wortkarg und pflegte mit kaum jemandem Umgang. Einmal darauf angesprochen, weshalb sie denn so still seien, sie alle drei, antwortete sie knapp: »Damen hört man nicht«, und der Fragende, ein Mann mit Schnauzer und Zylinder, lachte: »Außer sie musizieren!«, dann streckte er ihr ein Trinkgeld hin, das sie nur beschämte.

Basel, Solothurn und seit endlosen Monaten: Aarau. Wie ein dösiges Lamm unter dösigen Lämmern hockte sie dort in ihrer Ecke, die Jüngste, und trug zu Elias großem Erstaunen die Haare offen. Die Unerwartetheit dieser befreiten Schönheit war wie ein Schlag für ihn. Die langen Wellen wogten ihren gespannten Rücken hinab und reichten ihr bis zu den Hüften. Elia sog diesen makellosen Moment in sich auf, die Empfindung von Reinheit verwob sich in seinem Hirn zu einem dichten Geflecht von Klängen, Farben und tief Ersehntem.

Elia spielte mit seinem Ensemble im Gasthof zum Goldenen Löwen, im Gasthof zum Goldenen Ochsen, im großen Gemeindesaal, im Lichtspielhaus, hier und da und überall, wo immer man die Leute mit Handzetteln hinlocken konnte, und er hatte es sich zur Gewohnheit gemacht, in den Spielpausen, wenn die Gesellschaft zu dinieren und parlieren pflegte, die paar wenigen Schritte über die Straße im Sprung zu nehmen und für kostbare Minuten diesem Frauenorchester zu lauschen, das ihn so sehr an etwas erinnerte, das er einmal gekannt hatte, einen Schmerz, eine Sehnsucht, das Glitzern über dem Ozean im Morgenlicht oder auch an die nasse elegante Gestalt eines hinter dem Dampfer herziehenden Delphins. Er war jedes Mal von neuem bestürzt, wenn er dieses junge schwanengleiche, ätherische Wesen spielen hörte. Mittlerweile vermutete er, ihr gesamtes Repertoire zu kennen, und eine jede ihrer Bewegungen hatte er sich eingeprägt. Obwohl sie scheinbar unbeweglich stand, so waren sie und die Geige doch eins, ihr Rückgrat bewegte sich mit den Schwingungen mit, sie war ganz Instrument, war zurückgebogen wie ein Geigenhals, und ihre sinnlichen Lippen dehnten sich kaum merklich bei jedem hohen Ton, den sie ihrer Violine entlockte. Es war, als perlten Tränen aus dem Instrument. Und selbst für einen abgebrühten Musiker wie Elia Costantino Italo, der weiß Gott schon die ganze Welt gesehen hatte, war es eine Herausforderung, ihrem Zauber nicht zu erliegen. Als sie auf ihrem Hocker in der Ecke in sich zusammensank, die Zeit der Pause abzuwarten, ertrank Elia in ihrer Abwesenheit.

Heute trug sie das dunkelgraue Gewand mit den kontrastierenden Biesen, hochgeschlossen, wie immer, die enge Jacke mit der durchgehenden Knopfleiste, einen hohen Taillengürtel, den er an ihr noch nie gesehen hatte, und die gewohnt schäbigen Stiefeletten, an denen sich ein weiterer Knopf gelöst hatte. Er kannte ihr Kleidersortiment, sie hatte drei Kostüme, die wohl ganz ihr gehörten, und ein paar einzelne Stücke, eine grüne Stola, einen Pelzmuff und eine Trachtenbluse, die sich die Frauen untereinander teilten. Und eben diese Schuhe. Nur sie wusste, wie es wirklich um diese Sohlen stand, aber auch von seinem Sitz aus sahen sie flach wie Flundern aus.

Elia starrte.

Seine Angebetete saß dort mit dem gewohnt trüben Ausdruck und wusste nicht, wie sehr sie zirzte. Wann, wenn nicht jetzt? Er war ein Mann von Schneid, er war größer, älter, sicherer als sie, er kannte sich doch aus in dieser Welt, also stand er plötzlich vor ihr, breit, stabil und mächtig ins Kreuz geworfen, und hätte sich doch verfluchen mögen. Die Spanne bis zu ihrer Antwort kam ihm unmenschlich lang vor. Hatte sie ihn überhaupt gehört? Waren seine Worte im dürftigen Applaus für den Zauberer untergegangen? Sie war so quälend zurückhaltend, so verletzend allein, dass er sich beinahe nicht getraut hätte, ihr das Stückchen Kolophonium hinzuhalten, das er für ihren Geigenbogen besorgt hatte. Das kehlige Schnattern der Schweizer Gäste, das nun allüberall und um sie herum Vokabel an Vokabel drängte, verstopfte ihm die Gehörgänge und verschluckte jeden Laut, der nicht mit ebendiesem Selbstverständnis der bestimmenden Gesellschaft ausgesprochen war, so dass er ihr schleppendes »Danke. Ich hätte nicht gewusst, wo ich welches herbekommen sollte«, beinahe selbst überhört hätte.

Durch das Bogenharz hatte er sie und Bruchstücke ihrer Geschichte also doch noch kennengelernt. Aber zurückschauen mochte einer wie Elia nicht, weder für sich noch mit jemand anderem, er war als Mann für den Bug gemacht und nicht fürs Heck, oder noch besser: für den Ausguck, und so sah er die Gefahr, die sich um die russischen Frauen zusammendräute, noch bevor irgendein Offizieller sie darauf aufmerksam gemacht hatte. Elia fasste einen Entschluss.

Und als die Katze dann schließlich aus dem Sack war und man die Ostjuden gerne wieder woandershin verfrachtet hätte, wenigstens die, die man noch irgendwie verfrachten konnte, an einen Ort am besten außer Landes, wenigstens aber über die eigene Kantonsgrenze hinweg, auch wenn man noch nicht wusste, wie und wen und wann genau, aber möglichst bald und möglichst alle, außer vielleicht dieser einen schroffen Schönen, war er zur Stelle, stand in gewohnt gezierter Manier vor ihr, die Hand mit den beiden Handschuhen ins hohle Kreuz gesteckt, die andere frei heraus ihr hingehalten, und er stellte mehr fest, als dass er fragte: »Êtes-vous Juive?«

»Oui.«

»Eh bien, donnez-moi vos papiers, on va se marier.«

das längste halbe Jahr

Küsnacht, 1921

Es zeigte sich: Sie hatten alles richtig gemacht. Sie waren noch immer da, an der Dorfstraße im Herzen Küsnachts, die Kellertablare waren wie eh bestückt, sie hatten die Engpässe der Kriegsjahre recht gut überstanden, alle Kinder gesund durch die erschöpfende Zeit der Spanischen Grippe durchgebracht und keines verloren, und das Jahr 1921 dürfte nun endgültig zu ihrem Jahr werden.

Guerrino hatte den rechten Zeitpunkt geduldig abgewartet und dann blitzschnell alles ordnungsgemäß in die Wege geleitet. Wie die Schweizer: pedantisch genau, vorbildlich, ordentlich, sauber, pünktlich und korrekt. Mit einem Wort: perfekt.

Die Akkuratesse in Guerrinos Umgang mit allen, seine eingefleischte Beflissenheit, nie unangenehm aufzufallen, das gemeinsame Üben unsichtbar, aber stets hilfreich und schlau zur Stelle zu sein, wenn sie es denn vermochten, hatten die Senigaglias in Küsnacht zu einem inoffiziellen Teil der Gemeinde werden lassen. Und als eines Tages im späten Mai 1918 selbst Comsola bei der lokalen Kirchgemeinde auftauchte und sich ostentativ unter die Fahne mit dem Schweizer Kreuz setzte, um ihrerseits alte Wollreste zu Socken für Grenzwächter zu verstricken, war die weibliche Bevölkerung auch mit ihr versöhnt.

Das erste Datum, das für die Eheleute monumentale Bedeutung erlangte, war der 12. Februar 1921. Das Eidgenössische Politische Departement erteilte *nach Einsicht eines Gesuches der Kanzlei der Direktion des Innern des Kantons*

Zürich, vom 2. Oktober 1920 – in Ausführung des Bundesgesetzes vom 25. Juni 1903 betreffend die Erwerbung des Schweizerbürgerrechts und den Verzicht auf dasselbe, sowie des Ergänzungsgesetzes vom 26. Juni 1920 – dem italienischen Staatsangehörigen Guerrino Senigaglia, Comestiblesgeschäft, geboren in Alzano Lombardo (Italien) am 30. Juni 1880, wohnhaft in Küsnacht (Zürich), sowie seiner Ehefrau und seinen sechs minderjährigen Kindern, die Bewilligung zur Erwerbung eines schweizerischen Kantons- und Gemeindebürgerrechts.

Sein Rechtskonsular klärte Guerrino in einem langatmigen Brief schwätzerisch und völlig überflüssigerweise darüber auf, dass *das Schweizerbürgerrecht jedoch erst dann erworben ist, wenn zu gegenwärtiger Bewilligung der Erwerb eines Gemeinde- und Kantonsbürgerrechts gemäß den Bestimmungen der betreffenden Kantonsgesetzgebung hinzugekommen ist. Gegenwärtige Bewilligung erlischt*, dieses Wort hatte er von Hand zweimal mit roter Tinte unterstrichen, *wenn der Inhaber, gemeint sind Sie, Herr Guerrino Senigaglia, derselben nicht binnen drei Jahren vom Datum der Ausstellung an ein Gemeinde- und Kantonsbürgerrecht erworben hat. Ebenso hört sie auf, gültig zu sein für Kinder, die volljährig werden, bevor ihre Eltern das Schweizerbürgerrecht erworben haben.*

Guerrino überflog den Rest: *Personen, welche neben dem Schweizerbürgerrecht dasjenige eines fremden Staates besitzen, haben diesem Staate gegenüber, solange sie in demselben wohnen, keinen Anspruch auf die Rechte und den Schutz eines Schweizerbürgers. Die Bundesbehörden müssen es ablehnen, sich für naturalisierte Ausländer, die noch der Militärpflicht in ihrem frühern Heimatstaate unterstehen, bei der betreffenden Regierung zu verwenden.* Lauter Blabla, Guerrino ärgerte sich.

Allein für diese Bescheinigung musste er schmerzhaft

teure zwanzig Franken bezahlen, die Kosten für den Rechtskonsular traute er sich schon gar nicht mehr zusammenzuzählen. An den Rand hatte der mit seiner krakeligen, wichtigtuerischen Schrift noch ein Sternchen gemacht und daneben notiert: *Tullio!! Majorenn in 3 Jahren!!* Als ob man Guerrino extra darauf aufmerksam zu machen brauchte, dass die Zeit drängte. Guerrino wusste, was zu tun war.

Vier Monate darauf bestellte ihn der Rechtskonsular in sein Bureau und las ihm einen Auszug aus dem Protokoll der Kirch- und Bürgergemeindeversammlung vom Sonntag, dem 26. Juni 1921, vor:

»*Im Anschluss an die Primarschulgemeinde fand heute in der Kirche zu Küsnacht, nach vorausgegangener vorschriftsgemäßer Publikation in den obligatorischen Lokalblättern, für die Bürgergemeinde nebst diesen auch im kantonalen Amtsblatt, eine Kirch- und Bürgergemeindeversammlung statt, behufs Erledigung folgender Traktanden:*

A) Kirchgemeinde (siehe Protokoll)

B) Bürgergemeinde:

1. *Genehmigung der Armengutsrechnung, der Waisenhausbaufondsrechnung, der Fennerstiftrechnung und der Rechnung des Fondes für die Armenhaus-Insassen.*
2. *Antrag des Gemeinderates (bürgerliche Sektion) betreffend Erteilung des Gemeindebürgerrechtes an G. Senigaglia und Familie an der Dorfstraße.*
3. *Antrag der Pflege betreffend Aufnahme eines Darlehens von Fr. 20'000.*«

Guerrino hätte das Traktat lieber selber gelesen, er hatte Mühe, den Ausführungen zu folgen, und hätte gerne das eine oder andere Wort mit eigenen Augen gesehen. Aber sein Fürsprecher genoss sich in der Rolle des großen Verkünders und wollte damit wohl auch die nächste Rechnung geltend machen. Guerrinos Lippen verengten sich zu zwei schmalen Strichen, auf die man gut und gerne italienische Kraftausdrücke hätte setzen mögen. Die Hände in seinen neuen Florentiner Strohhut gekrampft, hörte er weiter zu.

»*Nichtstimmberechtigte werden aufgefordert, das Lokal zu verlassen* ..., türülü, türüla, das ist für Sie nicht wichtig, äh ... *gegen die Reihenfolge der Traktanden* ..., das auch nicht ..., mal sehen, wo geht's denn weiter ... ah, da: *Traktandum 2: Antrag des Gemeindesrates (Bürgerliche Sektion) betreffend Erteilung des Gemeindebürgerrechtes an G. Senigaglia und Familie an der Dorfstraße* ...«

Guerrino wusste nicht, befand er sich in einer Zeitschlaufe wie in einem jener abenteuerlichen Filme, die man neuerdings im Wanderkino zu sehen bekam, oder war er in einen Zeitschlitz gefallen, es dauerte ihm viel zu lange, dieses Dahocken, dieses Hutverkrampfen, dieses Verstehenwollen, und was, wenn man seinen Antrag nun abgelehnt hätte? Würde dann der Herr Rechtsanwalt dieserart umständlich daherschwadronieren? War das der Grund? Kurvte er deshalb um den heißen Brei herum? Weil er vielleicht doch das eine oder andere Mal eine Ente zu viel geschossen hatte? Weil er seinen letzten Chef de Service zum Teufel gejagt hatte? Weil er auf eine unergründliche Weise in den Augen dieser perfekten Schweizer versagt hatte? Er, Guerrino, der Krieger aus Bèrghem? Er glaubte, dem Manne, der ihm da gegenübersaß in seinem kostspieligen Dreiteiler, mit dem seidenen Pochettli in der geschrägten Jackettasche, dem Zwicker auf der Nase und dem Stundenglas im Sinn, die Worte einzeln aus dem Mund purzeln zu sehen, nur dass er sie nicht aufzufangen vermochte, seine Hände gehorchten ihm nicht, er würde aufpassen müssen, dass ihm das Strohgeflecht in der Hand nicht ganz zerknickte.

»... *sowie sechstens Aurora Senigaglia, geboren ebendaselbst am 26. Dezember 1913, alle wohnhaft an der Dorfstraße in Küsnacht, werden gegen Zahlung einer Einkaufs-*

gebühr von Fr. 500.– in das Bürgerrecht der Gemeinde Küsnacht aufgenommen.«

»Come …?«

»Ich bin noch nicht fertig. Weiter heißt es da: *Weisung. G. Senigaglia hat mit Eingabe vom 22. Februar 1921 um Erteilung des hiesigen Gemeindebürgerrechtes nachgesucht. Senigaglia ist seit dem 15. Juni 1908 ununterbrochen in unserer Gemeinde wohnhaft, und er und seine Angehörigen haben sich stets einer guten Führung …«*

»Wie Comsola immer gesagt hatte …«

»… befleißigt und nie zu Klagen Anlass gegeben. Senigaglia besitzt hier ein eigenes Wohn- und Geschäftshaus und ein eigenes Viktualiengeschäft. Für eine Ablehnung des Gesuches liegen keine Gründe vor, und es kann demselben entsprochen werden. Das Gesuch ist begleitet von folgenden Akten …«

Hatte er gesagt: *entsprochen werden*? Und was ist das mit dem Wort Ablehnung? Haben wir doch etwas falsch gemacht?

»… empfiehlt dem Antrage zuzustimmen.«

»E?«

»Die über den Antrag freigegebene Diskussion wird von keiner Seite benützt, das heißt, keiner hat was gegen Sie, Senigaglia, Sie und Ihre Familie werden daher in das Bürgerrecht der Gemeinde Küsnacht aufgenommen. Unterschrieben haben das der Präsident der Bürgergemeindeversammlung Hausamman sowie der Sekretär Hügeli. Stimmenzähler waren Sigg und Hugentobler. Schauen Sie, hier! Nun ist es nur noch eine Formalität.«

Diese Formalität löste sich am 12. August 1921 in Wohlgefallen auf, und zwar in der Sitzung des Regierungsrates, wie dem Protokoll zu entnehmen war:

2544. Landrecht. *Das Statthalteramt Meilen übermittelt am 20. Juli 1921 das Gesuch des Gemeinderates Küsnacht* *um Erteilung des Landrechts an Guerrino Senigaglia, Inhaber eines Comestiblesgeschäftes, von Alzano-Lombardo, Italien, geboren am 30. Juni 1880, wohnhaft in Küsnacht, welcher nach Beibringung der bundesrätlichen Einbürgerungsbewilligung vom 12. Februar 1921 und nach Erfüllung der übrigen gesetzlichen Erfordernisse unter Vorbehalt der Erteilung des Landrechts mit seiner Ehefrau Comsola Rodope, geborene di Bosco, geboren am 25. September 1881, und seinen 6 minderjährigen Kindern: Tullio, geboren am 1. November 1904, Benedetto, geboren am 20. Dezember 1905, Nunzio, geboren am 10. Oktober 1907, Severino, geboren am 6. September 1909, Ultimo, geboren am 15. September 1911, und Aurora, geboren am 26. Dezember 1913, gegen eine Einkaufsgebühr von Fr. 500 am 26. Juni 1921 in das Bürgerrecht der Gemeinde Küsnacht aufgenommen wurde. Senigaglia wohnt seit 1908 in Küsnacht.*

Auf Antrag der Direktion des Innern
beschließt der Regierungsrat:

I. Die Aufnahme des Guerrino Senigaglia, Inhaber eines Comestiblesgeschäftes, von Alzano-Lombardo, Italien, sowie seiner Ehefrau und der 6 minderjährigen Kinder in das Bürgerrecht der Gemeinde Küsnacht wird bestätigt, und es wird diesen Personen das Landrecht des Kantons Zürich und damit das Schweizerbürgerrecht erteilt.

II. Die Landrechtsgebühr wird auf Fr. 390 festgesetzt. Sie ist innerhalb 4 Wochen, von der Zustellung dieses Beschlusses an gerechnet, der Staatskasse in Zürich zu entrichten oder durch Verwendung des beigelegten Einzahlungsscheines bei einer Poststelle auf Postscheckkonto VIII 2002 einzuzahlen.

III. Werden die Gemeinderechts- und die Landrechtsgebühr nicht innerhalb vier Wochen bezahlt, so wird die Landrechtserteilung aufgehoben und damit auch die Aufnahme in das Gemeindebürgerrecht hinfällig.

IV. Die Staatsgebühr für Ausfertigung und Zustellung der Landrechtsurkunde wird auf Fr. 40 festgesetzt.

V. Die Landrechtsurkunde ist dem Eingebürgerten nach Vorweisung oder Einsendung der Bescheinigungen über die Bezahlung der Gemeindebürgerrechts- und der Landrechtsgebühr von der Direktion des Innern kostenfrei auszuhändigen.

VI. Der Eingebürgerte hat für seine Entlassung aus dem bisherigen Staatsverbande zu sorgen, ansonsten er die Folgen der Unterlassung selbst zu tragen hätte.

VII. Mitteilung an: a) Guerrino Senigaglia, Kaufmann, an der Dorfstraße, in Küsnacht, unter Bezug der in Dispositiv IV festgesetzten Staatsgebühr sowie der Ausfertigungs- und Stempelgebühren; b) den Gemeinderat Küsnacht mit der ausdrücklichen Weisung, dem Eingebürgerten erst nach Vorweisung der Landrechtsurkunde Heimatschriften auszustellen; c) das Statthalteramt Meilen; d) das kantonale Fremdenpolizeibureau; e) die Direktionen der Finanzen, des Militärs und des Innern.

Zürich, den 12. August 1921.
Vor dem Regierungsrate,
Der Staatsschreiber:
Paul Keller

Keine drei Tage später war die Familie Senigaglia im stolzen Besitze eines neuen, eines Küsnachter, eines echten Schweizer Heimatscheines. Nun war endgültig Schluss damit, dass man seiner Tochter Aurora auf offener Straße Schlötterlig nachrief, Worte, die er nicht einmal verstand, deren Sinn, zu treffen, aber nie ihr Ziel verfehlte. Nie wieder wollte Guerrino den Klang dieses Reims in seinem Umfeld hören müssen: … *Tschinggeli More, Dräck a dä Ohre* …, sie waren jetzt ja Schweizer.

dem Teufel vom Karren

Zug, 1922

Alda Immer konnte nicht schlafen. Sie hatte Schäfchen gezählt. Sie hatte im Stillen Lieder rezitiert, von den *roten Röschen im Garten*, vom *Kirschenlesen*, dem *lustigen Sennersleben* und vom *Vater*, dem *Appenzeller*, obwohl der eigentlich vom Luzernerboden kam. Sie hatte in der Heiligen Schrift gelesen. Nichts hatte geholfen, sie lag noch immer wach.

Im Bett neben ihr schnarchte leise ihre kleine Schwester Ida. Mit ihrem schokoladebraunen Haar. Mit ihrem lieben Gesichtchen. Ihrer sauberen Haut. Bestimmt war sie in einem wunderbaren Traum hoffnungsfroh verloren. Und morgen würde sie genauso hoffnungsfroh aus ihrem Schlaf erwachen, sich die blauen Äuglein reiben und in einen weiteren hoffnungsfrohen Tag hinausschreiten, den das Leben nur für sie bereithielt wie eine unerschöpfliche Zaubertafel voller feinster Leckereien. Denn: Sie war ohne Makel.

Zweihundertdreiundzwanzig Schäfchen. Zweihundervierundzwanzig. Zweihunderfünfundzwanzig. Es hatte keinen Sinn. Alda konnte sich doch nicht recht aufs Zählen konzentrieren. Immer wieder lenkten sie Störgeräusche im Ohr ab, böse Stimmen, die Erinnerung an das, was sie heute ungewollt mitangehört hatte. Lehrer Füglistaller hatte sich krank gefühlt, und Alda hatte sich beeilt, nach Hause zu laufen, wusste sie doch, dass ihr Onkel und die Tante und die Bäschen zu Besuch aus Luzern gekommen waren, und hei, wäre das eine Freude, noch vor dem Mittagessen zusammen die Murmeln über die Bahn zu schicken! Alda liebte dieses Surren, wenn Kugel um Kugel herunterrollte, und das schicke Klirren, wenn sie aneinandergerieten. Sie konnte stundenlang vor dieser dreistufigen Holzbahn sitzen und das bunte Glas, eines nach dem anderen, herunterpurzeln lassen. Eine besonders schöne Murmel, fast so wie ein Menschenauge, mit einem geschwungenen blauen Bändchen drin, musste sie unbedingt den Bäschen zeigen. Und um wie viel diese wohl schon wieder gewachsen sein mochten, alle vier! Ob sich wohl das Kleinste noch genau so wohlig und kuschelig wie früher in ihren Armen tragen ließ? So ein herziges Geschöpf, genau so eines wollte sie später auch einmal haben als erwachsene Frau. Und am besten nicht nur eines, am besten auch gleich vier, so wie ihre Bäschenbande.

Dergestalt angeheitert vor lauter Vorausglückseligkeit, platzte sie in die Wohnung und hörte die Stimmen der Verwandten schon vom Flur aus. Da war Onkel Eduard, der Diamantschleifer, der immer viel auf sein Äußeres gab, Kettenuhr und Monokeleinfassung waren gar aus echtem Gold, wie man sagte, und vor dem sie bei der Begrüßung eine langsame Umdrehung machen musste, auf dass er sie beäugen konnte – noch vor dem Begrüßungskuss! –, und dem sie die Finger einzeln hinzustrecken hatte, ob sie denn auch alle sauber geputzt waren, und die Haarschnecke auch, die er auf ihre Akkuratesse untersuchte, und da war Tante Röschen, die ihr regelmäßig Luzerner Birewegge mitbrachte. Und die Cousinen Rita, Rösli, Elise und Ruth – ach! Alda kämpfte mit den Schuhen, aber ohne sie ordentlich aufzuschnüren, würde sie sie wohl doch nicht von den Füßen und über die Fersen hebeln können.

Und als sie noch damit beschäftigt war, die Schürze über dem Rock glattzustreichen, und ihre Haarschnecke befühlte, ob sie satt saß und sich daraus kein Härchen befreit hatte, drangen ebendiese Worte an ihr Gehör, die sie heute

Nacht nicht schlafen ließen: »Aber ein Röötschi. Wirklich, Lorli«, rief Onkel Eduard lachend, »das hat es in unserer Familie noch nie gegeben.«

»Ich weiß auch nicht, es ist doch nicht wirklich rot, ja nur ein bisschen, nur …«, versuchte Mutter zu beschwichtigen, und der Vater mischte sich ebenfalls ein: »Es stimmt schon, in unserer Linie hat es so was nie gegeben. Dafür lege ich meine Hand ins Feuer.«

»… ein Schimmer«, beendete die Mutter ihren Satz.

»Ich mein ja nur, die Leute reden.«

»Die Leute reden immer.«

»Das ist es nicht, Lorli. Wenn man das Mädchen ansieht, fragt man sich halt, welchem Teufel sie vom Karren gefallen ist. Auch ihre Hände.«

»Was ist mit ihren Händen?«

»Eduard, lass doch, das ist jetzt nicht mehr lustig«, hatte sich da die Tante zu Wort gemeldet.

»Nein, das muss einmal gesagt sein: Das Mädchen hat Teufelshände, ihre Nägel sind rötlich, als wären sie aus glühender Kohle geschmiedet. Und die Finger viel zu breit, zu klobig. Das passt nicht in unser Geschlecht«, und dann schloss er: »Mit dem Kind schießt du wirklich den Vogel ab.«

»Wie willst du wissen, ob in unserem Blut nicht doch auch Rothaariges fließt?«

»Mein Ahnenstamm reicht bis ins 15. Jahrhundert zurück, und ich kann dir versichern, Lorli, gell, Hannes, du bestätigst mich darin, das waren alles ehrbare Bürger, Fürsprecher und Weinstecher, alles gehobene Leute, mit Papieren belegt, und keiner rot!«

Die Mutter schwieg. Sie wusste nur zu genau, dass es in ihrer eigenen Ahnenreihe einen dunklen Fleck gab, eine Ungereimtheit, einen Sprung in der Tafel. Zwei ausgefranste Enden, die nicht recht miteinander zu verweben waren. Aber bislang hatte niemand darüber ein Aufheben gemacht. Sie war Zugerin, und ihre Herkunft hatte nie Anlass zu Tadel gegeben.

»Ja, mich musst du nicht anschauen, Lorli.« Es klang irgendwie unecht. In Aldas Ohren begann ein Rauschen. Ihr Vater wollte nicht recht zu ihr halten in dieser Sache. Und wenn sie tief in sich hineinschaute, wusste sie, dass sie sich selbst schon gefragt hatte, woher sie diese roten Haare hatte. Ein Loderfeuer, ganz besonders dann, wenn die Sonne hineinlangte. Deshalb war es ja auch das Beste, zu tun, was Mutter empfahl: die Haare in einen engen Knoten zu binden und mit Schleifen zu ummanteln oder in zwei runde Schnecken zu flechten oder noch besser: in nur eine, so dass man sich mehr auf das Gesicht konzentrierte und diese Haare Nebensache wurden.

»Ich meine es ja nicht böse, Schwägerin. Ich meine nur, es wird einmal schwierig sein, das Mädchen unter die Haube zu bringen.«

»Dafür ist noch ausreichend Zeit«, versuchte es die Mutter noch einmal.

»Ihr Weibsbilder! Täuscht euch da bloß nicht. Die Jugend von heute ist verderbt, die Mädchen unserer Zeit treffen sich über die Geschlechter hinweg, noch bevor du einmal geblinzelt hast, wirst schon sehen. Und wenn ihr bei eurer Esmeralda nicht aufpasst, dann ist sie bald nicht mehr nur rot, sondern auch in Verruf. Dann wird sie keiner mehr haben wollen hier im Kanton.«

Heute Nacht war nichts zu machen. Die Furcht plagte sie ganz grauenhaft, und Esmeralda, Alda, überlegte, wie sie einem Schicksal, dereinst als alte Jungfer sterben zu müssen, entfliehen könnte.

Vielleicht werde ich weggehen müssen, fort von hier und in ein anderes Städtchen, wo mich in diesem ja doch jeder kennt. In ihr krampfte sich alles zusammen bei dem Gedanken daran, Zug verlassen zu müssen. Aber da gäbe es wohl nichts, denn wie Mutter immer sagte: Zug ist so klein, wenn du ein Weggli isst und beim ersten Bissen an der einen Kantonsgrenze stehst, erreichst du mit dem letzten Bissen schon die andere. So klein ist dieser Kanton, da kennt einfach jeder jeden. So winzig klein. Ja …, wenn man darüber hinauswachsen könnte …

Drei Tage lang beharrte Alda darauf, man möge ihr die Haare kurz unterhalb der Ohrenlinie abschneiden. Sie behauptete, es würde ihr dadurch viel Mühe erspart, und zudem gewänne sie so mehr Zeit, um ihrer Schwester den Zopf zu flechten.

Als die ganze Verwandtschaft sich im Sommer wie gewohnt zu einem Picknick auf der Rütliwiese traf, ging ein einträchtiges Nicken durch Tanten und Onkel, und Alda war's, als ob sich damit ein alter Schwur bestätigt hätte.

das Mazel der Wanderjahre

Lausanne, bis 1925

Was Cheina nicht wusste, war, dass Elia, mittlerweile Hutfabrikant in Lausanne, heimlich Nachforschungen über den Verbleib ihrer Mutter und ihrer Schwester unternommen hatte. Bereits kurz nach ihrer Heirat 1917 war der Kontakt zu den beiden abgebrochen, dieses erste aufregende Ehejahr hatten ihre Angehörigen nicht mehr miterlebt. Sie waren mit dem Orchester weitergezogen, wie sich Cheina stumm vorbetete; sie waren verschwunden, wie Elia wusste, der monatelang um Nachricht bangte, wie an ihrer statt. Was das Begreifen der Geschehnisse anbelangte, war Cheina die Langsamkeit selbst. Sie verzögerte ihren Gedankenfluss und brachte ihn, wenn ihr eine Sache unangenehm wurde und ihre Finger nervös über die Tischplatte hüpften, zum Stillstand. Wenn sie etwas nicht begreifen wollte, führte kein Weg zu ihr hin, weil kein Weg jemals bei ihr anlangte.

Aber damals hatte seine Cheina auf ihre stille Art alle überholt. Kaum hatte er sie gefragt, war sie auch schon schwanger, er hätte nie gedacht, dass das so schnell gehen könnte, und gesagt hatte sie auch das keinem. Er wusste nicht einmal, ob sie sich ihres Zustandes selber bewusst gewesen war, sie redete ja nicht. Nur das Nötigste. Wo ist mein Geigenkasten? Wo hast du die Notenblätter hingetan? Nein, danke, ich übe noch. Viel mehr war aus dieser Kostbarkeit nicht herauszuzwingen. Elia hatte bald bemerkt, dass sie es schätzte, wenn er sie nicht mit unnötigen Gesprächen belästigte. Wozu sollte sie auch reden? Ihre Gravitation wirkte ohne Worte.

Was hatte er nicht alles mitgemacht mit ihr, seiner unwiderstehlichen Sirene! Diese überstürzte Hochzeit in ihrem auberginefarbenen Bühnenkostüm mit den türkisen Bändern und den schadhaften Schuhen, nur etwas Lippenstift hatte sie sich bei der Serviertochter abgeschwatzt, darauf hatte sie bestanden. Die sinnliche Kontur ihrer Lippen hatte sie mehrmals nachgezogen, gewissenhaft, selbstversunken. Er hatte sie dabei beobachtet, als er sich selber die schneidige Fliege um den Zelluloidkragen band, der ihn kratzte, und daran, wie ihn die Schuhe gedrückt haben, erinnerte er sich regelmäßig, wenn er an diesen Tag zurückdachte. Und dort, auf der Heiratsurkunde, war das Letzte, was von Rivka und Rahel übriggeblieben war, eine Paraphe von Schwester und Mutter als Trauzeuginnen, Schrift, verdinglichte Bewegung auf Papier.

Die Tage und Wochen danach waren aber auch nervenaufreibend gewesen. Ein Platz für Cheina musste in seinem eigenen Orchester geschaffen, die Leitung des Gerber Terminus davon überzeugt werden, dass dieses Orchester ein gutes war, und schließlich hatte Elia die gesamte Truppe noch beschwatzt, seiner jungen Angetrauten mit Respekt gegenüberzutreten und sie nicht unnötig mit Worten zu belästigen. Außer über Musik sollte mit ihr über nichts gesprochen werden, schon gar nicht über ihre Herkunft.

Sie war eine Herausforderung, in jeder Hinsicht. Ihr Spiel duldete keine Verzögerung, jede Synkope musste sitzen; wenn einer der Musiker seinen Part nicht beherrschte, hob sie ihren Geigenbogen zwei Fingerbreit von den Saiten und verharrte so, bis dieser den Einsatz drei-, viermal geübt hatte, dann nickte sie kaum merklich und setzte wieder ein. Offiziell war zwar noch immer Elia Chef d'Orchestre, inoffiziell hatte Cheina aber den Dirigentenstab in dem Moment übernommen, als sie jedem Einzelnen zur Begrüßung die Hand gereicht und ihm dabei knapp neben den Augen tangential am Gesicht vorbeigeschaut hatte. Obwohl man diese Art auch als Ausweichen hätte werten können, empfanden es die Musiker doch alle gleich: Sie waren ihres Blickes nicht würdig. Und sie akzeptierten das ohne Groll.

So spielten sie also noch eine Saison in Aarau, lebten miteinander, gewöhnten sich aneinander und an die Eigenheiten, die jeder pflegte, ab und zu lachte man sogar.

Als dann am Weihnachtsabend, ausgerechnet beim großen Gala-Konzert, das sie zur Feier von Jesu Geburt gaben, seine Cheina plötzlich diverse Übergänge verpatzte, aus dem Takt geriet, spürte Elia, wie sich ein Wall von Missmut und Verärgerung in ihm aufbaute. Die Heftigkeit seiner Ablehnung erschreckte ihn, aber er konnte sich nicht halten. Das Zentrum bröckelte, und Elia übernahm das Zepter mit eiserner Hand. Seine Entrüstung über diesen scheinbaren Verrat fand Ausdruck in einer Zurechtweisung, die er seiner Frau, der Ersten Geigerin, mit Blicken zuschmetterte, eine Ausfälligkeit, von der sich Elia nie hätte vorstellen können, dass er sie einmal in aller Öffentlichkeit, vor Publikum, ausleben würde. Aber dass seine Frau ihre konzertante Stimme so schlecht beherrschte, sie, die unantastbare Perfektion aller Violinsonaten, des Streichsextetts, Königin aller Rhapsodien, Dirigentin der Gefühlsklaviatur, die das Publikum mitsamt Musikerschaft die Tonleiter der Emotionen ihrem Willen nach auf- und abjagte, war mit einem Male so unzulänglich, so unerträglich durchschnittlich, schlecht, und noch ehe er sich's versah, brach sie das Stück – Au Claire de la Lune – sogar ab, brach zusammen, lag da in stillem Krampf, die Geige und den Bogen in der Hand, und wimmerte rau.

Bestürzt schleiften sie die Musiker hinter die Bühne, wo sie sich nicht zu helfen wussten. Elia trat vor den Vorhang und entschuldigte die kurze Unterbrechung, dann kam er nach hinten, ein Blick auf seine Frau genügte, und er wusste, dass sie in Wehen lag. Umsichtig koordinierte er die Musiker: »Du und du, ihr geht nach vorne und spielt ein paar Polkas; du informierst die Wirtin, man möge nach einem Arzt schicken, und du und du, ihr beschafft so viel abgekochtes Wasser und Frottiertücher, wie ihr beschaffen könnt in diesem Haus, los!«

Und so kam in Aarau zu Weihnachten 1917 um zweiundzwanzig Uhr zwanzig bei einer Kälte von minus 2,6 Grad und Schnee in der Luft der gesunde Junge Abel Lazzaro Israël zur Welt, hineingespült auf einen Orchesterboden, von fröhlichen Polkaklängen umgeben, von der Mutter mit kaum einem Blick bedacht und vom Vater hochgehoben und emporgehalten wie eine Trophäe.

Zwei Tage darauf fand Cheina im Aargauer Tagblatt die folgende Annoncierung:

Haus-Kapelle Hotel Gerber Terminus
Familien Abend
1. Stock, großer Saal
Konzert
Sonntag, den 30. Dezbr. 11–12, 3 ½ - 6 ½, 8–11 Uhr
Silvester 8–11 Uhr
Neujahr 11–12, 3 ½ - 6 ½, 8–11 Uhr
Berchtoldstag 3 ½ - 6 ½, 8–11 Uhr

Und darunter, kleingedruckt, aber nicht weniger bedeutsam:

P. P. Ich benütze die Gelegenheit, unsern werten Gönnern von Aarau und Umgebung die Mitteilung zu machen, dass die beliebte Künstlerin Cheina M. Israël am Weihnachtstag einen gesunden Buben zur Welt gebracht hat. Mutter und Kind sind munter.

Schräg daneben erhaschte ihr an Kurzmeldungen geübter Blick die Leichen-Anzeige Nr. 103: *Montag, den 24. Dezem-*

ber 1917 starb: Oberstkorpskommandant Fahrländer, Johann, Ingenieur, von Aarau. Alter: 73 Jahre, 4 Monate, 19 Tage. Stille Beerdigung.

Da war er also wieder, des Schweizers Zählzwang. Auf Stund und Minute zurückgedrängte Emotionalität. Dieser Tick, alles, was bewegte, pingelig genau festhalten zu wollen. Es gäbe dann einfach weniger Diskussionen, hatte ihr einmal Elia geantwortet. Mit wem denn, hatte sie gedacht, wenn sie alle so sind.

Elias Mutter, Abelarda, hatte es sich nicht nehmen lassen, umgehend in die Schweiz zu reisen, um den Kleinen kennenzulernen. Sie ging mit auf Tournee, man spielte damals auch in Genf und in Montreux, und mit einem gewissen Missfallen nahm Abelarda wahr, wie sich aus ihrem einstigen Abenteurersohn ein kleiner Familiendespot entwickelt hatte. Er bestand sogar darauf, dass man auf Spielzeug verzichtete, um das Kind nicht zu verweichlichen. Nichts, das er nicht beherrschte, keine Entscheidung, die er nicht laut und unanfechtbar verkündete, als spräche er durch einen Trichter aus Blech.

Zu Cheina fand sie keinen rechten Draht. Diese Frau kümmerte sich außer um ihre Geige anscheinend um nichts. Natürlich, auch sie hatten damals Bedienstete, aber dass diese russische Jüdin den eigenen Sohn so überhaupt gar nie anfassen wollte, war ja nun doch etwas Erstaunliches, wenn nicht gar Abstoßendes. Aber vielleicht war sie selber auch nur zu sehr zu dem Kinde hingezogen, immerhin hatte Elia ihm ihren Namen, Abel, gegeben. Sie jedenfalls war hell begeistert ob des Enkels.

Elia erinnerte sich, wie er mit einer gewissen Ungeduld auf die Abreise seiner Mutter gewartet hatte; hätte er geahnt, dass er sie nie wiedersehen würde, wäre er ihr vielleicht doch noch etwas entgegengekommen. Aber er war ja so beschäftigt, war der Kapitän auf seinem eigenen Familienschiff, Cheina schon wieder schwanger, das rief nach einer strikten Planung, noch eine Geburt in aller Öffentlichkeit würde er zu verhindern wissen.

Pierre Isaac Israël war dann im Frühling 1919 in Genf zur Welt gekommen. Ein feister, schneeweißer Säugling mit einem Organ, das ihn bereits wenige Tage nach der Geburt zum Trompetenspiel prädestinierte; im Sommer 1922 strampelte das dritte Kind, Rochelle Sarah, im Körbchen, und die wechselnden Kindermädchen hatten alle Hände voll zu tun. Damals spielte Abel bereits Geige. Konzentriert und wie in sich und die Musik hinabgesenkt, ähnelte er dabei sehr seiner ernsten Mutter. Das Geigenspiel war ihre einzige Verständigungsebene, in dieser Hinsicht war sich Cheina treu geblieben, einen anderen Zugang zu ihr gab es für alle ihre Kinder nicht.

Man nannte Abel »Wunderkind«, ein Begriff, der nun auch auf den Handzetteln seine Wirkung tat. Spielzeug suchte man im Haushalt Elia Costantino Israël noch immer vergeblich – mag sein, weil er selber damit überschwemmt worden war durch seine Mutter, mag sein, weil auch seine Frau nie ein einziges Holztierchen, kein Blechauto und nicht einmal eine Puppe besessen hatte. Oder sich zumindest nicht daran erinnern wollte. Die Kinder sollten frühzeitig an das entbehrungsreiche Leben als Musiker gewöhnt werden, an die langen Übungsstunden, das Durchhaltevermögen, die Selbstüberwindung, Disziplin.

Einmal, als Cheina mit Rochelle schwanger war, spielte die Familie eine Saison lang im Grand Hotel in Zermatt. Eines Abends war ein Herr gekommen, geölte Haare, Menjoubärtchen, schwerer, doch stechender Blick, auch seine Frau war von distinguierter Eleganz. Unschwer zu erkennen, dass es sich um Mitglieder der Classe politique handelte. Die zwei grüßten den Chef d'Orchestre, und Elia grüßte mit einem galanten Nicken zurück. In einer Spielpause beobachtete Elia ein Tuscheln der Eheleute. Als ihn kurz darauf der Herr mit einer respektvollen Geste an seinen Tisch bat, war Elia zur Stelle. »Meine Frau Gemahlin wünscht sich ein Stück aus La Traviata. Hätten Sie wohl die Freundlichkeit, etwas aus La Traviata für uns zu spielen, Maestro?«

»Avec plaisir, Monsieur.« Elia empfahl sich, ein paar Schritte rückwärtsgehend. In seiner schroffen Art wies er sein Orchester an, und schon spielten sie sich in die Oper ein. Cheina beherrschte ihr Solo perfekt, und das Orchester wurde mit einem Applaus bedacht, den die Dame in ihre weißen Handschuhe klatschte. Diese Episode wiederholte sich nun Abend für Abend, bis Elia am siebten Abend, kaum dass er das Ehepaar den Salon betreten sah, ein Zeichen machte und das Orchester La Traviata gab.

Diesmal applaudierte die Dame nur kurz, aber Elia bemerkte, wie sie ihren Gatten in ein Gespräch zog, ihr spitzer Mund formte Wort um Wort, und ein jedes schien sie mit Nachdruck auszusprechen. Die Hin- und Herbewegung des Kopfes ihres Mannes schien abzuwiegeln. Elia sah, dass die Frau nicht aufgab, und als sein Orchester schon wieder ein neues Stück anspielte, redete sie noch immer auf ihn ein.

Ungeachtet dieses einen Misserfolges spielten sie jedes Mal, wenn sie das Paar kommen sahen, Stücke aus der Verdi-Oper, im unbestätigten, aber hoffnungsvollen Gefühl, dass dies den Erwartungen der Herrschaften entsprach.

Schließlich kam das Ehepaar, um sich bei Elia und den Musikern zu verabschieden. Dabei reichten sie auch Cheina die Hand. Der Mann sagte zu ihr: »Es ist ja sehr nett, dass Sie für uns immer dieses Solo aus La Traviata spielen. Wir möchten uns für Ihre Aufmerksamkeit bedanken.«

Cheina nickte kaum, sie hatte die Lippenstiftfarbe der Dame bemerkt, Fuchsia, und war davon ganz abgelenkt.

»Aber gerne doch, Madame, Monsieur«, charmierte Elia,

der wortgewandt von einer Sprache in die andere wechselte. Mit Zufriedenheit betrachtete der Herr reihum die Musiker, dann fragte er: »Aber wissen Sie denn auch, wer ich bin?« Elia stutzte. »Nun, Sie sind sehr freundliche Gäste …«, aber der feine Herr sprach: »Ich bin der Präsident der Conféderation. Und das ist meine Gemahlin.«

»Ah«, hauchte da Elia, »enchanté.«

»Ihr seid Italiener, wie mir scheint?«

»Ja, wir kommen aus Triest.«

»Möchten Sie nicht gerne Schweizer werden?«

»Si! Natürlich! Nur, das ist nicht so einfach, das ist eine recht teure Sache, Monsieur …« Da nahm der Bundespräsident der Schweiz ihre Namen auf und versprach, ihnen ein Empfehlungsschreiben zu senden. Er fragte noch, wie viele sie seien, und Elia nannte die beiden Kinder und deren Namen, betonte, dass sein Ältester, Abel, sogar »Au Claire de la Lune« spielen konnte wie ein kleiner Gott, war ganz aufgeregt und verhaspelte sich vor lauter Exaltiertheit.

Als diese wenigen Formalitäten geklärt waren und sich der Herr Bundespräsident anschickte, zusammen mit seiner Frau den Salon zu verlassen, passierte etwas, mit dem niemand gerechnet hatte. Cheina rief mit ihrer selten benutzten, heiseren Stimme, die wie ein Schlepptau in den Raum hineinlangte: »Arretez!«, die beiden drehten sich nach ihr um und warteten, bis sie sich gesammelt hatte, dann sagte sie mit starrem Blick: »Merci, au nom de Dieu, merci. Mazel tov.«

Und so war es denn dazu gekommen, dass am 15. Februar 1922 rund hundert Kilometer von Peuchapatte entfernt, fünf Jahre und drei Monate nach François Schön die Familie Israël in der Gemeinde von Préverenges das Bürgerrecht zugesprochen bekam. In den Papieren hieß es, Elia sei ein arbeitsamer Mitbürger und habe sich mit einer excellenten Führung verdienstvoll gemacht. Mit diesem Bescheid in der

Tasche konnte er das unstete Leben als Musiker, damals im Lausanner Kursaal engagiert, endgültig an den Nagel hängen und sich ganz seiner neuen Entreprise, einer kleinen Hutfabrik an der Rue Madeleine in Lausanne, widmen. Die Ladeneröffnung an der Rue du Bourg 8 war da bereits beschlossene Sache. So wurde aus Elia Costantino Israël, einem Chef d'Orchestre, Entrepreneur in Sachen Hüte.

Die Rue du Bourg war ein Glücksfall. Bekannt dafür, dass in ihr jede und jeder in einer der zahlreichen Aubèrges ein Obdach für die Nacht fand, war sie der ideale Standort für ein Hut- und Sportmützengeschäft. So viel Auf und Ab, so viel Laufkundschaft, so viele Passanten. Die Zeiten des Trinkgeldzusammensparens waren passé.

Natürlich kleidete Elia auch seine Kinder mit Mützen und langen Schals ein, und in den schmalen Anzügen mit den andersfarbigen Hosenumschlägen, dem Seidentuch im Brusttäschchen und der Krawatte, die immer tadellos sitzen musste, sahen seine *fils* ja wirklich aus wie lebendige Schaufensterpuppen. Wie Mannequins wurden sie ins Atelier geschleppt und abfotografiert, ihre Bilder zierten die Hutauslage und wurden regelmäßig ersetzt.

Dass diese Kinder zudem eine ordentliche Musikausbildung genießen durften, war ein Beschluss, der keinerlei Verständigung zwischen Elia und Cheina erforderte. Abel, das Wunderkind, lernte nebst Violine Klavier, Flöte, Querflöte, Saxophon, und je nach Gelegenheit gab man ihm auch ein Akkordeon in die Hände. Pierre musste Klavier spielen und des Vaters Cello übernehmen, eine Trompete hätte doch nicht gepasst, für Rochelle waren ebenfalls das Cello und die Geige vorgesehen, und sollten noch mehr Kinder kommen, gäbe es ja immer noch die Gitarre, das Schlagzeug oder das Fagott. Ab und an, auf spezielle Anfrage hin, spielte Elia mit seiner Frau für eine einzige Soirée im Kurhaus oder einem Grand Hotel, lieber aber schickte er den Abel vor. »Was machen wir, wenn er ins heikle Alter kommt?«, war eines der seltenen Male, dass seine Frau das Wort an ihn gerichtet hatte. Was er in ihrem Gesicht ablesen konnte, war weniger Bange denn Enttäuschung und vorweggenommene Wut, und er wischte diese Möglichkeit fort, indem er sagte: »Dann stellen wir einfach ein nettes Mädchen ein, das sich um ihn kümmert. Das wird ihn wohl im Hause halten.«

Dass eines ihrer Kinder je alleine durch die Straßen gebummelt wäre, war vollkommen ausgeschlossen. Ihr Tag war streng strukturiert, ein lückenloser Stundenplan von Musizieren, Lernen und Benimmunterweisung, da blieb keine Zeit für Eskapaden. Insgeheim verachtete Elia das lose Volk Lausannes, das die Rue du Bourg auf und ab promenierte, neugierig, gierig, verwundert oder verzückt in die Schaufenster starrte, mit Blicken die Auslagen abtastete, bis die Hände sich nicht mehr zurückhalten konnten, wie es Geld ausgab, wie es kaufsüchtig und scheinbar ohne jede Scham von den Librairies Payot über den Pianohandel Weissenstein zur Parfumerie La Chotte wanderte, Pakete unter den Arm geklemmt, die Kleider gerafft, wann immer man dem Pferdemist ausweichen musste, den die nachlässigen Kutscher nie aufzusammeln pflegten. Wie es sich nahm, was es begehrte.

Je strenger der Vater sein Regiment über die Kinder führte – die Schals und Hüte und Seidentücher, mit denen er sie ausstaffierte, betrachtete er lediglich als Leihgabe aus seinem Geschäft –, umso nachsichtiger begegnete er seiner Frau. Er konnte ihr nichts abschlagen, selbst wenn er ihre Lippenstift- und Nagellacksammlung albern fand, sie hortete so viele verschiedene Rotschattierungen in ihrem Depot, wie seine Mutter früher Spielzeug zusammengerafft hatte – aber warum auch nicht. Cheina verlangte ja sonst nicht viel; wenn man sie in Ruhe üben ließ, wenn man die

Kinder von ihr fernhielt, war sie die perfekte Gattin: anspruchslos und jederzeit herzeigbar. Da konnte man ihr diesen Spleen gut nachsehen, befand Elia.

Eigentlich hatte er sie zu ihrem zweiunddreißigsten Geburtstag mit etwas ganz Besonderem, mit einer guten Nachricht überraschen wollen. Er hatte sich ausgemalt, dass er ihre Mutter und die Schwester würde einladen können, das neue Kind wäre ja auch bald da, und man hätte gerne ein paar Wochen oder Monate miteinander verbringen können, die Wohnung war groß genug. Aber bald hatte Elia merken müssen, dass sich die Suche nach den Verwandten schwieriger gestaltete, als er erwartet hatte. Der Mutter Spur hatte er noch bis an einen kleinen Grenzort in der Nähe von Basel verfolgen können. Wohin sie danach gekommen war, ob nach Deutschland oder Frankreich, blieb unklar. Die Schwester schien gleich 1917 in Richtung Großbritannien aufgebrochen zu sein, denn er hatte ihren Namen auf der Passagierliste eines Kanalschiffes ausfindig gemacht, aber danach brach auch dieser Faden ab, und Elia musste sich geschlagen geben.

Es blieb ihm also nichts anderes übrig, als seiner Frau einmal mehr Geld für Kosmetika zu schenken. Von seiner erfolglosen Unternehmung erwähnte er kein Wort.

Und wer weiß, vielleicht hatte sie selbst ja schon längst vergessen, woher sie einst gekommen war und wer sie damals noch begleitet hatte.

Von sich aus sprach sie jedenfalls nie davon.

Familienalbum

Bern, 1926

Nicht unterschiedlicher hätten sie sein können, die beiden Schön-Schwestern: Margit, nach ungarischer Art genannt Mausi, zu groß, zu rund, zu frühreif, mit affig langen Armen, die an ihrem Körper entlang herunterhingen, und Füßen, die sich auch in den dunkelsten Schuhen nicht verstecken konnten. Und Mondaine, die kleine Mondaine, Mondaine, Mondaine, Augenstern. Bereits mit zehn Jahren die perfekte Figur, nicht ein einziges Fingerglied zu lang oder zu kurz, die Proportionen stimmten, und auch im Kopfe war was drin, das konnte Papa Schön jetzt schon sagen, eine ganz Vife, ein kleines Gescheitchen, seine Mondaine. Bei Mausi hingehen war Hopfen und Malz verloren, seufzte er in sich hinein, die würde klar nach ihrer Mutter gehen, und das hieß: aus dem Leim.

François Schön sortierte die neuen Lieferungen ein: Seitenkämme, Zierkämme, Kammhauben, geformt zu filigranen Krönchen; Etuikämme, geschwungene Schnauzkämme als Dernier Cri: geformt wie der Schattenriss eines Frauenkörpers mit breitem Oberschenkel; Staubkämme, Stielkämme, Gabelkämme, Frisierkämme, Toupierkämme, Coiffeurkämme, Klappkämme, Taschenkämme, Nutzkämme, Seitenkämme, Schmuckkämme; Kämme aus Zelluloid, Kämme aus Milchstein, aus Schildpatt, Horn, künstlerische Verbindungen von Funktionalität und Schmuck aus teurem Elfenbein, besetzt mit heiteren Glitzersteinchen zum Beispiel aus Prag.

François schaute sich um. Wo waren die Töchter? Die

könnte er jetzt gut zum Einpreisen der Ware gebrauchen. Er stierte auf die Pappschachtel mit den kleinen rechteckigen weißen Preisschildchen, durch deren Löchlein je ein rotes Fädchen geschnürt war. Der Bleistift war gespitzt, alles da, nur seine Mädchen nicht.

Die beiden waren schon zu lange unterwegs, es waren Schulferien, und er ertrug es schlecht, nicht zu wissen, wo sie steckten. Er vermutete sie wieder unten auf der Matte, bei den Tumben und den Blöden Berns. Zuwanderer der niedersten Sorte, die sich da am Aareufer niedergelassen hatten. Jenische, Zigeunervolk, wer weiß. Juden auch. Taglöhner allesamt. Wusste keiner, was eine rechte Arbeit ist, von denen. Konnte keiner einem geregelten Broterwerb nachgehen. Waren alle unfähig, eine Anstellung über längere Zeit zu halten. Unstet. Flatterhaft und faul, die Männer wie die Frauen. Die »Mattener« waren François' liebster Schimpfgegenstand: Wenn er über sie spottete, über ihren selbsterfundenen Dialekt, ihre lästige Geheimsprache, die er nicht verstand und deretwegen er sich ärgerte, wurde François' Kopf jeweils geschwollen und rot, so regte er sich über dieses Lumpenpack auf. Und: Wurden es nicht immer mehr? Hatten die dort unten nicht einen unnatürlichen Hang zur Selbstvermehrung? Kein Wunder, dass man in den Tagesblättern immer häufiger von Überfremdung las. An jedem Rockschurz ein halbes Dutzend Schmutzfinken, einer verdreckter als der andere. Von Assimilation konnte keine Rede sein. Da verstand er die Nationalisten schon eher. Die altehrwürdigen Berner, die Burger mit Bodenrecht. Man musste schon schauen, wo man blieb, wenn das mit den Kantonsfremden und denen, die über die Landesgrenzen in die Schweiz, ins schöne Bern, strömten, nicht bald ein Ende nahm. Noch ein paar Jahrzehnte mehr, hatte er seinen besten Kunden von Graffenried sagen gehört, und die Zersetzung der Schweiz wäre nicht mehr aufzuhalten.

Man müsste halt alle zwangseinbürgern, hatte François darauf gemeint, und der andere hatte die Augenbrauen erstaunt in die Höhe gezogen. »Die in der Matte auch?«

Nein, dort unten hatten seine Mädchen nichts verloren. Einmal mehr schickte er seine Frau Mauritzia den Töchtern hinterher. »Geh, hol sie heim. Und wehe, wenn sie sich irgendwo herumtreiben, wo ich es ihnen verboten habe! Du sagst es mir dann!«

Mauritzia schaute zu ihrem Mann hinüber, der hinter der großen Sortimentsvitrine stand und Klingen, Pinsel, Seifen- und Bartschalen aus Porzellan einsortierte. War er schon immer so gewesen? Herrisch? Bestimmend? Kalt? In seinem hellbraunen Anzug, den er sich drüben bei Ciccioriccios hatte maßanfertigen lassen, war er ihr so fremd. Als ob der Anzug mehr Ausdruck hätte als der Mann, der in ihm steckte. Einen abweisenden Ausdruck. Einen Ausdruck permanenter Steigerung. Steil wie seine Stirn und eng wie seine Augen. Wie einer, der das große Los gezogen hatte und vor lauter Arbeit, die ihm nun durch diesen Gewinn entstanden war, zu lächeln verlernt hat. Zu lächeln gab es ohnehin nicht viel in diesem Hause. Mauritzia konnte sich auch gar nicht mehr daran erinnern, wann sie das letzte Mal herzhaft herausgelacht hatte. War es in Sankt Immer? Oder früher noch? Als Kind? Vielleicht mit ihrem Bruder Jeremias und ihrer Schwester Lina, den Eltern auch, zusammen …

Aber sie sollte ja die Kinder suchen gehen. Etwas hielt sie zurück. Ihre Hände zuckten. Noch einmal schaute sie sich diesen Fremden an, der da zwei Meter von ihr entfernt mit einer neuen Tondeuse herumhantierte. Die Hosenaufschläge waren in perfekter Linie geometrisch genau hochgeklappt, die Bundfalte saß, die oberen fünf der sechs Knöpfe seines Gilets fest verschlossen, die Ärmel des Jacketts der Mode entsprechend knapp angesetzt und in klarer Linie bis an den Handrücken auslaufend. Das englische Button-down-Hemd gestärkt. Heute trug er die dunkelgraue Krawatte mit dem braunen Gittermuster. Sie hatte diese Krawatte früher schon an ihm bestaunt, wo er sie wohl herhatte? Er war immer wie aus dem Ei gepellt, vom Scheitel bis zur Sohle, makellos. Eine blankpolierte Medaille. Grad ebenso scheinend, grad ebenso kalt. Wie nur hätte sie seine Kehrseite verstehen sollen?

Sie staunte. Diese glänzenden Schuhe mit der modischen Außennaht. Kurz bevor sie endlich gehen wollte, fiel ihr Blick auf seine Hand. Mauritzia stutzte. »Franz, wo hast du deinen Ring?«

Er mochte es nicht, wenn sie seinen Namen auf Deutsch aussprach. »Was kümmert dich mein Ring? Habe ich dir nicht einen Auftrag gegeben?«

Er blitzte seine Frau an, dass sie sich sogleich daran machte, Stiefeletten, Mantel und Strickschal zu holen. Sie war so unglaublich fett geworden. Aufgedunsen wie eine Schnapsdrossel, aber sie trank ja nicht, seine Mauritzia, tat so, als wäre sie die Reinheit selbst, dabei war sie beschmutzt, beschmutzt, beschmutzt. Dieser alte Bumsklumpen. Hätte er sich denken können, dass sie als ehemalige Dorfmatratze empfindungslos war, eine Frigide, das war sie. Warf die Kinder aus sich hinaus wie eine Hündin die Welpen. Und war so ekelhaft fett geworden. Und erst ihr Kopf! Du meine Güte, wenn er sich nur einmal ihren Kopf ansah! Diese Frau Frankenstein, gigantisch. Im Profil betrachtet, liefen Kinn und Nacken sturzgerade in den Hals hinunter, das gibt sicher einmal einen Kropf. Was wird da die Kundschaft denken! Wo wir doch mit Mode handeln, mit Schönheit und mit Schein. Ihre Brust und ihr Bauch verschmolzen in ein unförmiges Etwas, eine amorphe Masse, wie ein Klumpen Lehm, den der Meister weggelegt hat, weil die Qualität nur minder ist. Und auch ihr fabelhafter Arsch war ganz verloren. Sah einfach nur lachhaft aus in ihrem weißen Rock, der ihr bis knapp an die Knöchel hing, darüber das selbstgehäkelte Leibchen mit dem doofen Ansatz einer Kapuze im Nacken (hätte sie doch ruhig eine ganze Kapuze dazugehäkelt, die hätte er ihr dann schon über den Kopf zu ziehen gewusst, der François), längsgestreift, blau, weiß, grün, weil sie in einem Modejournal gelesen hatte, dass Längstreifen schlank machen (aber nicht eine Matrone wie dich, dich ganz bestimmt nicht!), und jetzt dieses gestrickte hudelige Dreieck aus einem Farbengewirr, man musste sich ja für die eigene Frau schämen, und wann hatte sie sich überhaupt das letzte Mal die Haare gewaschen? Die stanken doch zum Himmel! Er müsste sie ihr dringend wieder kürzen, ondulieren, wegstecken (am besten ganz abschneiden und ihr eine Perücke verpassen), oh, war er böse, er war so böse, und als er sah, wie sich seine Frau mühevoll vornüberbeugte, den Arsch in die Höhe gereckt, weil sie sich den Schnürsenkel band, schrie er: »Blöde Kuh! Hier!«, warf ihr die Arbeitsschürze zu und stürzte kurzerhand selber aus dem Laden.

Die Aufteilung war klar: Mausi war die Brave, Gehorsame und Mondaine der Wildfang. Ihrer Großmutter Krisztina, die sie nie gekannt hatte, wie aus dem Gesicht geschnitten, war sie Berns kleine Prinzessin. Sommersprossig, lockig, blond. Und verwegen. Kein Verbot kümmerte sie, und so hatte sie ihrer großen Schwester aufgeregt ins Ohr geflüstert: »Zur Matte runter, komm!«

Zusammen rannten sie durch die Lauben, dass ihre Kleidchen flatterten – die Mutter hatte sie aus einem unruhig gemusterten Stück Stoff genäht, enger Rundhals, Kordel über der Hüfte und ein appliziertes Häkelröschen als Knopf –, Mausi schwang ihren langen, dunkelblonden Zopf nach, Mondaines helle Haare wehten frei. Hand in Hand sprangen sie durch die Wasserwerkgasse, die Gerberngasse hoch und zum Mühlenplatz zurück, nur um sich dort nahe der Aare auf den baren Boden zu setzen und dem Treiben des Herbstlaubes zuzuschauen, das auf den grünen Wellen ritt. Dabei lehnte sich Mondaine an ihre Schwester und ließ sich von ihr halten. »Schau nur, da ist ein goldenes!«

»Und da ein gelbes!«

»Und dort schwimmt eine Kastanie!«

»Oh, schau nur, der halbe Wald kommt angeschwemmt …«

»Bern, die Schweiz – alles verschwindet und fließt den Fluss hinab!«

»Wo fließt er hin?«

»Die Aare fließt in einen anderen Fluss, sie fließt in den Rhein!«

»Oh, und dann ins Meer …«

So saßen und so staunten sie in trautem Kindheitsglück, Schwesternglück, und sammelten innere Bilder. Der Wind trug Küchengerüche aus den Häusern herüber, und die Luft war schon nicht mehr sommerlich warm, aber in Mausis Armen fühlte sich die Jüngere geborgen. Seit sie denken konnte, war Mausi für sie da. Führte sie, leitete sie, folgte ihr, ließ sich von ihr leiten. Die Stunden in der Schule, in denen sie getrennt voneinander waren, kamen Mondaine quälerisch lang vor, und kaum ertönte die Glocke, schwang sie die schlanken Beine über die Bank und rannte hinüber zum Zimmer, aus dem ihre große Schwester jeden Moment, jetzt dann gleich, kommen würde. Den Tornister aufgeschnallt, flogen sie nebeneinanderher, kamen immer viel zu spät nach Hause und machten mehr als nur das eine Mal einen unerlaubten Umweg. Mehrfach war Mondaine mit nur einem Schuh angekommen, und sie wusste nicht einmal, wo der andere liegengeblieben war.

Hinten beim Dählhölzli hatten sie unter einem wilden Fliederbusch einen kleinen Tierfriedhof ausgehoben. Da legten sie dann behutsam Fundstücke wie tote Käfer, leblose Spinnen und gelegentlich ein Vogelskelett oder eine angenagte Maus, die sie zu spät einer Katze abgejagt hatten, hinein und beteten in selbsterfundenen salbungsvollen Sprüchen für ihr Seelenheil. Abwechslungsweise sprachen sie Worte, die sie für sakrales Latein hielten, und besonders Mondaine legte sich ins Zeug. Ihr kam alles Theatralische entgegen, ihr Gemüt blühte regelrecht auf, wenn sie spielen, tanzen, posieren und sich produzieren konnte. Die Welt war ihre Bühne. Und ganz besonders die Berner Matte. An Bewunderern mangelte es ihr oben auf der Bundesterrasse und vor dem Casino allerdings auch nicht, aber nur hier unten, auf der Matte, verstanden die Menschen, worum es ihr eigentlich ging bei dieser Selbstdarstellung: um die Freude am Spiel.

Dabei kam ihr das Kauderwelsch der Hiesigen wie gerufen. Sprachduelle, bei denen die Bewohner der Matte ihre Sprache sprachen und Mondaine erfundene Wortketten einwarf, brachten das Kind dermaßen zum Lachen, dass die Schwestern einmal auf die gloriose, aber unbedachte Idee kamen, die Dauer des Lachens zu messen. Dazu hatten sie extra das große Stundenglas aus der Rathaus-Apotheke ausgeliehen, nur für einen Moment, bitte, wir bringen es auch ganz bestimmt wieder heil zurück (und wer konnte diesem Prinzessli schon etwas ausschlagen mit seinen klaren blauen Augen? Auch die Apothekersfrau Züllig nicht: ein Ding der Unmöglichkeit), und so bereitete sich Mondaine vor, indem sie tief Luft holte, die Lippen für einen Augenblick aufeinanderpresste und dann, als ihre Schwester das Glas umdrehte und der Sand darin zu rieseln begann, loslachte, lachte, weiterlachte, dass die Balken der umliegenden Häuser krachten. Nur ein Kind wie Mondaine konnte auf so eine Verrücktheit kommen. Und nur ein Kind wie Mondaine konnte eine solche Verrücktheit bis an den Rand der Gefahr treiben. Die Lust daran, Aufsehen zu erregen und nicht nur die umstehenden Menschen, sondern ganz besonders auch sich selbst in Erstaunen zu versetzen, hinderte sie daran, Vernunft zu entwickeln. (Dafür hatte sie ja ihre große Schwester, die Frühreife, Besonnene, Vernünftige, wie ihre Mutter sagte.)

Mondaine hatte ihr törichtes Tun damit gebüßt, dass ihr den ganzen Nachmittag lang bis in den Abend hinein schlecht war und sie mehrmals Luft und Galle hatte brechen müssen. Ganz grün und dann blau war sie gewesen im Gesicht, als sie von ihrer Schwester wieder zurück ins Leben geschüttelt wurde. Die Apothekersfrau und der Apotheker schimpften abwechselnd, es schien, sie hatten Angst vor dem Prinzessinnenvater, der für seine Wutausbrüche nicht nur in der Kramgasse bekannt war, sondern über das Quartier hinaus. Zum Glück war die Sache dann glimpflich ausgegangen und nach ein paar Tagen vergessen. Wer konnte auch nur so etwas Blödes ausprobieren, wie einen Weltrekord in Lachen? (François war überzeugt davon, dass diese Idee seiner älteren Tochter entsprungen sein musste, vermutlich aus Arglist und aus Eifersucht; vielleicht wünschte sie der Jüngeren ja insgeheim den Tod?)

Margit, Mausi, jedenfalls weinte nie (was vielleicht ja nur Beweis ihrer grenzenlosen Verschlagenheit war? Oder ihrer Tumbheit?), sie ließ jede Strafe demütig über sich ergehen und legte sich nach erschöpftem Gottesgericht, nach erduldeter Qual, der Länge nach aufs Bett, oder, wenn es noch zu früh dazu war, stellte sich zurück in den Laden und rieb die Silberkämme glänzend, wienerte das Parkett.

Vielleicht war dieses Stummsein, mit dem sie die Rohheit des Vaters ertrug, Grund dafür, weshalb Mondaine so lange nichts von Margits Schattenschicksal mitbekam: Für sie war die große Schwester Zuflucht, Garant, der sichere Boden, auf dem sie sich ausleben konnte. Und wie ein geschickter Bühnenarbeiter ließ Mausi auch immer dann den Samtregen über ihre Schwester niedersinken, wenn Gefahr in Verzug war. Auch heute hatte sie ein sicheres Gespür für die Zeit. Zusammen schlenderten die Schwestern noch einmal das Mattenquartier ab und hüpften dann die Fricktreppe hoch, indem sie jede dritte Stufe übersprangen. Wenn ihr Vater sie an der Aare suchen käme, wären sie schon weg.

Zu Hause schlossen sie sich heimlich ins Badezimmer ein. Mondaine hatte die elektrisch betriebene Haarschneidemaschine, die mit der gestrigen Lieferung zusammen mit einigen anderen aufregenden Apparaten aus Solingen angekommen war, aus dem Laden gemopst und überraschte ihre Schwester nun damit. »Ein richtiger neuer Haarschnitt! Topmodern! So, wie ihn jetzt alle Frauen von Welt tragen!«

»Wie denn?«

»Wie Asta Nielsen zum Beispiel. Ein echter Bubikopf – der ist doch längst schon fällig!«

»Wie meinst du das?«

»Den tragen heute alle berühmten Mannequins. Mausi, komm schon!«

»Vater wird das nicht gefallen ...«

»Vater wird begeistert sein! Damit locken wir auch neue Kundschaft in den Laden. Wer, wenn nicht wir, sollte mit der Mode gehen?«

Unsicher ließ sich Mausi von der jüngeren Schwester den Zopf entflechten. »Schön ist es«, murmelte Mondaine und streichelte das mausgraue Haar, »aber jetzt muss es ab!« Dann lachte sie und begann ihr Werk. Mausi war hin- und hergerissen. Ihr Herz schlug ganz für Mondaine, nichts an ihr hätte sie je anders haben wollen, nicht das kleinste bisschen, aber ihre Furcht vor des Vaters Reaktion wuchs, und mit jedem Haarbüschel, das fiel, verstrickte sie sich mehr und mehr in dieser Furcht. Gewohnheitsmäßig blieb sie still.

Als die beiden fertig waren – Mondaine hatte ihre Schwester obendrein überredet, ihr selbst die Haare knapp unterhalb der Ohrlinie schnurgerade abzuschneiden –, betrachteten sie sich stumm im Spiegel. Mondaine grinste und zeigte ihre perfekt waagerechte Zahnreihe. Dann rieb sie sich das Knie, das sie sich heute beim Spiel aufgeschlagen hatte, und sagte: »So. Und jetzt auf zur Schau!«

Hand in Hand, die Kleine die Große hinter sich herschleppend, stiegen sie die Treppe des Wohnhauses hinab und traten in den Laden.

Noch nie hatte Mondaine ihren Vater so erzürnt erlebt. Wie ein Berserker stieß er auf die beiden Töchter zu und blieb lauthals brüllend vor ihnen stehen. Verwirrt stellte Mondaine fest, dass seine Wut an ihr vorbeirauschte geradewegs auf Mausi zu, die er mit einer Hand an der Schulter gepackt hatte, schüttelte und anschrie: »Was hast du da gemacht? Maul auf, sag schon! Was hast du deiner Schwester angetan!«

Es war eine wüste Szene. Die Mutter ging heulend dazwischen, der Vater schlug um sich, der Mutter ins Gesicht, dass diese hintüberstürzte und am Boden liegenblieb, und ehe sich's Mondaine versah, hatte der Vater schon den Gürtel von der Hose geschnallt und ihrer Schwester Mausi zwei böse Striemen übergezogen. Mondaine schrie auf, die Mutter heulte, der Vater brüllte, Mausi war totenstill, nur ihre Hände wimmerten. Mondaine, die sich und ihre Schwester immer wie ein zweischenkliges Baumblatt empfunden hatte, spürte einen Riss durch ihre Mitte gehen, der sie alle Vorsicht vergessen ließ. Wie geistesgestört schrie sie und schlug mit dem Erstbesten, das sie zu fassen kriegte, einer präparierten Karettschildkröte, einem teuren Ausstellungsstück, auf den Vater ein. Sie schlug auf seinen Rücken, auf seinen Kopf, sie schlug, wo immer sie hinschlagen konnte, und schrie und kreischte und schrie. Das tierische

Exponat machte ein krachendes Geräusch, Mondaine hörte gedämpft und wie von weit weit her das zweifache Klingeln einer Glocke, jemand musste den Laden betreten und ihn umgehend wieder verlassen haben. Mondaine schrie und sah nichts außer dieser kleinen, dicklichen, zitternden Hand ihrer Schwester, bis ihr Vater die mittlerweile eingedellte, zerstörte! Karettschildkröte behändigte und Mondaine endlich zu sich kam. Ihr Vater lehnte röchelnd am Schaukasten, die Mutter hatte sich halbwegs aufgerichtet, Mausi war verschwunden. Mondaine weinte nun wieder, wie ein Kind weint, und suchte nach der Schwester.

Sie fand sie im Badezimmer, wie sie sich das Blut vom Gesicht wusch. Noch bevor sie einen Plan fassen konnten, hörten sie eine Stimme durch das Haus dröhnen: »Kommt sofort herunter, Mädchen, kommt hierher!« Sich an den Händen festklammernd, traten sie vor den Mann, der ihr Vater war. »Du«, und er zeigte auf Margit, »mit dir werden wir morgen zum Hausamann gehen und ein Schandfoto von deinem hässlichem Gesicht anfertigen lassen. Du sollst dich dein Lebtag lang daran erinnern, was für ein wüstes Geschöpf du bist.« Keines der beiden Mädchen wagte einen Atemzug. »Und du, Mondaine, du gehst jetzt sofort hinauf, machst dir die Haare nass und ziehst den Frisierumhang an. Ich komme in fünf Minuten nach und egalisiere diesen Schnitt.«

Als sie eine knappe Stunde später zurück ins Ladengeschäft trat, sahen die Kunden ein kleines Dämchen, Mondaine, mit einem kecken Schnitt à la Garçonne. Ihr Vater hatte ihr den Nacken mit der Tondeuse ausgeschnitten und die Haare in verschiedenen Konturformen mit strengen Wasserwellen über den Kopf gezogen. Ohne über Margits weiteres Schicksal auch nur ein Wort zu verlieren, hatte er den beiden Töchtern befohlen, die neue Ware einzupreisen. Was das bedeuten konnte, wussten die Kinder seit Jahren.

Selbst als ihr Bruder Franz Mauritz noch gesund war und mitgeholfen hatte, kostete es sie Stunden über Stunden, jedes einzelne Stück zur Hand zu nehmen, auf Hochglanz zu polieren, das kleine Papierquadrätchen anzubringen und das feine rote Schnürchen festzubinden. Zuvor musste jedes dieser Etikettchen noch mit einem gespitzten Bleistift und sauberer Handschrift angeschrieben werden. Die Preise, so man sie nicht kannte oder in Vaters Listenbuch nachschlagen konnte, hatte man eigens bei ihm zu erfragen, Stück für Stück. Eine Sisyphosarbeit sondergleichen. Mondaine hasste sie. Noch schlimmer war einzig der Tag im Jahr, an dem Vater die Türe schloss und das Pappschildchen anbrachte mit dem unheilvollen Begriff *Inventur*. Vater wollte keinen Commis, alles, alles musste er alleine machen, nur um darüber schimpfen zu können. Natürlich machte Vater aber gar nichts alleine. Mutter half, bis sie halbtot ins Bett fiel, und auch die Kinder wurden früh zu Gehorsam und Mithilfe im Betrieb angehalten. Franzens Rachitis und sein momentaner Erholungsaufenthalt in einem Internat an der Französischen Rivièra bedeutete für die Mädchen, dass sie nun für drei arbeiten mussten. Und wie lange das dauern würde, bis ihr Bruder wieder zurückkäme, wusste keine der beiden. Darüber sprach man nicht im Hause Schön, darüber wurde geschwiegen.

Der Vater beäugte sie, wie sie wortlos die Köpfe zusammensteckten, sich zwischen den Gestellen und Tablaren, den Vitrinen und Schaukasten gegenseitig nie zu lange außer Sicht geraten ließen, wie sie einander halfen, die richtigen Preise im Listenbuch zu finden und wie die Größere der Kleineren die Zerstäuber und Puderdosen fürsorglich aus den Händen nahm, auf das Schemeli stieg und für sie die teuren Luxusgüter in der Höhe bei den anderen versorgte.

Mondaine. Seine Mondaine. Sie hatte seine enge, steile Stirn geerbt und eine Kraft, die ihn eines Tages herausfordern würde. Im Gegensatz zu ihr war Mausi schlaff. Aber sie gehorchte wenigstens. Wie die nun aussah, mit ihrem Bubischnitt. Mondaine hatte ihr Haar zwar bravourös der herrschenden Moderichtung angepasst, ein geschicktes Händchen hatte sie, aber bei Mausi war das alles doch vergebens. Ihr Kopf war einfach zu groß, zu rund, im Hirn war sie so dumm. François schaute etwas genauer hin. Für das Schandfoto müsste man wohl ein, zwei Wochen warten, bis die dunklen Male abgeklungen wären. Oder bis Theaterschminke das meiste abzudecken vermochte. Aber auf diesem Bild würde er bestehen müssen. Diese graue Maus sollte ein für alle Mal begreifen, dass die Moden dieser Welt für andere, nicht für sie, da waren.

selbst ist die Frau

Barcelona, 1929–1930

Ganze 118 Hektaren waren bepflanzt, bebaut, bebildert und bevölkert, im Palau National an der Avinguda de la Reina María Cristina glänzte eine Ausstellung von über 5000 Objekten, zusammengetragen und herbeigeschafft aus Kirchen, Museen und Privatsammlungen, spanische Kunst vom Feinsten, 14 europäische Nationen waren vertreten und grad ebenso viele außereuropäische, 1714 Aussteller postierten total 12 900 Exponate während rund acht Monaten vom 20. Mai 1929 bis zum 15. Januar 1930, und Alda Immer sah kein Einziges davon.

Die Weltausstellung, die in den Parks und an den Hängen des Montjuïc über die Bühne ging, hätte ebenso gut ein Traumgespinst sein können, nackte, durchsichtige, lügenhafte Imagination eines Phantasten, soweit es Alda anbelangte. Die ganze weite Bildungsreise hierher: umsonst. Die Tür nach einem möglichen Draußen blieb ihr bis auf zwei Ausnahmen verschlossen: den Schulweg der Kinder und den wöchentlichen Gang ins Kirchenschiff. Damit hatte es sich. Von Barcelona würde sie jedenfalls nichts zu sehen bekommen, so viel hatte sie begriffen. Weder die Zahnradbahn noch die Straßenbahn, keine Metro und auch keine hölzerne Rolltreppe, keine Aussichtsplattformen. Nichts.

Der hohe, schmale Flur teilte die feudale Wohnung in zwei Welten. Da waren auf der rechten, vorderen Seite, die sechs großen Zimmer sowie hinten das Bad für die Herrschaften. Und dann, auf der Gegenüberseite des Lebens und der Lebendigkeit die Küche, ein Klo und drei kleine rückwärtige Kammern für das Personal. Einzig zusätzlich erlaubtes Wander- und Erforschungsgebiet während ihres Au-pair-Jahres bei der Arztfamilie el doctor Guillerm Pujal Sobrequés in Barcelona war der Patio, der Hinterhof gegen Süden hin. Sonst nichts. Nichts, nichts, nichts.

»Kein Schritt abseits des Weges! Du bringst die Kinder zur Schule, und du holst sie wieder ab. Wenn ich auch nur von einer einzigen Verfehlung höre, wenn ich auch nur eine einzige Verfehlung ahne, sind deine Tage hier bei uns gezählt«, hörte sie seine mahnende Stimme in ihrem Ohr dräuen.

Im Ganzen fünf Kinder hatte sie zu beaufsichtigen, Zwillinge von sechs Jahren, Zwillinge von zwei Jahren, alles Mädchen, sowie mittig eingeklemmt der einzige Junge, Urial, vier Jahre alt.

Alda hatte sich auf diese Kinder gefreut. Hatte geglaubt, sie könnte mit diesen in Parks spazieren gehen, die Ramblas hinauf und wieder hinunter zum Hafen laufen und, wer weiß, vielleicht sogar ein Stückchen am Meeresufer entlang. Der Enge Zugs zu entfliehen, das war ihr Beweggrund, weshalb sie so ohne weiteres zu diesem Auslandsjahr ja gesagt hatte. Das in der Schule gelernte Spanisch ausprobieren. Die Welt sehen, wenigstens einen Teil davon. Und Barcelona galt als Weltstadt, das wäre schon etwas, das man dereinst den eigenen Kindern erzählen könnte.

Alda hatte mit achtzehn Jahren die städtische Handelsschule abgeschlossen. Dann hatte sie einen Wunsch frei gehabt und durfte für ein paar Monate zu ihren Großeltern nach Luzern. Später hatte sie als Bürolistin in einem kleinen Betrieb gearbeitet. Weil sie dort aber nicht versauern wollte, entschloss sie sich zu einer Zusatzausbildung als Säuglingsschwester und war bei Dr. Hoppeler, einem gefürchteten Vielredner im Nationalrat, untergekommen, der ihr mit gründlicher Regelmäßigkeit aus wuchernden Notizen zum »Höhenweg der Frau«, wie er die Sammlung einstweilen nannte, Benimmbelehrungen deklamierte, sein Allerweltsmittel, mit dem er alles und jedes und vor allem eben: die Frau erklärte. »Eines Tages werde ich das alles niederschreiben müssen«, pflegte er zu jammern, und Alda fürchtete, er könnte sie dazu verpflichten, seine Krakeleien für ihn abzutippen.

Mit einundzwanzig Jahren schließlich packte sie zu, als sich die Gelegenheit bot, bei einem verwitweten Pädiater in der spanischen Hafenstadt für ein Jahr als Au-pair und Praxishilfe unterzukommen. Dass dieser Arzt fünf Kinder hatte, freute Alda ganz besonders, dass er sie entgegen der Abmachung aber nie in seine Praxis nahm, enttäuschte sie über alle Maßen.

Darüber vermochte sie auch nicht die Orangenpyramide, welche el doctor die alte Wirtschafterin täglich aufstapeln ließ, hinwegzutrösten. Konstant bat ihn Alda darum, sie mit den Kindern nach draußen, an die so überaus wichtige frische Luft gehen zu lassen, und ebenso konstant lehnte der Arzt und Patriarch ihren Wunsch ab. Die Luft sei ein Hort der Gefahren und die Erschöpfungsbereitschaft der Menschen nach Krieg und Pandemie einfach noch immer viel zu groß; er wollte nicht noch jemanden an das real gewordene Schreckensgespenst der Grippe verlieren.

In den ersten Monaten ihres Eingesperrtseins versuchte Alda ihn noch damit zu überzeugen, dass sie nebst der Kinderbetreuung fleißig in ihr Lernheft schrieb. Sie schrieb alles auf, woran sie sich erinnern konnte bezüglich Kinderkrankheiten und Kuren, die Linderung verschaffen konnten, alles über psychologische und physiologische Veränderungen während der Entwicklungsjahre, und als ihr nichts mehr einfiel, notierte sie altbekannte Heilmethoden, Kräuterweisheiten, Hausmittelchen-ABC. Als Titel hatte sie mit feinem Strich die Worte »*Über die Erziehung des Kindes*« hingesetzt, begleitet von einem Zitat, das sie irgendwo abgeschrieben hatte:

Ein Kind ist eine Gottesgabe.
Ein Kind ist eine Gottesgunst.
Es zu besitzen: eine Labe,
es zu erziehen: eine Kunst.
Von A. Adams.

Nichts half. El doctor Guillerm Pujal Sobrequés schaute vermutlich nicht ein einziges Mal in ihr Heft hinein. Was ihn zu interessieren schien, war allein, ob seine Kinder brav gespielt hatten, ob ihre Mündchen und Fingerchen gewaschen und trockengerubbelt waren, ihre Stirnen sauber und gepudert und ihr Nacken gescheuert und blank. Er weiß vermutlich überhaupt nicht, wie anstrengend es ist, eines nach dem andern in die Badewanne zu bugsieren, das Wasser des Boilers dabei richtig zu kalkulieren und gleichzeitig ein Auge auf die draußen Gebliebenen zu haben, dachte Alda ärgerlich über ihn. Und noch mehr ärgerte sie, mit welchem gespielten Interesse er die Fortschritte der beiden ältesten Töchter, Nuria und Montserrat, kleinmachte, wenn sie ihm das Werk ihrer späten Nachmittage vorführten: Handarbeiten, mit Spitzen umhäkelte Taschentücher, verzierte Kochschürzen oder Tischläufer.

Und so blieb ihr Alltag ein eintöniger. Des Morgens früh leerte sie die Nachttöpfe der Familie und befeuerte den Ofen. Dann half sie den Kindern aus den Betten und kleidete sie an, derweil die Köchin in der Küche mürrisch herumhantierte. Alda hatte dazuzuschauen, dass die Kinder ihre Stimmen gedämpft hielten und keinen unnötigen Lärm verursachten, der den Vater in seinen wichtigen Gedanken hätte stören können. Und sie hatte sicherzustellen, dass der Sohn, Urial, sich nicht im Ton vergriff; die beiden Großen wussten es schon, dass sie den Vater zu siezen hatten, bei den anderen dreien, Urial, Neus und Eulalia, war das noch so eine Sache, die nur allzu rasch zu Unmut und bösen Blicken ihr, dem Kindermädchen, gegenüber, führen konnte.

Nach einem kargen Frühstück, einem Glas Milch pro Kind, die sie aus aufgekochtem Wasser und einem Löffel Kondensmilch zusammenrührte, und ein paar Keksen, zog sie ihnen die Jacken und Mäntelchen über und brachte sie in die nahe gelegene Schule. Meistens schien die Sonne schon. Aber wenn es regnete, waren die Pflastersteine rutschig, und in Barcelona konnten Wolkenbrüche wie aus dem Nichts aus einem vormals heiteren Himmel herabstürzen. Da musste man gewappnet sein, das milde Mittelmeerklima hatte durchaus auch seine Tücken. Ein verdrecktes Kind wäre das Letzte, was ihr Dienstherr geduldet hätte.

Nur zu gern hätte sich Alda auf dem Nachhauseweg umgeschaut, wäre in die eine oder andere Gasse geflüchtet und hätte so für sich die Welt entdeckt. So viele neue Gerüche, so viele unbekannte Geräusche, aber die Furcht vor der wöchentlichen Beichte in der Kirche, wo es immer so schrecklich zugig war und die Luft ganz wächsern von all den Kerzen, war doch zu groß. Die katholische Kirche genoss hier, anders als zu Hause, eine enorme Macht. Alda erlebte sie als Unterdrückungsinstrument einer blinden Diktatur, und sie fürchtete sich davor, von den Kindern für irgendein Vergehen denunziert zu werden, von dem sie noch nicht einmal wusste, dass sie es begangen haben könnte.

Die Messe dauerte gut anderthalb Stunden, und der Altar war beladen mit Ballast und aufgetürmtem Prunk. Sie war froh, wenn ihr Woche für Woche überhaupt etwas einfiel, das sie zur Beichte tragen konnte, ein Zimmer, das sie vergessen hatte von Staub zu befreien, eine Topfpflanze auf dem Patio, die sie versehentlich umgeworfen hatte. Ihre wöchentlichen zehn Ave-Marias, die sie sich abholte, waren so etwas wie ein stetiger Garant, dass sie den schmalen Grat des Erlaubten nicht verlassen hatte. Dass es ihr wieder einmal gelungen und sie noch einmal davongekommen war. Wie also hätte sie es tatsächlich wagen können, vom Weg abzugehen und sich in Barcelona umzuschauen? Was, wenn sie jemand dabei beobachtete? Was, wenn dieser Jemand in der Kirche davon sprechen würde? Sie verraten würde? Nein, das konnte sie nicht brauchen. Dann schon lieber die Zähne zusammenbeißen und mit dem bisschen Freude, das einem das Schicksal bot, zufrieden sein.

Tagsüber versuchte sie, die beiden Jüngsten mit dem Holzspielzeug zu beschäftigen, dann und wann setzte sie sie ins Laufgitter, um etwas Zeit zu gewinnen, die Möbel zu polieren, Staub zu wischen oder die Badeschalen sauberzubürsten.

Überhaupt wurde Waschen zu einer ihrer Hauptbeschäftigungen hier. Wenn die Kleinsten ihren Vormittagsschlaf abhielten, holte Alda den großen Wassertopf und scheuerte den Flur mit Javel, was das Fischgratparkett mit seinen hellen und dunklen Bahnen matt schimmern ließ. Alda hatte es nie begriffen: Die Besucher, die von draußen ins Haus kamen und in den großen Salon geführt wurden, mussten Überschuhe, wuchtige Pantinen aus Filz, anziehen, um das Parkett nicht zu beschädigen. Dass dabei aber der ganze Straßenstaub dennoch mit in die Wohnung gelangte, schien egal. Bei ihr zu Hause hatte man die Schuhe vor der Haustüre auszuziehen, aber hier …

Auch für die Keramikplatten auf dem Patio benutzte sie die strenge Chlorlösung, ein Geruch, den sie unweigerlich mit ganz Barcelona verband, ja, zu dem Barcelona für sie wurde.

Zum Mittagessen, das hier erst viel später als bei ihr zu Hause üblich, um ein Uhr dreißig nämlich oder gar um zwei, eingenommen wurde und zu dem der Herr nach Hause kam, gab es fast täglich Reis mit weißen Muscheln, danach ein Fischgericht, zur Abwechslung vielleicht einmal ein Hühnchen aus dem Ofen mit Bratkartoffeln und gerösteten Pinienkernen, und zur Nachspeise einen trockenen Keks. Einmal im Monat kam auch rotes Fleisch auf den Tisch, aber oft reichte die Portion nur für den Patriarchen und seine Kinder, wofür Alda der Köchin heimlich grollte. Nach dem Essen zog sich der Herr ins Fumoir zurück, den schmalen, dunklen Raum, der zugleich seine Bibliothek war, und genoss das Alleinsein vor dem nächsten Dienst. In dieser Zeit wischte Alda den Kleinsten das Gesichtchen sauber, wickelte sie und vertrat sich mit je einem im Arm ein bisschen die Beine auf dem Patio.

Später am Nachmittag holte sie die größeren Kinder wieder von der Schule ab und half ihnen bei den Hausaufgaben, übte sich mit ihnen in Stickereien und kleinen Bastelarbeiten.

Ab und zu verbrachten sie alle auch Zeit gemeinsam auf dem Patio. Dieser bestand aus einem Garten, der nach hinten hinausging, umrahmt von hohen Pinien, in deren Köpfen der Wind nistete, und reich bestückt mit Azaleen, einer Platane, Ginsterbüschen und einer Zypresse in buschigem Durcheinander. Die Erde war rötlich, lehmig, und die Topfpflanzen, die auf dem gekachelten Boden standen, da, wo auch ein Schaukelstuhl wippte, beständig voller Durst. Alda wässerte sie regelmäßig und sorgte dafür, dass Geranien und allerlei Hänge- und Kletterpflanzen üppig blühten.

Mühsam war lediglich, den Spatzendreck und die Exkremente der unzähligen Tauben wegzuschrubben, die Terrakottaplatten waren zwar unverziert und daher flach, aber dennoch blieben unschöne Flecken darauf haften, wenn

Alda nicht ihr Bestes gab. Trotz der Mühsal hatte sie ihre Freude daran, wenn ab und zu ganze Schwärme von grünen Vögeln, Papageienartigen, über ihr Stück Himmel rauschten. Gotorras, nannte sie el doctor, eine verwilderte Art – und hatte damit gleichsam wieder einmal zum Ausdruck gebracht, wie sehr er alles Maßlose verabscheute. Alda aber blieb stet, und Alda machte weiter. In ihrer dünnen, schmalen, rechtsfälligen Schrift notierte sie in ein neues Heft über die *Geistige Erziehung:*

Erziehen heißt, absichtlich und planmäßig auf die geistige Entwicklung eines jungen Menschen einzuwirken und seinem Geiste und Charakter ein bestimmtes Gepräge zu geben, ihn zu einem bestimmten Ziel zu bringen.

Sie überlegte. Dann erinnerte sie sich:

Erstens durch Anlage. Zweitens durch absichtliche Erziehung. Drittens durch Einwirkung der Umwelt (Familie, Kameraden, soziale Verhältnisse, Zeitgeist etc.) und viertens durch direkte Einwirkung.

Wenn sich hier schon niemand anderer für ihre Bildung zuständig fühlte, dann würde sie das eben selbst übernehmen. Auch durch Repetition aus dem Gedächtnis konnte man Wissenslücken stopfen, wie eine Socke, die löcherig geworden war, auch nicht unbedingt nach neuem Garn schrie, sondern sich mit alten Fäden zu begnügen wusste. Wenn sie nur richtig miteinander vernäht wurden. Aber dazu würde Alda schon schauen. Aufgeben war für sie keine Option.

Ein paar Seiten weiter hinten widmete sie sich verträumt der Kinderseele und notierte:

Kenntnisse der Kinderseele. Gleich wie der Uhrmacher das Werk der Uhr und der Arzt den Bau des menschlichen Körpers kennt, muss der Erzieher die Seele seines Zöglings kennen. Es gehört dazu dreierlei.

Alda schaute sich im Raum um. Sie brauchte etwas, das sie als Lineal benutzen konnte. An der Wand hing ein langer Krummsäbel, sein Griff war schmal und gerade. Vorsichtig behändigte sie ihn und legte ihn quer über das Heft. Mit angehaltenem Atem zog sie eine Linie unter *»dreierlei«*. Dann brachte sie den Säbel an seinen Platz zurück und setzte sich wieder hin.

a – Kenntnis der menschlichen Seele (Psyche) überhaupt.
b – Kenntnis der Kinderseele im Allgemeinen.
c – Kenntnis der Persönlichkeit und Eigenart des in Betracht kommenden Zöglings.

Die Psychologie im Allgemeinen lernt man sowohl durch das Studium des eigenen Seelenlebens als durch dasjenige anderer Menschen, und unter den anderen kommen wieder in Betracht solche, mit denen wir selten in Beziehung kommen, und solche, von denen uns andere erzählen oder berichten (Gestalten der Bibel, der Weltgeschichte, der Literatur).

So ging es weiter. Abend für Abend, Seite für Seite. Vom *Umgang mit traurigen Kinderherzen* über *die wichtigsten Regeln für die intellektuelle Erziehung* bis hin zum Spiel des Kindes. Als Alda ihr zweites Heft vollgeschrieben hatte, bat sie den Hausherrn darum, ihr ein drittes mitzubringen. Was dieser tat, jedoch war es nun ein Heft ohne Linien. Konnten Linien etwas Maßloses sein?

Gleichviel. Alda holte sich besagten Krummsäbel noch einmal von der Wand und linierte das ganze Heft von vorne bis hinten durch. Dann setzte sie den Griffel an.

Unter dem Titel *Kleine Sammlung erster Versuche* schrieb sie: *von Esmeralda Immer, genannt Alda, geschrieben 1929 in Barcelona und gewidmet meiner lieben Mama.* In dieses Heft nun wollte Alda selbsterfundene Geschichten und Gedichte schreiben, um es bei ihrer Rückkehr der Mutter zu schenken. Sie startete mit einer vagen Erinnerung und kleisterte daraus ein Verslein:

Du, Sohn des großen Physikers,
Du, Meister der Chemie,
Hans, heißest Du, soviel ich weiß,
in Deinen Adern Blut fließt heiß.
Oh, Kind des ungetrügten Glaubens,
Sieh mich nicht an so fremden Auges,
Was ich Dir nun verkünden muss,
Ist wahrlich eine harte Nuss:
Ein lieblich Mädchenangesicht,
Umrahmt von langen roten Locken,
Tat mit seinem Blicke Dich verlocken.
Wie schaut es träumend Dir entgegen,
Wenn Du des Mittags von der Arbeit kommst,
Es lächelte Dich schmeichelnd an,
Wenn Du die Weggisgass' hinaufgingst ihretwegen!
Du Sohn der Hoffnung und des Glaubens,
Sieh mich nicht an so wilden Auges,
Was ich Dir nun verkünden muss,
Ist wahrlich eine harte Nuss:
Das holde Mädchenangesicht
Mit seinen lichten, langen Locken
Tat Dich zum Scherze nur verlocken.

Während Alda in den ersten Wochen ihrer Dichterinnentätigkeit noch Stolz in ihrer Brust empfand, verdüsterte sich ihr Gemüt spätestens, nachdem sie das dritte Heft zur

Hälfte durchhatte. Sie hockte schlechtgelaunt an ihrem halbrunden Tischlein mit drei Beinen und sinnierte darüber, dass sie nie wie andere junge Mädchen einen Mann kennenlernen würde, wenn sie immerzu nur alleine mit den fremden Kindern war. Dabei wusste sie ganz genau, dass die Weltausstellung Dutzende, ja Hunderte, wenn nicht gar Tausende von Landsmännern anzog und dass sie in der Stadt ganz gewiss einmal einen getroffen hätte, der ihre Mundart sprach, und sei es nur, um im gewohnten Klang Guten Tag zu sagen.

Es war schon lange kein Plan mehr, der Mutter diese Sprüchlein zu schenken. Das wäre ihr doch zu peinlich gewesen. Missmutig schrieb sie:

Schicksal. Seit Wochen fragt ich mich wohl jeden Tag, warum mein Innres nicht wie Stein so hart. Warum, da mich doch niemand lieben mag, Gott mir ein liebedurstig, fühlend Herz mitgab.

Warum, ich konnt es Wochen nicht verstehen und suchte stundenlang in Büchern nach. Da, auf der ersten Seite sah ich stehen, vier harte, wahre Zeichen, die ein Dichter sprach:

Wenn je das Schicksal fluchen will,
so gibt es immer ein Weib,
ein Herz begehrend, tief und still,
doch ohne Reiz an Leib.

Der Frage Antwort hab ich nun gefunden, und der Verstand, er widerspricht ihr nicht. Doch, ach, ich kann auch so nie ganz gesunden, heißt doch mein künftig Los: Verzicht!

Auf Deinen warmen Blick muss ich verzichten, verzichten auch auf einen Liebeskuss. Nie werde ich von Dir mit Leidenschaft umschlungen, zufrieden muss ich sein mit Deinem Gruß.

Dich, oh Geliebter, soll dabei kein Vorwurf treffen. Bedenke: Wenn das Schicksal fluchen will! Es hat geflucht. Der

Fluch hat mich getroffen. Und erst im Grabe schweigen meine Leiden still.

Mit der Zeit schrieb Alda keine Gedichte und auch keine Sprüchlein mehr. Sie begnügte sich damit, Gedichte aus Zeitungen und Zeitschriften auszuschneiden und in ihr Heft hineinzuleimen. Dabei wurde ihre Sehnsucht immer größer, wilder, verschlingender. Spanische Gedichte mit Titeln wie *»Bei dir!«*, *»Ich kann nicht!«*, *»Und doch, Geliebter!«* nahmen nun Seite für Seite ein, und Alda spürte, dass sie wie in einem Traumwandel gefangen war. Dieser Zustand ließ sie zwar die täglichen Obliegenheiten mit den fünf Kindern wie im Schlaf bestehen, sie erinnerte sich abends kaum mehr daran, was sie tagsüber mit ihnen gemacht hatte, war die Ebenmäßigkeit der Langeweile doch wie ein Sedativum, so erwachte ihre Seele, und damit ihr Wunsch, gesehen, erkannt und geliebt zu werden, jeden Abend von neuem – und das blieb leider auf den Arzt nicht ohne Wirkung. Er begann damit, ihr nachzustellen und seinem Au-pair Avancen zu machen. Zaghaft zwar, aber doch unmissverständlich.

Guillerm Pujal Sobrequés nun war ein früh ergrauter, stattlicher Mittdreißiger, dem die Frau in den eigenen Armen gestorben war. Obwohl er sie immer dazu angehalten hatte, die Hände zu waschen und auch im Hause drinnen ein Tuch vor dem Mund zu tragen, hatte sie sich mit dem Grippevirus infiziert und war lange, lange krank gelegen und Jahre darauf an den Spätfolgen, wie Guillerm Pujal Sobregués unsinnigerweise überzeugt war und womit er jeden behelligte, elendiglich verlöscht. Was hätte er darum gegeben, wenn er mit ihr hätte sterben können, welchen Sinn hatte denn sein Leben noch, er, allein mit all diesen Kindern? Was sollte er nun tun?

Guillerm Pujal Sobrequés tat, was er immer schon getan

hatte, wenn des Lebens Stürme an seiner Tür gerüttelt hatten: Er verkroch sich in Arbeit. Den eigenen Kindern begegnete er nur noch selten, aber meist taktvoll, wie Alda bemerkte und was sie ihm und seinen Betatschungsversuchen gegenüber schon fast wieder milde stimmte. Aber nur fast. Ihr Verstand und das physiologische Wissen um den weiblichen und den männlichen Körper sagten ihr, dass Abstand zu wahren das einzig Richtige wäre. So pflegte sie also nicht mehr so lange aufzubleiben, bis der Arzt spät abends zurück ins Wohnhaus schlurfte und am Esszimmertisch Platz nahm, sondern sie beschränkte sich darauf, sich nur zu »sicheren« Zeiten in den Wohngemächern aufzuhalten und sonst in ihrer eigenen Kammer, einem Sechsquadratmeterraum mit Bett, Schrank, Stuhl und Tischlein und einem Kreuz an der Wand, zu verschwinden, sobald sie ihn nahen hörte.

Dort schloss sie sich in ihre Gedanken ein, schrieb in ihr Heft, las darin, schnitt Texte aus Zeitungen und klebte sie ein. Ihr Heimweh wuchs in diesen Tagen, und sie ließ ihn das auch wissen.

Um ihr einen Gefallen zu erweisen und in der Hoffnung, sie doch noch eine Weile an Barcelona zu binden, hatte er ihrer Bitte nachgegeben und brachte ihr nun regelmäßig die Sonntagsausgabe der Neuen Zürcher Zeitung mit nach Hause. So kam die traurige, bedrängte und sehnsuchtsgeplagte Alda zu etwas Zerstreuung, Auflockerung und: Bildung!

Nie zuvor hatte sie in ihrer Heimat ihre Nase in eine Zeitung gesteckt, jetzt aber staunte sie, was man daraus alles an Wissen über Neuheiten, Besonderheiten und Begebenheiten ziehen konnte. Eine Frau L. Grob von der Augustinergasse 52, Ecke Kuttelgasse, pries zum Beispiel jede Art von Vorhängen an; weiße Möbel könnte man günstig an der Predigergasse 18 abholen; süße französische Trauben gäbe es bei Migros und auch echten weißen Weinessig der Marke »Reala« für nur Fr. –.50 die Flasche von acht Dezilitern. Binelli & Ehrsam boten an, den »Nash« am besten bei ihnen, den langjährigen Spezialisten, reparieren zu lassen, und die Tonfilm-Revue der Kentucky-Singers lief im Apollo bereits die dritte Woche. Mit einem Male war Alda ganz in Aufregung versetzt, fühlte sich mit der Außenwelt, ihrer Heimat wieder verbunden und wurde zur fleißigsten NZZ-Leserin jener Zeit. Sie las über neue Bucherscheinungen, verschlang Fachartikel über die »Gotik Spaniens« oder das »Geheimnis Kierkegaards«, hielt sich auf dem Laufenden betreffend An- und Abwesenheiten der verschiedenen Haut-, Frauen- und Zahnärzte, die ihre diesbezüglichen Mitteilungen in großer Fettdruckschrift annoncierten. Sie sah, dass die Hungaria A.-G. an der Beatengasse die Weine Stierenblut 1925, Erlauer rot 1923 und Debroi Rizling 1925 als die Sorten des Kenners proklamierte, und lächelte über die viertelseitige groß bebilderte Affiche von Persil, der Firma Henkel & Cie. A. G. in Basel, die doch tatsächlich behauptete: *Wasser in die Limmat tragen ... ist das Gleiche, wie wenn Sie zu Ihrer Wäsche außer Persil und Henco noch Zutaten wie Seife, Seifenpulver usw. verwenden.* Dabei wusste Alda, dass sie mit der guten alten Kernseife bei der Fleckenentfernung gerade so schöne Ergebnisse erzielte – und das viel billiger!

Eine Werbung aber machte sie besonders aufmerksam. Abgebildet war eine Trommel sowie eine Schreibmaschine, und in einer nachempfundenen Schnurschrift stand da: *Das Trommelfell Ihrer Stenotypistin* – Alda hielt die Zeitung nahe vor die Augen, um den Text, der nun in kleiner Druckschrift weiterlief, ganz aufnehmen zu können – *ist empfindlich. Lassen Sie es nicht durch das Klappern der Schreibmaschine zerhämmern. Tausende amerikanischer Banken und Großfirmen haben ihre alten Schreibmaschinen gegen*

Remington-Noiseless umgetauscht. Auch in der Schweiz werden immer mehr Remington-Noiseless aufgestellt. Warum? Gesundheitszustand, Arbeitsfreude und Leistungen des weiblichen Personals steigen. Wann werden Sie in Ihrem Büro nur noch die völlig lautlos schreibende REMINGTON-NOISELESS haben? Telephon Selnau 6740 – eine Schreibmaschine!

An diesem Abend blieb Alda lange wach, und als er kam, fragte sie, ob er ihr eine Schreibmaschine besorgen könnte. Eine Remington-Noiseless, um die Kinder nicht zu stören, wenn sie abends ihre Aufsätze schrieb.

Es verging keine Woche, da stand der gewünschte Apparat auf ihrem Tisch.

Als Gegenleistung forderte Guillerm Pujal Sobrequés von Alda, dass sie mit ihm, Seite an Seite, auf der Chaiselongue an den Wochenenden im Radio Hörspielen lauschte. Ein kleines Opfer, das sie zu erbringen gerne bereit war. Der Rauch seiner Zigarren kitzelte sie zwar in ihrer Nase, in ihrem Hals, aber solange er die Finger um die braunen Glimmstengel geknotet hielt und von ihr abließ, war dieses zu ertragen.

Dank der Schreibmaschine, die fast größer als das Tischlein in ihrer Kammer war, konnte Alda nun in Übung bleiben. Weiß der Teufel, was ihn da geritten hatte, ihr war's egal, ob er die Verschwendung bereits bereute oder nicht, aber wenn sie schon keine angemessene Weiterführung ihrer Ausbildung als Kinderkrankenschwester bekommen konnte und auch ihr Spanisch sich nur dem aktuellen Sprachstand der Sobrequés-Kinder und der launischen Qualität der wöchentlichen Hörspiele entsprechend weiterentwickelte, so konnte sie doch die Arbeit mit einer Schreibmaschine trainieren.

In wenigen Monaten, wenn sie denn endlich heimkehren würde, wäre ihre weitere Bürolistinnenkarriere einigermaßen gesichert. Was so schlecht auch nicht war.

Ihre Sprüche und Gedichte erfreuten sich nun wieder fröhlicherer Gedanken, Worte wie *lachen, zaubern* und *bezaubern* fanden Einlass in ihre Schöpfungsgunst, und Alda fasste Hoffnung auch wieder ganz allgemein.

Kleine Inserate, die sie für ihre Zukunft für wichtig hielt, schnitt sie fein säuberlich mit der Schere aus und klebte sie Stück für Stück ins Heft. Zum Beispiel hatte sie vor, nach ihrer Rückkehr in die Schweiz die Werbeversprechungen von Trybol zu prüfen, blendend weiße Zähne könnten vielleicht etwas von ihrem roten Haar ablenken, und ganz besonders wärmte sie eine Affiche von J. Klenke in Zürich 1, *Der Coiffeur für die Damen*, der Dauerwellen und Haarfärben anbot. Die protzigen Inserate der Pro Europa, die jeden zweiten Sonntag erschienen und die Automobil-Firmen Brennabor, Hotchkiss, Lorraine, Stoewer und Talbot proklamierten, welche neu in Zürich zugezogen waren, um das europäische Automobil zu stärken, stießen sie eher ab. Alda mochte nicht das Auffällige, das Protzige, sie suchte Ruhe und Bescheidenheit, ordentliche Gewissheit zwischen den feinen Zeilen.

Als sie am Sonntag, dem 8. September 1929, einen mehrseitigen Bericht mit Bildern zur Eröffnung des Zoologischen Gartens Zürich las, hüpfte ihr Herz. Ein Zoo! Ein richtiger großer Zoo in Zürich! So weit war das von Zug nicht entfernt, um nicht am selben Tag hin und wieder zurück zu können. Zu Hause wäre niemand, der sie am Ausgehen hindern würde, und vielleicht kämen ja die Eltern und die Schwester mit.

Mit der Zeit begann Alda immer ungeduldiger auch die Wetterberichte zu lesen, wobei ihre Augen zumeist lange auf dem Wort *Zürich* hängenblieben … das alte Heimweh hatte sich noch einmal aufgemacht, an den Rändern ihrer Selbstbeherrschung herumzuzappeln.

Die Tage wollten nicht vergehen, die Zeit klemmte in

den rostigen Scharnieren dieses spanischen Wohnhauses fest.

Eisern zwang sich Alda eine Kur auf, die da hieß: jede einzelne Zeitung noch einmal von der ersten bis zur letzten Seite durchlesen. Nur wenn sie mit der Heimat verbunden bliebe, gelänge es ihr, die Zappelei abzuschütteln oder zumindest auszuhalten und Façon zu wahren. Also blätterte sie und las all die Neuen Zürcher Zeitungen noch einmal durch.

Und da überkam es sie heiß und kalt – wie hatte sie etwas so Elementares nur übersehen können? In drei Gottes Namen, wie hatte ihr das passieren können! Die ärgste Gefahr, die ihr auflauerte, einfach nicht erkennen?

Regelmäßig, nach dem Wetter, standen sie da, in Reih und Glied, marktschreierisch, aufrührerisch, bedrohlich – die Bekanntschafts- und Heiratsinserate verzweifelter Damen und Herren. Eines schlimmer als das andere! Keines aufrecht und wahr, allesamt geschäftsmäßig und nach dem eigenen Vorteil trachtend! Ein Handel, etwas anderes war das nicht, mit jungen Frauen wie ihr: ein Kuhhandel, fauler Kompromiss! Sie war ehrlich entrüstet.

Da war die Rede von *Liebes-Ehen, Neigungs-Ehen, Finanz-Ehen* und von *Einheiraten, Ideal-Ehen, Vernunft-Ehen* und so weiter, welche zum Beispiel die Agence Générale Strasbourg an der Krämergasse 12 mit Telefon 7589 *reell und diskret* zu vermitteln wusste. Aber das war beileibe noch nicht alles! Was diese Damen und Herren bindungswütig so alles von sich gaben! Alda las und erschauderte.

HEIRAT. Maschinentechniker m. kaufmännischer Bildung, flotte Ersch., Ende 30er, in sich. Stellung, sucht Einheirat in Fabrikations- oder Detailgesch., gleich welcher Branche. Suchender hat ernsten, feinfühlenden Charakter und Sinn für schönes Familienleben. Strenge Diskretion. Offerten unter Chiffre ...

BEKANNTSCHAFT. Welche junge, hübsche Dame, kath., will in Korrespondenz treten zwecks Heirat mit geb. Herrn? Strengste Verschwiegenheit! Nichtpassendes sofort zurück! Gest. Zuschriften unter ...

HARMONISCHE EHE. Herr in angesehener Stellung, mit sehr guten Zukunftsaussichten in der Öffentlichkeit wirkend, vielseitig gebildet, 29 Jahre alt, gute Erscheinung, gesund, unsch. gesch., mit 14'000 Fr. verschuldet, jedoch energischer und zielbewusster Schaffer, sucht Dame mit größerem Barvermögen und guten Geistes- und Gemütsgaben zwecks baldiger, kameradschaftlich gehaltener Ehe kennenzulernen. Suchender ist vorurteilsfrei. Offerten mit näheren Angaben unter Chiffre ...

Du, jemineh ... Suchender ist vorurteilsfrei ..., und da:

Sympath. Herr m. eigenem, schön. Detailgeschäft, gutsit., mit Auto, sucht ernsthafte BEKANNTSCHAFT zwecks bald. Heirat mit nur hübscher, geschäftsfreudiger Tochter (24–30 Jahre). Ich trachte auf eine frohmütige, einfache Tochter aus guter Schweiz.-Familie und erbitte gefl. Offert. mit Bild unter ...

Jesses, Maria und Josef – pfui! Am allerschrecklichsten aber nahmen sich diejenigen Affichen aus, welche ohne das Wissen der betroffenen »Tochter«, hinter deren Rücken also, aufgegeben worden waren. Wer konnte ahnen, ob hinter einem dieser hinterhältig ausgeklügelten Pläne nicht sogar ihre eigenen Eltern steckten? Ihre Eltern, die sich der rothaarigen Schmach auf diese Art entledigen wollten?

Alda griff sich die Zeitungsstapel und las und las und las und las.

EINHEIRAT in ein bedeutendes, alteingeführtes Speditionsgeschäft, mit eigenem Geleiseanschluss und Spezialverkehr im In- u. Ausland, bietet Zwanzigerin, sehr hübsch und wohlerzogen, sportliebend und musikalisch. Ferner suche ich für Fabrikbesitzerstochter, Mitte 20, apartes Äußeres, 300'000 Vermögen, geeigneten Lebensgefährten. Ausführli. Zuschr. erbeten. Besuch täglich von 12–6 Uhr, Sonntag 12–2 Uhr. Auf Wunsch Abholung mit meinem Auto.

Gottseidank, das klang nicht nach dem Tonfall ihrer Eltern. Aber Alda suchte und kramte und überprüfte jede Zeitung, jede einzelne Annonce erneut.

Sehr gut situierte Eltern suchen ohne Wissen der Tochter gesunden und tüchtigen LEBENSGEFÄHRTEN, protestantisch, nicht unter 30 Jahren, in sicherer Lebensstellung. Akademiker od. höherer Beamter bevorzugt. Die fragl. Tochter ist 22 Jahre alt, hübsch, gesund, feinfühlend, musikalisch, sportliebend und hat gute Allgemeinbildung. Offerten unter Chiffre …

Glück gehabt. Hübsch würde man sie bestimmt nicht nennen.

Aber: Was würde man denn bei ihr schreiben? Würde ihr Aussehen ausreichen für ein »sympath. Erscheinung«? Oder würde man das Äußere einfach außer Acht lassen und auf ihre strenge Disziplin, ihre Ordentlichkeit, den guten Abschluss hinweisen?

Und gäbe es für sie eine Mitgift? Alda suchte bekümmert weiter und durchforstete die Inserate *»Einheirat Leder«*, *»Dasjenige Fräulein«*, *»Kameradin«*, *»Des Alleinseins müde«*

und viele ähnliche mehr, bis sie erschöpft und nassgeschwitzt aufgab.

Draußen hörte sie, wie el doctor in der Küche herumrumorte. Bald würde er wieder vor ihre Türe treten, dort stehen bleiben und seinen Schatten unter dem Türspalt hindurch zu ihr ins Zimmer werfen. Alda empfand das Leben als Frau plötzlich als unerträglich.

Zu ihrem großen Schrecken erblickte sie auch noch den Gipfel aller Grausamkeiten und traute ihren Augen kaum, als sie las:

Sexual-Schwäche. Spezialmassage. Methode Prof. Zabludowski. 23-jährige, erfolgreiche Praxis. Ärztlich empfohlene, medizinische Massage von pat. Masseur; wochentags 8–12 Uhr, nachmittags nach Vereinbarung. Verlangen Sie unseren Prospekt!

Das war genug der Ungeheuerlichkeit. Wenn ich denn um dieses Unglück schon nicht herumkommen kann, so doch lieber mit einem selbst gewählten, ehrbaren und aufrechten Schweizer Mann – und diesen dann ausschließlich für mich!

Und Alda fasste einen Plan. Rothaarig, teufelshändig und in steter Gefahr, von den falschen Männern begehrt zu werden, wollte sie ihr Schicksal selber in die Hand nehmen und couragiert nach vorne schauen. Mutig raffte sie die Zeitungen ein letztes Mal zusammen, setzte sich aufrecht auf ihren Stuhl und suchte. Irgendwo musste doch etwas Passendes zu finden sein. Sie suchte bis tief in die Nacht und den nächsten Morgen hinein.

Und dann fand sie es. Ein Mann, der ein kleines, fast ein bisschen verschämtes, aber sicher preisbewusstes Inserat ins Blatt hatte setzen lassen mit dem Titel *Brieffreundschaft*, konnte keine so schlechte Wahl sein. Entschieden setzte Alda den Füllfederhalter auf und schrieb in reinlichen Buchstaben und Worten ohne viel Schnickschnack einen ersten kurzen Brief an den Herrn. Am nächsten Morgen reichte sie ihn der Köchin mit einem Blick, der ihr tausend Tode versprach, wenn sie den Brief nicht ordnungsgemäß aufgeben würde. Und siehe: Die Antwort kam postwendend.

»Ihr Brief enthält viel Sonne …«

Esmeraldas Weichen waren gestellt.

Eine regelmäßige Korrespondenz mit viel vernünftigem Austausch über politische Fragen der Zeit, Fragen der Gesundheit und Fragen zur Zukunft des Schweizer Volkes wurde für Alda lebensrettend in ihrem bedrückenden Barceloner Alltag.

So kam es, dass sie wenige Monate später in Küsnacht am Zürichsee einem Zug entstieg, mit ihren flammenden Locken den Perron entlangschritt und ein darüber über alle Maßen erschrockener, aber Haltung wahrender Nunzio Senigaglia ihr beide Hände zur Begrüßung entgegenstreckte.

»Hätten Sie in Ihren Briefen auch nur einen Fehler gemacht, liebes Fräulein, ich hätte Sie nicht gewollt.«

Prinzessli von Bern

Bern/Budapest, 1931

Zu ihrem fünfzehnten Geburtstag schenkte François Schön seiner Mondaine ein Pferd. Eine Kreuzung aus einer Hannoveranerstute und einem Holsteinerhengst, mit einem unfassbaren Stockmaß von 182. Sie nannte ihn Jumbo und verbrachte fortan jede freie Minute bei dem Pferd. Jumbo hatte eine lockige dunkelbraune Mähne, die im Sommer fast schwarz glänzte, und auch sein Schweif war imposant und wischte verwegen den Boden. Mit seiner Größe wäre er für den Springsport prädestiniert gewesen, aber Mondaine wollte nichts anderes und nichts mehr, als mit Jumbo die Kirchenfeldbrücke auf und ab zu reiten. Sie patroullierte mit ihm, und es machte ein Geräusch, das sie abends als Widerhall in ihren Ohren in den Schlaf begleitete und morgens als Ahnung süßer als jeder Lerchenweckruf aus den Federn springen ließ.

Die Aare unter sich, einen Rundumblick von der kleinen Schanze zum Bundespalast, über das Palace Hotel Bellevue bis zur Matte, und wenn sie wollte, ritt sie bis nah an den Bärengraben heran und hoffte, Jumbo würde zumindest ein bisschen zu tänzeln anfangen, so dass sie allen Schaulustigen ihr Können vorführen durfte. Ausgerüstet mit Tweed, Seide und Leder, saß die Kleine hoch zu Ross und triumphierte.

Keiner, der sie nicht gesehen hätte. Sie trabte am Rathaus und am Münster vorbei zum Zytgloggeturm in der Kornhausgasse, wo ihr Vater aus dem Geschäft und vor die Türe trat und wie ein Gockel mit geschwollenem Kamm verkündete: »Meine Tochter! Das ist mein Töchterchen, das da angeritten kommt!«

Und wie sie weiterritt, blieb er noch lange stehen, senkrechter Einwohner dieses Landes, die Brust gewölbt und Hand auf Hand auf dem Silberknauf des Gehstocks, der sein neuester Modegag war. Mondaine aber, ab durch die Mitte, trieb ihren Jumbo im Spanischen Tritt über die Kornhausbrücke dem Kursaal zu, und überall sah sie die Frauen und die Männer in den Fenstern hängen und hörte ihre Stimmen, eingebildet oder echt: »Seht, da kommt es wieder angeritten, das Prinzessli vom Schön!«

Ab und zu gelang es Mondaine, ihre Schwester vom Vater freizuschwatzen, um sie mitzunehmen. Vom Parlamentarier Lüthi durften sie den Wallach ausleihen, den stämmigen Percheron Laudatio, der eigentlich ein Kutschpferd war, aber gutmütig und so für die reitunerfahrene Mausi genau das richtige Tier. Zu zweit ritten sie dann durchs Mattequartier und konnten die Welt um sich herum und sich darin stundenlang vergessen.

Dritter und mit von der Partie war der Schnauzer Bleufli, ein silbergrauer zweijähriger Rüde, der sich noch voll im Flegelalter wähnte und laut bellend und blaffend an den Pferden vorüber und hin und her stürmte. Bleufli gehörte ebenfalls Mondaine und war das Geburtstagsgeschenk von vor zwei Jahren.

Gemeinsam ritten die ungleichen Schwestern an der Aare entlang, wo sie die Pferde galoppieren ließen und allfällige Spaziergänger, Pärchen auf der Suche nach etwas Zweisamkeit, mit lauten Rufen zur Seite stieben.

Wenn es gelang, trafen sie sich beim Marzili heimlich mit Georg, einem jungen Zimmermann, den die Wanderjahre hierherverschlagen hatten. Mausi stieg dann von Laudatio ab, reichte die Zügel ihrer Schwester und verschwand mit Georg für die Dauer eines Kusses oder zwei hinter den Büschen. Vor lauter Glück glühend, war sie nach solchen Treffen auf dem Nachhauseritt für nichts mehr zu gebrauchen.

Mondaine freute sich für ihre Schwester, sie war ja sonst so streng gegen sich selbst, nahm kaum je frei und stand Tag für Tag in Vaters Geschäft. Sie war so geschickt im Perückenmachen, beherrschte perfekt das Gipsabnehmen, ging korrekt mit Maßband und Kundschaft um, verstand es vorbildlich, Papiermuster herzustellen, fand sich im Wirrwarr von Stirntampel, Seitentampel, Nackentampel, Oberkopf- und Scheitelpartie zurecht, als hätte sie ihr Leben lang nichts anderes gemacht, als Kopfformen zu erfassen und Perücken zu knüpfen, die tadellos saßen. Für Jonas, einen Jungen, der nach einem langen Krankenhausaufenthalt mit Brandnarben, die ihn ganz fürchterlich entstellten, von den besorgten Eltern zu ihnen gebracht worden war, fertigte Mausi Jahr für Jahr ein neues passendes Haarteil an, das man ihm über den Hautteilen fixieren konnte. Und schenkte ihm damit so etwas wie ein zweites Leben.

Das Perückenmachen war also Mausis Geschäft, derweil Mondaine dabei war, sich in der Kunst des Frisierens zu versuchen. Aber sie hatte ja noch Zeit.

Ab und zu besprach sie sich mit Pino, eigentlich Giuseppe Ciccioriccio, dem Sohn des Schneiders, der seinen Laden gleich gegenüber hatte, aber, wie François immer wieder boshaft feststellen musste, nur ein Stockwerk hoch und nicht wie er selbst drei. Mondaine und Pino waren sich mit den Jahren nähergekommen, denn besonders seit Mondaines Bruder nach Ende seines Militärdienstes zurück nach Südfrankreich gegangen war, um dort ein Leben aufzubauen – Vater fluchte und schimpfte darüber: So ein Nichtsnutz, will nichts lernen von mir, will alles besser wissen, und enterbte ihn –, fehlte Mondaine ein brüderlicher Ansprechpartner. Und so war es ihr grad recht gekommen, als Pino sie ins Bellevue auf einen Becher Eis eingeladen hatte. Auch Pino war der Meinung, dass aus Mondaine eine fabelhafte Friseuse werden könnte, und bestätigte ihr jedes Wort.

Sie sah aber auch immer aus wie eine, die man aus einem Modemagazin ausgeschnitten hatte. Ihr Vater musste Unmengen für sie ausgeben, sie trug die teuersten Stoffe, die modernsten Schnitte und die tollsten Hüte. Und ihr Haar wurde jede Saison getrimmt und in Form gebracht. Nie sah man Mondaine in dem graugrünen Kittel, in dem Mausi ihre Tage im Lager, beim Einräumen der Neuzugänge oder hinter dem Tresen verbrachte, überhaupt konnte sich eigentlich keiner so recht daran erinnern, Mondaine zweimal im selben Kleid gesehen zu haben. Mondaine war ganz und gar unmöglich für das Bern der frühen dreißiger Jahre. Sie war noch halb Kind und rauchte schon in aller Öffentlichkeit lange, dünne Zigaretten, die sie an endlose Zigarettenspitzen aus hellem Horn steckte. Sie war eine der ersten jungen Frauen, die sich im Restaurant für alle sichtbar die Lippen nachzog und die Nase puderte, sie ritt ein Pferd in Übergröße und schämte sich für nichts. Und genau dies wirkte auf ihre Umwelt so unerhört anziehend, keiner konnte ihrem Bann entgehen, und halb Bern versank in Trauer, wenn François Schön seine Jüngste mit sich auf Geschäftsreise nahm. Sie wussten nicht, was ihnen entging, aber sie ahnten es.

François Schön und seine Mondaine stiegen nur an den allerersten Adressen ab, residierten im Hotel Gellért in Budapest, zahlten etwas über 36 Pengő für ein Zweibettzimmer mit Bad und genossen das Leben der Hautevolee. Besonders diese Reisen nach Ungarn liebte Mondaine über alles, dafür ließ sie sogar Bleufli und Jumbo zurück – Mausi wird sich ganz hervorragend um euch kümmern, ich versichere es euch, und ich bin bald bald bald schon wieder da – und tauchte ein mit Haut und Haar in die Welt der Schönen und der Reichen.

Auf der Terrasse des Gellért-Wellenbades wurde der Fünfuhrtee von Tanz begleitet, und immer wieder erlebte sie das Glück eines Empfangs im Park oder eines Konzertes im Musiksaal. Vater Schön hatte allerlei Geschäftliches zu besprechen und ließ seine Tochter an langer Leine. Diese führte ihre Garderobe durch die feudalen Hallen, durch reichgegliederte Torbogen und unter den monumentalen Kuppeln des Hotels spazieren, stolzierte ehrfurchtslos durch die Vorhalle und an den Pfeilern mit der bunten Keramikverkleidung vorbei unter dem majestätischen Gewölbe mit verziertem Sternenhimmel hindurch in den Prunkhof mit seinem verschiebbaren Glasdach. Dann schwatzte sie ihrem Vater einen neuen, extravaganten Badeanzug ab und präsentierte sich im Wellenbad. Sie genoss eine Schlammbehandlung, bestellte anschließend eine Massage und hechelte nach Luft in der Heißluftkammer. Mondaine war im Wunderland angekommen! Die Badelandschaft des Gellért kam ihr vor wie ein zauberhaftes Labyrinth geheimnisvoller Welten, und bald kannte sie alle Wege, die quer durch den Hotelkoloss in die Hallen des Bades führten. Es war wie zu Hause: Ihre Gedanken waren am glücklichsten, wenn sie »im Flug« war, wie sie das nannte, wenn sie rannte, auf dem Pferd galoppierte, hüpfte, schwamm oder in einer Sonntagskutsche fuhr. Bewegung war ihr Elixier. Bewegung gab ihr Kraft, die Würfel immer wieder neu und alte Regeln über den Haufen zu werfen. Als Autodidaktin des guten Benehmens schaute sie den reichen Damen ab, was aktuell als Comment galt, und mischte es mit ihrer Wildheit, bewies ein Zutrauen in die Welt, das besonders zu jener Zeit, nach dem Krieg und der darauffolgenden Wirtschaftskrise, für viele Menschen schlicht erlösend wirkte.

Im Hotel Gellért hatten sämtliche Livrierte der oberen Stockwerke, das heißt der Zimmer- und Salonetagen und des Terrassenrestaurants, gleich kurzgewachsen zu sein. Wohl, um als »Dienerschaft« durchzugehen, überlegte Mondaine. Im Eingangsbereich waren alle wie im Salatbeet gezüchtet um zwei Köpfe größer, Kofferträger und Prestigemodelle halt. Mondaine entdeckte, dass mindestens einer der Receptionsangestellten seine Schuhe mit Sohlen präpariert hatte, um auf die erforderliche Größe zu kommen. Sie verriet nichts und staunte heimlich. Die Frau im Aufzug, welcher das Hotel mit dem Bad verband, sprach als einzige Fremdsprache Englisch, und auch davon nur wenige Brocken, denn als Mondaine sie fragte: »So? Do you speak English?«, wiederholte diese mechanisch goodbye, have a nice evening, see you tomorrow und thank you thank you, so dass Mondaine das Kichern zurückhalten musste. Jedes ihrer Worte untermalte dieser weibliche Liftboy mit einer langsam ausgeführten, dienerischen Geste der Arme und des Rumpfes, verneigte sich wie bei einem Bühnenapplaus und lächelte grad ebenso wie ein Affe ein Menschenlächeln zu imitieren vermochte – »was so viel heißt, wie: Sie grimassiert, Papa! Die Haut in ihrem Gesicht ist voller Rillen, Falten und Risse, so etwas hast du noch nicht gesehen, Papa! Verrunzelungen bis hinunter zu ihrem Hals!«

Budapest war eine moltonweiche Stadt für Leute wie die Schöns. Auf dem Gellérthügel wehte der Wind in Streifen, die Baumblätter wiegten sich zart und sicher, und über die Donau schlingerte ein Schiff, ein Übersetzboot, ein Dampfer. Die schweren Gerüche, welche den Odem dieser Stadt ausmachten, lagen hoch in der Luft und konnten eine feine Jungmädchennase wie die Mondaines nicht stören. Sie freute sich über jede Eidechse, die über die Monumente neuerer Bildhauerkunst huschte, und war begeistert vom Schein der Lampen, die der Donau Spalier standen: Tropfen von Licht, die über dem Fluss wogten, und im Ohr das Rauschen der Birken.

Zufrieden setzte sie sich mit dem Vater in den Wintergarten des Hotels Gellért. Sie platzierte sich unter einer der exotischen Palmen, fläzte sich in den Korbstuhl, verlor ihren Blick im Spiel des Springbrunnens und sinnierte über die nächste Postkarte, die sie der Schwester und der Mutter nach Hause schicken wollte. Nicht einmal dachte sie über die Frage nach, weshalb der Vater nur sie und niemals die ältere Schwester mit auf seine Reisen nahm. Es war ganz einfach eine Selbstverständlichkeit, in die Mondaine hineingewachsen, wenn nicht schon hineingeboren worden war: Sie war die mondäne Tochter, Margit die liebe graue Maus.

Stündlich war Mondaine dabei, das große Leben für sich zu entdecken, glänzende Marmortische, hohe Decken mit kunstvoller Stukkatur, klirrende Leuchter schüchterten sie nicht ein – sie fühlte sich auch hier ganz Prinzessin. Beim Eingang zum Frühstücksraum stand jeweils ein schmucker Page, der die Zimmerschlüsselnummer der eintretenden Gäste umständlich in ein großes Buch notierte. Aber Mondaine nickte er einfach nur galant zu, fast schon ehrfurchtsvoll vor einem so jungen, so selbstbewussten Mädchen, und ließ sie anstandslos passieren. Auf diesen Flügeln eroberte Mondaine die Welt – und sie glaubte, ihr ganzes Leben immer gerade so weiterzufliegen.

Als sie nachmittags gegen vier ihren Vater suchte, fand sie diesen in einer der hölzernen Telefonnischen, wie er eifrig sein Geschäft vorantrieb. Sie machte ihm ein Zeichen, dass der Fünfuhrtee mit Tanz demnächst beginnen würde, und spazierte locker auf und ab. Über ihren Schultern kringelten sich die Locken, und das hellblaue Kostüm stand ihr außerordentlich gut, wie sie fand, als sie sich in der großen Glastüre, welche das Hotel mit dem Badetrakt verband, begutachtete. Sie mochte nicht warten, also winkte sie ihm hastig mit ihren Handschuhen zu und trabte die breite Treppe hinunter. Ein Anschlag verkündete, dass am folgenden Tag um drei Uhr nachmittags Madame India einen Vortrag über fernöstliche Körperkunst und Bewegungspraktiken halten würde, und Mondaine strahlte einen ihr wildfremden Mann an, der zusammen mit seiner Frau und einem Heer von Kofferträgern gerade erst angekommen war: »Ach, ist Reisen nicht schön? Ist es nicht einfach aufregend und wunderherrlich schön?«

ein süßes Geheimnis unter dem Busen

Küsnacht, 1932

Als Alda Senigaglia ihre Vermutung bestätigt fand und damit endlich ihre erste Schwangerschaft verkündete, schwoll Nunzios Bauch unvermittelt an. Das Übel dauerte jedoch nur zwei Wochen. Zum Glück.

endgültig Feierabend

Zürich, 1932

Seinen gerechten Ruhestand wollte Rechtsanwalt Dr. H. P. Glaettli mit einem großen 1.-August-Feuer einläuten. Von seinem neu angeschafften Gerät, einem Plattenspieler mit Elektromotor, sollte es munter Ben Hokeas *Hawaiian Nights* klimpern, und auf dem gusseisernen Gartentischchen warteten bereits der silberne Löffel, das Reservoirgläschen und eine köstliche Flasche der Grünen Fee auf Rechtsanwalt Glaettlis persönliche Grüne Stunde. Das Konsumieren von Absinth war genauso verboten wie das Entfachen eines offenen Feuers am Waldhang des Zürichbergs. Glaettli wusste das, wusste das nur zu gut, und war selbst schon ganz entflammt, lodernder Pfahl beim bloßen Gedanken an so viel Ungehörigkeit. Wie viele ungezählte Jahre hatte er sich als Verteidiger für Glünggis, Galööris und Ganoven eingesetzt, um ihre kleinen oder großen Verbrechen nicht in allzu drakonischen Strafmaßen münden zu lassen. Wie oft hatte er sich nicht belügen und betrügen lassen müssen durch diese Geschöpfe, die die Gesellschaft in den letzten Jahren immer häufiger und rasanter und rücksichtsloser ausspie und die ja doch nur im Halbschatten derselben gedeihen konnten. Man ließ ihnen ja sonst keinen Platz, nicht da, wo Licht gewesen wäre, da nicht. Die Gesellschaft war ganz einfach zweigeteilt. Und er stand auf der Sonnenseite. Wie ungerecht. Nie hatte er einem wirklich wieder auf die Beine helfen, oft nur einen kleinen Schubs geben, einen Impuls vermitteln können, auf dass er eine Weile brav im Takt und in der Rille laufe wie die Nadel auf der Schellackplatte, aber immer wieder kam es doch zu neuen Entgleisungen und Abstürzen – als ob die Schweizer Gesellschaft eine Gesellschaft der Gebirge wäre, eine mit Höhepunkten, die nur ganz wenige erreichten, und zugleich eine mit Gletscherspalten, in denen noch so mancher unbeachtet verschwand. Und nie mehr daraus hervortauchte. In unregelmäßigen Abständen hatte es ihn gewundert, was wohl aus diesem oder jenem geworden war. Ob doch noch etwas aus ihm geworden war. Zum Beispiel aus dem einen, der in einer Schülerzeitung einen Professor verunglimpft hatte und der deshalb von demselben Professor wegen Rufschädigung verklagt worden war. Oder dann dem Mann mit den zwei Frauen, die nichts voneinander wussten. Oder dem Witzbold Styger, der eines Tages auf die gloriose Idee gekommen war, den Umzug der Zünfte und deren Galionsfigur zu sabotieren, diesen blöden gebastelten Schneemann, den Zürcher Böögg, den man alljährlich zur Vertreibung des Winters in Flammen aufgehen ließ, nur damit heißa heißa die Vertreter der Zürcher Zünfte ihren Auftritt hatten, ihre geschönten Gewänder zur Schau stellen konnten. Beim Umzug hoch zu Ross die mindere Gesellschaft in ihre Schranken verweisen konnten. Denn darum ging es doch damals und geht es heute noch. Diese Anmaßung, etwas Besseres zu sein, nur weil man einer Zunft angehörte, weil man von altem Adel war oder Geld besaß.

Aber Geld, das interessierte Rechtsanwalt Glaettli schon lange nicht mehr. Ihn wunderte viel eher, wie man ohne Geld in diesem Lande auskommen konnte. Und was ihn an diesem durchzogenen Abend des 1. August 1932 noch viel mehr gewundert hatte, weil es eben schon sein ganzes Leben lang eine Frage war, die er nicht hinunterschlucken und vergessen konnte, war: wie es sich wohl anfühlte, selber etwas Gesetzeswidriges zu tun. Noch nie hatte er sich eines Vergehens schuldig gemacht, keinen Knopf je gestohlen und keinen Weg betreten, vor dem »Für Unbefugte verboten« stand. Und jetzt, am Ende seiner rühmlichen Berufskarriere, allein, frau- und kinderlos, wollte er es wagen und sich dieses Vergnügen des Tabubruchs erlauben. Den Zeitpunkt hätte er nicht besser legen können.

Die Witterung machte mit, den ganzen Tag über war der Himmel bedeckt gewesen und regnerisch, es hatte Schauer in den frühen Morgenstunden gegeben und kurz am Nachmittag um 15.30 Uhr; seither war es trocken. Das Thermometer zeigte um 7.30 Uhr bereits 19,3 Grad, um 13.30 Uhr 22,4 Grad und jetzt, um 21.30 Uhr, waren es wieder angenehme 19,6 Grad.

Der Scheiterhaufen für Glaettlis persönliches 1.-August-Feuer machte einen krüppeligen Eindruck, bucklig und schräg ragte er in Rechtsanwalt Glaettlis Garten auf. Er hatte dazu eigens Bürdeli und Stecken ineinander verwoben und gesteckt, hier noch ein Scheitli, da noch ein Büschel, und dazwischen hatte er hüpfend, fast wie Rumpelstilzchen, Hunderte von Aktenmappen geschoben, liederlich und nachlässig zwischen die Hölzer gequetscht, so dass vereinzelte Blätter durch den Nachtwind auf und davon segelten. Als sein Werk vollendet war, fühlte Glaettli eine Befriedigung wie schon lange nicht mehr. Völlig losgelöst und keinen Tag seiner jahrelangen Erschöpfung spürend, die die Häme so manchen Staatsanwalts über ihn gebracht hatte, ließ er sich das verbotene Gesöff über ein Stückchen Würfelzucker ins Gläslein sickern und langte nach einer Akte vom Packen, der noch übrig war. Dann ließ er die Schallplatte laufen, und er begann, nostalgisch gestimmt, in der Akte zu lesen.

Spruchbuch

Bezirksgericht Zürich
Prozess Nr. 728/1921/5. Abteilung
Das Gericht hat
in seiner Sitzung vom 25. Mai 1921, an welcher teilnahmen
die Bezirksrichter: Vizepräsident Hubacher, F. Fehlmann
und Dr. Lütolf, sowie Gerichtsschreiber H. Sommer
in Sachen
der Bezirksanwaltschaft Zürich, Bureau 14,
a. o. Bezirksanwalt Dr. v. Silvestri,
Anklägerin
sowie
des Centralkomitees der Zünfte Zürichs,
Geschädigten,
vertreten durch Staatsanwalt Hösli, Zürich 1,
gegen

1. Jeremias Styger, geb. den 11. Januar 1884 in Konstanz, von Richterswil/Zch., Sohn des Antonius und der Annalina, geb. Abplanalp, verheiratet mit Lilly Ehrsam, Schlosser und Stadtrat, zweimal vorbestraft, wohnhaft Gletscherstraße 4 in Zürich 8,

… ah! Da war es ja, das Urteil über diesen Stygersohn und elf weitere. Mitläufer, Gesinnungslumpen, Sympathisanten, angeklagt betreffend böswilliger Eigentumsschädigung. Glaettli las.

Am 11. April 1921, am Tage des Sechseläutens, hat der 14-jährige Moritz SUTER, Sekundarschüler, Grütlistraße 88 in Zürich 2, vorsätzlich & widerrechtlich, jedoch ohne Erregung einer gemeinen Gefahr, das Eigentum des Zentralkomitees der Zünfte Zürichs dadurch geschädigt, dass er den diesem Verein gehörenden, auf dem alten Tonhallenplatz in Zürich errichteten Holzhaufen anzündete und dadurch gewollter Weise auch die auf dem Haufen stehende Schneemannsfigur zum Verbrennen brachte, sodass dem besagten Verein ein Schaden von Fr. 830.– entstund.

Dadurch hat sich der Sekundarschüler SUTER *schuldig gemacht der böswilligen Eigentumsschädigung im Betrage von Fr. 830.– im Sinne von (Art) 187 lit.b des Str. G. B.*

Stimmt. Das war ja seinerzeit dieser Bub gewesen, ansonsten unbescholten, nie negativ aufgefallen. Und von diesem Stygernarr zum Streich verleitet. Hier, hier stand es:

1). Der angeklagte STYGER *war bei dieser Straftat in folgender Weise beteiligt:*

Am Freitag, dem 8. April 1921 fand im großen Saale des Volkshauses Zürich eine Versammlung der Arbeitslosen statt, welche von Styger geleitet wurde. Nach Beendigung dieser Versammlung forderte Styger etwa 20 beherzte Leute auf, zu ihm heranzukommen. Er machte diesen Leuten – es befanden sich zur Hauptsache die unten zu behandelnden Angeklagten dabei – den Vorschlag, am Montag den Bürgerlichen den »Böögg« anzuzünden.

Er ordnete an, dass die Teilnehmer an diesem Unternehmen sich auf einen Zeddel unterschriftlich verpflichten müssten. Auf diese Anordnung hin setzten 13 Anwesende ihren Namen auf den Bogen. Dem Angeschuldigten Wohlgemuth, der Angst hatte, sich bei einem solchen Unternehmen zu beteiligen, sagte Styger, er solle doch zu Hause bleiben, wenn er Angst habe. Zu dem Mitangeklagten Egger, der ebenfalls Angst hatte, sagt er, ihn (Egger) brauche man nicht; er (Egger) solle machen, dass er zum Teufel komme. Nach diesen Vorverhandlungen ordnete Styger eine weitere Versammlung auf Montag, den 11. April 1921 an.

Auf dieser Versammlung sollte die Art der Ausführung des Unternehmens näher besprochen werden. Auf Weisung Stygers kam diese Versammlung am 11. April 1921 in einem Warteraum des Volkshauses zustande. Die Versammlung wurde wieder von Styger geleitet. In dieser Versammlung gab Styger kund, dass man den »Böögg« mit Petrol anzünden müsse. Man müsse zu diesem Zwecke Petrol beschaffen. Styger ordnete zwecks Beschaffung des Petrolgeldes an Ort und Stelle eine Kollekte an und zahlte selbst etwas an das Petrolgeld. Dann fragte er die Versammlung an, wer sich freiwillig dazu melde, den »Böögg« anzuzünden. Als dies niemand wagte, erklärte Styger auf den Vorschlag des unten zu erwähnenden Escher hin sein Einverständnis damit, dass die Tat durch einen Knaben zur Ausführung gelangen solle. Damit der Knabe nach vollbrachter Tat sofort das Weite suchen könne, ordnete Styger an, dass ein Teilnehmer ein Fahrrad des unten zu erwähnenden Angeklagten Fischer an Ort und Stelle bringen müsse, auf welchem Rade der Knabe dann die Flucht ergreifen müsse.

Dieser Auftrag gelangte auch, wie unten noch erhellen wird, zur Ausführung. Am Schlusse der Versammlung ordnete Styger an, dass sich die Teilnehmer am Handstreiche nachmittags gegen 1 Uhr in der Gegend Bellevue-Zwinglidenkmal einfinden sollen. Dies alles, nachdem er nochmals den Auftrag gegeben hatte, den »Böögg« anzuzünden.

Als zur eben erwähnten Zeit etwa 16–18 Teilnehmer in der Gegend des Zwinglidenkmals am Sonnenquai sich besammelten, fuhr Styger auf seinem Fahrrade verschiedentlich an den Tonhallenplatz, um sich zu vergewissern, ob die Arbeiten hinsichtlich der Errichtung des »Böögg« beendet seien. Einem Anwesenden gab er den Auftrag, jetzt das Petrol zu kaufen. Am Platze vor dem Zwinglidenkmal redete er auf den Knaben Suter ein. Als die Gelegenheit zur Ausführung der Tat günstig erschien, gab er beim Zwinglidenk-

mal den Befehl zum Aufbruch Richtung Tonhallenplatz, worauf sich der Schwarm in Bewegung setzte, dem Auftrage Stygers gemäß aber gruppenweise sich dem Tatorte näherte.

Am Tatorte gab Styger sein Einverständnis dazu, dass man alles über den Haufen schlage, wenn sich jemand in die Angelegenheit einmische. Zu dem ängstlich dastehenden Mitangeklagten Egger, der von der Tat abraten wollte, sagte Styger, er (Egger) solle ihn »lecken«; er habe ja Angst. Kurz vor der Ausführung der Tat durch den Knaben Suter redete Styger noch mit demselben und schärfte ihm besonders das Tempo ein, das er bei und nach der Tat einhalten müsse. Er forderte den Knaben auf, an den Zaun heranzukommen, und der Knabe gab diesem Begehren Folge. Aus dem Zaune war eine Latte herausgenommen worden, sodass der Knabe bequem durchschlüpfen konnte.

Als der Moment zur Ausführung der Tat herantrat, zögerte der Mitangeklagte Escher noch, indem er noch zum Zuwarten riet.

Auf das hin gab aber Styger den Auftrag zum Beginne, indem er rief: »Nein! Wir haben jetzt keine Zeit mehr. So, los!« Auf diesen Zuruf Stygers – der natürlich von dem Knaben verstanden worden war – sagten auch Escher und die anderen Anwesenden: »So, jetzt hinein!«, und auf diese Zurufe Stygers, Eschers und der übrigen Beteiligten schlüpfte nun der Knabe Suter durch den Zaun und zündete unter Zuhilfenahme von Petrol den Haufen an, welcher das Feuer auch der oben stehenden Schneemannsfigur ereilte, sodass diese ebenfalls verbrannte.

Dadurch hat sich der Angeklagte STYGER schuldig gemacht der Anstiftung zu der böswilligen Eigentumsschädigung im Betrage von Fr. 830.– im Sinne der §§ 187 lit.b und 37 des Str. G. B., und es ist derselbe in Anwendung dieser Gesetzesstellen zu bestrafen.

Die Strafanträge waren grotesk. Für Styger gab's neun Monate Arbeitshaus und zwei Jahre Einstellung im Aktivbürgerrecht. Und auch das Tun der Mitläufer wurde mit Gefängnis quittiert.

Glaettli blätterte in den Dokumenten.

Mein Gott, ja, sie hatten diesen Fall noch weitergezogen, diese Lumpen und Vaganten, und man hat ihnen dann eben doch noch »bewusste Bosheit« und »ungezügelten Mutwillen« nachweisen können.

Da hatte alles nichts geholfen, da hatte er schön versagt, er, der Glaettli, dabei wollten diese Arbeitslosen den Zürcher Zünften nur einen Streich spielen, einen Nachtbubenstreich, mehr war das nicht, und gerade dieser Styger, war der nicht eine Waise gewesen? Hatte der nicht noch irgendwo zwei Schwestern gehabt, die verdingt worden waren in der Innerschweiz? Auf alle Fälle war der ja völlig auf sich alleine gestellt und herrenlos, wechselte seine Arbeitsstellen häufiger als ein Durchschnittspolitiker seine Meinung, auch wenn er es zuerst noch geleugnet hatte auf dem Polizeiposten, auch wenn er den armen Knaben Suter damit ganz arg in die Bredouille gebracht hatte, er, der Styger, war ja eine nicht minder arme Sau gewesen, in jeglicher Hinsicht.

Das war doch eigentlich eine bis zu einem gewissen Grade entschuldbare Verstimmung gewesen, aus der heraus Styger zu dieser läppischen Tat gerufen hatte. Und, nein, dass der Präsident des Komitees ausgerechnet selbst ein Staatsanwalt war, damit hatte Styger ja nicht rechnen können. Das waren noch Zeiten. Und doch ist alles immer weiter seinen Lauf gegangen. Man verbrennt noch immer Jahr für Jahr den »Böögg«, diese Witzfigur auf Stelzen, und die Zunftherren galoppieren auf ihren Gäulen besoffen darum herum.

Ein letztes Mal blätterte Rechtsanwalt Glaettli die Akte

durch, dann stopfte er auch sie zwischen die Bretter und das trockene Moos.

»Auf dann, in mein zweites Leben!«, prostete er sich selber zu, warf das Petrol aus dem Kessel hoch hinauf und zündete mit einem Streichholz die Scheiterbeige an.

Teil 4
Selbsterhaltungstrieb. 1933–1964

Selbst- und Arterhaltung ist alles. Nichts kommt dieser Aufgabe an Wichtigkeit gleich. Die dafür geschaffenen Triebe sind die stärksten, heftigsten.

die Flucht

irgendwo in den Wäldern des Kantons Zürich, 1933

Man hatte ihr die Jungen weggenommen. Man hatte sie in eine Holzkiste verfrachtet und hierhergebracht. Man hatte sie zusammengesteckt mit einem anderen, der hinter Gittern nervös hin und her patroullierte. Man hatte sie alleingelassen.

Sie war ein Schwärzling, ein Wildfang, der am 22. September 1933 via Tierhandlung Ruhe in Hannover ohne Papiere in die Schweiz gelangt war, ein nobles Tier edler Gestalt. Ihr Fell glänzte wie ein Meer schwarzer Tränen, ihre Augen leuchteten nicht nur, wenn man sie im Dunkeln sah. Man wusste nicht genau, woher sie stammte, kam sie aus Borneo oder Sumatra, Afrika oder Persien, oder hatte man sie auf dem indischen Festlande erbeutet – aber sie passte ganz ausgezeichnet zu dem anderen schwarzen Panther, zusammen würden sie für die neue Attraktion des Zürcher Zoos sorgen. Nach der Zoorestaurant-Eröffnung war schon ein Jahr ins Land gezogen, höchste Zeit also, das Publikum mit einem weiteren Zückerchen zu locken. Zumal auch für die Dromedargespanne, die durch die Innenstadt geführt wurden, das Publikumsinteresse nachzulassen begann. Kaum auszumalen, was das für einen Andrang geben würde während der Fütterungszeiten! Und wenn man dann im nächsten Frühjahr mit einem Segen von Jungtieren beglückt würde, könnte man wohl bald schon weiter ausbauen. Der Zürichberg bot dazu Platz genug. Man könnte wieder Anteilscheine an geneigte Zoobesucher verkaufen, der große Reibach wäre damit zwar nicht zu machen, aber für weitere Anschaffungen wäre doch gesorgt. Ganz abgesehen davon, dass man den Nachwuchs verkaufen könnte, wie viel wird heutzutage eigentlich geboten für junge Großkatzen? Vielleicht wären ein paar davon ja wieder schwarz. Und in seltenen Glücksfällen hat man auch schon von weißen gehört, kaum auszudenken, was das für den Zürcher Zoo bedeuten könnte …

Als das Licht am Morgen im neuen Raubtierhaus anging, gab es durch den Körper des Pantherweibchens einen Schlag. Ihr Fell rollte nervös auf und ab, und sie fing an, sich unkontrolliert zu lecken. Aus ihrer Ecke im Innengehege kam sie so gut wie nie. Sie drückte sich gegen Boden und Wand und kümmerte sich anscheinend nicht darum, dass die Verbindungstüre nach drüben zu dem anderen täglich geöffnet wurde. Den Menschen, die sie anschauen kamen, wich sie mit ihren Blicken aus.

Nach einer guten Woche stellte man eine Verletzung der rechten Vordertatze fest, beschloss aber, das Tier damit in Ruhe zu lassen. Man vermutete einen Ehezwist unter den beiden Panthern, sicheres Zeichen, dass das Männchen zu seinem Recht und der Zoo zu seinem Nachwuchs kommen sollte. Gut so.

Die Tage vergingen, man fütterte die Neue, auch wenn sie nicht immer alles auffraß, was man ihr hingeworfen hatte. Nach wiederum einer Woche kam eine weitere Verletzung dazu, ihr Hinterlauf blutete. Aber noch immer sah man das Tier kaum je in Bewegung. Es hockte da, die Beine unter dem Körper gespannt, mit einem leichten Wellengang, der ihm über das Nackenfell und den Rücken fuhr, und harrte.

Ohne ein Geräusch zu verursachen, sprang die Katze eines Nachts senkrecht das Stahlgitter hoch und zwängte sich durch eine Bruchstelle im Maschengeflecht des Deckengitters. Ihre Tatzen hinterließen scharfe Kratzspuren auf dem Laufbrett, und sie verlor Blut. Sie vermied die Lüftungsklappe, die zu den Ventilationsstollen führte, und das Drücken und Kneifen und Zerren ignorierend, quetschte sie sich durch das Ventilationsfenster, das in jener Nacht leicht offen stand. Keine weiteren Spuren hinterließ sie, als sie vom Dach heruntersprang und in der Nacht- und Tagwende des 10. auf den 11. Oktober 1933 in den Stadtwaldungen Zürichs verschwand.

Erstes Herbstlaub lag auf dem Boden, noch baumfeucht und kaum knittrig. Ein paar Sprünge, dann duckte sich das Weibchen und machte wieder keinen Laut. Über ihren Rücken rollte das Fell, und sie biss sich verärgert in die Haut. Nichts. Kein Menschengeruch, der ihr folgte. Die Erregung in ihr wollte sich nicht legen, ihr Herz raste. Ohne einen Plan oder auch nur die geringste Fährte, die ihr einen Weg gewiesen hätte, begann sie eine Pfote vor die andere zu setzen und auf schmalem Pfad, den Boden kaum berührend, durch den Wald zu traben. Ihr Rücken war geduckt, und ihr Kopf schwenkte gehetzt hin und her; jeder Laut war ihr fremd, und die Gerüche waren alle so verwirrend, auch hier.

Am ersten Tag fraß sie Insekten. Sie plünderte ganze Nester im Eichenholz, züngelte nach dem Borkenkäfer in umgestürzten Fichtenstämmen und schnappte sich den nächtlichen Sägebock im Flug. Am zweiten Tag hatte sie Glück und erwischte eine Blindschleiche, unkonzentriert nagte sie auf den Hornschuppen herum. Aber dieser zweite Tag war auch der Tag ihres größten Schreckens, als sie nahe Menschen roch und einer Meute Suchhunde entkommen musste. Sie rannte, so schnell sie rennen konnte, wich den verstörenden Gerüchen und Geräuschen aus und sprang hoch hinauf auf einen Baum. Hier fand sie für eine kleine Weile Rast. Die Vögel waren alle verstummt. Der ganze

Wald lag still. Sie kam zur Ruhe und bettete ihren Kopf auf die Vorderpfoten.

Erst ein Knacken schreckte sie auf. Heimlich ging eine Rehgeiß daran, an einem dünnen Baumstamm Äste abzunagen. Mit einem Satz war das Pantherweibchen unten und riss das Tier. Der Bauch war bald verschlungen. Der Hunger getilgt. Sie scharrte ein paar Blätter und Ästchen über den angenagten Rumpf und Kopf der Beute. Dann knurrte sie leise und trottete davon.

Mit der Zeit gewöhnte sie sich an den moosigen Untergrund und daran, einen fremden Wind in fremden Baumkronen nach Blättern langen zu hören. Ein toter Hase, der vor seinem Bau lag, ein plattgedrückter Maulwurf, Käfer, Larven, hohes Gras, sie fraß, was ihr zwischen die Zähne geriet. Und hielt sich so am Leben.

Aber der Hunger kam. Und mit ihm, wie auf leisen Schattenpfoten, die Unvorsicht. Blitzschnell duckte sich die Katze und schielte in Erdnähe in ein Dickicht. Ein dumpfes Knurren rollte ihr entgegen, und sie rannte mit weit ausholenden Sätzen davon, bis sie nicht mehr rennen konnte. Als sie das Knurren schon längst nicht mehr hörte, rollte es noch immer über ihren Rücken hinab.

Es nieselte. Ihr Fell juckte. Die Tropfen glänzten auf ihren schwarzen Haaren, und die Gerüche vermengten sich. Angestrengt blieb sie unter einer Buche stehen und witterte. Sie hatte den Weg verloren.

Dann wusste sie es wieder, sie war auf der Suche nach ihren Jungen. Sie war auf der Flucht.

Unbekannte Laute und bösartige Gerüche schreckten sie auf. In allem witterte sie Gefahr. Ihre Schreckhaftigkeit bewog sie dazu, nur noch das zu fressen, was sie ohne Anstrengung vorfand. Einen Eichhörnchenkadaver, Käfer, einen Laubfrosch. Sie nagte unschlüssig an Baumrinde herum und trabte von hier nach da und wieder zurück, überprüfte ihre eigene Fährte, markierte sich einen guten Aussichtspunkt und trottete weiter.

Für eine Weile bezog sie einen halb zerstörten, verlassenen Dachsbau. Drängte sich dicht an die Erde und ließ dicke Baumwurzeln über sich herabhängen. Hier richtete sie ihr Ruhequartier ein. In einem Revier, das von zahlreichen ihr unbekannten Tieren frequentiert wurde, in einem Revier, wo es eisig kalt durch die kahlen Bäume tropfte und wo etwas Unbekanntes, Großes in der Luft lag. Eine Veränderung der Witterung, die sich ankündigte, das Pantherweibchen legte besorgt die Schnauze auf die Pfoten. Ihr Kopf glitt mit der Schwere der Sorge, die auf ihr lastete, seitwärts, und sie hob gefährlich die Lefzen. Sie wusste nicht, wem diese Drohung galt. Aber sie musste weiter drohen. Einem möglichen Eindringling oder nur sich selbst.

In ihren Schlafphasen träumte sie. Dann zuckten ihre Vorderläufe unruhig, und ihr Schwanz ruckelte von Zeit zu Zeit. Sie war unterwegs auf Streifzug durch den Gebirgswald. Blätter, so groß und wuchtig, dass man unter ihnen Deckung fand, Bäume, die endlos in den Himmel ragten, und ein Wetter, das ihr das Fell wärmte. Ihre Pranken sanken in die tönerne Erde, und jede Spur, die sie fand, war aufregend und – bekannt.

Sie träumte von ihren Jungen. Drei an der Zahl, eines kuscheliger als das andere, mit schielendem Blick. Träumte ihre Zungen an ihren Bauch zurück, ihre Tätzchen an ihre Zitzen, ihre kleinen, eckigen Zähnchen, träumte ihren Duft.

In diesen Träumen war sie wieder ganz sie selbst von den Tatzenballen bis zu den Tasthärchen. In ihren Ohren wohlbekanntes Rascheln, Knacken, Rauschen und in ihrer Nase Luft, die Sicherheit versprach.

Aus solchen Träumen wachte sie verstört und erschreckt auf, und jedes Mal juckte ihr das Fell auf ihrem Rücken, und auch der Schwanz hatte angefangen, unkontrolliert zu zucken, so dass sie ihn nun ab und zu mit ihren Zähnen festhielt.

Die Trauer verunsicherte ihr die Pranken, sie zögerte beim Aufsetzen oder rannte in die falsche Richtung davon, wenn sie etwas hörte. Sie war ständig müde. Ihre Augen tränten. Und als endlich das Große, Unbekannte kam, fiel es in weißen Flocken von einem toten Himmel und bedeckte um sie herum die Erde mit Licht und Reflexion.

Das Pantherweibchen fand keine Ruhe, keine Deckung mehr. Die Spuren, die sie auf dem nassklammen Waldboden zurückließ, machten sie fast wahnsinnig. Und als sie einmal in einen Igel biss, spießten seine Stacheln durch ihre Lefzen.

Dieser Wald gab nichts mehr für sie her, und sie wanderte ziellos weiter. Seit einigen Tagen wusste sie auch nicht mehr, dass sie einmal Junge gehabt hatte. Sie hatte die Holzkiste vergessen und den Transport. Auch das Gehege im Zoo war nur noch als bloßes Gefühl in ihrem Innern gespeichert, ein Gefühl, das ihr bedeutete, dass jeder Rückweg für sie versperrt wäre.

Mutlos, hungrig und erschöpft suchte sie das Unterholz nach einer Fährte ab. Wenn ihr doch nur irgendetwas den Weg gewiesen hätte! Aber ihr Instinkt versagte, sie wusste nicht, was sie tun sollte.

Eines Nachts machte sie sich auf und schlich nahe am Boden über eine weite Wiese, dann über ein brachliegendes Feld. Am anderen Ende erkannte sie einen neuen Wald in einer Gegend, die sie noch nicht erkundet hatte. Darauf steuerte sie zu, als schräg über ihr plötzlich Stimmen laut wurden! Wie hatte sie diesen Geruch vergessen können! Hier war er wieder! Unvermittelt und beißend! Sie spannte sich an, und ihr Fell krampfte sich zusammen, als sie den Boden unter sich wegtrieb mit jedem Sprung, den sie auf den nahenden Wald zu machte.

Die Jäger hatten sie zwar gesichtet, aber nicht erwischt. In dieser Nacht wanderte sie noch lange ruhelos durch das Gehölz, schnupperte an jeder Grasnarbe und urinierte gehetzt an Strauch und Stamm.

Es dauerte von Mal zu Mal länger, sich zurechtzufinden. Als neuer Schlupfwinkel dienten ihr lose Brocken unter einem Felsvorsprung. Noch einmal hatte sie Glück und konnte ein Reh reißen. Für ein paar Tage war ihr Überleben gesichert.

Aber schon bald setzte der Hunger wieder ein. Und mit dem Hunger kamen die Wahnvorstellungen. Und mit den Wahnvorstellungen kamen die Unvorsicht und die Nachlässigkeit.

Die Knochen staken schon durch ihr Fell, als sie sich mühsam von ihrem Liegeplatz erhob. Sie schüttelte den Schnee von ihren Haaren, hob die Nase in die Höhe. Ihre Augen blinzelten bekümmert, ihr Blick war trüb. Das linke Ohr hüpfte vor und zurück.

Dann setzte sie ihren Weg nach nirgendwo fort.

Noch einmal war es zu einer Begegnung mit Menschen gekommen und später noch einmal. Immer gelang es ihr, rechtzeitig auszuweichen, sie rannte vor ihrer eigenen Furcht davon, bis sie sich wieder an nichts erinnerte und verdutzt die Welt um sich betrachtete. Nichts war an seinem rechten Ort, und sie war mittendrin.

In ihrem Bauch rumorte es. Ihr Schwanz zuckte.

In der Nähe einer Wiese suchte sie nach Schutz im Unterholz. Dort legte sie sich abgekämpft hin und wartete darauf, dass es Abend würde. Für sie ergab das Weitertrotten keinen Sinn. Aber das Liegenbleiben wollte ihr auch nicht recht gelingen. Immer wieder wellten Schauer der Entrüstung über ihr Fell, und sie wusste nicht, was das zu bedeuten hatte.

Noch nie war sie so einsam gewesen. So abgeschnitten von sich selbst und all ihren Instinkten, der Welt, wie sie sie einst kannte. Als ihr abends ein unbekannter würziger Geruch in die Nase stieg, erhob sie sich.

Vorsichtig, indem sie zuerst witterte, horchte, konzentriert schaute, maß sie die Ebene vor sich ab. Nicht viel, das auf einen Feind gedeutet hätte. Eigentlich nichts. Behutsam setzte sie die Pranken auf und näherte sich einem Holzverschlag. Aus diesem Stadel drang der Geruch. Verführerisch, fremd zwar, ja, aber doch verlockend. Probeweise scharrte sie an den Holzbalken und versuchte, sich Zugang ins Innere zu verschaffen.

Der Mond reflektierte ein eierschalenmattes Licht auf die Erde. Ein Käuzchen heiserte durch die Nacht. Sonst blieb alles still. Nur das Pantherweibchen, das roch, das offene Maul durch den Schnee schob und mit den Tatzen scharrte.

Sie hatte den Tag und die Nacht, die Welt um sich vergessen. Wusste nur noch eines: Hier drin musste etwas zu fressen sein. Sie probierte so lange, hineinzugelangen, bis die ersten Sonnenstrahlen über den Horizont strichen. Also kroch sie unter den Stadel und fand in seinem Schutz einen wohlig weichen Erdboden, der ihre müden Glieder aufnahm wie ein Dschungelbett.

Als sie wieder aufwachte, war es schon zu spät. Ein Mensch mit seinem beißenden Gestank vernagelte soeben den Ausgang mit einem Brett. Laut, dumpf, tumb. Das Hämmern trieb ihr beinahe das letzte bisschen Verstand aus dem Gehirn. Sie geriet in Panik und drückte sich so weit in die Ecke zurück, dass ihr die Knochen schmerzten. Dann war es ebenso plötzlich wieder still, und sie hörte, wie sich der Mensch von ihr entfernte. Ihre Furcht aber war zu groß, sie hatte Todesangst, und so traute sie sich nicht, sich zu bewegen, geschweige denn vorne am Brett zu kratzen. Sie saß in ihre Ecke gedrückt mit urinverklebtem Bauch und hechelndem Atem. Vielleicht, wenn die nächste Nacht kam, vielleicht an einem nächsten Tag, jetzt aber wollte sie nichts anderes, als sich auf dem Boden zusammenkauern, um möglichst im Erdreich zu verschwinden.

So war sie noch immer in ihrer Schockstarre gefangen, als sie den Menschen zurückkommen hörte. Ein Ruck ging durch ihren Körper, und voller Panik schoss sie gegen das Verschlagbrett. Dabei verletzte sie sich den Schädel an einem rostigen Nagel. Ein Stich, der ihr in den Kopf trieb, der sie rasend machte, eine Stimme, die lachte und sprach, eine Bedrohung, wie sie sie noch nie erlebt hatte. Oder doch. Eine Erinnerung. Ein Schuss. Ein Schlag. Eine Holzkiste. Ein Käfig. Lärm, Menschen, unerträglicher Gestank.

Verzweifelt suchte sie nach einem Ausweg und konnte sich ja doch kaum drehen und bewegen in ihrem engen Verlies, als vorne der Mensch das Brett ein bisschen löste. Kopflos scharrten ihre Pranken in der hinteren Ecke, als sie etwas Heißes durchfuhr. In einer grenzenlosen Verwirrung merkte sie, dass sie ihre Hinterläufe nicht mehr recht bewegen konnte, und stimmte nun ein Jammern und ein Winseln an und krampfte nur noch mehr mit den Vorderpfoten. Sie sah ihre Jungen, wie ein furchtbarer Mensch sie von ihr wegnahm, und, als sie sich umdrehte, sah sie Licht!, Licht!, das unter dem Stadel zu ihr leuchtete, Licht!, und endlich sah sie ihn, den rettenden Ausweg, und sie kroch mit lahmen Hinterbeinen und einer klaffenden Wunde im Bauch, aus der ihr das Blut in Strömen floss, auf dieses Licht zu, jammerte und winselte tonlos, über ihren Rücken wellte sich ihr schorfiges Fell, das Pantherweibchen hob die Lefzen, roch den nahen Wald, empfing das Duften ihrer Jungen, zitterte mit ihrem Blick, als sie die Sonne über sich sah, den Himmel, und etwas Spitzes, das auf ihren Kopf zu und auf sie niedersauste.

acht Tage Bedenkzeit

Kippel im Lötschental, 1935

Liebes Mondaine

Ich teile Dir mit, dass Du Donnerstag, den 31. Jan. Abend hier in Bern sein musst, um Freitagmorgen die Schule nicht ein zweites Mal zu fehlen.

Wir haben die Sache betr. Pino Cicc. gründlich besprochen und sind zur Überzeugung gekommen, dass es für Dich von lebenswichtigem Interesse ist, die Lehre zu beenden, um den Lehrbrief zu erhalten, ansonsten die 2 ½ Jahr, die Du bereits gemacht hast, vergebens waren.

In erster Linie wirst Du im Leben froh sein, einen Beruf zu haben, um Deinen Unterhalt selbst verdienen zu können und uns hierüber keine Vorwürfe zu machen.

Ich nehme an, dass die 8 Tage genügten, Deinen Gram (»Kram«!) zu überwinden und dass Du mit Dir im Reinen bist, über das, was Du willst.

Also frisch auf und los, ich erwarte Dich Donnerstag Abend um 8.18 am Bahnhof Bern.

Grüße & Küsse Dich
Papa
sowie Mama und Mausi

Beiliegend: Fr. 20.– für Heimreise und bezahle Fam. Andres, was Du schuldest, oder wenn Du nicht genügend Geld hast, so sollen sie sagen, was Du schuldest für diese Woche.

Freundl. Grüße von uns allen an Fam. Andres

Goppenstein	*ab: 18.33 = 6.33 abends*
Bern	*an: 20.18 = 8.18 abends*

Mondaine drehte das Blatt Papier um, ein gehäuselter Zettel eines Abreißblocks, keine Nachricht hinten. Die Büroklammer mit dem Zwanziger-Nötli daran hatte Rostspuren hinterlassen. Da, wo das »Vreneli« im Medaillon links vorne auf der Note ihre Zöpfe trug, war ein rötlich brauner Fleck. Als Umschlag hatte ihr Vater die übliche Geschäftsgarnitur genommen, ein feines hellgelbes Bütten mit blauer Faserung, hatte den Umschlag mit schwarzer Tinte wie zitternd – wütend? – beschriftet: Fräulein Mondaine Schön / per Adr. Familie Andres / im Hof / Kippel / Lötschental / Wallis und mit Rotlack versiegelt. FS prangte fett und unnachgiebig auf der Dreieckslasche des Umschlags. Den Namen ihres »verbotenen Freundes«, Giuseppe – Pino – Ciccioriccio, hatte er nicht einmal auszuschreiben gewagt.

Den Brief hatte er offenbar am 29. Januar 1935 per Einschreiben in Bern 7 Kornhaus mit der Registriernummer 362 aufgegeben, Kippel hatte bereits am 30. Januar 1935 seinen Stempel draufgesetzt. Es schien, die Sache war im wahrsten Sinne des Wortes besiegelt.

das Wunderkind

Arosa, 1935

Ein Leporello. Vier Teile, nacheinander aufzufalten, einer für *Classique,* einer für *Tanz,* einer für *Bar* und ein vierter Teil für *Stimmung Stimmung:* Die neue Werbestrategie Abels – der sich seit seiner Rückkehr aus der Musikschule der Stadt Wien aus Gründen, über die er mit seinen Eltern nicht sprechen wollte, nicht mehr Israël, sondern in Anlehnung an den Namen einer großen deutschen Schauspielerin Ditrich nannte –, mit der er für sich und sein Orchester in Arosa eine Saison lang Engagements ergattern wollte in den Vielsternehotels der touristenfreundlichen alpinen Bilderbuchwelt, ging auf.

Der Pianist, ein begnadeter Zeichner, hatte jedes Blatt des Leporellos mit einem passenden Schattenriss verschönt, bei *Classique* lauschten ein Mann und zwei Damen einem vierköpfigen Orchester, man spürte an ihrer Körperhaltung die Spannung, welche der Geigenbogen erzeugte, wenn er über die Saiten gezogen wird; bei *Tanz* hatte sich dasselbe Orchester in eine swingende Jazz-Combo verwandelt, der Mann bewegte sich nun ausgelassen mit einer der beiden Frauen; an der *Bar* fand man das Dreiergrüppchen wieder, entspannt, angenehm bespielt von einem einzelnen Violinisten, und bei *Stimmung Stimmung* schließlich sah man eine ausgelassene Gruppe von tanzenden und feiernden Menschen, die Hüte der Männer schon schief auf dem Kopf, eine Dame auf dem Bartresen sitzend, eine andere, die theatralisch die letzten Tropfen ihres Glases durch die Luft in ihren offenen Mund fallen ließ, und schließlich ein Pärchen, das eng umschlungen tanzte zur Musik eines Geigers, dem die Haare mit vorgerückter Stunde schon etwas verwildert abstanden.

Abel fand, in jeder dieser vier Vignetten klinge Musik, und er war stolz auf seinen Text, den er dazu hatte abdrucken lassen, auch wenn dieser sprachlich nicht einwandfrei sein mochte, so war es doch seiner:

Solis – Caprices de Paganini; sämtliche Geigen-Konzerte von Bach, Sarasate, Kreisler usw.;

Mit Ensemble – Vom Caprice Italien bis Traviata 2000 Stücke;

Besetzung – Gesang, Violine, Accordeon, Saxophon, Klarinette, Contre Bass, Klavier, Jazz-Band, Flöte für Rumba usw.;

Sprachen – Ungarisch, Slavisch, Englisch, Italienisch, Französisch, Deutsch;

Repertoire – auswendig: alle Schlager ca. 300 Stück, Wiener, Ungarische, Rumänische und Zigeuner Musik usw.

Abel hatte sich für einen Zweifarbendruck, Hirschbraun auf Chamois, entschieden, wobei sein Portrait mit Fiedel, eine Fotografie, die noch aus Wien stammte, besonders gut zur Geltung kam.

Sie hatten noch keinen festen Namen, nannten sich immer wieder anders, so wie sie von Ort zu Ort wanderten, zigeunerten und tingelten, anspruchslos, was die Unterkunft betraf, und äußerst anspruchsvoll, was das Publikum anbelangte, und kamen überall gut an. Das Bieler Tagblatt notierte: *Gegenwärtig spielt zu Tanz und Unterhaltung die Kapelle Abel Ditrich, ein mit bewährten Kräften besetztes Orchester, das sowohl solistisch wie auch als Ensemble mit einem außerordentlich gediegenen und feinfühlig dargebotenen Repertoire aufwartet. Die Kapelle verzichtet in erfreulicher Weise auf allzu grelle Klangeffekte und hebt dagegen die sehr stimmungsvolle, mit feineren Nuancen wechselnde Salon-Tanzmusik in den Vordergrund, die dem Bieler Publikum besonders angenehm zuspricht und auch dem Ohr des Nichttanzenden kein Greuel bedeutet. Das Orchester Abel Ditrich sichert sich damit die Sympathie des guten Publikums.*

Und im Berner Bund stand eine Woche darauf zu lesen:

Ditrich im Bellevue-Palace: Ob man nun Motive hört aus dem Tiefland oder eine Rhapsodie von Liszt, alles ist künstlerisch interpretiert. Abel Ditrich, ein junger ausgezeichneter Violinist, spielt mit wundervollem Ton entzückende, selten gehörte Soli. Ganz besonders wirkt diese Kapelle abends, in der Bar, denn hier glaubt man sich einmal in Budapest, dann wieder beim Heurigen in Wien. Die unvergesslichen Weisen Meister Lehárs sind kaum verklungen, schon rauscht ein glutvoller argentinischer Tango vorüber, gefolgt von einem rassigen Rumba. Aus allem klingt Lebensfreude und Bejahung.

Schlagzeilen überall – und nur für ihn:

Abel, das Wunderkind! Seit seinem fünften Lebensjahr mit der Violine auf der Bühne!

Beherrschte schon als kleiner Knopf sämtliche Harmoniken und Flageoletten!

Keiner so wie er!

Seine Violine sagt immer wieder ja. Ja zum Leben! Ja! Ja! Ja!

Abel Ditrich fühlte in sich selbst keine Bejahung. Mit jeder Note, die er über seine Saiten schwang, spielte er gegen ein verzweifeltes inneres Nein an. Wie viel lieber wäre Abel Kaufmann geworden! Kaufmann, seinem Vater gleich, mit einer dicken Börse, die er zwischen den Fingern reiben könnte, wie gern hätte er es ihm gezeigt. Ihm, dem Vater, war der Absprung gelungen! Er war kein Tzigane mehr, er war Fabrikbesitzer in Lausanne.

Frühmorgens, wenn in Arosa, Davos, Gstaad oder auf irgendeiner Touristenalp die ersten Dämmerungsstreifen durch die Nacht griffen und die Gäste betrunken in Ledersesseln ihren Rausch ausschliefen oder zu zweit, zu dritt, zu vielt nach oben in den Zimmern verschwanden, saß er noch eine Weile alleine an der Bar. Anstelle eines eindrucksvollen Portemonnaies lediglich ein laues Glas Verveinetee in der Hand, einen Füllfederhalter in der anderen, vollführte er tollkühne Berechnungen für noch tollkühnere »Business«-Ideen, dachte an die Frau, nach der er sich am meisten sehnte, überlegte, wann er wohl wieder einen Besuch zu Hause und damit bei ihr machen dürfte, und dachte bald an nichts und gar nichts mehr, tat mit seinen Gefühlen schließlich das, was er mit seinen Gefühlen am besten konnte: Abel setzte Note an Note auf ein Blatt Papier: Er komponierte.

Nunzio schlägt die Türen zu

Küsnacht, 1935

»Nach über zehn Jahren, das gibt's doch nicht!«

Nunzio legte zuerst einmal seinen weißen Kittel ab, in dem er eigentlich wie ein Arzt aussah, obwohl er ja wie alle anderen Maler auch eine zweiteilige Arbeitskleidung, Hose und Schlutte, hätte tragen können; Nunzio Senigaglia beharrte auf seinem Kittel und trug ihn wie einen Talar, bei Widerrede lächelte er nur still in sich hinein. Seine Frau Alda, mit dem kleinen Nunzio Amadeo am Rockzipfel, dem Säugling Carla im Arm und dem Kartoffelstampfer in der Hand, die Haare unfertig nach hinten geklammert, blieb dabei: »Das gibt es doch einfach nicht!«

Nunzio senior zog die schweren Arbeitsschuhe aus und schlüpfte in seine Schlappen. Ohne mit der Wimper zu zucken, ging er zuerst ins Badezimmer und wusch sich ausgiebig die Hände, während seine Frau schnaufte und kochte. Dann trat er in den Flur, bückte sich, um Nunzio junior in seine Arme klettern zu lassen, lächelte, schmunzelte, glitt an seiner Frau vorbei in Richtung Stube und fragte interessiert: »Was gibt es Feines zu essen?«

Sie hatte ihn schon ein paarmal überrascht mit ihrer Schlagfertigkeit, und er mochte es, dass seine Frau nicht auf den Kopf gefallen war, dass ihr Umgang ein gescheiter war, einer, der sich nichts gefallen ließ; sie hatte eine gewisse, eine nicht ganz unschweizerische Bauernschläue, darauf war er stolz. Mit Schalk und Schelmerei war der Weg gepflastert, auf dem sie sich immer wieder begegnen konnten. Aber er mochte es auch, wenn sie ab und zu ernsthaft aufbrausend wurde, nur ein bisschen, das war das Salz in seiner Suppe. Nur zu gut erinnerte er sich daran, wie sie ihn einmal, ganz zu Beginn ihrer Ehe, mit »Hoi, Löli, kommst heim zum Mampfen« empfing. Er war über alle Maßen erstaunt gewesen ob dieser Art und schoss sie damit an, was ihr eigentlich einfalle, so mit ihm zu reden. Sie hatte wissend gelächelt und in aller Seelenruhe gesagt: »Soviel ich weiß, redest du doch aber auch so?«, und da war ihm schlagartig bewusst geworden, dass er jetzt nicht mehr alleine lebte, die Junggesellenzeit vorüber war und dass er die Baustellensprache draußen lassen musste, genauso wie das schwere Schuhwerk, dass alles Ungehobelte und nicht Fertiggedachte in seinem neuen Heim nichts zu suchen hatte. Nie wieder hatte er es zugelassen, dass seine Kumpane ihre grobe Sprache benutzten, wenn Alda in Hörweite war, und selber bemühte er sich um eine gepflegte Sprache, sobald er seinen Fuß über die Schwelle setzte.

Alda würde bestimmt auch jetzt etwas Lustiges sagen, etwas Herausforderndes, weil er ihr nicht sofort und unmittelbar Gehör geschenkt hatte, aber als nichts kam, drehte sich Nunzio um und sah, dass da echte Tränen quollen.

»Aber nein, Alda, Alda, wein doch nicht, komm, setzen wir uns, was ist denn passiert? Erzähl es mir, alles, komm, komm, alles schön der Reihe nach.«

Alda schniefte. Sie ließ sich auf die Eckbank aus Nussbaumholz fallen, drückte Carla fest an sich und nahm dankbar das Taschentuch an, das ihr ihr Mann entgegenhielt. Nachdem sie sich ordentlich die Nase geschnäuzt hatte, erzählte sie ihm die Geschichte.

»Drei Wochen Zeit geben sie uns, auszuziehen, deine verrückten Eltern. Dein Vater sagt sogar, du seist enterbt! Bis Ostern haben wir die Wohnung zu räumen, Nunzio, wir sind heimatlos!« Dann schnäuzte sie sich wieder und versuchte, einigermaßen Haltung anzunehmen, da sie sah, wie sich auch Nunzio juniors Gesichtchen in Schmerz und unbestimmtem Schrecken verzog. »Ich verstehe es nicht. Sie sind so stur, deine Eltern, alle beide!« Alda fasste Mut, ihr Mann hatte nach ihrer Hand gegriffen und rieb ihr mit dem Daumen nun über die Finger, drückte ihr jeden einzelnen, ermunterte sie, endlich damit herauszurücken, was denn eigentlich vorgefallen war.

»Sie hat mich gesehen, wie ich beim Migros-Wagen Eier kaufte. Ich weiß nicht, ob sie mich wirklich gesehen hat oder ob es ihr jemand zugetragen hat, dass ich Migros-Kundin bin, aber als ich heute im Comestibles war, um Dörrobst zu holen, fuhr sie mich an wie eine Furie! Ich will dir gar nicht alles wiederholen, was sie mir an den Kopf geschmissen hat und wie sie mich genannt hat, diese impertinente Person, die noch nicht einmal richtig Deutsch kann! Aber es war schrecklich, es war so entwürdigend, so entblößend, eine Katastrophe. Und nun müssen wir fort von hier, Nunzio, sie jagen uns aus deinem eigenen Elternhause! Eine Familie mit zwei kleinen Würmern, Nunzio, was sind das nur für Menschen!« Alda holte Luft, ihr Rücken straffte sich, als sie fortfuhr: »Und du hättest erst deinen Vater hören sollen! Wie der mich alles genannt hatte, das geht auf keine Kuhhaut!«

»Was hast du denn geantwortet?«

»Ich? Ich habe nur gesagt, ich gebe nicht gern Geld für faule Eier aus. Nunzio, das war doch keine Lüge? Das war doch nicht falsch? Du weißt ja selber, wie lange sie das Schock Eier unten lagert und wie sie die alten immer zuoberst hintut, auch wenn die schon ganz schwefelig riechen, das weißt du doch auch!«

Nunzio ahnte den Ernst der Lage. Und Nunzio blieb gelassen. Alda beobachtete sein Gesicht, das bereits wieder den gewohnt verschmitzten Ausdruck annahm, die übliche stille Heiterkeit, kurz bevor er ihr abschließend die Hand tätschelte und sagte: »Bei Grafs drüben ist eine Wohnung frei. Die nehmen wir. Dann sind die Bahngeleise zwischen uns. Ein Katzensprung zum Migros-Wagen.«

Nach dem Mittagessen, Kartoffelpüree mit Kalbsleberchen und Rotkohlsalat, machte sich Nunzio auf, seinen Eltern im Falken einen Besuch abzustatten. Alda kam es so vor, als hüpfte ihr Mann geradezu leichtfüßig die Treppenstufen hinunter, vom dritten Stock ins Parterre, als gings zu einem Plausch.

Im Falken glänzte das Holztäfer und strahlten die Blumen auf den weiß gedeckten Tischen eine Atmosphäre der Unberührbarkeit aus. Einige Männer in Anzug und Krawatte waren noch ins Essen vertieft, am Stammtisch schwadronierten die üblichen nutzlosen Gesellen, und ein Pärchen, Mann und Frau, saß nah am Fenster und versuchte sich am italienischen Dessertgebäck. Hinter dem Tresen stand Guerrino Senigaglia, und von unten herauf kam aus der Küche, krummbeinig, stolz: Comsola Rodope. Ihr Blick schüttete Hagelgewitter aus allen Wolken, und die Reglosigkeit, mit der sein Vater ihm entgegen- und wie durch ihn hindurchblickte, bestätigte Nunzio, was er vermutet hatte: Die Fronten waren geschlossen, die Schlacht vorbei. Augenblicklich hörte das Gläserklirren auf, verharrten Messer und Gabel in der Bewegung und wurde die Zeit angehalten. Ein Zug hornte vom nahen Bahnhof, gab die baldige Abfahrt bekannt. Und Nunzio bekam seinen Auftritt. Trotzig schmunzelnd ging er auf die Eltern zu, das Kinn sieghaft vorgereckt – er wusste ja nicht, wie sehr er in genau dieser Haltung seinem Vater ähnelte, als der sich das erste Mal in seinem Leben hatte ablichten lassen, als Bezwinger der Grenzen, als Erster, der den Schritt ins Neuland gewagt hatte, bei seiner Ankunft in Herisau –, und sagte laut vernehmlich: »Enterbt hast du mich also? Wir sind noch vor Ostern weg. Ihr könnt euch schon jetzt um neue Mieterschaft kümmern – und um einen neuen Fahrer auch.«

Damit drehte er auf dem Absatz um und stolzierte, klack, klack, klack, mit seinen schweren, metallbeschlagenen Schuhen über das Parkett und hinaus.

Draußen schwang er die Türe zu seinem Austin 7 auf, einer schwarz-dunkelblauen Limousine, die, wenn man gut mit ihr umging, ein ganz flottes Tempo auf die Straße legte. Er zog die Türe schwungvoll zu. Das Knattern des Motors war das Letzte, was seine Eltern von ihm in dieser Sache hören sollten. Diese kleine Spritztour gönnte er sich nun.

der Gehörnte

Wien, 25. Juni 1936

So. War er also dahintergekommen. Sie und Pino trafen sich noch immer. Unter den Lauben. Hatte er es also gemerkt. Es schien, Vater und Tochter kommunizierten seither nur noch in Schriftstücken miteinander, in Zetteln, die er ihr unter der Türe durchschob, und Couverts, die sie für ihn an der Reception hinterlegte. Mondaines Hand zitterte. Sie konnte den Zettel nicht weglegen, aber mit jeder Minute, die sie ihn weiter festhielt, geriet ihr Herz, ihr Kopf, ihr ganzes Sein in immer noch größere Aufregung, Bestürzung. Sie stand da in ihrem Salon, einmal mehr zu Gast in einem Hotel, einmal mehr auf Geschäftsreise mit ihrem Herrn Papa, einmal mehr die schöne, strahlende, junge, nach Patchouli duftende Frau an seiner Seite, die gehofft hatte, dass alles wieder gut war zwischen ihnen, dass er sich geändert hatte und ihr wieder gut war, stand da wie entgeistert, wie wund geschlagen, und heulte Sturzbäche.

Sie war ganz von Sinnen. Ihre Augen waren verschleiert, sie sah nichts mehr, spürte nichts mehr, wollte, sie wäre nie geboren.

Offenbar hatte sie vor lauter Schrecken zu atmen aufgehört, das Zimmermädchen hatte sie ohnmächtig auf dem Boden liegend vorgefunden, in der Hand noch immer einen Briefbogen des Hotels, nachlässig mit Tinte bekritzelt in einer Schrift, die – so sah das zumindest für das Zimmermädchen aus – in Wut und Widerwille rückwärtsfiel, beinahe aus dem Blatt hinaus; die Neugierde hatte sich nicht bezwingen lassen, und so hatte das Zimmermädchen hastig, nachdem sie nach Hilfe geschellt hatte, den Brief überflogen, die Zeilen, den Fluch, den da ein Vater über sein Kind aussprach.

Opfer des Charakters
Opfer der Erziehung
Mein armes Kind, verlierst Deine Heimat
verlierst Dein Heim, verlierst vielleicht
Deine innere Ruhe
Wanderst ins Ungewisse.
O' Allmächtiger, hilf mir
Dass ich nicht den Fluch gegen mein
untreues und undankbares Kind ausspreche.
Denn dieser gerechte Fluch des Vaters
" " " " " Erzeugers
würde mein Kind verfolgen auf jeden Schritt
O' Allmächtiger, hilf mir.

Mondaine wusste nicht, vor wem sie sich mehr schämte: vor dem Zimmermädchen, das unter eiligst geflüsterten Vaterunsern das Zimmer rückwärts verließ, dem Pagen, der ratlos in der Ecke stand, oder vor sich selbst, die ihrem Papa wieder vertraut hatte nach dem großen Streit im März und die sich nun im noblen Geviert des Hotels Mariahilf vor lauter Kummer nicht zu helfen wusste und unsinnigerweise beschloss, nie mehr aus diesem Zimmer herauszukommen.

Abel und Josiane

Braunwald, 1936

Herumgereicht vom einen Fremdenverkehrsdirektor zum anderen, waren Abel und sein Ensemble schließlich zwölfhundert Meter über dem Meeresspiegel oder einen ganzen Bergshang oberhalb der Linth in Braunwald angelangt. Der englischen und französischen und deutschen Touristen hätten es gut und gerne mehr sein können, die Pferdeschlitten mit ihren Pelzdecken standen ganze Abende lang müßig herum, ohne einen Meter weit gefahren zu sein, und Abel fragte sich, wozu er das eigentlich alles auf sich nahm.

Zu Hause, in Lausanne, bei seinen Eltern, in der Avenue d'Echallens 80, wohnte und wartete noch immer das Hausmädchen Josiane, das seine Eltern einst wohlweislich eingestellt hatten, als Abel ins Flegelalter gekommen war. Sie hatte ihn abzulenken gehabt, daheim zu halten gehabt, auf dass er übte und nicht mit der nutzlosen Ortsjugend herumhing, als sich dieses Übel des Herumhängens unter den Jungen mehr und mehr verbreitete.

Abel hing nicht herum. Er übte. Stundenlang und dann noch einmal stundenlang. Und es dauerte lange, sehr lange, bis er überhaupt bemerkte, weshalb Josiane in den Familienhaushalt gekommen war.

Josiane war ein junges protestantisches Mädchen, das in der Nähe von Genf aufgewachsen war. Ihre Vorfahren waren gegen Ende des 17. Jahrhunderts aus dem Languedoc mit Tausenden und Abertausenden von Hugenotten zugewandert, auf der Flucht vor dem katholischen Klerus, der unter der Bevölkerung erbarmungslos wütete und Andersgläubige ihrer Rechte beraubte. Viele nutzten die Schweiz lediglich als Durchgangsstation, andere aber blieben, ein paar davon waren Josianes Vorfahren.

Josiane war aber auch einfach ein junges Mädchen.

Und schließlich: Josiane war Abels Mädchen.

Die sieben Jahre Altersunterschied würgten ihn nicht. Der andere Glaube würgte ihn nicht. Das gelegentlich von der Mutter ausgesprochene und immer spitz gemeinte »Schickse« würgte ihn nicht. Ihn würgte, dass er einem Komplott zum Opfer fiel und nichts gegen dieses Fallen unternehmen konnte.

Josiane war unendlich zärtlich. Und Josiane war unendlich zart. Ihr rosiges Gesicht hatte ihn angezogen wie einen Schiffbrüchigen der Leuchtturm. Er war gestrandet zu ihren Füßen, und sie hatte ihn emporgehoben in die Gefilde der Leidenschaft und ins Land der Innigkeit.

Manch eine Melodie komponierte Abel im Geheimen nur für sie. Sie wusste darum und begnügte sich damit. Wenn Abel zu Hause war, war er tagsüber der besessene Musiker, und des Nachts spielte er Symphonien auf ihren Saiten.

Wenn er fort war auf Tournee, hörte Josianes Leben auf, zu zählen. Dann wartete sie ohne ein Gefühl für Zeit und wachte aus ihrer Trance erst wieder auf, wenn sie seine rhythmischen Schritte die Treppe herauftakten hörte. Diese Schritte beschleunigten ihren Herzschlag, wie nichts anderes es gekonnt hätte. Und ihr Herzschlag inspirierte Abel zu Kompositionen, sehnsuchtsvollen, liebevollen, wie nichts anderes es vermocht hätte.

Abel saß am Fenster seiner Kammer und schaute hinaus in die zugeschneite Landschaft. Die Davoser-Schlitten standen unbenutzt und in Erwartung eines tollen Winters. Wie nur, wenn schon der Herbst so leblos an Gästen war. Das Establishment kannte diesen weißen Flecken auf der Landkarte noch nicht. Braunwald, wer kam schon hierher?

In Grindelwald hätte er sein sollen. Grindelwald, nicht Braunwald, dort waren der Chic, die Reisegesellschaften, die einem das Trinkgeld in Noten zusteckten. Aber hier? Bei Kartoffelsalat und Cervelat oder dem Glarner Schabzigerbutter, genannt »Laussalbe«, mon Dieu! Abel hatte keinen besonderen Blick für die Schönheiten dieser Welt. Er sah nicht die goldgefärbten Wälder, nicht die üppigen Bergwiesen, nicht das leuchtende Sternenmeer. Wenn er seine Josiane nicht sehen konnte, sah er Notenblätter, die er einstudieren wollte, oder solche, die noch zu beschreiben waren, und sonst nichts.

Heute schrieb er nicht. Heute saß er da und fürchtete um seine Geige, bei dem ewig wechselnden Klima dieser Berge. Da, wo sonst der Kinnhalter auflag, hatte er ein dunkelblaues Halstuch umgebunden. In seiner Kehle kratzte es, und eine Hustenerkrankung wäre nicht auf die leichte Schulter zu nehmen. Zuerst reinigte er die Saiten mit etwas Alkohol. Dann griff er zum Döslein mit dem Kolophonium, Liebenzeller Originalrezeptur. Er hatte über die Jahre schon die unterschiedlichsten Mischungen Metallkolophoniums ausprobiert, mit Gold, mit Silber, mit Kupfer, mit Meteoreisen, Zinn oder Pyrit, um auszutüfteln, wie er den Ton seines Instrumentes veredeln konnte, um ihm eine einzigartige Klarheit und Präzision zu verleihen. Dem Lärchenharz, das im Kolophonium verarbeitet war, war es zu verdanken, dass die Klangqualität eine weiche, warme war, bei aller Bestimmheit voll von Seele blieb, und genau das war es, was Abel so einzigartig machte: diese Melange von Härte und Weichheit. Diese Mischung aus Sentimentalität und Feuer, die durch seinen Bogen schwang. Dieses Savoir comment, das seinem ganzen Auftreten innewohnte.

Mit einem weichen, trockenen Tuch wischte Abel über seine Geige und brachte den Lack zum Glänzen. Für Griffbrett und Korpus verwendete er zwei unterschiedliche Tüchlein, das eine weiß wie Schnee und ausgefranst, das andere mit einer Zickzackschere zugeschnitten. In Arosa hatte er sich mit Weinflaschenkorken eingedeckt. Seitdem er darauf gekommen war, dass er die Saiten mit Weinflaschenkorken abreiben konnte, um sie von bröckelndem Kolophonium zu befreien, hielt er stets Ausschau nach ihnen. Er fischte sie einzeln aus dem Strandgut der begüterten Klasse. Auf seinen nächtlichen Gängen durch leergefeierte Hotelsäle kamen ihn diese Korken wie Menetekel einer Gefahr an, die ihnen allen bevorstehen mochte.

Daran dachte Abel, als er die erstklassige Behaarung seines Geigenbogens mit fachmännischem Blick überprüfte. Daran und an eine kleine, zarte, rosige Frau, über deren behaartes Dreieck er nur zu gerne auch seine Finger hätte gleiten lassen. Gerade heute. Gerade jetzt.

was man alles wegdenken kann

Sopron/Miskolc, 1936

Zuerst hatte er sie nach Sopron chauffiert. Bei den Verwandten sollte sie auf ihn warten und über die Schande nachdenken, die sie über die Familie brachte, wenn sie weiterhin mit diesem Idioten Ciccioriccio um Berns Häuser zog.

Es war ihm immer auch unangenehm, fast peinlich, wenn er seine »Familie« in Ungarn besuchte, besonders seinem jüngeren Halbbruder Balin gegenüber fühlte er sich unbedeutend, so als stünde er beständig auf dem Prüfstand, er, der doch schon in Paris ein Geschäft geführt hatte! Er, der in der Schweizer Hauptstadt ganze drei Etagen sein eigen nannte. Aber dieser Balin in seiner ruhigen, wortlosen Art tat doch immer so, als sei er etwas Besseres, und das nur, weil er beim Vater aufgewachsen war. Nur, weil er von diesem selbst das Handwerk des Posticheurs hatte erlernen können, gerade so, als wäre er der Erstgeborene, der Stammhalter, einzig würdiger Nachfahr, gerade so, als mache er ihm, François, diesen Platz streitig, dabei war er das doch, der Erste, der Einzige, das Beste, was seinem verstorbenen Vater Ferenc Dušan von seiner ersten Frau Krisztyna damals noch geblieben war …

Und nun wandelte da seines Vaters dritte Frau, Zelma Scheu, durch die Flure, verschattete mit ihrer breiten Gestalt jeden einzelnen Raum, den sie betrat; François konnte ihren Anblick nicht ausstehen. Denn ihn, François, den wahren Erstgeborenen, hatte man ja offensichtlich nicht für würdig gehalten, dazubehalten, ihn hatte man ja einfach weitergereicht, bis ins ferne Miskolc hinauf, zu Halbverwandten, zu solchen, die ihm nur mittelmäßige Kunst vermitteln konnten. Und hatte er denn nicht das einzig Richtige getan, das die Situation von ihm verlangte, als er abgewandert war, noch bevor er ausgewachsen war? Und hatte er dadurch nicht das Handwerk des Haarteilmachens zwar nur rudimentär erlernen können, dafür aber etwas viel Besseres für sich gefunden: den Handel? Zählte das etwa alles nichts, was er da für sich selber geschaffen hatte aus ganz und gar eigener Hand? Und war das etwa alles nicht von Wert? Belieferte nicht er genau solche wie sie mit unentbehrlichem und immer wieder neuestem Zubehör? Mit patentierten Metaöfelchen und Metabrenntabletten zum Erhitzen des Brenneisens? Und neuerdings mit Haarnetzen aus dem Fürstentum Liechtenstein und den modernsten Haartrocknern von Solis?

In der Gegenwart seiner Halbgeschwister, seiner Neffen und Nichten stärkte sich François mit solchen und ähnlichen Gedanken das Rückgrat. Oder er spülte seinen Unmut einfach mit rotem Wein hinunter. Und immer wieder versuchte er auch, dieses unangenehme Gefühl der Unzulänglichkeit zu kaschieren, indem er seine Familie zu verschwenderisch großen und verschwenderisch teuren Diners mit verschwenderisch vielen Getränken einlud. Damit konnte er sich wenigstens kurzfristig darüber hinwegtäuschen, dass er hier als Vagabund und Unrast gehandelt wurde. Im Stillen aber staunte er mit verwirrendem Verlangen.

Seinem Halbbruder Balin Schön war es gelungen, das Geschäft des gemeinsamen Vaters, Ferenc Dušan Schön, weiter auszubauen und stetig weiterzuentwickeln. Nicht nur die Damen und Herren des Ortes waren seine Kunden, in regelmäßigen Abständen fuhr der kahle Friseur aus Sopron weite Strecken mit der Kutsche, zum Beispiel bis auf Schloss Esterházy nach Fertöd hinaus, und bediente dort, ganz der alten Tradition gemäß, den Adel.

François registrierte, dass sein Bruder die hübsch gearbeiteten Kammwaren, die er ihm aus Bern mitgebracht hatte, höflich dankend entgegennahm. Sofort vermutete er in dessen Lächeln Hohn. Und was war das für ein Gesichtsausdruck, als François ihn korrigierte und auf der französischen Aussprache seines Namens bestand? Bedauern?

Später belauschte er zufällig ein Gespräch. Das Fenster der Küche ging auf den Hinterhof. Im Schatten eines alten Reneklodenbaums rauchte er eine Zigarre und hörte jedes Wort, das diese Zelma Scheu von sich gab.

»Was weiß er denn schon vom Leben, dieser Feri, der sich jetzt François schimpft. Was weiß er schon vom Lieben, vom wirklichen Gernhaben. Seine Tochter behandelt er das eine Mal wie ein Vorzeigeobjekt, das andere Mal wie seine Geliebte. Hast du nicht bemerkt, wie lüstern, wie besitzergreifend er sie anschaut, diese kleine Mondaine? Nein, dein Bruder hat ja keine Ahnung. Er ist und bleibt ein Getriebener, der seine eigene Frau aufs Sträflichste vernachlässigt. Es ist kein Wunder, Balin, dass du ihn im Grunde deines Herzens nicht lieben kannst. Er ist verdorben, und je eher wir uns das eingestehen, umso besser.«

So war Balins Mutter also froh und überaus erleichtert, als François Schön zusammen mit seiner kummervollen, schwammigen Mauritzia, dem vorlauten Chauffeur und dem Citroën Traction Avant, den Koffern voller Geld und den Adressen, die er alle noch aufsuchen wollte, bald schon abrauschte und sie ihre Nichte Mondaine ganz unbeobachtet in die warmen Arme schließen konnte. Nun musste sie sich des Morgens nicht mehr davor fürchten, den Schwager in einem unziemlichen Zustand in irgendeiner Ecke des Hauses vorzufinden, wo er seinen Rausch ausschlief. Englischer Tweed und italienischer Hut zum Teufel, so etwas brauchte sie in ihrem Leben nicht.

Balins Haus war ein offenes. Die sieben Brüder seiner

Frau Hajnalka fanden hier ebenso Logis für den Sommer wie Freunde und Bekannte. Vom Bildhauer László, dem Vetter István bis zur Cousine Agi. Und alle waren sie angetan von der strahlenden Blonden: Mondaine. Die Tage schienen nicht genug, um all die tollen Ausflüge zu unternehmen! Gemeinsam fuhren sie zur Teichmühle, einem kleinen Badesee in der Nähe von Sopron, wo man kühles Bier trank und an langen, reich gedeckten Sommertischen redete und lachte. Mondaine in einem kecken schulterfreien, bauchfreien Seemannstrikot, das ein goldener Anker auf weißem Band zierte. Die dunkelblaue Pumphose flatterte ihr um die Beine, und sie redete und lachte mit, und als ihr László vorschlug, später ihren Kopf zu modellieren, willigte sie begeistert ein. Onkel Balin hatte ihr die Haare gescheitelt und seitlich onduliert, liebevoll, sorgfältig, so wie er sich bei seiner ganzen Familie immer um die Haare kümmerte, und die Tante Hajnalka hatte ihr einen grünen Bakelitreifen über das Handgelenk geführt, der perlig glänzte.

Wenn sie nicht zur Teichmühle fuhren, besuchten sie das Loever Bad. Die Frauen mit hochgestecktem Haar oder einer Haube, die Männer verwegen ihre nassen Locken durch die Luft schwingend, tobten sie sich über und unter Wasser aus. Dabei war Fangen das Beliebteste und Mondaine begehrte Beute.

Einmal gingen sie zu sechst auf eine Kahnfahrt, bei der sie absichtlich kenterten und einander retten konnten …, Mondaine lachte und schnappte nach Luft, vergaß, was ihr das Herz beschwerte, und war immer die Erste, wenn es darum ging, zu einem neuen Ausflug ja zu sagen.

Gemeinsam mit den Onkeln und Tanten, den Cousinen und Cousins unternahm sie lange Wanderungen über blühende Wiesen mit blauen und roten Tupfern darin, unter rauschenden Birken- und Pappeldächern hindurch an frisch duftende Kieselflussufer, über die unendlichen Felder der Sopronpuszta mit ihren krummen, windschiefen Bäumchen, entlang kilometerlanger Alleen, die sich durchs Grasland zogen, auf dem man Dutzende von Störchen neben hochgeschossenem Kerbel staksen und nach Futter schnäbeln sehen konnte, elegant, geziert, hochnäsig.

Onkel Balin kümmerte sich Tag für Tag neu um das Haar seiner Nichte. Voller Zärtlichkeit und fast wie in väterlicher Fürsorge kämmte er es ihr und erzählte dabei von alten Zeiten. Erzählte von Imre Lukasz, seinem älteren Bruder, der nie aus dem Großen Krieg zurückgekehrt war. Erzählte von seiner Halbschwester Anna Sebastiana, vom irreparablen Schaden, den sie durch die Diphterie genommen hatte, weshalb sie beim Gehen wie ein Kreisel mit Unwucht eierte. Zeigte ihr Fotos der Familie, auf die Rückseite eines jeden Verstorbenen hatte er sorgsam ein Kreuz gemalt. Er erzählte ihr von ihren Vorfahren, allen voran von Alžbeta Csöke, die mit František Schön und einer ganzen Equipage den Exodus begonnen hatte, erzählte ihr von einem weiteren Bruder, Lipot Dušan, ebenfalls Friseur, der Ungarn nach dem Krieg verlassen hatte und wohl irgendwo in Österreich oder Deutschland weilte, und er erzählte ihr vom Tod seines Vaters, Ferenc Dušan, im Jahr 1910, und davon, dass seine Mutter, Zelma, seither regelmäßig in ein Wachstuchheft Verse und Gedanken schrieb, in das zuvor ihr verstorbener Mann geschrieben hatte. »Man muss sie einfach machen lassen«, sagte er dazu.

Schließlich sah er es auch als seine Pflicht an, seiner Nichte die politischen Verhältnisse näherzubringen. Er berichtete ihr, wie es damals, am 14. Dezember 1921, zur Volksabstimmung gekommen war, und vom überwältigenden Sieg der Ungaren, Sopron als eine Stadt Ungarns zu reklamieren, anstatt sie an Österreich zu verlieren. »Der Stimmberechtigte erhielt einen gelben Zettel, darauf stand Österreich, und einen blauen Zettel, darauf stand Ungarn. Damit ging man in die Kabine. Wenn man für Ungarn stimmen wollte, zerriss man den gelben Zettel in zwei Teile, legte die zerrissenen gelben Teile und den ganzen blauen Zettel zusammen in ein Couvert, klebte das Couvert zu und gab seine Stimme ab. Deshalb nennen wir sie jetzt wieder Sopron und nicht mehr Ödenburg, unsere schöne Stadt, auch wenn Ödenburg zur Hauptstadt des Burgenlandes hätte erhoben werden sollen: Unser Sopron gehört uns Ungaren. Am ersten Tag des Jahres 1922 fand die offizielle Übergabe der Stadt an Ungarn statt. Daraufhin erhielt die Stadt von der Nationalversammlung den Namen Civitas Fidelissima, die treueste Stadt.«

»Onkel Balin, erzähl mir, wieso du rechts nichts mehr sehen kannst.«

»Ah, das. Ich habe als zweijähriger Knabe mein rechtes Augenlicht verloren, weil ich so dumm war, mit einer Gabel einen Knoten im Schnürsenkel lösen zu wollen. Ich war ein ungeduldiges Kind. Heute weiß ich, man sollte nie unbedacht eine Verstrickung auftrennen wollen, dabei kommt meist nichts Gutes heraus.«

Ab und zu schlenderte Mondaine alleine die konzentrischen Ringe Soprons ab, arbeitete sich schrittweise von innen nach außen vor und wieder zurück. Ihr war, als nähme sie teil an einem epochalen Stufenanstieg. Der industrielle Aufschwung in Sopron war sichtbar wie das stete Flimmern in der Sommerluft. Hier gab es eine Seidenfabrik, eine Kammgarnfabrik, eine Tuch- und Teppichfabrik und eine Kleiderfabrik. Die Menschen fanden Arbeit in der Eisengießerei, in der Eisenwarenfabrik oder in der Soproner Bierbrauerei und der großen Malzfabrik. Der Bürgermeister, Mihály Thurner, tat alles dafür, seine Stadt nach dem Großen Krieg zu fördern, und jedes gerade Haus, jeder aufrechte Bürger war ein Zeichen dafür, dass ihm dies auch gelang und dass sein Sopron auf gutem Boden stand, dass es gedieh.

»Ich werde in meinem Amt ausschließlich von den Interessen der Stadt und von der Gerechtigkeit geleitet. Ich werde alle religiösen und politischen Überzeugungen respektieren«, so sein Leitspruch.

Die Autarkie Soprons war nicht zu übersehen, und dass sich diese Stadt schon viel früher als unabhängig angesehen haben musste, davon zeugten unter anderem die vielen Sodbrunnen. Alles war hier so grundsolide, überlegte Mondaine, so charakterstark, und obgleich die Männer ihre Frauen hier mit Täubchen oder Häschen anredeten, so waren es doch die Frauen, diese selbstsicheren, körperbewussten Geschöpfe, die ihre sonnengebräunten Beine gerne herzeigten, die ihre Waden nicht versteckten und ihre Hüte zur Koketterie benutzten, die den Ton angaben. Es waren vor Gesundheit strotzende Frauen der Tat, natürlicher als die Damen in Budapest und frischer als die in Wien und für Mondaine grad ebenso begehrenswert wie das samtweiche, das feine Soproner Wasser. »Wer solches Wasser trinkt, muss einfach ein glücklicher Mensch werden«, behauptete sie immer wieder, wenn sie den dunklen, klebrigen Beerensirup, den ihre Tante Anna Sebastiana gekocht hatte, hineintröpfelte, auf dass er in öligen Schleiern dem Glasgrund entgegenschwebte.

Hin und wieder unternahmen sie auch Spazierfahrten mit der Kutsche oder ritten aus, Mondaine und ihre Soproner Verwandten.

Den Aussichtsturm auf dem Burgstall besuchten sie an einem lauen Abend, und zwei der Cousins packten ihre Klampfen aus, legten sich rücklings auf den Boden, die Köpfe auf Mondaines Schenkel gestützt, und spielten und sangen Abenteuerlieder miteinander und um die Wette. Alles, alles machte Mondaine mit, um fröhlich zu sein, nie sagte sie nein zu einem Unterfangen, es sei denn, der Wind wehte zu stark über die Puszta, dann beschlich sie eine Beklemmung, die ihr den Atem nahm, und sie versteckte sich im Haus hinter verriegelten Fensterläden.

»Entweder geht der Wind, oder es läuten die Glocken«, war eine Redensart, mit der ihre Tante sie dann aufzumuntern versuchte. Vergeblich, Mondaine fürchtete die Soproner Gewitter wie die Katze das Wasser.

Einmal, sie war mit ihrem Onkel nach Fertöd auf Schloss Esterházy gefahren, überraschte sie ein solch böser Wind, als sie im Schlosspark über das getrimmte Gras und zwischen dem Blumenmeer lustwandelte. Wie wilde Wasser schäumten die zierlichen Häupter der Blüten mit dem ersten Windstoß auf und wogten hin und her. Mondaine drehte rasch ab und ging in Richtung Schloss zurück. Die Spatzen flogen in unkoordinierten Banden auf und verließen die in allerlei phantastischen Formen gestutzten Buchsbäumchen. Die Schwalben stürzten im Tiefflug über den Boden, und die Tauben zogen sich in ihre Schläge zurück; eine letzte Libelle wankte verloren durch die vibrierende Luft. Mondaine schritt zügig aus und berechnete mit jedem Tritt die verbleibende Distanz bis zum schützenden Schloss neu. Ob das reichen würde?

Bald schon rupfte der Wind heftiger und brach einzelne Blütenköpfe von den Stängeln, die Blumen sahen wie geköpfte Schönheiten aus. Mondaine schauderte und begann zu rennen. Ein Regen setzte ein, der ihr Kleidchen aus mercerisierter Baumwolle durchnässte, noch bevor sie bei den Gärtnereien durchkam. Es roch nach Lindenblüten, ein honigschwerer Duft, der vom Regen wie verstärkt wurde. Mondaine zuckte beim ersten Blitz zusammen, der über die Felder niederfuhr, schrie kurz auf, als der Donner grollte.

In ihrem Kopf klang die eine Strophe eines selbsterfundenen Gedichtchens über Schloss Esterházy ... eine Treppe für hinauf und eine für hinunter ... in endloser Wiederholung, dabei konzentrierte sie sich auf das Wort hinauf, hinauf, und als sie endlich vor dem geschwungenen Treppenaufgang im Hof ankam, nahm sie die Stufen im Doppelpack. Völlig durchnässt, stand sie plötzlich da in ihrem hellen Sommerkleidchen, den weißen Lochlederpumps mit den vier Zentimeter hohen Absätzen, das Haar in Strähnen, die Brust bebend, und als sie die Blicke der Bediensteten und die der Gäste auf sich haften sah, brach sie in ein glockenhelles Freudengelächter aus, das die ganze Gesellschaft, von der ersten bis zur letzten Person, mitriss. Der Wind heulte und rauschte und pfiff durch die unendlichen, die gewundenen Flure des Schlosses, rüttelte an Türen und klopfte ans Dach, aber da stand sie, schallend lachend inmitten eines gesellschaftlichen Empfangs, hinreißend, mitreißend, die junge Mondaine im Sommer 1936, im Sommer des Vergessens, im Sommer der Glückseligkeit, der ihr Tage brachte, die sie vor den Nächten schützten, in denen sie allein und todtraurig, umgeben von düsteren Gedanken, einer Verzweiflung entgegenglitt, die sie anzog wie ein Magnet das Eisen und von der außer ihr niemand wusste.

Bald danach hatte François Schön sie nach Miskolc verfrachtet. Auf Schloss Senye sollte sie den Kindern der Familie Bagoly Französisch beibringen. Eine konzentrierte, strukturierte Arbeit, streng nach Stundenplan, würde die Widerspenstige, Abtrünnige, die auch in Sopron viel zu viel Aufsehen auf sich gezogen hatte, wieder auf den rechten Weg bringen.

François Schön konnte derweil im Norden seinen Geschäften nachgehen, neue Handelsverbindungen erschließen und an seinem Wohlstand werkeln. Hauptsache, das

Kind bliebe möglichst lange hier unter seinen Fittichen und fern von einem gewissen italienischen Strolch in Bern.

Móni und Karcsi, sechzehn und vierzehn Jahre alt, waren die Kinder der Familie Bagoly. Mondaine schloss die beiden sofort ins Herz und füllte es mit ihnen bis in die hintersten Winkel aus. Fast so, als dränge sie dabei etwas anderes zur Seite, das nur sie wusste, etwas Schlimmes, Schreckliches, das Unheil verkündete in jedem Moment, wenn man es nicht willentlich ignorierte. Móni war ein hübsches, zartes junges Mädchen mit braunem seitlich gescheiteltem Haar und Armen, die lang und schmal an ihr herunterhingen. Am liebsten hielt sie sich draußen, an der frischen Luft, im Garten auf. Ihre Kleider waren zierlich geblümt, und auch ihre Armbanduhr war äußerst schmal. Alles an Móni bestätigte eine einzige Aussage: dezent.

Ihr Bruder Karcsi trug diesen ganzen Sommer lang kurze weiße Hosen, ein weißes Hemd mit einem weißen Jäckchen sowie weiße Kniestrümpfe, die aus seinen Lederschuhen wie junge Apfelbaumstämme emporwuchsen. Auf dem Kopf keckte eine Sportmütze, die ihm seine Eltern zu seinem letzten Geburtstag geschenkt hatten, versehen mit dem Familienwappen als deutlichem Emblem der guten Herkunft.

Sein Liebslingsort rund um das Schloss war ein enges Tannenwäldchen, in dem er Kind sein konnte. Hier versteckte er seine Schätze: einen Siegelring, einen Gürtel mit Silberschnalle, ein Buch. Karcsis Schätze wechselten von Tag zu Tag, und das wirklich Spannende war für ihn ohnehin die Reaktion seiner Freunde, wenn er sie ins Tannenwäldchen einlud und ihnen mit schmalen Augen und verschwörerischem Blick irgendwelche erfundenen ritterlichen Herkunftsgeschichten vorlog, welche die Artefakte für ihn adelten. Und wenn Móni also für das Dezente stand, so stand Karcsi für das Furchtlose.

Mondaine wurde den beiden zur guten Freundin. Älter zwar, reifer und erfahrener als sie, steckte in ihr noch immer der einstige Wildfang, das Kind der Berner Matte, das gerne auch einmal mit nur dem einen Schuh nach Hause kam. Und so lernten sie des Morgens für zwei, drei fleißige Stunden die Konversation in der französischen Sprache und vergnügten sich Nachmittag für Nachmittag draußen in den einladenden Weiten des Gartens oder, wenn es die Herrschaften wollten, bei einem Pferderennen in Miskolc. Bald schon kannte Mondaine jeden Winkel und jede versteckte Ecke dieses Anwesens, sie rief die unzähligen Hunde alle mit dem richtigen Namen und wusste, auf welchen Pferden die Ausritte zum Vergnügen wurden und auf welchen eine Qual fürs Handgelenk.

In beidem sattelfest, fand sich Mondaine sowohl in der abenteuerlichen Burschenwelt des jungen Karcsi zurecht wie auch in den Gepflogenheiten, die bei Hofe herrschten. Zwei Dinge nur, die sie schlecht ertragen konnte: die Hermelinzucht hinter dem Hause, ihr graute jedes Mal, wenn sie das Schreien und Fiepen der Tiere hörte, und zum Zweiten die Art und Weise, wie die gehobene Gesellschaft mit ihren Bediensteten umsprang. Hund und Esel waren dabei noch die milderen Ausdrücke, mit denen sie ihr Personal bedachte. Mondaine wurde ganz schwindelig davon. Mehr als einmal beobachtete sie, wie jemand sogar nach einem Heubinder oder Zimmermädchen trat, es wallte dann eine Empörung in ihr auf, als gingen diese Tritte gegen sie selbst.

Nachdenklich und traurig spazierte sie an einem solchen Nachmittag durch Miskolc und sah eine kleine Katze ohne Schwanz durch die Gassen schleichen. Als ihr ein Hund entgegenkam, spitzte diese lediglich die Ohren und ging unbeirrt ihres Weges, und Mondaine dachte trüb und verdüstert: Kein Wunder. Ein Hund ist ja kein Mensch.

dä Schnäller isch dä Gschwinder

Küsnacht, 1936

Während sein Bruder Severino mit der Nationalelf dem Schweizerstolz angehörte und in allen Landen unterwegs war – weg vom Familienoberhaupt Guerrino Senigaglia –, derweil die Brüder Tullio, Benedetto und Ultimo brav das taten, wozu sie bereits im Kindesalter vom Vater bestimmt worden waren, nämlich Koch, Kaufmann und Buchhalter zu sein und damit den reibungslosen Betrieb des Falken und des Comestibles an zehn bis zwölf Stunden pro Tag und im Falle des Kochs auch an sechzehn zu gewährleisten, indes Aurora beim Bedienen half, kam es, dass Nunzio, der über die Geleise hinweg vertriebene Sohn, im Restaurant Weinberg einmal eine Konversation mitanhörte, die eigentlich nicht für seine Ohren bestimmt gewesen war. Nunzio hatte am Hintereingang soeben die frisch gestrichenen Fensterläden abgeladen und war vom Wirt zu einem Häfeli Milchkaffee eingeladen worden, als er die zwei Mannen in seinem Rücken zweifelsohne über seinen Vater, Guerrino, sprechen hörte. Die Nackenhärchen standen ihm stramm, als er mit engen Lippen die Schale süffelte – er horchte.

»Der hat doch tatsächlich alles runtergewirtschaftet und Restaurant wie Laden, die ganzen Errungenschaften, eine um die andere ins Loch gezogen!«

»Was willst du, Tschingg bleibt eben Tschingg. Das Kaufmännische ist denen nicht gegeben. Der Südländer kann halt nicht so gut rechnen wie unsereins.«

»Dazu hat er aber doch extra den einen Sohn heranbilden lassen, Buchhalter soll der ja sein.«

»Wer's glaubt, wird selig.«

»Tut wie ein Großhans, ist aber eine ganz kleine Wurst.«

»Und das hat dir also der Max erzählt?«

«Alles. Haargenau. Wie ich's dir eben berichtet habe.«

Dann war für einen kleinen Augenblick Stille, und Nunzio strengte seine Ohren an.

»Der eine hat's ja noch rechtzeitig gerafft, der ist ennet den Geleisen.«

»Wer? Der mit seinem Gartenhüüsli?«

Nunzio schluckte seinen Protest hinunter. Seit dem Jahre 1933 war er aufrechter Besitzer eines Austin 7. Englisches Wunderwerk in Schwarz und Dunkelblau. Mit blitzenden Speichen und einem verlässlich ratternden Motor, dessen Zylinderkopf am 17. August 1932 gegossen worden war. Bei der samstäglichen Wagenwäsche polierte er die eingegossenen Daten ganz besonders liebevoll, ebenso wie er das Nummernschild geflissentlich von Straßenstaub rein hielt: ZH 5887. Dass dieses Bijou von Schweizer Holzköpfen nicht als das erkannt werden konnte, was es war, schmerzte ihn. Es war nicht das erste Mal, dass er die Dörfler über seine Limousine – 3023 mm Länge, 1588 mm Breite und ein Radstand von 2057 mm – herziehen hörte. Nur weil sie einen verhältnismäßig hohen Aufbau hatte und in engen Kurven gerne wankte, war das noch lange kein Grund, seinen Austin als Gartenhäuschen zu verschimpfen. Immerhin war es ja doch er, der Austinfahrer, den man sich gerne schnell zu Hilfe rief, wenn es ans Transportieren von klafterweise Bau- und Kohlholz oder ganzen Gartensesselgarnituren ging. Nunzio hatte, kaum dass der Wagen geliefert und vor dem Hause angekommen war, auf den zwei Trägern, die auf dem Dach aufgeschraubt waren, eine lange Holzbrücke montiert. Jalousien, Türen, Türrahmen, rohe Bretter – alles konnte er darauf festbinden und durch ganz Küsnacht chauffieren, selbst den steilen Hang die Schiedhaldenstraße hinauf und über die Allmend wieder hinunter, ohne dass sich die Ladung einen Centimeter lockerte oder verschob. Als Malermeister war er nicht zuletzt auch deshalb bekannt, wie er im weißen Kittel mit schwarzer Melone leicht vorgebeugt hinter dem Rechtssteuer seines Austin-Wunderwerks um eine Ecke ratterte mit Ladegut, das den Wagen in seiner Länge und Breite gut und gern verdoppelte.

»Ja, der hinter den Geleisen«, sprach da der andere weiter, »und der Tschütteler hat's auch geschafft, aus dem ist ein rechter Schweizer geworden. Der zeigt auf dem Platz noch jedem, wo der Bartli den Most holt, ha ha.«

»Ein richtiger Fußballtitan!«

»Ein guter Techniker!«

»Gerissen, mit viel Kampfgeist …«

»… jawoll.«

»Was ist eigentlich mit dem Mädchen? Die wär doch jetzt im heiratsfähigen Alter?«

»Ich glaub, das wird für einen Südländer aufgespart. Jedenfalls sieht man es kaum auf der Straße.«

»Ja, ja, die Überfremdung macht auch vor Küsnacht nicht halt. In der Stadt unten regieren ja schon lange die Deutschen, kaum ein Lehrstuhl, der noch für einen Hiesigen frei wäre!«

»Verdeutschung, Verjudung, Überfremdung, wenn wir nicht bald aufpassen, wird das Land förmlich geschwemmt von solchen, die einfach nicht assimiliert werden können.«

»Die Tschinggen im Tunnelbau, das ging ja noch, da war ja noch ein gewisser Sinn dahinter. Aber als Kaufleute? Die? Meinen, die können hier das schnelle Geld machen …«

»Tja. Geld ist nicht alles. Aber es hat einen Riesenvorsprung vor allem, was danach kommt. Und irgendwie ist er halt doch mal an Geld gekommen.«

»Das nun futsch ist.«

»Am Schluss, du, werden die noch armengenössig, wirst sehen, und liegen unserer Gemeinde auf der Tasche.«

Dann hörte Nunzio, wie sich die beiden unheilschwanger zuprosteten. Ihm platzte fast der Kragen. Wäre Nunzio ein Mann des Bizeps gewesen, er hätte diese beiden Spießgesellen, die sich da für bessere Leute hielten, schon Mores gelehrt. Aber er war kein Muskelprotz, er war ein Stiller, Überlegter, mit Vorsicht Bedachter. Und er war ein Schlauer, und als die Unterhaltung hinter ihm wieder anhob, etwas leiser, zurückhaltender nun, schmunzelte Nunzio schon längst in seinen weißen Kittel hinein.

»Hat alles zerstört, was er aufgebaut hat, der Totsch.«

»Tubel.«

»Komischer Katholik.«

»Genau. Komischer Katholik.«

»Ich meine: Kannst du's glauben! Da merkt er endlich, dass etwas mit den Finanzen nicht stimmt, und ist sich tatsächlich nicht zu fein, einen Buchhalter, einen echten, einzustellen. Und kaum kommt der, sagt zu ihm, Herr Senigaglia, Ihre Finanzen …, Sie sind eigentlich bankrott, da jagt der ihn auch schon zum Teufel. Ja meint der denn, er könne so mir nichts, dir nichts einfach weiterwirtschaften? Als sei's ihm grad nicht drum?«

»Hat er offene Rechnungen, weißt du da etwas?«

»Gläubiger noch und noch! Der bringt uns noch die ganze Gemeinde in Verruf. Unser schönes Küsnacht …«

»Ja, unser schönes Küsnacht.«

In Nunzios Ohren dröhnten Glocken, lauter als das Geläut der katholischen und der reformierten Kirche miteinander. Sein Vater – herabgewirtschaftet? Was wussten diese beiden da zu erzählen, von dem er selber keine Ahnung hatte? War nicht alles immer in bester Ordnung gewesen? Hatte sein Vater, dieser ewige Krieger, nicht alle und alles immer besiegt, das sich ihm in den Weg gestellt hatte?

Nunzio beschloss, das Milchchanteli Milchchanteli sein zu lassen und zur Tat zu schreiten. Er nickte dem Wirt kurz zu, der ihn besorgt musterte und Gläser trocken wischte, und ging.

Draußen, vor der Wirtschaft, strahlte ihm sein Ein und Alles entgegen. Sein blank polierter, braver Austin, sein verlässlichster Geselle, treuester Freund. An einem Mittwoch war sein Motor gegossen worden, und heute, an einem Mittwoch, sollte dieser Motor zeigen, was er konnte. Liebevoll streichelte er die Türfalle. Geduldig wartete Nunzio ab, ob sein Plan sich verwirklichen ließe.

Nicht lange gings, und die beiden Herren traten aus der Stube. Der größere von ihnen rieb sich die Augen gegen das Abendsonnenlicht. Wie vermutet, schritten sie zu dem weinrebenroten Ungetüm, einem nigelnagelneuen Buick Roadmaster. Und Nunzio wusste, dass er gesiegt hatte. Verwegen tat er einen Schritt auf die Herren zu, tat so, als würde er sie nicht erkennen, und vor allem: als könnten sie ihn nicht kennen, und warf einen Spott auf den großen Wagen. Das tat er auf Italienisch.

»Was hat der da gesagt?«

»Dass dies ein überaus großes, behäbiges Auto ist, das gegen meinen kleinen Flitzer nicht den Hauch einer Chance hat, würde sich der feine Herr zu einem Rennen entschließen.«

»Was willst du machen? Ein Autorennen? Mit deinem Göppeli dort?«

»Mit meinem Austin, ja. Mit Ihnen würde ich jedes Autorennen von hier bis nach Erlenbach gewinnen!«

»Wie stellst du dir das vor?«

Nunzio sah aus dem Augenwinkel, wie sich die beiden heimlich zufeixten. Nicht verlegen, sagte er kurz und bündig: »Hundert Meter Vorsprung, und bis Sie mich überholt haben, müssen Sie hinter mir herfahren. Danach ist der Weg bis Erlenbach freigestellt.«

»Worum wollen wir wetten?«

»Die Ehre. Nur die Ehre, werter Herr.«

Das schien den beiden zu gefallen.

»Fährst mit, Heiri?«

»Nein, fahr du nur selber, kannst mir nachher alles berichten, wie du dem Löli die Hosen runtergelassen hast!« Sie lachten wüst, und ihr Blick, der zum Austin herüberschielte, schien Nunzio voller Häme.

Dem Küsnachter Dünkel wollte er schon lange einen Riegel vorschieben. Seit er 1927 zusammen mit einem Maler aus Prag, der seinerseits seit drei Jahren eingebürgert war, die Werkstatt Senigaglia Malerei eröffnet hatte, war es zwar nicht mehr so schlimm wie früher, aber man ließ ihn schon noch wissen, wer ein rechter Eidgenoss war und wer Papierlischwyzer.

Heimlifeiß schmunzelte er in sich hinein.

Dem Fahrer des Buick schien das eine bereits gewonnene Sache, und er schlug ein. Als Startsignalgeber sollte dieser Heiri dienen. Er würde darauf zu achten haben, dass der Amerikaner erst dann losfuhr, den kleinen Engländer einzuholen, wenn dieser seinen Vorsprung hatte. Ein-, zwei-, dreimal schwang der Mann sein Pochettli durch die Luft, und dann drückte Nunzio das Gaspedal. Die Sekunden, bis er die hundert Meter erreicht hatte, erschienen dem Fahrer des Buick lächerlich lang. Dann drückte auch er auf die Tube. Der Motor seines Wagens hatte einen dunklen, tiefen Klang, das wird den vorlauten Italiener da vorne das Fürchten lehren, dachte der Mann hinter dem Steuer und fühlte den Wagen unter sich beschleunigen und den Abstand zwischen ihm und dem herzigen Hinterteil des Austins sich verringern.

Nunzio steuerte den Wagen in aller Seelenruhe, die Tempo 32 bedeutete, von der Rosenstraße aus auf der Alten Landstraße in Richtung des Nachbarorts Erlenbach. Zwischen dem Laden des Landwirtschaftlichen Vereins und der großen Scheune, die die Transportfirma Gimpert & Bischof als Lager nutzte, bog er links ab in die Felseneggstraße. Er gab Gas und überquerte nach der scharfen Rechtskurve die Weinmanngasse mit Schmiss.

Der Buick schoss ihm aufjaulend hinterdrein. Allerdings war sein Fahrer mehr als überrascht über die Route, die sein Vordermann da eingeschlagen hatte. Als Ortskundiger musste doch auch dieser Neuschweizer wissen, dass die Felseneggstraße nach der Aufwärtskurve beim Dorfbach in einer Sackgasse endete. Wie tubelig kann einer sein, der aus dem Süden kommt?

Aber Nunzio wusste es eben besser. Die Mischung aus Neugier und voreiliger Siegesfreude in seinem Nacken verspürend, lächelte er sein süffiges Lächeln; seine Hände führten fast streichelnd über das Lenkrad, als er den Austin in die Kurve zwang, welche für den Hinterfahrer nichts als einen Irrtum bedeuten musste. Wie konnte ein Autorennen von Küsnacht nach Erlenbach, wo eine Hauptstraße schnurgerade die Seelinie entlang zum Ziel führte, hier oben bei der Sanitärfirma Deco AG, am Eingang des Küsnachter Tobels, schräg unterhalb der Gärtnerei Hermann Hirt, nur zu einem so dummen Ende kommen? War dieser Tschingg von allen guten Geistern verlassen? Stur und blöd und uneinsichtig wie sein Alter?

Nunzio war's, als hörte er die Gedanken und Beschimpfungen hinter sich. Er drückte weiterhin aufs Gaspedal und trotzte dem Berg die letzte kurze Strecke ab, auf der der Buick ihm in Nacken sitzen würde. Bald, bald …

Am Ende der Sackgasse lenkte der Malermeister Senigaglia sein Gefährt durch das kleine Fußgängerweglein Richtung Deco-Brücklein und passierte in seiner ihm eigenen Präzisionsarbeit den Übergang. Auf der anderen Seite hielt er an.

Der Buickfahrer, dem nun allmählich schwante, was für ein Spiel da gespielt wurde, fühlte, dass er bereits mit Einbiegen in die Felseneggstraße die Wette, und damit seine Ehre!, verloren hatte. Nicht mal bis zum Brücklein schaffte es sein viel zu breiter Schlitten: Er musste sich geschlagen geben. Senigaglia aber drückte den Gummibalg des Stukenbroker Cornets, hornte damit zwei-, dreimal seinen Triumph in die Welt hinaus und fuhr weiter, den kürzesten und direkten Weg nach dem Dorfeinfahrtsschild Erlenbach. Seine rechte Hand winkte noch lange aus dem weißen Kittel zum Fenster hinaus.

69 098 immatrikulierte Fahrzeuge frequentierten damals die Straßen der Schweiz, davon 12 261 diejenigen des Kantons Zürich, aber von allen Fahrzeughaltern war Nunzio an diesem herbstlichen Abend weit und breit der zufriedenste.

was man alles nicht wegdenken kann

Budapest, 1936

Budapest, den 10. September 1936

Der schwerste Abschnitt aus meinem jungen Leben! Ich will nun alles, alles niederschreiben. Damit es einmal gesagt ist. Damit, wenn mir etwas zustoßen sollte …, einfach alles gesagt ist, was gesagt sein muss.

Am 15. März 1936, sieben Tage nach meinem zwanzigsten Geburtstag, ging meine liebe Schwester nach Wengen zur Erholung. Meine liebste Mutter begleitete sie bis Interlaken, um bei Frau Rubi einen Besuch zu machen. Das gefiel dem Vater nicht, dass Mama mitmusste –!

Nun waren wir allein –!

Was das bedeutete, weiß nur der liebe Gott, nur er weiß, was geschehen ist.

Als ich vor dem Mittagessen aus dem Esszimmer kam, trat Vater vom Schlafzimmer auf mich zu, fasste mich bei den Schultern und drückte mich an die Wand und sagte: »Komm, sei doch mein Schatzi, sei doch meine Freundin, so kann ich zwei, drei andere Freundinnen fahrenlassen und bequem bei dir ausspannen.«

Die englischen Staatsmänner hätten auch ihre Töchter als Freundinnen –! Ich löste mich von ihm los und schrie: »Bist du verrückt!«

Seit diesem Tag ging es anscheinend nicht mehr zwischen uns beiden.

Am Montag, um acht Uhr morgens, bevor er anfing zu arbeiten, schimpfte er, dass Mausi gerade jetzt fortmüsse, wo so viele Tarife zu machen wären! Ich bemerkte natürlich nicht einmal, dass die schlechte Laune vom Sonntag war –! Wenn ich Auskunft verlangte beim Ausrechnen, bekam ich keine richtige Antwort –!

Die liebe Mutter kam mit frohem Mut etwas später hinüber, um an die Arbeit zu gehen. Nun fing das Gleiche mit ihr an.

Ich werde mir ein Feldbett kaufen, und ihr könnt allein dort drüben wohnen, etc.!

Es ging so weiter bis Mittwoch, den 18. März. Herr Borbély kaufte etwas ein. Er lud uns alsdann zu einem ungarischen Abend ein, wozu er wissen wollte, wie viele Nachtessen zu bestellen seien. Er konnte ja nicht wissen, ob alle kommen würden oder ob wir schon etwas anderes verabredet hätten. Kurz sagte Vater: »Gut, für uns zwei (Vater und mich!) können Sie bestellen.« Wie ein Blitz hat mich das getroffen, und ich sagte: »Und Mama, die ist dann allein zu Haus?«

Das Gesicht von Vater wurde bleich und verzog sich –!

Da ein Kunde zur Tür hereintrat, sagte er ihm kurz und gemütlich: »Ich gehe drum mit meiner Frau nicht aus, auf Wiedersehen!«

Lieber wäre ich weiß Gott wo gewesen in diesem Moment als im Geschäft! Ich stieß Herrn Borbély durchs Atelier hinaus, denn ich konnte ihm nicht Antwort geben auf die Frage: »Warum nicht?«

»Es ist nicht so gefährlich, auf Wiedersehen, bis bald bei Ihrer Frau im Ungarischen«, und wumm, die Türe war zu.

Ist so etwas möglich, dachte ich mir. Wie kann ein Mensch so tierisch sein? Es war in fünf Minuten zwölf Uhr. Ich ging zu Mama hinauf. Beim Essen konnte ich mich nicht überwinden, konnte nicht das Unrecht für meine so arbeitende liebe Mutter ertragen und sagte ihr, ein wenig anders: »Du, Mama, Jenő war da und hat uns eingeladen. Er wollte wissen, wie viele Abendessen er bestellen sollte, und Papa hat gesagt zwei Plätze. Darauf sagte ich aber, wir sind doch drei. Darauf sagte Papa, ha, da will ich noch überlegen, und auf Wiedersehen, weil ein neuer Kunde kam. Jenő war ganz platt und wollte mich fragen, ja geht Ihr Vater nicht aus mit Ihrer Mutter? Ach, es ist nicht so gefährlich, und Adieu, habe ich gesagt, im Ungarischen werden Sie wissen, wer kommt.«

Wie kann man vor einer Tochter so sprechen? Was gehen Jenő unsere Verhältnisse an –?

Hätte man nicht sagen können, Papa oder Mama haben etwas vor?

Nach dem Essen ging ich gleich rüber zum Friseur Neuhaus. Etwa um halb zwei Uhr telefonierte Papa, ob ich noch da sei. Pino war gekommen, mich abzuholen. Er saß neben mir, als man mir das Telefon ausrichtete.

Um zwei Uhr war ich fertig, und kaum war ich aus der Türe, traf ich mit Vater zusammen. Ganz bleich war er – warum? – und sagte, ich könne sofort packen und gehen. Er wolle mich nicht mehr unter den Augen haben. Ich hätte ihn verleumdet. So ging es bis nach Hause.

Die Tage, die nun für mich und auch für Mama folgten, sind nicht zu beschreiben. Das weiß nur der, der fühlen musste. Plagte ihn wohl das Gewissen – hatte er Angst? Ich habe ES doch niemandem gesagt. Wie könnte ich so etwas von meinem Vater über die Lippen lassen.

Warum war er nicht anständig geblieben? Warum haben wir kein schöneres Familienleben? Das weiß nur der liebe Gott.

Am Sonntagmorgen darauf sagte er, ich könne ihm gegenüber den Morgengruß unterlassen.

Am Nachmittag gingen Mama und ich spazieren in die Felsenau. Wir saßen auf einer Bank und überlegten gemeinsam, wie wir uns erlösen könnten. Fort konnten wir doch nicht! Der lieben Mausi darf man das nicht antun, sie soll auch lieber nichts vom Streit erfahren, sie muss sich doch erholen!

Wir kamen zu keinem Entschluss. Ich hörte von Vater, dass ich nur noch geduldet sei bei ihm, dass ich aus seinen Augen müsse etc. Ich nahm mir mein Geld und Kassabuch, dass ich, wenn es so weit ist, einen Halt hätte. Auch die Mutter plagte er in einem fort mit seiner schlechten Laune –! Und die Arme – sie wusste ja den Grund nicht!

Warum sagte ich ES nicht –?

Wie habe ich geweint, dass mein Vater so sein kann … Mausi sagte mir ja oft: »Du weinst auch immer; wenn ich wegen allem und jedem, was mir Vater sagt, weinen würde –!«

Warum sagte ich ES nicht der Schwester? Am 25. März, beim Aufwischen, fragte ich Papa, ob es ihm ernst sei, dass ich gehen solle bis spätestens 1. April. »Denn ich muss das wissen!«

Wie ein Tier rannte er auf mich zu: »Ich werde dir gleich sagen, ob es mir ernst ist! Aus den Augen musst du mir, fort, fort mit dir! Verschwinde!«

Was trug ich nun schon alles in mir?

Bald darauf kamen Herr Holzschuh und ein Fräulein etwas einkaufen.

»Wie geht das Geschäft, Herr Schön?«, fragte der nette Herr Holzschuh.

»Schlecht. Gar nichts geht. Ich schließe jetzt dann diese elende Bude! Von morgens früh bis abends spät, nichts als arbeiten. Am besten wäre es, sich zu erschießen oder aufzuhängen!«

Und alles das vor mir –!

Ich bekam eine solche Angst vor diesem Ausdruck in Vaters Gesicht, dass ich nach oben floh. Nun weiß ich, jetzt ist es fertig für mich hier –!

Als ich aus der Türe trat, begegnete ich Mama, die wieder mit Mut arbeiten kommen wollte. Ich konnte nicht sprechen vor lauter Weinen. Sie ging hinein und ich in die Mansarde hinauf. Es war Mittwoch um halb elf Uhr morgens. Ich pack-

te meine Siebensachen zusammen. Plötzlich kam Mama herauf – ich sagte ihr, warum ..., sie sah, dass es mir ernst war, und holte auch den großen Koffer und fing an zu packen.

Ich musste noch hinunter ins Geschäft, meine Hausschuhe holen und was ich sonst noch hatte. Auf einmal kam Mama weinend zu mir und schrie, dass Papa ihr das Geld und den Schlüssel abgenommen hatte. Er wollte nicht herausrücken damit und blieb ganz kalt. Die arme Mutter schluchzte so jämmerlich – und sie wusste noch immer nicht, warum –!

Papa sagte: Nun könnt ihr beide gehen, und lachte so hässlich, und Mama weinte so schwer. Da rief ich: Komm, liebe Mama, ich bin noch jung und kann gut arbeiten für dich, SCHAU, WIE ER LACHT, *er hat ja nur noch mehr Freude, je mehr wir weinen, denn ich wusste noch nicht, dass er mir mein Geld auch genommen hatte ...*

Mama bekam dann nach langem Hin und Her ihren Tresorschlüssel zurück. Wir packten schnell zusammen. Ich brachte den armen Bleufli zu Ciccioriccios und sagte dem Pino, den ich liebe, dass ich ihm schreiben werde, wo ich bin.

Das Taxi führte uns zum Bahnhof.

Wie schwer es uns zwei Armen war, das weiß nur der liebe Gott –!

Mama bestellte zwei Billette nach Italien. Zur Erholung. Und sagte, dass wir dann irgendetwas, wenn wir nur wieder erholt wären, arbeiten würden. Wir saßen im Zug nach Wengen. Wir mussten doch zuerst bei Mausi vorbei!

Vorher noch, in Bern, hatte Mama ihren gerechten Anteil Geld aus dem Tresor genommen, denn wer hat 25 Jahre so viel und so schwer gearbeitet –?

In Wengen angekommen, suchten wir das Chalet auf, in dem Mausi – arme Mausi – seine schönen, erholsamen Ferien verbrachte. Mausi, sie muss auch wieder denken, wie schlimm es bei uns ist. (Und noch immer niemand wusste ES!)

Wir warteten ca. 3 Std. auf einer Bank neben dem Chalet,

denn die arme Nichtsahnende war ausgeflogen! Nur der liebe Gott hörte die Worte, die wir tauschten, und nur er sah uns weinen –!

(Warum sagte ich ES immer noch nicht!)

Der Briefträger steckte etwas an die Türe. Als er weg war, gingen wir sehen. Ein Telegramm für Mausi: »Telefoniere sofort nach Erhalt des Telegramms, Papa.« Nun schau, da kamen Mausi und Hanny, ihre Freundin, dahergestürchelt, müde waren sie von einer Wanderung … große Überraschung –!

Wir saßen mit Mausi im Zimmer und klagten unser Leid. Die Arme biss auf die Zähne, unterdrückte das Weinen, die tapfere, liebe, arme Schwester. Ihre Augen waren ganz feucht –!

Mama und Mausi gingen dann telefonieren. Papa sagte, dass Mausi sofort kommen solle, da beide anderen weg seien. Sonst sagte er nichts. Schwer war für uns drei diese Nacht. Das weiß nur der liebe Gott –! (Warum sagte ich ES immer noch nicht –?)

Am Morgen früh, dem 26. März, fuhren Mama und Mausi weg. Ich blieb in Wengen anstelle von Mausi und musste mit guter Miene alles ertragen. Mausi sagte: Mama, gehen wir ins Hotel, hier hat es zu wenig Platz für uns drei. So sind Mama und Mausi in ein Hotel gefahren, wo sich die Mama erst einmal etwas erholen wollte von allem.

Sofort um 8 Uhr morgens telefonierte ich meinem Pino, wo ich sei, und schon am Sonntag, den 29., kam er mich besuchen. Ich sehnte mich nach ihm, denn es war mir so SCHWER! Ich war ja sehr viel mit Pino zusammen. Seine Schwester Mena kenne ich schon länger, da sie auch ins Kirchenfeld in die Schule ging. Auch seine Eltern kenne ich schon lange und gut. Oft war ich bei ihnen eingeladen.

Da Papa sich so häufig abfällig äußerte über Pino, durfte ich zu Hause nicht sagen, dass ich ihn so liebgewonnen habe.

Was war eigentlich mein Vater anderes als ein ganz gewöhnlicher Arbeiter –!?

Mama und Mausi sind am Montag, dem 30. März, nach Hause zurückgekehrt. Ich fühle, was für drei schreckliche Tage meine Mutter durchmachen musste. Als der Vater bemerkte, dass sie immer noch nichts wusste, sagte er der Armen kalt ins Gesicht: »Wenn ich wollte, bräuchte ich dich nicht mehr zurücknehmen –!«

Das musste sie nun einige Tage lang immer wieder hören. Mama konnte nie begreifen, warum er immer sagte, dass er mich nicht mehr im Hause haben wollte. Sie sagte, das Kind hat doch nichts verbrochen, wenn sie die Wahrheit gesagt hat.

Von Wengen wollte ich mir eine Stelle suchen, denn ich fühlte ja, dass es nie mehr gehen würde. Doch Mausi und Mama schrieben mir, dass ich das nicht tun solle. Ich dachte mir, dass er sich vielleicht geändert hätte – Zeit hatte er ja genug. Es zog mich je länger, je mehr zu Pino. Denn ich wusste, dass er nicht solche Familienverhältnisse kannte. Dreimal kam er mich besuchen. Er war so gut und lieb zu mir, denn er sah, dass ich etwas auf dem Herzen hatte, doch auch ihm konnte ich ES nicht sagen. Im April haben wir abgemacht, dass wir uns heiraten würden, denn 20 Jahre bin ich ja gewesen, und ich wusste, dass es zu Hause nicht mehr gehen würde. Nie werde ich es bereuen, denn ich weiß zu gut, wen ich da habe!

Ich konnte ihm aber nicht so kalt sagen, wie abschätzig mein Vater sich über ihn äußerte. Ich erzählte ihm nur die Guck-Geschichte, dass er immer mit diesem reichen Guck aufs Tapet komme von wegen Heirat mit dem etc. Nun wusste er ja genug, wie es auf meines Vaters Seite aussah.

Er sagte mir, dass er meinen Vater zum Heiraten gar nicht benötige. Und ich versprach ihm, dass wir uns heiraten werden –!

Doch ich will meine liebe Mutter bei mir haben, denn ohne sie könnte ich nicht sein! Besonders wenn ich wissen muss, dass sie mit Vater zusammenleben soll. Das ist ja nun ein Ding der Unmöglichkeit, das mitanzusehen!

Auf Ostern bekam ich ein herrliches Osterpaket von Mama und Mausi. Auch die Frau Ciccioriccio hat mir ein großes Ei geschickt. Mama schrieb mir auch einen Brief und sagte, dass ich heimkommen solle und mir keine Arbeit suchen dürfe.

Auf Ehrenwort sage ich, dass ich nur zu meiner Mutter zurückgekehrt bin!

Am 13. April um 6 Uhr kam ich zu Hause an. Meine Mutter war am Einpreisen. Bleufli kam auf mich zugerannt! Wer sonst hätte noch ein wenig Freude gehabt an meiner Rückkehr?

Papa kam etwas später. Mama sagte, dass ich sagen solle, dass alles vergessen sei, und mich entschuldigen solle, weil ich ihn verleumdet hätte (wie er behauptet). Doch in meinem Herzen sagte mir eine Stimme: Warum? Das ist es ja nicht, er weiß genau, was es ist und wer sich zu entschuldigen hat.

Am anderen Morgen war das Erste, dass er meinen Morgengruß nicht erwiderte. Nun, ich fühlte, dass es nicht lange gehen würde. Um 6 Uhr abends nahm er mich wieder bei den Schultern und sagte, dass er mit mir noch etwas auszumachen habe.

Er begann mit den Worten, warum ich ihn verleumdet hätte bei der Mutter. Ich sagte, dass man die Wahrheit sagen dürfe, dass das ihm nicht zugestanden sei, so etwas vor dem Jenő zu sagen. Was gehen ihn unsere Verhältnisse an! Dann sagte er mir nur kalt ins Gesicht: »Ich glaubte, du hättest einen gesetzteren Charakter und kommst nicht mehr nach Hause.«

–? (Warum –?)

In diesem Moment trat Mena Ciccioriccio ins Atelier. Was hat sie sich wohl gedacht bei unserem Anblick?

Wer kann fühlen, wie sehr verletzt ich noch zu meinen Wunden wurde –? Nur ich allein und der liebe Gott.

Wie oft weinte ich –! Das war mir die einzige Erleichterung für mein Herz!

Nun war es für mich also erledigt zu Hause.

Nun wollte ich weit weg.

Ich fragte Frau Borbély, ob sie nicht etwas darüber wisse, wie man als Sprachlehrerin für Privatkinder nach Ungarn gehen könne, um sie in Deutsch und Französisch zu unterrichten. Sie sagte: Natürlich! Nun wurde es mir leichter. Sie machte mir ein Inserat. Pino wollte mich sofort heiraten. Aber nun: In Bern wollte ich nicht bleiben. Und anderswo könnte er doch nicht arbeiten, da er Ausländer ist. Nach Italien wäre das Beste, aber da muss er zuerst neun Monate Militärdienst machen. Wir verschoben also das Heiraten ins Ungewisse. Denn ich wollte raus aus diesem Chaos. Niemand weiß, was wir zwei, Pino und ich, und niemand weiß, was Mama und ich gelitten haben. Ich trug doppelt tiefe Wunden.

Was ich aber in dieser Zeit zu Hause noch mitgemacht habe, wie mich Papa auf solch schmutzige Art heruntergeputzt hat, das weiß leider auch nur der liebe Gott! (Und warum hatte ich den Mut nicht, ES zu sagen?)

Zweimal hörte ich, wie Papa sagte, dass das »cheibe Meitschi« aus dem Haus müsse.

An einem Mittagstisch mit Mama und Mausi kam ES dann heraus. Denn meine Mutter sagte, dass Papa gesagt habe, dass er nicht den Mut habe, mich zu erschießen –!

Nun, das konnte ich nicht mehr ertragen, das war zu viel für mich! Habe ich denn etwas verbrochen? Wer ist schuld, dass er mich aus den Augen haben wollte? Nun sagte ich weinend: Aber ich weiß, WARUM all das ist, weil ich nicht seine FREUNDIN werden wollte am 15. März!

Nun ging der Mutter das ganze Licht auf. Warum hast du das damals nicht sofort gesagt?

Ich habe nicht den Mut gehabt, von meinem Vater so etwas zu sagen! Ich glaubte, dass er anders werde.

Meine Mutter begriff nun auch, dass es zwischen Vater und mir nicht mehr gehen konnte. Doch mit Mama und Papa ist es auch aus –!

Sie wusste nicht, dass ich mir schon lange etwas suchte, da ich ja nun sowieso gezwungen bin, jetzt aus zwei Gründen … Da ich seit Mai weiß, dass ich selber Mutter werde!

Trotz des großen Unglücks, auf solche Art aus dem Heim meiner Eltern verdammt zu werden, trotzdem bin ich glücklich zu wissen, mit einem Menschen durchs Leben wandern zu können, der keine solchen Verhältnisse kennt.

Wir werden nach Italien gehen, ich will meine Mutter mitnehmen, erst dann bin ich wieder glücklich und fröhlich, wie ich immer war.

Am 2. Juli fuhr ich mit Papa und Mama und einem schweren Herzen voller Angst nach Ungarn ins Ungewisse! Niemand braucht zu wissen, wie schwer und doch schön es war –!

Es ist genug, wenn Mama und ich wissen, wie sehr wir gelitten haben.

In Sajosenye, an der kleinen Station, war der schwerste Abschied, den ich mir vorstellen kann –! Papa hatte Mutter gegen ihren Willen einfach in den Zug gesteckt und sie wieder nach Hause geschickt.

Wenn zwei so voneinandergerissen werden wie wir –! Ich wusste ja nicht, was aus mir werden sollte, so außer mir war ich –!

Immer wieder sagte ich mir, nein, es soll nicht geschehen, ich habe ja nichts verbrochen. Ich will aushalten – denn erst nachher wird es schön werden –!

Jeder hat auf seinem Gleise etwas, das ihm Kummer macht, nur Gott hat mir immer wieder Kraft gegeben, wenn ich weinte, jetzt ist Schluss –!

Was ich in Senye gelitten habe, brauche ich nicht zu schreiben.

Am 8. September verließ ich Senye auf Geheiß des Vaters. Was geschehen würde, wenn mich mein Vater in Budapest abholte, wusste ich nicht.

Er hat mich halb totgeschlagen. Als er meinen Bauch und die Wahrheit darin erkannte, wusste er sich nicht mehr zu halten.

Ich schreibe diesen Bericht mit verletztem Herzen, verletzten Händen und verletztem Leib. Sollte mir etwas zustoßen, findet sich hier drin alles, was geschah.

letzte Ehre

Küsnacht, 1936

Obwohl das Jahr 1936 ein überaus ereignisreiches Jahr für seine Familie war, und nicht nur für sie, sondern für viele der rund vier Millionen Einwohner, die die Schweiz damals zählte, war der 3. November 1936 doch der bedeutsamste Tag für Nunzio junior, den damals erst vier Jahre alten erstgeborenen Sohn des Malermeisters Nunzio Senigaglia und seiner rothaarigen Frau Alda: Es war nämlich der Tag, an dem er seine erste bewusste Erinnerung anlegte.

Ohne dass seine Eltern Kenntnis davon hatten, stahl sich der gewitzte Bub aus dem Haus und wanderte furchtlos über die Geleise, dem Hause seiner Nonna zu. Die fand er, neuerdings mit Brille und mit zu einem Bürzeli zusammengebundenem Haar, draußen vor ihrem Comestibles die Auslage sortieren. Äpfel, Feigen, Nüsse, Marroni, Tomaten und Datteln in geflochtenen Spankörbchen unterschiedlicher Größe, auf dem Fenstersims sieben Fläschchen Schnaps, abgepackte Kaffeebohnen, die sie im Migros-Wagen besorgt hatte und für ein paar Rappen teurer weiterverkaufen wollte. Ein Handel, an dem sie mittlerweile ihren Gefallen gefunden hatte. Im Fenster stand ein irdener Topf mit späten Margeriten, umrahmt von Werbeplakaten, die die Schweizer Berge als Erholungsparadies priesen, und rechts von der Eingangstüre ein großes Emailleschild, das mit einem Adler für Tobler, die *echte Schweizer Milch-Chocolade*, warb. Im Weiteren erblickte Nunzios geübtes Auge die von ihm heißgeliebten Weichkäsedreicke der Käserei Gerber und – vorsorglich für die kalte Jahreszeit eingekaufte – Grether's Pastillen.

»Nonna! Sono io!«, sagte er und zupfte an ihrem Rock.

»Nunzio, carino!«

Comsola beugte sich zu ihm hinab und drückte ihm einen heißen Kuss aufs Blondhaar. Aus ihrer Schürze klaubte sie ein Caramel, das Nunzio grinsend in den Mund steckte. Es zerfloss zwischen Zunge und Gaumen und machte aus seinen kleinen Milchzähnlein süße Festungen, gegen die er anlutschte.

Noch bevor ihn seine Nonna über die Eltern aushorchen konnte, noch bevor sie ihm dazu eine Tasse heiße Milchschokolade bereiten konnte, ja, noch bevor sie ihn überhaupt zum Zwecke des Ringsumfragens an ihrem Rockzipfel hineinleiten konnte in ihr kleines Königreich in Küsnachts Dorfstraße, kam das, was der Anfang von Nunzios innerer Bilderaufzeichnung sein sollte. Er sah es schon von weitem, er sah es, und ohne zu wissen, was es war, wusste er, dass es etwas war, das ihm galt, ihm und den Seinen, seinem Davor und seinem Danach, und er spürte, dass mit diesem Wissen in ihrer aller Leben etwas unwiederbringlich in die Brüche gegangen war. Zuerst erkannte er seinen Götti Hans. Die schweren, lauten Wanderschuhe mit den zweifarbigen Schuhbändeln, die dunkelgrauen Wollsocken, die er wie Gamaschen über die Hose bis an die Knie heran hochgezogen hatte, die geknöpfte Weste über dem weißen Hemd, der Staubmantel und der schiefe Hut, der breite Lederriemen über der Schulter: Götti Hans in voller Jagdmontur. Neben ihm ging einer seiner Söhne, und sie gingen in einem seltsamen Gleichschritt, der hier nicht hingehörte, nicht passte, wie sie da an der Spitze eines stummen Grüppchens Männer die Dorfstraße herunterschritten, und das Nächste, dass die Hunde ungestraft jaulten und winselten, und dann wiederum das Nächste, was nicht passte, war, dass die Jägersleut nicht wie üblich mit einem Böckli oder zweien geschultert daherkamen, sondern mit etwas Gstabigem, etwas Dunklem, Ungelenkem, und erst, als er seine Nonna einen gellenden Schrei tun hörte, erkannte er, dass sein Götti und drei andere Männer eine schlecht zusammengebundene Bahre auf ihren Schultern trugen, auf der ein Mann lag, zugedeckt von einer Jägerjacke, einer, dem es gar nicht mehr gutging, und je näher sie kamen, desto besser erkannte Nunzio nun auch ihre Gesichter, jedes einzeln, und ahnte darin das eine Gesicht, das in dieser Truppe fehlte. Die Bestürzung, die in den Augen derer lag, die da herunterkamen durch das Dorf und am Gasthof Ochsen vorbei, und der gläserne Blick jenes einzelnen Mannes, der hinterdreingestolpert kam und ganz ohne den üblichen Jägerstolz ein Böckli, an den Sprunggelenken zusammengeknotet, geschultert durchs Dorf schleppte, fast so, als schäme er sich dafür, war falsch, falsch für einen erfolgreichen Tag der Jagd, und als die Männer vor Comsola stehenblieben und die Köpfe brustwärts sanken, fiel wie zum Zeichen einer stummen Bestätigung eine Hand unter der Jackenabdeckung hervor und baumelte von der Bahre, und nun sah Nunzio auch, dass dies die Hand seines Nonnos war, die da ziellos pendelte und nichts anderes sagte als: Vorbei, vorbei. Passato, vorbei.

»Wie ist das geschehen?«, hörte Nunzio seine Nonna den Hans stimmlos fragen.

»Guerrino. Er hat sich so gefreut, als er das junge Böckli geschossen hat, dass sein Herz einen Schlag davon bekam. Er …, wir haben alles versucht …, er kam nicht mehr zu Bewusstsein. Er ist tot, Comsola. Guerrino ist gestorben.«

Was folgte, war der längste Schrei, den Nunzio je aus dem Munde eines Menschen hörte und je hören sollte. Seine Nonna fiel zu Boden und schrie: »No«, als wollte sie nie, nie wieder aufhören zu schreien. Einer der Bahrenträger übergab seine Last dem zweiten und eilte zu ihr hin, hielt sie um die Schultern, die heftig bebten, hielt sie davon ab, nebst den Fäusten auch das Gesicht auf den Straßenboden zu werfen.

»Comsola. Comsola, komm, wir müssen nach oben gehen, ihm das Totenbett richten.«

Nunzio spürte es ganz genau, er war plötzlich nicht mehr vorhanden, keiner sah ihn, keiner nahm Notiz, als er den stillen Männern hinterher die Treppe nach oben stieg und alles beobachtete, was weiter geschah. Er war ein nicht vorhandender Anwesender geworden, ein stummer Chronist der Geschehnisse.

Seinem Nonno wurde das Totenbett gerichtet, eine hohe weiße Kerze zu jeder Seite. Die Kleider wurden ihm ausgezogen, irgendeine Frau kam ihn waschen mit Krug, Schale und Waschblätz, derweil sich eine andere um Comsola kümmerte. Dann wurde sein Nonno in ein weißes langes Hemd gesteckt, sein Schnauzer gezwirbelt, das Gesicht gepudert und die Haare nach hinten frisiert. Jemand schloss die Fensterläden, ließ aber einen Fensterflügel offen, so dass kühle Luft hereinwehte und an den Laken zupfte.

Eine Stimme sagte: »So«, und als ob dies das abschließende Signal gewesen wäre, auf das alle in unausgesprochener Übereinkunft gewartet hatten, kamen nun reihenweise Menschen in des Großvaters Schlafgemach paradiert und erwiesen ihm die letzte Ehre. Die gemurmelten Gebete drangen in Nunzios Ohren und tanzten verwirrende Figuretten.

Drei Tage später fand das Leichengeleit durch Küsnacht statt. Zwei Apfelschimmel, die man extra aus Erlenbach herbeigeführt hatte, zogen den schweren, traurigen Wagen mit dem Eichenholzsarg, in dem sein Nonno lag, dorfauf und dorfab. Links und rechts der Geleise blieben die Leute stehen, sprachen ein kurzes Gebet oder, je nach Glauben, bekreuzigten sich. Nunzio nahm mit Genugtuung zur Kenntnis, dass sein Nonno eine wohlgelittene Größe vor Ort war und dass sich Frauen und Männer um Comsola drängten, ihr die Hand für ein aufmunterndes Wort zu schütteln. Und Nunzio hörte zu, wie sein Vater, Nunzio senior, Malermeister zu Küsnacht, mit seinen Brüdern und der Schwester beratschlagte. Als Enterbter hatte er keine ererbten Schulden zu befürchten, da mussten seine Geschwister ganz schön zusammenlegen, um wenigstens einen Teil des Zwillingshauses an der Dorfstraße halten zu können, wenn man den Falken schon abstoßen musste. Einzig die Jagdschulden übernahm Nunzio senior und nahm damit den Platz seines verstorbenen Vaters in der dörflichen Jagdgesellschaft ein.

Für Comsola wurde vereinbart, dass jedes ihrer Kinder pro Monat einen angebrachten Batzen für sie auf die Seite tat, den sie sich Woche für Woche reihum abholen kommen sollte.

Der Einfachheit halber, und um dazuzuschauen, dass fortan das Geld im eigenen Haushalt bliebe, zogen Senigaglias in ihre alte Wohnung an der Dorfstraße zurück.

Nunzio junior half seinem Vater dabei, die Farbtöpfe im Keller wieder aufzuschichten und in Reih und Glied zu stellen, so dass bald alles seine alte Ordnung hatte. So dass das Leben weitergehen und das Schicksal seinen Lauf nehmen konnte. Nunzio junior registrierte dies alles fein säuberlich in seiner inneren Chronik.

An einem Abend, nicht lang nach Guerrinos Beerdigung, hörte er, wie sein Vater zur Mutter sagte: »Jetzt, Alda, jetzt erst sind wir richtig Schweizer geworden. Jetzt, mit dem ersten Senigaglia unter der Erde, ist dieser Boden auch unser Daheim.«

Loch im Hals

Bern, 1939

Nachträglich war es beinahe unmöglich, den Hergang, den die Geschichte genommen hatte, zu rekonstruieren. Die Dinge gerieten durcheinander, fielen wie Äpfel und Birnen und Zwetschgen zu Boden und vermengten sich dort zu Mus.

In Zürich feierte man die Landesausstellung. Eine Schwebebahn führte von der einen Seite des Sees auf die andere, es gab neue Schiffsverbindungen und viele, viele Sehenswürdigkeiten; eine Trudi Gerster erzählte den Kindern im Kinderparadies Märchen, und auch für die Großen war gesorgt: Zuckerwatte, gebrannte Mandeln, Speiseeis – aber all das blieb für Mondaine und Mausi nur Hörensagen, die Zeit hatte für sie nicht mehr gereicht, nach Zürich zu fahren und dabei zu sein. Sie waren in Bern in ihrem eigenen schicksalhaften Karussell gefangen, und das drehte sich mit einem Male schwindelerregend schnell, schwindelerregend laut und alles durcheinanderbringend, so dass man hernach nicht mehr genau sagen konnte, was denn nun zuerst kam, das Leben oder der Tod, die Liebe oder der Verrat.

Richtig war, dass Mausi unter Liebeskummer gelitten hatte. Erwiesen war auch, dass sich bei ihr am Hals ein Lymphdrüsengeschwulst gebildet hatte. Ob das nun in direktem Zusammenhang stand mit jener Nacht, in der Mausi erst um elf mit ihrem halb geduldeten Freund nach Hause gekommen war, mit jenem Elf-Uhr-Gutenachtkuss also, den dieser ihr auf den herzförmig bemalten Amorbogen drückte und der von der Tante aus Paris, der wiedergefundenen

Schwester Mauritzias, Lina, beobachtet und lauthals kommentiert worden war, ob es also mit dem Geschrei, das danach angehoben hatte, dem Skandal, den die Tante über diese kleine zärtliche Tändelei losgelassen hatte, in Zusammenhang stand, wusste Mondaine nicht mehr zu sagen. Das war eines der Dinge, die ihr Mal für Mal entglitten und zu Boden fielen, zu Mus und Brei verkamen, klebrig und wüst.

Sie wusste es nicht, aber sie glaubte fest, dass es irgendetwas damit zu tun gehabt haben musste, dass ihre Schwester so schwer krank geworden war, weil dieser Halbgeduldete, dieser falsche Galan, die Schwester daraufhin, nach dieser einen lauten Szene, so schnöd im Stich gelassen und vom Hause Schön Abstand genommen hatte und Abstand wahrte, egal, wie sehr die Mausi daran litt, egal, ob da eine Geschwulst wucherte in ihrem Hals, und die Drüsen schwollen vor lauter ungeweinter Tränen.

Vielleicht aber war auch alles anders gewesen und hatte vielmehr mit ihr zu tun, Mondaine, der betörend schönen Mondaine, Mondaine Augenstern, die einen Ausschlag bekommen hatte, urplötzlich, um das Jahr 36 herum muss das gewesen sein, die ersten Pusteln, der erste Abszess im Gesicht, und mit den Bestrahlungen, die sie über sich hatte ergehen lassen müssen, auf die man ja alles setzte, die Röntgenstrahlen aus dem neuen Wunderapparat der Forscherzeit; oder mit dem Arzt, der Mondaine ausdauernd verzuckerte Briefe geschrieben hatte … Mondaine konnte die Dinge nicht fassen, waren es die Briefe, war es das Drama mit dem Vater, die junge Mutterschaft oder war es die Tiefe der Bestrahlung, die die Unreinheiten unter ihrer Haut wuchern ließ, die diese dicken Eiterdinger animierten, weiterzuwachsen und aufzuplatzen? War sie der Grund allen Unheils gewesen, weil sie den Vater zurückgewiesen hatte?

Hätte sie das alles verhindern können, wenn sie das Joch angenommen, getragen hätte? Oder war es doch Mausi, Mausis Schicksal allein, gottgewollt, dass sie fast zeitgleich so krank geworden war? Sie, die ihr als Einzige bei ihrer Rückkehr aus Ungarn vor drei Jahren beide Hände entgegengehalten hatte, gelacht hatte und gesagt hatte: Ja nu, dann stricken wir jetzt eben Strampler.

Und derselbe Arzt, der bei Mondaine Briefchen in den Ausschnitt zu schieben versucht hatte, hatte Schöns diesen Kollegen empfohlen, diesen ganz versierten Fachmann auf dem Gebiete des Krebses. Krebs, nur dieses Wort genügte, um bei Mondaine alle Erinnerungen durcheinanderzuwirbeln und die Bilder herunterpurzeln zu lassen, aus ihren Händen, zu Boden, zu Mus.

Und der dann! Schneidet bei Mausi die Lymphdrüsen auf, um da reinzuschauen! Man stelle sich vor! Um! Da! Reinzuschauen!

Und war es nicht auch zeitgleich, dass im Chemiekurs, den Mondaine damals besucht hatte, um neue Haarfärbungen zu erlernen, ein Kunde neben ihr saß, ein gewisser Aebi, einer, der in Schönheitssachen für Kranke machte oder so und der sie aufmerksam angeschaut hatte, ohne Neugier, aber mit viel Mitgefühl, und der ihr da, doch, sie erinnerte sich genau, gesagt hatte: Fräulein Schön, obwohl sie bereits Frau Ciccioriccio war, bei Ciccioriccios wohnte, durch Heirat Italienerin geworden war, durch Heirat das Schweizer Bürgerrecht und beinahe alles verloren hatte und als Pinos Frau nun Bürgerin eines Landes war, das sie nicht kannte, das ihr den Mann aber kurze Zeit später bereits abberufen und eingezogen und nach Abessinien geschickt hatte, und wo lag das überhaupt?, *Fräulein Schön* also, das war eine glasklare Stimme in ihrem Ohr, *was machen Sie dagegen, welche Behandlung?* Und dann hatte er gesagt, *hören Sie auf zu bestrahlen, hören Sie sofort damit auf, und kommen Sie morgen zu mir!*

Hatte irgendjemand zu Mausi gesagt, ihr Arzt solle mit dem Aufschneiden aufhören? Hatte ein Arzt zum anderen Arzt gesagt: Lass die Finger davon, Geschwulste schneidet man nicht einfach so auf, auch wenn die Neugier dich treibt, man tut es nicht? *Aber man hatte Mausis Hals aufgeschnitten! Man hatte sie bestrahlt,* ein Doktor Liechti, einer der Ersten, der diese Behandlung in der Schweiz überhaupt durchführte, höchstpersönlich hatte sie bestrahlt! Und dann hatte der die Aufgabe irgendeiner Angestellten, einer technischen Assistentin, übertragen, die davon doch noch überhaupt keine Ahnung haben konnte! *Und die hat meine Schwester unter dem Apparat vergessen! Einfach vergessen! Ging ein Butterbrot essen und dachte nicht mehr daran, dass da ein junges Fräulein lag, ein mausgraues, von Herzenskummer halb zerfressenes, meine Schwester – da ist alles verbrannt in ihr drin! Blutzersetzung hätte das geben können, ach, komm, komm …!*

Man hatte ihr eine hohe Dosis geben müssen. Um bei Mausi in eine Tiefe von zwei bis drei oder auch dreieinhalb Zentimetern zu gelangen, musste man nach Wirkung bestrahlen, *man wusste ja nicht, wie hoch oder tief eine Dosis zu sein hatte, damit sie wirksam war! Und bei mir hatte es der Aebi dann mit Vapozone versucht … ja, das weiß ich noch, wie sich das angefühlt hat, wie das gerochen hat, der süßliche Duft schadhafter Stoffe, die sich feucht aus meiner Haut arbeiteten … drei-, viermal die Woche bin ich damals zu Aebi in den Salon gegangen und habe mich highlighten lassen. Mein Gesicht wurde bedampft mit einem ganz feinen Nebel, und meine Haut konnte sich erholen, und Mausi, Mausi …*

Bei Mausi war es zuerst nur zu einer leichten Rötung der Haut gekommen, aber bald schon wurde die Stelle am Hals feucht und entzündete sich; ein kleines Löchlein entstand, das unentwegt nässte ... Man hatte sie nach Arosa geschickt, an die frische Luft, sich zu erholen. Von einem Arzt zum anderen wurde sie gereicht, wie ein kleines Wunder, das es zu untersuchen galt, von Hand zu Hand einfach so weitergereicht, *wie Äpfel, Birnen, Zwetschgen.*

Mausi hatte sich nicht mehr verliebt gehabt seither. Sie hatte überhaupt nichts mehr vom Leben verlangt für sich seither. Sie hatte ihr Schicksal still und klaglos ertragen. An ihrem Hals verdeckte ein Pflaster die Ursache ihres Hustens. Eine kleine Fistel zwischen der Speise- und der Luftröhre war Grund dafür, dass sie sich ständig verschluckte und schon das zurückhaltendste Räuspern zu Erstickungsanfällen führen konnte. Als sich die Entzündung rund um das schlecht vernarbte Bindegewebe verschlimmerte, tat sie einfach etwas Watte mit unters Pflaster und litt wie gehabt.

Mondaine wusste, dass Mausi das Buch der Curie gelesen hatte, *aber das hätte sie nicht tun dürfen! Der Vater hätte das unter keinen Umständen zulassen dürfen! Diese Curie ist ja selber an den Folgen des Radiums gestorben!*

Das durfte man der Schwester nicht sagen. Man sagte doch immer zu ihr: Das wird schon besser, oder man sagte einfach nichts. Man hatte nichts gesagt, und die Birnen kullerten vom Tisch.

Mondaine hatte dann wieder begonnen, im väterlichen Geschäft mitzuhelfen. Mehr geduldet als erwünscht, fing sie nun als Italienerin ganz unten an, räumte hinten die Gestelle ein und sortierte für Vater die Belege. Mausi hatte man mittlerweile nach St. Moritz in die noch bessere Höhenluft verfrachtet und dann nach Samedan, weil sie immer häufiger von diesen schrecklichen Erstickungsanfällen heimgesucht wurde. Und Mondaine war sie noch einmal besuchen gefahren, oben in der Heilstätte in Samedan, in dieser Chesa Ruppaner, zusammen mit der Mutter. Sie hatte mit eigenen Ohren gehört, wie Dr. Ruppaner den Ärzten vorgehalten hatte, das, was der Mausi zugestoßen war, sei ein Kunstfehler!, so hatte er das genannt und geschimpft, dass es kein Wunder sei, wenn heutzutage alles Volk zu den Homöopathen laufe!

Dieser Dr. Ruppaner hatte dann noch gesagt, wie man die Mausi jetzt zu behandeln hätte: mit viel Eis. »Jeden Wunsch muss man dem Mädchen nun erfüllen«, hatte er gesagt. Und am Abend dann, um sieben Uhr, die Mutter war soeben staunend und lobredend dabei, eine große Schale voll mit Früchten vom Nachbartischlein auf das eigene zu heben, als Mausi ihr Eis löffelte und Mondaine ihr dabei zuschaute, zaghaft lächelnd, falsch lächelnd, dringlich lächelnd, als plötzlich das Eis durch den Verband am Hals der Schwester austrat, ein großer, dunkler Fleck, und ein ungläubiger Schrecken im Gesicht der Mausi erschien, die ihre Finger sperrig an den Verband tupfte und den Mund öffnete in ihrem stillen Schrei ..., aber da hatte das Geschwür sein Werk schon vollbracht, hatte sich tief und tiefer gefressen bis in die Halsschlagader hinein, und Mausi war innert Minuten verblutet. Die Mutter hatte vor lauter Graus die Früchteschale zu Boden fallen lassen ... danach erinnerte sich Mondaine an kaum mehr etwas. Kein Bild, kein Wort, keine Handlung. Auch an keine Mausi mehr.

Auch später war es dann schwierig für sie, den genauen Hergang nachzuvollziehen, das sagten auch die Mienen der Ärzte, die ihre Stirn in Falten legten und gen Himmel schauten, zu Boden, auf den Tisch, in ihre Akten, nicht in Mondaines fragendes Gesicht. Es habe in Fräulein Schön, wie hieß sie, Margit?, Mausi?, wohl innerlich bösartig weitergewuchert, wissen Sie, nimmt man einen Querschnitt des Halses, dann hat man hier die Luftröhre, hier die Speiseröhre, und da die Schlagader, und voilà, das war's dann.

Mondaine erinnerte sich an die Aufregung, die geherrscht hatte, abends, um sieben, als es passiert war. In ihrem Kopfe war es lange nicht mehr still geworden daraufhin. Husten, Händeringen, Blutgeschliere, Eis und Mus.

Das Leichenauto hatte Mausis Körper im Sarg hinuntertransportiert nach Bern. Mondaine und die Mutter waren mit dem Zug zurückgefahren. In Ostermundigen wurde Margit *Mausi* Schöns Leichnam beigesetzt. Damals hatte man schon aufgehört, von ihr zu sprechen. Mondaines Ausschlag war zurückgekehrt, das glaubte sie noch zu wissen, aber in ihrer Familie hatte man einfach nicht mehr darüber gesprochen. Als Mausi tot war, war sie eben tot, da hatte man geschwiegen. Mondaine hörte zwar, wie der Vater herumposaunte, die Seele des Geschäftes sei verstorben, die Seele! Aber noch am Tag ihres Begräbnisses war der Vater abends wieder hinter dem Tresen gestanden und hatte die Leute bedient.

Mondaine war darüber fast wahnsinnig geworden.

Aber vielleicht war das auch später gewesen. Oder früher. Die Erinnerungen glitten ihr einzeln durch die Finger ihrer Hand und ließen sich nicht fassen. Äpfel, Birnen. Zwetschgen.

Als am 1. September deutsche Truppen in Polen einmarschierten und in Europa am Ende der 1930er Jahre der Zweite Weltkrieg ausbrach, Mondaines Vater böse blickend die eigenen Bestände prüfte und unheilvolle Berechnungen anstellte, stand plötzlich Mondaine mit ihrem Büblein Massimo Leonardo im Arm vor ihm und sagte: »Ich hab's, ich weiß es jetzt wieder: Meine Schwester Margit ist der erste und der einzige bekannte Fall in der Schweiz, der je unter den Folgen der Strahlenkrankheit gelitten hat. Sie hat zwei Jahre damit gelebt. Dann ist sie gestorben.«

Bier, Brot und Beromünster

Küsnacht, 1941

Nunzio Amadeos Eltern hatten sich also schon von früh an als Migrolianer verstanden. Sie hatten auf Gottlieb Duttweiler gehört, den Revolutionär der Mengeneinheiten, den Belieferer der Kunden unter Verzicht auf Zwischenhändler. Hatten in seinem Migros-Wagen eingekauft in Kilo- und Halbkilosäcken. Und als Dutti, wie sie ihn schelmisch vertraut nannten, verkünden ließ, einem jeden braven Schweizer Haushalt stehe ein Notvorrat gut an, hatten sie auch den angelegt. Die Kellertablare geräumt und anstelle von alten Lattenskiern Dosen und Päckchen gestapelt, Mehl und Zucker und Hirse und Schrot, und die Kartoffeln aufs Hurdeli gebeigt. Senigaglias waren eine aufmerksame Familie, eine, die die Zeichen der Zeit gewissenhaft verfolgte und für sich zu deuten wusste.

Bereits gegen Ende des Jahres 38 hatte Nunzio Senigaglia senior zwanzig Fässer Leinöl gekauft und sie im Keller der katholischen Kirche gelagert, nachdem er von einem Ausflug nach Konstanz mit zwei, drei Büchlein über Hitler zurückgekehrt war, die alles andere als beruhigend waren. Die politischen Verhältnisse verheikelten sich, und er hatte beschlossen, fortan doppelt schlau zu sein und vorzusorgen. Manch einer mochte über sein Tun gelacht haben, er aber lächelte in sich hinein und vertraute ganz auf seinen Verstand.

Und so kam es, dass Nunzio Senigaglia auch in den Kriegsjahren als einziger Maler am Platz über einen entscheidenden Konkurrenzvorteil verfügte, konnte er doch für jegliche Außenarbeiten sich und sein gutes Leinöl anbieten. Als Eidgenössisch diplomierter Malermeister wusste er, dass dieses extrem dauerhafte gelbliche Öl mit einer Prise Pigment vermischt eine sehr gute Farbe ergab, die nicht einfach dadurch trocknete, dass sie Feuchtigkeit abgab und das Lösungsmittel verdunstete. Nein, im Leinöl fand ein chemischer Umwandlungsprozess statt, sobald es Sauerstoff atmete, der es zu einer zähen Haut machte, die, einmal fachgerecht über Holz und Stein und Metall gezogen, äußerst wetterbeständig allen Unbilden trotzte. Und Unbilden waren dieser Tage ja genug. Morgen für Morgen ging Nunzio Senigaglia von Tür zu Tür, klopfte, bot sich an und werkelte an Nachbars Häusern, wo immer es etwas zu werkeln gab. Zu einem fairen Preis, der dennoch gut berechnet war, ging man einmal davon aus, dass der Duttweiler-Nachahmer in seiner einzigartigen Leinöleinkaufsaktion durch die ungeheure Menge, die er erstand, einen rechten Rabatt hatte aushandeln können.

Dennoch spürten natürlich auch Senigaglias, dass Krieg war. Nunzio Amadeo sprach in der Schule mit seinen Klassenkameraden über nichts anderes mehr. Man tauschte die Nachrichtenfetzen, was man hier und dort so aufgeschnappt hatte, wie Ware untereinander aus.

Senigaglias hatten von Aldas Eltern vor gut zehn Jahren eine Art Radio geschenkt bekommen, über das sie den Telefonrundspruch empfangen konnten. Eine Einrichtung der Schweizerischen Post-, Telefon- und Telegrafenbetriebe, PTT, die damit ihre Leitungen besser nutzen wollten und sich mit den Abonnements einen Zustupf verdienten. Gestartet hatte man mit einem Niederfrequenztelefonrundspruch, über den sich einzelne Landessender empfangen ließen, Beromünster, Monte Ceneri, Sottens. Solange der Telefonhörer auf dem Apparat ruhte, dudelte das Radio. Kam ein Anruf herein, hörte man das übers Radio und hob einfach den Hörer ab. Der kleine Nunzio Amadeo hatte es sich von Beginn weg zum Hobby gemacht, erfundene Reportagen in die Muschel des Telefonhörers zu plappern, welche auf geheimnisvolle Weise aus dem Lautsprecher des Radios in die Stube der Senigaglias an der Dorfstraße in Küsnacht drangen. Seine bislang wichtigste Reportage war die von der Weltmeisterschaft 1938 gewesen, als sein Onkel Severino an einem schönen Junitag im Pariser Parc des Princes mit der Nationalelf nach einem fatalen Eigentor und einem zu Recht kassierten 0:2 hinten stand. Nach der ersten Halbzeit kämpfte die Mannschaft seines Onkels eine Weile lang sogar nur zu zehnt, und es sah alles andere als gut aus. Aber die kleine Schweiz gab nicht auf, und wie durch ein Wunder mobilisierten die Spieler neue Kräfte und holten zum 1:2 und 2:2 auf, bis sie nicht mehr zu bremsen waren und ihr 4:2 im frenetischen Jubel des Publikums unterging. In Nunzio Amadeos Sportberichterstattung war es Severino Senigaglia allein gewesen, der alle vier Tore geschossen und damit das Großdeutsche Reich in die Knie gezwungen hatte. Diese »Sondersendung« lief im Juni, im Juli und bis in den späten August des Jahres 1938 hinein zum großen Erstaunen seines Schwesterleins, die mit offenem Mündchen den Lautsprecher anstarrte und zwischen ihm und dem Bruder hin- und herstolperte.

Ein gänzlich anderes Bild bot die Familie Senigaglia am ersten Septembertag 1939. Damals kündete auf Radio Beromünster schweres, dunkles Glockengeläut Unheimliches an, und Bundesrat Philipp Etter sprach: *Der Bundesrat ist entschlossen, die aus der Neutralität des Landes sich ergebenden Pflichten in jeder Situation und mit allen Mitteln zu erfüllen. Im Hinblick darauf, dass die Kriegsmobilmachung in unseren Nachbarländern schon weitgehend fortgeschritten ist, könnte der Bundesrat die Verantwortung dafür nicht übernehmen, unsere Grenzen ohne verstärkten Grenzschutz zu lassen. Er hat deshalb heute beschlossen, ein Aufgebot für die gesamten Grenzschutztruppen zu erlassen.*

Und auch später blieben die Mienen der Zuhörenden verdüstert, wenn sie sich am Freitagabend zur besten Sendezeit für die Weltchronik, regelmäßige militärpolitische Lageberichte eines Herrn Professor Jean Rodolphe von Salis, dicht um das Radio gruppierten und mit angehaltenem Atem lauschten, Vati Senigaglia, Mutter Alda mit Baby Guido im Arm, Nunzio Amadeo und Carla eng angelehnt an Mutters Brust.

Seit fast einem Jahr sendete der Telefonrundspruch nun endlich auf Hochfrequenz, und kein Anruf konnte mehr eine Sendung unterbrechen, wenn man im Hause Senigaglia Beromünster hörte. Über Radio Beromünster erfuhr man alles. Auf Beromünster war Verlass.

Über den »Plan Wahlen« wurde besonders ausführlich berichtet. Die Idee, in der Schweiz zu hundert Prozent auf Selbstversorgung umzusteigen, geisterte aus dem Radio und in die Haushalte hinein. Folgende Grundforderungen hatte Friedrich Traugott Wahlen, der Chef der Abteilung für landwirtschaftliche Produktion und Hauswirtschaft im Eidgenössischen Kriegsernährungsamt, an seine Mitbürgerinnen und Mitbürger gestellt:

Erstens – eine sparsame Bewirtschaftung aller Vorräte. Diese Haltung konnte bei einem Nunzio Senigaglia nur auf offene Ohren stoßen, er und seine Frau waren sich eins darin, dass nur, wer den Rappen ehrt, des Frankens wert war, zweitens – Ausnützung aller Ressourcen im Anbau. Nicht nur auf der Zürcher Sechseläutenwiese, auf der alljährlich der Böögg verbrannt wurde, sollten demnächst Kartoffeläcker entstehen, sondern überall, wo noch ein Fleckchen Land unberührt war, hatte man die Erde zu diesem Zwecke umzugraben. Aha. Die Fußballfelder auch? Drittens – Wiederverwertung der Ressourcen; und viertens – organisierter Einsatz der Produktionsmittel wie der menschlichen Arbeitskraft unter – wie es Wahlen wörtlich nannte – *rücksichtsloser Einschränkung aller nicht lebenswichtigen Tätigkeiten.*

Die Anbauschlacht hatte begonnen.

An diesem Samstag im Februar des Jahres 1941 standen die Mannen der Küsnachter Feuerwehr und zahlreiche Freiwillige in Reih und Glied und opferten einen Nachmittag, um Rodungen im Quartier Erb vorzunehmen. Vom Gemeinderat gutgeheißen, war diese Aktion ein voller Erfolg. Auch Klein-Nunzios Götti war mit von der Partie und sein Vati. Begeistert war ihnen der Bub zusammen mit einer Horde Gleichaltriger nachgerannt. Unter Hurrahurra-die-Feuerwehr-ist-da-Rufen fühlten sich ihre Väter, Brüder, Onkel und Göttis angespornt und wichtig. Auch manch eine Mutter schwenkte ein rotes oder weißes Tüchlein am Fenster und schaute den Männern dabei zu, wie sie mit Spaten und Zapi, mit Hacken und Schaufeln ihren Fußmarsch durchs Dorf dem Fichtenwälchen im Erb entgegen aufnahmen. Oben im Erb wurden sie dann von der eigentlichen Rodungsequipe in Empfang genommen, angeführt von echten Förstern und richtigen Waldarbeitern, hier waren sie die Handlanger, Helfer oder Helfershelfer und führten einfache Anordnungen aus. Aber sie lernten mit jedem Handgriff dazu, und sie lernten schnell. Sprangen zur Seite, wenn wieder ein Baum fiel, und verstanden den Nutzen von Kerb- und Fällschnitt, die Art und Weise des Anschrotens, lernten, wie man den Kehrhaken anzubringen hat und wie mit dem Gertel zu hantieren war.

Ganz verdreckt, aber wie von innen heraus glühend vor lauter Werkstolz, kamen sie abends nach Hause gestolpert, nicht ohne vorher beim Wirt des Weinbergs eingekehrt zu sein, und Mutter Alda bewirtete sie obendrein mit süßen Fotzelschnitten. Zuerst überrascht, dann ordentlich empört, hörte Nunzio den Männern zu, die zu berichten wussten, dass manch ein Fußballfeld zu Pflanzplätzen für Höckerlibohnen und auch einige Sumpflandschaften trockengelegt, melioriert, werden müssten. »Da ist noch lange nicht alles getan!«

Und – völlig unverständlich: Im Oberland gäbe es Aufmüpfige, die dagegen protestierten, dass ihr Ried zur Scholle würde, aber das mochten ja keine rechten Schweizer sein, die so einen Protest hinausposaunten! »Der soll mir nur kommen, dieser falsche Eidgenoss, so schnell kann der gar nicht laufen! Kein Spaten jedenfalls soll in unseren Kellerecken rosten«, echote der Götti und ahmte damit Worte aus Wahlens Rede nach.

Nunzio staunte und schoppte ein weiteres Stück mit Zucker, Zimt und Ei gerösteten Brots in seinen Mund. Seit die Bäcker nur noch altes Brot verkaufen durften und die Abgabe von frischem Brot polizeilich geahndet wurde, hatte er sich daran gewöhnt, dass seine Mutter immer neue Rezepte ersann, mit denen sie den harten Kanten doch noch etwas Feines abgewinnen konnte. Erst heute hatte er ein kleines selbstgemaltes Plakätli beim Bäcker gesehen, auf dem stand: »Altes Brot ist nicht hart, aber kein Brot, das ist hart!« – mit diesem schweizweiten Slogan wollte der es der Küsnachter Bevölkerung wohl versüßen, dass sie nun von 24-Stündern auf 48-Stünder umzusteigen hätten. Mit den gleichen strafrechtlichen Konsequenzen bei allfälligem Nichtbeachten.

Noch bevor sie fertig gegessen hatten, kamen die allabendlichen Tätigkeiten zur Verdunkelung. Die Mutter löste die Posamente und zog die schwarzen Vorhänge vor den Fenstern zusammen, und Nunzio wusste, dass spätestens jetzt auch die letzten Autoscheinwerfer abgeklebt wurden mit blauem Folienpapier. Die meisten Wagen waren ohnehin aufgebockt und harrten einer Zeit, in der sie sich wieder einmal würden nützlich machen können. Nur Vatis Austin rumpelte dann und wann noch durch das Dorf, wenn der Götti für ihn Benzin hatte auftreiben können und Vati eine Fuhre Fensterläden transportierte.

»Vielleicht müssen wir doch noch einmal ins Reduit flüchten. Unsere Armee ist ja auf einem hundslausigen Niveau …«

»… in Auflösung begriffen, wenn du mich fragst …«

»… und wenn erst der Deutsche kommt …«

»… ist Schluss mit der Schweizer Neutralität!«

»… in Italien wissen sie ja längst auch nicht mehr rechts von links zu unterscheiden …«

»… das schöne Italien …«

Und wie auf Geheiß starrten alle Augenpaare auf den bequemen Ecksitz der Nussholzbank, dorthin, wo die Nonna auf einem dicken Kissen thronte, war doch heute ihr Abholabend an der Dorfstraße.

»Nonna! Sprich noch einmal so, wie du früher gesprochen hast!«

»Ah, ich habe so vieles vergessen!«

»Was hast du damals zu Nonno gesagt, als du ihn in der Schweiz wiedergetroffen hast?«

Über Comsolas Stirn flackerten kleine Sternchen der Erinnerung, und ihr Gesicht lichtete sich auf.

»Boolkhent war das wohl gewesen, Willkommen. Boolkhent. Si, si, weite Wege sind wir gegangen, weite Wege, das war schon immer so. Aus dem Deutschen sind wir gekommen und in langen Märschen über die Alpen gestiegen bis ins schöne warme helle Vallonara hinein.«

»Wenn nur der Deutsche heute auf seinem Wege nicht zu weit wandert. Wenn er nur keinen Halt macht in der Schweiz!«

»Wie die dann wohl sagen würden?«

»Was meinst?«

»Na ja, im Ersten Weltkrieg war's ja deutsche Propaganda, laut singend und johlend durch die Städte und über die Felder zu ziehen, weißt' nicht mehr? *Jeder Schuss ein Russ, jeder Stoß ein Franzos, jeder Tritt ein Brit, jeder Klapps ein Japs.* Was wird er da zum Schweizer sagen? Schweizer, Schweizer, Ofenheizer?«

»*Serbien muss sterbien*, das sagte der Deutsche damals auch.«

Der Deutsche. Deu-tsche.

Für Nunzio klangen diese beiden geflüsterten Silben wie etwas, das nur die Erwachsenen sagen durften, etwas, das ihm auszusprechen gänzlich verboten war. Bei seinen gelegentlichen Radiospielen, die er dann und wann zur Belustigung der kleinen Geschwister betrieb, betonte er salbungsvoll und mit Beschwörungszauber das verbotene Wort, als wär's ein Schlüssel zu einem geheimen Schloss: »... und wieder musste *TEM-TEU-TSCHEN*-ZUM-TROTZ ein Fußballfeld in eine Ackerscholle umgewandelt werden. Der Schweizer Nationalspieler Severino Senigaglia bedauert diese Notwendigkeit zutiefst und hängt sein Trikot an den Nagel ...«

»Nunzio! Was träumst du! Geh, hol die Tulpengläser aus der Küche. Die Männer haben schwer gearbeitet. Heute wollen wir die Flasche Bier öffnen, die wir so lange aufgespart haben.«

die große Freiheit

Schweiz, 1941–1944

Mondaine begrüßte das Neue. Vielleicht würde ja alles wieder gut mit diesem Wechsel. Von ihrem Mann, der noch immer irgendwo an einer italienischen Front war, hörte sie kaum mehr etwas; den Sohn Massimo, mit dem sie nicht viel anzufangen wusste, hatte sie in Oberbalm bei guten Kunden ihres Vaters in einer Stätte für illegitime Kinder untergebracht, ihr Leben plätscherte zwischen Leere und angestrengter Aufregung hin und her, und als ihre Eltern beschlossen, ins Kirchenfeld umzuziehen, damit der Vater zu etwas mehr Bewegung käme, immer nur treppauf und treppab war einfach viel zu wenig Aktivität für seinen Bauch, der die Jacken und Joppen strapazierte, und man sie fragte, ob sie nicht wieder zurück zu ihnen ziehen wolle, tat sie das ihrer Mutter zuliebe. In der Nähe des Dählhölzlis wohnten sie inmitten des schönsten Vogelgezwitschers, das sich aus dem hohen, alten Baumbestand himmelwärts erhob.

Dieser Umzug beflügelte Mondaine, fünfundzwanzigjährig, Mutter eines kleinen Jungen, wohnhaft bei den Eltern, ehemannlos. Schwesterlos. Bruderlos; Franz Mauritz Schön war in Südfrankreich geblieben und würde wohl auch nicht mehr zurückkehren. Aber genau an diese Einsamkeit versuchte sie nicht zu denken, als sie zusammen mit ihrer neuen Freundin Elsie, einer Schönheitspflegerin, die sie im Chemiekurs kennengelernt hatte, über deren Idee sprach, abends noch ins Bellevue Palace zu gehen. Elsie schwärmte von einem Ensemble, das ein Konzert geben würde. »Ein neues Orchester, Mondaine, einfach ganz außergewöhnlich! Sie haben schon einmal hier gespielt und alles Bisherige nur so weggefegt. Man las davon auch in der Presse.«

Auch für Mondaine war ein gutes Orchester das Nonplusultra. Sie liebte es, sich mit Klängen beduseln zu lassen, Musik war ihr oft wie ein kleiner Schwips. Gleichzeitig aber schämte sie sich für die Pusteln in ihrem Gesicht; sie wollte sich so gern jung und schön fühlen. Denn das war es doch, was sie eigentlich war, jung und schön. Jedermann verglich sie mit der amerikanischen Schauspielerin Rita Hayworth. Und da seit neuestem ohnehin die Stars und Starlets aus Amerika in der Mode den Ton angaben, trug sie seit einer Woche ihr blondes Haar in großen Wellen und Rollen genau wie diese Hayworth. Ihre Fingernägel waren rosenrot gefärbt und spitz zulaufend, ihr Mund karmesin, der Schleier ihres roten Hütchens aus einem Stück hauchrosa Tüll, die Nadel geschickt unter den weißen Stoffblumen, die lustig von der Krempe baumelten, festgepinnt. Obwohl so die Eiterpickel versteckt waren, brauchte es Mut, sich unter dem Licht der Kristalllüster des Bellevue zu präsentieren.

»Ich wäre eigentlich lieber ins Kinotheater gegangen.«

»Dann komm doch einfach nach, ich würde mich ganz arg freuen!«

Und so ward's also abgemacht, Mondaine ging nach der Filmschau ins Hotel Bellevue Palace, um ihrer Freundin Elsie den Gefallen zu tun, gemeinsam dieses ominöse – umwerfende – Orchester anzuhören.

Das Bellevue Palace galt als ein beliebter Treffpunkt für die staatstragende Classe politique, für Diplomaten, Journalisten, Beamte, welche in der Kriegszeit zwanglos Informationen austauschen und Pläne schmieden wollten. Im Restaurant Terrasse verlief eine unsichtbare Grenze, welche den Hausfrieden sicherte und das Lokal in zwei Hälften teilte: Auf der einen Seite frequentierten Gäste aus den Achsenstaaten die Tische, derweil vis à vis Zugehörige der Alliierten ihre Cocktailgläser zum Klirren brachten. Und ab und zu kam es sogar vor, dass der eine dem anderen über diese hingedachte Demarkationslinie zuwinkte und ihm einen halbherzigen Trinkspruch hinüberprostete. Eine Provokation, die die Kellner nicht gern sahen und durch hektisches Treiben zu verwischen versuchten.

Für ein jedes Orchester war es ein Segen, im Bellevue Palace zu gastieren. Erstens, weil man sich in der schweizerischen Bundeshauptstadt einigermaßen sicher wähnte, und zweitens, weil die Schweizer Crème, die sich über die Wintermonate einmietete und eigentlich schon vom Herbstbeginn bis zum ersten zaghaften Frühlingskrokus in den beheizten Räumen wohnen blieb, sich äußerst spendabel gab. Wenn nur die Musik gut spielte, wenn nur die Laune damit aufgeheitert wurde. Wenn nur der Krieg weit draußen blieb.

Mondaine kannte das Bellevue, als wäre sie hinter diesen Sandsteinfassaden großgeworden, alles war ihr eingeprägt durch zahlreiche Besuche, die Teppiche, die ihre Schritte dämpften, ebenso wie die kristallenen Lüster, die ihr Kommen wie mit goldenem Scheinwerferlicht, das sich ihr Hayworth-Haar als Reflexionsfläche auserkoren hatte, ankündigte. Sie nickte den Bediensteten einen kurzen Gruß zu, als diese für sie lautlos die Flügeltüren zum Orchestersaal öffneten. Unbegleitet schritt sie durch die wogende Menge der Tanzenden und Wirbelnden.

Als sie sich neben der Freundin am Rande auf eine Chaiselongue platzierte, tätschelte sie ihr kurz den Arm. Sie kramte in ihrem Täschchen und betrachtete schließlich mit ihrem strassbesetzten Zeiss Opernglas die Szenerie. Damen in den allseits begehrten Verwandlungskleidern, Rüschen an Blusen, die sie mittels Schlaufen, die sie hier oder dort, so oder anders anbrachten, verändern konnten, beherrschten das Bild. Wespentaille, Schnallenpumps, Seidenhandschuhe bis zu den Ellenbogen und breitkrempige Hüte flatterten durch den Saal, ließen sich durch Wiener Walzer führen und hüpften mit den Hüften bei den jazzigeren Stücken auf und ab. Extravagante Frisuren garantierten Mondaines Vater den Erfolg, für den die Begleiter der Damen, ihre Ehemänner, ihre Maîtres de Plaisir, ihre Sugar-Daddys aufkommen mussten.

Ein lebhaftes Potpourri aus Ouvertüren und einzelnen Abschnitten verschiedener Werke von Jacques Offenbach, Fritz Kreisler, Pjotr Iljitsch Tschaikowski, François Adrien Boïeldieu, Johannes Brahms, von Vater, Sohn und Sohn – der ganzen Dynastie – Strauß und von Adolphe Charles Adam. Der Pianist war unverkennbar begabt, aber da war noch einer, ein anderer Musiker, der Mondaine faszinierte, wann immer sie seinen Blick auf sich forschen spürte, ein Brennen, das er damit bei ihr auslöste, eine mit Wärme angefüllte Begeisterung: der Erste Geiger.

Sie begann zu transpirieren in ihrem knielangen Kleid mit dem Peter-Pan-Kragen und einer Fliege als Verschluss. Nervös strich sie sich die Falten zurecht, fuhr mit der Hand über die Ziernähte, die auf ihrem Brustkorb lagen, prüfte, ob die Manschetten ordentlich verschlossen waren. Schwitzte unter ihrem Tuch.

Als das Stück – ein beschwingtes Thema von Lehár – zu Ende gespielt war, neigte sie sich ihrer Freundin zu und flüsterte: »Du, ich glaube, der Prímás, die Erste Geige, kommt gleich noch zu uns.«

»Nein, wieso?«

»Sieh doch, der kommt.«

Und wirklich, in seiner Orchesterkleidung, schwarze Hose, weißes Hemd mit Trompetenärmeln, buntbestickte Zigeunerweste und rotes Halstuch, keck, wie Elsie fand, oder verwegen, Mondaines Verdikt, schritt Abel Ditrich an das Tischchen der beiden jungen Damen, sagte galant: *Mademoiselles,* und wartete höflich, aber beharrlich und mit der Zuversicht eines Allseitsgeliebten darauf, dass man ihm mit einer luftigen Geste aus dem Handgelenk einen Sitzplatz offerieren würde.

Sie hatte nur gerade sechs Stunden geschlafen, als sie sich am nächsten Morgen frisch machte, in ein frühes Sommerkleidchen stieg, eine Perlenkette umtat und das bestickte Ridikül mit seinen langen Seidenfransen mit Münzen, einem Taschentuch und einem Lippenstift ausstattete. Bis in die späte Nacht hinein hatten sie gesessen und geplaudert, Elsie, Abel und sie, und danach, als es im Bellevue allmählich still geworden war, waren sie noch aufgebrochen, im Perroquet einen letzten Drink einzunehmen, ganz amerikanische Manier. Abel trank seinen mit einer Olive, Mondaine probierte gleich drei hintereinander, was Elsie getrunken hatte, wusste sie nicht mehr. Auch nicht mehr genau, wie sie schließlich nach Hause und unbeobachtet ins Haus der Eltern gelangt war. Aber alles war ruhig geblieben, und auch jetzt, um acht Uhr in der Früh an diesem Samstagmorgen, lag noch etwas Schläfriges über dem Kirchenfeldquartier, so dass sie unbehelligt in ihre schwarzweißen Lackpumps schlüpfen konnte und zur Türe hinaus in einen neuen Tag.

Heute hatte sie auf Hut und Schleier verzichtet, nachdem sie sich alles – *alles!* – erzählt hatten gestern, sich gegenseitig gleichsam das Herz ausgeschüttet hatten, empfand sie es nicht mehr als nötig. Keine Maskerade vor Abel, und so schritt sie munter der Stadt entgegen, dem Treffpunkt auf der Bundesterrasse, an dem sie den jungen Virtuosen wiedersehen wollte.

Abel hatte sich das dunkle Haar mit einer zünftigen Ladung Brillantine aus dem Gesicht frisiert, es wellte aufregend über seinen Kopf, er trug einen schwarzen Anzug mit weißem Hemd, Button-downs und eine schmale blaue Krawatte. Die Hose schlotterte ihm um die dünnen Beine, aber das machte nichts, das machte nichts, Mondaine sah alles, sah jedes Detail und wollte doch nur in seinen Goldaugen versinken. Einen guten Kopf kleiner als er, fühlte sie sich an seinem Arm geborgen. Ihr Ellenbogen lag auf seinem Unterarm, die Hände waren umklammert, und keiner von den beiden hätte als Erster losgelassen. Auch im Restaurant nicht, sie saßen einfach da, Händchen haltend, schauten einander an und redeten und sprachen. Ein Essen hätte ohnehin keiner heruntergebracht, eine Verschwendung wertvollster Zeit, musste man doch beim Kauen die Konversation unterbrechen.

Abends, als er wieder gehen musste, drückte er ihr eine Fotografie in die Hand. Sie zeigte ihn, Abel, in einem hellen Anzug mit weißem Pullover und einem dunklen Pochettli, wie er lässig, eine Zigarette in der Hand, vor einem Waldstück stand. Die rechte Hand in der Hosentasche, ein Flügel des Jacketts nach hinten gerafft, nur der mittlere der drei Knöpfe geschlossen, die Bügelfalte der Hose auch hier etwas zu luftig vom Knie entfernt, die Haare nach hinten gekämmt und im Gesicht ein Lachen wie der junge Mond. Hintendrauf hatte er für sie geschrieben: *A ma petite Mondaine pour qu'elle ne m'oublie pas. Abel. Berne 2. 4. 1941*

Aber wie hätte sie ihn auch vergessen können?

Bereits vier Monate später packte sie zum ersten Mal die Koffer, stopfte Blusen, Taschen, Schleier, Röcke, Foulards und Mäntel hinein und ging mit Abel Ditrich auf Tournee. Verließ ihren Vater, verließ ihre Mutter, die Ciccioriccios, die hinteren Gestelle im Atelier und natürlich auch ihr Kind und ließ überhaupt zum ersten Mal seit langem Bern ganz hinter sich.

Im Davoser Post-Hotel verbrachte sie vier Tage wie im Paradies mit ihm, wo er die Violine und Percussions, ein Deutscher den Kontrabass, ein Vorarlberger die Gitarre, ein Peruaner das Schlagzeug und ein Mann aus dem amerikanischen New Orleans, ein Farbiger, ganz hervorragend Akkordeon spielte. Danach kamen Arosa, Lugano, Zürich, Montreux … und Silvester verbrachten sie gemeinsam im Palace in Davos, wo Abel mit seinem Sax-Quartett schon zum zweiten Mal Erfolge feierte. Er war eben ein Multitalent: Legte man ihm ein Instrument in die Hand, spielte er es. Und er spielte immer. Seine Finger trommelten auf der Tischplatte oder übten in der Luft. Oder dann zeichnete er stundenlang versonnen Noten auf vorlinierte Blätter, war ganz entstehende Musik.

Vor einer Berghütte auf Parsenn ließen sie sich fotografieren: ein Dutzend Musiker, die immer wieder zusammenfanden, und Mondaine. Der Wirt brachte ein Hackbrett nach draußen, und bis die letzten Sonnenstrahlen untergetaucht waren, zupfte Abel östliche Weisen aus dem Saitengeflecht.

Sie machten alles, und sie machten alles gemeinsam. Sie hatten eine Menge Spaß.

Und wenn sie eine Saison lang nicht beieinander sein konnten, schrieb ihr Abel lange Briefe, um so den Alltag mit ihr zu teilen. Er erfand für sie spezielle Kosenamen. Amimour. Oder Liebli. Und er schrieb, ohne sich zu schämen und ohne Zurückhaltung, er verschwendete sich an sie in diesen Briefen wie ein Meer, das Begrenzung einfach nicht anerkennt.

4. 6. 44, Luzern. Bonjour, m'Amimour, ich liebe Dich, weißt Du es noch? Aber ja, mein Amimour, ich vergöttere Dich. Gestern habe ich während zwanzig Minuten versucht, Bern zu erreichen am Telefon, aber da war nichts zu machen, alle Linien waren besetzt! Das war verrückt, es hat mich so ener-

viert, dass ich darob Kopfschmerzen bekommen habe! Ich hoffe, dass ich heute Abend mehr Glück haben werde. Stell Dir vor, man hat mir gestern eine Violine in die Hände gedrückt, damit ich auf ihr ein Stück spiele, eine neue, superbe Violine, eine ganz phantastische Sache, denk nur … ich habe nur ein Stück darauf spielen können, dann musste ich aufhören, weil sie viel zu schön war, viel zu phantastisch für dieses einfache Café, eine einzige Violine mit dem Klang von zehn! Sie kostet 7000.00 Franken oder 4000.00 Franken, wenn ich dafür die meine hergebe. Also, wenn ich im Lotto oder Sporttoto gewinne, werde ich sie mir kaufen, damit ich darauf Konzerte geben kann … ICH LIEBE DICH! Dittli hat mir den Kontrakt überreicht für den 1. Oktober, er will, dass wir ihm mitteilen, ob wir das Engagement annehmen oder nicht. Der Club in Zürich heißt »Tartarin« und gehört momentan zu den angesagtesten Clubs, in denen wir spielen können. Ich werde mir einen Frack anfertigen lassen müssen, es ist wichtig, dass wir alle ganz, ganz elegant sind! Natürlich wirst auch Du ganz elegant sein müssen, von Kopf bis Fuß werde ich Dich neu einkleiden, mein Liebli, und Du wirst sehen, wie viel Spaß das macht! Ich werde jetzt noch etwas üben, denn später spiele ich wieder für eine Stunde. Voilà, mein Amimour, sonst gibt es nichts Neues. Ich habe sehr gut geschlafen letzte Nacht und Du, mein Amimour? Adieu, mein Liebli, Schatzi, bis bald wieder in Bern. Erwarte eine Million Küsse von mir. Ich liebe Dich, Chérie, ich liebe Dich mehr als alles, ich bewundere Dich, Dein Abel.

17. 6. 1944, Montag, drei Uhr früh. Bonjour, m'Amimour. Nur ein paar Worte, denn es ist schon sehr spät. Ich bin heute gegen Mittag aufgestanden und gleich nach dem Frühstück bin ich zum Zahnarzt gegangen, von wo ich erst nach zweieinhalb Stunden wieder wegkam! Ich hatte mehr als siebzehn Bohrungen …

Du bist es, die ich liebe, es ist verrückt! Ich habe von Dir einen Liebesbrief erhalten, Chérie, der mir so viel Freude bereitet hat! Ich werde darauf heute Abend antworten, nach dem Abendessen.

Eine Sache hat mich sehr bewegt, das ist, dass Du die Gelegenheit gefunden hast, Deinem Vater zu sagen, dass wir heiraten werden. Nun werden wir ja sehen, was kommt. Nun muss ich Dir noch eine Ankündigung machen. Wir haben gestern mit dem Patron gesprochen, und er will, dass wir hier bleiben bis Ende Juni, ja bis Juli sogar, da er im August das Orchester auswechseln will. Allerdings kommen wir ab 1. September wieder hierher zurück!! Für eine neue Saison!! Demnach können wir nun für ein Jahr ganz ruhig sein. Zudem meint er, ich könnte im August auf dem Bürgenstock spielen, Du weißt doch, wo das ist? Du siehst, alles läuft formidable, nur dass Du mir fehlst, mein Liebli. Vielleicht schaffst Du es ja, nach Luzern zu kommen, ein bisschen Ferien zu machen? Das würde Dir doch guttun! Nimm den Massimo mit, wenn Du willst, es ist schön hier, es wird ihm auch gefallen. Voilà, mein Amimour, nun wird es Zeit für mich. Adieu, mein Liebli, Schatzi, ich liebe Dich, nur noch wenige Monate, und Du wirst Madame Israël sein! ICH LIEBE DICH, Dein Ehemann, Abel.

So oft sie konnte, reiste sie ihm nach. Mondaines Fotobücher füllten sich mit Bildern der Orte, die gerade angesagt waren, und Kostümen, nach denen die Schweizer Touristikwelt rief. Abel verkleidet als Seemann, Abel als Zigeunerprímás, Abel verkleidet als Gefängnisinsasse, Abel als Hirte, Cowboy, Senner oder im Frack. Die Instrumente variierten ebenso wie die Zusammensetzung der Orchester. Aber immer war Abel das Zentrum, die gute Macht. Sie reisten mit gemieteten Fahrern in Autos, oder sie reisten mit einem Tourbus. Sie reisten zu Fuß oder per Zug. Landauf und landab, immer in internationaler Gesellschaft, immer vielsprachig, gesprächig und vertraut.

Eines Abends sagte Abel zu Mondaine, es sei ihm, als ob irgendetwas von ihm abgesprungen sei, ein Fluch, ein Bann, ein unsichtbarer Metallreif um seine Brust, der aus ihm einen traurigen Prinzen gemacht habe, ihn von der Liebe ferngehalten habe. Und nun sei sie da, sie, sein Liebli. Es sei ihm, als ob er sein Leben lang nach dieser Liebe, ihrer, nach Berührung, ihrer, geschmachtet habe, sein Leben lang – oder vielleicht noch länger. Er meinte, vielleicht liege es in seinem Blut, dem schweren, östlichen, dass er schwermütig werde. Und dass er als einzigen Ausweg aus dieser Schwermut nur das Spiel, die Musik für sich erkannte. Und nun sie. Nun sie.

Dass seine Mutter, die spröde, stolze Cheina mit dem rot bemalten Mund, über diese neue Bekanntschaft nur wenig erbaut war und beharrlich schwieg, bedrückte ihn. Mondaine wischte seinen Kummer weg, indem sie sagte: »Wir haben uns unsere Eltern ja nicht ausgesucht.«

Von Abel aber sagte man, er habe das absolute Gehör. Und er hörte wohl die kleine Dissonanz in ihrer Stimme, die durch die Harmonie klang. Er vertraute ihr an, dass er viel lieber ein großer Geschäftsmann für sie wäre, mehr als bloß ein Musikant.

»Wie könntest du bei so viel musikalischem Talent auch nur ein Fünkchen Verstand für so etwas Unsinniges wie Kaufmannstum übrig haben?«

»Man kann an seinem Talent auch ersticken.«

»Großes Talent bedeutet immer große Verantwortung.«

Auf jedes und alles wusste sie eine Antwort, die ihn beruhigte. Selbst als er ihr von Josiane berichtete, dem elterlichen Dienstmädchen, der Beziehung zu ihr, die seit seinem vierzehnten Jahr dauerte, selbst als er sagte: »Wo ich doch schon einen Sohn habe …«

»Du bist ein Gentleman. Die Lösung, die ihr für das Kind gefunden habt, ist die richtige. Nicht zuletzt habe ich ja auch schon einen Sohn.«

Alles klang so harmonisch, so rein. So perfekt und paradiesisch.

Sie kitteten einander die Fugen, welche der Lauf des Lebens in ihre Charaktere geritzt hatte, und riegelten sich mit der Zeit hermetisch gegen alles ab, was von außen kam, was unerwünscht war, was störte.

Als Mondaine von Pino endlich geschieden war, heiratete sie ihren Abel; so wurde am 20. September 1944 aus der um Lebensmut ringenden Mondaine Abels Frau.

Nunzio und die Politik des Landes

Herschmettlen, 1944

»Isch guet«, war alles, was Nunzio antwortete, als man ihn zwölfjährig fragte, ob er denn einverstanden sei, als Tauschkind zur Bauernfamilie Bluntschli nach Herschmettlen bei Gossau zu ziehen, damit einer von deren Söhnen bei Vati Senigaglia in die Malerlehre gehen könne. Die Kleinbauernfamilie hatte keinen Weg gesehen, wie sie das Kostgeld hätte bezahlen sollen, aber ihrem Sohn hätten die Eltern halt doch gerne eine rechte Ausbildung ermöglicht. Da war die Idee aufgekommen, bei Senigaglias in Küsnacht nachzufragen. Immerhin hatte dort vor vier Jahren die eine Tochter einige Zeit als Haushaltlehrtochter verbracht. Senigaglias waren den Bluntschlis als freundliche, währschafte Menschen erschienen, von vernünftigem Schlag, wieso also nicht einfach einmal anfragen?

Die Woche durch sollte also der drittälteste Sohn, Mik, bei Senigaglias wohnen und der älteste Senigagliasohn, Nunzio, bei Bluntschlis. Ein ebenso einfacher wie bestechender Plan.

Allerdings gab es nach dem Handschlag ein Problem: Nunzio war gesundheitlich angeschlagen, man wusste nicht, woher diese Körperschwäche kam, aber die letzten Monate des fünften Schuljahres hatte er zur Erholung auf dem Hemberg bei einer Familie, die kranke Kinder aufpäppelte, verbringen müssen. Dort war er jeden Morgen hinunter in den Stall geschlurft, um kuhwarme Milch zu trinken. Ab und zu hatte er der Familienmutter tragen geholfen, wenn diese einmal wöchentlich nach St. Peterzell wanderte, wo sie neue Dessous abholte, die sie in Heimarbeit mit lachsfarbenen Stickereien schmückte. Nunzio hatte außer diesem gelegentlichen Mithelfen nicht viel tun müssen, nur eben wieder zu Kräften kommen. Die Schule konnte er drei Monate lang ausfallen lassen, aber in den Religionsunterricht hatte man ihn geschickt, da seine Muter, Alda, katholisch getauft und praktisch veranlagt, noch immer davon ausging, Nunzio könne dereinst etwas günstiger aufs katholische Gymnasium.

Auf den Frühling hin kam Nunzio nach Herschmettlen. Nicht scheu, marschierte der Bub als Erstes zu Lehrer Robert Beck und bat darum, ihn doch in die sechste Klasse aufnehmen zu wollen. »In meinem Zeugnis steht: *Repetition der fünften Klasse.* Das will ich nicht. Ich will in die sechste.«

»Und wieso glaubst du, dass du dafür geschaffen bist?«

»Ich habe gehört, dass Sie hier die Kinder der ersten bis zur sechsten Klasse in einem Raum gemeinsam unterrichten. Und wenn ich etwas aus der fünften Klasse nicht weiß, kann ich ja einfach hinüberhorchen …«

»Aha.«

Die wasserblauen Augen des Jungen blitzten ungeduldig unter dem zu langen hellblonden Franshaar hervor, als Beck endlich zustimmte: »Probeweise. Wir werden ja bald sehen, ob du hältst, was du versprichst.« Die letzten Worte des Lehrers hatte Nunzio bereits nicht mehr richtig gehört, er hatte sich auf das deutsche Rad geschwungen, das er von seiner Nonna für den Aufenthalt auf dem Land geschenkt bekommen hatte, ein altes, mit Vollgummireifen ausgestattetes, weil Normalgummi kriegswichtig war, aber doch ein nützliches, wie Nunzio zufrieden feststellte, und weg war er.

Oft konnte man ihn so durchs Dorf auf und ab strampeln sehen, den forschen Nunzio mit seinem strohigen Haar, ein grünes Wolljäckchen über dem weißen Hemd zugeknöpft, die Ärmel vorsorglich mit Schonern versehen, die seine Mutter aus einem alten blau-weiß getupften Kleid geschneidert hatte, beide Füße kräftig in die Pedalen gedrückt und eine Hand über der Bremse. Mit seinen Sohlen mochte er noch nicht den Boden erreichen, dazu musste er das Rad schräg stellen, aber mit genügend Schuss, wusste er den staunenden Bluntschli-Kindern zu berichten, kommst du jeden Hang hinunter.

So lernte Nunzio das Leben einer Bauernfamilie aus dem Zürcher Oberland kennen. Er hatte auf dem Feld geholfen, Zuckerrüben für das Vieh mit einem S-förmigen Stanzeisen zerkleinert, er hatte in der Tanse die Milch zur Hütte der Käserei Herschmettlen getragen, aus der Emmentaler Käse hergestellt wurde in bauchigen Kupferkesseln. Nunzio erachtete es als seine Pflicht, jedes Mal genau hinzusehen, wenn Käser Fröschli die Anzahl Kilo Milch, die er hergeschleppt hatte, ins Büechli eintrug, er wollte sicher sein, dass das Milchgeld seiner Gastfamilie stimmte.

In der Schule konnte er gut mithalten, und in seiner freien Zeit stromerte er zusammen mit Toni Bluntschli, der ein Jahr älter war, durch die Wälder, Felder und die Wiesen. Toni wusste Vögel, Gräser und Pflanzen zu benennen. In der Kiesgrube jagten sie hinter Eidechse und Salamander her, und abends berichteten sie der jüngeren Geschwisterschar bei Sauerteigbrot und Milch von ihren Abenteuern.

Als die Alliierten mit lautem Gebrumm über den Himmel donnerten, gingen die beiden Burschen auf Jagd nach abgeworfenen Stanniolstreifen. Die speziell zugeschnittenen Streifen sollten als passive Störung das Radarsignal der Deutschen zerstreuen. Toni und Nunzio hatten ihre Freude an dem reflektierenden Metall, das sie in Wiesen, Sümpfen und am Waldrand fanden. Sie legten sich einen Vorrat an, im Kriege musste man vorsorgen, das hatten beide früh gelernt.

Aber nicht nur der Stanniolstreifen wegen, ganz überhaupt, so empfand es Nunzio, erlebte er bei Bluntschlis seine aufregendste Zeit. Als sich die Bluntschlibrüder in den Kampf geworfen hatten, um gegen die Meliorierung des Gossauer Rieds anzugehen, war Nunzio »an vorderster Front« mit dabei. Was er hier erlebte, übertraf alles, was ihm sein Alltag zu Hause in Küsnacht je hätte bieten können. Er warf sich ins Zeug, nicht nur seines Onkels wegen, der so manchen Fußballplatz fürs Rübenstecken hatte hergeben müssen: Er mischte sich ein. Es war ihm, als ob er ihn selber geschrieben hätte, den Zeitungsartikel aus der Neuen Zürcher Zeitung, der als Ausriss wochenlang im Milchhäuschen prangte: »Der Windschutz fehlt«. Er lernte, dass es für ein Feuchtgebiet wie das Gossauer Ried nicht gut sein konnte, wenn der Boden beackert würde und, wie Toni sagte, die Erosion kam.

Nunzio nahm sich vor, das Wort Erosion im Wörterbuch nachzuschlagen, denn wenn auch die Lebensmittel mit Märkli rationiert wurden: Bücher hatten Bluntschlis en masse! In der Wohnstube war jedes Tablar und jede Ablage von stapelweise Büchern, Heftchen und Zeitungen okkupiert. Das Gelbe Heft, Ringiers Unterhaltungsblatt, lagerte da neben der Zürcher Zeitung und der Schweizer Illustrierten Zeitung, den Beobachter erwartete die Familie jeweils mit großer Ungeduld, aus ihm schnitt sie die Coupons für allerlei Gratismüsterli, die man anfordern konnte, aus und kam dadurch zu wertvollen Produkten frei Haus. Ja, es wurde regelmäßig geliefert und gelesen im Hause Bluntschli. Nunzio fand schnell heraus, wie sich die Familie das leisten konnte: Sie hatte die »Zeitschriftenablage« und lieferte den Abonnenten der Gegend durch die Kinder die bestellten Hefte und Zeitungen aus. Bestrebt, sich den Platz in dieser belesenen Bauersfamilie nicht schenken zu lassen, bot Nunzio bald an, beim Verteilen behilflich zu sein. Als Fahrer eines Stukenbroker Velos wäre das wohl das Geringste.

Den Frühling und den Sommer über ging das dann auch gut, er liebte es, für Bluntschlis die Straßen auf- und abzustrampeln. Jede einzelne Radumdrehung ließ ihn tiefer in diese Familie einwachsen, wie ein Baum, der mit dem Stamm eines anderen verschmilzt. Dann aber kam der erste Winter, und Nunzio war's leid, ohne Velo durch den Schnee zu stapfen. Kurzerhand belehrte er eine Abonnentin, die etwas gar weit außerhalb wohnte, ihres Rechts, das Abonnement gerne auch jederzeit abbestellen zu dürfen, momoll. Das hat ihm einen kleinen Rüffel eingetragen. Mehr nicht. Es war ja noch ein Bub, fand Mutter Bluntschli.

Im Flur zur Küche hing eine Europakarte. Vater Bluntschli markierte auf ihr nach jeder Weltchronik, der man auf Radio Beromünster lauschte, wo sich die Deutschen befanden und wo die Russen, »damit man weiß, was anderswo geschieht«. Ab und zu las er der versammelten Familie auch aus der Nation vor, einer Wochenzeitung aus dem Widerstand, die den Faschismus und den Nationalsozialismus, aber auch soziale Missstände in der Schweiz offen anprangerte. »Ein ganz wichtiges Blatt«, wie Vater Bluntschli mit tiefer Stimme beteuerte, und Nunzio, der wissen wollte, weshalb, wurde aufgeklärt: »Es ist die Nation, die sich immer wieder gegen die Zensur durchsetzt. Der Surava, der da schreibt, hat sich von allem Anfang an mit dem Oberzensor, dem Bundesrat Eduard von Steiger, angelegt. Und es war wiederum dieser Surava, der den Aufruf gestaltete, man solle weiterhin Flüchtlinge aufnehmen, das Boot sei nämlich noch lange nicht voll, wie von Steiger behauptet hat. Und einmal mehr war es die Nation, die darüber informierte, dass das schweizerische Rote Kreuz im letzten Jahr verkündet hatte, man könne wohl vorübergehend und zu Erholungszwecken Kriegskinder in der Schweiz aufnehmen, aber keine Judenkinder, weil, wie der Präsident des Roten Kreuzes, Max Huber, sagte, deren Rückkehr nicht gesichert sei. Hier drin, Nunzio, findest du noch so manches, worüber sonst keine andere Zeitung zu berichten sich getraut. Es ist wichtig, dass man die Augen und die Ohren offen hält für das, was in der Welt passiert.«

»Aber manchmal ist das doch auch gefährlich?«

»Schau mal, ich will dir etwas zeigen.« Bluntschli winkte den Bub zu sich heran, faltete eine alte Nation auf und zeigte mit dem Finger auf eine große weiße Fläche. »Weißt du, was das ist?«

»Ein Druckfehler?«

Vater Bluntschli lachte: »Nein. Das ist eine leere Spalte. Die hat der Surava weiß gelassen, um damit auf die herrschende Zensur aufmerksam zu machen. Egal, wie: Immer, immer ist es die Nation, die offenkundig macht, was viele ahnen, und immer wieder ist es eben dieser Surava, der kein Blatt vor den Mund nimmt. Wo immer ein Unrecht geschieht, Surava greift es in seinen Artikeln auf und informiert das Volk. Mehr, als das die Oberen in Bern je getan haben. Die müssen ja wählbar bleiben und ihrem eigenen Klüngel treu.«

Tief beeindruckt von einem, der sich Surava nannte, schlug Nunzio Amadeo abends in der Stube in Meyers Lexikon den Begriff »Zensur« nach. Im letzten Band fand er auf Seite 1743 das gesuchte Stichwort:

Zensur *(lat.), Prüfung, Beurteilung, z. B. der Leistungen eines Examinierten durch eine Prüfungsbehörde. Bei den Römern gab es eine Z. der Sitten (s. Zensoren). Die christliche Kirche übte schon früh strenge Aufsicht über das Leben ihrer Mitglieder und ging gegen Verfehlungen mit den Mitteln der Zucht, äußerstenfalls mit Ausschluss aus der kirchlichen Gemeinschaft vor. Nach katholischem Kir-*

chenrecht ist die Z. Kirchenstrafe, besonders zu Besserungszwecken (Exkommunikation, Interdikt; bei Geistlichen außerdem Suspension von Amts- und Weihebefugnissen; censurae latae sententiae, die von Rechts wegen ohne vorausgehendes richterliches Urteil eintretende Z.). Auch die evangelische Kirche hatte zeitweilig über bloße Kirchenzug (s. d.) hinausgehende Staatsgerichtbarkeit. Kirchliche Sittengerichte (Presbyterialgerichte, Konvente) bestanden bis zur Französischen Revolution (vgl. Sendgericht), auch weltliche, besonders die Sitten- und die Ehrengerichte der Zünfte und der Ritterschaften (s. auch Ehrengerichte). – Über die jetzt grundsätzlich (vgl. aber Schmutz- und Schundgesetz bei Jugendschriften) abgeschaffte Bücherzensur s. Presse (Sp. 1239), über Theaterzensur s. d., über Filmzensur s. Filmindustrie (Sp. 723). Über kirchliche Bücherzensur s. Index librorum prohibitorum.

Das war's. Damit war's um ihn geschehen. Die Kohle im Ofen war schon lange verglüht, es war kalt und auch ein bisschen zugig geworden und sehr, sehr finster, aber im warmen Glühschein einer Lampe unter zotteligem Schirm las Nunzio mit steifem Hals und angestrengten Augen konzentriert Eintrag um Eintrag nach, schob Bücher von hier nach da, legte eines zurück und griff sich ein neues, und kam dieser Nacht beinahe abhanden.

Erst sehr viel später schlüpfte er eisklamm zu den Geschwistern Bluntschli und drängelte sich an sie ins vorgewärmte Bett.

die Attacke

Basel, 1946–1950

»Das Gute und das Schlechte liegen eben oft dicht beieinander«, sagte sie beschwichtigend, »er ist vielleicht ein überheblicher Dirigent, ein Schurke, ein Salaud im Umgang mit seinem Orchester, aber vergiss nicht, Abel, wir haben sonst nichts. Du kannst dir mit ihm ein Zerwürfnis schlicht nicht leisten.«

Natürlich hatte sie recht, seine Mondaine, aber dennoch widerstrebte es Abel Ditrich zutiefst, den Buckligen zu geben, nur damit ein selbstverliebter Krösus an seinem Lack keinen Schaden nahm. Was konnte er denn dafür, dass er so viele Briefe von Bewunderern erhielt und dieser Pomadenhengst, dieser Fils à Papa mit Dirigentenstab nicht einen einzigen? War es sein Problem, dass sämtliche Zuhörerzuschriften an Abel Ditrich, Radio Beromünster, adressiert waren? Es war ein offenes Geheimnis, dass dieser Dirigent von seinem eigenen Orchester nicht über alle Maßen geschätzt wurde. Indes, die meisten schwiegen darüber. Mochte die Gage als Berufsmusiker beim staatlichen Radioorchester auch noch so gering sein, darauf verzichten konnte keiner. Und so waren sie aneinander gebunden, die zwölf mager meuternden Musiker und ein österreichischer Arztsohn, der einzig auf Befehl seines Vaters die Ausbildung am Konservatorium Zürich absolviert hatte.

»Verhinderter Chirurg ...«

»Wie der die Musik zerschnetzelt ...«

»Wir sind doch nicht seine Kadaversammelstelle!«

So und ähnlich giftelten doch manche Mitglieder des Von-

Felsberg-Orchesters. Neuerdings sogar Abel, wenn auch nur in die Wirrnis seines Schnauzhaars hinein. Abel konnte es einfach nicht verstehen, wie die Eifersucht, dieser Stachel des Neids, in ihre – was? Freundschaft? – hatte gelangen können. Sie hatten doch zusammen Schallplatten aufgenommen, Durchbrüche gefeiert, Rudi von Felsberg, Dirigent und Komponist, und er, Abel, ehemaliges Wunderkind, der alle Kadenzen bereits als Fünfjähriger beherrschte, der auf seiner Guadagnini aus dritter Hand Walzer, Mazurkas, »Hudigäggeler«, also Schweizer Ländlermusik, ebenso auswendig spielte wie Klassiker oder amerikanischen Jazz! Sie waren doch einmal ein Team gewesen, wie man in Amerika sagte!

Kein Anlass, den der Dirigent ausließ, um ihm zu bedeuten, dass Abel ein Geringerer war. Keine Szene, die Abel ihm nicht machte, um es ihm irgendwie wieder heimzuzahlen.

Sie komponierten gegeneinander an, und als es sich herumgesprochen hatte, dass Abel neben der Stelle als Konzertmeister bei Radio Beromünster ab und an auf privaten Galas spielte, auf Hochzeiten oder bei einer Restauranteröffnung den Prímás gab, ließ der Dirigent eine verbale Katzenmusik durch die Reihen seines Orchesters tönen, dass Abel sich am liebsten beide Ohren mit Ohropax zugestopft hätte.

Abel war nicht fürs Diskutieren gemacht, fürs lange Reden war Mondaine zuständig. Und wenn der österreichische Dirigent erst einmal zu einer Verbalattacke ausholte, traf die auf Abels Trommelfell wie ein unerwarteter Paukenschlag oder, je nach Fall, wie eine Kanonade.

Abel versuchte, sich auf seine Arbeit zu konzentrieren. Wies die Violinisten an, im Gleichklang und mit absoluter Symmetrie zu seinen eigenen Bewegungen den Bogen auf- oder abzustreichen, bedeutete ihnen mit dem kleinen Finger, einer erhobenen Augenbraue, dem kurzen, effektvollen Aufleuchten seines perlmuttenen Froschs am Geigenbogen, welche Tempi gefragt waren, und bemühte sich, nicht nur die innere, sondern auch die äußere Ruhe zu wahren. Und wenn in einer Pause einer oder zwei die Köpfe zusammensteckten und über den Meister herzogen, »der imitiert! Der imitiert und klaut die Arrangements der anderen!«, hielt er sich möglichst raus und zog den eigenen Kopf ein.

Als Erste Geige, als Solist des Orchesters, war es Abels Vorrecht, sechzehn oder zweiunddreißig Takte lang alleine zu spielen. Nur er und der Klang seiner Guadagnini, die in den hohen Oberwellen, den Flageoletten, ganz wunderbar und herrlich unbeirrt voll Leben schwang. In dem Moment, in dem er sein Kinn auf die Stütze legte, in die es sich so gut fügte, weil es sich über die Jahre eingepasst hatte, überkam ihn eine Ruhe, die wie ein Zauber war. Alles, alles, Wände, Menschen, Welt, entfernte sich in diesem Moment und ließ nichts als glückstaumelnde Erwartung zurück.

Griffbrett, Sattel, Schnecke, Wirbelkasten und alle Saiten gespannt. Der Bogen näherte sich mit sicherer Präzision, und wenn der erste Ton erklang und durch den Orchestergraben schwebte, fühlte sich Abel angekommen an seinem gerechten Platz im Weltgefüge.

Er war dafür bekannt, dass er seine Geige wie seinen Augapfel hütete. Nichts durfte ihr zu nahe kommen, keiner durfte sie berühren, hochheben, ausprobieren. Sie war sein wertvollster Besitz, sein liebstes Stück, seinen Händen grad ebenso vertraut wie die eigene Frau, wenn nicht sogar noch mehr.

Und so hatten sich ein paar seiner Kollegen zu einem Jux entschlossen. In einer Mittagspause hatte man Abel dazu überredet, mit ins Restaurant Bruderholz zu gehen. Nur einer blieb zurück. Der ging zu Abels Spind und holte sich dessen Violinenkasten heraus.

Vorsichtig öffnete er beide Schnallen und griff sich den Bogen. Erst am Morgen noch hatte ihn Abel über den Kolophonblock gezogen, liebevoll, sorgevoll, als salbe er einen entzündeten Kinderpopo. Es dauerte keine zwei Minuten, da hatte der Kollege, der befreundete Pianist, den Bogen mit Seife eingeschmiert. Alors, das gäbe ein lustiges Erwachen, wenn Abels Bogen nur so über die Saiten flitzte! Der Pianist grinste.

Und tatsächlich, nach einem ersten Moment des Schocks prustete Abel laut auf, und das ganze Orchester stimmte ins Gelächter mit ein. Ein gut konzertierter Streich war halt etwas, das die strenge Diktatur eines Dirigenten durchbrechen konnte, auch wenn dieser nun auf seinem Podestchen trampelte und tobte. Tant pis.

Die Routine hatte aber auch etwas Beruhigendes, eine vor sich hinplätschernde Regelmäßigkeit. An den Vormittagen probten sie, an den Nachmittagen zeichneten sie auf. Oft komponierte Abel über Mittag neue Stücke, probierte Arrangements aus und fügte Note an Note auf seinem Notenblatt. Am Morgen ging die Sonne auf und abends wieder unter.

Der Wunsch, zusätzlich auch als Geschäftsmann Erfolge einzuheimsen und damit die späte Anerkennung seines Vaters zu erlangen, der in Lausanne noch immer munter Geldstapel in den Tresor schloss, war einstweilen zurückgedrängt.

Zum Glück gab es die zwei Stunden am Samstag, die er mit dem Pianisten im Kino verbrachte, um die neuesten amerikanischen Filme anzuschauen. Oder später dann, als sie schon gehen und sprechen konnte, die Sonntagmorgen, an denen er seine kleine Emma mit ins Kaffeehaus nahm. Kleine Synkopen, die das Muster seines aufgebrachten Herzschlags unterbrachen.

Sie hatte schon recht, seine Mondaine, als sie gesagt hatte, wir wollen zufrieden, nein, wir wollen dankbar sein. Er sagte es sich vor wie ein Mantra, einen Refrain, eine Brücke, jahrelang, und merkte zu spät, was da mit weit ausholenden Schritten auf ihn zugaloppiert kam, ihn am Herzen packte und zu Boden warf.

Parallelwelten

Küsnacht, 1951

Es schneite. Flocken, die von einer dichten Wolkendecke heruntersegelten und gekommen waren, um zu bleiben. Alles wurde weiß, alles wurde farblos, verschwamm vor der Linse und verhängte sich zu einem schweren Mantel über der Landschaft. Nunzio trabte in seinem Zimmer auf und ab. Seine Hausaufgaben hatte er längst erledigt, die Fächer der Zürcher Handelsschule, so jedenfalls empfand er es, brachten ihm nur noch selten Neues. Er hatte die Zusammenhänge begriffen, er war bereit für diese Welt.

Eine Welt, die auf ihn eine ebenso große Anziehungskraft ausübte wie die der Politik, war die der Bühne. Oper, Lichtspieltheater, selbst Marionettentheater – alles, was Wirklichkeiten schuf, Paralleluniversen auftat, vermochte ihn gefangen zu nehmen. Wann immer er in einem abgestoßenen Plüschsessel saß oder auch nur auf einem Holzklappstuhl und sich vor ihm ein Vorhang teilte, war seine Aufmerksamkeit wie elektrisiert.

Man müsste Theater machen können. Man müsste ein ganz Großer sein. Viel zu selten gab es Vorstellungen für Schüler und damit kostengünstige Gelegenheiten, eben diesen ganz Großen, Herrlichen, nah zu sein. Ihre Stimmen zu vernehmen, wie sie im Raume hängenblieben als Ausrufezeichen, ihre Gesten zu verfolgen, als malten sie Bildabfolgen in die Luft.

Er wusste, dass sie Gegenwelten zu schaffen vermocht hatten während der Kriegsjahre, dass sie sich gesammelt hatten im gleichsam als Auffangbecken dienenden Zürcher

Schauspielhaus, all die Exilanten, und gegen den Wahnsinn angespielt hatten. Die Sohlen der Couragierten hatten die Bretter des Schauspielhauses geadelt, Namen wie Else Lasker-Schüler, Ferdinand Bruckner, Georg Kaiser, Ödön von Horváth, Therese Giehse und Ernst Ginsberg wirbelten dem Neunzehnjährigen durch den Kopf wie die Schneeflocken vor seinem Fenster.

»Ich hab's! So kann es gehen!«, exklamierte er und stach mit dem Finger Löcher in die Wabe, die ihn umgab. Nunzio Amadeo spürte: Das wäre ein möglicher Weg hinaus.

Bereits am nächsten Tag nahm er Kontakt auf mit dem Direktor des Zürcher Schauspielhauses, Oskar Wälterlin: »Wie viel müsste ich bezahlen für eine Schüleraufführung von Goethes *Iphigenie auf Tauris* an einem Samstagnachmittag, an dem Sie keine Proben haben?«

»Nun, das sind 1500,00 Franken für die Plätze und noch einmal etwa 300,00 dazu für die Billettsteuer. Was schwebt Ihnen denn vor, junger Mann?«

»Ich möchte die Idee von Schüleraufführungen ins Mittelschulparlament bringen. Und Ihnen würde ich vierzehn Tage vor der geplanten Aufführung mitteilen, ob sie stattfinden kann oder nicht.«

»Nun, wir können das gerne einmal versuchen. Ihr jungen Leute braucht auch mehr als nur Schreibtischbildung, mir gefällt deine Idee.«

Nunzio sprach also kraft seines Amtes als Präsident des Mittelschulparlaments, eines Vereins, bei dem man »das Denken und das Diskutieren lernen kann«, einzeln bei den Rektoren der Schulen vor. Es gelang ihm, deren Einverständnis einzuholen, obwohl ihm jeder vom Ersten bis zum Letzten abriet. Aber Nunzio war nicht aufzuhalten.

Vier Wochen vor der geplanten Aufführung bot er in elf Mittelschulen Zürichs, Küsnachts und Winterthurs je zwei Schüler auf, die als Schulvertreter ebenfalls Mitglied des

Mittelschulparlaments waren. Diese sollten mit einer Anzahl von Formularen und Klassenbestellscheinen, welche sie wiederum den jeweiligen Klassenchefs übergeben würden, Bestellungen generieren, die Bestellscheine wieder einsammeln, die Angaben auf ein Sammelformular übertragen und das eingezogene Geld auf das Postscheckkonto des Mittelschulparlaments einzahlen; als Sold winkten den Schulvertretern je zwei Freikarten der Reihen 1 bis 5.

Aber Nunzio Amadeo Senigaglia wäre nicht Nunzio Amadeo Senigaglia gewesen, wenn dies an Organisation schon alles gewesen wäre. Ein ausgeklügeltes Preissystem ermöglichte ihm, eine unerwartet große Anzahl Interessenten auch wirklich zum Kauf eines Billetts zu motivieren. Entgegen dem Rat der Rektoren nämlich tüftelte er ganze neun Preiskategorien aus, die zwischen einem Franken und drei Franken und zehn Rappen lagen. »Und zwar aus folgender Überlegung: Wenn ein Mittelschüler für Plausch und Steckenpferd, für Kino oder Theater, ein Budget von sagen wir einmal 1,70 hat, und ich biete ihm wie bei den offiziellen, nicht subventionierten Schülervorstellungen nur drei Preiskategorien an, nämlich 80 Rappen, 1,30 und 1,80, dann würde ich im Falle besagten Mittelschülers 40 Rappen weniger einnehmen. Die wären dann gewissermaßen verschenkt.« Obgleich ihm selbst seine Logik als unzweifelbar erschien, vermochte er doch keinen der Rektoren zu überzeugen. Die schüttelten noch immer unisono den Kopf.

Was sollte er die eines Besseren belehren! Nunzio verkaufte abzüglich der Freikarten für die Schüler jeden einzelnen Platz der 995 Sitze – die 20 restlichen blieben für Dienstleute, Feuerwehr und Ärzte reserviert – und erzielte für sein Mittelschulparlament einen beachtlichen Gewinn. So viel, dass er bei der Stempelfabrik Speckert + Klein eigens einen Kategorienstempel hatte anfertigen lassen können, mit dem er den Billettsatz, den er an der Kasse des Schauspielhauses abholen ging, durchstempelte. Jeder Abdruck ein Beweis seiner Durchsetzungskraft. Denn: All dies hatte er alleine ausgedacht und all dies selber realisiert! Nunzio war auf den Geschmack gekommen.

Die Schülervorstellungen, die er von nun an mit dem Schauspielhaus Zürich, aber auch am Kleinen Theater am Neumarkt auf die Beine stellte, erfüllten ihn mit Glückseligkeit und einem Rausch des Triumphes. Und auch die verschiedenen Veranstaltungen politischer Art bewiesen ihm, dass seine Präsidentschaft des Zürcher Mittelschulparlaments für die Ausgestaltung seiner Persönlichkeit nicht unwesentlich war. Er spürte in sich den starken Drang, den Dingen auf den Grund zu gehen – und sie öffentlich zu machen. Als wäre er das der Welt schuldig, allein schon durch die Tatsache, dass es kein anderer tat. So sehr ihn jede Bühne und jedes Bühnenwerk, jeder Tanz auf dem politischen Parkett faszinierte, so sehr musste er auch hinter jeden Vorhang blicken. Er wollte wissen, wer die Fäden zog, und ließ nicht locker, ehe er es verstand.

In der Aula des Schulhauses des Realgymnasiums oberhalb des Zürcher Pfauens fanden die politischen Diskussionen statt. Nunzio lud dazu jede aktuelle Größe ein, die er für seine Denk- und Debattierübungen als groß genug empfand. Gottlieb Duttweiler, Gründer der Migros, war ebenso als Redner zu Gast wie der Stadtpräsident Zürichs, Emil Landolt. Und als ihm der Völkerrechtler und ehemalige Schweizer Gesandte in Jugoslawien, Eduard Zellweger, einen Korb geben wollte, weil dieser der Meinung war, so junge Leute wie Nunzio vermöchten das Machtproblem eventuell gar nicht zu begreifen und könnten seinen Vortrag über das Verhältnis USA und UdSSR nicht nachvollziehen, da machte sich Nunzio kurzerhand selber auf, den Anwalt zu überzeugen. In dessen Parterrewohnung an der

Zürcher Tödistraße trank der junge Blonde dann mutig seinen ersten Türkischen Kaffee und stand Zellweger Red und Antwort. Begeistert von so viel Interessiertheit und echtem Verständniswillen, sagte dieser zu und stieß mit seinem Vortrag im Mittelschulparlament die Kugel an, die danach in zahlreichen Gesprächen und Diskussionen, aber auch in übungsweise inszenierten parlamentarischen Verhandlungen unter den jungen Männern vieles ins Rollen brachte.

Eines aber blieb sich gleich oder verstärkte sich sogar – Nunzio wurde zum Parallelgänger zwischen den Welten, zum Verbindungsstück, das die Wirklichkeit vor dem Vorhang ebenso auslotete und kannte wie die Wirklichkeit, die dahinter lag.

Er hatte, ohne dass er es wusste, seine Bestimmung gefunden.

Gottes verlorenes Kind

Richterswil, 1958

Also schon wieder. Zum dritten Mal in ihrem Leben. Emma ließ die Schultern sacken. Früh genug würde man ihr sagen: Steh gerade; raff dich zusammen; Bauch rein, Brust raus; Kinn hoch; aber nicht zu hoch. In diesen drei, vier, sechs oder sieben Sekunden, die sie hatte, die Gott ihr gewährt hatte, der liebe Gott, von dem ihre Mutter so oft sprach, in dessen gütige Hände man seinen ganzen Kummer, sein ganzes Leid legen sollte, um frei zu sein, wieder frisch, froh und mutig, dieser Gott dehnte die Zeit, diese nur noch fünf oder ein paar mehr Sekunden, die die Gouvernante benötigte, um über den groben Kies zu ihr hin zu marschieren, die sie da stand, im roten Kleidchen, mit der roten Schleife im schwarzen Haar, dem widerspenstigen, den Söckchen mit den Rüschchen, den schwarzen abgetretenen Lackschuhen, in ihrer dunklen, trotzigen, vornübergebeugten Gestalt, diese wenigen kostbaren Sekunden nutzte sie, um die Lage zu sondieren, vorzufühlen, um möglichst jetzt schon den gesamten unheilvollen Raum aufzunehmen, um gewappnet zu sein für alles, was hier geschehen könnte, ihr hier geschehen könnte, ihr zustoßen mochte, derweil sie wartete auf ein Wort dieses ungeprüft gütigen Gottes, der doch alles sah, der doch immer alles mitangesehen hatte und nichts getan.

Vor Emma zog in diesen Sekunden ihr ganzes zwölfjähriges Leben vorbei.

Oberbalm, Emma mit fünf. Der erste Abschied von Maman Mondaine und Papa Abel. Herzzerreißend, wie sie schreit, wie sie sich selber in den Ohren echoen hört, noch in der ersten Nacht. Sie ist überzeugt, dass ihr die Ohren aufplatzen, bersten und Blut und gelbe Flüssigkeit, ihr Gehirn, hinausströmen werden in einem einzigen langen, nicht anhaltenden Strom. Am Morgen findet sie Blutstropfen auf ihrem dünnen Kissen, und ihr Gesicht ist ganz angeschmutzt mit Krusten, die ihr an Nase, Oberlippe und Kinn kleben.

Der Nidel, der auf der Milch schwimmt, wirkt bedrohlich. Er flüstert ihr beim hektischen Hinunterschlucken heimtückisch zu: Ich werde dir den Mund verkleben, den Hals, die Atmung, damit du daran erstickst. Aber der Nidel muss hinuntergeschluckt werden, sonst gibt es kein Brot, sonst gibt es Schläge auf die Finger. Oder schlimmer: Es droht einem das stundenlange Sitzen auf dem »Stillen Stuhl«. Und das ist doch so schwierig, so unendlich unmöglich, die zappeligen Beinchen stillzuhalten. Besonders, wenn die Füße den Boden nicht erreichen können. Und der Boden immer lockend ruft: Du kriegst mich nicht, du kriegst mich nicht. Du kriegst mich ja doch nicht, du nicht!

Das Gretli, das so viel schluchzen muss, jede Nacht, bis man sie in ein anderes Zimmer legt, Emma weiß nicht, wohin, aber als das Gretli wiederkommt, schluchzt es nicht mehr. Allerdings sagt es auch sonst nichts mehr. Gretli hat die Sprache verloren, jeden einzelnen Ton. Und Emma lernt: Schluchzen bringt einen auch nicht zu den Eltern zurück.

Zurück zu Maman und Papa. So oft sind sie schon umgezogen, dass Emma befürchtet, sie zu verlieren. Was, wenn die Maman jetzt wieder umzieht? Und Emma vergisst? Wie soll Emma da je zu ihr zurückfinden? Maman sagt, das viele

Umziehen, immer nur den Engagements nach, bekomme Emma nicht. Emma sei zwar ein Musikerkind, müsse aber dennoch Anstand und Beständigkeit lernen. Ein Kinderheim gibt ihr die nötige Stabilität im Leben, sagt sie.

Und darum ist sie hier, bei Kindern, die keine Maman und keinen Papa mehr haben. Sie aber hat welche. Und doch ist sie hier.

Sie wusste es doch ganz genau, dass da einmal ein Daheim gewesen war. In der Gellertstraße in Basel war das gewesen! Als sie, ebenfalls mit Rüschchen an den Söckchen und lackierten Schühchen, mit Hut und Schleife und dicht gelocktem Haar, mit dem Papa jeden Sonntagmorgen spazieren gegangen war, die Allee auf und ab, durch den Park und dann ins Café, wo der Papa seine Journaux lesen konnte, seine Zeitungen, eine nach der anderen, und französischen Milchkaffee trinken. Da war einmal ein Mann gewesen, der hatte Haare, die waren schlohweiß, und da hatte ihr der Papa erklärt, das kommt von den Sorgen. Und sie war auf den Mann zugegangen, furchtlos, traurig, voller Mitgefühl, und hatte ihn mit dem Händchen angestupst, am Jackenärmel gezupft und gesagt: »Es tut mir leid, dass Sie so viele Sorgen haben.« Und der Mann und Papa hatten freundlich gelacht.

Fribourg. Das Sirren von Nähmaschinen. Die flinken Hände der Schneiderinnen. Ihre Freundin Eloise, ein Kind aus einer Familie, die von Armut befallen ist, so die Maman. Emma mit acht. Und all ihrer Liebe für die Freundin Eloise. Die Maman, die ihr immer wieder etwas zu essen einsteckt für Eloise, weil deren Tisch so kärglich bestückt sei, weil sie »unten wohnen«, in der Basse-Ville, inmitten von Menschen einer niederen Ordnung, minderwertig und händel-

süchtig, wie es hieß, und eben nicht oben in Fribourg wie sie. Weil sie Bolze sind und Bolze sprechen, kein ordentliches Französisch können, sondern nur den Armeleutedialekt. Eloise, die alles immer mit ihren neun Geschwistern teilt. Eloise, die immer so schön teilt mit ihren Schwestern, auch das Leid, das der Vater über sie bringt, wenn er sie nachts besuchen kommt. Und das der Brüder, das auch. Eloise, die sich »opfert«, »ich opfere mich für Emma«, es ist ein flehentlicher Aufstand gegen seine Hand, die sich Emmas eckige Schulter gegriffen hat. Aber Eloise siegt über ihn und verschwindet mit dem Vater für eine kurze Zeit. Danach darf Emma sogar dort zu Abend essen. Ein dunkles Gulasch gibt es, und alle mampfen sie glücklich, und der Vater mit jubilierendem Triumph im Blick, woher das Glück eines solchermaßen reich gedeckten Tisches? Und Emma mampft munter mit.

Emma überlegte noch lang, ob das überhaupt stimmen konnte, ob das tatsächlich die Wahrheit war, dass der Vater den Barry geschlachtet hatte als Strafe dafür, dass man ihm die Emma vorenthalten hatte, was immer das auch heißen mochte: vorenthalten. Emma überlegte, ob er den Hund nicht einfach weggeschafft hatte, im Wald ausgesetzt, und sie wusste nicht, welcher Gedanke schlimmer war: der von Barry in ihrem Bauch oder der von Barry alleine in einem großen, dunklen Wald.

Dann Boudry, Emma mit neun. Wieder ein Abschied, wieder das hastige Wittern von Gefahren, denen sie augenblicklich ausgesetzt ist. Mittlerweile kennt sie die furchtbaren Strömungen, die von Menschen ausgehen können, ob von Männern, ob von Frauen. Sie ist sensibilisiert auf Macht. Sie spürt sie, wenn diese sich erst zusammendräut, sie spürt sie, wenn diese sogar noch schläft. Und sie erlebt die Ohnmacht derer, die im Zentrum der Aufmerksamkeit der Oberin stehen und damit im Zielbereich der Macht, sie erlebt deren Furcht, als wäre es die eigene.

Emma erfindet sich jeden Tag neu. Nur, indem sie das Alte abstreift, kann sie überleben. Je nach Publikum, je nach Zusammensetzung der Zuhörerschaft, dichtet sie ihr Leben um. Sie wählt die Worte mit Bedacht, ultimative Schreckensworte, denn nur das Allerschlimmste kann sicherstellen, dass sie als zugehörig anerkannt wird. Sobald herauskommt, dass Emma eigentlich kein Waisenkind ist, dass sie Eltern hat, ist sie doppelt geächtet. Gehört nicht zu den Eltern, die haben sie ja weggegeben, gehört auch nicht hierher, weil: Du bist nichts Besonderes, dir ist ja nichts passiert!

Die Geschichten, die sie erfindet, werden immer schauriger. Sie will eben unbedingt doch dazugehören, alles ist besser als diese um sie geschlungene Einsamkeit, besser als ihr berstendes Sehnen, ihre abgrundtiefe Traurigkeit.

In den Weinbergen bei der Lese lacht sie mit den Buben. Die sind größer als sie und gröber, Emma gibt zurück, so gut sie kann, bis ihr Gesicht allmählich eindreckt und sie die Haarbüschel, die borstigen, nicht mehr unter dem Kopftuch halten kann. Die Gouvernante, die sie erblickt, ist eine gefürchtete. Ihr Bürzel betont die Klarheit und Strenge, die sie an den Tag legt und ihrerseits von »Gottes verlassenen Geschöpfen« fordert. Das wird Folgen haben, sagt sie. Und Emma weiß nicht, was das heißt.

Am Abend muss sie dann nackt durch den Trakt der Buben schreiten, einmal den Flur hoch und einmal den Flur hinunter, derweil die Buben, ohne einen Mucks zu machen, aber mit erstaunten, erschreckten, amüsierten, verlegenen, beschämten Gesichtern mehr schlecht als recht Spalier stehen.

Eine andere Nacht. Emma hatte sich für einen kleinen Jungen eingesetzt, dessen Hände von der Rebenlese ganz zerschlissen waren, spröd und blutig aufgesprungen. Das Gedicht, das nun alle lernen müssen, ist lang, sicher sechzehn Strophen. Jede Viertelstunde muss eines der Kinder der Gouvernante vortragen, wie weit es schon gekommen ist, und für jedes falsche Wort fliegt ihm eine Hand ins Gesicht. Emma sieht, wie ein paar vor lauter Schreck ohnmächtig werden. Und Emma lernt.

Dabei mache ich doch alles, was man von mir verlangt. Und ich kann so schön singen. Wenn das mein Papa wüsste, ich singe alle Schlager …

… durch Emmas Körper rieselte eine Welle, sie dachte an Caterina Valente, Conny Froboess, Lys Assia und diesen Neger, diesen Harry Belafonte, und ihre Lippen spitzten sich, ein Hauch von Luft, als sie ansetzte, standhaft *Banana Boat* zu pfeifen, derweil eine immer größer werdende Gestalt auf sie zuschritt, eine neue Oberin, Gouvernante, Heimleiterin, die fortan über sie würde herrschen dürfen, von ihr würde verlangen dürfen, strammzustehen mit durchgedrückten Knien, anstatt wie die wilde Jagd angerannt zu kommen, mit einem Strauß Wegwarten in der Hand, den sie irgendwo gepflückt hatte …

Sabine bricht sich in einer Grotte den Rücken. Sie fällt vom schmalen Sims. Sie hat so furchtbare Angst. Und Emma berührt sie an der Hand und tröstet sie. Und dabei weiß Emma doch, dass sie die anderen Kinder in Ruhe lassen soll. Sie gilt als schlechter Umgang in Boudry, als ungelehrig, unverbesserlich, als Gottes verlorenes Kind, immer immer wieder.

Emma lernt, die Laken ordentlich unterzuschlagen, auf der Eisenliege stillzuliegen, die Hände sittsam auf der schmalen Decke, parallel, wie kleine Flügelchen ohne Spannkraft, dabei ist sie immer so voller Begehrlichkeiten! Will singen und tanzen, die Arme verwerfen, auf den Boden stampfen!

Emma erobert sich Aufmerksamkeit, indem sie Räder schlägt, Purzelbäume macht und die anderen Mädchen dazu animiert, sich vorzubücken, damit sie über Rücken Bockspringen kann. Sie spielt sich wie ein Instrument, sie beherrscht sich gut. Und doch ist Emma in sich gefangen und betrachtet die Welt um sich wie durch Gitterstäbe hindurch. Und wenn sie an zu Hause denkt, ist es, als ob sie eine ausgezackte Scherbe verschluckt, die ihr im Hals kratzt und schmerzt.

Als ihre geliebte Puppe bei einem Schmorbrand, den das bunte Tuch über dem Lampenschirm verursacht hatte, schmilzt und außer einer übelriechenden Masse nichts von ihr übrigbleibt, schickt ihr die Maman eine neue. Eine teure, feine, aus Biskuitporzellan. Aber Emma mag sie nicht, diese neue, blonde Puppe in ihrem lila Kleidchen; ihre alte Puppe hatte schwarzes Haar.

Die da auf sie zukam, war auch blond. Sie verdeckte schon die Sonnenkugel, als in Emma noch eine letzte, tiefe Erinnerung aufkam und sich vor ihr abrollte wie ein langes Band mit Bildern, ein Band, das ihre Vergangenheit mit dieser neuen Gegenwart, die sie noch nicht kannte, noch nicht sicher wittern konnte – wäre sie gut, wäre sie schlecht, die Gegenwart hier? –, verknüpfen wollte.

Sabines Gips ist ein Mirakel. Nur die Beine sind frei, ihre Zehen zappeln. Es heißt, Sabine müsse liegen und Ruhe ha-

ben, damit die Knochen an ihrem Rücken wieder zusammenwachsen. Dazu hat die Gouvernante sie jetzt auf den Tisch geschnürt. Denn die Strafe hat ja noch nicht stattfinden können, und Strafe muss sein. Die Bibel ist voll davon. Schuld und Sühne. So viel Schuld, denkt Emma, und immer wieder so viel Sühne. Die ganze Mädchenschar hat im Gänsemarsch anzutreten und Sabine mit einer Rute auf den Gips zu schlagen. Sabine heult schon, bevor das erste Mädchen ausholt. Als sich Emma weigert, bei diesem Kollektivkommando mitzumachen, heißt es: Dann wirst halt du geschlagen.

Aber sie hat sich getäuscht. Keiner schlägt sie. Stattdessen wird sie abgeführt in den Geräteraum neben der Turnhalle. Da hat es Spinnen, Schlangen und Skorpione drin! Da bleibst du nun drei Tage und drei Nächte, du verlorene Seele. Bis du es lernst.

»Was stehst du da wie angeleimt? Marsch, marsch, beweg dich!« Und die störrische Emma lernte auch im Mädchenpensionat »Carola«, wie sie sich zu verhalten hatte, um möglichst nicht unbehelligt zu bleiben. Denn: Nur die fürchterlichsten Geschichten, nur die allerschlimmsten Geschehnisse könnten aus ihr eine der anderen machen.

Briefe für Amimour

Atlantischer Ozean/San Juan, Puerto Rico, 1957/1958

Am Freitag, dem 8. November 1957, stand den Gästen der ersten Klasse des Passagierdampfers »Antilles« der Linie Cie Gle Transalantique French Line das folgende Mittagsmenü zur Auswahl:

Grüne Oliven, Stangensellerie, schwarze Oliven; Salami aus Mailand, Sardellenfilets aus Biarritz; Salat Cambacérès, Radieschen und frische Calvados-Butter. Im Weiteren Rouennaiser Suppe in der Tasse, kalte Consommé oder eine Zwiebelsuppe, à point zehn Minuten lang gratiniert.

Wer mochte, bestellte sich pochierte Eier an einer weißen Mornaysauce oder gebratene Eier amerikanischen Stils. Obendrauf käme dann das Seeteufelmedaillon im Mayonnaisemantel zu liegen.

Besondere Aufmerksamkeit wurde erbeten für die Kalbsbrustspitzen, sautiert nach Saintonger Art.

Frische grüne Böhnchen an echter Butter aus Isigny, Kartoffeln – gekocht, gebacken, gestampft oder gepellt – weiße Bohnen nach Art des Maître d'Hôtel, Nudeln, Hörnchen, Spaghetti an Tomatensauce, Kreolischer Reis und Riz Nature wurden angepriesen, und als wäre das noch nicht genug, gab es auf Holzfeuer gebratenes Hammelkotelett, gebratene Kutteln und grünes Erbsenmus sowie Babykartoffeln obendrauf.

Wem der Sinn nach etwas Leichterem stand oder wer sich ob des reichhaltigen Angebotes in seinen widersprüchlichen Gelüsten verirrte, bestellte sich Kopfsalat oder Endivien oder einen Käseteller mit Munster, Bon-Adour und

Schweizer Gruyère Crème. Die einen süßen Zahn hatten, freuten sich schon nach der ersten schwarzen Olive auf Desserts wie den Moskauer Pflasterstein, die Tarte Montmorency, das Ananas-Flan oder den gebackenen Apfel an Früchtezuckergelée. Assortierte Kompotte und ein Früchtekörbchen krönten das Angebot dieses einfachen Hauptgangs des 8. November 1957, zu dem man Rotwein oder Weißburgunder kredenzte, einen Tee aus China oder einen aus Ceylon zu sich nahm oder wahlweise auch einen French Coffee, Nescafé oder einfach eine Milch. Und wer es wirklich ganz prosaisch wollte, trank einen Kräutertee. Lindenblüten, Minze, Eisenkraut und Kamille standen dem Geneigten zur Auswahl bereit.

Abel Ditrich hielt sich an das kalte Buffet. York Ham und Schinken aus den Ardennen, Roastbeef mit Meerrettichschaum, Räucherzunge oder vielleicht auch einmal die Ententerrine an Périgourdinesauce probieren? Längst schon war er das Essen der Allerweltsleute gewohnt, achtete seit seinem Namenswechsel nicht mehr auf koschere Speisen. Er stapelte die Tranchen auf seinem Teller und überlegte: Wenn das ein normales Mittagessen war, was wird uns erst zum Galadiner erwarten?

Er war unterwegs nach Puerto Rico. Die zweite Saison, die er nach seinem etwas unschönen Abgang im Unterhaltungsorchester Beromünster wegen eines Herzinfarkts, endlosen Spitalaufenthalten und darauffolgenden Tagen tiefster Sorge und Ratlosigkeit, der mageren Engagements in mittelprächtigen Unternehmen nun erneut »in Amerika«, wie er es nannte, spielen sollte.

Ihn erwartete das Swiss Chalet in San Juan, und jeden Sonntag eine eigene Radioshow. Von 13 bis 14 Uhr würde er wieder zusammen mit einem kleinen Mann namens Vic vor einem Mischpult mit zwei Plattentellern und einem Mikrofon im Studio sitzen. Sein größter Hit bislang war es gewesen, als er dem Radiopublikum den »Swiss Jodel« beizubringen versucht hatte. In einzelne kurze Lektionen aufgestückelt, führte er sie mit seinem französisch angehauchten Englisch von *jololo* zu *duali* und verband das Ganze hernach zu einem: *jololoduali*. Ein Renner, der in der Vorjahressaison die Straßen San Juans auf und ab gesungen wurde.

Abel saß am Tisch und kaute an einer Räucherzunge herum. In seinem inneren Ohr hörte er sie schon, die Ankündigung, die seiner Show jeweils vorausgehen würde: »This is Radio WHOA 1400 on your dial, your English language station in San Juan. Please welcome now: Abel Ditrich.«

Und er würde wie gewohnt auf Französisch einsetzen, im Hintergrund eine verzuckerte Violinenmelodie ab Vinyl, und mit einem charismatisch hingehauchten *Bonjour, quel beau dimanche*, hätte er seine Hörerinnen und Hörer wieder sicher in der Hand.

Er liebte diese Show. Er liebte es, zusammen mit seinem Radiopartner Vic die einzelnen Stücke anzusagen, liebte es, wie sich Vic über seinen Moustache mokierte, sein zigeunerhaftes Aussehen, und wie er sein Frotzeln geschickt mit einer Sehnsucht verband, die offenbar alle Insulaner verspürten, der Sehnsucht nach der Reise, nach der Ferne, einem anderen Dasein jenseits der Wellen. Selbst die Werbeansagen, die sie unterbringen mussten, gaben Anlass für Schabernack. Abel konnte meisterhaft einen Fiatmotor imitieren, und Vic lachte ihn dabei aus und korrigierte, dass der neue Fiat beinahe geräuschlos, auf jeden Fall aber äußerst angenehm im Klang sei, gewissermaßen ein Präzisionsinstrument, und beide mussten sie losprusten vor lauter aufgestautem Lachen. Eine Nummer, auf deren Wiederholung Fiat bestand. Für den 500er, den 600er, den 1100er den 1200er, 1800er – für all die sagenhaft guten Modelle, denn: *Es gibt so viele Modelle von Fiat, für Business, für Pleasure oder selbst als Zweitwagen. Fiat hat alles und für jeden Gebrauch.*

Und so weiter und so fort, bis ihn Abel unterbrach und auf Französisch sagte, jetzt sei es genug, er wolle nun zurück zu seiner Musik. »... pour mon plaisir, and I hope for your pleasure, too. I put in the record machine the most beautiful Viennaise Waltz from Johann Strauß, the Emperor Waltz«, kauderwelschte er sich in jedes amerikanische Herz hinein.

Abel lächelte. Er war froh, dass er diesmal nicht alleine reiste. Mit ihm kamen ein Klarinettist sowie ein Saxophonist, die er aus seiner Spielzeit im Zürcher Hotel Baur au Lac kannte. Zusammen vertrieben sie sich die Zeit der Überfahrt mit Tischtennisturnieren, Üben und Flanieren. Ab und zu fotografierten sie sich auf Deck beim Liegen, Lesen, Lachen und Spazieren. Abel hatte sich einen breiten, gezwirbelten Schnauzbart wachsen lassen, als die ersten Haare auf seinem Kopf auszufallen begannen. Er achtete penibel darauf, dass er stets gut gelaunt in die Kamera blickte; diese Bilder wollte er allesamt seiner Chérie, seiner petite femme, seiner Mondaine, schicken. Jeden Tag schrieb er ihr einen Brief oder eine Karte. Manchmal sogar zwei.

Die Briefe gab er später in San Juan auf, und als er einmal nach New York eingeladen war, tütete er sogar zwei kleine Fotografien mit ein, die ihn auf dem Bildschirm eines Fernsehapparates zeigten.

Auch dieses Jahr würde er wieder, sobald er in San Juan angekommen wäre, seiner Frau ein Radiogramm nach der Wildbachstraße 39 in Zürich, Schweiz, schicken. *BIEN ARRIVE GROS BECS = ABEL.*

Um die fugenlose Nähe zu Mondaine auch auf große Distanz spüren zu können, musste sich Abel konstant mit Gedanken an seine Frau umgeben. Er dachte an sie, wie sie ihr Negligé trug, er dachte an sie in ihrem Winterkleid, er dachte an sie im Seebad, und er dachte an sie im Konzertsaal. Woran er nicht denken mochte, waren die sieben Schneiderinnen, die sie hatten entlassen müssen, als sein Plan, in Fribourg nach seiner verpatzten Radio-Beromünster-Karriere als Kaufmann von Stoffen und Leder mitsamt einem Atelier de Couture zu reüssieren, hatte aufgegeben werden müssen, und woran er auch nicht denken mochte, war die Einsamkeit, die seine Frau verspüren musste, weil sie auf ihn wartete. Allein.

Also ließ er von seinen Freunden Fotos knipsen von ihm vor einem übergroßen Ford, vor einem übergroßen Cadillac, vor einem übergroßen Chevy oder beim Fußballspiel mit der Radiocrew von WHOA 1400, braungebrannt auf einer Wiese unter Palmen. Immer auf der Suche nach einem neuen Postkartenmotiv, schlenderte er in seiner freien Zeit die Läden ab, schrieb auf die Karten Alltagsmitteilungen, da er wusste, nur eine Liebe, die sich den Alltag zu teilen vermag, war eine wahre Liebe.

Mes chers! Hier die Hauptstraße!!! Damit Ihr Euch ein bisschen zurechtfinden könnt. Große Küsse, Papi, oder an seine Tochter Emma:

Meine liebe kleine Tochter, voilà, hier ein Blick auf den Strand, an dem ich bade. Gefällt er Dir?? Große Küsse von Deinem Papi.

Wenn er keine Postkarten zur Verfügung hatte, schrieb er auf die rotweißen Pappdeckel, die dem Swiss Chalet in Puerto Rico als Untersetzer dienten, Mitteilungen wie: *Habe nun drei Stunden geübt, warte auf meinen Auftritt. Große Küsse, Papeli.*

Denke nur an Dich. Liebe, liebe, liebe Dich. Dein Papeli.

Schrieb er an seine Mondaine, lautete seine Unterschrift seit der Hochzeit Papeli; schrieb er an seine Emma, lautete sie Papi. Auch bei Massimo unterschrieb er mit Papi: *Mein lieber Massimo. Auf dieser Karte kannst Du die ganze Geschichte Puerto Ricos sehen. Alles geht gut. Große Küsse, Papi.*

Er schrieb um vierzehn Uhr gleich nach der Radioshow, und er schrieb um ein Uhr dreißig in der Nacht, wenn die letzten Gäste das Swiss Chalet verlassen hatten, um sich nach einem gelungenen schwungvollen Abend der Liebe hinzugeben.

So war es im letzten Jahr gewesen, und so würde es dieses Jahr ohne Zweifel wieder sein. Und genau davor fürchtete er sich, vor dem langen, einsamen Briefeschreiben, als er, einer von 728 Passagieren, die zurzeit auf dem offenen Atlantik fuhren, in der Kabine 522, von seinem Auftraggeber Swiss Chalet für 353,00 US-Dollar angemietet, ein weißes fransiges Tuch aus seinem Geigenkasten nahm und leise weinend seine Violine zu polieren begann.

San Juan, 5./6. März 1958, Mittwochnacht auf Donnerstag 1 h 20

Meine liebe kleine Ehefrau, meine Chérie!

In zwei Tagen wirst Du zweiundvierzig, meine Liebe!! Von diesen zweiundvierzig Jahren hast Du mir siebzehn geopfert!! Siebzehn Jahre, die ich Dich liebe, immer und immer mehr, meine Liebe. Nebst meiner großen Liebe habe ich Dir die meiste Zeit nur Sorgen gebracht … aber wisse, meine Liebe, dass ich alles, was ich in meinem Leben gemacht habe, nur deshalb gemacht habe, weil ich hoffte, Dir dadurch das Leben zu erleichtern. Ich habe immer gehofft, Dir mehr geben zu können, mehr bieten zu können, Dich noch mehr verzärteln zu können, leider war ich darin nicht sehr erfolgreich, aber, meine Liebe, ich liebe Dich von ganzem Herzen, mit all meiner Kraft, und ich bin sicher, dass ich Dir eines Tages all das werde bieten können, was ich mir für Dich so sehr wünsche. Dass ich Dir ein paar Monate voller Glück und ohne Sorgen bescheren kann, ein schönes Leben.

Ich danke Dir, mein Schatz, für all die Geduld, die Du mit mir hast, und dafür, dass Du mir immer den Rücken stärkst. Ich mag vielleicht einen schlechten Charakter haben, ich bin dickköpfig und will immer, dass alles nach meinem Willen geht … aber ich bin auch dickköpfig in meiner Liebe zu Dir, mein Schatz. Das heißt: Mit all meiner Kraft und all meiner Seele liebe ich Dich und bin der Deine.

Mon amour, wenn Du mir wirklich einen großen Gefallen tun willst, dann höre auf zu schreiben, dass Du und Massimo arbeiten gehen wollt! Ich werde Dir schon schreiben, wenn das auch noch nötig sein sollte, aber im Moment reicht doch das Geld, das ich schicke, also bitte denk nicht mehr daran und leb Dein Leben!

Ich wünsche Dir noch einmal einen schönen Geburtstag, leider wieder einer, an dem ich nicht bei Dir sein kann, und ich schicke Dir zusammen mit meinen Worten meine zärtlichsten, meine besten Küsse. Dein Papeli, der Dich liebt.

Musiker, Juden, Zigeuner, dunkles Pack

Küsnacht, 1960

Sie waren nicht das erste Mal da. Dies war bereits ihr zweiter Versuch, die drei freien Zimmer im Dachgeschoss mietweise zugesprochen zu bekommen. Diesmal aber hatte Nunzio Amadeo die Tür geöffnet. Er stand da in seiner ausgebeulten Trenkerkordhose, dem zu engen Hemd mit der verdeckten Knopfleiste und einem abgestoßenen ärmellosen Pullunder von undefinierbarer Farbe – war er beige? war er orange? braun? –, den ihm seine Mutter gestrickt hatte, und sah sich einer elegant zurechtgemachten Kleinfamilie gegenüber: Dame, Herr und Kind.

»Grüezi?«

Die Dame trug ein klassisches Kostüm nach den Maßstäben der Haute Couture. Sie sagte in breitestem Berndeutsch *Grüeßech* und fügte rasch ein Zürcher *Grüezi* an. Ihr Charme lächelte die kleine Verlegenheit weg, und ihre ganze gepflegte Erscheinung, die reizenden Ohrringe, die goldene Türler Uhr an ihrem schmalen Handgelenk, hieß Nunzio Amadeo aufmerksam sein. Er legte die ausgeschnittenen Zeitungsartikel und seine Notizen, die er sich für seine nächste Reportage gemacht hatte, hinter sich auf ein Möbeli. Dabei entging ihm nicht, dass das Mädchen, wie alt mochte es sein?, dreizehn?, vierzehn?, fortwährend Echolotsignale aussandte: Wie findest du mich? Wie habe ich zu sein, damit du mich gut findest? Was muss ich machen, tun, sagen, lassen, damit ich ankomme? Die Kleine hatte eine magische Wirkung auf ihn, dabei gefiel sie ihm gar nicht, mit ihrem dicken dunklen Haar, das trotz der anspruchsvollen Frisur nicht darüber hinwegzutäuschen vermochte, dass es störrisches Haar war, Wirrhaar, das einem die Sinne vernebeln konnte. Und erst ihr spitzes schmales Gesicht, all das verunsicherte ihn. Er spürte den stummen Appell, der von ihr ausging, die tonlosen akrobatischen Versuche, eine Komplizenschaft herzustellen, um einer Not zu entrinnen, die er nicht kannte.

»Bonjour Monsieur«, holte ihn die Stimme des großgewachsenen Herrn mit dem Schnauzbart und den runden Augen zurück, »comment-allez vous? Wie geht es Ihnen?«

Aber Nunzio Amadeo hatte ihn schon beim ersten Mal verstanden, in der Sekundarschule in Gossau hatte er beim Französisch aufgepasst. Er sagte noch einmal: »Grüezi, ja?«

Das Hahnentrittmuster des Kostüms der Dame flackerte hypnotisch vor seinen Augen, als sie lachte, ihre weißen Zähne zeigte, den Kopf ins Genick warf wie eine Dietrich?, Davies?, Hayworth? – und ansetzte: »Wir sind gekommen, um wegen der Wohnung nachzufragen, die bei Ihnen frei geworden ist. Oben, im dritten Stock.«

»Sie waren gestern schon einmal hier?«

»Stimmt. Mein Mann hatte die Ehre, mit ihrer Frau Mama zu sprechen. Aber erlauben Sie, dass wir uns alle auch Ihnen vorstellen. Mein Name ist Mondaine Isra … Ditrich. Und das sind mein Gatte, der Violinist Abel Ditrich, und Emma, unsere Tochter. Mach einen Knicks, Emma!«

Nunzio Amadeo verfiel dieser Frau Ditrich mit ihren schlanken Händen und dem cremefarbenen Modellhut auf Anhieb, er mochte ihr Parfüm, eine schwere, dunkle, rauchige Note, und die Eleganz, die sie im Treppenhaus seiner Eltern verbreitete. Ihr Strahlen war so gegensätzlich zu allem, was er kannte. Sie schien so ein aufgeräumtes, fröhliches Gemüt zu haben, brachte Glanz an die Dorfstraße, was machte es da noch aus, dass ihr Mann Geiger im Paprika war, einem ungarischen Lokal, das nur unweit von hier des Abends die Gäste mit Musik vor einem von hinten erleuchteten Panoramabild der Budapester Kettenbrücke einwickelte. Man hatte schon über sie geredet, gestern, die Mutter hatte schon ihr Wörtchen zu sagen gewusst, nachdem sie die Türe hinter dem dunklen Mann geschlossen hatte. Musikanten, das war das Letzte, was Alda als Mieterschaft haben wollte, zigeunerndes Pack. Vati Senigaglia sah das lockerer. Auch solche brauchen ein Dach über dem Kopf, sagte er lakonisch, und wir haben eines zu vergeben.

»Wir wollten Ihnen unsere Aufwartung machen. Und, schauen Sie, wir haben Ihnen etwas mitgebracht: eine Einladung ins Paprika für Ihre ganze Familie. Wie viele sind Sie?«

Nunzios Faszination platzte wie ein Ballon, und er lachte. »So viele, wie Sie bestimmt nicht alle verköstigen können. Entschuldigen Sie, ich will nicht taktlos sein«, nur das nicht, nur nicht taktlos sein bei einer, die so viel Takt besaß wie Frau Ditrich, deren Lächeln einen einschmeichelte wie ein lang ersehntes Sonnenbad nach einer andauernden Phase des Hochnebels.

»Ich meine, Sie sollen sich am besten selber ein Bild von uns machen. Violine zu spielen ist ein durchwegs ehrenwerter Beruf. Und als wir in Basel wohnten, war Abel sogar Konzertmeister des Unterhaltungsorchesters Radio Beromünster. Und eine Karriere in Amerika hat er auch gemacht.«

»Beromünster! In welcher Zeit war denn das?«

»1946 und viele Jahre noch!«

»Da muss ich ihn wohl auch gehört haben. Aber kommen Sie doch bitte herein. Wir wollen uns in Ruhe unterhalten.«

Nunzio Amadeo hatte dann der kleinen Familie erst einmal Apfelsaft eingeschenkt, jedem ein Glas voll. Für Emma steckte er einen spiralfarbigen Trinkhalm ins Glas. Nur er war zu Hause, er und seine kleine Schwester Silvia, ein Nesthäkchen von sechs Jahren, das die Mutter verschwiegen hatte, als es ihr im Bauch heranwuchs, solange sie konnte, weil sie es behalten wollte, auch mit damals sechsundvierzig Jahren gerne noch einmal Mutter werden wollte. Silvia saß auf dem glänzend geölten Parkett und ließ Kugeln über eine Bahn laufen.

Die drei tranken stumm. Dann sagte der Musiker mit stolzgeschwellter Brust: »Ma fille, sie hat sogar schon zwei Platten aufgenommen. Tolle Chansons, Hits, dis-lui!« Das Kind, Emma mit Namen, öffnete nun zum ersten Mal die spitzen Lippen, zeigte seine schmalen Zähne und sagte brav: »*Papa liebt nur Mama* und *Genug*.«

Da erklang ein helles, hohes, ein stirnhohes Lachen, fast ein bisschen mädchenhaft, und Nunzio Amadeos Wangen wurden rot vor Belustigung: »Du singst *Genug*?«

»Haben Sie es im Radio spielen gehört?«

»Nein, das hab ich in der Tat noch nie gehört, wie ein Mädchen wie du ein Lied namens *Genug* singt! Zu komisch!«

»Ich habe auch *Tween Twist* aufgenommen und *Mein kleiner Wecker*.«

»Was du nicht sagst! Das ist mir ja eine schöne Familie!«

Und bevor sie noch mehr Schaden anrichten konnte, fädelte nun die Madame wieder ein: »Wir können Ihnen auch Aufnahmen von Abel Ditrich besorgen, vom Rudi-von-Felsberg-Unterhaltungsorchester, von Felsberg, einem über alle Grenzen hinaus bekannten Dirigenten, überlegen Sie einmal, eine Berühmtheit, nicht wahr?«

Nunzio Amadeo musste nicht mehr überlegen, sein Entschluss war schon lange gefasst. Ob diese da Zigeuner waren, wie seine Mutter unkte, oder jüdisch versippt, wie der eine oder andere Dörfler hinter seinem Bierhumpen munkelte, war ihm schnuppe. Wie schön würde es sein, nur siebzehn Buchenholzstufen weiter oben diese Paradiesvogelfamilie nisten zu wissen. Lauschen zu dürfen, wenn der

Musiker mit geschmeidigem Strich über seine Violine fuhr, hinsehen zu dürfen, wenn diese klasse Frau in immer wieder neuen Kostümen durch das Treppenhaus wandelte, lachen zu dürfen ob der unkontrollierten Kontrollversuche dieses jungen, drahtigen Mädchens, das nur einen Stuhl von ihm entfernt ihre Füße hinter die Stuhlbeine schob und hellhörig am Trinkhalm nuckelte.

das ist ein gnädiger Tod, der alle Spuren verwischt

Gstaad, 1964

Endlich hatte er die Spur zu seiner Mutter gefunden, endlich war ihm bekannt, wo sie all die Jahre gewohnt hatte, und nun lag sie im Sterben. Gabriel Amiel saß im Zug, der ihn nach Gstaad führen sollte, ans Sterbebett seiner Mutter Josiane, einer Frau, die er nie gekannt hatte. Er hatte sich dazu extra das üppig geblümte Calypso-Hemd angezogen, das ihm sein Vater vor Jahren aus Puerto Rico geschickt hatte. Es passte noch, aus dem Jungen Gabriel war nur ein schmaler Mann geworden.

Wie man wohl die Prozedur gestalten sollte, wenn sie wirklich stirbt? Ob ich mitzureden habe? Sie ist ja protestantisch.

Als die Frage bei der Bauernfamilie Blanc damals aufgekommen war, wie man mit dem Pflegekind Gabriel denn in religiöser Hinsicht umzugehen habe, hatte sein Vater, Abel Israël, geantwortet: »Nun, ich bin Jude, und die Kindsmutter, Josiane, ist protestantisch.«

Der Pflegevater, ein einfacher, im Boden fest verwurzelter Bauer aus der Glâne, hatte eine Weile hin und her überlegt und sich danach ausgiebig mit dem Pfarrer beraten. Dieser hatte schließlich gesagt: Schau, hier bei uns im Ort gibt es weder eine Synagoge noch eine protestantische Kirche. Eh bien, am besten wird es also sein, du machst einen anständigen Katholiken aus dem Kind.

Er hatte eine gute Kindheit verbracht, man hatte ihn aufgenommen im Hause Blanc und unter die Fittiche. Man hatte ihn gehegt und gepflegt und geliebt wie einen eigenen Sohn. Außer dass er einen anderen Nachnamen trug, erinnerte nichts daran, dass es nicht immer so hätte gewesen sein können.

Man sah ihm nicht an, dass er einst im Weidekörbchen an die Tür der Familie gebracht worden war, auf dass er sechs Monate bleibe. Geblieben war er dann fünfzehn Jahre. Danach kam die Ausbildungszeit.

Über seine Mutter hatte er fast nichts gewusst, obwohl seine Pflegeeltern nie etwas gegen sie gesagt hatten, man schwieg doch lieber über das Schwere. Den Vater hatte er ein paar Mal gesehen, zusammen mit einer Frau, très chic, und einem struppigen Mädchen, das wohl seine Halbschwester war. Er hatte dem Vater erzählt, dass es sein Traum sei, Konzertmeister zu werden. Dieser schien nichts dagegen zu haben. Unterstützt hatte er ihn allerdings dabei nicht. Ganz egal. Gabriel verliebte sich jedes Mal neu in den Mann mit den tiefen Bernstein-Goldaugen, dem melancholischen Blick und dem Schnauzbart wie aus einem Bilderbuch. Verliebte sich jedes Mal neu in dessen permanent vor sich hin musizierenden Fingerknöchel, klopf, klopf, klopf auf jede flache Oberfläche, die sich ihm zum Spiele bot.

Einem Mann, der sein Leben macht, verzeiht es sich eben leichter.

Wenn ihn die Großmutter, die strenge Schönheit Cheina Malka, besuchen gekommen war, war das für den jungen Gabriel immer sehr dramatisch. Stets hatte er befürchtet, mit der kühlen Dame mitgehen zu müssen und fort von allem, was er sein Zuhause nannte. Obwohl sie sich gegen ihn nie offen feindselig verhalten hatte, hatte er schon gespürt, dass er der Sohn einer Nichtjüdin war, einer Goia. Und hatte sich für den Makel unartikuliert geschämt.

Aus Gabriel war dann ein solider Banklehrling geworden. Einer, der – Schnapsidee – eines munteren Tages mit einem ganz speziell gemusterten Hemd zur Arbeit gekommen war, nur um den Chef herauszufordern …

Nur um dem fernen Vater für einmal nah zu sein.

Seit drei Jahren war Gabriel schon liiert mit seiner Eliane. Drei zufriedene, herrlich unaufgeregte Jahre. Bald würde er um ihre Hand anhalten. Sie war es, die nie aufgegeben hatte, nach seiner verschollenen Mutter zu suchen. Eh voilà: Sie hatte sie gefunden. In einem Kaff in der Nähe von Gstaad logierte die vorzeitig gealterte Josiane, Dienstmädchen zeitlebens geblieben, in einer Einzimmerwohnung, einem Studio mit Kitchenette. Allein und vereinsamt. Von Krebs und Depressionen zerstört, wie die Vermieterin zu berichten gewusst hatte bei dem kurzen Telefongespräch. Der Verifizierung der Tatsachen, dem letzten Schritt, der dem Kauf eines Bahnbilletts vorangegangen war.

Meine Lebenskraft ist meine Eliane. Die Familie, die ich mit ihr gründen werde.

Das Zimmer, die kleine Dachkammer, die seine Mutter in Gruben bei Gstaad bewohnte, war dann doch schlimmer, als Gabriel es erwartet hatte. Die Laken gehörten dringend gelüftet, das ganze Bett war nassgeschwitzt, und in der Luft hing ein Modergeruch, der in ihm Übelkeit aufsteigen ließ. Die Mutter lag im lotterigen Schrankbett und delirierte vor sich hin. Gabriel hatte diese Reise alleine machen wollen. In diesem Augenblick hätte er sich aber Eliane neben sich gewünscht. Ihre ruhige, besonnene Art, ihr instinktives Wissen um den richtigen nächsten Schritt, ihr blindes Vertrauen in ihn auch und in alles, was er tat.

Mit einem feuchten Tuch strich er der Mutter über die Stirn und wischte ihr den Nacken aus. In den Furchen und Falten erkannte er die Zeichen der Entbehrungen. Male der Schuld, die sie sich selber eingraviert hatte mit ihrem Gram, ihrer grenzenlosen Trauer über den nie verwundenen Doppelverlust.

Ich habe dir vergeben, flüsterte er ihr ins Ohr, *ich habe dir doch schon so lange vergeben, Maman.*

Die meiste Zeit über verweilte seine Mutter an einem herbeiphantasierten Ort, den Gabriel nicht erreichen konnte, schwatzte mit Menschen, die er nicht sehen konnte, und benannte Dinge, die es nicht gab. Nur einmal, so schien es, wachte sie auf aus ihrem Fieberwahn, der Traumduselei. Sie sah ihm mit festem Blick in beide Augen, zog seinen Kopf mit klammerndem Griff nah an sich heran und hauchte erlöst: »Oh, Abel! Du bist zurückgekehrt! Ich habe immer gewusst, dass du eines Tages zu mir zurückkommen würdest. Ich habe so darauf gehofft. Ich habe so sehr auf dich gewartet.«

Teil 5
Mauser. 1965–1989

Trotz seiner erstaunlichen Widerstandsfähigkeit ist das Vogelgefieder natürlich einer Abnützung unterworfen. Es muss von Zeit zu Zeit erneuert werden.

Neubeginn

Küsnacht/Männedorf, 1965

Irgendwann waren dann die Hunde gekommen, eine Tricolor-Colliehündin mit ihren sieben Welpen, und irgendwann, nicht viel später, als vier der sieben Welpen bereits weggegeben und platziert worden waren, auch die Zuneigung. Keiner der beiden hätte den genauen Ablauf beschreiben können, über den sie zum Paar geworden waren. Emma, ganz mit der Aufzucht und Erziehung der Welpen beschäftigt, hatte des Öfteren bei den Senigaglias zu Mittag gegessen und augenfällig über deren Familienleben gestaunt: »Es ist alles so echt bei euch! Bei uns ist alles immer *artificiel*, künstlich! Bei euch gibt es geregelte Mittagszeiten, einen festen Ablauf bei Tisch und Essen, das tatsächlich schmeckt!«

Und Nunzio Amadeo, freiberuflicher Journalist mit einer ansehnlichen Artikelhistorie bei der TAT, der Abendzeitung des Migros Genossenschaftsbundes, später Inlandmitarbeiter der Nachrichtenagentur United Press International sowie seit kurzem auch beim deutschen Spiegel, hatte sich in die kleine, vierzehn Jahre jüngere, lebhafte Emma verguckt. Ihm gefiel, wie gelehrig sie war. Wie sie geradezu dürstete nach Bildung und sich von ihm über die Geschehnisse in der Welt aufklären ließ. Ihm gefiel, wie geduldig sie mit den Hunden umging, so dass er seine Eltern gern dazu überredete, dieser ungewöhnlichen Mieterschaft die vier Haustiere zu bewilligen. Und ihm gefiel, dass sie ab und an sang, kleine Auftritte bei Galas bestritt trotz ihrer Coiffeurlehre, die sie fast schlafwandlerisch sicher absolviert hatte; es erfüllte ihn mit einem geborgten Stolz, dass sie das Liedersingen nicht ganz aufgab und er durch sie die eigene Bühnenleidenschaft auf den Zuschauerrängen ausleben konnte.

Ihre Schwangerschaft war für alle eine große Überraschung gewesen. Ihr dicker Bauch ein Affront. Abel meinte, so könne sie nicht mehr auf die Bühne, und Mondaine bedauerte, dass sie ihre Tochter zu Hause zurücklassen musste, während sie neuerdings in teuren Boutiquen als reife Dame das Mannequin mimte.

Auch Emma staunte über ihre Ausmaße. Sie fühlte sich wie ein Ballon und bald nirgends mehr zu Hause. Sollte sie noch oben wohnen bleiben, bei den Hunden und den Eltern? Oder einfach ein Stockwerk tiefer ziehen zu diesem so unglaublich intelligenten, gescheiten Mann mit dem flachsblonden Haar? In sein Zimmer, bei seinen Eltern? Oder würde man nun doch als Mann und Frau, denn heiraten musste man ja wohl, in die Zweizimmerwohnung ziehen, die im Hause frei geworden war? Alles war plötzlich so verwirrend für Emma, einmal mehr in ihrem Leben wusste sie nicht, wo sie zugehörig war. Nirgends fühlte sie sich willkommen, außer in den Armen dieses Mannes, der ihr immerzu sagte, sie solle sich den Kopf nicht zerbrechen. Gerade das aber verunsicherte sie, erklärte er ihr doch sonst immer alles und jedes bis ins kleinste Detail, auf dass sie lernte und sicher würde – dieses hier erkärte er ihr nicht. Über die Lage, in der sie sich wähnte, mit einem Kind, das in ihrem Bauch nach ihr trat, und ohne Gewissheit über ihr eigentliches Nest, das ihr hätte Zuhause sein können, wurde sie mürrisch und bockig und zusehends missgelaunt. Es war kein Auskommen mehr mit Emma in diesen Tagen. Nichts war recht, alles enervierte sie. Wenn sie im einen Moment noch zufrieden in sich oder in die Halskrause eines ihrer Hunde hineingurrte, so konnte sie im nächsten explodieren. Man kam ihr besser nicht zu nahe, man ließ sie besser sein. Dann war sie wie eine Schallplatte auf dem Plattenteller eines Apparates, der über die passende Abspielgeschwindigkeit einfach nicht verfügte.

Und dann kam auch noch der Streit, den Nunzio mit seinen Eltern vom Zaun gebrochen hatte, es musste ja immer alles nach seiner Pfeife tanzen, er, der große Organisator, der über alles bestimmte und alles in seiner Hand hatte, weil er es im Kopf hatte, detailliert zurechtgelegt hatte und klar und der Reihe nach aufgelistet. Emma ward ganz bang bei seiner Mitteilung, man würde demnächst ausziehen. Wenn sie von etwas genug hatte, dann waren das Umzüge. Abschiede und Neuanfänge. Zugvogeltum und Heimatlosigkeit. Unruhe und Rastlosigkeit. Sie protestierte, er ignorierte. »Es ist entschieden, Emma. Meine Eltern haben nein gesagt zum Ausbau der oberen Wohnung, jetzt sage ich nein zu unserem Verbleib in diesem Haus.«

»Für einen Mann wie ihn wird es auch Zeit, auszuziehen, Emma«, so ihre Mutter.

»Man kann nicht immer am Rockzipfel der Eltern hängen bleiben«, so ihr Vater.

»Ich will euch aber nicht verlassen!«, so Emma und hätte hinzufügen können: *Ich bin doch selber noch ein Kind.*

Keine drei Wochen später wohnte man in Männedorf, dreizehn Kilometer weiter den See hinauf, auf einem sonnigen Bödeli, auf dem vor kurzem einige Neubauten errichtet worden waren. Eckig, kantig, kühl, mit einem flachen Dach und modernen Fenstern, die Art, wie sie die Zeit noch und noch hervorbrachte, Massenproduktion, Rationalisierung der Prozesse, Fließbandbauten. Die Parterrewohnung bezogen die werdenden Eltern, die Wohnung im ersten Stock übernahmen Abel und Mondaine.

Emma hatte den Umzug im neunten Monat einigermaßen gut überstanden, sie hielt sich einfach an die Hunde.

Fand Trost in einer feuchten Nase, die sie anstupsen kam, fand Trost in bittenden Pfoten, in einem Schweif, der, wie um Vergebung heischend, auf den Boden klopfte, als sei der Hund selbst Grund der Trauer. Um sich aufzuheitern, beklebte Emma die Badezimmerkacheln mit bunten Abziehblumen. Hübschte das Kinderzimmer auf mit selbstgenähten Deckchen. Schnurrte um ihren Mann herum – *verrückt, ich habe einen Mann! Es hat mich einer genommen!* – und lernte fleißig mit, wenn er ihr den Aufbau seines Archivs erklärte. »Wir sammeln alles, was in der Welt passiert, schneiden es aus, kleben es auf und indexieren es nach Stichworten. Wir haben A wie Assimilation und U wie Ueberfremdung – Umlaute werden auf zwei Buchstaben heruntergebrochen. Ein Ü ist ein Ue, ein Ö ist ein Oe, verstehst du?«

Emma fand ihren Mann so überaus bewundernswert, geistreich, gebildet und klug, sie hatte gar nicht genug Worte dafür. In Schwärmereien über ihn ging sie auf wie ein Ofenküchlein. Nur etwas störte sie: dass sie sich dabei selber immer als so unklug, so nicht bewundernswert, so wenig geistreich empfand. Und dick war sie geworden – »wie ein Zeppelin, und im Gesicht ganz aufgedunsen!«.

Die Rohplanie um den Neubau herum war noch nicht fertiggestellt, und Emma hörte mit, wie ihr Mann dem Rapperswiler Kreistelefondirektor die Hölle heiß machte. Nunzio brauchte Leitungen. Leitungen für Telefon, Telex und eine UPI-Leitung, über die er den Nachrichtenticker empfangen konnte. Offenbar wollte der Kreistelefondirektor einfach nicht begreifen, dass es sich bei Nunzio Amadeo Senigaglias Begehren um eine Spezialsache handelte, dass er ein Spezialkunde war; etwas Besonderes, Außerordentliches. Das wusste man doch! Emma spitzte die Ohren.

»Nein, ich verlange ja auch nicht, dass Sie sich um jeden einzelnen Abonnenten selber kümmern müssen!«

»–«

»Was heißt, Sie haben jetzt keine Zeit?«

»–«

»Wenn Sie das jetzt nicht begreifen, kann ich Sie auch um zwei Uhr nachts privat anrufen, vielleicht haben Sie dann Zeit, sich um den einen Spezialwunsch eines Journalisten zu kümmern!«

»–«

»Dann machen Sie endlich!« Er schmetterte den Hörer auf die Gabel des schwarzen Bakelittelefons.

»Nunzio, was war denn da los?«

»Nichts. Aber dieser Sesselhocker von einem Beamten hat einfach nicht begreifen wollen, dass ich ein lächerliches Provisorium brauche, wahrlich kein Ding der Unmöglichkeit, wenn man auch nur ein bisschen Grips im Kopf hat. Ein einfaches Provisorium nur, bis man mir die erforderlichen Leitungen zieht. Mach dir nichts draus. Der weiß jetzt schon, was zu tun ist.«

Noch am selben Nachmittag stiefelten Arbeiter durch den Garten, der noch erdig braun und nicht bepflanzt war, und schlossen Senigaglias an die internationale Welt an. Und damit koppelte sich Nunzio Amadeo von seiner rastlosen Emma erst einmal ab.

Das kannte sie ja schon. Seine fiebrige Arbeit am Fernschreiber, seine Gedankenfetzen, die er zu Notizen auf alles kleckste, was irgendwie Platz anbot, seine Recherchearbeit, wie er es nannte, die Nachforschungen, die er anstellte, um einer Sache auf den Grund zu gelangen, um das Hintere und das Vordere einer Bühne zu erfassen und dadurch zu begreifen, was in der Welt gespielt wurde, wer Gliederpuppe war und wer Intendant.

In ihrem Leben hatte sie jung gelernt, die Spielregeln der anderen zu beachten. Oft kam es ihr so vor, als ob jeder sein eigenes Spiel spielte und sie selbst aber kein eigenes hatte.

Einstweilen war das nicht so schlimm. Einstweilen würfelte sie mit, schob ihre Spielfigur artig von Feld zu Feld und wartete ab, ob nicht einmal doch ein Gewinn auf sie abfallen würde.

Emma griff sich die Hundeleinen und ging nach draußen. Es nieselte, und sie wusste, dass ihre Haare danach wieder aussehen würden wie ein dunkelbraunes Nest aus Stroh. Sie knüpfte sich ein weißes Foulard mit roten und blauen und grünen Punkten um den Kopf und marschierte los. Nach dem Spaziergang würde sie die Haare in Bigoudis drehen müssen und fünfundvierzig Minuten unter der Trockenhaube schmoren, wenn sie nur halbwegs passabel aussehen wollte.

Egal. Jetzt war sie draußen, die Hunde zogen an ihrer Leine, Dina und Mira links, Palma und Maestra rechts, und ihre Rute drosch munter Tropfen aus der Luft. Dina war die älteste, weiseste. Sie schaute immer wieder zu Emma zurück, wollte in ihrem Gesicht lesen, wie es ihr ging.

»Gleich, gleich könnt ihr springen!«

Emma bückte sich zu den Hunden hinunter und löste die Karabiner von den Ringen der Hundehalsbänder, einen nach dem anderen. Mira, Palma und Maestra begannen sofort, seitlich übereinanderher zu springen, als hätten sie's gelernt.

Dina trabte begeistert voran, die Schnauze hoch in der Luft, um herauszufinden, wie sich die Welt seit ihrem letzten Auslauf verändert hatte. Die Hunde kannten bereits den Weg, immer der Nase nach den Hügel hinan und dem Wald entgegen, wo sie auf der Pfadiwiese die Gerüche von Cervelat, Abenteuer und schweißigen Kinderhänden würden aufschnappen können. Dinas Kopf schwenkte hin und her, und ihre Rute segelte im Wind. Feine Regentropfen silberten auf ihrem Fell, und Emma fühlte, dass sie durchatmen konnte. Die Schwangerschaft, das werdende Kind, ihre neue Rolle als Ehefrau und Frau des Leiters des Spiegelbüros Zürich war wie ein Kleid, das ihr noch nicht recht passte. Aber auch die alten Kleider waren Emma nicht mehr kommod, sie wollte nicht als Schatten von Mondaine, als kleine Schwarze neben der Blonden, über die Laufstege gehobener Modegeschäfte gehen. Und das Liedersingen war so anstrengend geworden, ihr Vater war ja nie zufrieden. Sie musste immerzu perfekt sein, das hatte sie sofort begriffen, als er, ihr schon halb fremd geworden, aus »Amerika« zurückgekommen war und Mondaine ihm die erste Schallplatte vorspielte, auf der Emma sang. Mondaine hatte – zusammen mit dem befreundeten Pianisten – den Plan ausgeheckt, Emma groß rauszubringen. Eine Tochter mit Vater, das wäre doch ein Gag, den so schnell kein zweiter toppen könnte. Und Emmas struppiges Zigeunerhaar wäre endlich zu etwas nutze – weil es passte. Vater und Tochter zusammen auf der Bühne, Mondaine sammelte auf der Rückseite einer Autogrammkarte, denn auch die hatte sie schon anfertigen lassen, mögliche Künstlernamen für das neue Duo.

»Tu n'est rien!«, nichts bist du, hatte dieser fremde Mann mit Schnurrbart da gefaucht, nichts, wenn du nicht annähernd so gut bist wie die Sängerinnen und die Sänger in Amerika. Die große Show duldet nichts Mediokres. Wie hätte das ein ehemaliges Wunderkind, das die Violine grad ebenso gut beherrschte wie das Spiel auf einer Zither, einem Klavier, einer Altflöte, den Schweizer Jodel gar!, auch je gelten lassen können! Emma wusste, nur hartes Üben konnte sie vor dem Abrutschen bewahren, und sie hatte jeden Tag geübt, wenn sie von ihrem Coiffeurlehrbetrieb – auch das eine Idee ihrer Mutter – heimgekommen war. Sie übte Tonleitern, Aussprache, dehnte ihren Atem, vergrößerte ihr Volumen und suchte in ihrem eigenen Resonanzkörper so etwas wie ein Zeichen dafür, dass sie endlich auf dem richtigen Weg, dass sie vielleicht sogar ein bisschen angekommen war.

Für Nunzio war ihr Gesang ein Geschenk, selbst wenn es doch nur seichte Schlager waren und er sich bei ihren Texten langweilen musste: Ihre Stimme bereitete ihm Freude, jedes Mal, er schmolz in ihren tiefen Tönen. Einmal hatte er sogar erwähnt, dass er für sie, sobald er einigermaßen eingerichtet sei und der Telex laufe, Liedtexte schreiben würde. Abel könnte dazu Musik komponieren und arrangieren und Emma damit bei Galas brillieren. Ihm schwebte eine Melange vor von etwas Halbwildem, Halbmelancholischem, moderne Zigeunerweisen als peppige Schlager verpackt. Mit ihrem dunklen groblockigen Haar, wenn es erst einmal gewickelt, gebrannt und wieder heruntergelassen war, würde Emma ein tolles Titelbild auf der Schweizer Familie abgeben.

Zwei Hundepfoten rissen sie aus ihren Gedanken, Palma war an ihr hochgesprungen und hätte sie beinahe umgeworfen.

Emma küsste ihre feuchte Schnauze und ließ sich von ihren Tasthaaren die Ohren kitzeln. Mit den Hunden war sie eins. Da spürte Emma kein Genügenmüssen, kein Rechtmachenmüssen und auch keine Anforderung an ihren Verstand. Mit ihnen konnte sie kindlich sein, kindisch sein, unperfekt und klein, konnte sie herumtollen, sich schmutzig machen und lachen.

Gerade als sie sich enthusiastisch vorbeugte und die flachen Hände auf die Schlaghose klatschen wollte, als Signal für die Hunde, herbeizuspringen, gab es in Emmas Unterbauch einen Stich. Darauf folgte ein Ziehen, und darauf lief irgendeine Flüssigkeit an der Innenseite ihrer Beine hinab. Sie rief die Hunde zu sich und stolperte so rasch als möglich nach Hause, beide Hände vor den Bauch gepresst.

Am 13. August 1965 war Emma, verfilztes schwarzes

Haar, das keiner für sie bändigte, verschwitzt unter den Achseln und nass auf der Stirn und im Nacken, erst neunzehn Jahre jung und selber noch ein halbes Kind, Mutter eines Mädchens geworden. Lorine Emma war in die Welt gekommen und strampelte und schrie mit einer Vehemenz, die keinen Zweifel ließ.

halbe Helden

Männedorf, 1966

Nur noch ein einziges Mal hatte es Abel versucht. Nachdem es mit der Schneiderei in Fribourg nicht geklappt hatte und auch nicht mit dem Versandhandel farbiger Samtnessecaires, und nachdem man ihm seine Idee, Marmelade anstatt nur in großen Gläsern in Portionendöschen anzubieten, kaltschnäuzig geklaut und ihn ohne Tantièmen aus dem Erfinderrecht im Regen stehengelassen hatte, wollte er es ein letztes Mal probieren: mit Klimmzugstangen.

»In der Schweiz ist alles normiert, Mondaine! Ich habe es genau beobachtet, Herr und Frau Schweizer lieben ihre Normen.«

»Und deshalb müssen es rote Eisenstangen sein?«

»Das sind nicht einfach rote Eisenstangen, Chérie, das sind patentierte normierte Klimmzugstangen, die man im Türrahmen festschrauben kann. Ganz einfach – sieh!«

Mondaines Mund wurde spitz, und ihre Nase kräuselte sich.

»Chérie, écoute, es liegt doch auf der Hand. Du siehst es überall in der Schweiz, wenn du nur die Augen öffnest.«

»Ich sehe was, Abel?«

»Kletterstangen! Soweit das Auge reicht! Vor jedem Schulhaus eine! Acht senkrechte Streben hinten, acht schräge vorne, fünf Meter hoch, und wer es unter fünf Sekunden bis ganz nach oben schafft, ist ein Schweizer Held.«

Diese Kletterstangen waren ein Produkt der Küsnachter Firma Alder & Eisenhut, der Chef wohnte Ecke Schiedhaldensteig/Alte Landstraße, schräg vis-à-vis des Restaurants Weinberg, er hatte sein Geschäft gemacht.

»Tu es fou, völlig verrückt bist du, Abel.«

»Mais non, bei der militärischen Aushebung ist das Klettern an der Kletterstange Sportdisziplin! Eidgenössisch geprüfte Tüchtigkeit! Normiertes Heldentum, auf dass keiner darüber hinauswächst, aber auch keiner darunter bleibt.«

»Aber –«

»Und damit alle gleiche Chancen haben, verkaufe ich jetzt Klimmzugstangen für Privathaushalte. Früh übt sich, sagt man nicht so? Sie sollen alle schön fleißig bei sich zu Hause üben, siehst du die Genialität dieser Idee denn nicht ein? Es wird nicht so sein, wie mit den Confitüregläschen, ich bin ja schon mittendrin im Geschäft! Ich muss die Ware nur noch absetzen. Tu comprends? Bei den bald zwei Millionen Haushalten in der Schweiz, wenn ich da auch nur ein Prozent für die Klimmzugstange gewinne, dann macht das ..., dann macht das zwanzigtausend Kunden, bei einem Verkaufspreis von ...«

Abel stand da, die Arme schwenkte er wie Lastkräne, um ihn herum wuchsen aus den fünfundsiebzig Pappkartons à 100 Klimmzugstangen – längenverstellbar dank elegantem Schraubgewinde, passend rot lackiert, mit je einem Säcklein 20 g Magnesiapulver für die Hände – Berge von Schweizer Banknoten, Zehner-, Zwanziger-, Fünfziger-, Hunderter-, Fünfhunderter- und Tausendernoten zu seinem persönlichen Berg Ararat, auf dem er nach unendlich langer Odyssee endlich auch als gewiefter Geschäftsmann landen würde. Erfolggekrönt, wenn er nicht fallierte.

Mondaine schüttelte leise den Kopf, trat rückwärts aus dem gemieteten Hobbyraum im Keller des Wohnhauses an der Neuhofstraße 13 in Männedorf und schloss die Türe hinter sich. Aus dem Nebenraum ratterte der Telex. Dort war ihr Schwiegersohn Nunzio Amadeo zugange, zweifelsohne mit einer neuen Enthüllungsgeschichte, einer Reportage, mit der er seinerseits an der Feste der Schweizer Ignoranz rütteln wollte. Mit der er selbst die Stange bis ganz nach oben klettern wollte. Mit der er es schaffen wollte.

Männer.

Verkannte Genies. Helden auf Halbmast.

Alle beide.

geweihtes Haar auf Schweizer Köpfen

Männedorf, 1967

Haarige Sache. Nunzio recherchierte in einem Themengebiet, das Mondaine gar nicht behagte. Sie ging ihm neuerdings aus dem Weg, was dieser allerdings kaum bemerkte. Er hatte nur noch Augen für sein kleines rotes Glimmlämpchen, das in eine schmucklose Balsaholzmaske gefasst war. Eine Leitung, die er vom Hobbyraum, wo der von der PTT gemietete Telex stand, bis in die Wohnung hinauf gezogen hatte. Ratterte eine Meldung herein, glühte das Lämpchen rot, und Nunzio trabte die Treppenstufen hinunter und verschwand in einem Meer aus Endlospapier, das über den notdürftig mit grauem Nadelfilzteppich ausstaffierten Kellerboden wogte.

Er war da etwas auf der Spur, das er ganz und gar widerwärtig fand. Darauf gestoßen war er, weil Emma seit neuestem als Maskenbildnerin im Theater Kaufleuten in Zürich aushalf, wo sie Perücken knüpfte und Haarteile an Schauspielerinnenköpfen anbrachte. Eine alte Stammkundin, noch aus François Schöns Geschäft und seither befreundet mit Mondaine, hatte den Tipp gegeben: Mit ihrem guten Lehrabschluss wäre eine wie Emma als Aushilfe willkommen. Emma, zu Beginn nur halb begeistert, fand rasch Gefallen daran, mit anderen Bühnenarbeitern und Theaterleuten die Welt hinter den Kulissen zu beleben. Es brachte ihr Abwechslung vom häuslichen Trott, in dem sie sich gefangen fühlte, und die neuen Freiheiten – unterwegs sein ganz allein, Menschen kennenlernen, die nichts mit ihren Eltern oder ihrem Mann zu tun hatten – behagten ihr. Ab und zu sang sie vor sich hin während der Arbeit, die ihr bald leicht und sicher von der Hand ging, schnulzige Stücke von Elvis, Schlager von Rex Gildo und natürlich Gitte, sie wusste immer Bescheid, wer gerade welchen Platz in der Hitparade innehatte und trällerte auf Kommando die Plätze zehn bis eins herunter, während ihre Hände geschickt Haarsträhnen teilten und zu Zöpfen flochten. Einmal musste sie für ein Schneewittchen Kunsthaare von einem Meter achtzig Länge auf die Montur knüpfen. »Wenn du das knüpfst, machst du eine Schlaufe und ziehst mit dem dünnen Haken zwei oder drei Haare durch, und weil das so lange Haare sind, musst du aufstehen und ums Eck gehen, damit du das überhaupt festziehen kannst!«, hatte sie Nunzio aufgeregt berichtet.

Am liebsten arbeitete sie mit Echthaar. »Naturhaar kannst du immer wieder verwenden! Du kannst es einfach im Lavabo mit Weichspüler waschen, ein paarmal hin und her schwenken, aufhängen und danach frisch aufdrehen! Ich knüpfe Haare, die sind vierzig und mehr Jahre alt, stell dir einmal vor, Nunzio, so viel älter als ich!«

Woher all diese Haare eigentlich kommen, wollte Nunzio von ihr eines Tages wissen. Sie sagte, sie habe keine Ahnung. Aus Asien halt. Tief hinten, in einem versteckten Winkel ihres Gedächtnisses, erinnerte sie sich an Erzählungen ihrer Mutter, wie diese als Kind Haare ausgekämmt habe und an Schnüren aufgehängt, damit man daraus später Perücken knüpfen konnte. Aber Emma verspürte keine Lust, ihr Halbwissen preiszugeben, und die Wendung, die das Gespräch genommen hatte, gefiel ihr auch nicht. Haare, Perücken, Frisuren – das war ihre Sache. Was hatte jetzt plötzlich Nunzio seine Nase da reinzustecken.

Nunzio hingegen kitzelte und juckte es, er hatte Fährte aufgenommen, er würde sie weiterverfolgen. Wieder einmal packte er die Koffer, wieder einmal trat er eine Reise an, um seinem Ruf als Enthüllungsjournalist Ehre zu tun.

Und was er antraf, fand er haarsträubend. Mittellose indische Bauern und Bauersfrauen opferten ihre zu einem Zopf geflochtenen Haare in Tempeln für ein bisschen Glück. An einem einzigen Tag strömten Hunderte, wenn nicht gar Tausende von Menschen zu verschiedenen Tempeln des Landes, setzten sich in die Reihe, wo ihnen schnipp schnapp von einem der Dutzenden Haarschneider die ganze Pracht abgeschnitten wurde. Ein stetes Scharren und Schaben echote durch die Tempelhallen, und hinter jedem Mann mit einer Klinge stand ein Kind, das die Zöpfe zusammenraffte und in Säcke packte. Emma schauderte.

»Im Minutentakt werden da Köpfe gekahlt, um der Bitte um ein bisschen Nahrung, ein neues Haus, Gesundheit oder Glück den Göttern gegenüber Nachdruck zu verleihen. Geld, Geschenke, Güter, wer nichts zu geben hat, hat immer noch sein Haar.«

Die gekappten Haare wurden gesammelt und nach China verschifft, wo sie völlig ungeschützt von zumeist jugendlichen Arbeiterinnen weiterverarbeitet wurden. Nunzio, empört und wütend zugleich, schimpfte: »Zu einem absoluten Mindestlohn, Emma, müssen sich dort Erwachsene und Kinder für die Modeindustrie der westlichen Welt kaputtschuften.« Denn das Haar musste ja erst noch gebrauchsfertig gemacht werden, eine Arbeit, die kein Europäer ausführen würde. Die äußerste Schicht wurde mittels Säurebehandlung abgeschuppt. »Kaum ein Mädchen, das nicht hustet, während es im Staubwirbel von Millionen von Schuppen für ein Butterbrot die Finger verkrampft!«

China, Indien – Nunzio warf mit exotischen Ländern und unhaltbaren Arbeitsbedingungen um sich, und Emma musste wohl oder übel zuhören. Sie wusste nicht, wohin mit ihrem Blick, und so schaute sie einfach auf ihre Hände. Lang und schmal, perfekte Frauenhände, perfekte Knüpfhände. Schön wie ihre Füße auch. Überhaupt das Schönste an ihr.

»Am schwierigsten aber ist die Behandlung von ausgekämmtem Haar. Über ganz Indien verteilt sammeln Millionen von Inderinnen die einzelnen Haare, die sie beim Kämmen verlieren, ein. Regelmäßig kommt ein Händler vorbei, dem sie diese Haare für ein Scherflein überlassen.«

Dieses ausgekämmte Haar unterschied sich aber von den in den Tempeln abgeschnittenen Zöpfen, es war ungeordnet und drohte bei der Weiterverarbeitung zu verfilzen, wenn man die einzelnen Haare nicht in gleicher Richtung aufhängte. Oben musste oben sein und unten unten. Sonst wäre alle Arbeit umsonst und der Ruf eines Händlers dahin. Und damit die Existenz vieler. Diese undankbare Arbeit des Haaresortierens nach Dicke, Länge und Richtung übernahmen die Ärmsten der Armen, sie sortierten tage- und nächtelang fürs Überleben.

Aber warum indisches Haar, wollte Nunzio von Emma wissen und kam ihr dabei fast wie ein Lehrer vor. »Paradox, der tägliche Wahnsinn!«, rief er aus. Und Emma dachte: sein täglicher Wahnsinn. Der ihn letztlich dazu trieb, immer wieder neu in die Welt aufzubrechen und schauderhafte Zusammenhänge ans strahlende Licht der hehren Schweizer Sonne zu zerren. »Weil es im Gegensatz zum Schweizer Haar noch gesund ist! Inderinnen und Inder haben, im Gegensatz zu den meisten Frauen der westlichen Welt, intaktes Haar! Gesund im Kern. Und gesund bis in die Spitzen!«

Fern jeder chemischen Behandlung, die die Haare westlicher Frauen je nach Modetrend malträtierte, war indisches Haar, das schon von Natur aus dicker war, in seinen Bestandteilen unangetastet und rein. Beste Basis für Haarteile also, Verlängerungen und Perücken aller Art. Heißbegehrt in den Frisiersalons von Zürich bis Genf. Rohstoff für

Bühnenarbeiterinnen, die daraus groteske Gebilde fertigten. Geweihtes Haar mit einem weiten Weg von Indien bis an die Theaterplätze der kapitalistischen Welt, die von Damen der Gesellschaft frequentiert wurden, welche ihrerseits ihre haarige Pracht von Friseuren garnieren und reichlich schmücken, färben, brennen, drehen und toupieren ließen, um nur ja immer eine Idee schöner zu sein als eine andere.

Einmal mehr gelang es Nunzio, seine Reportage zu einem Honorarsatz zu verkaufen, den er festgelegt hatte. Er rief dazu die Zeitungen an, denen er seine Geschichte anbieten wollte, und nannte zugleich den Preis, zu welchem er sie hergeben würde. So einfach ist das Leben für ihn, dachte Emma. So einfach und erklärbar. Eins und eins gleich zwei, Fleiß und Arbeit bringen Erfolg – bei ihm ging diese Kalkulation immer auf. Hier stand er, Nunzio Amadeo, der Bote, der gottliebende Verkünder, und ließ seine Erkenntnisse erfolgsgewohnt auf dem Lochstreifen durch den Telex bis in alle Welt laufen.

Nur eine Limbaholztüre weiter vergoss Abel zornige Tränen inmitten wilder Haufen von zurückgesandten, weil defekten Trimmdichstangen.

abschwören

Zürich, 1968

Wiederum vollkommen fassungslos über das, was das Leben da mit ihr veranstaltete, schaute Emma auf den kleinen dunkel behaarten Kopf eines Säuglings. Sie lag auf der Wochenstation der Zürcher Hirslanden Klinik und hatte vor wenigen Stunden ein Kind geboren. Wieder ein Mädchen. Mit zweiundzwanzig zum zweiten Mal Mutter geworden. Dabei schliefen Nunzio und sie ja kaum miteinander. Ihre Leben waren pure Gegensätze, die sich nicht mehr als ergänzten, ihre Gewohnheiten fügten sich wie zwei einzelne Teile fast hermetisch aneinander und ließen doch nur wenige Begegnungspunkte: Der eine lebte am Tag, die andere des Nachts, der eine enthüllte, die andere maskierte, der eine spielte auf dem öffentlichen Parkett, die andere flocht Zöpfe hinter schweren Vorhängen.

Sie hatten sich geeinigt, bei der allgemeinen Sexhysterie nicht mitzumachen. Pille hin oder her, so viel Sex braucht doch kein Mensch. Emma fand zwar eine gewisse Bestätigung in den Schmeicheleien forscher Männer, zumeist Hippies mit langen Haaren und Blumenornamenten auf verwaschenen Jeans, traf sich mit ihnen in der Arbeitspause am nahen Zürichsee, jedoch rein platonisch, wie sie zu Hause der besorgten Mondaine versicherte, da ist nichts, Maman. Nicht solches. Das nicht.

Emma hätte nie einen Mann freiwillig an sich herangelassen. Außer Nunzio. Der war ja ihr Mann. Und irgendwie musste er sich doch Entspannung verschaffen, wenn er nicht gerade auf Reisen war und Missstände aufdeckte. Sie hatte sich nie gefragt, wie er »damit« umging, wenn er unterwegs war. Ob er »damit« zu einer Hure – ein Wort, das sie faszinierte, weil es so etwas wie Kontrolle und Macht implizierte – ging oder selber Hand an sich legte. Sie lebte diesbezüglich in einem Schlummerschlaf und schloss die Augen. Die seltenen Male, die sie beide zueinanderfanden und so etwas wie Geschlechtsverkehr hatten, endeten eher in Verstörung und Verstocktheit. Beiderseits.

Als die Periode wieder ausgeblieben war, verkündete Emma aller Welt, die es nicht interessierte, dass sie allein vom Ansehen schwanger geworden sei. Was sie damit eigentlich aussagen wollte, war ihr nicht klar. Sie war ihrem Mann zugetan, sicher, bewunderte ihn, hielt ihn hoch oben auf dem Sockel und hielt ihn damit fern von sich. Eine zu große Nähe, ein ernsthafter Gedankenaustausch, ein Gespräch hätte in ihr doch sofort das altbekannte, das eingefleischte Gefühl aufgerissen, etwas ganz Besonderes tun zu müssen, um neben ihm bestehen zu können.

Jetzt hatte sie zum zweiten Mal etwas ganz Besonderes getan. Ein neues Mädchen war da, rund, dick, schrumpelig, mit roter Haut und einem verwischten Flaum auf dem verrunzelten Köpfchen. Dieses Kind wirkte so ganz anders als Lorine. Aus Lorine war eine schlanke, hochgeschossene Dreijährige geworden. Hellblond wie der Vater, eine richtige Langobardin, mit langen schmalen Fingern und Zehen und Beinen und Armen wie die Glieder einer Schnake so dünn. Aber ungemein lebhaft, zehrend, ein Kind, das immerzu in Bewegung war. Lorine konnte keinen Augenblick stillsitzen.

Hoffentlich würde aus diesem hier ein anderes Kind. Hoffentlich wäre dieses hier einfacher zu halten. Kinder gehorchten eben nicht auf Befehle wie Hunde. Kinder blickten nicht treuherzig zurück, um die Gefühlslage von Emma zu erkunden, Kinder forderten – gerade letzte Woche hatte Lorine trotzig aufgestampft, als Emma ihr gesagt hatte, sie solle ruhig sein, etwas Ruhiges spielen gehen, sich herrgottnochmal endlich beruhigen, ihr Kopf würde sonst zerspringen ob all dem Lärm, aber nein, Kinder kannten da nichts, außer sich selbst, nichts, das hatte Emma schon bald gemerkt.

Und nun ein zweites.

Das Kind schnaufte schnell. Sein Bäuchlein hob und senkte sich unter dem Laken, das etwas weggerutscht war. Oder nur nachlässig drapiert, Emma wusste es nicht, sie hatte noch geschlafen, als eine Schwester den Säugling im Plexiglasbettchen in ihr Zimmer gerollt hatte. Sie hatte das Stottern der Räder und das Glöckeln des Mobiles, das an der Chromstahlstange festgeknotet war, an den Rändern ihres Traumes wahrgenommen und einfach nicht gewollt, dass sie jetzt schon wieder die Augen aufschlagen müsste. Sie hatte sie fest geschlossen gehalten, bis die Schwester auf ihren Kreppsohlen das Zimmer wieder verlassen, die Türe hinter sich gegen den Luftwiderstand in den Rahmen zugezogen hatte. Aber der Schlaf war zerstört. Das Tor in die so heilsame Traumwelt verschwunden, und nach ein paar vergeblichen Versuchen, wieder Einlass zu finden in ihr persönliches Wolkenkuckucksheim, gab Emma sich geschlagen und richtete ihren Blick auf das Kind.

Es lag da, als wäre es erschöpfter als die Mutter selbst. Dabei hatte sie doch die ganze Anstrengung gehabt! Sie! Das war nicht fair!

Mit einer Mischung aus Neid und Dankbarkeit hatte sie die Hilfe ihrer Maman angenommen. Mondaine kümmerte sich um Lorine in den Zeiten, in denen Emma nicht da war. Wenn sie am Theater war und Haare knüpfte. Oder in einem Studio stand und einen erneuten Versuch unternahm, mit einem Lied in die Hitparade zu gelangen. Ein Schiffchen der Hoffnung, das nie ganz untergegangen war, weder bei Emma noch bei ihrem Vater. Oder wenn sie, so wie jetzt, im Spital lag und gegen eine innere Verheerung kämpfte.

Demnächst würde alle Welt bei ihr am Bett vortanzen und zu dem Kindchen gratulieren. Man würde Geschenke dalassen, Lätzchen, Blüschen, Strampler – alles für das Kind.

Und für sie? An sie dachte keiner. So lautete die Spielregel. Sie würde ihre Rolle als Mutter perfekt spielen müssen, wenn niemand ahnen sollte, wie es tatsächlich in ihr war. Wie allein sie sich fühlte, seit ihr Mann und sie in ein neues Einfamilienhaus auf die Forch gezogen waren. Wie einsam ohne die Eltern in ihrer unmittelbaren Nähe. Tür an Tür. Wieder einmal umgezogen und der Obhut eines anderen überlassen. Wie einsam auch und verloren ohne das Lob und den vertrauten Tadel der beiden. Auf der Forch dämmerte ihr, dass die vergangenen drei Jahre wirklich stattgefunden hatten, dass sie real gewesen waren, kein Traum, den sie abschütteln konnte, kein Spiel auf Probe, alles echt. Der Mann, der im Untergeschoss seine Reportagen schrieb, Lorine, die durch die Zimmer fegte, und sie, die Mutter, die das Ganze in ihrer Frauenrolle doch irgendwie zusammenhalten sollte. Gottfroh war sie, dass sie ab und an noch im Theater Kaufleuten aushelfen konnte. Gottfroh, dass ihre Mutter, die sich neuerdings mit Omama ansprechen ließ und noch immer gleich blendend wie vor fünf oder zehn Jahren aussah, genauso strahlend und alle Welt für sich einnehmend, auch von Männedorf heraufführ, um ihr im Haushalt zu helfen. Oder mit den Bigoudis, der Trockenhaube, diesem ganzen Zeugs, damit auch sie, Emma, wenigstens einigermaßen eine Gattung machte.

Was, wenn dieses Mädchen da drüben ihre störrischen Haare geerbt hätte?

Müsste sie dann …? Nicht auszudenken. Ihr scheren wir die Haare kurz. Obwohl, heutzutage tragen ja alle Frauen wieder langes Haar. Mit Margeriten hineingesteckt und wehenden bunten Bändern … ach, herrje.

Als es an ihre Tür klopfte, hörte es Emma zuerst nicht. Erst als er auf leisen Sohlen in ihr Zimmer trat, sah sie Nunzio. Er schien müde, abgearbeitet, aber auch von diesem ganz bestimmten Eifer getrieben, der immer dann auf seiner Stirn glänzte, wenn ihm wieder ein großer Coup gelungen war. Seine Kleider, die ewig braunen Kordhosen, das glanzlose Nylonhemd, die blonden Strähnen viel zu lang, bis in die hellblauen Augen hineinkitzelnd, sein Gesicht, ein scheues, unsicheres Lächeln, und in seiner rechten Hand hielt er einen Strauß voll Rosen. »Es sind vierundzwanzig, Emma. Zweiundzwanzig für dich und je eine für jedes Kind.«

Emmas Blick verschleierte sich. Durch einen Wasserfall von Tränen sah sie einen Busch roter Rosen und zwei Punkte, die hellrosa zart daraus hervorfunkten. Unwillkürlich musste sie an die Glühlampe denken, die verlässlich die Ankunft eines neuen Telex ankündigte. Was kündigten ihr diese beiden hellen Punkte an?

Nunzio setzte sich zu ihr auf den Bettrand. Ungeschickterweise klemmte er ihr dabei einen Arm ein, was einen kleinen Lärm verursachte. Emma hatte kurz, aber heftig *gopf!* geflucht, und eine Zeitschrift war auf den Boden gefallen. Erschrocken schauten beide zu dem schlafenden Kind. Es nuckelte an einem unsichtbaren Gegenstand, es träumte. Von draußen klang Vogelgezwitscher herein.

»So ein herziges Mädchen.«

»Findest du?«, jammerte Emma schluchzend.

»Natürlich!«

»Sie sieht aber ganz anders aus als Lorine.«

Nunzio runzelte die Stirn. Daraufhin sprudelte es aus Emma heraus: »Lorine ist doch wie eine Babygiraffe mit ihren viel zu langen Gliedern! Lorine wird bestimmt einmal eins achtzig, Modelmaße und alles dürr wie diese Twiggy! Aber sie hier«, und sie blickte tangential zu ihrer zweiten Tochter im Rollwägelchen hinüber, »hat doch eher etwas von einem Büffel. So gedrungen, alles so eng an ihr, so geballt, sieh nur, wie sie die Händchen hält und mit dem Gesicht einen Knautsch macht.«

Nunzio überlegte einen Augenblick. Dann nahm er seine Frau in den Arm und hielt sie lange fest. Sie weinte.

»Du bist erschöpft, Emma. Lass dir alle Zeit der Welt. Mondaine schaut zu Hause schon nach dem Rechten. Du kannst hierbleiben, solange du willst. Erhol dich, dann wird dir wieder leicht ums Herz.«

Emma verschluckte sich und heulte noch mehr. Ihr Rücken zitterte.

»Was du hast, das nennt sich postnatale Depression. Das verläuft sich wieder, das geht wieder weg, Emma. Lass jetzt einfach los. Du musst dich um nichts kümmern, ich spreche mit den Schwestern.«

Als er aufstehen wollte, hielt sie ihn am Ärmel zurück. »Ich weiß nicht, ob es nur das ist, Nunzio. Ich habe mir so vieles überlegt die letzten vier Tage, als ich hier lag und auf die Geburt wartete.«

»Wie meinst du das?«

»Ich möchte, dass wir abschwören. Ich möchte, dass wir uns von der Vergangenheit lösen und unser eigenes Spiel spielen, nicht mehr das Spiel *das haben wir immer schon so gemacht*. Ich möchte, dass wir frei sind.«

»Wie das? Wir sind doch völlig frei?«

»Nein. Wir haben uns mit so viel altem Schrott verkuppelt, mit so vielem, das mit uns gar nichts zu tun hat, das wir Tag für Tag durchs Leben schleppen.«

Nunzio schaute sie an. War dies einer ihrer unreflektierten Anfälle? Die Schallplatte, die ihr Abspieltempo nicht fand? Oder hatte sie sich wirklich Gedanken gemacht, einen Entschluss getroffen? Begegnete sie ihm hier im Spital zum ersten Mal auf Augenhöhe?

»Nunzio, ich möchte, dass es in unserer Familie keine Coiffeure und keine Posticheure mehr gibt und auch keine Musiker mehr. Hast du nicht gehört, wie Opapa sagte, Lorine hätte perfekte Violinistinnenfinger? Das muss ein Ende haben. Dieses ganze Weiterreichen von Schicksalen, diese Vorbestimmung, für die man letztlich doch nichts kann und die einen fast erstickt. Damit ist jetzt Schluss. Keine Weichen mehr, die wir für die Kinder stellen. Ich will, dass sie autonom aufwachsen. Und ich will, dass sie antiautoritär erzogen werden. Ich will, dass sie dereinst in eine freie Schule gehen, dass sie von freien Menschen unterrichtet werden in der wahren Kunst des Lebens.«

»So etwas wie Summerhill meinst du?«

»Ich will, dass sie zu freien Menschen heranwachsen, die frei über ihr Leben entscheiden können. Ich habe nachgedacht.« Dann noch einmal: »Ich habe nachgedacht.«

Beide schwiegen. Dann setzte Emma erneut an: »Die ihr Schicksal dereinst in die eigenen Hände nehmen. Hast du mir denn nicht zugehört, als ich dir erzählt habe, dass sich in meiner Familie einmal eine Frau das Leben nahm, weil man ihr ein Schicksal aufgezwungen hatte? Es heißt, sie habe Streichholzköpfchen geschluckt, um sich zu vergiften.«

Nunzio wollte protestieren oder zumindest beschwichtigen, aber sie war schneller. »Nein! Hör mir jetzt zu! Alles wiederholt sich wie in Endlosschlaufen. Das ist doch Wahnsinn! Und dann die Sache mit der Religion! Ich will, dass wir aus der Kirche austreten. Ich will nichts mehr wissen von Judentum und Christentum, von Reformierten oder Katholiken, ich will frei sein, Nunzio, verstehst du das denn nicht? Bekommst du denn nicht mit, wie mein Vater immer zusammenzuckt, wenn ihn jemand mit seinem jüdischen Namen anspricht? So weit haben es die Religionen untereinander gebracht, und ich sage nein, Schluss jetzt damit, basta.«

Nunzio streichelte ihr über das wirre Haupthaar. Er liebte es, wenn sich die borstigen Locken um seine Finger verknäuelten, für ihn Heimatgefühl, ein Hort von Wärme, Zuhause für den Moment.

»Möchtest du denn auch frei sein von mir? Von der ... Ehe? Eine moderne, offene Beziehung, die freie Liebe praktizieren, so, wie das jetzt alle tun?« Er suchte ihren Blick. »Das ist doch auch nur wieder ... nichts als Zwang, oder?«

»Dazu kann ich noch nichts sagen. Das will ich langsam angehen. Ich bin gerne mit dir zusammen, das schon, das zumindest kann ich sagen.«

Nunzio atmete einmal durch. Dann sagte er: »In Ordnung. Das hat mich ohnehin schon lange geärgert, dass wir Kirchensteuer zahlen müssen. Ab heute keine Religion mehr. Keine vorgeplanten Musikerkarrieren, keine geformten Künstlerkinder und keine erzwungenen Haarteilmacher mehr, außer, wenn sie's selber wollen.«

»Keine Obrigkeiten, die Kinder verbiegen, keine Gouvernanten.«

»Keine.«

»Keine Karrierepläne, die wir für sie schmieden, überhaupt keinen Karrierezwang.«

»Keinen.«

»Keine Spielregeln, kein Druck, und nicht der geringste Schubs, was die Wahl ihrer Freunde anbelangt.«

»Kein Druck, gar nichts.«

»Sie sollen frei sein.«

Auch hier atmete Nunzio einmal schwer, aber bestimmt durch und zog behutsam seine Hand aus Emmas Haar. Er reichte ihr ein Taschentuch, und Emma schneuzte sich.

Als sie eine Weile nebeneinander geschwiegen hatten und

das schlafende Mädchen in seinem Bettchen betrachtet, sagte sie leise: »Und noch etwas. Ich will auch das mit den Namen nicht.«

»Nicht die Namen! Ich habe mir doch schon etwas so Schönes überlegt!«

»Nunzio, wir wollen diesem Kind kein Schicksal aufbürden.«

»Aber Emma …! Ich habe mir gedacht, wir könnten sie Malka Esmeralda nennen, nach deiner Großmutter und nach meiner Mutter. Das wäre doch wirklich schön. Und ganz einzigartig in dieser Verbindung.«

Emma überlegte. Nachdem wieder eine Weile Zeit verstrichen war, nickte sie endlich. Sie sagte: »Aber dann soll das Kind drei Namen haben. Zuerst einen neuen, einen ganz, ganz eigenen wie Lorine, einen, der nur ihr gehört, und dann von mir aus zwei von ihren Vorfahrinnen, wenn es unbedingt sein muss.« Emma füllte ihre Lungen mit neuem Atem, dann sagte sie: »Aude Malka Esmeralda Senigaglia.«

Nunzio schaute auf das Kind, als er sagte: »Lass mal überlegen. Das ergibt als Initialen AMES. Französisch für Seelen. Doch, ja. Wieso nicht. Aude also?«

»Aude.«

Draußen schien die Sonne. Es war ein warmer Augusttag, der sich allmählich dem Abend zuneigte. Die Vögel sangen aus voller Kehle, und ihr Gesang drang durch das leicht geöffnete Fenster in das karge Zimmer herein, wo er in der Luft wie eine Girlande hängenblieb und weiterschwang.

Es hatte etwas Tröstliches.

Überfremdung

Forch, 1974

Dass etwas mit ihr nicht stimmte, merkten sie bald. Aude sprach nicht, und wenn, dann nur sehr leise. Sehr selten. Und sehr bestimmt. Zumeist gebrauchte sie ihre größere Schwester, Lorine, als Sprachrohr. Flüsterte ihr ins Ohr, was sie gesagt haben wollte, und überließ der Großen das Sprechen vor Leuten. Oder sie schrieb ihre Mitteilungen im Imperativ auf kleine Zettelchen. Ausnahmen waren kurze Gespräche mit ihren Eltern, die aus einsilbigen Botschaften bestanden oder aus knappen Antworten, die sie wie wütende kleine Eruptionen ausstieß. Allenfalls noch ein hingeflüstertes Bonjour für Omama und Opapa, aber das war das Höchste der Gefühle. Mehr war nicht drin. Nicht bei Aude. Nie hätte sie sich Fremden gegenüber geöffnet, und auch nicht mit Nachbarn, einer Verkäuferin, einer Bedienung im Restaurant gesprochen. Ihre Freundinnen aus der Umgegend kannten diese Eigenheit und ließen sie damit in Ruhe. Wer brauchte schon Worte, wenn man so eindeutig mit Blicken sagen konnte, was man zum Ausdruck bringen wollte? Also.

Aber Emma machte sich eben Sorgen. Vielleicht war die Wahl der Freien Volksschule doch nicht das Beste gewesen? Vielleicht …, aber man konnte das Kind ja auch nicht zwingen, den Mund aufzumachen, auch in einer Staatsschule nicht. Das wäre ja einer Folter gleichgekommen, und Emma schauderte in dumpfer Erinnerung an eigene, nur halb verdrängte Korrekturerfahrung.

Wie Aude den Mund verzog, wenn sie merkte, dass man

mit ihr nicht zufrieden war ... so quälerisch selbstdarstellend, anklagend. Vielleicht hatte Nunzio ja recht, und das Ganze war nur eine Frage der Zeit. Immerhin hatte er ihr mit fünf Lesen beigebracht und Schreiben. »Wenn sie nicht spricht, sind Bücher der beste Weg hinaus in diese Welt«, hatte er gesagt und sich immer wieder mit ihr hingesetzt, die stumm ihre Lippen bewegt hatte und mit glänzenden Äuglein die Buchstaben in ihr Hirn aufgesaugt, wo sie sie in einem Setzkasten ordentlich versorgt hielt.

Emma hatte es schon bemerkt, wie sie seither, wenn sie hinten im 2CV saß, den Kopf nach links und rechts drehte bei jedem Reklameschild, das sie sah. Sie las Esso, sie las Aral. Sie las Coop, und sie las Migros, und plötzlich, heute Morgen, hatte sie aufgejuchzt und ganz aufgeregt der Mutter gesagt: »Aral ist Lara, Lara ist Aral!« Lara war der Name eines der Hunde, die sie hatten. Emma hatte eine Weile gebraucht, bis sie begriff, wovon Aude sprach, was hatte eine Tankstelle schon mit einem Collie zu tun, aber dann war ihr ein Licht aufgegangen, und jetzt wollte sie ihrem Mann davon erzählen. Aude hatte zum ersten Mal ganz von sich aus gesprochen und sich sogar richtig glühend darüber gefreut!

Sie ließ Aude im oberen Stock mit der Kügelibahn spielen, die sie von ihrer Großmutter aus Küsnacht, von Alda Senigaglia, geschenkt bekommen hatte, und ging die Treppe hinunter in Nunzios Büro. Wie üblich ratterte der Telex.

Auf schweren Holzmöbeln stapelten sich Belegexemplare des Spiegels, Archivmaterial, Notizblöcke, Mikrofilmdosen, verschiedene Kameras, Nunzios alte »Wurmbüchse«, eine Pentax Asahi mit zwei zusätzlichen Objektiven, die ganze Ausrüstung, die Nunzio stets mit auf seine In- und Auslandsreisen nahm, und Bücher, Zeitungen, Nachrichtenmagazine aus aller Welt.

Seit einigen Jahren lebten die beiden eine lakonische Ehekameradschaft, die auf gegenseitigem Respekt und dem Vertrauen basierte, dass der eine nichts unternehmen würde, was den anderen verletzen oder kompromittieren könnte. Emma arbeitete noch immer als Maskenbildnerin, nun aber als regelmäßige Aushilfe am Zürcher Opernhaus, drei oder vier Abende die Woche, und sie hatte, nachdem sie die Schweizer Vorausscheidung vom 24. Januar 1974 zur Teilnahme am Concours Eurovision de la Chanson nicht für sich hatte entscheiden können – mit einem zwar sehr schönen, aber halt auch sehr französischen, sehr altmodischen Chanson, das über die Wellen des Meeres und der Liebe plätscherte und wogte, war sie nur auf Rang sechs von insgesamt acht gelandet und musste den Sieg ihrer Konkurrentin Piera Martell mit *Mein Ruf nach dir* überlassen, welche dann in Brighton aber ganz grauenhaft auf den letzten Platz verdonnert worden war, zusammen mit Deutschland, Norwegen und Portugal, ein kleiner trotziger Trost das, aber eben auch nicht mehr als das –, der professionellen Singerei endgültig Adieu gesagt. Gewonnen hatte irgendeine Gruppe aus Schweden, eine Viererformation, mit einem derart schnellen, derart unverständlichen Herumgehopselied, *Waterloo*, dass Emma geahnt hatte, hier bricht eine völlig neue Ära an, der gute alte Schlager ist endgültig passé.

Nunzio dagegen, das zweite Pendel, das in dieser Familie ausschlug, war ganz aufgegangen in seiner Journalistenidentität, schrieb griffige Reportagen über die Zensur bei der Post für Parlamentarier in Bern, enthüllte Steueraffären, enragierte sich öffentlich über sexuelle Belästigung von Angestellten oder recherchierte mit Fiebereifer im Umfeld der Schweizer Waffenschieberei. Seine Welt war ihr zusehends fremd geworden, und nun suchte sie nach ihm zwischen all den Apparaturen und Stapeln von Papier, den Quellenaussagen, geheimen Interviews, Tatsachenbeständen, ermittelten Zahlen und Fakten. Hinter einem Bücherregal, das quer in den Raum hineinwuchtete, entdeckte sie ihn, wie er seinen Blondschopf in ein Lexikon tauchte.

»Da! Es stimmt also!«

»Nunzio, ich muss dir etwas erzählen …«

»Ja, sicher. Aber zuerst muss ich diesen Artikel fertigstellen. Einen ungeheuerlichen Stein, den diese Dorftrottel da angeschoben haben. Jetzt sollen die mal dazu schauen, dass nicht genau dieser Stein sie überrollt und in den Abgrund reißt. Was meinen die eigentlich, wäre die Schweiz ohne die Ausländer? Hä? Da, lies mal, ich muss nur noch kurz in die Stadt fahren, mich mit einem Informanten treffen. Wirf doch, solange ich weg bin, einen Blick da hinein, und sag mir nachher, was du davon hältst. Deine Meinung ist mir wichtig.«

Nunzio drückte ihr einen Stapel Papiere in die Hände und fegte an ihr vorbei aus dem Büro. Der Telex ratterte noch immer.

Emma schob einen Packen Fotos zur Seite, legte den Rohentwurf des Artikels auf den Tisch und ließ sich auf Nunzios Jasper-Stuhl sinken. Das hölzerne Sitzblatt hatte sich in all den Jahren seinen Maßen angepasst, sie rutschte darin herum wie in einem ungesicherten Sessellift, der sie in seine Höhen transportierte.

Sie las den Titel *Überfremdung?*, den Nunzio von Hand durchgestrichen hatte, und daneben hatte er in seiner schnellen Schrift *Urtümliche Gewalt* und ein Ausrufezeichen hingesetzt. Nun also die Ausländer. Es wurde still, als der Telex seine Mitteilung abrupt unterbrach, nur von oben vernahm Emma das holperige warme Geräusch von Glaskugeln, die eine Bahn hinuntertrudelten. Sie senkte ihre Augen auf das erste Blatt.

Patrioten fürchten die Überfremdung ihres Alpenlandes. In einem Volksentscheid sollen die Schweizer entscheiden, ob über 500 000 Ausländer das Land verlassen müssen.

Eine notwendige Rosskur, erklärte Valentin Oehen, Führer der Patrioten-Vereinigung NA (Nationale Aktion gegen die Überfremdung von Volk und Heimat), müsse bewirken, dass die Schweiz wieder gesunde.

Die Alpenrepublik krankt nach Ansicht Oehens und seiner Freunde an zu vielen »frömdi Fötzeln« (Volksmund für Ausländer), an »Tschinggen« (Italienern) vor allem, aber auch an »Sau-Schwoben« (Deutschen). Denn von den rund 6,5 Millionen Bewohnern der Schweiz besitzen fast 1,1 Millionen einen ausländischen Pass.

Am nächsten Sonntag sind die Schweizer aufgerufen, darüber abzustimmen, ob die Ausländer gehen müssen. Zur Volksabstimmung kommt es, weil die NA-Leute 62 000 Unterschriften (12 000 mehr als erforderlich) für ihre »Überfremdungs-Initiative« sammeln konnten.

Entscheidet sich die Mehrheit für Oehens Initiative, dann dürfen in drei Jahren kaum mehr als eine halbe Million Fremde in der Schweiz leben. In den einzelnen Kantonen will Oehen den Ausländeranteil auf zwölf Prozent beschränkt wissen.

Damit käme es zu einem in Friedenszeiten beispiellosen Exodus. Allein in Genf ist jeder zweite Einwohner Ausländer. Vier von zehn Bewohnern des Tessins sind Nichtschweizer. Aus dem Kanton Zürich müssten über 100 000 Fremde ausziehen, über 70 000 aus dem Kanton Waadt am Genfer See. Damit nicht genug. Oehen will auch die Zahl der Saisonarbeiter auf 150 000 begrenzen und die Zahl der (meist deutschen) Grenzgänger von 105 000 auf 70 000 senken.

Drei Jahre lang, so kalkulierten Berner Regierungs-Experten, müssten »pro Tag mindestens 500 Gastarbeiter hin-

ausgeworfen werden«. Die linksliberale »Basler National-Zeitung« rechnete den Schweizern vor, ein »176 Kilometer langer Eisenbahnzug« sei nötig, die Fremden »in der gesetzten Frist fortzuschaffen«.

Doch die Gegner Oehens und seiner Vaterlands-Schützer nehmen die Abstimmung ernst. Denn neben Gastfreundschaft und Aufgeschlossenheit haben auch Fremdenhass und kleinbürgerlicher Patriotismus in der Schweiz Tradition.

Schon 1965 hatten Zürcher Bürger eine Volksabstimmung über die Ausweisung der Ausländer beantragt. Sie zogen ihr Begehren aber zurück, als die Regierung versprach, den Zustrom von Fremden einzudämmen. 1970 stimmten die Schweizer tatsächlich ab. Nur um wenige Prozent verfehlte der Initiator der Abstimmung, Nationalrat James Schwarzenbach, das Ziel, die Ausländer per Stimmzettel loszuwerden.

Zwei Jahre später drückte dann NA-Führer Valentin Oehen die neue Abstimmung durch. Parolen wie »Eine Million fremder Menschen wird uns als eidgenössischer Verelendungs-Nachwuchs aufgepropft« und »Wir handeln in staatlicher Notwehr« verfingen besonders bei Schweizer Kleinbürgern.

Ihnen sind vor allem die fast 600 000 Italiener, auch »Salami-Brüder« oder »Gotthard-Chinesen« genannt, zuwider. Sprachschwierigkeiten, Temperament, die unbegrenzte Bereitschaft der Südländer zu Überstunden und nicht zuletzt ihre Erfolge bei den Schweizerinnen verleiden sie den Eidgenossen.

»Rechten Schweizern«, tönte ein NA-Mann, »kommt das Grusen beim Gedanken, dass die Fötzel schweizerische Einrichtungen benutzen.« Anstoß nehmen solche Urschweizer auch daran, dass die Fremden im Krankheitsfall sogar saubere Schweizer Spitalbetten belegen dürfen.

Andere Eidgenossen freilich schaudert vor einer Zukunft

ohne Gastarbeiter. Heute werden all jene Arbeiten, für die sich Schweizer mittlerweile zu schade sind, von ausländischen Arbeitskräften verrichtet. So karren fast ausschließlich Italiener den Schweizer Müll zusammen, und fast nur Fremdarbeiter steigen in die Kanalschächte hinab, reparieren Gasleitungen und Gleisanlagen. Im Baugewerbe beträgt der Anteil ausländischer Arbeitskräfte 60 Prozent, im Gaststättengewerbe 66 Prozent.

In fast allen Schweizer Gaststuben werden neuerdings denn auch mit dem Essen die Befürchtungen des Hotel- und Gaststättenverbands serviert.

»Wenn die Initiative angenommen wäre«, steht auf Papierservietten aufgedruckt, »würden Sie vergeblich nach Ihrem Essen Ausschau halten, denn auch das letzte ausländische Küchenpersonal hätte die Schweiz verlassen.«

Und eine Million Schweizer Bierdeckel geben zu bedenken: »Darf man eine halbe Million Menschen vertreiben?«

Nicht nur die Schweizer Gastronomie, sondern auch zahlreiche Industrie-Unternehmen geraten durch einen Gastarbeiter-Exodus in Schwierigkeiten. Alle Mitarbeiter in den Webmaschinen-Fabriken des renommierten Sulzer-Konzerns kommen aus dem Ausland, im Pharma-Konzern Ciba-Geigy müsste jeder fünfte nach Hause geschickt werden. Das Arzneimittel-Unternehmen Sandoz müsste seine Forschungstätigkeit in der Schweiz »um die Hälfte einschränken«, so ein Sandoz-Manager, »wenn die hochqualifizierten ausländischen Fachkräfte das Land verlassen«.

»Landesweit«, resümiert Arbeitgeberverbands-Funktionär Schwarb, »entstünde ein so großes Arbeitskräfte-Manko, dass viele Betriebe vor die Existenzfrage gestellt wären.«

Dies käme Oehen, der unablässig predigt, die Schweiz müsse sich »gesundschrumpfen«, gerade gelegen. Denn er hofft, nun auch die Stimmen zahlreicher Schweizer Umweltschützer zu gewinnen. »Wir dürfen«, tönte Oehen, »mit Si-

cherheit annehmen, dass neue Kräfte mit urtümlicher Gewalt wieder lebendig werden, sobald die Masse des Volkes die Bedrohung seiner Lebensgrundlagen erkennt.«

Der Glaube an die urtümlichen Kräfte der Schweizer ist heute selbst dem Initiator der Volksabstimmung von 1970 zu viel. James Schwarzenbach fürchtet neuerdings um den Ruf der Alpenrepublik: »Die jährliche Ausweisung von 180 000 Ausländern«, erklärte er im Berner Nationalrat, »droht uns in die Nachbarschaft eines Idi Amin zu bringen.«

Emma legte das letzte Blatt zurück auf den Stapel. Vor dem Fenster flog eine Amsel vorbei, die einen Wurm im Schnabel hielt. Die Sonne schien. Aus dem oberen Stockwerk vernahm sie noch immer ein regelmäßiges *Rrrrrr-rrrrr*, das in einem abschließenden *Kling!* endete.

Teleboy und Omnibus

Regensdorf, 1978

Wie die beiden Kinder, Lorine und Aude, zusammen mit Omama Mondaine es geschafft hatten, den Fernseher in den kleinen roten DAF 33 zu bugsieren, grenzte an ein Wunder. Opapa Abel war zwar zur Ansicht gelangt, dem Hause Senigaglia stünde nun endlich auch ein Farbfernseher an, und hatte seiner Tochter zur Feier des 13. Hochzeitstages einen neuen Wega Color 3052 gekauft, aber die Fahrt von Regensdorf, wo die beiden Engagement-Nomaden mittlerweile ihren neuen Wohnsitz bezogen hatten, auf die Forch hatte er dann doch seiner Frau, den Mädchen, die auf Besuch waren, und dem niederländischen Kleinwagen überlassen. Er musste noch proben, komponieren, Arrangements auf Revox-Bänder aufzeichnen oder sich mit einem Verkäufer des Zürcher Musikhauses Jecklin privat treffen und über neueste Erkenntnisse der Instrumentenpflege austauschen, was wusste sie. Abel war auf jeden Fall nicht zu haben, und Mondaine schaffte es auch alleine.

»Ihr werdet sehen, damit sieht der Teleboy wie neu aus!«

»Wieso?«

»Du siehst die Kleider, die Farben der Stoffe und überhaupt sieht alles viel präziser aus. Und wenn die Kamera nahe genug heranfährt, dann siehst du sogar, ob jemand ein weißes Haar im blonden Schopf verbirgt. Denkt doch nur, Lassie, Bonanza und was ihr alles schaut – das gibt es für euch ab jetzt in Farbe!«

»Die Balken?«

»Die Farbbalken sowieso! Und am nächsten Samstagabend wie gesagt der Teleboy.«

Der Teleboy war eine Unterhaltungsschau im Schweizer Fernsehen. Showblöcke unterteilten die Quizsequenzen, bei denen zwei gegnerische Ehepaare abwechselnd Fragen beantworten mussten, die den Alltag in der Schweiz zum Thema hatten. Wer den Teleboy schaute, konnte am nächsten Tag mitreden. Ein- oder zweimal bestritt auch Abel Ditrich als Violinist in der Sendung unter dem Motto Nostalgie einen Auftritt und wurde mit einem ganz ordentlichen Applaus aus den Studiopublikumsreihen gewürdigt. Maskottchen der Sendung war ein überdimensionales Stehaufmännchen, der Teleboy, und damit symbolische Insignie des tapferen Schweizers, den nichts so schnell aus den Socken haut.

Der große Clou der Show aber waren eindeutig die Einspielungen der versteckten Kamera. Kurt Felix, Moderator, ließ ahnungslose Bürgerinnen und Bürger besonderen Situationen auf den Leim kriechen und filmte sie dabei. Oft gaben diese Sequenzen nicht nur Anlass zu Gelächter, sondern auch zu tagelangen Stammtischgesprächen. Am höchsten schlugen die Wogen, als Kurt Felix das Seeungeheuer *Urnie* kreierte und es an einem Stahlseil mittels Fernsteuerung tagelang durch den Urnersee ziehen und durch Lautsprecher ganz fürchterlich brüllen ließ … überhaupt bot die Fernsteuertechnik Möglichkeit zu allerlei Unfug, der zu Situationen führte, über die man sich in gewohnter Regelmäßigkeit vor lauter Lachen ausschütteln konnte. Omama war ganz begeistert davon und am meisten über den Jux, den sich Kurt Felix mit ahnungslosen Hilfsbereiten erlaubt hatte, denen er eine Fernbedienung für ein Modellflugzeug in die Hand gedrückt und gesagt hatte, er müsse nur mal kurz, woraufhin er dann auf unbestimmt verschwand. Flog das Flugzeug zuerst noch brave

Kreise hoch oben am Himmel, setzte es bald schon zu Loopings und Attacken an. Die entsetzten Helferinnen und Helfer versuchten natürlich ihr Bestes, das Flugobjekt auf Distanz zu halten, derweil ein wie zufällig hinzugetretener Passant blöde Fragen stellte oder – typisch Schweiz – trockene Kommentare von sich gab. Vor den Augen der Ahnungslosen versteckt, wurde das Flugzeug durch eine andere Person mittels intakter Fernbedienung gezielt gelenkt.

Der Spruch eines älteren Schweizers mit Sommerhut, der in steigender Verzweiflung immer wieder »Söll emal cho!« über seine Schulter rief, wurde zum Bonmot des ganzen Sommers; man hörte es zu Berg und zu Tal, von Groß und von Klein und in jeder passenden und unpassenden Situation exklamiert: Söll emal cho.

So rief auch Omama laut »Söll emal cho!«, als sie zusammen mit den Mädchen den großen Karton auf den Rücksitz quetschte.

»Nicht nur den Teleboy könnt ihr damit neu genießen, auch die ZDF-Hitparade! Was ihr wollt, in neuen bunten Farben!«

Als sie es endlich geschafft hatten, drückte sich Aude auf das schmale freie Plätzchen neben dem Fernseher, und Lorine schnallte sich auf dem Vordersitz den Gurt um. Zu guter Letzt sprang zwischen Lorines Beine auch noch Omamas Pudel, ein über alle Tage mürrisches schwarzgelocktes Weibchen mit dem unpassenden Namen Bonbon. Pudel waren in Mode, und Bonbon durfte sich der Öffentlichkeit nicht ohne Schleifchen zeigen. Mondaine wie vor allem auch Emma hielten seit jenen Welpentagen in Küsnacht permanent einen oder mehrere Hunde an der Leine und sich selbst damit im Gleichgewicht.

Der DAF bellte vertraut wie eine kleine Lokomotive. Aude dachte an das Märchen von Jim Knopf und seiner Lokomotive Emma, auch eine Geschichte, die sie im Fernsehen gesehen hatte. Wie würde wohl die Augsburger Puppenkiste aussehen auf diesem nigelnagelneuen rundgewölbten Bildschirm? Jedes Mitglied der Familie Senigaglia hatte seine eigenen Sendungen, die es regelmäßig verfolgte. Lorine reklamierte neuerdings den Fernseher für sich und ihre Freundinnen, um »Alles klar« zu schauen, dabei kicherten sie und schwatzten, flüsterten sich Namen von Schulkameraden zu und verdrehten die Augen. Emma verpasste keinen einzigen »Concours Eurovision de la Chanson« und besetzte einmal jährlich nicht nur die Fernsehcouch, sondern auch die Telefonleitung, über die sie jedes der präsentierten Lieder mit ihrem Vater fachsimpelnd bewertete, verriss oder knapp für gut befand. Nunzio seinerseits schloss jeden Sonntagvormittag nachdrücklich die Wohnzimmertür, um nicht beim »Internationalen Frühschoppen« vom Geplapper der Kinder gestört zu werden. Wenn Lorine ihr Ohr an die Tür legte, hörte sie ihn Einwürfe machen, so, als ob er als unsichtbarer Gast zwischen den diskutierenden Journalisten säße.

Auch heute Vormittag würde Nunzio auf dem Bauch liegend, den Kopf in gut drei Meter Entfernung vom Bildschirm, das Kinn auf seine zusammengefalteten Hände gelegt, die rechte über der linken, seine liebste Sendung schauen. Keiner würde dann das Wort an ihn richten dürfen, es redeten dann nur wichtige Leute. Über wichtige Themen. Danach, freilich, würde man sich über alles austauschen können. Aber Emma fühlte sich nicht informiert genug, Lorine hüpfte lieber draußen im Garten umher und schlug Räder, und Aude, nun, Aude sprach ja ohnehin nicht, wenn sie nicht unbedingt musste.

Audes Beine waren ganz zappelig, ihre Knie stachen in das Rückenpolster von Omamas Sitz. Omama fragte: »Wollen wir etwas singen, Kinder?«

Sie hatte die Angewohnheit, längere Autofahrten mit Liedern zu füllen, die sie aus voller Brust schmetterte. Sie konnte italienische, französische, ungarische und deutsche Lieder zum Besten geben, und mit den Mädchen sang sie hin und wieder sogar schweizerdeutsches Gut, in ihrem herrlichen, alles verbreiternden Berner Dialekt.

Ihr liebstes Lied aber, und das war unbestritten, ging folgendermaßen:

Die Liebe ist ein Omnibus
holla hi holla ho
weil man immer warten muss
holla hia ho!

Kommt er endlich angewetzt
holla hi holla ho
ruft der Schaffner »Schon besetzt!«
holla hia ho!

Ach, wenn's doch wäre
ach, wenn's doch wäre
ach, wenn's doch mein klein Liebster wär!

Und da rumpelt
und da humpelt
und da rumpelt mir mein Herz
vor lauter Lieb und Schmerz
vor lauter Lieb und Schmerz

Und so rumpelten und humpelten sie in einem knutschroten DAF, eine Großmutter und ihre beiden Enkeltöchter, ein vor sich hinknurrender Pudel und ein nigelnagelneuer Farbfernseher der Marke Wega – weißes Schalengehäuse mit Standfuß, um 180 Grad drehbar, 66 cm »Super Contrast«-Farbbildröhre, HiFi-Ton durch Super-Paralleltonv-

Verfahren und HiFi-Endstufe mit 10 Watt Sinus-Ausgangsleistung, eingebaute Zweiweg-Lautsprecher-Box und automatische Frequenzkontrolle, automatischer Sendersuchlauf und eine Speicherkapazität von sagenhaften 16 Sendern sowie: Fernbedienung, ebenfalls in Weiß, und automatische Fernseherabschaltung circa zwei Minuten nach Sendeschluss –, Lieder singend quer durch die Stadt und dann übers Land, dem Hause Senigaglia auf der Forch zu.

selektiver Mutismus

Forch, 1979

Den Vögeln zuzuhören war das Größte für sie. Audes Zimmer ging nach vorne hinaus zu einer hohen Hecke, in der die Spatzen schwatzten, und auf dem Kirschbaum unweit ihres Fensters tirilierte jeden Morgen eine Amsel. Wann immer ihre Mutter, ihr Vater des Morgens in ihr Zimmer traten, sie fanden Aude bereits wach im Bett. Ihr Blick hatte dann gleichsam etwas Verlorenes wie auch Glanzklares, Kiesel auf dem Grund eines Bergbaches. Man fühlte sich unweigerlich als Eindringling in ihre Privatsphäre, kein Wunder, war sie doch auch mit elf noch immer wortkarg – maulfaul, wie ein Arzt einmal gemeint hatte –, aber selbst in diesen Momenten der äußersten Versunkenkeit, der Konzentration auf eine Welt, die nur ihr zugänglich war, schien sie zufrieden und in sich ruhend.

Manchmal saß sie stundenlang auf dem Fenstersims, in der kalten Jahreszeit in eine Decke eingehüllt, und registrierte. Jeder Flügelschlag, jedes Schnäbeln, jedes Aufplustern des Gefieders war von Bedeutung für sie, von unermesslicher Tragweite und wie die Erfüllung eines tiefgehegten Traumes. Alles an ihr war dann sanft und weich und entspannt und feenhaft, ihre Wangen, ihre Wimpern, die Lider, der Blick, ihr gesamtes Wesen zart wie Morgentau.

Ganz anders die Härte im Blick, die Spannung über den Jochbeinknochen, die angestrengten Linien auf ihrer Stirn, wenn man versuchte, sie in ein Gespräch zu verwickeln. Ihr Vater hatte sich fraglos damit arrangiert und ihr, nachdem seine Idee mit dem Schreiben- und Lesenlernen fruchtbar gewesen war, weitere Wege in die Welt eröffnet. Bereits mit sechs bekam Aude ihren ersten Plattenspieler, auf dem sie am liebsten die Aufnahmen mit Vogelstimmen aus dem Radioarchiv abspielte, die ihr Abel besorgt hatte, und immer wieder gerne: Opapas Violinensoli. Nunzio war es auch, der ihr vertraute, als sie, noch nicht achtjährig, in stummem Trotz darauf bestand, alleine mit den Collies in den Wald gehen zu dürfen. Von Sonnenaufgang bis spät in den Nachmittag hinein.

Anders als Lorine, die stets eine Heerschar von Freundinnen um sich geringt hatte, blieb Aude am liebsten für sich und allein.

Nunzio hatte es sich zur Gewohnheit gemacht, von seinen Auslandsreisen Geschenke mit nach Hause zu bringen. Für Emma die neuesten Frisurenmagazine ausländischer Kioske, für Lorine Laufschuhe, Sportbälle oder absurde Turngeräte, die sie nebst den roten Klemmstangen, die in jeden verfügbaren Türrahmen des Hauses im oberen und unteren Stock gespannt waren, benutzen konnte, und für Aude Bücher, nichts als Bücher.

Eines von Audes Lieblingsbüchern war ein mit farbigen Fotografien und Zeichnungen bebildertes, das er ihr einmal aus Deutschland mitgebracht hatte. Sein Umschlag war an zwei Stellen eingerissen und mit Scotch Tape wieder zusammengeklebt. Die Klebstreifen selbst waren gelblich verfärbt, und Audes Daumen spielten oft unbewusst damit, während sie sich in die Texte vertiefte. Der Titel – »Von Liebe und Ehe der Vögel« –, stand in gerundeten orangefarbenen Lettern zu lesen, und es schien, der größte der vier auf dem Umschlag abgebildeten Vögel pickte mit dem Schnabel nach dem Wort Liebe. Es war eine Trottellumme mit drei puscheligen Jungen, einem eigenen und zwei fremden. Schon damals hatte sie mit ihren Fingern weltvergessen Seite um Seite umgeblättert und war von

Erstaunen in Verzückung zu Begeisterung geraten. Federn, Eier, Nester, Eheformen, alles war in Bildern erklärt. Auf einer Doppelseite stieß Aude auf bunte, kryptische Zeichnungen mit Linien und Schlenkern, deren Bedeutung sie erst mit dem Größerwerden erfasste, damals aber schon instinktiv mit den linierten und bemalten Blättern, die ihr Opapa stets um sich liegen hatte, in Verbindung brachte. Es waren schematisch dargestellte Klangspektrogramme von Amsel, Gartenbaumläufer, Waldbaumläufer, Kleiber und Buntspecht. Die Sprache der Vögel zu Papier gebracht.

In diesem Buch lernte Aude den Pfau kennen, Familie Blaufuß und den gar unfasslichen Paradiesvogel. In diesem Buch lag für Aude eine Welt der Schönheit und Folgerichtigkeit, Anfang und Ende, Vollständigkeit und Seelenheil. Wann immer sie darin forschte, war es, als ob sich ihr eigener Schicksalsraum um sie öffnete und sie hinausfliegen konnte, aus dem magischen Kreis entkam, der sie von anderen Menschen fernhielt und der als unüberwindbare Stummheit in ihren Ohren wie Tremoli rebellierte.

Die Welt, die sie umgab. Vieles daran versetzte Aude in Furcht und Schrecken. Da waren die Künstler und Theaterleute, welche ihre Mutter hin und wieder mit nach Hause brachte. Späthippies, die Aude ungefragt zu sich auf den Schoß betteten, sie küssten und herzten, herbeiwinkten, nach ihr riefen, wenn sie sich ihnen entzog. Da waren die Berufskollegen ihres Vaters, Männer zumeist, die in wichtigen Worten die Welt erklärten. Und da waren die aufgeregten Freundinnen ihrer Schwester Lorine, die ihr einstmals Sprachrohr gewesen und die sich jetzt mehr und mehr für andere Sachen – für Jungen! – interessierte.

Nein, die Welt, die sie umgab, war eine verwirrende, fremde, hatte mit ihr nichts zu tun und nichts mit der Vollkommenheit ihrer gefiederten Gefährten.

Auch mit elf konnte sie, versonnen und wie der Welt abhandengekommen, stundenlang vor sich hinplappern in ihrem Zimmer, und sie brach in Tränen aus, wenn sie von der Mutter gebeten wurde, Brot einkaufen zu gehen. »Dann muss ich jemandem Grüezi sagen«, brach es aus dem Mädchen heraus, und ihr Gesicht verzog sich zu einer einzigen Leidensgrimasse. In solchen Momenten, sie spürte es ganz deutlich, konnte die Mutter nichts mit ihr anfangen. Sie war ein unverständliches Ärgernis, und wer weiß, ob das nicht einfach nur Faulheit war, wie hatte das der Kinderarzt genannt: maulfaul? Eines Tages müsste das Kind doch reden! Und was war schon dabei, einer Verkäuferin einen guten Tag zu wünschen, ein Wort mit einem Menschen zu wechseln! Wie konnte man nur so geizig sein mit seiner eigenen Sprache! Aber Emma überwand sich und schloss das Kind in ihre Arme, sagte, macht nichts, dann frag ich eben Lorine, und gab sie wieder ihrem eigenen Universum frei.

Manchmal saß Aude ganze Nachmittage lang in ihrem Zimmer und schnitt »Interviews« zusammen. Sie legte dazu eine Schallplatte auf und ließ eine ausgewählte Stelle laufen, die sie auf Kassette aufnahm. Nach wenigen Worten schon wechselte sie die eine Schallplatte gegen eine andere und machte dasselbe noch einmal, und so weiter. So entstanden Musikklangteppiche, Mosaike von gesungenen Worten, die, in einen neuen Zusammenhang gebracht, neuen Sinn ergaben. Eine neue Aussage. Ein Statement. Eine Erklärung, Mitteilung oder eben: Dialoge! Stimmen, die miteinander sprachen! Während dieser Arbeit, die sie äußerst konzentriert und in großer Ernsthaftigkeit verrichtete, plapperte sie leise vor sich hin, ließ lautmalerische Töne über ihre Zunge purzeln, begleitet von grotesken Grimassen, die sie nur für sich alleine schnitt. Aude teilte diese Kassettengespräche keinem mit. Sie plante sie, sie konzipierte und fabrizierte sie, aber danach, nach einmaligem Anhören, legte sie die Kassetten weg und hörte sie nie wieder. Emma wusste darum und ließ sie gewähren. Sie spürte intuitiv das Existentielle, das für Aude in dieser Tätigkeit lag: Es war ihr persönlicher Schatz.

Als Emma an diesem milden Abend des Herbstes 1979 vor Audes Zimmer das gemähte Gras zusammenrechte, hörte sie mit Erstaunen, wie Aude ihre Dialoge aus verschiedensprachigen Liedern bastelte. Sie erkannte Englisch, Französisch, Italienisch und Deutsch und eine Sprache, die irgendwie slawisch klang, die sie aber nicht sicher zuordnen konnte, und sie war über alle Maßen überrascht, als sie begriff, dass Aude die Bedeutung der einzelnen Phrasen verstand! Natürlich, Deutsch und Französisch waren die gängigen Sprachen in ihrem Umfeld, aber die Dialoge ergaben auch über diese Sprachgrenzen hinweg einen Sinn!

Emma wusste, dass in ihrer Familie so einige sprachbegabte Vorfahren die Ahnentafel zierten, aber dass ihre eigene störrische Tochter, dieses gedrungene, eng in sich verschachtelte Wesen mit dem schattigen Haar, Fremdsprachen verstehen könnte, darauf wäre sie nie gekommen. Sicher hatte es damit zu tun, dass sie alle Jahre im Sommer nach Brela in Jugoslawien in die Ferien fuhren. Vermutlich hatte sie dort manches aufgeschnappt. Aber dennoch. Sie würde Nunzio davon berichten gehen. Und während sich Emma wieder ihrem Rechen zuwandte, legte Aude sorgfältig eine neue Platte auf, die sie aus dem Stapel von Boney M., ABBA und Village People aus dem Zimmer ihrer Schwester herübergeschafft hatte, und gab sich ihrem Grammelot, der nur ihr vertrauten Spielsprache, hin.

Vibrationen

Küsnacht, 1984

Nie wieder reiten auf Großvatis Pantinen. Nie wieder lachen, wenn er Salami, Marmelade und Käse übereinander auf einer Brotschnitte auftürmte und gierig wie eine Schwangere die Zähne hineinschlug. Großvati war gestorben, bei einem Autounfall auf Teneriffa, der Kanarischen Insel, auf der Alda und Nunzio senior eine Ferienwohnung besaßen. Der Austin stand verstaubt unter einer Plastikplane hinter dem Haus neben dem Dorfbach. Die Farbe vertrocknete in den Aluminiumkübeln im Keller. Und alles, was Großmami geblieben war, war dieses Zittern, dieses leise Vibrieren unter ihren Füßen, wenn sie wieder einmal davon überzeugt war, das Haus hätte sich aus seinem Fundament gelöst und selbständig gemacht. Wenn sie wieder einmal an dem unsinnigen Glauben festhielt, es könnte jederzeit im nahen See versinken.

Tempelruhe

Zürich, 1985

Die Maske, das war Emmas Reich. Der Geruch nach Mastix, Aceton, Haar und auf ihren Heizstangen aufwärmenden Carmen Curls, vermischt mit dem Schweiß der Aufregung – eines jeden Künstlers persönlichem Lampenfiebergeruch –, war wie ein Federbett für Emma, ein ausgepolsterter Horst, in dem sie sich wohl und sicher fühlte.

Ihr Arbeitsplatz war der links vorne. Sie verstaute ihre Einkaufstasche mit der neuen olivgrünen Hundeleine, passend für Lara, die betagte Colliehündin, die zu Hause auf sie wartete, und begann mit ihrer Arbeit. Sie überzog die Kopfstütze des Frisierstuhls mit Seidenpapier, holte ihre Schminkpaletten, die Puderdosen und -quasten, die Schwämmchen und Haarspangen aus den Schubladen ihres Rollcontainers und schaute hinüber zur Fotowand. Diese Schönheitsgalerie mit den Bildern der verschiedenen Opernsänger und -sängerinnen war ihr Heiliger Schrein. Von Edita Gruberowá, Ann Murray, Agnes Baltsa, Inga Nielsen, Yoko Watanabe, aus der Tschechoslowakischen Sozialistischen Republik, aus Irland, Griechenland, Dänemark, Japan, sowie vom Deutschen Hermann Prey hatte sie Autogramme geschenkt bekommen und von José Carreras, dem Katalanen, sogar zwei mit verspielten Kreuzchen darauf. Emma überlegte, ob sie noch etwas vorarbeiten sollte. Der Kostümbildner hatte ihr gestern die Figurinen ausgehändigt, mit Wasserfarbe colorierte Skizzen auf A3, die seine Vorstellung der Perücken für das nächste Stück vermittelten. Diesmal sollten alle blond werden, darüber hatte sie bei der Sitzung noch gelacht, alle blond, wieso nur, aber verspielt, wie sie war, würde sie sicher noch das eine oder andere Löckchen drehen können. Es gelang ihr immer, den Kreationen etwas Eigenes unterzumischen, einen persönlichen »touch«, ein kleines Etwas, über dessen Herkunft, Geburt und Existenz nur sie Bescheid wusste.

Sie blätterte die Zeichnungen durch, Rokoko. Geschnörkel und Geblüm.

Allmählich kamen auch ihre Kolleginnen, die festangestellten Maskenbildnerinnen, die die Solistinnen in ihren Garderoben betreuten, und die Aushilfen, solche wie sie, die halfen, den Chor, die Statisterie herzurichten. Aus gewöhnlichen Straßenmenschen Geschöpfe der Bühne zu machen. Verwandlung, Transformation allein durch das Geschick ihrer Hände.

Ihr Engagement am Opernhaus verdankte sie dem Unglück einer anderen. Eine Berufskollegin, eine Gelernte sogar, die ihre Lehre in den fünfziger Jahren in Augsburg absolviert hatte und die mit ihrem Lehrmeister doch tatsächlich noch zweimal monatlich der alten Fürstin Fugger die Haare waschen, ondulieren und zu einem hübschen Knoten frisieren ging, war an einer Haarallergie erkrankt. Zuerst hatte sie noch versucht, mittels Mundschutz und chirurgischer Gummihandschuhe dem Übel auszuweichen, aber als sie bemerkt hatte, dass sie sich damit zum Gespött der anderen machte, vornehmlich der männlichen Maskenbildner, die ein Stockwerk weiter oben ihr Handwerk ausübten, und es mit der Zeit sogar auch als erheiterndes Gerücht in die Wäscherei, das Stofflager, den Kostümfundus, die Tapeziererei gelangte, wollte sie ihrem Witzfigurendasein ein Ende bereiten und nahm sich eine Auszeit. In diese Lücke war dann eben Emma gesprungen, und hier saß sie nun und flocht Haarkrepp zu einer schicken Afrokrause. Sie liebte diese stille, konzentrierte, fast kontemplative Stimmung – ein Wort, das ihr Nunzio geschenkt hatte –, die vor den abendlichen Aufführungen durch die Gänge geisterte. Wie ein gnädiger Virus, der alle und alles mit derselben Krankheit infizierte: als kleines Teilchen einem großen Ganzen dienen zu wollen, um sich in Zufriedenheit aufzulösen.

An den Tagen, an denen Emma bereits um acht oder neun Uhr an ihrem Arbeitsplatz erschien und die in der Gießerei gefertigten Drahtaufsätze für üppige Frisurentürme mit Haar bestückte, Kostümbildnerphantasien zur Realitätwerdung verhalf, konnte sie ihre Gedanken besonders gut sammeln und jeden einzeln betrachten. Während ihre Finger Haare aus der Kardätsche zogen, zogen auch die Szenen ihres Lebens vor ihrem inneren Auge vorbei. Erinnerungen an ein Abendessen, das Nunzio, der Hobbykoch, neulich bereitet hatte, wie Erinnerungen an das erste Pfingstfest auf der Zürcher Allmend, zu dem sie ihren Töchtern die Gesichter mit Theaterschminke aufgefröhlicht hatte und wo sie das erste Mal in ihrem Leben fremde nackte Männer und Frauen in einem Fluss, der Sihl, baden sah. Oder als sie in Zürich unvermittelt in eine Demo hineingeraten war, die von Polizisten niedergeknüppelt wurde. Beim gemächlichen Vorüberziehenlassen dieser inneren Bilder erst spürte sie, wann und wo sie sich frei fühlte und wann und wo gefangen. Die Liebe wie die Wut, die sie ihren Eltern gegenüber empfand, ein Auf und Ab wie auf einer Wippe, das Vor und Zurück, das sie mit ihren Gefühlen dem eigenen Ehemann gegenüber erlebte, und schließlich die Tatsache, dass sie ihre Kinder manchmal an sich band und festhielt, auch gegen deren Willen, nur um sie an einem anderen Tag wieder weit von sich zu stoßen, zuweilen gerade dann, wenn diese Nähe besonders nötig gehabt hätten oder Zugehörigkeit, alles strömte ihr ungehindert durch den Kopf wie ein Bühnenstück, das sie von sicherem

Logenplatz aus verfolgte. Es war ihre Art, zu lernen, ihre Art, sich im Leben zurechtzufinden. Ihre Art der Versöhnung mit sich selbst und mit der Welt.

Emma hatte sich damit abgefunden, dass ihre Spontaneität eine gebremste war, hatte sich in ihr Schicksal eingefunden, dass sie alle Empfindungen, die ihre Adern fluteten, zuerst prüfen musste, bevor sie sich ihrer sicher war. Und eben genau hier, am Opernhaus in Zürich, gelang ihr diese Katharsis – ein weiteres geschenktes Wort – am besten. Hier konnte sie den Rahmen des Familienbildes zurechtrücken, den sie als so viel zu groß für sich empfand, in dem sie die Tage der Woche über, an denen sie nicht arbeitete, ungehalten hin und her rutschte und aus dem sie beständig herauszufallen drohte.

Anderthalb Stunden vor Vorstellungsbeginn warf Emma erfreut beide Hände in die Luft und frohlockte: »Ich krieg Arbeit!« Eine junge dunkelhaarige Frau, Statistin, noch in ihren Privatkleidern, trat in die Maske und ließ sich gerne auf Emmas einladende Geste hin in den Stuhl plumpsen.

»Aah …«, machte sie und lachte Emma durch den Spiegel an.

»Hallo, Julia«, machte Emma und fuhr mit ihrem Frisierkamm auch schon durch die Haare der Frau. Ihr Blick fiel auf die linke Hand der Statistin, die in eine Schiene geschnallt war.

»Was hast du da gemacht?«

»Nichts. Ich hab ein Baby bekommen, sieben Kilo mittlerweile! Und das da ist eine Sehnenscheidenentzündung.«

»Ui! Vom Hochheben und Windelwechseln?«

»Ja, sie wog vier Kilo und sechshundertfünfzig Gramm bei ihrer Geburt.«

Emma machte noch einmal uiui und begann damit, einzelne Haarsträhnen um den Finger zu wickeln und in Schneckenform eng an Julias Kopf festzuklämmerln.

»Ich war so stolz im Spital, sie war so groß und rosig …«

»Mir gings grad ebenso mit meinen.«

»Sie hatte schon richtige Bäckchen, und alles war so perfekt an ihr …«

»Mich hättest du sehen sollen, ich war kugelrund. Mich hätte man rollen können!«

Julia lächelte freundlich zurück. Auf ihrem Kopf entstand ein fossiles Muster.

»Ist sie denn wenigstens brav?«

»Ganz brav. Sie schläft aber noch nicht richtig durch in der Nacht.«

Emma konnte nichts erwidern, weil sie die Haarspangen mit den Lippen festhielt.

»Aber sonst ist sie wirklich ein Schatz, unser Sonnenschein.«

Mit flinken Bewegungen, präzis und effizient, plättelte Emma eine weitere Locke an Julias Kopf fest, dann fragte sie: »Wie heißt sie denn?«

»Claudia.«

»Oh, das ist jetzt aber einmal schön, das gefällt mir. Ist wieder mal etwas ganz Normales.«

Von ihren Berufskolleginnen hörte man das Ziehen der Haare durchs Netz als langes *Ssss* und dann das aufklopfende *Tack* der Knüpfnadel, wenn sie mit dem Holzkopf in Berührung kam. *Ssss-tack, ssss-tack.* Ab und zu, selten, passierte es, dass jemand mit der Knüpfnadel ausrutschte und sich selber stach. Einmal hatte Emma die Nadel sogar in ihren eigenen Oberschenkel gestoßen. Das war, weil sie unkonzentriert gearbeitete hatte und zu sehr in einem Ärger über ihre Eltern gefangen war. Weil sie darüber nachgedacht hatte, ob bei mehr Fürsorge – mittels Förderung anstelle von Zurechtweisung – aus ihr nicht doch eine passable Sängerin hätte werden können. Oder sogar ein Star. Mit eigenen Autogrammkarten, auf die sie für andere

Leute Sternchen malte. Sie hatte dann die Nadel schnell wieder herausgezogen und weitergemacht.

»Sag mal, hat jemand von euch größere Wimpern? Petra hat mir so kleine gegeben.«

»Hier, Emma, nimm die hier von mir!«

»Danke.«

Emma schminkte Wangen, Hals und Stirn der Statistin. Vom Flur hallte gebrochenes Deutsch durch die Gänge, ein Techniker rief nach dem Requisiteur, Schritte purzelten die Treppe hinab. Dann wieder ssss-tack, ssss-tack, ssss-tack.

»Was hast du für eine Perücke, Julia?«

»Die rote dort, die mit den zwei Hörnchen.«

»Ah, ja.«

Emma fuhr ihr mit dem Pinsel die Augenbrauen nach. Mit gelegentlichen Kontrollblicken in den Spiegel versicherte sie sich der Richtigkeit ihres Werks. Dann nahm sie die Schminkpalette mit den zweiundzwanzig Farbfeldern zur Hand. »Geht schon zu Ende, mein Weiß.«

»Hmm.«

»Hat es heute draußen eigentlich schon geschneit?«

»Nein. Aber es ist wieder kühler geworden.«

Ssss-tack, ssss-tack.

Vom Flur kamen weitere Statistinnen herein, platzierten sich je vor einer Maskenbildnerin in den Drehsessel und warteten darauf, dass ihr Gesicht zu einer Theatermaske wurde. Einzelne, für die grad kein Stuhl frei war, drängten sich am Eingang zusammen. Sie alle trugen weiße Überwürfe aus Baumwolle, Leinen, Frottee, um ihre eigenen Kleider oder die Kostüme darunter nicht zu beschädigen.

Emma strich sich ihre groben Locken aus dem Gesicht und zog Julia ein breites schwarzes Band über Kopf und Haaransatz. »Ist es dir unbequem, das Band?«

»Nein, es hat nur grad gejuckt.«

»Geht's vom Zug her, ist es nicht zu fest?«

»Passt schon.«

Eine andere Maskenbildnerin wandte sich zu Emma um. »Bist du morgen Abend auch da?«

»Nein, morgen bin ich zu Hause. Hausfrau.«

Julia strahlte. »Mein Mann ist mit dem Kind zu Hause!«

»Meinst du, meiner hätte das gemacht? Ha, früher, da war das schon ganz anders. Ihr jungen Frauen von heute habt mehr Glück. Glück mit euren Männern.«

»Bei uns ist alles neutral. Wir haben auch alles in neutralen Farben angeschafft, kein Rosa und kein Hellblau, unsere Claudia trägt rot und orange und violett und braun.«

»Ja«, seufzte Emma, »da hat sich schon einiges geändert. So, bist fertig!«

Ein kurzer Blick in den Spiegel, und Julia gab ihren Stuhl für die nächste Statistin frei.

Aus dem Einsingzimmer vernahm man nun die Stimme der Solistin. Emma hatte den Korrepetitor gestern schimpfen gehört, dies war nun das Ergebnis.

»Willst du gleich zu mir kommen?« Emma winkte die Nächste zu sich.

»Fliegender Wechsel.«

»Ja, fliegender Wechsel, du bist die, der ich die dunkle Banane schminken muss, stimmt's?«

»Ja, meine Augen werden ganz stark hervorgehoben. Letztes Mal haben wir den sepiabraunen Eyeliner genommen, ist ganz gut herausgekommen.«

Emma richtete den Kopf der Statistin. »Ein bisschen grade bitte, bist immer ein bisschen schief mit dem Kopf.«

»'tschuldigung.«

Emma schneckelte die Haare in Rekordzeit. Ihre Finger arbeiteten blind und sehr präzise. Mit einem Ohr hörte sie ihren Kolleginnen zu, die über die Idee eines Politikers diskutierten, dass Stadttaxis neuerdings Lichtverschmutzungsgebühren zu zahlen hätten. »Das kann doch nicht wahr sein! Womit will Zürich denn noch alles Geld verdienen?«

»Finanzstadt halt.«

»Wo der reiche Klüngel lebt.«

»Ja, glaubst du das denn, oder ist das eine Ente?«

»Weiß ich doch nicht. Ich bin heute mit dem Taxi hergefahren, du glaubst ja nicht, wie der sich über diesen Artikel aufgeregt hat.«

»Ein Schweizer?«

»Nein, irgendwas Afrikanisches, Tunesier. Oder Marokkaner vielleicht.«

»Tja, aber man kann auch nicht immer alles glauben, was geschrieben steht. Oder weißt du etwas darüber, Emma, dein Mann ist doch Journalist?«

Nein, Emma wusste nichts darüber. Ihr Mann schrieb auch nicht für Boulevardblätter, Schießbuden- und Revolverblätter. Sie richtete mit einem schmalen Bürsteli die Augenbrauen der Statistin aus. Dann strich sie die Wimpern mit Wimpernkleber ein und tupfte die falschen Wimpern auf den Lidern fest. »Schaust du mal, ob ich dich nicht zugeklebt habe?«

»Perfekt, wie immer bei dir.«

»Oh, danke.« Sie lachte und richtete ihr den Kopf vor dem Spiegel wieder aus. »So, schminkst du dir gleich mal die Wimpern selber?«, und die Statistin nahm das Mascarabürstchen entgegen. Vom Flur her wurde es ein bisschen lauter, hektischer. Schuhsohlen klackten auf dem Boden, irgendjemand tanzte. Emma befestigte eine blonde Perücke am Perückenband der Statistin und ging daran, ihr die Lippen auszupinseln.

»Blond steht dir gut.«

»Danke, find ich auch.«

Irgendetwas hatte sich im Tüll festgehakelt, dort, wo der feine Haaransatz geknüpft war. »Warte, ich helf dir.«

Mit dem Mastixpinsel strich Emma danach sanft über die Ansätze, um sie an der Stirn, bei den Schläfen festzukleben. »Okay, ich glaube, wir haben's. Die Nächste, bitte!«

Die Stimmen blieben verhalten, gedämpft, selbst als die Solistin ihr Einsingen beendet hatte. Nur als sich die Chordamen im Eingang zusammenfanden, schwoll der Pegel noch einmal an, ein fideles Geschnatter, munter, heiter, gut aufgelegt.

Eine Statistin fand ihre Perücke nicht. »Geh doch mal draußen fragen.«

Der Inspizient rief durch den Lautsprecher ein: »Guten Abend, meine Damen und Herren, es ist neunzehn Uhr dreißig. In dreißig Minuten beginnt Rigoletto, cominciamo fra trenta minuti.«

Vor Emma saß nun eine gedrungene Schwarzhaarige, die sie mit ihrer Figur fast ein bisschen an Aude erinnerte. Bullig, mit einer Frisur wie Mireille Mathieu, haarliniengenau über die Brauen gezogen.

»Welche Perücke?«

»Ich habe die längste, die mit den Locken bis an den Po hinunter, die rote dort.«

»Ah, sie bescheißt mit ihren Haaren.« Eine zweite Statistin lachte.

»Ich war ja auch fünf Jahre lang die Hässlichste, jetzt darf ich fünf Jahre lang die Schönste sein«, gab diese grinsend zurück.

»Hältst du mal den Tüll vorne fest, dann zieh ich sie dir über den Kopf.« Emma hatte den Kamm in ihre Hosentasche gesteckt und ging nun daran, die Locken über den Rücken der Statistin zu drapieren. »Sitzt sie gut?«

»Bestens, danke.«

»Wie kommst du eigentlich zu dieser Frisur?«

»Was meinst du?«

»Wie Mireille Mathieu.«

»Kenn ich nicht. Wer ist das?«

»Oh? Kennst du nicht? Wie alt bist du denn?« Beide lachten. »Mireille Mathieu ist eine französische Schlagersängerin.«

»Ah, Schlager. Ist nicht so mein Metier.«

»Was hörst du denn so?«

»Jermaine Jackson und Pia Zadora. Prince, George Michael und die Miami Sound Machine.«

Emma lächelte. »Tja.«

Als der Inspizient zum zweiten Mal einrief: »Die Vorstellung beginnt in fünfzehn Minuten, quindici minuti!«, hatte Emma bereits elf Statistinnen hergerichtet. Ihr Blick ging zur Türe, wo noch immer vier oder fünf junge Frauen standen, die Perücke auf den Holzkopf brav vor die Brust gedrückt. Emma fühlte sich schon viel wohler, gefasster, so als ob die Leisten des Bilderrahmens an sie herangerückt wären und ihr den ersehnten Halt gäben. Als ob sie tatsächlich im Bilde war und die Welt um sich herum verstand. Eine der Statistinnen drängte sich auf den freigegebenen Stuhl, und Emma sagte: »Es ist ja noch Zeit.« Der Kammstiel teilte die Haare. »Wir haben noch ausreichend Zeit.«

einer, der kommt, und einer, der geht

Schweiz, 1987–1988

Und dann war etwas passiert, mit dem niemand gerechnet hatte. Aude war aus den Ferien schwanger heimgekommen. Ausgerechnet Aude. Die stille Aude. Hatte sich fern von zu Hause mit irgendeinem Mann eingelassen, stand erst wieder vor der Haustüre, als es zu spät war. Stur wie ein Ochse, hatte Emma gesagt und sie in ihre Arme geschlossen. Nunzio hatte mit den Schultern gezuckt.

Aude war, anstatt mit den anderen auf Maturareise zu gehen, abgehauen und an die Ostsee getrampt, Polen, der Ostblock, ausgerechnet. Emma verlor fast den Verstand darüber, als Nunzio das Thermopapier des Fax unter ihren Augen aufrollte und die übereilten Worte vorlas, die Aude ihnen beiden geschrieben hatte. Eine Blauracke, ein Dreizehenspecht, ein Schreiadler und ein Zwergschnäpper spielten die Hauptrolle in einem Stück, für das Emma so überhaupt gar kein Verständnis aufbringen konnte und zu dessen nicht autorisierter Uraufführung Aude Hunderte von Kilometern entfernt von zu Hause gereist war. Was wollte ihre Tochter alleine bei diesen, wie nannte sie sie auf Zeile sieben: Sängern und Klägern der Białowieżaer Heide?

Erst elf Wochen später war sie zurückgekehrt, noch stiller als sonst und mit dem festen Willen, Biologie zu studieren. Die Vögel hatten es ihr angetan, Ornithologin wollte sie werden. Über den Mann, mit dem sie ganz ohne Zweifel zusammen gewesen sein musste, sprach sie nie. Und warum es ausgerechnet Ornithologie sein musste, auch nicht. Jeder wusste doch, dass das eine Männerdomäne war, eine, in die sich nur selten eine Frau verirrte. Erklären ließ sich das nicht, und aufhalten sowieso nicht.

»Dafür haben wir unsere Töchter frei erzogen, Emma. Das auch, das war ein Grund. Seien wir doch einfach stolz auf sie.«

»Aber sie ist schwanger!«

Die beiden bewohnten noch immer das große Haus auf der Forch. Lorine war mittlerweile ausgezogen und lebte mit Jetmir Nevzati zusammen, einem Mann aus dem umstrittenen Gebiet des Kosovo. Sie war Bewegungspädagogin geworden, eine, die den Menschen half, den eigenen Körper besser zu verstehen und sinnvoll zu nutzen. Ihre bevorzugte Heilmethode war die Bewegungslehre von Moishé Feldenkrais, einem ukrainischen Juden. Lorine konnte gar nicht genug davon bekommen, von ihrem großen Meister zu sprechen, und sie hatte in ihrem Partner einen geduldigen Zuhörer gefunden.

Emma hatte gehofft, dass wenigstens Aude noch eine Weile bei ihnen wohnen bleiben würde. Ihr Verschwinden so kurz nach der Matura, die sie nur dank der schriftlichen Arbeiten überhaupt bestanden hatte, hatte ihr einen argen Stoß versetzt. Im Opernhaus wurde sie schnell ungehalten, und ab und zu flossen die Tränen. Emma war denn auch beides: überglücklich, als sie ihre Tochter wieder in den Armen halten konnte, und im selben Augenblick gewahr der ungeheuren Verletzung, der Enttäuschung, die sie von ihrem unangemeldeten Verschwinden davongetragen hatte. Und dem Tabu dieser nicht beredbaren Schwangerschaft.

Sie hatte Aude an diesem Nachmittag der Rückkehr lange angeschaut, wie sie auf dem Sofa in der Stube saß, dort, wo ihr Vater früher sonntags ferngesehen hatte, die Beine angewinkelt auf den Clubtisch gestützt, die Knöchel parallel, ein Buch in den Händen, das sie schon seit frühesten Kindheitstagen mit sich herumschleppte. Aude vertiefte sich in dieses Buch mit der Muße eines Menschen, der nie etwas anderes getan hatte und nie etwas anderes tun würde. Vögel, erkannte Emma auf dem Umschlag, Vögel, was denn sonst.

Audes Haare waren noch immer von diesem stumpfen Braun, das keinen hinter dem Ofen hervorlocken würde, ihre Nägel kurz gebissen. Die Jeans ausgefranst und verwaschen, und dann dieses schluttige Hemd über ihrem Bauch. Dem Bauch, der nun bald wachsen würde. Emma seufzte. »Willst du eine warme Milch? Einen Saft? Wir haben frische Orangen ...«

Aude schaute langsam auf und suchte etwas in den Augen ihrer Mutter. Es dauerte einen kleinen Moment, dann schien es, als käme ein Erkennen über sie, und sie antwortete: Nein, ich bin okay.

Okay. Vielleicht würde sie ja doch bleiben. Zumindest, bis das Kind da wäre.

Aber Aude hatte andere Pläne. Pläne, die sie nie mit jemandem besprach. Pläne, zu deren Ausführung sie niemanden befragte. Während ihrer ganzen Kindheit, ihrer ganzen Jugendzeit nicht. Und so dauerte es nicht lange, bis sie ihre Sachen packte und in ein Heim für alleinerziehende Mütter zog. Nicht weit entfernt, eine knappe halbe Stunde, in Zürich.

Emma besuchte sie dort nie. Sie brachte es nicht über sich. Die Themen Sex und Schwangerschaft und Geburt waren für sie mit Furcht und einem Schrecken belegt, über den sie nicht sprechen konnte. Tief drin in Emma war da noch immer die Erinnerung an einen einsamen, kleidlosen Gang durch ein Knabenspalier, Nacktheit verknüpft mit Scham, und die sichere Gewissheit, dass alles, was mit Jungs Spaß machte, verboten war. Hatte ihre Tochter Spaß gehabt? Konnte sie das überhaupt? Man sah Aude so selten lachen.

Auch nach der Niederkunft, die eine einsame gewesen war, so ohne jede Hand zum Halten außer der einer Hebamme, kam Aude nur gelegentlich bei den Eltern vorbei, höchstens einmal im Monat. Den schwarzhaarigen Aurelio im Arm, still, aber etwas Weiches, Warmes ging nun von ihr aus, und Emma war schließlich wieder beruhigt. Dem Enkel würde es an nichts fehlen. Obwohl Aude noch immer in diesem Heim mit nichts als Babysachen und Büchern fürs Studium wohnte.

Hätte man Aude dazu befragt, ihre Erinnerung an diese erste Zeit mit Kind wäre eine andere gewesen. Dass sie dieses Kind behalten würde, war für sie nie eine Frage gewesen. Von dem Moment an, als sie bemerkt hatte, dass etwas anders war in ihrem Körper, wusste sie es schon. Schwanger. Das war eine Tatsache, ein biologischer Zustand. Ein Ist, aus dem niemand ein Gewese zu machen hatte. Sie trug dann diese Schwangerschaft auch wie das Allernatürlichste der Welt, befragte kaum jemanden, horchte still in sich hinein und lernte.

Bei der Geburt hätte sie gerne ihre Schwester an ihrer Seite gehabt. Aber dann wäre die Mutter bestimmt auch dazugekommen, und die hätte sicher geweint oder, noch schlimmer: das Weinen zurückgehalten, nein, das wollte sie nicht, das hätte sie nicht ertragen.

Innert fünf Stunden war das Kind dann in die Welt geboren. Ein gesunder langgliedriger Junge mit pechschwarzem Haar. Man hatte ihn ihr an die Brust gelegt, und zusammen mit den ersten Sonnenstrahlen dieses Morgens hatte er zaghaft und doch beherzt ihren Körper berührt, und da war Aude dieser Name zugeflogen, Aurelio, der Goldene.

Wenn sie alleine waren, nannte sie ihn Aurin, und er gewöhnte sich an diese beiden Ansprachen, als wäre es das Allerselbstverständlichste, mit der Mutter ein Geheimnis zu teilen.

Als sie aus dem Heim auszogen, war Aude bereits fest in ihr Studium involviert. Nach langem Dafürreden ihres Vaters hatte sie nachgegeben und war mit wenig Sack und Pack, dafür mit umso mehr Büchern, in die Dreizimmerwohnung an der Dorfstraße in Küsnacht umgesiedelt, wo sie einen Stock über ihrer Großmutter die Wohnung mit einer jungen Inderin, Sarla, aus der Kaschmir-Region teilte, ihrerseits eine Studentin am C. G. Jung Institut. Zusammen meisterten die zwei Studentinnen den Haushalt und die Betreuung von Aurelio. Es war ein praktisches Arrangement, bei dem jede der beiden Vorteile für sich gewann, die der anderen keinen Nachteil bedeuteten.

Aude war von stillem Stolz beseelt. Das alles. Das alles schaffte sie. Und sie würde noch mehr schaffen, dessen war sie gewiss. Die Forschungsreisen stünden ihr erst noch bevor, so viel war klar. Der Tag würde kommen, an dem sie ihre Flügel spreizen sollte, um abzuheben, sie musste nur erst ihr Studium zu einem guten Abschluss bringen, danach würde sich schon alles geben. Auch mit dem Kind.

Ab und zu, wenn sie gut vorangekommen war und etwas Zeit blieb, ging sie mit Aurelio nach unten und besuchte ihre Großmutter. Großmami Senigaglia, über die Jahre halb taub geworden, saß oft stundenlang vor dem Fernseher, den sie bei offenem Fenster und offener Balkontüre auf volle Lautstärke gedreht hatte, und döste vor sich hin. Sobald sie jedoch Aurelios gewahr wurde, heiterte sie auf und brachte dem Jungen die Schachtel mit den Holzklötzen herbei, mit denen schon Nunzio und seine Geschwister gespielt hatten. Aude kochte Tee in der Küche und ließ Aurelio sein Wunder an Großmami vollbringen. Zwei Stunden später waren dann meistens alle drei glücklich und strahlten von innen heraus.

Über die Jahre des Studiums blieben die Abläufe dieser

Besuche dieselben, und manchmal waren sogar die Worte, die die Greisin wählte, dieselben wie tags zuvor. »Aurelio, siehst du diesen Baum da drüben? Diesen breiten mit den ausladenden Ästen? Siehst du, wie flach er oben ist?«, und wenn Aurelio kicherte und gluckste und mit den Händchen aus dem Fenster zeigte, sagte sie: »Der ist so groß gewachsen, bis es Gott im Himmel zu viel geworden ist und er ihm seine Hand auf die Krone gelegt hat: So, jetzt ist's genug!«, und dann legte Alda Senigaglia ihre von Arthrose knotig gewordene Hand auf den Scheitel ihres Urenkels, der sie belustigt abschüttelte, und beide lachten sie los, die Urgroßmutter und das Kind.

Die Libanon-Zeder war nur ein Baum von vielen, die den Seminargarten hinter dem Haus, auf der anderen Seite des Dorfbaches, zierten. Und in ihren Ästen zitterte und zappelte es, schwatzte und putzte, flügelte und schnäbelte es, dass Aude stundenlang hätte genauso am Fenster sitzen und hinüberschauen können.

Überhaupt hatte Aude zu beiden Großeltern von Anfang an ein vertrautes Verhältnis gehabt. Es war, als ob ihr die eine Generation Distanz Luft zum Atmen gäbe. Sie fühlte sich ungezwungener, wann immer sie ihre Großmami und früher auch ihren Großvati, ihre Omama und ihren Opapa besuchen ging. Ihre Blicke empfand sie als weniger bedrohlich, darin war sie einer Wildkatze ähnlicher als einem Vogel, auch sie mochte den geraden Blick in ihre Augen nicht.

Sie hatte schon früh lernen müssen, mit sich selber umzugehen. Sie sah und hörte es ja, dass sie anders war. Dass es nicht ganz normal war, so wenig zu sprechen. Und immer wieder gelangte sie in Situationen, in denen sie sich gewünscht hätte, eloquent zu sein, unterhaltsam, »in«. Aber sie war eben »out« und blieb auch ausgeschlossen von jeglicher Geselligkeit. Vielleicht kümmerte es sie darum so herzlich wenig, dass sie bei den ornithologischen Vorlesungen oft die einzige Frau im Hörsaal war. Sie war es schlicht von Kindsbeinen an gewohnt, ein Sonderfall zu sein – und vermutete in diesem Anderssein sich selbst.

Bedrohlich empfand sie ihre Andersartigkeit lediglich bei gesellschaftlichen Anlässen, denen sie partout nicht ausweichen konnte. Sie hatte sich dafür ein ganz eigenes Verhaltensrepertoire zulegen müssen, da das mit der Sprache nicht so gut klappte. Und dabei hatte sie gelernt, sich auf ihr Gehör und die feinen Nuancen, die es ihr vermittelte, zu verlassen. Aude konnte in einen Raum eintreten, der bis in die hintersten Winkel angefüllt war mit Menschen, die miteinander sprachen und lachten und plauderten und schwatzten, die miteinander über die Worte, die sie hin und her warfen, in Verbindung traten und die diese Verbindungen auflösten, indem sie sich keine Worte schuldig blieben, und sie konnte in diesem Raum Beziehungsgeflechte, Antriebe und Blockaden ausmachen, ohne selbst einen Laut über ihren Kehlkopf wandern lassen zu müssen. Nur im Belauschen der vorherrschenden Klangschichten konnte sie sich ein ganzes Arsenal von Wissenseinheiten aufbauen, die mehr mit den Worten zu tun hatten, die nicht gesagt, nicht ausgedrückt worden waren, als mit denen, die auf den Zeilen der Sätze zwischen den Menschen hin und her tanzten.

So näherte sie sich Menschen – über das Gehör. Horchend, aufnehmend, innehaltend, stumm, von den meisten unbemerkt. Und wenn dann einmal jemand an sie herantrat, um doch ihre Bekanntschaft zu machen, um sich vorzustellen und hallo zu sagen, stand sie mit diesem schon längst in Kontakt. Hatte begriffen, wovor er Angst hatte und was ihn abschreckte, und hatte ein genaues Bild davon, wohin ihn seine Sehnsucht zog. Aber obgleich sie sich dadurch einen Vorteil erarbeitete, verstand sie diesen doch nicht für sich zu nutzen.

Ihre Angst vor dem Reden. Sie erlebte sie gleichsam wie jemand, der unter dem Tourette-Syndrom litt. Die Furcht, etwas Unpassendes von sich zu geben, das Falsche zu sagen oder das Richtige im falschen Moment. Ein Gefühl wie Ersticken an sich selbst.

Aurelio verstand seine Mum auch ohne lange Sätze. Wenn sie alleine waren, ging sie ihm zuliebe mit ihm Bilderbücher durch, sang kleine ungarische Verslein, deren Klang sie aus Mondaines Liedgut im Ohr hatte, oder summte ihn in den Schlaf. Sie wusste, dass sie ihn nicht zu ihrem neuen Sprachrohr machen durfte, und bemühte sich auch redlich darum, wenigstens das Mindeste mit Menschen zu sprechen in seiner Gegenwart. Beim Einkauf zum Beispiel, in einem Park, wann immer sich eine Gelegenheit bot, die ungefährlich schien und bei der sie sich ausprobieren konnte. Aurelio sollte ungehindert sprechen lernen, so viel war ihr klar. Bestimmt hatten ihre Eltern auch alles mit ihr versucht, sie wusste ja selbst nicht, warum sie so stumm war. Aber, so hatte ihr einst Großvati gesagt: »Die größte Tragödie birgt oft auch das größte Glück«, und ihre Wortkargheit hatte ihre Eltern darauf aufmerksam gemacht, dass Aude ganz hervorragend war im Erkennen von Vogelstimmen. Wenn sie sich recht erinnerte, hatten sogar genau deshalb ihr Vater und ab und zu auch Abel Schallplatten mit den Vogelstimmen der Schweiz für sie mit nach Hause gebracht. Mittlerweile lag das Jahre zurück, aber recht hatte er gehabt, Nunzio Senigaglia senior, ihr Großvati, in den Vogelstimmen lag ihr größtes Glück.

»Sie ist drüben im ›Schiff‹ am Serviettenfalten«, antwortete Opapa, als sie ihn bei einem spontanen Besuch in Pfäffikon im Kanton Schwyz nach Omama fragte.

»Im Restaurant ›Schiff‹?«

»Ja.«

»Warum faltet sie Servietten?«

»Ah, was weiß ich! Es erinnert sie halt an ihre Kinderzeit, an ihre Jugend.«

»Wieso?«

»Ihre Zeit in den Grand Hotels der Metropolen dieser Welt. Ihre Zeit auf den Schlössern und Gutshäusern. Weißt du das denn nicht?«

»Was weiß ich nicht?« Aude bettete Aurelio weicher in ihren Arm, er schlief.

»Deine Omama hat doch ihre halbe Kindheit auf irgendwelchen ungarischen Schlössern verbracht.«

»Mit Serviettenfalten?«

Opapa starrte seine Enkelin entgeistert an. Dann seufzte er. Vorsichtig fasste er seine Geige am Hals und setzte sich Aude vis-à-vis in seinen Ohrensessel, den Bogen lässig in der anderen Hand auf seinem Oberschenkel ruhend.

Hier gehörte er hin. Wann immer er nicht in seinem Studio war und übte, traf man ihn in genau diesem Sessel, gelber abgestoßener Plüsch, goldene Zierbenagelung, akkurat ins Holz geklöpfelt. Zurückgelehnt, die gesprenkelten Bernsteinaugen auf Aude gerichtet und von schwarzen buschigen Augenbrauen beschützt, nur sie und der massive Schnauzer hatten die ursprüngliche Farbe behalten, seine Koteletten und der Haarkranz waren schon weiß, Leberflecken auf der hohen runden Stirn und unterhalb der Augen, auf den Händen, Fingern, die, Aude sah es, leise über die Saiten tippten. Abel Ditrich, Wunderkind, Vollblutmusiker, in weißem Hemd und beiger Gabardinehose, und jetzt fiel es ihr zum ersten Mal auf, sie hatte seine Nase in weiblicher Ausführung, ebenso gerade und nach unten gebogen, mit den beiden runden Flügelchen, die bei innerer Unruhe zu beben begannen, auch bei ihm, und dann verfing sie sich wieder in seinem Blick, der leise lächelnd auf ihr ruhte wie eine Hand, an eine Wange gebettet. Der Erwachsene und das Kind, Sprung der Generationen, Heimatgefühl, das sie nur bei ihm so kannte.

»Alors, écoute, deine Omama ist eine halbe Adlige. Ihr Vater stammt aus der k.u.k. Monarchie, seine Vorfahren kommen alle irgendwo aus Ungarn. Und er hat Mondaine oft mitgenommen und in die High Society eingeführt; meine Mondaine ist auf Schlössern ein und aus gegangen, von denen können wir beide nur träumen, n'est-ce pas!«

»Aber die Servietten?«

»Attends, das ist eine ganz besondere Geschichte. Ich kann sie dir auch nicht richtig erzählen, am besten wäre es, sie würde es dir zeigen. Dann wüsstest du, was ich meine.« Er machte ein bedeutsames Gesicht, seine Augen groß und rund. »Mondaine hatte sich immer ganz fürchterlich daran gestoßen, dass die hohen Leute ihre Bediensteten mit Esel, Affe, Hund und Ähnlichem ansprachen. Und so ging sie manchmal von sich aus in die Küche und half aus. Das gab ihr eine gewisse, comment-dit, Seelenruhe. Alors, da war sie und faltete Servietten.« Wieder machte er eine Pause und lächelte Audes Stummheit einen überlegenen Frohmut entgegen. »Einmal, da half sie beim Eindecken. Sie hatte diesen ungeheuren Stapel von Porzellantellern in der Hand vor ihre Brust gepresst und stand auf der einen Seite des Tisches. Da plötzlich muss es sie wohl überkommen haben, und sie rief dem Kellner auf der anderen Seite zu: Hopp, fass!, und warf ihm Teller um Teller längs über die ganze Tafel zu. Keiner zerbrach, alle wurden Stück für Stück aufgefangen, aber das Lachen war weit hinaus hörbar, und es muss eine ganz fürchterliche Szene für Mondaine gegeben haben.«

»Und für den Kellner?«

»Eh bien, der Kellner …«

In diesem Moment hörten die beiden die Türe gehen, Mondaine kam nach Hause. Wie üblich küssten sich ihre

Großeltern auf den Mund, nannten sich Papeli und Mameli, fragten einander, wie man die letzten Stunden verbracht habe, wie man sich fühle und ob alles so laufe, wie es solle – tout va bien? Tout va bien –, und Aude beobachtete ihre Omama, wie sie die gestickten Handschuhe auszog und auf ein Biedermeiermöbelchen legte. Die ganze Wohnung war überfüllt mit Möbelstücken einer vergangenen Zeit. Überall Rüschen und Deckchen, Untersetzer und Kordeln, und selbst die Wände waren mit floralen Ornamenten tapeziert. Lampenschirme, die von Fuchsjagden berichteten, und ein goldener Schuhlöffel, der aus einem mit Stoff eingefassten Schirmhalter sprang. Der Schick einer vergangenen Epoche funkelte einen aus jedem einzelnen Objekt an. Kupferdöschen, Porzellanbecher, Glasfigürchen, eine elendlange vergilbte Zigarettenspitze oder das Lorgnon mit Hornstiel, alles, alles zeugte von einer Welt, die untergegangen war und von der Aude nur mehr erahnen konnte, wie es sich einst angefühlt haben mochte, darin groß und erwachsen zu werden.

»Mameli, ich habe unserer Aude soeben von dir und den Tellern erzählt.«

»Vom Grand Hotel?«

»Mais non, dis donc, natürlich von Ungarn!«

»Wieso«, mischte sich Aude ein, »hast du das mehrmals gemacht?«

»Gewiss! Und wenn du nicht dein hübsches Kind in Armen hieltest, würde ich dir auch gleich zeigen, wie!«

Danach erzählte Omama, wie es gewesen war im Restaurant »Schiff«, wer zu Gast war und was man sich in der Küche über diese oder jene Leute zu erzählen wusste. Seit einigen Jahren nun schon waren die beiden nicht mehr umgezogen, lebten ihr Leben im Kanton Schwyz und hatten endlich auch Zeit, sich um den lokalen Klatsch zu kümmern. Keine seltene Art von Heimischwerden, wie Aude im

Stillen befand. Noch immer spielte Abel zu Hochzeiten oder bei Galas, ab und zu auch für eine Saison in einem Hotel, das es noch einmal wissen wollte. Oft sagte er: Die Schweiz liebt ihre Künstler nicht, und jedermann wusste, dass er wiederum zu einem mittelprächtigen Engagement aufbrach, das ihm nur wenig Freude brachte, dafür etwas Geld, das er vorsorglich für seine Mondaine zur Seite legte. Die große Zeit der Radioorchester war vorbei, seine Blütezeit Vergangenheit, und wenn er auch lauter Banausen zu seinen Gästen zählte, die seine Art der Musik nicht verstanden, so spielte er doch mit Inbrunst und der Sehnsucht nach den Jahren, als er und Mondaine noch große Träume hatten, als sie schillerten für die ganze Welt. Jetzt schillerten sie nur noch füreinander.

Noch immer aber bespielte Abel stapelweise Tonträger mit seinen Kompositionen, die neuerdings auch aus metallischen und künstlichen Klängen bestanden. Kein Instrument, das er nicht ausprobieren wollte, sein Studio war eine Fundgrube, ein Abenteuerland gewesen, auch als Lorine und Aude noch kleine Kinder waren. Heute war sein Studio sein letztverbliebenes Rückzugsgebiet.

Omama ihrerseits füllte sich die Tage damit an, durch das Einkaufszentrum zu flanieren und Kommissionen zu machen, sich mit neuerworbenen Bekannten zu treffen und oft eben im Restaurant »Schiff« auszuhelfen. Sie war eigentlich immer unterwegs, und die beiden vereinbarten jeden Morgen, in welchem Café sie sich um welche Uhrzeit für eine erste Schale mit Gipfeli treffen wollten. Nachmittags dann das gleiche Ritual: Man traf sich im »Müller«, im »Feller« oder bei der »Ebnötherie« und aß eine Kleinigkeit und besprach die neuesten Blick-Schlagzeilen.

»Hast du gelesen, Papeli, dieser reiche Bonz will seiner Frau keine Alimente bezahlen!«

»Welcher reiche Bonz?«

»Na, dieser ausländische Gesundheitsapostel, dieser Fitnesstrainer der Zürcher Schauspielerin, wie heißt die jetzt noch gleich? Ah, du weißt schon, dieser bornierte Bonz. Es gibt nur einen. Dabei ist das doch so wichtig, dass ein Vater für seine Kinder bezahlt.«

Aude sah, wie Omama die Boulevardzeitung noch einmal aufschlug und mit eigenen Augen nachprüfte, was sie in der Küche des Restaurants »Schiff« erfahren hatte. »Da steht es, schwarz auf weiß: ER WILL NICHT ZAHLEN.«

Abel seufzte. Seine Finger zappelten schon wieder gefährlich, bald würde er aufstehen und ins Studio gehen.

Aude entging nicht, dass ihre Omama sie eingehend musterte. Schon an ihrem Tonfall hatte sie gespürt, dass sich in ihr die alte Frage am Flaggmast der Neugier hochtakelte, dass sie sie aussprechen musste, auch wenn sie bereits ein Jahr erfolglos und ohne Antwort geblieben war. Aber Mondaine überlegte es sich anders und drängte den Impuls zurück, sie wusste ja, dass es sinnlos war, noch einmal nachzuhaken, also sagte sie stattdessen im Ton der persönlich Betroffenen: »Darum bekommt unsere Aude ja auch nichts.«

»Warum?«, forschte Opapa nach, in seine Stimme hatte sich etwas Unwirsches gemischt, er war immer auf Audes Seite, und dass ihr Aurelio Musikerfingerchen hatte, sich dessen zu vergewissern hatte er sich schon am ersten Tag nach der Geburt aufgemacht.

»Na, wenn er ein Schweizer wäre und nicht einfach irgendeiner aus dem Ausland, hätte er bestimmt schon längst bezahlt! Die Schweizer sind halt doch aus einem anderen Garn gestrickt.«

»Ein Schweizer, sagst du? Ich sag dir: Nimm dir deinen Schweizer, stell ihn auf den Kopf und schüttle ihn so lange, bis sich auch die aufs Sorgfältigste umgeschlagenen Fäden in seinem Gewand lösen, dann verfolge diese bis zu ihren ursprünglichen Spulen zurück und drehe sie einzeln auf. Du findest Zwirn aus allen möglichen Teilen Europas, ja der ganzen Welt, aber eines, das findest du ganz bestimmt nicht: und das ist Garn, das einzig und allein in der Schweiz gesponnen worden ist.«

Aude war überrascht über diesen Ausbruch. Es war etwas Neues, dass Abel laut wurde und dass so viele Worte auf Deutsch über seine Lippen gingen ganz ohne französischen Unterbau, und alle so rasch hintereinander gesprochen, als ob ihm die Zeit ausginge … und dass ihr Opapa so viel von Garn und Zwirn verstand, überraschte sie grad noch mehr, aber da war er schon aufgestanden und sagte scharf, aber noch immer mit der nötigen Liebe für seine Prinzessin Mondaine in der Stimme: »Keiner war schon immer da«, und verfügte sich nach hinten.

So. So wollte sie ihn in Erinnerung behalten. Mit Fingern, die auf die Geige klopften, mit diesen goldenen Sprenkeln im Gesicht, dem Bernsteinblick, mit genau dieser Vehemenz in allem, was er sagte, allem, was er tat. Seine Authentizität bedeutete Aude Welten. Sein Tod eine Katastrophe.

Es war ein abruptes Sterben, schnörkellos. Wenige Wochen nach diesem Zwischenfall begab sich Abel Ditrich ins Spital. Er hatte Schmerzen auf der Brust, und atmen fiel ihm schwer. Wasser in der Lunge, hieß es, und er müsste ein paar Tage bleiben.

Mondaine besuchte ihn am Morgen, am Mittag und am Abend. Sie hielt ihm die Hand und tätschelte Zuversicht auf seine hervorstehenden blauen Adern.

Am frühen Morgen des fünften Tages verkrampfte sich Abels Herz zum letzten Mal, und er starb. Kein sanftes Gehen, nicht so, wie wenn jemand im Schlaf leise in alle Richtungen gleichzeitig vergeht, sondern hart, im Kampf, mit einem Schlag. Mondaine hatte ihm am Abend zuvor noch einen Tee eingeflößt. Hatte ihm die wirren weißen Haare nach hinten gestrichen und den Schnauzbart gekämmt. »Bis morgen, mein Papeli«, hatte sie zu ihm gesagt, und Abel hatte erwidert: »Wenn ich dann noch da bin, mein Liebli.« Daraufhin hatte ihm Mondaine mit ihren weißen Handschühchen auf die Finger geklopft und ihn getadelt: »Natürlich bist du dann noch da, Abel, natürlich!«

Zur Beerdigung spielten die Söhne und Töchter Gabriel Amiels Klarinette, Cello, Saxophon und Geige, und ein düsterer Mann mit einer verbittert dreinschauenden Frau drückte sich am Rande der Trauergemeinde herum. Es waren Abels Bruder Jacques und dessen Frau, die seit einem Erbschaftsstreit keinen Kontakt mehr mit diesem Teil der Nachkommenschaft von Elia und Cheina pflegten. Sie sahen wohlhabend und zugleich trist aus, fand Aude, die die ganze Gesellschaft mit ihrem Gehörsinn still infiltrierte. Als ihr Blick auf Omama fiel, senkte sie die Lider. Es war, als könnte sie ihre Gedanken hören.

Natürlich bist du dann noch da, Abel. Natürlich.

Was anderes wäre sonst auch vorstellbar gewesen?

Natürlich nichts.

Páneurópai Piknik

Sopron, 1989

Flugblätter wurden verteilt. Gesichter glühten. Blicke schauten auf. Hände zeigten, noch ungewohnt, mit Daumen steil nach oben. Der Soproner Morgen des 19. August 1989 atmete das Odeur eines beinahe vergessenen Zustands: das der Freiheit.

Hunderte von vermeintlichen Campingtouristen, die aus der DDR angereist waren, suchten den Grenzzaun ab. Die Zettel in ihren Händen sprachen deutsch und deutlich fast unglaublich befreite Worte. Ein Picknick sollte es geben, ein paneuropäisches – über die härteste aller Grenzen hinweg, von Ost nach West. Aufbruchstimmung. Abenteuerstimmung. Fieberhaftigkeit.

Die ungarischen Grenzbeamten patrouillierten. Die Schäferhunde hechelten. Von den hölzernen Grenztürmen blitzten im Sonnenlicht Gewehrläufe auf.

Rund um die Altstadt Soprons herrschte eine gespenstische Stimmung. Überall standen leere Trabis und vereinzelt Wartburgs herum, die Fenster und Türen offen gelassen wie Münder, die zahnlose Rachen zeigten, rote, weiße, blaue Wagen, auf deren Zuteilung die Fahrer jahrzehntelang hatten warten müssen, nun zurückgelassen zur Plünderung. Die Besitzer ausgeflogen. In Dutzendschaften an die nahe Grenze zu Österreich gepilgert, mit einem Kulturbeutel in der Hand, einem Kind auf dem Arm oder einem Kätzchen im Korb. Und mit nichts anderem angetan als der Kleidung, die sie auf ihrer Haut trugen. Das Ganze hätte einem Volksfest gleichen können, wäre da nicht diese unheimliche Stille gewesen, die gedämpften Stimmen, die sich über ein Feld zogen wie eine Zeltplane.

Der eine oder die andere mochte sich die Frage gestellt haben: Wer ist denn eigentlich diese Gruppe des Demokratischen Forums von Debrecen? Und wer genau verbirgt sich hinter den vielen Abkürzungen des oppositionellen Rundtischs von Ödenburg, unbekannte Organe, die gemeinsam zu diesem Picknick gerufen hatten?

Aber auch wenn die Antwort nicht leicht zur Hand war, so war der Gedanke, »drüben zu sehen« und »drüben zu riechen«, ja eventuell sogar wirklich »rüberzugehen«, einfach zu mächtig. Er war übermächtig. Wenn, wie es hieß, tatsächlich der Eiserne Vorhang für ein paar wenige Stunden geöffnet werden sollte, wenn auf dieser Friedensdemonstration tatsächlich unter Zustimmung beider Länder, Österreichs und Ungarns, ein Grenztor zwischen St. Margarethen und Sopronkőhida geöffnet werden sollte, dann musste man es einfach riskieren. Man musste da sein und seinen Kopf riskieren. Den Trabi. Das eigene Leben.

Mittlerweile waren auch die ersten Ungaren auf ihren braunen und roten und schwarzen Halbblütern angeritten gekommen, und Familien mischten sich zaghaft unter die Deutschen, die unruhig über die Wiesen streiften, immer nah dem Grenzzaun entlang. Bald schon kamen Busse, restlos überladen mit weiteren Hunderten von ungläubig Hoffenden, und entleerten sich in die Wiesen, Männer, Frauen, Kinder rannten herbei, jede und jeder wollte da sein, wenn das Unfassliche tatsächlich geschah.

Die alte Landstraße, die Sopron-Pozsony, war seit undenklichen Zeiten gesperrt. Seit Ausbruch des Kalten Krieges, wer wusste schon, wie lange? Es gab jede Menge Stacheldraht, Flutlichter, Überwachungsanlagen, Grenztürme auf hohen Stelzen, automatische Schießanlagen, Tretminenstreifen und tiefe Gräben. Von Menschenhand geschlagene

Wunden in ein einst vereintes Kaiserreich – mochten die einen denken. Gefängnis, Gefängnis, die anderen. Und all dies sollte mit dem heutigen Tag vorüber sein?

Der Menschenstrom wollte und wollte nicht abebben. Viele schauten sich ungläubig an, verwundert, trotzig, aufgeregt, andere hoffnungsfroh. Auch Dóra Hámori war darunter, eine junge ungarische Lehrerin voller Zweifel und Fragen. Sie wollte selber sehen, mit ihren eigenen zwei Augen.

Überall Wirrwarr. Menschen, die etwas erhofften und erwarteten, das sie nicht hätten auszudrücken vermocht, für das sie die Worte vergessen hatten, deren Erinnerung aber Motor für jede einzelne Bewegung war, ein Motor, der, einmal angeworfen, durch nichts mehr abzuwürgen war. Fünfzehn Uhr. Die angekündigte Delegation von Politikern und Künstlern war immer noch nicht vor Ort. Der Menschenmotor spotzte, und ein Rumpeln ging durch die vorderen Reihen, Dóra Hámori kniff die Augen zusammen, etwa hundert oder hundertfünfzig Männer aus der DDR drehten durch. Sie warfen sich gegen das hölzerne Grenztor mit der Kraft ihrer Leben, sie stürmten es.

Dóra stand eingekeilt zwischen zwei berittenen Grenzwachen, Hufe stampften, Nüstern schnaubten, sie suchte den Blick des diensthabenden Grenzoffiziers, und obwohl der Schießbefehl noch gültig war, blieb Árpád Bella besonnen und hörte auf sein Herz. Unter seinen Augen drangen Hunderte von ostdeutschen Bürgern nach Österreich hinein, unternahmen diese wenigen Schritte durch den Zaun und darüber hinweg in die dahinterliegende Wiese, wo sie von weinenden und händeringenden Österreichern empfangen wurden. »Hier sind Sie frei!« und »Sie sind in Österreich. Keine Gefahr mehr! Wir helfen!«, stand auf den Plakaten, die Einzelne hochhielten und mit denen sie wie mit weißen Fahnen ihr Friedensangebot durch die Luft und über die Köpfe der mit Freudentränen Überströmten schwenkten.

Unter den wachsamen Blicken der ungarischen Grenzer, die nur da und dort unterstützend eingriffen, um sicherzustellen, dass sich in der Massenaufregung niemand ernstlich verletzte, fielen sich Fremde diesseits und jenseits der Grenzen in die Arme, wie lang vermisste Kinder ihren Eltern. Die Menschenströme flossen einander zu und ineinander hinein, vereinten sich und sprudelten in einzelnen Bächlein weiter, einem nächsten zu, begleitet von einem Zittern in der Luft und aufgescheucht von einer plötzlichen Windbö, als hätte der angrenzende Wald lange, lange die Luft angehalten und jetzt endlich seine Lungen zum Aufatmen befreit.

Für wenige Stunden blieb die Grenze offen. Und Dóra tat etwas, was sie nicht begreifen konnte. Sie unternahm eine kurze Reise ins verbotene Ausland Österreich. Verließ mit einem Schritt die Sopronpuszta und stand auf österreichischem Wiesenland.

Abends, als die Grenze wieder dichtgemacht worden war, trug der Wind noch immer hier und dort ein Flugblatt über die Baumwipfel. Eines lag schlammbeschmiert am Boden mit mehreren Schuhabdrücken darauf. Dóra las: *Paneuropäisches Picknick in Sopron am Ort des Eisernen Vorhangs! Wir laden Sie am 19. Aug. 1989 ab 15.00 Uhr nach Sopronpuszta ein, zum neben der gewesenen Grenzsperre liegenden Gebiet, wo Sie namhafte Vertreter des sich erneuerten ungarischen kulturellen und politischen Lebens treffen können.* Der restliche Mittelteil des Flugblattes war verschmiert und unkenntlich, aber unten, unter dem Stichwort *Programm*, entzifferte sie weiter: *15.00–16.30: Botschaft der Schirmherren der Veranstaltung*, und bald darunter: *16.30–18.00 Baue ab und nimm mit! Die Teilnehmer dürfen sich selbst am Abriss des Eisernen Vorhangs beteiligen und das mit Zertifikat versehene Stück mitnehmen!*

Dóra blickte in ihre Hände. Spuren von Stacheldraht, der

sich in ihr Fleisch verbissen hatte, als sie hingefallen war, kurz bevor sie ein österreichischer Bürger am Oberarm wieder hoch und auf die Beine gezogen hatte.

Die Wut ist erst später gekommen. Als Ungarn ungeachtet der massiven Proteste von Seiten der Führung der DDR die Grenze zu Österreich vollständig öffnete, ging Dóra erneut nach drüben. Als sie im Freibad war, nur wenige Hundert Meter entfernt von ihrem Ungarn, sah sie nach Sopron hinüber. Sie sah ihr Städtchen, die Kirchtürme, den Wald, sah alles, und alles war so nah. Da kochte es mit Urgewalt in ihr hoch, und sie flüsterte: »Die ganze Zeit habe ich so nahe an der Grenze gewohnt und es nicht gewusst; wenige Schritte weiter, und drüben war die Freiheit.«

Teil 6
Zugunruhe. 1990–2010

Sie sind die Ruhelosesten der Ruhelosen: die Seevögel. Einsam die einen, in Riesenschwärmen die andern, zigeunern sie kreuz und quer über die Ozeane auf der Suche nach einem Fisch.

Rabenmutter

Zürich, 1990

»Du nicht?«

»Nein, ich glaube nicht. Aber bei mir war das auch anders damals. Ich war ein anderes Kind als du.«

»Freudig.«

»Immer!«, Lorine lachte ein herzliches Lachen, das ihr Gesicht in zwei helle Orangenhälften schnitt und Fröhlichkeit verspritzte. »Ich war die Lustige und du die Trübe. Ich die Laute und du die Stille.«

»Ich war nicht trüb«, protestierte Aude, »aber das ist genau das, was ich vorhin gemeint habe: Ich wurde nur dann geliebt, wenn ich traurig war, wenn mir das Leben ein Unrecht getan hatte. Als ob Mama nur das Triste gernhaben könnte.«

»Das stimmt doch nicht!«

»Aber für mich fühlte es sich so an. Du hattest den Platz der Lebendigen, ich den der … Begrabenen, oder der Verschollenen, irgendwie. Mama war immer eine gute Trösterin. Aber auf mein Selbstbewusstsein reagierte sie mit Befremden.«

»Wann zum Beispiel?«

»Immer.«

»Aude, im Leben gibt's kein Immer.«

»Also, als ich zum Beispiel so klar wusste, dass ich Biologie studieren wollte, da war's, als ob zwischen uns etwas zerbrach.«

»Vielleicht weil Mama vor allen Studierten eine absurde Ehrfurcht hat.«

»Ja, das auch. Als ob sie das dumm machen würde, wenn ich mich bilde!«

»Aber du legst auch immer gleich jedes Wort auf die Goldwaage …«

»Muss ich doch! Woran sonst sollte ich mich halten?«

Aude blickte sich im neuen Behandlungszimmer ihrer Schwester um. Zwei Massageliegen unterschiedlicher Höhe, durch einen weißen Vorhang abtrennbar, ein schmales Bücherregal, ein großer Topf mit einer wuchtigen Yuccapalme, ein persischer Teppich auf dem Boden und unzählige Seidentücher an den Wänden, die sich willenlos vom Wind lüften ließen, der durch die Lamellen lümmelte.

»Aber, weißt du, Lorine, was ich nicht verstehe: Du hast dich doch auch weitergebildet? Bist Feldenkrais-Pädagogin geworden, das ist doch auch so etwas wie exklusives Wissen. Warum veranstaltete sie bei dir nie so einen Zinnober?«

»Ach, Aude.«

»Nein, wirklich, ich will das jetzt wissen. Ich habe deswegen früh angefangen, ihr gegenüber mit meinen Empfindungen zu geizen. Geredet habe ich ja ohnehin fast nichts. Und wenn, dann nur mit dir.«

»Flüsternd …«, Lorine lachte.

»Ja, flüsternd. Nur du hast mir damals Sicherheit geben können. Papa hat ja immer irgendein Projekt gehabt, eine Story verfolgt. Und Mama – hast du denn ihre abgrundtiefe Einsamkeit nie gespürt?«

»Doch, ja, vielleicht. Aber das heißt ja nicht, dass ich sie zu meiner machen musste.«

»Nein, natürlich nicht. Aber in mir haben sich, wie soll ich sagen, die Sedimente einer Traurigkeit, einer Verzweiflung angesammelt und abgelagert, die von einem Leben allein gar nicht stammen können.«

Lorine hob eine Augenbraue, ihre Beweglichkeit kannte wirklich keine Grenzen. »Wirst du jetzt esoterisch?«

»Nein! Aber ich glaube, weil ich so vieles gespürt und aufgesogen habe, war es zu heftig für mich. Ich konnte es nicht artikulieren.«

»Und deine Vogelstimmen? Die hast du ja auch in dich aufgesogen?«

»Das war etwas anderes. Es war wie eine Sprachmelodie voller Ordnung und Richtigkeit. Korrektheit. Für mich war es, als ob ich intuitiv verstanden hätte, was sich die Vögel gegenseitig und der Welt mitteilten. Glasklar und ohne Falsch. Denn, ehrlich, Lorine, obwohl Mama und Papa verheiratet geblieben sind: Eine wirkliche Verbundenheit habe ich bei ihnen nie gespürt. Da war so viel anderes, das sich zwischen die beiden schob. Ihre Beziehung hatte viele Schichten, zu viele, als dass ich mich als Kind darin hätte auskennen können. Und Mamas Unbehagen, still und unausgesprochen, das hätte auch Chaos sein können, das da in ihr tobte. Obwohl sie wollte, dass wir das nicht merken.«

»Schau, Aude, was willst du? Immerhin sind wir dank dieser Vielschichtigkeit auch zu dem geworden, was wir heute sind. Immerhin konnten wir frei wählen, wohin uns der Weg führen soll. Immerhin waren wir Kinder mit eigenen Gedanken, die wir selbständig entwickeln durften. Oder wieso glaubst du, bist du heute eine so freiheitsliebende Mutter, Aude? Wieso glaubst du, traust du Aurelio diese Autonomie zu, wenn nicht, weil du sie selber als gut erlebt hast? Du bist Papa und Mama gar nicht so unähnlich, weißt du.«

»Kommt jetzt wieder, dass ich eine Rabenmutter bin? Dann sag ich dir gleich: du Glucke.«

Lorine hob erneut eine Augenbraue. Ein Moment der Stille, dann das bekannte Orangensaftgesicht. Beide Schwestern lachten. Lorines lange schilfig helle Haare flatterten mit Schwung nach hinten, als sie ihren Kopf schüttelte. Aude strich sich verlegen über die braunen Strähnen, sie waren im Nacken mit einem Gummi zusammengebunden und fransten sperrig daraus hervor wie bei einem Kabel, das aufgeschnitten worden war und dessen einzelne Fasern herausspitzelten.

»Kannst das jetzt eh ausziehen. Haare offen, das weißt du doch.«

Aude streifte sich das Gummi ab und schüttelte den Kopf. Mit zusammengepressten Lippen sah sie zum Prusten aus. Lorine verkniff es sich und drehte sich zur Liege.

Sie bedauerte, dass sie ihre Schwester so selten zu sehen bekam. Und meistens nur, um ihr den Sohn abzunehmen, wenn diese wieder einmal auf Reisen ging, um den Vogelzug im Rheindelta zu beobachten oder um durch die Alpen zu wandern auf der Suche nach irgendeinem Nest. Wie sie das schaffte, mit ihrer Ungelenkigkeit, war Lorine ein Rätsel. Seit sie denken konnte, hatte Aude diese enge, sparsame Art der Bewegung, die wie einstudiert wirkte, und manchmal saß sie sogar stundenlang still, und es sah so aus, als würden auch ihre Lungen reglos den Atem ein- und ausströmen lassen. Das konnte ja nicht gesund sein. So ein nicht ausgelasteter Bewegungskörper musste früher oder später rosten. Und bei Aude setzte dieser Gelenkrost offenbar bereits mit zweiundzwanzig ein. Sie jammerte über Arthrose, einen unerklärlichen Gelenkverschleiß, da konnte sich Lorine nur wundern. Verschleiß durch mechanischen Stress, ja, das schon, aber bei Aude löste ihn Bewegung aus, einfach, weil selbst die normalste Bewegungsabfolge für Audes Körper außergewöhnlich war. Vermutlich würde sie auch dies als Sedimente bezeichnen, mit denen die Familie sie schwer gemacht habe, wer weiß. Wer wollte es wissen. Ab und zu ärgerte sie sich über Aude, über ihre verschrobene Art, die Welt für unzulänglich zu erklären. Dabei hatte sie doch alles, was sie wollte. Verfolgte ein Studium, das sie faszinierte, bewohnte neuerdings eine nette helle

Dreizimmerwohnung am Stadtrand von Zürich zuoberst in einem Hochhaus, Adlerhorst, wie sie sie nannte, und hatte dieses Kind, das ihr irgendein Mann ins Nest gelegt hatte.

Lorine hätte nicht zu sagen vermocht, was sie mehr fuchste: die Tatsache, dass ihre kleine Schwester, die das ja gar nie gewollt haben konnte, vor ihr schwanger geworden war, oder der Fakt, dass sie sich über den Kindsvater, diesen Menschen, den es zweifelsohne irgendwo auf der Welt geben musste, so beharrlich ausschwieg. Seit zwei Jahren war Lorine mit Jetmir Nevzati, dem Kosovaren, verheiratet. Und seit zwei Jahren probierten sie, ein Kind zu zeugen. Eine Ehe ohne Kinder, das war für Lorine unvorstellbar. Sie wollte Kinder, und zwar lieber gestern als heute und lieber drei statt nur eines. Und so beaufsichtigte sie die Kinder ihrer Nachbarschaft, wann immer ihr Zeitplan es erlaubte. Ihre Feldenkrais-Praxis war erst im Aufbau begriffen, und zusammen mit Jetmir, der noch immer darum kämpfte, seine diversen ausländischen Abschlüsse als Sportwissenschaftler von der Schweiz anerkannt zu bekommen, plante sie, ein eigenes Fitness-und-Bewegungspädagogik-Zentrum hochzuziehen. Ihre Muskeln waren trainiert, ihr Atem war lang, sie war eine Praktikerin, bestens gerüstet für die Härte der Anfangsjahre, die zu erwarten war.

Lorine rieb ihre Handflächen aneinander warm, ein Nicken drückte aus, dass es nun Zeit wäre für Aude, sich hinzulegen. Aude erhob sich aus dem Korbstuhl und begab sich die wenigen Schritte hinüber zur Liege.

»Da drauf?«

»Da drauf.«

Als sie sich hinlegte, spürte Aude jeden Knochen. Ihr Hinterkopf lag irgendwie kantig auf, die geschwungene Linie vom Halsansatz bis zu den Schultern drückte sich von der Liege weg, so, als wollte sie aufwärts springen, ihr linkes Schulterblatt lag flach, das rechte pikste sie, oder war das ein Stechen in der Lunge?, ihre Pobacken fühlten sich wie vierzig an, und auch im Kreuz wollte sie keine Ruhe finden. Nur die Beine, die kurzen, lagen schlaff und breit auf, der rechte Fuß nach außen gerichtet, als gäbe es dort etwas Spannendes zu sehen, der linke einwärts ruhend. Aude fühlte sich wie ein nachlässig hingeworfener Papphampelmann, uneins mit ihren Gelenken, uneins mit sich selbst. Leicht peinlich berührt, so ausgeliefert und ohne Schutz vor ihrer Schwester dazuliegen.

»Geht's?«

»Geht.«

»Spannt die Hose nicht?«

»Ist mit Elastan.«

Aude sah, wie Lorine sie betrachtete. Oder eher: wie Lorine ihren Körper betrachtete. Ihre Arme, ihre Brustwirbel, die Hüfte, die Schenkel, den Kopf.

»Wie fühlst du dich? Fühlt sich eine Seite anders an als die andere?«

»Hmm.« Aude versuchte, etwas zu spüren. »Also, ich weiß nicht. Vielleicht ist die linke Seite flacher als die rechte? Rechts fühlt sich höher an, gespannter. Links sackt irgendwie ab.«

»Mhm, gut«, machte Lorine. Die Blicke der beiden Schwestern verschränkten sich ineinander, und Aude wurde warm. Es war dieser Blick ihrer Schwester, den sie immer so geliebt hatte, den sie vermisste, wenn sie sie länger nicht sah. Dieser Blick, der ihre Kindheit sicher gemacht hatte und ihr Erwachsenwerden groß. Der sie bei allem Zweifel, allem Unmut zuweilen auch, einfach Aude sein ließ, fraglos Aude. Lorine besaß darin eine Grandeur, die nicht selten an Abel erinnerte. Und eine Art, sich zu bewegen, wie eine Prinzessin auf Schneeflocken, die keine Spuren hinterließ. Aude ließ die Lider flattern.

»Welche Seite hast du gesagt, ist es?«

Aude hörte die Frage wie durch ein Daunenbett hindurch, sie flüsterte: »Rechts. Ich kann mich nicht mehr nach rechts drehen, von der Hüfte aufwärts nach rechts geht fast gar nichts mehr.«

Und von weit, weit her: »Die Hüfte?«

»Hüfte ..., dort beginnt der Schmerz ...«

Warme umschließende Hände hoben Audes linken Fuß sachte von der Liege und legten die Ferse in ein weiches Handballenbett. Die kleine Zehe machte den Start, sie durfte mit Hilfe Lorines geschulter Hände ihre Apparatur erforschen. Drei Glieder an einem Strang: Grundglied, Mittelglied und Endglied, kleiner halbvergessener Finger des Fußes.

Aude dachte verschwommen daran, dass sie eine römische Fußform hatte, bei der alle fünf Zehen quadratisch in Reih und Glied standen. Ein bisschen dumm sah das aus, fand sie. Anders als bei ihrer Mutter, die perfekte Füße hatte, eine griechische Form, bei der die zweite Zehe die längste war und eine Zehe schöner als die nächste, und anders auch als bei ihrer Schwester mit ihrem noblen ägyptischen Fuß, gekennzeichnet durch die überaus lange große Zehe, die den Sieg um Längen für sich ausmachte und die Audes römischer Quadratur weit voraus war.

Lorine arbeitete sich gewissenhaft durch die Reihen von klein nach groß.

Das Bild von Aurelios Zehen flog vor Audes geschlossenem Augenlid vorbei, kleine dreijährige Bubenzehen, feingliedrig, lang und tastend, als wären es die Finger einer Hand. Aurelio ist noch unversehrt, dachte sie, und schon kam ein neues Bild, als Lorine die Gelenke des Mittelfußknochens in Bewegung versetzte.

»Es geht darum, dass du deine Bewegungen optimierst«, sagte sie leise, »und dafür musst du sie erst einmal neu kennenlernen. Deine Wahrnehmung, Aude, ist nicht von deinem Handeln zu trennen. Stell dir ein Mobile vor …«, und Aude stellte sich ein Mobile vor, oder das Mobile stellte sich Aude vor, wie sie als Säugling in einer Plexiglasschale lag und von unten nach oben schaute, atmete, horchte. »Denken …«, Aude dachte, was ist Denken?, »und Fühlen …«, Aude überlegte, was fühle ich?, »und Wahrnehmen …«, was … ist … das?, wenn ich Vögel beobachte? Wenn ich fliege? In meinen Träumen die Flügel spanne, den Körper weite, mich von der Erde abstoße …, »und Handeln, Aude, sind nicht …«, fliege!, »isoliert zu betrachten. Sie wirken alle vier zusammen wie ein Mobile«, fliege!, »sie gehören auch zusammen, Aude, alle vier.«

Irgendwann waren dann die Knöchel dran, die Schienbeine und die Schienbeinköpfe, die Knie und so weiter. Lorine arbeitete sich stetig und apodiktisch von unten nach oben, von links nach rechts durch Audes Körper – hindurch!, es ist, als wäre sie in mir drin und werkelte an meinen Gelenken von innen nach außen, schoss es Aude wie ein warmer Strahl der Erkenntnis durch den Kopf, der noch immer irgendwo ruhte, dessen Auflegstelle sie aber nicht mehr erkannte, weil ihr so verschwommen war. Ihr Kopf freute sich den wandernden Fingern und Händen entgegen.

»Wenn dir eine Bewegung weh tut, dann geht es nicht darum, diese Bewegung auf Biegen und Brechen herbeizuführen oder durchzuexerzieren. Es geht darum, alternative Bewegungsabläufe für dich zu definieren, die zielführend und dabei schmerzfrei sind. Und das Schöne daran ist: Das gesamte Wissen darum steckt bereits in deinem Körper drin, Aude.«

In meinem? Auch?, fragte sich Aude im Dämmerzustand des Genießens.

»In deinem auch«, festigte Lorine ihre Aussage mit Bestimmtheit.

Schultern, Arme, Hände, Finger, Hals und Kopf nahm Aude wie weit entfernt wahr, und erst als Lorine Audes Haarsträhnen mit gespreizten Fingern den Kopf entlang nach oben kämmte und jede Strähne bis an ihr Ende berührte, so dass es ein leichtes Zupfen und Ziepen auf der Kopfhaut verursachte, ließ sich Aude von der liebevollen Stimme ihrer Schwester wieder in den Raum zurückführen. Lorine sagte: »Du musst das Bild, das du von dir hast, verändern«, und dann nach zwei, drei weiteren Kämmbewegungen, »du darfst das Bild, das du von dir hast, verändern, Aude. Immer wieder. So lange, bis es stimmt.«

Als sich Aude aufsetzte, reflektierte ihr inneres Glühen auf Lorines Gesicht. In ihren Augen las sie, dass alles in Ordnung mit ihr war, ja, mehr noch, perfekt. Und wie es immer sein sollte, grad so, wie es eben war. Vorsichtig bewegte sie ihren Kopf von links nach rechts und von rechts nach links, dann weitete sie den Versuchsradius aus, ließ die Drehung durch ihren ganzen Körper gehen, horizontal, vertikal, spielte mit Spiralen, und Lorine lachte: »Na, erinnert sich dein Körper wieder an seine Beweglichkeit?«

Kuckuckskind

Zürich, 1995

Aurelio Senigaglia sah seine Mutter mit anderen Augen. Aurelio hatte seinen eigenen Blick, und das war ein Blick fürs Wesentliche. Er wusste nichts von Brutschmarotzerei und Wirtsvogelarten, er sah seine Mutter nicht als schwarze Rabenkrähe, er sah die Stummheit in ihrem Blick und wusste, dass sie ihn liebte.

Er war ein starkes Kind. Beinahe ein autarkes, wäre da nicht das feste unsichtbare Band, das Mutter und Sohn zusammenhielt. Mochte sein, dass seine Tante Lorine ab und zu verärgert schnatterte, wenn ihn Aude wieder einmal zu ihr bugsierte, ihn bekümmerte das nicht. Er hatte bald verstanden. Seine Mutter war am glücklichsten unterwegs. Am meisten in sich verankert und zu Hause, wenn sie fern davon war. Und oft nahm sie ihn ja mit, tage- und nächtelang auf stille Pirsch durch die Berge, an Seeufern und Flussläufen entlang, besonders ans Rheindelta am östlichen Bodensee. Er bekam sein Teil Liebe von ihr, indem sie ihm die Natur nahbrachte, den Boden, das Wetter, das Land. Mit seinen acht Jahren wusste er mehr über den Lebenskreislauf als seine Lehrerin, und er verstand vor allem mehr über die Liebe, als so mancher Erwachsene es von sich glaubte.

Nur einmal spürte er einen Bruch in diesem Band, so als ob man altes Leder zu stark gebogen hätte. Das war, als er sie nach seinem Vater gefragt hatte. Nur ein einziges Mal, da war er etwa fünf gewesen. Aude hatte ihn schweigend angeschaut mit Millionen von Buchstaben hinter der Stirn und einem Wort, das sich in ihrem Mund formierte und den Weg hinaus nicht fand. Danach hatte er angefangen zu warten.

Wenn er auch nicht wusste, wer sein Vater war, in Jetmir, Lorines Mann, hatte Aurelio eine Vaterfigur gefunden. Unter Lorines Fittichen, in ihrem Nest, fühlte er sich wohl wie in einem Zweitzuhause. Sie machten Kissenschlachten, malten sich gegenseitig das Gesicht bunt, feierten Weihnachten, Ostern, Fasnacht auch, sangen Lieder und schauten fern.

Jetmir brachte Aurelio Federballspielen bei, und die kleine Cousine Fatime klatschte begeistert in die Hände bei jedem Schlagabtausch, der ihnen gelang.

Lorine hatte immer etwas aufgeraute Hände, aber Aurelio liebte die Finger der Tante durch sein schwarzes Haar kämmen zu spüren. Abends las sie Geschichten vor, oft waren es die Märchen aus Grimms Sammlung. Aber einmal, als Aude wieder für zwei oder drei Wochen auf Forschungsreise war, hatte er ein altes Buch von zu Hause mitgebracht. »Von Liebe und Ehe der Vögel«, las Lorine den Titel vor. »Möchtest du daraus etwas hören, Aurelio?«

»Bitte.«

Lorine blätterte und stoppte etwa in der Mitte des Bildbandes: »Nicht umsonst ist der europäische Kuckuck der berühmteste aller Brutparasiten: Er hat es in diesem ›zweifelhaften Gewerbe‹ zu unerreichter Meisterschaft gebracht. So wie er das Fortpflanzungsproblem löst, ist eine Ehebindung überflüssig. Die Männchen haben zwar eigene Reviere, die sie besetzt halten, die Weibchen jedoch streifen herum und lassen sich einmal hier, einmal dort anbalzen und verführen.«

Sie warf einen Blick auf ihren Neffen. Der aber saß mit verträumt verdrehten Augen auf dem Bett, die einschlummernde Fatime im Arm, und horchte gespannt darauf, wie sich diese Geschichte weiterentwickelte.

Otis tarda

irgendwo an einem nicht näher bezeichneten Ort in der Mongolei, 1997

Tömörsükh war losmarschiert. In die Richtung, in der er eine Jurte vermutete. Menschen. Hilfe. Einen Traktor vielleicht? Sie hatte keine Ahnung, sie hatte ihn ja nicht verstanden, dieses nicht, oder vielleicht hatte sie ihn auch gar nicht erst verstehen wollen, was war schon zu erwarten von einem, der mit Namen Eisenaxt hieß und ohne jedes Feingefühl über die Steppe bretterte und dabei wer weiß wie viele Nester von Steppenbrütern zerstörte. Der russische Geländewagen, ein hellblauer leidenschaftlicher UAZ, mit Rädern halb so groß wie ein Mensch, steckte im Matsch fest. Loser Untergrund, feucht gewordener Sand, klebriger Magnet der Erde.

Ihren neunundzwanzigsten Geburtstag würde Aude also irgendwo alleine im Grenzgebiet der drei Bezirke Archangai, Bayanchongor und Öwörchangai feiern. Sie hatte keine Ahnung, sie hatte die Himmelsrichtungen ob all dieser wogenden Hügel, die wie die Wellen eines Ozeans keine für Menschenaugen ersichtliche Struktur kannten, schon vor Stunden verloren, und vielleicht waren sie auch bereits viel weiter westlich gelangt und in den Bezirk Gobi-Altai eingedrungen, den Teil des Landes, den sie auf dieser Vogeltour unbedingt noch besuchen wollte. Irgendwo im Changaigebirge hatten sie den richtigen Weg verlassen, so viel hatte sie verstanden. Jamar zam, welcher Weg, hatte Tömörsükh gefragt, jamar zam, und dabei auf die davonhuschenden Ziesel gezeigt, die vor den Erderschütterungen, die der kräftige Wagen hervorrief, flohen.

Und dann hatte er den UAZ in ein Erdmatschloch gewuchtet. Zuerst hatten sie probiert, die Räder freizuschaufeln, mit blechernen Kochlöffeln, Plastiktassen, bloßen Händen. Vor jedem Versuch, den Wagen freizureißen, hatten sie die Fußbodenmatten aus Gummi vor die Räder gelegt und, Aude am Steuer, Eisenaxt am breiten Hintern des UAZ, gekämpft und gestemmt und gedrückt und gewürgt, aber da war nichts zu machen, die Situation war im wahrsten Sinne des Wortes verfahren.

Aude hatte Eisenaxt die Bedenken im Gesicht angesehen, hatte seine kleinen Panikexplosionen, die zusammen mit dem Angstschweiß über seine angespannte Haut vibrierten, schon längst mit ihrem Gehör aufgenommen, als er sich breit vor sie hinstellte und ihr mit seinem urtümlichen Mongolisch zu verstehen gab, hier auf ihn zu warten. Der Weg sei lang und die Nacht komme bald. »Understand?«, und Aude hatte auf Mongolisch geantwortet, teg, tegje, so machen wir's.

Dann war er losmarschiert.

Aude saß im offenen UAZ, ließ die Füße zur Türe hinausbaumeln. Sie fühlte sich plötzlich sehr schläfrig. Die Abendsonne schien irgendwo hinter dem nächsten oder dem übernächsten Hügel. Vor ihr lag das Land wie aufgefaltet und unendlich weit. Sie hatte es auf dieser Reise gemerkt, hinter jedem Hügelzug lauerte nur doch wieder der nächste, und auch da, wo das Gebirge in die Steppe überging und die Steppe in einer Halbwüste auslief, auch da: nichts als ewige Unendlichkeit.

Sie hatte sich diese Reise geschenkt, nach der erfolgreichen Abnahme ihrer Dissertation, nach jenem Studium, der Forschung, der strengen Entwicklung, die ihr Leben genommen hatte, hatte sie mit beiden Händen den Globus in Vaters Haus gedreht und eingehend gesucht. Galapagos, die Azoren, die Insel Wrangel, aber nein, nicht eine Insel, eine Welt wollte sie entdecken. Und wo anders als in den Weiten der Mongolei könnte sie unbegrenzt Vögel beobachten und den Liedern ihrer Stimmen lauschen? Je nach Jahreszeit und Region träfe sie auf Steinadler, Steppenadler, Zwergadler und den Mongolenbussard, sähe die Steppenweihe, Wiesenweihe oder den Schwarzmilan, aber auch Rötelfalke, Würgfalke, Mönchsgeier, Alpenkrähe, Pazifiksegler wären nicht zu verachten, genauso wenig wie die Graugans, Schwanengans, Rostgans und der Mongolenregenpfeifer, Kiebitz, Trillersperber, die Spießbekassine, Waldbekassine und Uferschnepfe und Rotschenkel und Teichwasserläufer und Steppenschlammläufer und Odins Wassertreter auch! Und erst die Klippentaube, das Steppenflughuhn, die Mongolenlerche und die Ohrenlerche, Kurzzehenlerche, Zitronenstelze, Schafstelze, und bei diesem Gedanken begann ihr Herz höher zu schlagen: die Steppenbraunelle! Im Weiteren auch Mattenschmätzer, Steinschmätzer, Steinrötel, Bartmeise, Lasurmeise, Elsterdohle, Fichtenammer, Rötelammer, Spiegelrotschwanz, Dorngrasmücke und schließlich der Jungfernkranich, der Weißnackenkranich und der Schneekranich, ach! So viel Klang in ihren Ohren, der da hätte sein können, und jetzt: nichts.

Kein Vogel weit und breit. Nicht ein Flügelschlag, kein Schnäbelchen, nichts.

Aude wartete.

Aude wartete.

Aude konnte stundenlang warten, zeitvergessen.

Die Sonne zog und warf lange Schatten übers Land. Kilometerlang. Aude schaute den Boden an. Struppiges Gras, bunte kleine Steinchen, vereinzelt Sukkulenten, sie waren in Wüstennähe angelangt, darüber bestand kein Zweifel. Es roch nach Wildzwiebeln und Beifuß. Der Wind sang ein einsames Lied und berührte die Halme mit eintausend Fingern.

Die letzten drei Wochen über war Aude zusammen mit einer fünfköpfigen Truppe von Ornithologen aus aller Welt durch die Mongolei gereist. Ein Mann aus Kanada, ein Mann aus Dänemark, ein Mann aus Schottland, ein Mann aus Belgien und ein Mann aus Korea wurden von Tömörsükh und einem zweiten Mongolen namens Ganbaatar, Stahlheld, in zwei UAZ durch die Gegend chauffiert. Mit von der Partie war auch ein junges Mädchen, Zayanyam, Schicksalssonntag, das für sie alle täglich Eintopf kochte. Umgangssprache war ein brüchig zusammengetackertes Englisch, aber Aude hatte bereits bei der Ankunft am Flughafen ihre Ohren gespitzt und die gängigen mongolischen Formeln für Gruß, Abschied, Einverständnis und Protest erkannt. Und von dem Moment an, als sie ihren Fuß auf mongolisches Steppenland gesetzt hatte, hatte sie sich heimisch gefühlt. Die ruhigen Umgangsformen, die wenigen Worte, die gebraucht wurden, das gänzlich fehlende Geschwätz, öffneten ihr das Herz. Oft hatte sie nicht nur die Vögel durch ihr Zeiss-Dialyt-Fernglas betrachtet, sondern auch die mongolischen drei in ihrem Rücken belauscht. Sie mochte dieses stille, stete Ch-d ch-d ch-d, das der mongolischen Sprache eigen war, die verschiedenen A und O, die Art, wie sie die U unterschieden, je nachdem, wie guttural oder labial die Sprechenden diese mächtigen Konsonanten durch ihren Rachen, den Resonanzraum ihres Mundes, transportierten. Nach einer Woche hatte sie bereits das Gefühl, innerlich mitzureden, auf alle Fälle im Bilde zu sein, was vor sich ging und über welches Thema laut nachgedacht wurde.

So wenige Worte Mongolen auch verbrauchten, so wenige Schritte taten sie freiwillig. Umso mehr versetzte es Aude in Erstaunen, dass ihr Fahrer einen offenbar doch längeren Fußmarsch in Angriff genommen hatte. Von ihm war nichts mehr zu sehen. Unschlüssig schob sie ihr Fernglas zurück ins Futteral. Das Spiel der Sonne und Schatten verlor sich in der Unendlichkeit, die sich noch immer weiter ausdehnte. Eine Elastizität des Raums, die nur das Licht hervorbringen konnte.

Aude stand auf, reckte die Glieder. In ihrem rechten Hüftgelenk knirschte der Oberschenkelknochenkopf, sie rieb sich den Trochanter.

Die letzten beiden Reisewochen hatte sie alleine verbringen wollen. Ein Fahrer, mehr nicht, man könnte auch essen, was man selber zubereitete. Hauptsache fort von diesen schwatzhaften Menschen, die sich Ornithologen schimpften und dabei ja doch nur auf langen Listen sinnlose Kreuzchen eintrugen, wann immer sie einer Gattung ansichtig wurden. Und dann abends die Biergelage! Nein. Nein, Aude brauchte Zeit für sich, in Stille, vereint mit den faszinierenden Klängen der Natur, die sie hier so unmittelbar umgab. Also hatte sie Eisenaxt dazu überredet, mit ihr noch einmal loszufahren. Und das waren sie dann auch. Nur zu dumm, dass er offenbar nicht routenkundig war. Aude dämmerte jetzt, dass ihr Fahrer zumeist dem Vorfahrer, Ganbaatar, nachgedeppert war. Kein Sinn für Fährten, kein Sinn für Fahrten. Und jetzt war er zu Fuß unterwegs auf der Suche nach irgendeiner Hilfe, und sie allein.

Unentschlossen tat sie ein paar Schritte. Ihre Blase machte sich bemerkbar wie eine Kugel, die in ihrem Innern kullerte. Bevor sie losmarschierte und sich einen geeigneten Platz zum Niederkauern suchte, griff sie hinter sich und nahm das Fernglas mit.

Sie war noch nicht allzu weit gegangen, das blaue Blech des UAZ blinzelte ihr über die Steppe zu, da glaubte sie, ein paar Hundert Meter vor sich eine typische Bewegung ausgemacht zu haben. Wie angewurzelt blieb sie stehen. Langsam, ganz langsam hob sie das Fernglas vor ihre Augen. Da. Groß. Braungescheckt. Federbart. Konnte das wirklich *Otis tarda* sein? Die Großtrappen waren über weite Teile der Mongolei verbreitet, so unglaublich wäre das nicht, hier einen dieser Zugvögel anzutreffen. In ihrem Kopf ratterte es. Großtrappen. Sie gehörten zu den schwersten flugfähigen Vögeln, bevorzugten aber in offen einsehbaren Flächen die Fußwanderung. Lebten gesellig. Meist in getrenntgeschlechtlichen Gruppen. Dem Bärtchen nach müsste es sich bei dieser hier um ein männliches Exemplar handeln. Geräuschlos setzte Aude ihren Weg fort. In Richtung Vogel.

Sie wusste nicht, wie lange sie gegangen war. Die Sonne war nun beinahe versunken, und nur einmal noch, kurz, hatte sie seinen Federkopf über das gebleichte Steppengras wackeln sehen. Himmelsrichtungen und Distanzen, nie hatte Aude damit ihre Mühe gehabt, aber in der Mongolei verschätzte sie sich fatal. Das Tier musste sich noch immer in gehöriger Entfernung befinden. Sie konnte nicht aufgeben. Nicht bei Vögeln. Nicht hier.

Nicht jetzt, sie war schon viel zu weit gegangen.

Immer wieder schwenkte bei ihrer Pirsch ihr Blick nach unten, um sicherzugehen, dass sie auf kein Brutgelege trat. Immer wieder richtete sie ihren Blick durch das Fernglas nach vorne, auf der Suche nach Ornithologenglück. Und nur ab und zu blickte sie über die Schulter, vergebens, der UAZ war außer Sicht.

Und dann passierte das Allerdümmste, das Allerlächerlichste. Keine Gletscherspalte, in die sie gefallen wäre, kein Krokodil, das nach ihr geschnappt hätte, kein Drachenschlund, nein, ein Kiesel war's, ein einfacher schwarzer Kiesel, der sich geschickt unter ihre treuen Lowa-Wanderschuhe geschoben hatte und damit das untere Sprunggelenk ihres rechten Fußes zum Einknicken brachte. Als Folge ein kurzer heftiger Schlag gegen den Innenknöchel, der sich durch die Schienbeingelenkfläche nach oben zog und gleich darauf auch noch das Knie zum Einknicken brachte, so dass sich eine Schlaufe des Schmerzes den Oberschenkelknochen emporschlängelte, dort das Hüftgelenk aufkreischen ließ und sich schließlich in Audes rechter Gesäßhälfte als ziehend heiße Schwellmasse ausbreitete. Sie fand sich mit aufgeschürftem Gesicht und schmerzenden Handgelenken auf aridem Steppenboden wieder.

Schlimmer als die körperlichen Schmerzen, die sie rechtsseitig spürte, wirkte sich ihr persönlicher Ärger auf sich selbst aus. Sie schimpfte und fluchte und verspannte sich noch mehr. Aufzustehen probierte sie nur zweimal, dann gab sie auf. Unter einem fast tierischen Aufschrei raffte sie das Fernglas an sich heran. Da kauerte sie, von jeder noch verbliebenen Großtrappe verlassen, allein inmitten der mongolischen Steppenwüstenei.

Die Stille wurde laut.

Bald würde es gänzlich dunkel sein.

Was hatte sie sich nur dabei gedacht, alleine loszugehen?

Was hatte sie sich nur dabei gedacht.

Ihr Körper wurde von einer kompromittierenden Müdigkeit befallen, sie hätte sich am liebsten hingelegt. Sie fühlte sich bloßgestellt und gedemüdigt.

Was hatte sie sich nur dabei gedacht.

Wenn sie jetzt stürbe?

Wäre ihr Sohn dann eine Waise?

Wer würde es ihm sagen?

Der Truppe abhandengekommen, alleine unterwegs, stur und unbelehrbar. Wusste immer alles besser. Floh die Menschen, vor allem die Männer.

Was würde auf ihrem Grabstein stehen?

Im Schatten deiner Flügel ruht …?

Elf war er, Aurelio. Elf Jahre schon. Wie viele davon hatte sie wirklich mit ihm zugebracht?

Was wusste sie von ihm?

Warum war sie hier?

Warum war sie hier?

Aurin war ein frohes Kind. Eines, das sich die Fragen selber beantwortete. Immer wieder hatte Aude Angst gehabt, ihn durch zu viel Offenheit von seinem Weg abzubringen. Er schien so sicher.

Aurelio, ihr Aurin, der Goldene. Wie die Sonne, die sie jetzt ohne Wärme zurückgelassen hatte.

Allein, allein. Ihr Kind fehlte ihr. Seine warme Umarmung. Sein stürmisches Gemüt. Die Sicherheit auf seinen Wegen.

Himmelsrichtungen, Distanzen. Und das Zeitgefühl. Sie hatte keine Ahnung, wie lange sie schon so gelegen hatte. In ihrem Fußgelenk pochte das Blut. Es tat seine Arbeit. Den Schuh hatte sie sich, wann?, vor Stunden?, eben erst?, aufgeschnürt, so dass sich die Schwellung ausbreiten konnte.

Sie horchte.

Nichts.

Vor ihren geschlossenen Lidern zogen die Bilder vorbei. Sie, in ihrem Zimmer. Ein Plattenteller, der dreht. Die Hunde. Der Wald. Die Vögel im Geäst und Lara, die kläfft. Das Ohr ihrer Schwester, das Aufleuchten in ihrem Blick, wenn sie verstand, ihr Mund, der anstelle Audes sprach. Limonade verspritzte.

Rasch wurde es kalt.

Windkalt.

Kieselkalt.

Steppenwüstenkalt.

Sie musste einmal tief durchatmen, in ihrem Rücken, rechts, noch immer ein Schmerz.

Ihr Körper erinnerte sich nicht mehr.

Dafür neue Bilder, die kamen.

Bilder, die ihr so bekannt, so vertraut waren, die sie aber nicht einordnen konnte. Ein Pelikan an der Mole von Rijeka. Vielleicht ein Erinnerungssplitter aus ihrer Kindheit, die langen Autofahrten im 2CV nach Jugoslawien, an den Strand. Schmetterlinge, immer wieder große bunte Imagos. Und dann ein Schiff, das Europa über die Schwelle des Horizonts abhandenkam. Vielleicht auch dies: Splitter einer vergessenen Gegend ihres Gehirns. Vielleicht das Autofährschiff »Tiziano«, mit dem sie als Kind im Hort ihrer Familie von Pescara nach Split übergesetzt war, so viele Sommer, immer wieder, die Eltern, die Schwester, die Hunde und sie.

Und jetzt Ibiza. Ein Ort, den sie gar nicht kannte. Ihre Mutter wohnte bereits elf Monate dort, war in eine Hippiekommune voller Menschen und Hunde gezogen, und Aude musste einen großen Ärger, einen wallenden Zorn in sich niederringen.

Also doch keine Liebe zwischen den beiden. Also doch kein Band. Außer von Seiten des Vaters, der seiner Frau nichts in den Weg stellen wollte. Einen verzichtenden Liebesdienst hatte er das genannt, und sie ziehen lassen. Einfach so.

Das war alles so schwer zu verstehen für Aude!

Aber warum hatte sie das gemacht, Emma? Was hatte sie dort bloß zu suchen auf den Balearen? Wer will dort schon hin?

Weit weg ging ein Gewitter über die Steppe nieder. Aude saß da, eingewickelt in sich selbst und ihre Gedanken, und schaute dabei zu, wie Blitze in der Ferne nach der Erde tasteten.

Es war alles so enttäuschend. Ihre Mutter auf Party-Island, ihr Vater nach wie vor ausschließlich in den Storys, die er recherchierte, auffindbar. Ihre Schwester, nun immerhin hatte sie es endlich geschafft, ein Kind zu bekommen, Fatime, blond, und Aurin ganz vernarrt in sie. Blond und Schwarz und Aurins Gold, das ergab zusammen Bernstein. Abel. Tot. Mondaine? – sie hatte keine Ahnung. Diese Erkenntnis durchfuhr sie schmerzhaft, aber sie hätte nicht zu sagen vermocht, wo ihre Omama zurzeit lebte. War sie geblieben, als Opapa starb? War sie wieder umgezogen? Aude war so beschäftigt gewesen mit ihrer Dissertation – »An Meeresküsten gebundene Vogelarten und ihre Migration ins Binnenland – begünstigende Faktoren am Beispiel der nordeuropäischen Eiderente im Rheindelta« –, dass ihr die Welt entglitten war. Himmelsrichtungen, Distanzen, Zeit und Welt.

Und um sich wiederzufinden, war sie ausgerechnet in den fernen Osten geflogen. In die Mongolei. Ehemaliges Großreich, jetzt eingequetscht zwischen die Riesen Russland und China. Eingequetscht zwischen ihren Ohren, dehnte eine mongolische Pferdekopfgeige sehnliche Noten, langanhaltende Steppengesänge, die nicht wirklich waren. Aude gab sich den Klängen hin und schloss die Augen.

Ich bin total allein.

Ein Tier, irgendein vierbeiniges, stürmte an ihr vorbei. So nah, dass sie den Hauch seines Felles in ihrer Nase hochkriechen spürte, wild, roh, ungezähmt. Zu Hause hier.

Jesses. Jesses, wenn ich hier nur heil wieder herauskomme …

Sie spürte ihre Hände kaum mehr, die mongolische Nacht schenkte sich nichts. Es war kalt, und Aude bekam Angst.

Mit einem Male wurde die Pferdekopfgeige abgelöst, und sie vernahm die Stimme ihrer Omama, wie sie ihr ein ungarisches Verslein vorsingt:

Kerekecske, gombocska, itt szalad a nyulacska.
Kerekecske, gombocska, itt szalad a nyulacska.
Kerekecske, gombocska, itt szalad a nyulacska.

Ein Plattenteller, der sich endlos drehte.

Der Zeigefinger ihrer Omama mit kitzelnden Kreiselbewegungen in ihrer Hand. Die offene Handfläche eines kleinen Kindes. Für die Welt bereit. Und so verletzlich, so fein, so klein.

Rädchen, Knöpfchen, hier läuft das Häschen.

Konnte das ein Steppenhase gewesen sein?

War es nicht größer gewesen?

Ein Hund hätte bestimmt gebellt.

War es – überhaupt?

Wenn ich hier jemals heil herauskomme, dann muss ich mich in mein Leben neu einbringen. Ich muss wieder einen Part spielen, ich muss Anschluss finden. Anknüpfen.

Ja, ich muss mich wieder vertäuen mit dieser Welt.

Dieses und Ähnliches waren Audes Gedanken, als auf stille und einvernehmliche Art eine Taschenlampe durch die Nacht leuchtete und ihr schwere Füße in Mongolenstiefeln entgegenschritten. *Kerekecske, gombocska, itt szalad a nyulacska. Rädchen, Knöpfchen, hier läuft das Häschen.* »Aude. Aude, you there?«

»Tömörsükh – but how? How did you find me?«

»You don't know, Aude? Aude, your name, *Od*, in Mongolian it means star. You shine like a star. Get up? Your time in the sky has not yet come.«

»But?«

»Take my hand. I'll lead you back.«

Flüsse, durch ein Leben mäandernd

Bäch, 1998

Hier also wohnte sie nun. War in ein Heim gezogen. In die Seniorenpension Pfarrmatte. Aus freiem Willen. Weil sie nicht mehr alleine leben wollte. Dabei war sie noch so rüstig. Gut auf beiden Füßen. Aude staunte still. Sie fand nichts, das auf sie wie das Flair eines Grand Hotel gewirkt hätte. Gut, es war nicht schmuddelig, aber ganz bestimmt nicht Grand, wie ihre Omama am Telefon so fröhlich erzählt hatte. Auch das Essen Durchschnitt. Aber ihr schien es zu gefallen, sie hatte vom Buffet in den hellsten Tönen geschwärmt. Aude blickte sich in dem Einerzimmer um. Vier auf vier Meter, ein Balkon voller Blumen und Gewächs. Im Zimmer selbst das wuchtige Spitalbett mit allem Drum und Dran, dann die weiche Plüschcouch, Opapas Ohrensessel, geschützt durch drapierte Samtstoffe, Goldbrokat an allen Rändern. Auf den Ablageflächen Nippes und der altbekannte Tand. Krimskrams aus Glas und lauter Sächeli, die Mondaine in ihrem Leben angesammelt hatte, materialisierte Erinnerungen. Lebensadern, die in ihren Fingern pulsierten, wenn sie sie berührte. Flüsse, die mäanderten. Eine uralte Schneekugel mit einer wilden Pferdekutsche im Sturm, ein hartledriges Mieder. Figuretten aus Muranoglas, Notenblätter ihres verstorbenen Mannes, seine bestickten Westen, Zigeunerklamotten, Bühnenklamotten. Die Geige, stumm, aber in galanter Schräge an der Wand befestigt, inmitten einer bunten Wiese von Familienfotos.

»Die schwarzweißen sind hier drin. In dieser Kiste. Aude, hilf mir mal damit.«

Zusammen bugsierten sie einen eingedellten Pappkarton aus einem Biedermeier. Daraus klaubte die alte Dame, Stück für Stück, was gut zwei Dutzend Fotoalben waren. »Die behalte ich alle. Bis zum Schluss.« Mondaine lächelte. »Da sind auch welche von mir drin, wie ich für Abel posiert habe. Und ich habe oft für ihn posiert« – jetzt wurde ihr Schmunzeln zu einem kecken Grinsen –, »musst nicht meinen, nur weil ich alt bin, hätte ich kein Leben gehabt. Und keine Liebe. Ich hatte beides, Kind.«

»Du stammst aus Ungarn, nicht wahr?«

»Wie meinst du? Ich bin Schweizerin, aus Bern. Mein Vater war Ungare, wenn du das meinst. Meine Mutter kam irgendwo aus der Innerschweiz.«

Aude platzierte den Teekrug auf einem kleinen Nebentischchen. Mondaine breitete die Alben vor ihnen aus, ohne auf Tasse, Zucker, Löffel zu achten. Aude räumte eines ums andere aus dem Weg, ehe sie ihren Voice Recorder auf den Tisch legte und vor ihrer Omama in Position brachte. Mondaines Finger strichen mit zartem Zug über einzelne Bilder, blasse Fotografien von Menschen, die Aude nicht kannte. Sanft drückte Aude die Aufnahmetaste, aber es gab doch ein heiseres Geräusch, und Mondaine hielt inne. Es war, als ob sie bereits weit weg gewesen wäre, grad eben. Eine zweiundachtzigjährige Grande Dame, die von einer Reise zurückkehrt an ihr bescheidenes Tischlein ins Einzimmerappartement einer Seniorenresidenz am oberen Zürichsee. Als wäre sie erschöpft von ihrem Ausflug nach – wohin? Aude wusste es nicht. Sie wollte es herausfinden. Deswegen war sie hier. Deswegen, und weil sie etwas in ihrem Leben geraderücken musste, von dem sie spürte, dass es in Schieflage war. Ein Vormast auf einem Schiff, ein tragender Balken, vielleicht auch nur ein Hauch einer Erinnerung. Sie lächelte ihrer Omama aufmunternd zu.

»Wozu willst du das aber alles wissen, Aude?«

»Ich weiß es nicht. Aber du hast uns früher so oft erzählt von deinem Leben in Ungarn, den Tagen dort. Einen Kinderreim auf Ungarisch hast du uns vorgetragen, wir haben immer lachen müssen. Und von Prinzen und Prinzessinnen, von langen Haaren und der schweren Arbeit in Bern hast du uns erzählt. Von einem Pferd, mit dem du über eine hohe Brücke geritten bist, von den Zeiten, als Abel spielte, und denen, als er Geschäfte machen wollte mit Tuch und Stoff und so.«

»Das ist aber viel. Wozu das alles wieder aufwühlen, jetzt?«

»Ich weiß nicht, Omama. Ich habe das Gefühl, dass wir dir nie richtig zugehört haben. Das waren eben einfach deine Geschichten, die mit dir kamen, wie euer Kräutertee am Abend oder die beiden Nachthäfeli unter dem Bett, du weißt schon, deines gelb und seines weiß. Die Geschichten haben wir immer nur so am Rande aufgeschnappt, aber nicht wirklich begriffen. Ich bin gekommen, weil ich sie jetzt aufnehmen will. Richtig. Auf Tonband. Vielleicht verstehe ich dann das eine oder andere etwas besser.«

»Vielleicht aber auch nicht.«

»Vielleicht aber auch nicht. Egal. Ich bin hier, weil ich deine Geschichte noch einmal hören will. Von allem Anfang an.«

Mondaines Hände fuhren über die Umschläge der Alben, berührten Plastik, Papier, Pappe, Wachstuch, Stoff. Das Aufnahmegerät untermalte diese Verzögerung mit einem fernen Rauschen. Dann hob sie zu erzählen an.

»Der Vater meines Vaters stammt aus der alten k. u. k. Monarchie Österreich-Ungarn. Er war Hofcoiffeur zu Wien, weißt du, all die Prinzessinnen und Gräfinnen und so, der ganze Adel, die mussten ja auch zum Friseur. Dort hat er eine Csöke geheiratet, ich erinnere mich nicht, was für einen Status die hatte, aber die hat er geheiratet.«

»Wer? Dein Großvater?«

»Ja. Nein, sein Vater. Oder der Vater seines Vaters. Ich bringe das jetzt vielleicht auch durcheinander. Wir haben nie viel darüber gesprochen zu Haus.« Mondaine holte Luft. »Also mein Vater war's nicht. Der hat ja ein Verdingkind geheiratet, die Mauritzli aus der Innerschweiz. Einer seiner Vorfahren wars, der hat diese Grafentochter geheiratet. Er und diese Csöke, erzählte man, die haben schon aneinander gehangen. Es hieß, das müsse eine ganz große Liebe gewesen sein. Grad so wie die von Papeli und mir. Die hat sich also an ihn gehangen oder er an sie, und da hatten sie fortgehen müssen. Das schickte sich ja nicht, so eine Ehe über die Standesgrenzen hinweg, das war nicht gemäß damals.«

Mondaine lächelte. Sie streichelte über eine Fotografie ihres verstorbenen Mannes. »Ein Ausnahmetalent.« Aude blieb still und horchte. Der Anfang war gemacht.

»Aber es ist dann wohl gutgegangen mit den beiden, ich habe nie, nie etwas Negatives sagen gehört. Sie müssen für sich wirklich etwas Besonderes entdeckt haben. Früher gab es so was noch zwischen Mann und Frau: unverbrüchliche Kameradschaft. Über alle Hindernisse hinweg.«

Aude befürchtete die Frage, aber Mondaine war ganz woanders, weit weg von dem Gedanken an Aurelio und dessen unbekanntem Vater, auch weg von Aude, zurückversetzt in ihre eigenen Kindheitstage. »Weißt du, vieles ist auch vergessen gegangen. Ich kann nicht mehr mit Sicherheit sagen, wer damals wer war. Irgendeine ist auch früh gestorben, und noch eine, ich glaube, die Mutter meines Vaters, denn danach kam mein Vater zu einer Stiefmutter, und dann wurde er nochmals weitergereicht. Ich weiß das wirklich nicht, ich weiß nur, dass wir aus Sopron stammen. Ödenburg hieß das damals noch. Da war ich als kleines Kind, und zuletzt, als ich zwanzig war.«

»Du bist nie mehr zurückgegangen?«

»Nie mehr. Das ist doch jetzt alles nicht mehr. Nicht mehr so wie zu meiner Zeit«, ihre Stimme brach sich an den Felsen eines Bildes, das sie nicht hatte sehen wollen, »Sopron, Miskolc ..., da hat sich doch alles verändert.«

Draußen klopfte ein Specht an eine Tanne. Die Geißen, die vor dem Balkon der Großmutter ihren Kletterplatz hatten, meckerten. Aude wartete, dann fragte sie: »Wie war sie denn, deine Zeit?«

»Ja, du! Meine Zeit? Schön war sie. Schaurig und schön. Ich weiß noch gut, wie wir auf Schloss Esterházy zu Gast waren. Der Prinz Esterházy, der hatte den ganzen Neusiedler See, das Schloss, den Garten, die Ländereien. Und der Freund meines Vaters, von dem muss ich noch irgendwo ein Foto haben, ist mit uns in die Löverdings gekommen, das war so ein Freibad, wie hieß das noch gleich, Löverirgendwas. Der war Majordom beim Esterházy, sein Verwalter und Vertrauter, ein flotter Mann. Mit denen allen waren wir viel und oft zusammen, im ganzen Esterházy-Anwesen, wo sonst niemand hindurfte, dort gingen wir ein und aus. Spazieren, flanieren, parlieren und alles. Und am Neusiedler See durften wir mit auf Entenjagd. Aber als ich jung war, hat mich das weder beeindruckt noch interessiert. Für mich war das normal, weißt du? Majordom oder Stallknecht, das war für mich dasselbe. Ich habe nie einen Unterschied gemacht. Wir waren doch alles Menschen, nicht?«

Mondaines Gesicht wurde Wachs, als sie fortfuhr: »Mein Vater hat das nie akzeptiert. Er hat nie akzeptiert, dass wir normale Menschen sind. Wir mussten immer mehr als andere sein. Besser sein, schöner sein. Reicher sein. Aber was ist schon reich, Aude? Wer ist wirklich reich? Und weiß der Reiche, dass er's ist? Der Vater hatte ja bald, nachdem er ausgezogen war in die weite Welt, ein Riesengeschäft gehabt in Montmartre oben! Er war ein bekannter Posticheur in Paris und ein gewiefter Händler. Sehr zuverlässig. Immer. Und als ihm ganz Paris zu Füßen lag, ist er in die Schweiz gekommen. Er und meine Mutter und mein Bruder haben im Hotel Schweizerhof logiert, vor dem Ersten Weltkrieg, da hat es ja keine Wohnungen und nichts mehr gegeben, also haben sie im Schweizerhof in Bern gewohnt, und alles, was sie hatten, haben sie eingestellt, bis die Wohnung kam.«

»In Bern bist du aufgewachsen?«

»Mein schönes Bern. Die Laubengänge, kennst du die überhaupt? Weißt du als Zürcherin denn, wie schön der Sommer unter den Lauben ist? Ach, noch einmal nach Bern fahren, das wäre schon etwas. Mein Vater, der hatte viele Beziehungen, und so hat er in der Kramgasse ein Geschäft eröffnet. Das ganze Haus war seines. Die ganze Kramgasse 79.«

»Während des Ersten Weltkriegs?«

»Mein Vater war ein Deserteur. Er war nicht ins Militär gegangen. Er hätte doch in Ungarn dienen müssen, aber er ist desertiert. Das heißt, er konnte nicht nach Hause – nach Ungarn –, lange Zeit nicht mehr. In der Schweiz war das kein Problem. Er hat ja gut geschäftet, war bald ein kleiner Berner. Sprach sogar Berndeutsch fließend! In unserer Familie waren wir schon immer sprachbegabt. 1916 bin dann ich auf die Welt gekommen.«

Aude brauchte nichts zu sagen, die Erinnerungen flossen wie viele kleine Ströme zu einem großen zusammen, der das Landschaftsbild neu bestimmte.

»Alles gab's *en gros* bei uns! Ich weiß gar nicht, wie er damals auf diese Idee gekommen ist. Er hat Toilettenartikel en gros eingekauft und weiterverkauft. Andere Coiffeure, Parfumerien, Drogerien, Apotheken, alle haben sie bei ihm eingekauft! Und alles haben sie bei ihm bekommen. Die Firma Schön, das war eine Goldgrube. Sehr seriös, wenn jemand etwas bestellt hatte, lieferte er prompt! Wir haben ja die ganze Schweiz beliefert! Am Morgen, mei, was mussten wir nicht alles Päckchen schnüren! Und jeder im Land wusste, er bekommt tipptoppe Ware. Im Ausland gab es Grossisten, in der Schweiz war das eine Novität. Ab und zu kaufte einer etwas billiger im Ausland ein und wunderte sich danach, dass er reingefallen war. Beim Schön gab es das nicht. Keine Betrügereien, auch keine noch so kleinen. Darauf baute er. Ich weiß nicht, ob du dir das vorstellen kannst. Wir hatten ja weit über hunderttausend Artikel in Kammwaren! Du machst dir keinen Begriff davon, was es alles an Kammwaren gibt! Und jede Sendung, die eintraf, musste kontrolliert und etikettiert werden. Kammwaren aus Frankreich, aus der Tschechoslowakei Glaswaren, damals gab es überall diese schönen Glaswaren, mit roten Schillerdingen, so gerippeltes Glas, das ist first class gewesen, sag ich dir! Aus dem Fürstentum Liechtenstein haben wir Haarnetze bezogen, und der Firma Solis hat mein Vater sogar noch mit einem Kredit ausgeholfen, damit die überhaupt starten konnten! Oh, was sind wir nicht alles herumgereist, um von überall her das tollste Zubehör zu beschaffen! Wir führten über 170 verschiedene Bürstenmodelle. Und wir hatten Hunderte Sorten von Rasierpinseln und Zahnbürsten, Manicure-Etuis und Puderdosen, aber auch Frisierhauben und Lockennadeln, alles, alles hatten wir. Wasserwellenklammern und Nackenroller, Alaunstein-Blutstiller, Lederstreichriemen und Watteschnüre, Wattebauschen und Puderquasten aus feinsten hochflaumigen Daunen, das wäre etwas für dich, Aude! Und all die Toilettengarnituren in Metall und Glas, Berufsonduliereisen für Locken, Bart, Krepphaar und Papilloten-Eisen, kosmetische Artikel für den Service: Lotionen, Shampoos, Brillantine, Haarglanz, Fixative und Haarlack,

Dauerwellenwasser und natürlich Saison für Saison neue Haarfarben. Stell dir das nur einmal vor, so ein großes Geschäft voller Schönheitsartikel! Und er hat mich immer mitgenommen, auf all seine Handelsreisen! Als Kind schon, überallhin! ... Wie sind wir jetzt darauf gekommen?«

»Du erzählst von früher, wie das so war in Bern, an der Kramgasse.«

»Also, seine Kundschaft waren die Geschäfte. Und wenn Private zu uns kamen, haben wir auch an die verkauft. Die haben sich dann gedacht, es wäre bestimmt billiger, wenn sie mehrere Stück gleichzeitig nehmen. Zum Glück konnte ich so gut rechnen! Jeder Artikel, jedes einzelne Stück, Aude, hatte den Verkaufsdetailpreis drauf, hinten auf der Etikette, dann den Dutzendpreis, den Halbdutzendpreis und den Preis fürs Vierteldutzend. Und alles musste man von Hand beschriften! Das waren so weiße und grüne Etiketten mit roten Fädchen, die hat es früher noch gegeben. Und dann gab es Filzmappen, darauf waren die Kammmuster aufgenäht, das hat die Mausi jeweils gemacht, stapelweise Filzmappen mit Kämmen bestückt, je du.«

Mondaine musste plötzlich niesen. Aude dachte, beim Niesen klingt jeder nach seiner Heimat. Es war ein bernisches Niesen, ohne Zweifel, mit einem kleinen Schuss Ungarn drin, wenigstens so, wie sich Aude Ungarn vorstellte.

»Meine Mutter hat auch noch eine Weile die Posticheuse gemacht. Wir haben ausgekämmte Haare gekauft. Früher haben halt alle lange Haare gehabt. Die musste man in Benzin waschen, das hat alles d'Mamme gemacht. Und dann musste man sie aufzupfen. Mit der Hechel haben wir sie gereinigt und getrennt in einzelnen Fasern der Länge nach sortiert. Und dann hat man kleine Bündeli abgebunden und die in Seifenwasser gewaschen. Und dann sind die Spitzen – du glaubst das nicht, aber ein Haar hat einen Kopf und eine

Spitze, da müssten wir jetzt ein Schübel Haare zur Hand haben, damit ich dir das zeigen könnte! Wenn also die Haare noch nass waren, musste man die Spitzen von den Köpfen trennen, denn zur Verarbeitung müssen die Köpfe oben sein, sonst gibt das einen Filz! Das hat sie alles gemacht, d'Mamme. Ich musste mithelfen und Mausi auch. Das waren so Bündeli, die hat man an Schnüren aufgehängt, davon hatten wir haufenweise! Da gab es natürlich alle Farben, wenn die Kunden gekommen sind, wollten sie Farben sehen, und alles, alles hatten wir! Mei. Und wir hatten ja auch Kunden, du. Solche wegen der Mode und solche wegen Unfällen. Ein Meitschi, ein zwölfjähriges, das in eine Dreschmaschine geraten war, dem hat es die Haare und Teile der Kopfhaut grad abgerissen, aber, er war darin ein großer Spezialist, mein Vater. Er hat es wieder schön gemacht. Wenn schon nicht heil, dann wenigstens schön, pflegte er zu sagen. Er fand das ja sehr sinnig. Das weiß ich noch.«

Gemeinsam sahen die beiden Frauen eine Reihe alter Fotografien durch.

»Und dann ist meine Komödie mit dem Pino losgegangen, und meine Schwester stirbt, und da bin ich im Geschäft geblieben, musste bleiben, und da war ich überall, habe alles gemacht. Aber es ist dann doch unmöglich geworden …, da bin ich halt gegangen. Das kommt aber nicht da drauf, auf das Tonband, das will ich nicht.«

Mondaine stockte. Fingerte verloren an einer Fotografie herum, deren Ecken sich von den Dreieckslaschen gelöst hatten.

»So war das. Besonders erinnere ich mich daran, wie meine Mutter mit den Haaren ausgesehen hat. Die ist ja immer dahergekommen, ich sehe sie noch vor mir, wie eine Putzfrau! Heute darf man das ja nicht mehr sagen, heute sagt man Reinigungsfachfrau, so wie ein Abwart neudeutsch

Facility-Manager heißt, all das Gehabe, aber du weißt schon, was ich meine, Aude. So verhudelt war sie; ein Rock ohne Korsett, ein alter Schurz drüber, und das hat mich so gestört, da machst du dir keinen Begriff, wie mich das gestört hat an meiner eigenen Mutter. Als ob ihr nichts Schönes zugestanden hätte. Als ob sie für sich nicht in Anspruch nehmen dürfte, auch einmal herausgeputzt und hübsch zu sein. Das ist das Einzige, was ich von meiner Mutter ..., nun ich weiß doch noch etwas, wir sind immer zusammen mittagessen gegangen, sie hat selten selber gekocht. Da sind wir ins Casino hinüber. Ich bin richtig verwöhnt worden von allen. Wenn ich so darüber nachdenke. Ja, ich hab es schon schön gehabt. Was noch ...?«

Aude wartete, ihre Omama schnaufte schwer. Seit sie diese neuen Augentropfen nahm, litt sie an Asthma. Kein schöner Tausch, aber erblinden wollte sie auch nicht.

»Ja, dann ist halt dieses Gschtürm passiert, da ist alles anders geworden ...«

»Mit deinem Vater?«

»Ja. Was könnte ich dir noch über ihn erzählen? Wart mal. Ah, dass er gearbeitet hat. Er war sehr seriös, was die Arbeit anbelangte. Er ist immer erst um zehn Uhr oder um halb elf ins Geschäft gekommen, aber er hat nie vor ein Uhr nachts aufgehört zu arbeiten, denn da hat er Bestellungen nachschauen können. Weißt du, wenn du so an die hundert Fabrikanten hast ... wir mussten ständig Inventur machen. Wenn ein Artikel ausgegangen war, musste man ihn vermerken auf einem Extraformular. Und er hat geschaut, dass das alles stimmt, und hat die Bestellungen erledigt. Wir haben immer gedacht – ich darfs fast nicht sagen ...«, Mondaine flüsterte nun: »... der spinnt ja, bis ein Uhr morgens zu arbeiten! Wir mussten bis sieben Uhr abends arbeiten. Aber er ist immer erst um ein Uhr, zwei Uhr nach Hause gekommen. Heute verstehe ich das, warum.«

Aude lächelte und wartete. Es war nicht nötig, einen Schubs zu geben, die Schleusen waren längst geöffnet.

»Da wohnten wir also noch alle in der Kramgasse. Die Schwester und ich haben zuoberst unter dem Dach gewohnt, unten waren der Salon und das Esszimmer. Schön war das gewesen! Dann waren da ihr Schlafzimmer und ganz unten das Atelier und das Geschäft. Wir hatten auch Bedienstete, eine Waschfrau. Die Mutter hat schon viel mitgeholfen zu Hause, aber sie hat ja nicht alles machen können.«

Die beiden Frauen blätterten durch die Albumseiten.

»Ja, und dann die Sache mit dem Pferd, was war das noch mal? Da muss irgendetwas gewesen sein, da haben sie mich getröstet und mir ein Pferd geschenkt. Entweder Tennisspielen oder ein Pferd, weil ich dort eben grad aus Lugano vom Urlaub zurückgekommen bin und etwas verstimmt war, da nahm ich natürlich das Pferd. Und ich konnte reiten gehen! Nach der Arbeit sind wir jeweils von der Reitschule her quer durch ganz Bern und durch den Rosengarten geritten und dann wieder zurück durch die Altstadt, treppauf und treppab, Jumbo hat alles mitgemacht. Da hieß es: Schau da, die Prinzessin vom Schön kommt angeritten! Weißt du, ich hatte blonde lange Haare, auf diesem Riesenross oben, aber ich bin mir dessen gar nicht bewusst gewesen. Die wollten unbedingt, dass ich auf Akrobatik mache, an der Longe und das Zeugs, der Reitlehrer dachte, ich sollte mehr als nur spazieren reiten. Mir war das alles nur so zugeflogen, und ich konnte das gar nicht richtig schätzen damals. Manchmal bin ich auch mit meiner Schwester Mausi ausgeritten. Oder mit Sandro.«

»Sandro?«

»Sandro war ein Freund. Der hätte mich auch heiraten wollen, jemine. Aber ein Toller, du, ein ganz Toller, sag ich dir! Der hat mir jahrelang geschrieben, ich habe noch Sachen von dem hier, schau, Briefe, der wollte immer wissen, ob es mir gutgeht. Er war Advokat-Student aus dem Tessin, und ich bin oft in die Tessiner-Pension gegangen, beim Zytglogge rechts. Ich wusste, dass er auch dort war. Aber so richtig gekommen mit dem Sandro ist das damals im Casino. Die Mutter und ich sind immer zuhinterst gesessen, da war so eine samtene Chaiselongue. Da spielte Musik auf der Bühne, und zwischendurch hat es einen Tanz gegeben.«

»Du wolltest mir von einem Sandro erzählen.«

»Ja, dann. Ich habe schon gesehen, dass die immer zu mir herüberguckten, dies und jenes taten, um meine Aufmerksamkeit zu bekommen. Und dann haben sie abgemacht, der Sandro, der müsse mich jetzt holen kommen. Die haben ihm gesagt, geh ruhig, die kommt sicher nicht. Und der kommt, und ich stehe auf und gehe mit ihm tanzen! Ha! Die waren ganz baff. Und dann bin ich lang, viele, viele Jahre, mit ihm befreundet gewesen. Bis er sein Examen gemacht hatte und Anwalt wurde. Und er hat ja alles gewusst damals. Da war der Massimo, dein Onkel, zwei- oder dreijährig, als ich ihn Woche für Woche am Freitagabend von Oberbalm holen ging. Sandro ist immer mit mir mitgekommen, mit dem Bub spazieren, das war nicht selbstverständlich. Und der hat geheult, der Sandro, geheult, als sein Studium in Bern fertig war, er wollte nicht, dass ich zum Bahnhof komme, als er zurück nach Lugano musste. Aber er in seiner Position, der Vater war ja Parlamentarier, der hätte eigentlich anstelle vom Celio Bundesrat werden sollen, sein Vater, naja, das ging ja nicht.«

Mondaine machte eine lange Pause. Ihre Hände fächerten Bilder auf, lose Fotografien in Hirschbraun mit gezackten Rändchen. Dann seufzte sie.

»Die hatten dazu geschaut, Sandro und sein Vater, dass ich mich doch noch scheiden lassen konnte. Ich hatte drei Anwälte. Nacheinander. Zuerst hatte ich mich wieder einbürgern lassen müssen, durch die Hochzeit mit Pino war ich automatisch zur Italienerin geworden. Und der alte Kommissar Bärtschi von der Fremdenpolizei, ja ... der wollte mich überfallen und mit mir weiß ich was anstellen, der hat gemeint, ich sei so ein armes Ding ... nein, nein du. Und dann ist das mit diesen Abszessen losgegangen, und ich habe geheult und geheult. Abel kannte ich da schon, ihm konnte ich alles erzählen, und er tröstete mich.«

Mondaine schneuzte sich in eines ihrer zahlreichen bestickten Taschentücher.

»Ich erzähle ein bisschen durcheinander, was? Wart mal. Ich muss überlegen.«

Und wieder wanderte ihr Blick nach innen, strich über die Trottoirs und durch die Laubengänge Berns, zurück in die Zeit des Zweiten Weltkriegs, die Zeit der Tragödie, ihre Zeit als junge Frau.

»Eben, der Sandro. Ihn kannte ich damals, und auch den Abel kannte ich und noch einen Amerikaner, einen Mister White, alle drei gleichzeitig. Im Geschäft haben die Telefone geschellt, und die Angestellten riefen: *Telefon!*; und ich habe immer zurückgerufen: *Ist es Englisch? Ist es Deutsch? Italienisch oder Französisch?*«

Da musste Mondaine lachen. Es war das Lachen einer jungen Frau Mitte zwanzig. »Die mussten auch gedacht haben von mir: *Iiih, die lebt ein Leben!* Ganz verrückt!«

Dann machte sie wieder eine Pause. Las in ein, zwei Briefchen, steckte sie vierfach gefaltet in ihre Miniaturumschläge zurück, japste nach Luft.

»Und keiner hatte etwas gewusst vom anderen. Und der White hat mich auch heiraten wollen, der war aber zwanzig Jahre älter als ich, der war ja da schon über vierzig! Von ihm habe ich meine goldene Uhr bekommen, die Türler Uhr, ich war achtundzwanzig damals, seit fünfundfünfzig Jahren also eine Türler Uhr, die immer noch läuft – im Zürcher

Hotel Baur au Lac hatte er sie mir geschenkt. Doch, doch. Ich habe ein schönes Leben gehabt. Es hat so sein müssen, denn ich hatte kein Zutrauen mehr. Ich wäre ja heute noch mit dem Italiener zusammen, von mir aus, verstehst du? Aber der hat halt …, meine Eltern hatten ihn nicht ins Geschäft genommen, und er hat mich geheiratet, weil er dachte, meine Eltern würden ihn ins Geschäft nehmen.«

Aude schien es, ihre Großmutter sei sehr weit weg, als sie fortfuhr zu erzählen: »Und nachher macht mir mein Vater das, was er gemacht hat. Tut mir das an. Ich war oft außer Haus, da haben wir uns unten getroffen, der Pino und ich, beim Italienermädchen, das Südfrüchte verkaufte in der Laube, das gab's früher einmal, da sind wir manchmal auf die Münster-Plattform, weißt du, wenn ich nur hie und da eine halbe Stunde ab konnte, da habe ich mich gleich an den Pino gehängt. Regelrecht. Und der hat das natürlich akzeptiert. Und nachher, ja, das war alles in der gleichen Zeit, ich glaube, ich war gerade eine Woche zwanzig, als mir mein Vater diesen Antrag machte, mir!, und ich haute ab.«

»Wo war Mausi zu der Zeit?«

»Meine Schwester war in Wengen in den Ferien. Ich bin zu ihr gegangen. Aber ich habe ihr nicht erzählt, was passiert war. Jee, ich hätte nie den Mut dazu gehabt. Von dort habe ich jeden Tag mit dem Pino telefoniert, und so ist er mich besuchen kommen. Obwohl ich minerläbtig nie etwas mit ihm gehabt hatte oder irgend oder was, aber ich habe dann grad ein Kind bekommen von ihm! Ich habe nicht einmal gewusst, wie das ging. Als er zur Welt kam, der Massimo, habe ich geglaubt, er käme hier zum Nabel raus, denk nur!«

Sie schnaubte, griff nach ihrem Inhalator. Sie tat einen tiefen Zug.

»Meine Eltern kamen mich nicht besuchen im Spital mit dem Bébé. Darauf habe ich bei Ciccioriccios gewohnt. Die

Mutter hat Geld gegeben. Jaja, das Geld. Geld hatte bei uns nie gefehlt, da ist alles immer mit Geld abgefertigt worden. Und ich wollte doch nicht mehr nach Hause. Ich wollte bei meinem Mann bleiben. Dann haben wir geheiratet, aber erst hinterher, erst in Bern, der Bub war schon drei Monate alt, aber da ist kein Vater mitgekommen zur Hochzeit, auch von Pinos Seite nicht. Nein, nein. Der war so eifersüchtig, mein Vater, furchtbar. Meine Mutter hatte mich nicht geschützt oder Stellung bezogen, sie hat keinem Streit standgehalten. Hat weder zum Mann gehalten noch nicht zu ihm gehalten, sie war passiv, weißt du, gab schnell auf, so wie … ich weiß nicht, bei uns ist alles immer erledigt worden mit Geld. Es ist einfach erledigt worden. Es fehlte mir ja an nichts, verstehst du?«

Aude betrachtete ihre Omama, wie sie noch einmal einen Zug aus dem Inhalator nahm.

»Ich wohnte erst einmal bei Ciccioriccios. Im November 1936 ist Massimo zur Welt gekommen, also fast im Jahr 37, und im Januar 1939 ist meine Schwester gestorben. Da musste ich zurück ins Geschäft, bis andere Leute eingearbeitet waren. Und Massimo hatte ich in der Krippe in Oberbalm gehabt. Ich konnte ja nicht mehr nach Hause und wieder das verwöhnte Kind sein, ich musste arbeiten. Und meine Mutter nahm mir den Massimo nicht ab, und die Schwiegermutter hatte auch keine Zeit.« Mondaine schüttelte langsam den Kopf.

»1944 bin ich endlich geschieden worden. Alle sechs Monate ist er nach Hause gekommen ans Gericht! So lange war der in Abessinien gewesen und hat nie was getan für den Bub! Und die Italiener wollten natürlich jeden, der männlich war. Für ihren Krieg! Als Kriegsfutter, verstehst du. Es war so schwierig, sich scheiden zu lassen. Und ich habe sechs Richter gehabt! Zuerst aber musste ich mich einbürgern lassen, damit ich mich überhaupt in der Schweiz scheiden lassen konnte, das war ja bei diesem Bärtschi, der mich so anfassen wollte, du … nein, nein du. Was Männer einer Frau alles antun. Und da kannte ich doch eben diesen Sandro, zum Glück, und er und seine Parlamentarierfamilie haben innert zehn Tagen erreicht, dass ich Schweizerin wurde! Irgendwie muss das, was der Bärtschi da mit mir wollte und machte, irgendwie muss das rausgekommen sein, weil, ich war ja komplett aus dem Dings, ich habe nie gedacht, dass so etwas passieren könnte, der war doch ein Beamter, ein Staatsmann, aber mir ist alles passiert, alles, was du dir vorstellen kannst. Gottseidank war da der Sandro.«

Mondaine prüfte mit spitzer Zunge, ob der Tee abgekühlt war. Sie mochte keinen heißen Tee. Sie schlürfte nur in kleinen Schlucken. Dann tupfte sie sich den Mund mit einer weißen Stoffserviette, ein bisschen Lippenstift, rosa, blieb daran kleben.

»Als ich Abel kennenlernte, war er vierundzwanzig Jahre alt. Ich war ein bisschen älter, ich bin fast zwei Jahre älter als er, weil ich im März geboren bin und er im Dezember. Er ist 17 geboren und ich 16, das macht fast zwei Jahre. Verstehst du? Rechnen kann ich noch. Abel war fast zehn Jahre mit Josiane zusammen gewesen, und erst zuallerletzt ist das Kind gekommen, da hatte sie einfach nicht mehr aufgepasst, oder was, und er, was willst du, er konnte sich nicht richtig lösen, das war auch nicht leicht für ihn, vermutlich, was weiß ich. Er wollte ihr kein Leid antun. Und so war er anständig mit ihr geblieben, was das eben so heißt. Er hat schwer darunter gelitten, hat gedacht, er würde mich deshalb verlieren, er hat gesagt: Alors, écoute, und er hat mir alles erzählt von Anfang an. Ich mochte ihn schon gerne da, aber ich war noch so befangen von der Enttäuschung. Es hätte mir nicht viel ausgemacht, ihn gehen zu lassen, denn ich hatte ja noch so viele nette Bekannte … Aber seine Mutter, diese Cheina, die war gegen uns, und da war er es, der zu mir hielt. Die hat getobt wie eine Furie, einmal im Kursaal oben. Oh, das war eine arrogante Frau, furchtbar! Furchtbar. Später hatte sie mich schon akzeptiert, doch. Alle paar Monate bin ich zu ihr gefahren, ihre Schränke aufräumen. Da habe ich immer alles zuerst einmal herausgenommen und neu zusammengefaltet. Da hat sie gesehen, dass ich eine gute Hausfrau bin. Damals wohnten die in Fribourg oder Lausanne oder irgendwo dort unten in der Romandie. Die sind auch viel umgezogen. Das liegt uns wohl im Blut. Wie Zugvögel sind wir. Wir alle. Du ja auch, Aude, du bist auch nie richtig angekommen. Deshalb hast du ja auch … na ja.«

Aude wurde verlegen und goß Tee nach. Aber ihre Omama lächelte, sie war nur kurz zurückgekommen, sie war schon wieder fort.

»Als ich Abel kennenlernte, habe ich keine Skepsis gehabt gegenüber Musikern, überhaupt nicht. Das hatten wir nie, wir sind gern gute Orchester hören gegangen. Nur für meinen Vater war das das Letzte. Der hatte so viele Geschäftsmänner für mich parat!

Ich selber hatte nie Vorurteile, ich habe nur nachher gemerkt, wie das war, wie die Leute da eingestellt sind. Ich weiß noch, wie wir nach Küsnacht wohnen kamen, Abel war damals frisch aus Amerika zurück, und die Senigaglias, als ich diese Wohnung anschauen ging, da habe ich zum ersten Mal in meinem Leben erfahren, wie das ist, wenn man so von Kopf bis Fuß angeschaut wird. Das hatte ich nicht gekannt. Man hat das immer so gesagt, *von Kopf bis Fuß* … Aber es ist ja gutgegangen.«

»Wo ist eigentlich meine Mutter zur Welt gekommen?«

»Wart jetzt, die Emma ist 1946 zur Welt gekommen, da waren wir in Zürich … Oder war das vorher? In Basel? Nein, das muss Zürich gewesen sein. Weißt du, da hat es keine Linie bei uns! Das war ein Zickzackflug durchs Leben und quer durch die halbe Welt. Abel hatte immer wieder neue Engagements, als ich ihn kennenlernte.«

Der Kassettenrekorder stoppte. Aude drehte das Band um. Draußen war es jetzt still, die Ziegen waren in eine andere Ecke des Freigeheges abgewandert, der Specht pausierte. Sie war froh, dass sie genügend Kassetten mitgenommen hatte, vorsichtshalber legte sie noch eine weitere auf den Tisch.

Als sie auf der Rückfahrt nach Zürich im Auto saß, hörte sich Aude das Gespräch noch einmal an und sah vor ihrem geistigen Auge, wie ihre Omama Bild um Bild in die Hand nahm und erzählte …

»Diese Fotos da, mit uns und dem Zigeunerwagen, das war in Arosa, im Hotel Bellevue, da fand jedes Jahr ein Musikerfestival statt. Abel hatte diese Idee gehabt, mit Zigeunerwagen und Zigeunermusik und so …, da war ich noch mit auf der Bühne, ich!«

…

»Wir hatten in Fribourg geheiratet, das weiß ich noch. Es war ein schönes Fest gewesen. Aber eben, der Vater ist ja nicht gekommen. Die Mutter war da. Sie war viel umgänglicher. Auf dem Foto, da ist noch Massimo dabei. Gabriel, Abels Sohn von Josiane, war da nicht dabei, das war er eigentlich nie …«

…

»In diesem Kleid hatte ich geheiratet! So, mit dieser Frisur! Das war der Tag der Hochzeit! Später habe ich Massimo von Oberbalm zu mir genommen. Er ging dann zur Schule an der Mühlebachstraße, mit acht. Und dann hatten wir Gabriels Eltern, den Pflegeeltern, geschrieben, wir würden den Gabriel gern zu uns nehmen. Das war wieder an der Arosastraße in Zürich Tiefenbrunnen gewesen, wunderbar, in einer Villa haben wir gewohnt und gedacht, so, jetzt nehmen wir grad beide Kinder! Damit Massimo auch jemanden hätte, das Alter hätte ja keine Rolle gespielt, er war ja nur ein paar Jahre jünger, der Gabriel. Auf alle Fälle haben seine Pflegeeltern zehn Seiten lange Briefe geschrieben! Wir sollen ihnen den Bub bloß nicht wegnehmen! Denn sie selber hatten ja ein Kind verloren, als sie ihn zu sich genommen hatten. Ja, das wäre furchtbar gewesen. Was will man da machen? Was ist richtig? Was ist falsch? Was macht man, wenn man jung ist? Was ist da der rechte Sinn?«

…

»Nach diesem Brief hatte man keinen Mut mehr gehabt, irgendwie. 1945 bin ich dann mit Emma schwanger geworden, zehn Jahre nach Massimo. Geheiratet hatten wir 44, und Abel hätte halt schon gern noch ein Kind gehabt, aber ich, irgendwie nicht speziell. Aber was willst du, wenn es denn so ist … voilà, dann hat man es halt gern.«

…

»Wir lebten von seiner Musik. Er war beim Radio als Konzertmeister angestellt.

Ich höre ihn noch heute mindestens zweimal die Woche am Radio. Im Archiv muss es noch Hunderte von Stücken geben, die Abel komponiert und instrumentiert hat. Dank seiner Tantièmen kann ich heute überhaupt in diesem *Grand-Hotel* leben! So viel hat er gearbeitet und geschaffen. Ich war richtig überrascht. Ich hatte ja keine Ahnung, dass er für mich ein Sparkonto eröffnet hatte, mein Zigeunerprímás. Er hat zwar immer wieder davon geredet, dass er mir eines Tages alles werde bieten können …, ich habe dem nicht so viel Bedeutung beigemessen.

Oft spielt man ihn noch am Radio. Auf DRS 1 oder Musikwelle. Ich höre das sofort, wenn es seine Geige ist. Welche Sender hörst du heute so?«

…

»Ich erkenne ihn. Sofort.«

…

»Ab und zu sind wir meinen Vater in Bern besuchen gegangen. Meine Mutter starb 54 an Wasser. Vater hatte das Geschäft nach sechzig Jahren aufgegeben, hatte privatisiert, wie das so schön heißt. Aber immer, immer, wenn wir ihn besuchen gingen, hatte er gesagt: *Ah, ich habe Arbeit, ich habe Arbeit!*, und ist nach hinten verschwunden, ab ins Atelier. Ich bin seine Katastrophe gewesen.«

…

»Probiermamsell war ich auch einmal, schau. Das war in St. Moritz. Da war Emma siebzehn. Wir hatten zwei, drei Saisons gemacht im Suvretta. In Fribourg haben wir zu der Zeit ja noch Abels Schneiderei gehabt. Alles handgewebte Stoffe! Ich sag dir! Und Leder! Glattes und wildes, und Schaffelle en masse – daraus haben wir Canadiennes hergestellt, mit Fell gefütterte dicke Lederjacken. Die kennst du doch noch, Abel hat jeden Winter so eine getragen, jahrelang. Mit sieben Schneiderinnen hatten wir ein Geschäft eröffnet an der Rue Guillimann. Wir sind richtige Stoffexperten geworden in jener Zeit, du! Aber er war so unter Druck von seinen Eltern, die sagten ihm immer: Du musst riskieren, sonst kommst du zu nichts! Und ich habe ihn unterstützt, wo ich konnte. Ich ging auf Reisen, um Kunden zu gewinnen. Zum Glück konnte ich dreimal erben in meinem Leben. Einmal von der Tante, der wiedergefundenen Schwester meiner Mutter, dann von der Mutter und zuletzt vom Vater. Und jedes Mal bin ich so glücklich gewesen, dass ich unsere Schulden habe bezahlen können! Ich habe immer grad zur rechten Zeit geerbt. Ich weiß noch, die Schneiderinnen habe ich mit fünfzehn- oder achtzehntausend Franken ausbezahlt. Und bin auch noch froh gewesen, das zu tun!«

…

»Dein Opapa war ein hervorragender Musiker, aber ein miserabler Geschäftsmann. Dabei wäre er das so gerne gewesen. Ein guter Geschäftsmann. Er war Vollblutmusiker. Als Attraktion ins Restaurant Kindli hat man ihn geholt, das war früher noch ein Begriff in Zürich, das Kindli. Wenn Reise-Cars ankamen, ging man mit den Touristen ins Kindli, dort ist es so richtig Schweizerisch zu- und hergegangen. Essen: wunderbar, alles nicht billig, aber toll. Als Attraktion ging Abel mit seiner Zigeunermusik auf die Bühne. Ja, früher, da hattest du noch Musiker gehabt, gute, Musiker durch und durch!«

…

»Bon, da war er also dort, und auch ein Haufen Amerikaner, und die waren von diesem Abel Ditrich begeistert. Der Inhaber des Swiss Chalet in Puerto Rico hat ihn vom Fleck weg engagiert. So ging das. Als Herausforderung hat Abel das Angebot angenommen. Und in New York konnte er bei einem großen Orchester dabei sein, was für einen Musiker einmalig ist. Sein Name hat schon viel ausgesagt – er hatte viele gute Möglichkeiten. Spielte mit Bing Crosby, mit Ella Fitzgerald, mit Sammy Davis jr., mit vielen der ganz Großen. Drei Jahre war er weg im Ganzen, mit Unterbruch. Und er hat mir jeden Tag Briefe geschrieben.«

…

»Weißt du, Aude, so war mein Leben. Es gab immer Aufs und Abs. Aber das gehört dazu. Und was einzig wichtig ist, ist doch, dass man jemanden hat, den man lieben kann. So wie diese Csöke ihren Hofposticheur, so wie ich den Abel und er mich. Er war mein Ein und Alles, und ich war ihm sein Amimour.«

…

»Jetzt, wo du selber Mutter bist, hast du die Gelegenheit, vieles besser zu machen als ich. Ich war bestimmt nicht einfach als Mutter, ich habe nur für meinen Abel gelebt. Aber bald kommt die Zeit, da wird dein Sohn dir Fragen stellen. Und welche Antworten hast du dann für ihn parat?«

…

»Und wenn es schwierig wird, wirst du jemanden brauchen, der dir Halt gibt, Aude. Hast du jemanden, Aude, mit dem du deine Aufs und Abs leichter nehmen kannst? Eine echte große wahre Liebe? Einen Amimour?«

…

»Ich glaube, Aude, jetzt ist es an der Zeit.«

Herr der Welten

Zürich, 2002

Mit fünfzehn spielte Aurelio Computerspiele und verbrachte seine freie Zeit mit Chatten im Internet. Keine Chance für Aude, ihren Sohn wieder einmal auf Erkundungstour mitzunehmen. Seine Welt war längst schon eine eigene.

Er war der Held sämtlicher Spiele: Age of Empire, Age of Mythology, Age of Wonders, Beyond Atlantis II, Dark Age of Camelot, Caesar III, eroberte jedes noch so unwirtliche Reich und erreichte die höchsten *levels*. Aude ließ ihn gewähren. Solange die Schule nicht darunter litt. Solange er darunter nicht litt. Sie beobachtete ihn genau.

Seit einiger Zeit hatte er angefangen, aufzugehen. Ein knubbeliges pubertäres Jungengesicht. Ein Teig, der zuerst in die Breite und später wieder in die Höhe treibt. Die schwarzen Haare struppig auf dem Kopf, rebellisch fast, die dunkelbraunen Augen verirrt hin und her flackernd im Zwischenreich, das die Kindheit mit dem Erwachsenenalter verband. Solange sie einander in ihren Blicken erkannten, so lange wäre es gut.

In der Schule hatte er sich gegen alle Widerstände durchgesetzt und hielt an seinem Berufsziel fest. Er wollte Erzieher werden, in einer Kinderkrippe, einem Hort, einem Heim arbeiten. Das ist mein Weg, pflegte er wichtig zu sagen. Dass diese Wahl kein eigentlicher Männerberuf war, kümmerte ihn da wenig. Kurz: Es ließ ihn kalt. Bereits mit fünf hatte er behauptet, er würde dereinst zehn Kinder haben. Und dabei seine Mutter besorgt gefragt, wie er es denn anstellen müsse, um so eine Frau zu finden, die das mitmache. »Und was für ein Auto brauchen wir dann?«

Aude konnte über seine Zielstrebigkeit nur staunen. Offenbar hatte ihre freiheitsliebende Art der Fürsorglichkeit doch etwas Gutes gehabt. Auf ihn und sein Urteil konnte man Städte bauen, Welten. Universen. Er war so klar im Kopf, so sicher. Von einer zweifelsfreien Statik. Keine Unsicherheit in seinem Tun.

Aude schaute ihm noch eine kleine Weile über seine Schultern hinweg zu, wie er sein Alter Ego über den Bildschirm fliegen ließ, dann zog sie sich zurück.

doch die Aare

Bern, 2006

Sie hatten sich dann doch einen stillen Platz ausgesucht, oben an der Aare, so, wie es sich Mondaine gewünscht hatte. Emma trug die Urne, Nunzio einen Kassettenrekorder mit Abels Musik. Tatjana war da, ihr Mann Kaspar und ihre beiden Kinder. Lorine, ihr Mann Jetmir, die Kinder Fatime, Dardan und Luan und schließlich Aude mit Aurelio, der nun erwachsen war, langes nach hinten gekämmtes schwarzes Haar, sorgfältig frisiertes Ziegenbärtchen, von großer Statur, elastisch und stark. Er war es gewesen, der in ruhiger Beharrlichkeit darauf bestanden hatte, seiner Urgroßmutter den letzten Wunsch zu erfüllen und auf ein Grab zu verzichten. Sie wollte nicht unter irgendeiner Erde liegen. Sie wollte in Bewegung bleiben, in Fluss.

Wo das Wasser sanft ans Ufer spülte, richteten sie sich ein.

Nunzio ließ die Musik laufen. Aude fand, dass Abels Violine hier unter den regennassen Bäumen irgendwie fehl am Platze war. Er spielt ja auch für Mondaine und nicht für uns, hatte Aurelio geraunt, und damit hat es sich gehabt.

Lorine verteilte bunte Papierblätter, hellgrün, hellgelb, hellorange und hellblau, auf die jeder einen Wunsch für Mondaine schrieb. Danach faltete Lorine die Blätter geschickt zu kleinen Schiffchen und drückte jedem seines in die Hand.

Es nieselte, und die Regentropfen perlten vom Laub der Frühlingsbäume ab. Neunzig war sie gerade geworden. Doch noch. Mit Hütchen und Handschuhen Grande Dame bis ganz zuletzt. Dann aber hatte sie darum gebeten, man möge sie bitte an der nächsten Lungenentzündung sterben lassen, es wäre nun an der Zeit, dass sie zu ihrem Papeli gehe, der warte nämlich schon auf sie.

Das war vor wenigen Tagen gewesen. Und der Tod war bei ihr eingetroffen und hatte ihre Seele dem Körper enthoben. Lorine saß an ihrem Bett, Tag für Tag. Und als Mondaine gestorben war, hatte Lorine ihre Schwester Aude angerufen. »Für Fatime. Meine Tochter möchte dich und Aurelio hier bei sich haben. Bitte kommt.«

Aude graute davor, ihre Omama tot zu sehen. Sie war dem Tod stets aus dem Weg gegangen.

Omama lag auf dem Spitalbett, oder eher: Ihr Körper lag dort. Der Kopf unschön nach hinten geknickt, so dass der Mund leicht offen stand, wie eine Höhle zu den Totengräbern, die ihre Zellen von innen nach außen abbauten. Ihre Haut wirkte bereits wächsern. Aude berührte sie nicht. All der Glamour, der Lichthofeffekt um ihr strahlendes Gesicht, verschwunden. Eine steife Hülle nur, die Mondaine Schön, Prinzessli von Bern, wilde Reiterin über Brücken, Tellerwerferin zu Ungarn, leer zurückgelassen hatte.

Aude blickte sich um. Lorine und Aurelio hielten Fatime fest, die schluchzte und weinte, als ob es gar kein Ende nehmen wollte.

»Und du?«, fragte Aude ihre Schwester.

»Für mich geht's. Im Moment noch. Das Vermissen kommt danach.«

Seit Mondaine vor zwei Jahren miterlebt hatte, wie schön eine Seebestattung sein konnte, war ihr Wunsch zur Bestimmung gereift. Damals hatten sie die Asche ihres Sohnes aus erster Ehe, Massimo Leonardo Ciccioriccio, im oberen Zürichsee den Wellen übergeben. Massimos Tochter Tatjana hatte bunte Luftballone mit Wunschkarten für jeden verteilt, die man gemeinsam in den Himmel steigen ließ, derweil die Asche sanft dem Seeboden entgegenschwebte.

Durch Emma ging ein Beben, als sie den Verschluss der Urne aufdrehte. Die Asche rieselte in groben Flocken in die Aare. Emma schniefte, dann setzte sie die leere Urne auf, als sei sie ein Schiff über den Styx.

Nunzio war ernst und gefasst. Lorine vergrub ihr Gesicht an der Brust ihres Mannes, Dardan, Fatime und Luan hielten sich bei den Händen. Da kam ein Arm und legte sich um Audes Schultern. Es war Aurelio, der seinen Kopf sanft an den seiner Mutter lehnte.

Internettelefonie

Zürich/Ibiza, 2009

»Wenn schon die Nachrichtensprecherinnen Kinder sind und die Moderatorinnen zur Pickelfraktion gehören! Nein, Mama, ich merke es, ich werde alt. Ich bin letztes Jahr vierzig geworden, ich muss noch einmal etwas Großes tun in meinem Leben.«

»An welches Ziel hast du denn diesmal gedacht?« Insgeheim hoffte Emma, sie würde Aude Ibiza sagen hören, aber es muss wohl an der knittrigen Skype-Verbindung gelegen haben. Was sie verstand, war eine andere Destination und einmal mehr keine Insel.

»Ungarn, Mama. Ich will nach Ungarn fahren. Großtrappen bei der Balz beobachten.«

Autobahnwunder

unterwegs auf der A3, 2009

Fürstentum Liechtenstein also. Im Land der konstitutionellen Erbmonarchie fand ein Treffen unter Ornithologen statt, bei dem sie sich wertvolle Tipps bezüglich ihres Ungarntrips erhoffte. Als Aude ihren Škoda Fabia Greenline, einen umweltbewussten Kombi, anließ, erwog sie, eine neue Strecke auszuprobieren. Am 4. Mai 2009 war die Zürcher Westumfahrung dem Verkehr übergeben worden. Sie könnte also, wenn sie aus der Tiefgarage fuhr, anstatt links in die Stadt abzubiegen, endlich einmal nach rechts drehen, auf die Autobahn, um die neue Verbindung mit den Tunnels kennenzulernen.

Sie schob das Lenkrad nach rechts.

Aus dem Gubristtunnel leuchtete es rot. Stau. Das hätte man wissen können. Dieser eine Tunnel war immer gefährdet, ob zu Haupt- oder zu Nebenverkehrszeiten. Die meisten Automobilisten fuhren zu unvorsichtig, zu brüsk, fuhren einander auf oder fuhren einfach miserabel in Tunnels. Und im Gubristtunnel ganz besonders. Aude hätte daran denken sollen.

Zeit war genug. Ihre eingefleischte Angst, in irgendeiner Weise unangenehm aufzufallen oder überhaupt aufzufallen, hatte auch dieses Mal dafür gesorgt, früh loszufahren. Sie würde, wenn sich der Stau nach dem Tunnel löste, noch immer rechtzeitig ankommen. Und das auch, ohne sich zu hetzen.

Ihr Vordermann wenigstens fuhr vorsichtig, meterweise ließ er seinen Wagen vorwärtsruckeln, ohne dabei dem anderen im Nacken zu sitzen. Nicht so wie der Pajero hinter ihr. Eine unsägliche Mode, dass jede und jeder einen Familienpanzer, ein abgedunkeltes Einfamilienhaus auf Rädern, fahren muss. Sie ärgerte sich. Neben ihr rollten die gigantischen Reifen eines Touaregs vorbei. Danach ein Porsche Cayenne. Wozu um alles in der Welt brauchen die solche Wagen? Hier? Aude dachte an ihre Mongoleireise zurück, als sie in alten russischen Geländewagen über Schotter, Kies und Eis gefahren waren, eine Gruppe Ornithologen, zwei Fahrer, eine Köchin und sie, auf der Suche nach dem persönlichen Glück. Dort hat das wenigstens noch gestimmt, aber hier?

Der Golf vor ihr bremste vorsichtig, sie bremste ebenfalls. Du meine Güte. Ich bin erst im ersten Viertel. Das kann ja noch Stunden dauern. Die Farbe an der Tunnelwand blätterte leicht ab, da wo ein Maler, bestimmt italienischer Gastarbeiter, *Gubrist 1/4* hingemalt hatte. Wann war das bloß gewesen, als die Schweiz aus Fremdarbeitern Gastarbeiter gemacht hatte? Eine frühe politische Korrektheit, die mehr verschleierte als klärte. Aude schaute müßig aus dem Fenster, man müsste die Farbe wohl bald erneuern. Und wer würde das diesmal tun? Wer waren die Italiener der Schweiz von heute? Die Deutschen? Diese ganze Deutschenhysterie, die die Presse seit einigen Jahren kontinuierlich nährte, ging ihr gehörig gegen den Strich. Am schlimmsten war's während einer EM oder WM. Damals, 2006, als die Welt zu Gast bei Freunden war, wie der deutsche WM-Slogan proklamierte, konnte sich die Boulevardpresse kaum einkriegen. Die Angst vor dem großen Kanton im Norden. Herrje.

Dann ging es wieder ein paar Meter weiter.

Sie überlegte, ob sie alle Unterlagen dabeihatte und welche Fragen sie beim Treffen stellen wollte. Es war ja kein Kongress, mehr ein freundschaftliches Wiedersehen unter

Berufskollegen. Das bedeutete jede Menge Smalltalk, bevor man endlich zur Sache kommen konnte. Herrje, herrje.

Aber sie würde diese Reise nach Ungarn machen. Und sie wollte nicht unvorbereitet fahren. Also. Dranbleiben. Mit Umkehren wäre es jetzt ohnehin nichts mehr.

Sie war noch nicht bis in die Hälfte des Tunnels vorgestoßen, da schaltete sie das Radio ein. Ein bisschen Abwechslung, Moderatorenmantsch, seichter Pop. Oder Staumeldungen, ha! Statisches Rauschen und Kratzen. Aude drehte am Tuner. Bei 87,9 hakte er ein, und ihr Wagen füllte sich mit überraschend sphärischen Klängen. Aude horchte auf. Wie passend, ich hänge hier in einem Tunnel fest, und im Radio spielen sie Elfenmusik. Dann ging es endlich wieder etwas vorwärts, und Aude konnte kontinuierlich rollend den Gubristtunnel hinter sich lassen. Nach dem ersten Stück, das wie eine Mischung aus einem Enya-Song und einem Geigen-Arrangement klang, folgte ein Oboensolo, in dessen Hintergrund ein Chor hmmmte. Spannende Sache, vielleicht Ethno-Stunde. Sie konzentrierte sich auf den Straßenverlauf, sie musste in Richtung Urdorf fahren und dann immer schön den Schildern »Westring« nach. Der Verkehr tropfte noch immer zähflüssig den Mittelstreifen entlang, es wechselten nur Idioten von der rechten in die linke Spur. Aude blieb, wo sie war, und das hieß hinter dem blauen VW Golf.

Der Himmel war bestückt mit leichten Wölkchen, und das nun einsetzende Harfensolo passte sich den Sonnenstrahlen an, die auf die Erde rieselten. Eigentlich ein perfekter Morgen. Die Autokolonne blieb in Fahrt, langsam zwar, aber dennoch, es bewegte sich etwas.

Aude dachte an ihren Sohn. Jetzt war er also groß und erwachsen, liiert, wie er sagte, mit einer jungen Frau. Halb Türkin, halb Kurdin. Ihre Eltern wussten noch nichts davon, aber Aude wollte er die Schöne bald vorstellen. War das kurdische Musik, die sie da hörte? Sie drehte das Radio lauter, ihr Nacken bewegte sich langsam zu der Melodie.

Sie fuhr ruhig und entspannt, obwohl die Zeit vorrückte. Sie hatte diese Route gewählt, jetzt musste sie sie fahren. Pragmatische Folgerichtigkeit. Der Lauf der Dinge eben.

Bis sie nach dem Üetlibergtunnel beim Kreuz Zürich Süd, Höhe Brunau, eine Tempo-80-Rampe hinauf endlich auf die gewohnte Strecke der A3 einschwenken konnte, hatte Aude alle Zeit, die lichte Höhe der neuen Tunnels zu bewundern.

Und mit einem Radioprogramm, das dermaßen außergewöhnlich war – die Stücke zwar nur kurz, fast so, als ob sie jemand lediglich anspiele und dann wieder ausblende, aber doch jedes für sich wie ein Unikat behandelt, mit zwei, drei Sekunden Zwischenpause –, fühlte sie sich beinahe so leicht wie eines der Wölkchen am Himmel, fühlte sich fast ein bisschen wie in früheren Forscherzeiten, als sie tagelang im archaischen Rheindelta auf Vogellaute horchte. Eine Klangteppichentdeckungsreise unterwegs auf der A3.

Entlisbergtunnel. Trommelklänge. Ein bisschen wie Kodo. Japanische Präzision. Muskel und Beherrschung. Nicht korrumpierbare Struktur. Audes Herz klopfte mit.

Wollishofen, jetzt müsste es bald einen Ruck geben, Beschleunigung, Weiterfahrt in gewohntem Tempo. Die Zeit reichte. Gut sogar. Erstaunlich, dass da noch immer keiner moderierte.

Aude versuchte die einzelnen Instrumente der Stücke auszumachen. Ein Cembalo, eine Panflöte, ein Fagott vielleicht. Hin und wieder eine Stimme oder ein Choral. Sanft, im Hintergrund Raum gebend und dadurch einnehmend. Eigenartig, 87,9, was das wohl für ein Sender war? Die nationalen Radioprogramme nutzten andere Frequenzen. Vielleicht ein Alternativradio. Vielleicht ein Versuch.

Ein schöner.

Plötzlich tat sich links eine längere Lücke auf, und der blaue VW Golf scherte aus, zog auf der Überholspur an zwei, drei, vier Wagen vorbei und fügte sich dann wieder rechts ein. Fast zeitgleich machte sich in Audes Škoda ein unangenehmes Knarren und Knattern breit, dann ein Rauschen, die üblichen Suchgeräusche eines Radios unterwegs nach einem neuen Signal. Aude drehte leiser. Verärgert schaute sie auf die Uhr, kein Grund zur Besorgnis. Sie warf einen Blick in den Innenspiegel, dann einen kurzen Blick in den Außenspiegel, setzte den Blinker und schnappte sich selbst eine Lücke. Langsam überholte sie Wagen für Wagen. Als sie neben dem blauen Golf auf Schulterhöhe war, setzte die Musik wieder ein. 87,9, dieselbe Frequenz. Kein Moderator, keiner, der Nachrichten oder Staumeldungen sprach, dafür wieder Reifenumdrehung für Reifenumdrehung dies: wunderschöne Gesänge einer Frau, ungewohnte Klänge, gewagte Arrangements, überraschende Tonfolgen und Momente der Stille, einundzwanzig, zweiundzwanzig, dreiund-, gute drei Sekunden lang.

Kaum, dass Aude noch einen Wagen überholte, einen schwarzen Jeep Wrangler Ultimate, sackte die Musik im Knattern des Äthers ab und verschwand. Wie weggeblasen, davongetragen, Aude hörte nur das wütende Aufbrausen des Wranglers, der sich von einem Škoda nicht den Rang streitig machen lassen wollte. Als sie ihn hinter sich hervordrücken spürte, machte sie Platz, und in einem nicht ganz ungefährlichen Manöver kam sie wieder hinter dem Wrangler und vor dem Golf zu fahren. Der Fahrer zeigte ihr den Vogel durch den Rückspiegel und ließ den Motor aufheulen. Und sie? Über alle Maßen erstaunt und etwas verwirrt, driftete sie ab in die rhythmisierenden Herzschläge der Musik, die wie eine sanfte Massage den Nacken hinab über Schultern und in die Arme ausliefen. Weich wie Wasser, warm wie eine Umarmung.

Das kann doch nicht sein? Was ist das nur für ein Sender?

Suchend blickte sie in den Rückspiegel. Hinter ihr fuhr ein Mann in seinem blauen VW Golf, und sein Kopf nickte im Gleichtakt mit der Musik, die aus Audes Autoboxen perlte. Seine Finger lagen entspannt auf dem Lenkrad, vereinzelte tanzten.

Konnte es sein, dass er denselben Sender hörte?

Als das Stück wechselte und bald ein neues auf die Erde herabschwebte und sich im Fonds des Škodas ausbreitete wie ein Tuch aus Seide und Damast, glaubte sie an den Gesichtszügen des Hinterfahrers zu erkennen, dass er es auch hörte. Aude wunderte sich. Sie war nicht dafür geschaffen, ihre Zeit an Mystizismus oder andere unerklärliche Phänomene zu verschwenden. Sie verstand sich als Wissenschafterin, als ordnungsliebender Mensch. Als eine, die dazu beitrug, die Welt zu enträtseln, sie zu strukturieren und zu systematisieren. Ein Radiosender auf einer Frequenz, auf der sonst nie etwas lief, und dazu noch einer, der offenbar nur in zwei Wagen, ihrem und dem blauen Golf, empfangen werden konnte, passte ganz einfach nicht in ihr Konzept.

Zürcher Nummernschild. Sie schielte immer wieder in den Rückspiegel, rückte ihn leicht zurecht. Der Wagen schien, so weit sie das im schmalen Rechteck ausmachen konnte, als das, was man heutzutage normal bezeichnen würde. Keine überlange Antenne, nichts Tiefergelegtes und auch kein Fuchsschwanz, der wie blöd im Wind flatterte. Alles vollkommen unauffällig.

Und er, der Fahrer? Sie schaute genauer. Zwischen dreißig und vierzig, vielleicht auch schon leicht darüber, Normalohaarschnitt, Normalo-T-Shirt, vielleicht hellblau.

Als er nach kurzem Blinkzeichen nach links ausscherte und sie überholte, verfolgte sie ihn mit ihrem Blick. Er bemerkte es nicht, sondern schien vertieft in die Percussions, die seine Fingermuskulatur in Anspruch nahmen.

Aude checkte die Fahrer der anderen Wagen, keiner schien mitzuhören, kein Kopf wippte. Diese Musik war etwas, das nur sie und den Golffahrer verband. Eine ungewöhnliche und unerklärliche Notenfolge auf einer Schweizer Autobahn, die sie umtändelte, einsponn und mitriss. Der sie nicht entkommen konnte und der sie nicht entkommen wollte.

Als der Golf ein weiteres Auto und dann noch eines überholte, signalisierte das gemeine Rauschen die Verlorenheit des Senders im Meer der Frequenzen.

Und Aude hatte etwas begriffen. Wenn sie auch das Geheimnis noch nicht ganz entschlüsseln konnte, so war ihr nun klar, dass sie diese Musik nur empfangen konnte, wenn sie möglichst dicht beim VW Golf fuhr. Sie wartete einen günstigen Moment ab, wechselte selber wieder auf die Überholspur und platzierte sich selbstbewusst hinter dem Golf. Eine knappe Wagenlänge Abstand, da war sie nun, und da wollte sie auch bleiben. Für die Dauer der Strecke zumindest, die sein Weg dem ihren entsprach. Was danach käme, würde man sehen.

Die eigenwilligen Kompositionen und Arrangements verbanden ihren Wagen mit dem ihres Vordermannes.

Wie konnte das sein? Wie geht das bloß?

Sie fuhren jetzt durch den Kanton Schwyz. Das hohe Verkehrsaufkommen hatte sich nach der Pfäffikoner Ausfahrt gelichtet, aber Aude blieb, wo sie war: dicht auf hinter dem Golf. Träumte. Sinnierte. Summte mit. Die musikalischen Motive fanden samt und sonders Eingang in ihr Herz. Ähnlich wie Vögel, deren Zirpen, Piepen, Tirilieren sie so gerne lauschte. Aber das waren keine Vögel, und es waren keine ersichtlichen Gründe da, nur der Zwang, weiter zu lauschen und zu diesem Zweck möglichst nah am Golf zu bleiben.

Aude fühlte sich ein bisschen aufgewühlt, ein bisschen

traurig. Ein bisschen verwirrt, und zum ersten Mal seit Jahren genoss sie einen solchen undefinierbaren Zustand. Es war, als wären durch diese geheimnisvollen Choräle in ihrem Innern Türen aufgestoßen worden – und sie auf Entdeckungstour in sich selbst unterwegs.

Ein Tunnel, Quarten, dann unter den Trossen der Flumserbergbahnen hindurch, dann noch ein Tunnel, Fratten, ein Licht, ein gelbes. Ein Licht, ein gelbes, ein Licht ... was war das? Er blinkte. Kein Zweifel, der Golf wollte die nächste Ausfahrt nehmen. Ohne zu überlegen, setzte auch Aude den Blinker. Gottseidank, Gottseidank, nur eine Autobahnraststätte – Bergsboden Walensee.

Aude parkte links von ihm, ließ zwei Felder frei. Wartete ab, was weiter geschehen würde. Das Radio, wenn man es denn so nennen konnte, diese geheimnisvolle Frequenz 87,9, spielte noch immer. Exotisches Wirrwarr nun, tröpfelnde Töne wie Regen. Dann ein Beat, ein Harmonium, eine Stimme, eine Arie, ein so reiner Klang, dass es Aude kalt den Rücken hinablief ... und dann war es aus.

Die Türe des Golf schwang auf, und heraus stieg ein großer, schlanker Mann in dunkelblauen Jeans und einem T-Shirt, das ihm über die Oberarme flatterte. Oberarme rund und hellbraun wie Schweizer Butterweggen. Der Wind ging stark hier, aber die Sonne war warm, und der Mann stand für einen Moment reglos, schaute in Richtung Autobahn. Dann schloss er seinen Wagen ab, tatsächlich noch mit einem echten Schlüssel, altmodisch, kostengünstig, unmodern, und schlenderte zu einem Bänkchen, neben dem er seine Glieder reckte und von wo er zu den Bergen hinüberblickte. Unter ihm floss der Verkehr auf der A3. Der Walensee lag ausgebreitet wie eine Klangschale. Aude beobachtete ihn von ihrem Sitz aus im Rückspiegel. Der Mann schritt nun gezielt in Richtung Restaurant. Er trug graue Stoffturnschuhe. Vermutlich ausgefranst. Er ging hinein. Aude verließ ihren Wagen und trabte ihm lautlos hinterher.

Sie war noch nie hier gewesen, an dieser Raststätte war sie immer nur vorbeigerast. Der Blick, der sie im Innern erwartete, verschlug ihr die Sprache. Die Sieben Churfirsten, einer schnittiger als der andere, glänzten akkurat aufgereiht und erhoben ihre stolzen Häupter über dem Walensee. Wie oft war sie selber, als junge Frau und angehende Ornithologin, in diesen Bergen herumgestakst, auf der Suche nach Steinadler, Schneehuhn oder Mauerläufer. Auf der Nordseite hatte sie an der Waldgrenze die Birkhühner bei der Balz beobachtet und die Demonstrationen von Paarungsbereitschaft subalpiner Vogelarten inventarisiert. Und einmal, südseits, glaubte sie sogar, einen ganz seltenen Gast gesehen zu haben, einen jungen Bartgeier, der auf einem Erkundungsflug hier herauf geflogen war und wuchtig Kreise zog. Dabei blieben die einzelnen Berge immer nur Nebensache. So wie hier hatte sie sie noch nie gesehen. Hier thronten sie im imposanten Panorama über dem See, Selun, Frümsel, Brisi, Zuestoll, Schibestoll und Hinterrugg und Chäserrugg. Ein Blick, der ihr den Atem raubte.

»Wo Sie wollen«, richtete eine freundliche Servierkraft das Wort an sie. Offenbar hatte Aude ratlos gewirkt, wie sie so dagestanden hatte, ohne einen Schritt zu tun. Sie gab sich einen Ruck, nickte und prüfte dann rechts und links, wo der Golffahrer war. Links also hatte er sich hingesetzt, ganz oben, direkt am großen Fenster.

Geräuschlos, Ornithologin auf der Pirsch, tat auch sie einige Schritte nach links und setzte sich dann ebenfalls an einen freien Tisch am Fenster, von dem aus sie ihn gut im Blickfeld hatte. Sie steckte die Nase in die Menükarte und schielte darüber hinweg. Diese sieben herrlichen Berge neben ihr, den Mann in Blau nur wenige Tische vor ihr, bestellte sie ein Wasser und wartete ab und war nun tatsächlich: ratlos.

Wenn sie in der freien Natur eine Kreatur belauerte, so wusste sie immer ganz genau, was sie als Nächstes tun würde oder nicht. Zumeist beobachtete sie einfach und verfasste ihre Notizen. Oder sie sprach, wenn die Distanz zum Objekt groß genug war, kurze Worte in ihr Diktiergerät. Das Beobachten galt der Wissensvermehrung, zuweilen der Bestätigung, der Erforschung eines bestimmten Verhaltens vielleicht. Der Überprüfung einer These. Aber hier? Was für eine These hatte sie denn schon? Wie hätte sie diese in Worte packen können? Und was für ein Verhalten wollte sie verorten, strukturieren, systematisieren? Das war ja nur ein Mann in einer Autobahnraststätte, der – schrieb? Sie sah, wie er vornübergebeugt Zeichen auf eine Papierserviette kritzelte. Seine Haltung wirkte konzentriert. Konzentrierte Entspannung, vielleicht eine kleine momentane Versunkenheit? Dann sah sie, wie er ein Diktiergerät auspackte, ganz so, wie sie eines benutzte, vielleicht genau das Gleiche, einen Olympus Digital Voice Recorder DS-30, und – tatsächlich: hineinsummte!

Nichts hätte sie mehr in Erstaunen versetzen können, als ein Normalomann in einer Normaloautobahnraststätte, der in ein Diktaphon summte. Außer vielleicht die Tatsache, dass sie ihn dabei beobachtete und belauschte.

Sie war ja völlig meschugge. Setzte ihr Treffen in Vaduz aufs Spiel, indem sie hier hockte, den Kopf zwischen die Schultern geduckt, und lauerte. Was war nur in sie gefahren?

Aber Aude konnte es eben gar nicht gebrauchen, wenn sich ihr ein Rätsel auftat, das sie nicht lösen konnte. Und erst recht nicht, wenn dieses Rätsel ein akustisches war.

Kein Zweifel, dieser Mann, der dort saß, schrieb und summte.

Die Finger seiner rechten Hand klopften einen Takt, Linkshänder also, und als ihm die Serviertochter ein Birchermüesli an den Tisch brachte und den Teller auf sein

Papierset stellen wollte, zog er dieses lächelnd zurück; es war sein Schreibblatt. Auch als die Serviertochter lachend gegangen war, bewegte sich sein Kopf noch immer zu unsichtbaren Musikwellen, solchen, die nur er zu hören vermochte, und seine Hand schob über das Papier, und er schrieb unbeirrt, ohne hinzusehen, vermutlich Noten. Ein Verrückter. Oder: ein Musiker.

Zu dumm, dass ein Gang zur Toilette nicht an seinem Tisch vorbeiführen würde, das wäre zumindest eine Gelegenheit gewesen. So müsste sie schon anders aktiv werden. Nur wie? Man konnte ja nicht einfach zu ihm hingehen und hallo sagen? Also sie, Aude, konnte das nicht. Ganz ausgeschlossen. Ihr Blick suchte hektisch nach einem Grund, sich näher an ihn heranzubegeben. Irgendein Ausstellungsstück, ein Bild vielleicht, das man betrachten könnte! Wieso musste ausgerechnet diese Gaststätte frei von Wildtrophäen und sonstigem musealen Tinnef sein? Kein einziges Exponat, das den Weg zu seinem Tisch gerechtfertigt hätte. Nichts. In Aude kam eine seltsame, eine heftige Verzweiflung auf. Hätte sie sie katalogisieren müssen, sie hätte ihr den Begriff Menschenverzweiflung gegeben. An Menschen verzweifeln, das kannte sie, und insbesondere an ihrer eigenen Unzulänglichkeit, der Unfähigkeit, mit Menschen umzugehen. Sie selbst zu sein. Mutig zu sein und klar. Unter Menschen entspannt.

Wer war sie denn? Unperfekte Mutter, die ihr Kind gleich einem Kuckucksei der Schwester überantwortet hatte? Ornithologin, die sich mit einer Teilzeitstelle beim Schweizer Tierschutz mehr gelangweilt als gefordert über Wasser hielt? Einzelgängerische Trulla, die die Hochempfindsamkeit die Wände hoch, bald in die totale Vereinsamung trieb?

Opfer einer Midlife-Crisis? Dumme Gans?

Sie spürte die Sporen zu etwas, das bald schon eine aufkeimende Panik sein konnte, in ihrem Körper kitzeln, als sie sah, wie der Mann bezahlte. Schnell warf auch sie fünf Franken auf den Tisch und stand auf, ging auf ihn zu und hatte, noch bevor sie sich's versah: »Wegen der Musik – ich muss jetzt wissen, was das ist«, gesagt.

Hatte sie es also doch getan. War die zwei oder drei Schritte über den Boden geflogen und hatte ihr Gefieder vor ihm aufgeplustert und mit aufgeregt gespreizten Federn und spitzem Schnabel die Frage gestellt. Als Aussagesatz, Befehl.

»Das? Das ist Toto mit *Hold the Line*.«

Aude strengte sich an. Etwas Unerwartetes in seiner Stimme irritierte sie und nahm ihre Aufmerksamkeit gefangen. Sie sagte noch einmal: »Die Musik …?«

Der Mann hob den Finger und zeigte in die Luft: »Toto. *Hold the line*. Die vielkopierten Triolen.«

»Triolen?«

»Eine Gruppe aus drei Noten.«

Sie starrte ohne Scham. Sie blickte nicht durch. Was nur mache ich hier eigentlich? In ihrem Blut schossen die Sporen auf und ab, infizierten ihren Kreislauf und drangen durch ihre Haut. Sollte sie nicht längst wieder unterwegs sein auf der A3 in Richtung Vaduz? Ihr brach der reine Angstschweiß aus.

»Jetzt ist es zu Ende. Moment. Das hier ist Irene Cara, mit dem Soundtrack zu *Flashdance*.«

»Flashdance« – Aude war fassungslos.

»Ist halt schon älter. Sie interessieren sich für Musik der Achtziger?«

Erst jetzt realisierte Aude, dass der Mann die Radiosongs betitelte, die im Hintergrund der Raststätte unterschwellig eine zeitlose Ambiance verliehen. Er betitelte sie mit Akzent, Süddeutsch vielleicht, ein weiches Zungenbett, nichts Kantiges. Sie stammelte: »Nein. Ich bin Ornithologin.«

»Aha«, nun stutzte er. Sein Blick ging angestrengt in ihre

Richtung, Aude spürte, dass er überlegte, ob es wohl an der Zeit sei, zu gehen.

»Ich forsche. Das heißt, ich habe geforscht«, fügte sie an, »nun arbeite ich beim Tierschutz auf der Beratungsstelle. E-Mail-Auskünfte und so weiter.« Sie sah, dass ihn das noch nicht zufriedenstellte, also redete sie rasch weiter: »Ich will aber wieder forschen. Deshalb reise ich demnächst nach Ungarn. Heute findet ein Treffen unter Ornithologen in Vaduz statt. Da muss ich unbedingt hin.«

»Gut, ich muss nämlich auch weiter«, setzte er da ein und nickte zur Verabschiedung freundlich.

»Noch nicht!«, rief es da aus ihr, und sie registrierte mit Scham, dass sich ein paar Köpfe im Restaurant nach ihr umdrehten. Dann etwas leiser und indem sie mit ihrer Hand kurz seinen Arm berührte: »Ich – ich fahre seit Zürich hinter Ihnen her« – er hob die Augenbrauen –, »ich höre die Musik, die Sie hören. Ich habe die ganze Strecke bis hierher mitgehört, alles, jedes einzelne Stück!«

»Ah«, machte er, »das also meinen Sie.«

In Audes Blick lag eine Bitte, als sie sagte: »Ich muss wissen, was das ist.«

Er lachte. »Was das ist? Das sind Jingles! Musikkompositionen für Werbefilme. Kino, Fernsehen, Radio. Ich komponiere Jingles.«

»… Produktewiedererkennungsmelodien …, aber: Warum höre ich sie?«

»Haben Sie Ihr Autoradio eingeschaltet?«

»Ja, nein, ich weiß nicht. 87,9, da kam die Musik heraus. Aber nur, wenn ich in Ihrer Nähe bin.«

»Deshalb also. Ich habe mich schon gewundert, weshalb da jemand so dicht auffährt. Der silberne Škoda, ja?«

»Der Škoda, ja.«

Der Mann zog sich lachend einen Stuhl heran. Dann fragte er sie, ob sie Zeit hätte. Sie bestellten etwas zu trinken. Sein Blick schmunzelte stumm. Auch ungläubig. In ihr flatterte es. Sie hätte etwas sagen wollen, konnte aber nicht. Er trank seinen Espresso in ein, zwei großen Schlucken, dann setzte er zu seiner Erklärung an.

»Ich höre Jingles, wenn ich lange Strecken fahre. Zurzeit arbeite ich an einer Komposition für einen Auto-Spot. Es soll etwas Aufregendes sein, etwas Bewegendes, mit Ethno-Elementen und einem Rhythmus, der unter die Haut fährt. Und weil ich wieder einmal die alten Samples anhören wollte, habe ich mir die auf mein TomTom gespielt. Mein Navi. Man kann Musik auf sein Navi speichern, wussten Sie das? Und um sie via Autoradio zu hören, weil da die Boxen ja doch viel besser sind, als wenn man nur diesen kleinen Ausgang beim TomTom benutzt, bedient man sich einer freien Frequenz. 87,9 ist frei im Raum Zürich. Erstaunlicherweise sogar bis hier hinauf. Ich weiß allerdings nicht, wie lange das noch geht, vielleicht mischt sich bald ein regulärer Sender ein, Radio Liechtenstein etwa, dann muss ich auf eine neue Frequenz ausweichen.« Er lachte. »Ich habe nicht gewusst, dass man das auch über den eigenen Wagen hinaus empfangen kann. Erstaunlich. Sie haben das also auch gehört?«

»Alles. Gehört. Und mich gewundert.«

Eine kleine Pause trat ein, die Aude unglaublich verlegen machte. Als sie sich wieder aufzublicken getraute, sah sie in helle braune Augen. »Ich bin Tom. Tom Münsinger.«

»Ein schwäbischer Komponist.«

»Das gibt's.« Er lachte wieder.

»Aude Senigaglia. Freut mich.«

»Erstaunlich.« Er lachte noch immer. »Und du bist Ornithologin?«

»Ich nähere mich meiner Umwelt mit meinem Gehör. Deinen Akzent hab ich so verortet.« Sie wusste auch nicht, weshalb sie das jetzt gesagt hatte. Augenblicklich wurde ihr heiß im Nacken. Als ob sie die Stille nicht gewohnt wäre. Aber die Stille zwischen zwei Menschen, die auf Empfang waren, und die Stille, die bei der Beobachtung einer zu erforschenden Spezies herrscht, unterschieden sich eben doch ganz gehörig voneinander.

Er hätte gern fragen können, wie ihr seine Musik gefallen hat, oder welches Stück sie sich am ehesten für eine Autowerbung vorstellen könnte, aber er tat es nicht. Aude wartete darauf, dass ihr vielleicht etwas einfallen würde. Sie blickte sich suchend um. Wieder waren da gesprenkelte braune Augen. Sie wich aus und starrte auf die Sieben Churfirsten, die nun wie unverrückbare Blöcke trutzten. Wem? Was?

»So, also …«, versuchte sie, und er sagte: »Du musst nach Vaduz?«

»Ja, wir treffen uns da in – «, sie schaute auf die Armbanduhr, »– in dreißig Minuten.«

»Das schaffst du ja noch bestens. Ich fahre ein Stück weit in dieselbe Richtung. Ich muss nach Buchs ins Rheintal hinein. Ich war noch nie da. Deshalb das Navi.«

»Und für die Musik.«

»Und für die Musik, ja.«

Zum dritten Male: Stille. Sie gewöhnte sich schon fast daran. Hellbraunes Haar, vielleicht ein bisschen zu lange Fransen. Nur leichte Wellen, wie ein ruhiger See am Abend, auf dessen Spiegeloberfläche sich Herbstlaub sonnte. Gelassen. In Entspannung ausgebreitet. Oder einfach frei. Aude dachte, ich beneide ihn um seine Gelassenheit. Aude sagte nichts. Seine Augen sagten Freundliches. Sein Mund: »Ich muss dann wohl. Wenn du willst, hörst du einfach noch so lange 87,9, bis sich entweder ein Sender einmischt oder sich unsere Wege trennen.«

»Werd ich machen.«

Sie zahlten, jeder für sich. Aude wusste nicht, wie man das

machte, ob sie für ihn hätte mitbezahlen sollen. Immerhin hörte sie sein Radio. Er sagte nichts, er schien ganz See am Abend. Dann schlenderten sie aber doch so zum Parkplatz, als hingen Gedanken zwischen ihnen in der Luft, die darauf warteten, vom Himmel geholt zu werden und sich in Worten zu materialisieren. Ihre Körper wahrten einen Abstand, der weit genug war, keine Berührung zu riskieren. Ihre Schritte klangen stolpernd, aus dem Takt. Er war der Erste, der wieder sprach: »Also – Aude, ja? –, also Aude, wenn du wieder mal Lust auf Jingles verspüren solltest, komm einfach mal im Studio vorbei. Du findest uns in Zürich, Jingle-Tingle. Frag nach Tom. Wir sind alles ganz Nette.«

Aude wunderte sich, weshalb er das angefügt hatte. Sie ärgerte sich, und etwas in ihr bäumte sich gegen diese Menschenverzweiflung auf, sie sagte: »Na ja, in nächster Zeit kann ich halt nicht, da fahre ich wie gesagt nach Ungarn.«

»Okay, gute Reise dann und viele gute Ergebnisse – das kann man doch wünschen, oder?«

»Kann man. Danke.«

Zum vierten Mal dröhnte Stille in Audes Ohren wie ein Tremolo, Wellen, als ob sie ihr ganz viel zu sagen hätte. Sie zog den Kopf tiefer ein, nickte einmal schräg zur Seite, wie idiotisch!, und suchte Zuflucht in ihrem Wagen. Ihrem Škoda. Druckausgleichskammer. Verbindungselement und Absperrzone. Einmal tief Luft holen. Zweimal, ganz tief atmen. Dann noch einmal durch die Scheibe lächeln. Tom fuhr los. Sie startete den Wagen und folgte ihm. Für die nächsten 20 Kilometer konnte Aude Jingle für Jingle mithören. Tom fuhr etwas langsamer als vorhin, 110 oder 100, oder schien das nur so? Aude horchte und betrachtete die Landschaft. Wiesentäler und Bergschroffen, auf jedem Hügelchen ein Haus. Eine Bilderbuchschweiz. Die Welt schien weit und doch erreichbar. Ganze Sonnenfelder taten sich auf, und als rechts entlang der Autobahn ein Zug auf gleicher Höhe fuhr mit all den kleinen hockenden Miniaturmännchen und -weibchen, diesen ganzen Menschenwesen darin, verflogen mit einem letzten Seufzer Audes Angst und ihre Bedenken, gerade eben etwas Törichtes getan zu haben.

Wie vermutet, mischte sich beim Autobahnkreuz Sarganserland auf der A13 ein anderer Sender ein, ein echter, und Aude hörte nur noch ab und zu die Klänge, die sie für die seinen hielt.

Eine kleine Weile funktionierte das Privatradio wieder, dann verlor es sich in Rauschen. Aude ließ es rauschen. Sie fuhr hinter dem Golf den Damm entlang, parallel zum Rhein.

Als die Ausfahrt Sevelen/Vaduz kam, hupte Tom kurz auf und winkte zum Fenster hinaus. Sein Wagen bog links ab, und Aude steuerte ihren Škoda auf die Rheinbrücke über den Fluss, Grenzpunkt und Schengener Außengrenze, Ende der Schweiz und Eintritt ins Fürstentum Liechtenstein.

ungarische Rhapsodie

Sopron, 2010

Endlich wieder unterwegs. Endlich einem neuen Ziel entgegen. In Wien-Schwechat einen Kleinwagen gemietet und losgefahren in Richtung Ungarn. Jetzt suchte Aude im Autoradio ihre persönliche Annäherung an die neue Sprache. Sie würde drei Wochen bleiben können. Alles war minutiös geplant. In Sopron würde sie sich mit einem Vogelkundler treffen, der ihr aus der Vogelvergangenheit Ungarns berichten würde und Bilder aus den Anfangsjahren der Fotografie zeigen wollte, rare Kostbarkeiten mit Großtrappen, Löfflern, Graugänsen und Haubentauchern. Und Störchen, Störchen, hatte er gemailt, Silberreihern auch und einem Zwergtauchergelege im Schilf versteckt.

Überhaupt wäre es wie ein kleines, wohl trauriges, aber doch auch beeindruckendes Wunder, diesen Zeitsprung zu unternehmen. Die Schrumpfung des eurasischen Steppengürtels mitzuerleben. Von den östlichen Zipfeln der Mongolei bis in die Puszta hatte der sich einst erstreckt, und selbst in der Schweiz muss es vor ein- oder zweihundert Jahren noch Großtrappen gegeben haben. Selbst in der Schweiz.

Selbst in der Schweiz.

Was sie zurückließ: Aurin, den Goldenen, der seine große Liebe zelebrierte, bis obenhin angefüllt mit Glück, mit Tanz im Blick, als er mit Şirîn zusammenzog in eine erste gemeinsame Wohnung; ein plötzlich leer werdendes Daheim in einem elfstöckigen Hochhaus am Stadtrand von Zürich; die Eltern, Nunzio und Emma; die Schwester Lorine, munter wie eh, munter auch deren Kinder und deren Mann; ihre eigene Stimmlosigkeit – Aude sang. Sie verstand zwar keines der holperig klingenden Worte, aber sie hob bei jedem Refrain eines Radiolieds mit an. Ihre Stimme klang irgendwie rau, schleppend, doch von Erregung durchpulst.

Worauf sie zusteuerte: ein Ornithologenabenteuer im breiten Schilfgürtel um den Neusiedler See, eine einzigartige Naturlandschaft, gesetzlich geschont vor landwirtschaftlicher Nutzung; grasende Schwarzrinder im Morgennebel und graue Steppenrinder, Esel auch, die Nüstern in der Höhe, weil die Welt um den See so vieles zu bieten hat! Aber leider auch: Menschen. Berufsfischer, Touristen, Bauern, die mit ihren Kutschen vergnügungsfreudige Familien umherchauffierten, Parkranger und Weinarbeiter vom nicht allzu fernen Esterházy-Gut. Störfaktoren, Immissionen, unliebsame Geräusche.

Eine Frauenstimme mischte sich in die Route ein, Aude hatte noch kurz vor ihrem Abflug nach Wien ein Navigationsgerät gekauft und ließ sich nun den Weg zur Pension Palatinus Satz für Satz bis zur Új utca 23 vorsagen.

Sie parkte den Wagen dicht an die niedere Häuserzeile geschmiegt und erkundigte sich dann an der Reception nach dem bewachten Parkplatz. Durch einen unmöglich engen Torgang rangierte sie den Wagen centimeterweise bis in den rückwärtigen Hof, dort parkte sie ihn erneut und zum letzten Mal für heute. Sie war angekommen.

Kaum dass sie oben im zweiten Stock in ihrem Zimmer die Türe hinter sich zugezogen hatte, schlug das Wetter um. Blitzartig. Der Himmel hatte sich ein dunkles Tuch übergeworfen und schüttelte grobe Regentropfen daraus hervor. Die Gasse dampfte, und Aude stabilisierte mit dem Rucksack das offene Fenster, so dass es nicht hineinregnete, die kühlere Luft aber doch zirkulieren konnte. Pannonisches Klima. Sie faltete ihre Kleider auf und hängte sie über Bügel. Sie wartete eine Weile, dann ging sie spazieren. Die geschwungenen Gassen auf und ab. Durch Zwischengänge, in verwinkelte Hinterhöfe und über helle Plätze. Am Hauptplatz marschierte sie zum Feuerturm und stieg alle Stufen bis zuoberst hinauf. Von da bot sich ihr ein Bild des Friedens, ein durch innere und äußere Ringe in sich ruhendes Städtchen. Ihre Hände fühlten sich unerwartet zu Hause auf der irdenen Brüstung. Die Finger lagen still und unverkrampft. Parallel. Sie schaute die Soproner Welt. Der Regen hatte deutlich nachgelassen, nur noch ein einzelnes Nachzüglertröpflein dann und wann. Das Pflaster schillerte den Sonnenstrahlen entgegen, die es bald trockenlecken würden. Keine Menschen unterwegs, niemand draußen, nur von irgendwoher das Echo von Schritten. Aude raffte sich auf und ging die Stufen hinab, wieder eine Gasse aufwärts, dann bald quer und ohne festes Ziel. Vor einem Fenster blieb sie lange stehen und betrachtete einen weißen Gips-Schakal, der auf dem Sims Wache hielt.

Im Liszt Szalon trank sie ein Kännchen Tee, ein mythisches Gemix aus schönen Worten und gebrochenen Blättern, das tatsächlich schmeckte. Sie fühlte sich wie auf einer Zeitreise nach nirgendwohin. Ohne ihr Fernglas, ohne ein Objekt, das sie beobachten konnte, ohne eine rare Spezies im Visier, war Aude ein eher ratloser Mensch.

Ob diese Reise ihr wirklich das ersehnte Glück bringen würde? Ob sie, wenn sie die Großtrappen bei ihrer Balz beobachtete, tatsächlich anders würde, geläutert und in sich gerade ebenso ruhend wie dieses kleinstädtische Idyll? Ob sie sich würde aufrappeln und ihrem neuen Leben zu Hause stellen können? Ob dann endlich Ruhe wäre in ihr drin? Denn, egal wie stumm sie nach außen hin scheinen mochte, in ihr standen die lauten Worte, Fragen, Behauptungen und Selbstbeleidigungen Gewehr bei Fuß, bereit zum ultimativen Blattschuss. Ja, ob diese innere Unruh aufhören würde, sie anzutreiben, fortzutreiben, ob sie endlich sesshaft würde? Auch sie? Sich irgendwo, zufrieden mit sich und der Welt, an einem neuen Ort niederlassen würde, jetzt, wo Aurelio ausgezogen war?

Es schien ihr, von der Ferne betrachtet, dass in ihrer Familie alle ihren festen Platz im Gefüge gefunden hatten. Selbst die Mutter, dem Familienbild im hölzernen Rahmen ja irgendwie abhandengekommen, war fester mit ihnen allen vertäut, seit sie ihr eigenes kleines Farmerdasein auf einer Finca leben durfte, wo sie Hunde von Tötungsstationen rettete, Mischlinge und Podencos nach der Schweiz vermittelte und sich immer wieder voller Selbstaufopferung Streuner-Sterilisationskampagnen hingab. Ihr drittes Leben, wie sie es nannte – nach dem Singen, dem Haareknüpfen, nun die Hunde. Die Töchter erwähnte sie bei ihrer Aufzählung nicht. Auch dies ein Grund, weshalb Aude Familiengebilde fürchtete. Irgendwie lag darin stets mehr verborgen, als sichtbar war. Irgendwie bedeutete Familie immer auch Gefahr. Oder war es nicht so?

War es nicht so?

Auf all ihren Reisen wurde sie von diesem Gefühl der Rastlosigkeit angetrieben. Es füllte sie wie eine Schwangerschaft, und Aude erinnerte sich an die Hündin Lara, die Jahr für Jahr scheinschwanger geworden war und ihren Gummiknochen wie einen Welpen mit sanft angehobenen Lefzen leckte und zu sich ins Körbchen trug.

Der nächste Morgen war eine Wucht. Sonne, die mit kräftigen Armen vom Himmel langte, und ein Taubenpärchen – blau geganselte Köröser Tümmler, tatsächlich! –, das auf ihrem Fenstersims begeistert gurrte.

Im Frühstückssaal wurde das Buffet erst aufgebaut. Ein Suppenteller voll kleiner Bütterchen, ein Berg Marmeladeportionen, drei große flache Teller mit Tomatenschnitzen,

Gurkenrädchen und Peperonistreifen darauf. Weiße Semmeln mit Mohn. Ein Samowar mit Heißwasser für Tee, Aude entschied sich für einen Assam aus dem Beutel. Der Kaffee roch gefährlich nach Chicorée. Sie setzte sich alleine an einen der vielen Tische. Die meisten Touristen, die so früh in den Frühstückssaal kamen, waren Ungarn. Ein Geschnatter, eine Sprachmelodie, die sie in glückliche Entenweiherstunden versetzte, und sie lächelte.

Sie hatte gut geschlafen, war in einen tiefen Pfuhl versunken, in dem sich ihre Sorgen mit dem Erdreich vermengt hatten und aus dem sie am Morgen früh wie ein frisch ausschlagender Lotustrieb hervorgegangen war.

Auf acht Uhr dreißig war das Treffen mit dem Ornithologen angesetzt. Zeit genug, sich oben die Zähne zu putzen und den Geräuschen, die aus den Gassen bis an ihr Fenster drangen, zuzuhören.

In der Lobby sackte das Sofa durch. Es war Aude peinlich, mit hohen spitzen Knien, die ihr fast ans Kinn reichten, auf einen Fremden zu warten. Ihr Po berührte durch das Leder beinahe den Boden.

Acht Uhr dreißig.

Auf dem Plasmabildschirm lief ein Autorennen, eine Aufzeichnung vom Ungarnring. Ah, den gab's ja hier.

Acht Uhr zweiundvierzig.

Waren die Ungaren unpünktliche Leute? Die gängigen Clichés der Schweiz: Kühe, Käse, Uhren und die vielgepriesene Pünktlichkeit.

Acht Uhr neunundvierzig – was wusste sie über die Ungarn? Ungarns Vögel hätte sie blind aufzuzählen gewusst von eins bis zweihundertzehn, aber die Menschen?

Eine kleine hellblonde Frau trampelte in die Lobby, warf einen Blick zur Reception, warf eine Handvoll Worte hinterher und war zwei Schritte später vor Aude aufgebaut wie eine Trutzburg vor dem Schloss.

»Aude Senigaglia?«

»Ja.«

»Mein Mann ist krank. Er kann nicht kommen. Er hat mich geschickt. Aber ich weiß nicht, worum es geht und was Sie überhaupt wollen.«

Flatter, flatter, die Dame war ziemlich auf Zack. Aude hatte so etwas schon oft erlebt, im Tierreich, aufgebrachtes Gebaren, da war's am besten, selber Ruhe zu bewahren und eine Demutshaltung anzunehmen. Sie zog die Knie, so gut sie konnte, noch näher an sich heran und senkte den Kopf um Millimeter.

»Ich bin Ornithologin. Ich bin hierhergereist, weil ich Großtrappen, ein Tier aus der Ordnung der Kranichvögel, beobachten will. Ich bin gestern angekommen. Sopron ist ein hübsches Städtchen.«

»Ja, und ich habe viel zu tun. Ich arbeite im Tourismus, also wenn Sie wollen, organisiere ich Ihnen einen Ausflug zu Ihren Vögeln.«

Diese Frau hatte offenbar keine Ahnung, wovon Aude sprach und was eine Ornithologin brauchte, geschweige denn, was sie mit ihrem Mann alles hätte besprechen, austauschen und ansehen wollen. Nun denn, so war's. Die Frau war mittlerweile gegenüber in einen ebenfalls sehr denkwürdigen Ledersessel gesunken und unterhielt sich auf Ungarisch mit sich selbst. Aude versuchte es mit einer kleinen Freundlichkeit:

»Der Klang Ihrer Stimme erinnert mich an meine Omama.«

»So? Ist sie Ungarin?«

»Ich glaube, ihre Vorfahren stammten aus Sopron.«

Die andere klarte auf: »Wie heißt sie denn?«

»Schön. Mondaine Schön.«

»Schön, hm. Das ist kein häufiger Name in Sopron.«

Aude richtete sich darauf ein, einen Moment zu schweigen. Die Frau fingerte an ihrem Handy herum und schwätzte. Es klang geschäftig, wichtig, verlangend. Wie dumm, wie dumm aber auch, dass ihr Mann krank war.

Schön war das einzige Wort, das Aude ab und zu aus dem Kauderwelschflüsschen herausfischen konnte. Schön, ihre Omama Mondaine Schön. Natürlich! Von Sopron hatte sie doch erzählt! Von Sopron und von Miskolc! Und von einem Schloss oder zweien, wie hatte sie nur nicht daran denken können bei der Planung ihrer Reise! Mehr als zehn Jahre war es her, seit sie ihre Omama auf Tonband aufgenommen hatte. Sie hätte, vielleicht, wer weiß, aber nein, die Angaben waren doch zu vage gewesen, nicht wahr, im Wabern des Nebels der Vergesslichkeit versunken, und wer wusste denn überhaupt, ob das alles immer gestimmt hat, was Omama da fabuliert hatte, ob das nicht auch einfach Legenden waren, aus denen sich Familienmitglieder ihr Historienkorsett schnürten, jedem einen kleinen Grafen in die Ahnentafel hinein, ha, Aude musste plötzlich lachen.

Die Frau ihr gegenüber, die sich weder vorgestellt hatte noch ihr die Hand zur Begrüßung gereicht, hatte helle Augen, hell wie eine Wasserquelle. Die Furchen auf ihrer sonnengebräunten Stirn waren quergeritzt, um die Mundwinkel zitterte eine Mischung aus Süße und Bitterkeit wie schwarze Schokolade.

Jetzt schaute sie Aude über ihre Handyfaust hinweg an, sagte jó, jó und igen, igen, gut, gut und ja, ja, nickte ungeduldig, das Telefongespräch musste bald zu Ende sein. Dann stand sie auf, nickte Aude zu und sagte: »Auf dem Friedhof gibt es ein Grab Schön. Kommen Sie mit, ich bringe Sie zu jemandem, der etwas darüber weiß.«

Die Dame hatte Aude am Haken, griff sie sich und zog sie mit sich durch die Lobby, aus dem Hotel und in die Gasse hinein. Aude blieb keine Zeit, nachzudenken. Sie musste sich sputen, um mit der Ungarin Schritt zu halten, jeder noch so scheue Einwand wäre sinnlos gewesen, da ihre Führerin bereits in ein neues Telefongespräch vertieft war. Aude achtete nicht auf den Weg, sondern versuchte, ihre Anspannung loszulassen und weich und willig hinterherzulaufen, was wäre schon ein Tag von drei Wochen, die ihr hier in Ungarn für ihre Vogelerkundungsreise zur Verfügung standen. Also.

In einem Hinterhof plapperte sich die Frau in die Küche eines Restaurants hinein, wo ein junger Koch oder Hilfskoch ebenfalls in ein Handy sprach. Die beiden schauten sich an und wechselten noch das eine oder andere letzte Wort via Funknetz, dann beendeten sie das Handygespräch und redeten von Angesicht zu Angesicht weiter.

»Dieser hier ist ein Stöckert, kein Schön. Stöckert gibt es Hunderte in Sopron und Umgebung.«

Ah, ja. Für Aude hieß das so viel wie, dieses hier ist keine Stockente, es ist ein Weißstorch. Da wurde die eine Gattung durch eine andere einfach mal so ausgetauscht. Man führte sie durch die Küche hinein ins Étterem. Die Tische waren alle unbesetzt, vermutlich war noch nicht einmal regulär geöffnet. Rotweiß karierte Tücher lagen diagonal, auf jedem Tisch ein Blümlein in einer Vase. Audes kurzer Blick auf die Speisekarte zeigte, dass hier Deftiges geboten wurde. Sie holte einmal tief Luft.

»Moment.« Die Frau, die abermals bei einem neuen Jemand am Handy Erkundigungen einholte, machte ihr ein Zeichen.

Als von hinten im Restaurant eine weißhaarige Dame auf den Tisch zugezockelt kam, steigerte sich der Tonfall der Telefonierenden um eine halbe Oktave. Aude nahm gerade noch wahr, wie ihr Lebenszug über eine Weiche glitt, schon hielt ihr die alte Dame beide Hände zur Begrüßung hin.

»Das ist Ilonka. Sie ist mit Ihnen verschwägert.«

Die Dame mit Namen Ilonka trat einen letzten Schritt auf Aude zu, mit tränengeflutetem Blick, dann schloss sie sie in beide Arme.

Aude fühlte die Unanfechtbarkeit dieses Moments, und zum ersten Mal in ihrem Leben empfand sie sich berechtigt, da zu sein. Am Leben, im Leben, genau jetzt, genau hier.

Sie hielt das Mütterchen in ihrem Arm, diese kleine Frau, als wäre sie ein Kind. Sachte schaukelte sie sie hin und her, und als sich die Alte endlich löste, strahlte Aude ein Liebesglühen entgegen, als wäre sie die Überbringerin einer lang ersehnten Botschaft, eine Überbringerin des Lichts.

»Ilonkas verstorbener Ehemann war der Bruder einer Frau, die mit einem Schön verheiratet war. Wir suchen nun deren Enkeltochter. Warten Sie. Und bestellen Sie sich etwas zu trinken!«

Wenige Minuten später saßen Aude drei Frauen mit Handys gegenüber. Die Suche nach Verwandtschaft, Familie!, war in vollem Schwange.

Ilonka zeigte Aude verschiedene Aufnahmen. Gesichter in Schwarzweiß, verschwommen, ernst, mit tiefen, schweren Augen. Aude hörte Namen, ungarische Vor- und Familiennamen, die sie ihrem Klang nach ordnete. Weich wie Wasser, hüpfend wie Tropfen, kugelnd wie Murmeln auf einer hölzernen Bahn.

Plötzlich streckte die blonde Dame Aude ihr Handy über den Tisch hinweg entgegen und sagte: »Bitte. Eine echte Verwandte, Dóra Hámori. Sprich mit ihr, sie versteht gut Deutsch!«

»Äh, mein Name ist Aude Senigaglia, ich komme aus der Schweiz. Ich habe soeben gehört, wir seien verwandt. Meine Großmutter war eine Schön. Aus dieser Gegend. Mondaine Schön. Äh, sagt Ihnen das vielleicht irgendetwas?«

»Meine Mutter war eine Schön.«

»Oh. Ich glaube, dann sind wir tatsächlich verwandt.« Aude suchte nach den richtigen Worten, einem Satz, der jetzt angebracht wäre, und probierte: »Ich weiß nicht, hätten Sie vielleicht Zeit, vorbeizuschauen? Damit wir uns kennenlernen?«

»Ja, ich habe Zeit. Und ich habe Lust dazu.«

Das war Dóra Hámori. Die Tochter einer Cousine von Mondaine Schön. Ungarische Verwandte, Spross vom gleichen Trieb und noch jenem Boden verwurzelt, dem Mondaine einst entrissen worden war.

Und gar nicht lang, da stand sie da, in Fleisch und Blut, schmal, mit zaghaft hängenden Schultern und einem scheu hoffenden Blick, zauberhafte Verbindung der alten mit der neuen Welt. Die beiden Unbekannten umarmten sich. Lange. Und beide still, mit tränenerstickter Stimme wollte weder die eine noch die andere den Mund auftun.

Später, mit dem Aufschlagen der mitgebrachten Fotoalben, öffnete sich gleichsam ein Tor zu einer Vergangenheit, ein Durchlass zu einer Zeit, die einmal eine gemeinsame gewesen sein musste. Seite um Seite folgten sie den einzelnen Ästen, kamen näher zum Stamm, und es stellte sich unleugbar heraus, dass Dóras Urgroßvater ein gewisser Ferenc Dušan Schön gewesen war, ein unglücklicher Ungare mit drei Frauen, Krisztina, Anna Leopoldina und Zelma, seines Zeichens Ururgroßvater von Aude Senigaglia. Die beiden Frauen rekapitulierten. Aus seiner Ehe mit Krisztina muss Mondaines Vater hervorgegangen sein, Ferenc Schön, der sich später François nannte, und aus der dritten und letzten Ehe mit Zelma Imre, Balin und Lipot, wovon Balin Dóras Großvater gewesen war, ein geachteter Perückenmacher, lange Zeit wohnhaft an der Müller-Paulin-Straße, heute Hinteres Tor 1, was im Übrigen gar nicht weit entfernt war vom Hotel Palatinus, wo Aude logierte. Nur wenige Minuten, wenn überhaupt. Dóra hatte nicht gewusst, dass sie noch Verwandte aus jenem Zweig hatte. »Ich habe stets geglaubt, ich sei die letzte der Schöns. Seit meine Mutter gestorben ist, gibt es nur noch mich.«

»Ich könnte mir vorstellen, dass meine Omama ähnlich gedacht hat.«

»Omama? Lustig. Ich nannte meine Großeltern Omami und Opapi.«

Sie schauten Bild um Bild an, und Dóra zählte weiter die ungarische Verwandtschaft auf. Ein Familienbaum, an dessen einem Ast nun neu auch Aude baumelte.

Vergessen war, dass Aude eigentlich wegen der Vögel ins Land gekommen war, jetzt galt nur dies: die Magie des Momentes zu bewahren, der noch immer nicht abebben wollte, der anhielt. Der gekommen war, um zu bleiben.

Plötzlich glaubte Aude ein Gesicht, ein perlendes Lachen über weißen Zähnen, eine ganz besondere Schulterhaltung zu erkennen. Sie zeigte mit einer Bewegung auf das Bild und fragte Dóra: »Weißt du, wer das ist?«

»Nein«, Dóra überlegte, »ich bin mir nicht sicher.«

Aude verspürte ihn ganz deutlich, den Flügelschlag der Zeit, als sie mit trockenem Mund zu sprechen anhob: »Ich bin mir ganz sicher, dass sie es ist. Das ist meine Omama, das ist Mondaine Schön.«

Hier stand sie. Strahlend, entspannt, mit beiden Füßen fest auf ungarischem Boden. Gerader Blick voller Frische in die Kamera gerichtet: Seht! Seht mich an, ich bin des Lebens reinste Lust!

Aude überlegte, ob ihre Omama da schon schwanger gewesen sein konnte. Ob das die Zeit war, in der sie ihre letzten sorglosen Jungmädchenmonate verlebte, kurz vor all dem Drama.

»Deine Omama war die Cousine meiner Mutter – ah …, schau, das muss an der Teichmühle gewesen sein! Und hier, ist sie das nicht noch einmal« – Dóra blätterte rasch um –

»im Lövér Bad? Schau nur, welche Freude sie hat! Und hier, beim Aussichtsturm, ich weiß, wo der steht, es gibt ihn heute noch. Ich führe dich später hin, wenn du das möchtest.«

Aude war ganz überwältigt. Die Tatsache, dass sie Haut an Haut neben einer ungekannten ungarischen Verwandten saß, die ihr die eigene Omama so unerwartet nahbrachte, die sie aufleben ließ, dass man das Gefühl hatte, sie selbst wäre mit im Raum, berührte sie mehr als alles andere.

Es folgten Bilder vom Neusiedler See, Bilder von Schloss Esterházy auf Fertöd und Bilder von Schloss Esterházy in Eisenstadt, Gartenbilder, Waldbilder, Wasserbilder, Sommerbilder, Strahlebilder. Auf ihnen allen zeigte sich eine vor Lebenslust strotzende Mondaine. Taufrisch und so wunderschön, dass es einem in den Augen weh tat.

»Soviel ich weiß, hat deine Omama meiner Mutter Päckchen geschickt während des Krieges. Strümpfe, Schokolade, Schreibmaterial. Ich erinnere mich dumpf daran, dass meine Mutter von einer Cousine im Ausland gesprochen hat. Aber ich weiß es nicht mehr genau.«

Bild um Bild wurde Aude in die eigene ungarische Familiengeschichte eingeführt, lernte Großonkel und -tanten kennen und konnte in ihren Gesichtern deren Leben lesen.

»Bei mir zu Hause finden wir sicher noch mehr Fotos. Ich könnte dir Briefe zeigen und Karten auch. Und wir könnten, wenn du das möchtest, auf den Friedhof gehen, die Gräber besuchen, und ich könnte dir auch die Wirkstätten deiner Vorfahren zeigen, damit du siehst, wo sie Kundinnen frisiert haben und wo gelebt.«

Und während Dóra noch redete und ein wunderbares Angebot ans nächste knüpfte, erwuchs in Aude ein neuer Plan: die Erfassung ihrer Herkunftsfamilie mittels Tabellen, Grafiken und Verbindungslinien.

Die Idee, einen Stammbaum zu erstellen, nein, mehr als

nur das, eine multimediale Sammlung von Bildern, Tondokumenten, Interviews und Briefen, Zeitungsartikeln, da musste doch sicher etwas zu finden sein in den Archiven, jaja, genau, ein Universum von Zeitdokumenten, um das Ganze als fertiges Werk eines Tages ihrem Sohn zu schenken!

Um so die Geschichte in ihrer Familie weiterreichen zu können, das kostbarste Gut und endlich, endlich auch etwas, das sie, Aude, mit den Menschen ihrer Welt verband, sie selber einbinden könnte in dieses Band der Geschichte, die eine Geschichte der stetig Ziehenden war, eine der Getriebenen, und jetzt eine der Findenden.

Und während also seit Jahrhunderten die Senigaglias, die Israëls, die Immers und die Schöns vor ihren Familien geflüchtet waren, mit ihren Vorfahren und dem Leben der Altvorderen, mit deren Religionen und Glauben, Gepflogenheiten und Anstandsregeln gebrochen und ihrer Herkunft für alle Ewigkeiten den Rücken gekehrt hatten, drehte sie sich nun als Erste um und wandte sich eben dieser Vergangenheit zu. Aude ging ihnen allen mit offenen Armen entgegen.

Noch in Sopron begann sie zu systematisieren. Schrieb Namen und Daten auf und fügte sie in einen Stammbaum ein, dem sie in den folgenden Tagen und Wochen Zweig für Zweig entgegenfahren wollte. Sie sammelte Bildmaterial, scannte ein und schickte sich alles per E-Mail nach Hause. Sie führte Interviews und nahm Gespräche auf, Lieder und Geschichten und stand ganz am Anfang einer Reise, aus der sie, und das wusste sie, nicht genauso hervorgehen würde, wie sie sie angetreten hatte. Es war schon immer so gewesen bei Aude, was sie tat, das tat sie ohne Rücksicht. Und ja, sie wusste, was auf sie zukam, sie kannte das aus ihren Studien- und den Forschungsreisen; sie lachte: Ich habe eine Disziplin, die ist zum Fürchten.

Cuauhtemallan, Land der Bäume

Río Dulce (Frontera, Guatemala), 2010

Voriges Jahr war er siebzig geworden, Guido, das schwarze Schaf der Familie Senigaglia, vor Anker mit seiner schuppenflechtigen Roaring Thunder in Río Dulce Guatemala, zwischen dem Atlantischen und dem Pazifischen Ozean, ließ er, ein Glas Ron Zacapa Centenario, goldener Rum aus Zuckerrohr, das in der schwefeligen Vulkanerde Guatemalas gewachsen war, in seiner linken Hand, die Frau an seine rechte Seite lehnend, sein Leben noch einmal Revue passieren. Zumeist schwieg er gedankenvoll. Nur das eine oder andere Bild kommentierte er. Und ab und zu zitterte sein Fuß, eine Bewegung, die ihm durch den Körper fahren wollte, von ganz unten nach ganz oben, die er aber spätestens am Knie abschüttelte.

Sein Idiom war eine Mischung aus amerikanischem Englisch und Schweizerdeutsch, Goldküstendialekt, wie man ihn am reinsten noch in Küsnacht sprach.

Ab und zu flocht sich ein italienischer Ausdruck ein, den Guido besäuselt weglächelte, wie ein Papierschiffchen, das zwischen den mächtigen Wurzeln der Mangroven in der Bucht verschwand.

»Sie hat uns oft auf den Friedhof genommen, unsere Nonna. Dort war's still, und sie hat uns Märli erzählt …, c'era una volta … und so. Bei ihrem Mann am Grab, damit der auch zuhören und miterleben konnte, was für eine stabile und ausgefertigte Persönlichkeit sie doch war. Hab ich dir schon einmal von ihren krummen Beinen erzählt, Angeline?«

Gespenstische Geräusche fädelten sich vom Land durch die Luft auf das Elfmeterboot, das Guido und Angeline ihr Zuhause nannten. Guatemaltekische Zikaden flochten ihre langgedehnten Gesänge zu exotischen Mustern, Schall- und Erschütterungssignale, die in beständigem Zirpen den Weltenzustand kundtaten. Ihre Trommelorgane paukten ohne Unterlass.

»Meine Schwester Carla war ein Täubelikind. Sie war so starrköpfig und kompromisslos. Vielleicht hat sie diese Bestimmtheit von der Nonna mitgegeben bekommen. Als Kind dachte ich, es sei ein Trick, dass sie nicht mit den Kunden sprechen wollte, weil sie dann im Zimmer verschwinden konnte und spielen. Wir Jungs, Nunzio und ich, haben viel weniger gespielt in jener Zeit. Und das war's, was sie dort machte: Sie spielte mit sich allein.«

Guido leerte sein Glas mit einem Schluck.

»Als meine Mutter Alda dann mit Silvia schwanger war, hat ihr der Arzt gesagt, sie könne es auch wegmachen. Sie aber, kennst sie ja: nein, nichts sagen, nichts machen! Und behielt es für sich als Geheimnis unter dem Herzen. Solange sie konnte, bis Vati es eben doch bemerkte. Und dann sagte er: Ja, das macht ja eigentlich auch nichts. So war er, Vati, *macht ja eigentlich auch nichts*.«

»Deine Nonna hatte sich aber gefreut ...«

»Ja, die Nonna hatte sich gefreut.«

Gemeinsam lauschten die beiden den Klängen des Urwalds, den vielen Stimmen, die sie jeden Tag und jede Nacht begleiteten, seit sie aufs Boot gezogen waren.

»Ich hatte abstehende Ohren und war ein Bettnässerkind. Ich hätte Vati nie genügt, wenn ich geblieben wäre.«

Angeline überlegte, ob er denn jetzt genügte, sie waren ja alle verstorben und tot.

»Ich hatte einfach keine Luft zum Atmen um ihn herum. Nie hätte ich neben ihm ein guter Malermeister werden können. Ich bin eben wie der guatemaltekische Quetzal, ich überlebe nur dann, wenn ich frei bin. Mich kann man in keinen Käfig sperren, dann töte ich mich selbst. Kannst du dich noch daran erinnern, wie er immer in den Farbeimern die Farbe an den Innenwänden mit dem dicken Pinsel nach unten putzte, um nur ja keinen Tropfen herzugeben? Arbeiter waren billig damals, aber das Material war teuer! Well then.«

Guido goss sich ein Glas nach, blickte in die Ferne, wo Palmen im weichen Wind wogten. Unter ihm schaukelte das Boot auf sanften Wellen. Die Luft war voller Süße.

»Dein Vater hatte uns die Verlobung bezahlen wollen …«

»Der alte Trickser. Da hat er uns schön reinlaufen lassen. Das ganze große Fest. Das hätten wir doch nie gemacht, wenn wir gewusst hätten, dass er uns nachher mit den Rechnungen auflaufen lässt. Und dann die gleiche List ein zweites Mal, bei der Hochzeit.« Guido schüttelte den Kopf.

»Er dachte, dass wir nicht gehen würden, ohne Geld.«

»Mich muss man ziehen lassen, wie den Quetzal.«

»Er wollte, dass wir bleiben. Das wollten damals eigentlich alle.«

»Und haben uns alles bezahlen lassen, bis auf den letzten Rappen.«

»Ich sehe ihn noch vor mir, mit seinem gewitzten Schalk …«

»Ich auch. Ich auch.«

»Und wir sind dann doch gegangen, mit weniger als 2300 Dollar und keinem Job in Aussicht.«

»Und kein Englisch hast du gesprochen, Angie. Stur wie alle Oberländer.«

Noch immer zirpten die Zikaden.

Beide hingen still ihren Gedanken nach. Guido suchte den Himmel nach späten Wetterzeichnungen ab. Angeline, eigentlich Angelika Gartmann aus dem Zürcher Oberland, horchte auf, als im Schiffsradio Dolly Parton sang. *I will always love you.* Sie hatte Guido ihre Hand versprochen als junges Mädchen, ja gesagt zum Abenteuer des Auswanderns, aber bereits auf dem Hinflug hatte sie gemerkt, dass sie die Entfernung von der Heimat härter ankäme als befürchtet. Drüben angelangt, wollte sie partout kein Englisch lernen. Sie ging nicht aus dem Haus, traf keine Leute, unterhielt sich mit keiner Menschenseele und hatte so Guido die Rückkehr in die Heimat abzutrotzen versucht.

Als er bemerkt hatte, wie unglücklich sie war, hatte er versprochen: »Ein Jahr, nur ein Jahr lang durchhalten, dann können wir wieder nach Hause.«

Aber Guido war damals schon mehr in den USA zu Hause, als er es in der Schweiz je gewesen war.

Ein guter Flächenmaler war er geworden, einer, der auch vor den größten Brückenprojekten nicht zurückschreckte und alles mit kräftigem Strich anmalte, was ihm das Leben bot. Nur großzügig, weiträumig, breitflächig musste es sein. Nicht nur einmal hatte er Farbe vertrocknen lassen in siegerischem Trotz, *wer ist jetzt der Stärkere, Vati, wer?*

Nach einem Jahr, als ihn Angeline daran erinnert hatte, dass sie jetzt gerne wieder Angelika sein wollte, war von seinem Versprechen keine Rede mehr. »Hier sind wir und hier bleiben wir«, hieß es nur. Wohl oder übel musste Angeline Englisch lernen und ein neues Daheim aufbauen in Amerika. Und als dann spät, sehr spät in ihrem Leben, die Finanzkrise über sie hereingebrochen war und sie alles zu verlieren drohten, war es wiederum Guido gewesen, der den Kurs bestimmte. Ein Boot sollte es sein, und länger als drei Monate im Jahr wollte man an den Küsten Amerikas nicht ankern, der Steuern wegen. Warum auch nicht, wenn einem Inseln, Meere und ganze Kontinente zur Verfügung standen!

Seit vier Wochen war es Río Dulce in Guatemala.

Den heutigen Abend hatten sie noch für sich. Morgen würden ihre Kinder mit ihren Familien zu Besuch einfliegen.

»Eigenartig«, sinnierte Guido, »dass ausgerechnet heute eine E-Mail mit all diesen Fragen meiner Nichte Aude bei uns eingetroffen ist. Ich kenne die ja kaum.«

Teil 7
Brutfürsorge. 2010–2011

Vögel sind Sonnentiere. Das Licht steuert ihren Lebensrhythmus.

quergedacht

Zürich, 2010

In wiederkehrender Regelmäßigkeit schüttelte die Schweiz ihr Gefieder und plusterte sich auf, als wäre sie eine preisgekrönte Kreuzung zwischen Pfau und Schwan. Ein Pfwan oder ein Schwau vielleicht. Und mit überraschungsloser Gewissheit vermochte sie doch immer wieder jene zu überrumpeln, die daran glaubten, sie hätte sich nun endlich genug gemausert und sich mit der Farbigkeit ihres Federkleids abgefunden. Aber nein, sie schlug mit den Flügeln, als gälte es, rechte und linke Haken zu verteilen. Selber gab sie sich unantastbar, und war dabei so verletzend würdelos, schamlos und ohne jedes Taktgefühl brutal. Wie im Jahr 2009, so auch 2010.

Was früher Überfremdung hieß und durch Assimilierungsmaßnahmen wettgemacht werden wollte, nannte sich nun mangelnde Integration. Balkan Raser oder deutsches Feldmarschallgehabe – keine Lettern zu roh, als dass sie nicht immer und immer wieder auf die Frontseite der Boulevardblätter gesetzt wurden mit, wie es schien, systematischer Gewalt. Die Angst vor dem »Ausverkauf der Heimat« grassierte wieder einmal, und virulent, wie solche Ängste nun einmal sind, fand sie in noch so manchem Bünzlihirn einen dankbaren Wirt. Fremdes und althergeholtes Gedankengut, aufgemotzt, als wär's eine Idee jüngster Tage. Es schien, das ganze Volk war dazu bereit, etwas Ungehöriges zu tun, endlich einmal nicht nur die Faust im Sack zu machen, sondern laut aufzumüpfen, und dies vor allem: gehört zu werden in der Welt. Der weiten. Fremden.

Und so hatten am 29. November 2009 der Schwan mit

den Flügeln und der Pfau sein Rad geschlagen, und der langgediente eidgenössische Abstimmungsprognostizist Claude Longchamps erlitt einen ganz und gar fürchterlichen Plumps auf seine Nase.

Noch bis kurz vor der Eidgenössischen Abstimmung hatte er wacker eine Nein-Mehrheit von 53 Prozent geweissagt, souverän und selbstsicher, so wie jedes Jahr, so wie immer, so, wie die Schweiz nun einmal vorhersehbar war, und war dann mit über 57 Prozent Ja-Stimmen gehörig zu Boden geklatscht. Dieses Ergebnis war ein Skandal. Den Mitarbeitenden des Forschungsinstituts war es ein Rätsel, das mehr als bloßes Kopfschütteln und Stirnrunzeln auslöste, und die Schweizerische Radio- und Fernsehgesellschaft SRG SSR idée suisse distanzierte sich vorsichtshalber bis auf weiteres von Longchamps, und keiner im Lande, der einigermaßen links dachte und das Herz am rechten Fleck hatte, wusste, was denn genau geschehen war. Es war kein schönes Erwachen, sondern eines mit schwerem Gebrumm im Kopf. Und so sinnierte man tags darauf und noch Wochen danach mit wunden und wehen Worten darüber nach, wer denn diese 57,5 Prozent Mehrheit gewesen sein mochte, die am 29. November 2009 gegen den Bau von Minaretten gestimmt hatte. Einzig die verlässlich sozialistischen Kantone Waadt, Neuenburg, Genf und Basel-Stadt bildeten Ausnahmen, wenige bunte Flecken im Schwarz und Weiß der Holzschnittartigen. Die Schweiz hatte also abgestimmt. Sie hatte es denen gezeigt. Denen, die für den Terror in der Welt verantwortlich sein sollten. Denen, die dunkle Bärte trugen und lange Röcke. Denen, die einen schwarzen Würfel anbeteten und so unerträglich anders waren als alles, was in der Schweiz bislang Aufnahme gefunden hatte. Die als nicht integrierbar galten. Die Volksinitiative »Gegen den Bau von Minaretten« hatte die Schweiz in ihren Grundfesten erschüttert wie ein Erdbeben.

Und dann 2010 die Ausschaffungsinitiative.

»Als ob das Garant für altehrwürdige Schweizer Werte wäre. Und welcher Art sollen diese überhaupt sein? Wirklich? Nicht im Sinne von Legendenbildung.«

Aurelio knüllte die Zeitung zusammen und pfefferte sie in den Abfalleimer, als wären die Lettern vergiftet. Er war bei seiner Mutter zu Besuch, seit er mit Şirîn zusammenwohnte, aßen Mutter und Sohn beinahe öfter zusammen als vorher. Er kam vorbei, und sie kochte. Es war, als probiere Aurelio neue Begegnungswege aus, erwachsene, indem er auftauchte und verschwand, ohne darüber berichten zu müssen. Und so war es auch, wie er sich fühlte: erwachsen.

»Für Şirîn würde ich sogar konvertieren.«

»Wieso konvertieren? Du bist ja nicht einmal getauft!« Aude lachte zweifelnd.

»Mich bekennen dann halt.«

»Das sagst du jetzt nur so.«

»Querdenken, das ist das Einzige, was weiterbringt.«

»Aurin.«

»Das Klima ist kälter geworden, Mum. Şirîn spürt das jeden Tag.«

»Auf dem Steueramt?«

»Hast du denn nicht begriffen, worum es den Leuten geht?«

»Um diesen Turm, von dem der Muezzin die Gebete ausruft, um kriminelle Ausländer, die des Landes verwiesen werden sollen.«

»Um diesen Turm, Mum, also wirklich!«

»Nun ja, für Schweizer Verhältnisse ist so ein Minarett halt ganz schön steil … aber natürlich, weiß ich, worum es geht. Um Schwimmverbote für Mädchen, Burkas, Burkinis, Kopftücher und Zwangsehen. Um die Angst vor dem Fremden, um die Illusion, einzigartig zu sein und besser als alle anderen. Um das Symbol des weißen Kreuzes auf rotem Grund, den ganzen Senf, den die Zeitungen halt noch so gerne bringen. Und das glauben Herr und Frau Schweizer mit Initiativen zu lösen. Die noch zudem gegen die Menschenrechtskonvention verstoßen.«

»Es geht um 09/11, es geht um alles oder nichts.«

»Du bist radikal, Aurin. Aber ich finde auch: Lass die Muslime doch ihre Moscheen haben mit ihren Minaretten. Die Juden haben ihre Synagogen, und sogar die Tibeter haben in Rikon eine Art Kloster. Was ist schon dabei. Warst du überhaupt abstimmen?«

»An mir lag's jedenfalls nicht.«

Aude beigte noch einmal etwas Kartoffelpüree auf den Teller ihres Sohnes, dann drückte sie mit dem Saucenlöffel eine Mulde hinein.

»Wie früher«, er schmunzelte.

»Trägt Şirîn eigentlich manchmal Kopftuch?«

»Nie. Und wenn. Sie ist hier geboren, aber die Schweiz kennt ja kein jus soli! Leider. Und dabei arbeitet sie auf dem schweizerischsten aller schweizerischen Ämter: dem Steueramt.«

Während Aurelio Kartoffelstampf in sich hineinlöffelte, dachte er über Şirîn nach, und wie sich ihrer aller Leben durch sie verändert hatte.

Şirîn Arslan war in Aurelios Leben wie ein Luftzug gekommen, dessen Kraft man erst realisiert, wenn man sich dagegen anstemmen will. Ihr Vater, ein Kurde, stammte aus Diyarbakır, einer türkischen Provinz in Südostanatolien. Entgegen jedweder Vernunft hatte dieser sich in eine Türkin verliebt und war mit ihr durchgebrannt. Mit Hilfe von Schleppern waren die beiden auf einem langen, harten, glühend heißen Weg via Bulgarien nach Griechenland gelangt und von dort mit einem Schiff weiter bis ins Europa ihrer Träume. Es dauerte ein ganzes Jahrzehnt, bis sich die zurückgebliebene türkische Familie mit ihrer Tochter versöhnt hatte, und ein Grund dafür war sie gewesen, Şirîn, die Süße auf sanften Sohlen. Frucht einer Liebe über Grenzen und Konventionen hinweg.

Im Nachhinein hatte ihr Vater sich schwerste Vorwürfe gemacht, nach Westen gezogen zu sein, die Geliebte im Schlepptau, und ohne eine Ahnung, was sie dort erwarten würde. Und jedes Jahr, das vergangen war, ohne Kontakt zur Familie der Frau, knüppelte sein Gewissen härter. Aber auch ihn hatte die Geburt des Kindes beruhigt, befriedet in seinem Dasein als einfacher Schuster am Schalter eines Schuhsohlen- und Schlüsselservicebetriebs in einem vorstädtischen Einkaufszentrum, wo er Dienst tat von morgens um sieben bis abends um acht.

Aurelio war Şirîn verschiedene Male über den Weg gelaufen. »Im Ausgang«, wie er das nannte, wenn er nachts in Zürich unterwegs war, auf Partys, in Clubs und Bars. Alkohol war dabei nie sein Thema, sein Interesse galt ganz dem Austausch, Lachen, Erzählen, Reden, dem Geselligsein. Was für seine Mutter schwarz war, war für ihn weiß, wo sie verstummte, tat er auf. Aurelio hatte Şirîn nicht bemerkt, nicht wirklich wahrgenommen. Sie aber hatte ihre Augen auf diesen hübschen, schwarzhaarigen jungen Mann geworfen und ihren Blick nicht mehr von ihm gelassen. Als er eines Abends zu Hause vor seinem Computer saß und im MSN chattete, einem Kanal, den er stets offen hielt für alle, die mit ihm kommunizieren wollten, klopfte plötzlich eine Şirîn an. »Bist du das«, hatte sie ihn gefragt, »der gestern im Kaufleuten mit drei anderen Jungs über die Minarettinitiative gesprochen hat?«

»Bin ich, ja.«

»Ich mag dein Bild.«

Aurelio hatte als MSN-Kontaktbild ein Kinderfoto von sich hochgeladen, Klein Aurin mit einem karierten Halstuch um den Kopf gezwirbelt, wie er lachend aus einem Seifenkistenauto auf den Hosenboden fällt.

So waren die beiden auf Şirîns Anstoß hin miteinander ins Gespräch gelangt, und ehe er sich's versah, suchte er ihren Duft, den Duft des frischen Windes, in jedem Raum.

»Sie hat übrigens grad ihr Einbürgerungsverfahren am Laufen.«

»Wo denn?«

»Schübelbach. Kanton Schwyz.«

»Bewahre! Dort stimmen sie doch in der Gemeinde ab!«

»Ja. Sie muss sich so richtig bewerben. Nachdem sie nun die Eidgenössische Einbürgerungsbewilligung hat, musste sie ein Gesuch an den Gemeinderat stellen. Danach bat man sie, ein Foto zu schicken, das als Anhang in die Rechnungs- oder Budgetbroschüre gedruckt werden soll, um sie dem Bürger vorzustellen. Die Gemeinde schrieb ihr dazu sogar extra, sie solle bitte lächeln auf dem Bild. Ein Wahnsinn.«

Aurelio hob den Teller und leckte ihn leer.

»Das ist für mich Heimat.«

»Was?«

»Wie du mir die Mulde in den Kartoffelstampf drückst für einen See aus Sauce, und wir beide am Reden. So erinnere ich mich an meine Kindheit. Auch wenn ich weiß, dass wir nicht allzu oft zusammen waren.«

Aurelio sah, wie seine Mutter errötete.

»Irgendwie habe ich immer gewusst, dass das, was du mir gibst, deine reinste Liebe ist.«

Seit Aurelio die Ausbildung in einer Kinderkrippe erfolgreich abgeschlossen hatte und als Gruppenleiter arbeitete, dachte er oft über das Kindsein und die eigene Kindheit nach. Und wie immer sprach er alle Dinge freimütig an.

»Ich habe wirklich nur gute Erinnerungen.«

»Oh«, Aude schaute ihrem Sohn nun direkt in die Augen, »und warum sagst du mir das jetzt?«

»Nur so. Ich finde, wir müssen es für unsere Kinder so gut wie möglich machen.«

Geflecht aus lauter Stille

Zürich, 2010

»Oh – die Nahauffahrerin von der Autobahn, nicht wahr?«

»Hallo, Tom, ja. – Aude – äh, ich war tatsächlich grad in der Gegend …«

»Ich weiß, ich musste nur kurz überlegen. Komm rein, leg ab. Was schleppst du da denn alles mit?«

»Alte Bänder mit Kompositionen meines Großvaters Abel Ditrich.«

»Schnürsenkel, auweia!«

»Ich habe sie auf dem Dachboden gefunden, bei meiner Schwester. Ich dachte, vielleicht kann man sie ja anhören in eurem Studio?«

»Da müsste ich schauen, wo wir den alten Revox haben und ob der noch geht, soviel ich weiß, ist der ziemlich unzuverlässig. Aber tritt erst einmal ein, willst du einen Espresso, Kaffee?«

»Ein Wasser vielleicht?«

»Und dann musst du mir erzählen! Du warst doch in Ungarn, nicht wahr, oder war es Rumänien?«

»Ungarn. Und an vielen Orten. Kroatien, Italien, ich bin viel gereist seither und habe …«

»Vögel beobachtet, das war es doch?«

»Nicht direkt. Das ist eine lange Geschichte.«

Toms Firma, Jingle-Tingle, befand sich in einer alten Fabrik aus hellen Backsteinen im Kreis 8. Das Gebäude stand unter Heimatschutz, die Decken waren hoch, die Fenster großzügig geschwungen, einzelne Wände waren offenbar in die geräumige Halle eingesetzt worden, um Arbeitskojen zu schaffen. In einer der Kojen, die zu einem großen Flügelfenster führte, blitzte eine weiße Ledersitzecke. Hierhin begleitete Tom Aude. Sie schaute sich um und nahm den weiten Raum in sich auf. Sie fand alles ein bisschen stylish, überkandidelt, knapp noch erträglich. Die Geräusche hingegen waren eine angenehme Kulisse, Wasserfälle von Klängen, gewebte Tonteppiche, hier und da eine Stimme oder zwei, Menschen an der Arbeit, am Mischpult, inmitten des Kundengesprächs oder bei einer Probe.

Die Getränke brachte Tom auf einem Tablett, das aus einem alten Filmrollenbehältnis gebastelt war. Aude wusste nicht, was sie davon halten sollte, und sagte besser nichts. »Sag besser nichts. Aber ein paar gefällige Diener müssen wir unserer Kundschaft gegenüber schon machen.«

»Autospots, ich erinnere mich.«

»Damals auf der Autobahn?«

»Ausgerechnet.«

»Man kann nicht immer das Glück haben, Tibet-Kampagnen zu vertonen. Auch Musik ist ein Geschäft. Das hat dein Großvater sicher auch gewusst. Was hat er denn gespielt?«

»Violine«, Aude nahm einen kleinen kurzen Schluck aus dem hochstieligen Glas, »und Saxophon, Klavier, Gitarre, Hackbrett und später sogar Synthesizer. Er war Musiker durch und durch. Wunderkind seinerzeit. Es gibt noch Zeitungsartikel. Er hat sein ganzes Leben lang gespielt und in seinem Studio stundenlang komponiert und Bänder aufgenommen.«

»Die da?«

»Ja. Zum Schluss hat er dann im Auftrag einer amerikanischen Firma Musik für Fahrstühle und zur Beschallung von Kaufhäusern hergestellt. Ich glaube, anders kann man das nicht sagen.«

»Muzak. Gebrauchsmusik. Er also auch.«

»Eigentlich war er Zigeunerprímás. Ich glaube, auf diesen Bändern sind solche Sachen drauf. Auch ältere Stücke. Kleine Kompositionen und große Orchestermusik. Das vor allem. Damit ist er berühmt geworden.«

Aude redete und redete, fügte mutig Satz an Satz und versuchte, sich selber dabei nicht allzu streng zuzuhören.

»Wie hieß dein Großvater noch mal?«

»Abel Ditrich. Nein: Abel Israël, aber sein Künstlername war Ditrich.«

»Irgendwas klingt bei mir weit entfernt, wenn ich diesen Namen höre. Mal sehen, vielleicht komme ich noch drauf.«

Aude wartete, ob er noch etwas mehr dazu sagen würde. Seine Stimme klang sanft und fragend und unergründet. Sie erschrak, als er sie direkt ansprach:

»Und du? Was machst du so? Suchst dir grad neue Vögel aus, die du beobachten kannst?«

»Eher Menschen.«

»Bist unter die Ethnologen gegangen?«

Wieder das warme Timbre, er betonte die Vokale so weich, sie verschlierten dabei zu gänzlich neuen Farben, und er zog das Satzende sanft in die Höhe wie ein helles Fragezeichen. Auch wenn er keine Fragen stellte, das war ihr schon bei ihrem ersten Treffen aufgefallen. Sie gab sich einen Schubs.

»Die Genealogen, vielleicht.«

Tom hob die Augenbrauen, braungesprenkeltes Bussardgefieder.

»Magst du hören?«

Und Aude gestaltete ungewohnte Wortkompositionen und berichtete Tom stückchenweise von ihren Nachforschungen, von den Menschen, die sie getroffen und interviewt hatte, von ihrem Ordnungssystem, das sie sich eigens für die Katalogisierung geschaffen hatte, von den vielen schlaflosen Nächten und all den Dingen, die sich für sie plötzlich zusammenfügten, von den Fragen, die bei ihr noch offen waren, und darüber, wie unerwartet spannend sie mit einem Male, vielleicht zum ersten Mal in ihrem Leben, Menschen fand.

Dann holte sie Luft und schaute zum Fenster hinaus. Die Stille, die sie nun hörte, erinnerte sie nur schemenhaft an eine andere, alte Stille, und sie versuchte sich an einem ersten zaghaften Lächeln für Tom.

»Ich wünschte, ich hätte die Zeit und könnte solche Reisen machen …, oh, entschuldige, so war das nicht gemeint. Ich habe im Moment nur …, sehr viel um die Ohren.«

»Woran komponierst du denn?«

»Zum einen haben wir einen tollen Auftrag für eine Filmmusik, *Die Wachsfigur*, und zum anderen sind da die kleinen Jobs, Autospots, Möbelspots, Butterspots, Glacéspots.«

»Wie viele seid ihr hier?«

»Mittlerweile sind wir zu sechst, Tontechniker und freie Künstler miteingerechnet, mit denen wir regelmäßig zusammenarbeiten.«

»Künstler. Mein Großvater wollte nie ein Künstler sein. Er hätte viel lieber Business gemacht.«

»Abel Ditrich. Jetzt hab ich's: Beromünster, nicht wahr?«

»Das kennst du?«

»Auch Schwaben finden sich in der Schweizer Musikszene zurecht.« Er lachte mit offenen Lippen. Hübsch. Aude schaute ganz gerne noch einmal auf seine Schaufeln, die durch einen Spalt getrennt voneinander waren; das hatte sie berührt, diese kleine Offenbarung einer persönlichen Eigenheit.

»Wollen wir mal schauen, wegen des Revox?«

»Hast du denn Zeit dafür?«

»Ich kann sie mir nehmen. Komm, das interessiert mich jetzt.«

Aude folgte ihm durch die Räume, nickte dem einen oder

anderen zu und versuchte, mit ihren Ornithologinnenschrittchen keine Geräusche zu verursachen.

In einem halbdunklen Kabäuschen zog Tom einen wuchtigen, grünsilbrigen Apparat aus dem Metallregal hervor und hievte ihn auf einen Tisch. Drucktasten und Schieberegler, Schaltknöpfe und kleine zitternde Zeiger in Sichtfenstern, dazu ein schwarzes Zahlenrädchen – das alles sah für Aude sehr kryptisch aus.

Tom hantierte mit sicheren Griffen. Er suchte passende Kabel aus einer runden Box, vielleicht ehemals eine Überseetransporttonne, und kramte aus einer überdimensionalen Pappschachtel eine leere Spule. Vorsichtig ließ sich Aude auf einen Lederpouf sinken. Es gab ein Pfff-Geräusch. Ein ähnlich unangenehmes Gefühl wie damals in der Hotellobby in Sopron, Knie zu hoch, eine Haltung, aus der sie nicht so schnell herauskommen könnte bei Gefahr. Sie spürte plötzlich wieder diese Menschenscheu, diese Furcht davor, allein mit einem Menschen zu sein, mit einem Mann. Einem, der in Jeans und Retrohemd vor ihr herumwerkelte und ihr freundliche Blicke zuwarf. Wie kann ein Mensch nur so freundlich sein? Und doch, sie wusste im Moment auch nicht mehr, ob sie seinetwegen oder wegen der Bänder vorbeigekommen war, aber sie wusste, dass sie das beschäftigte. Ein Amimour. Wieso dachte sie jetzt plötzlich an die Worte ihrer verstorbenen Omama? Warum war sie jetzt, an diesem Punkt ihres Lebens angelangt und dachte an Liebli und an Amimour? Ob das überhaupt gestimmt hatte, als sie gesagt hatte, sie sei nur grad in der Gegend gewesen? Was wusste sie eigentlich über sich selbst? Sie. In seiner Gegend. In seinem Revier. War das Brutverhalten? Werbung? Brunftgebahren? Sie?

Hatte sie sich deshalb so herausgeputzt heute? Die Federn aufgeplustert? Patchouli hinter die Ohrläppchen getupft? Die schwarz gefärbte Denimhose angezogen, den schmalen braunen Seidenpulli mit seinem Wasserfallkragen, der ihr so elegant, viel zu elegant, über den schwarzen Body fiel? Waren das Tarn- oder Lockfarben, die sie da trug in ihrem bunten Halstuch? Botenstoffe, eindeutige Signale, die sie aussandte? Mit zweiundvierzig? Kurz vor den Wechseljahren?

Ihr eigener Sohn würde sie ja auslachen, wenn er wüsste, wie kirre sie eine solche Situation machte. Wo war sie vorher eigentlich gewesen? War sie überhaupt irgendwo gewesen, oder war sie nicht viel eher auf direktem Wege von zu Hause hierhergekommen, zu dieser Adresse, seinem Studio? Wie war sie nur in diesen Film geraten, den er da vertonte?

»So«, sagte er und holte sie damit ins Hier und Jetzt zurück, »dann zeig einmal her. Spielt es eine Rolle, welches ich zuerst nehme?«

Aude hob die Schultern und ließ sie sacken. Die Wörter hatten sich im Netz ihrer Zweifel verhakelt, und eine Panikwelle stieg in ihr auf, dass sie sich zum Narren machen könnte, wenn sie nicht bald zu sprechen anfinge. Ach, wenn sie doch nur einfach unter all diesen Problemen durchtauchen könnte! Aber ihre Stimmbänder blieben unbewegt und stumm. Fiebrig dachte sie darüber nach, was und wie sie etwas sagen könnte, eine Konversation einfädeln, ein Gespräch weiterführen, in Kontakt bleiben, auch mit Worten. Aber gerade das war so schwer, gerade das machte ihr Angst, wie fischte man denn aus der Unzahl von Wörtern das jeweils richtige heraus?

Ihre Hände wurden feucht, sie bewegte sie in Zeitlupe auf den eigenen Schenkeln auf und ab. Möge der Schweiß in den Stoff einsickern …, ach, könnte ich mich in Dunst auflösen …!

Sie hatte schon eine ganze Weile auf ihren Lippen herumgebissen und Tom dabei zugeschaut, wie er die Spule einlegte, das Band einfädelte und auf der leeren Spule festdrehte. Dann war er noch einmal aufgestanden und hatte ein weiteres Kabel geholt, stand nun da vor ihr und wartete auf ein geheimes Zeichen.

»Der menschliche Nervus Vagus ist der einzige Nerv, der nicht nur das entsprechende Organ mit dem Gehirn verbindet, sondern der auch noch Ausläufer bis ins Herz hinein hat.«

»Aha?«

»Er steuert den Kehlkopf, deshalb sag ich das.«

»Ja?«

»Und zudem führt er zum Herzen. Deshalb können nicht alle Menschen gleich schnell sprechen. Weil eben alles zuerst durchs Herz muss, was gesagt werden will. Was ein Umweg ist.«

»Also, das war ja jetzt ein zügiger Vortrag …«, sagte Tom, und Aude fühlte sich von ihm missverstanden.

»Ich will nicht missverstanden werden, deshalb kann ich auch nicht so schnell Antwort geben. Wenn man mich etwas fragt. Ich denke für die meisten Menschen zu lange nach.«

»Worauf möchtest du denn antworten?«

»Hab ich vergessen. Aber jetzt weißt du das wenigstens.«

»Ja. Wollen wir nun das mit dem Band versuchen?«

In der Ferne einer anderen Zeit hob ein Mann seinen Geigenbogen an, wartete einen Herzschlag, zwei, drei und führte ihn dann Strich für Strich über die Saiten. Seine Trauer, Verzweiflung und Hoffnungslosigkeit waren ebenso auf diesem braunen Band gefangen, wie die Befreiung, die jede Steigerung der Tonfolge, jede Synkope, jede einzelne Harmonie hervorbrachte. Eine Erlösung, die Zeit und Raum und alle anderen physikalischen Gesetze aushebelte, sich den Gehörnerven entlangschlängelte und den ganzen Menschen von innen heraus vibrieren machte.

Unwillkürlich füllten sich Audes Augen mit Tränen. Sie

sah vernebelt, wie Tom zum Sprechen anhob, es dann aber bleiben ließ und sie stattdessen einfach nur betrachtete, eine Hand auf den Revox gestützt, diesen Wunderapparat für einen Zeitreisenden. Aude gewann in diesem Moment neuen Raum für sich. Einen Raum für zwei, in dem sie sich grenzenlos fühlte, und vor allem dies: befreit.

Die Lebensbejahung in der Musik ihres Großvaters überwand sämtliche Schroffen ihrer Einsamkeit, Schluchten unerfüllten Verlangens, und schlug zauberhafte Brücken in Gärten voll nie dagewesener Schönheit und Perfektion. Sie schwebte.

Dann, viel zu plötzlich, machte das Gerät einen hässlichen Laut, und das Band verstummte.

Aude hätte sich nun gewünscht, dass dieser Tom in Geschäftigkeit ausbrechen würde, dass er rasch aufstehen und irgendein Ersatzteil suchen würde, dass er schwatzen, reden, sprechen, die Stille mit der Ordonnanz seiner Stimme ausfüllen würde, dass er irgendetwas tun würde, aber er saß nur da, diesen hellbraunen Blick auf sie gerichtet, und mit etwas in seinen Augen, das sie nicht erkennen konnte. Sie spürte, wie sich ihre Stirn kräuselte und ihre Lippen enger wurden. Noch immer blieb er still. Das kannte sie doch bereits, dieses Schweigen zwischen ihnen, das sie anscheinend mehr miteinander verband als jedes gesprochene Wort. Und obwohl sie in einem engen halbdunklen schallisolierten Kabäuschen waren, atmete in den Molekülen dieser Studiowelt noch immer der Klang eines Geigensolos, wie ein Ruf, der die Türe zu einer anderen Welt, einer weiten, endlosen und freien, für sie offen hielt.

Und hielt.

Und hielt.

Aude war es, als könnte sie im Dunkel der Zimmerecke jenen Spalt sehen, durch den ihr Abel seine Einladung auf einem Strahl gebündelten Lichts schickte.

Tom sagte: »Hör zu. Wir machen das so. Du kommst nach sieben zu mir nach Hause. Dort habe ich einen Revox, der funktioniert. Abgemacht?«

Aude wusste, dass es nur eines einzigen Wortes bedurfte, dreier Silben, die sie zwischen den Knorpelhügeln ihres Kehlkopfes hindurchpressen musste, also holte sie Luft und wisperte: »Abgemacht.«

Schwitzend und verschämt packte sie ihre Sachen zusammen. Dass er die Bänder behielt und später mit seinem Wagen mitnähme, wollte sie nicht. Sie versprach durch Nicken, sich seine Adresse zu merken und um sieben dort zu sein.

Dann war sie plötzlich draußen. Gleißendes Sonnenlicht. Spatzenschwatzen in den Büschen. Eine Amsel im Baum. Sie ging los.

Wo sie die Stunden bis abends um sieben verbrachte, wusste sie nachher nicht mehr zu sagen. Sie war wohl ziellos durch die Stadt gezogen, hatte auf der Katz den alten und dann in Riesbach den neuen botanischen Garten besucht, hatte irgendwo im Niederdorf in einer Alternativbeiz einen ungesüßten Chai getrunken und die Minuten gezählt. Aber vielleicht auch nicht. Vielleicht verwechselte sie das mit einem anderen Nachmittag, der in einem anderen Jahr zu einer anderen Zeit stattgefunden hatte. Sie konnte sich nicht daran erinnern. Sie erinnerte sich aber an ihre Gefühle, die Wärme, die sich in ihr breitgemacht hatte, das Wohlsein, den Frieden und die Ruhe, und an ihren Kopf, der mit geschickten Verstrickungstiraden dagegen anging.

Sie kam sich abwechselnd so vor, als befände sie sich auf dem Weg zum Schafott oder zu ihrer kurzfristigen Begnadigung. Und je länger sie in sich hineinhorchte, desto mehr spürte sie, dass ihre Angst allein im Kopf saß und in ihrem Körper sich nichts als Stille ausbreitete und Erlösung.

Vielleicht sollte man mehr auf seinen eigenen Instinkt

vertrauen. Vielleicht nicht so sehr auf die Stimmen im Kopf hören, vielleicht sprechen meine Zellen eine deutlichere, eine wesentlichere Sprache auf ihre Art. Lerne durch deinen Körper, sagt Lorine doch immer, dachte sie.

Um zehn vor sieben klopfte sie an.

Den Ausdruck auf Toms Gesicht konnte sie nicht deuten. Störte sie ihn vielleicht doch? War es dumm, dass sie gekommen war? Unhöfliche zehn Minuten zu früh? Er stand da vor ihr, die Türe an seine Schulter gelehnt, als wollte er etwas verstecken. Es roch komisch.

»Du bist ein bisschen früh«, sagte er.

»Ich kann auch noch eine Runde drehen. Ich kann in zehn Minuten wiederkommen. Ich kann …« Er schien tatsächlich zu überlegen. Sie starrte auf den Spalt zwischen seinen Schaufelzähnen, hörte die Luft in seinen Lungen, hörte ein *Nein*, ein *Komm rein* darin kesseln. Dann sagte er: »Nein, das macht jetzt auch nichts mehr. Komm einfach rein«, und schob ein Lächeln nach, das sie überzeugen sollte. Sie bemerkte, dass er die Türe nur knapp für sie öffnete, enger Durchlass, dann war sie drin. Fremde Geräusche, aber am stärksten nahm sie diesen Geruch wahr: etwas Steifes, Zähes, Scharfes, das in der Luft hing und den Atem zersäbelte, unangenehm. Ihr Blick fiel auf haufenweise gestapelte Schachteln und Kisten, zwei Koffer und ein paar Säcke mit, wie es schien, alten Kleidern. War das die Wohnung eines Messies – vielleicht? Sie wollte weiter beobachten. Tom stand einfach da, stand ihr im Weg, stand irgendwie unschlüssig, so, als könnte er es sich doch noch einmal umüberlegen und sie zum Gehen auffordern. Aber er sagte nichts, schaute nur so, als würde die Stunde der Wahrheit auf ihn warten. Ein unweigerliches Scherbengericht, das hinter seinem Rücken über ihn tagte und das Urteil, nur wenige Meter von ihm entfernt, demnächst sprechen sollte.

»Na, dann«, er öffnete die Türe zum Wohnzimmer, und Aude sah eine, zwei, nein, noch mehr schwarze Katzen. Eine wuselte schlimmer als die andere, zwei fetzten sich, eine, zwei, drei schliefen, eine weitere stürmte auf sie zu.

»Um Himmels willen, bist du Okkultist?«

»Das sind nicht meine.«

»Du hütest sieben fremde schwarze Katzen?«

»Nein, so ist es nicht«, er schloss sorgfältig die Türe hinter sich und stand etwas ratlos im Raum, »neun im Übrigen. Es sind neun.«

Nun erkannte Aude auch, woher dieser Geruch kam: An zwei Wänden entlang standen je fünf Katzenkistchen ordentlich mit Sand gefüllt, eindeutig gebraucht.

»Das ist jetzt vielleicht ein bisschen eine ungewöhnliche Situation für dich. Als Ornithologin unter so vielen Katzen.«

»Sie sind alle schwarz …«

»Ja, das sind sie. Alles schwarze Panther. Kleine weibliche schwarze Panther.«

»*Panthera Pardus*, melanistische Exemplare, Leoparden mit einer übermäßigen Ablagerung von Melanin. So was kommt bei Greifvögeln auch ab und an vor. Ich habe einmal eine Wiesenweihe gesehen, die war ganz dunkelbraun. Eigentlich sind diese Tiere ja gemustert, wenn das Licht ihr Fell bescheint. Deine auch?«

»Keine Ahnung. So lange habe ich sie noch nicht.«

»Wieso hast du die denn überhaupt?«

Also beschlossen sie, sich erst einmal zu setzen und über die Katzenpopulation zu sprechen. Aude legte die Taschen mit den Tonbändern vorsichtig neben sich aufs Sofa und wartete. Kaum dass sie sich einigermaßen eingerichtet hatte, sprangen drei Katzen neben ihr hoch. Die Ledercouch machte knarzende Geräusche. Die Tiere beschnupperten sie, rochen an ihren Händen und drückten ihr ihre Köpfchen in die Seite. Vorsichtig begann Aude, die Katzen zu streicheln. Eine jammerte und beklagte sich, wollte mehr, eine andere strich ihr um die Beine, versuchte den Stoff ihrer Jeans als Krallenschärfer. Aude lachte verlegen. Als sie wieder zu Tom hinübersah, der vis-à-vis auf der Armlehne eines Sessels saß, der bestenfalls noch in ein Brockenhaus passte, sah sie, dass sich seine Hände ineinanderkrampften und wieder losließen. Sein Blick war ungewöhnlich unbestimmt, und in seinen Augen lag als Schimmern eine dünne Wand.

Augenblicklich versteifte sich ihr Rücken.

»Die Katzengeschichte willst du also hören. Wie es dazu gekommen ist, dass ich meine Wohnung mit neun Katzen teile.« Er seufzte. »So genau weiß ich das selber nicht. Aber auch ich habe Ahnen, Aude. Vorfahren. Hatte einen Großvater und … einen Vater. Hör einfach einmal zu.«

Er ließ sich in den Sessel plumpsen und begann: »Mein Großvater war so um 1920 herum von Urach in die Schweiz gekommen, das liegt im Schwäbischen. Er hatte nicht viel gelernt, aber was er konnte, war, hart arbeiten. Er hat sich wohl irgendwie durchgeschlagen als Gärtner und Handlanger, und als dann in den dreißiger Jahren in Zürich der Zoo seine Tore öffnete, fand er dort eine Anstellung als Wärter. 1932 beschäftigte der Zoo acht Wärter, die einfach alles machen mussten. Ich glaube, sie waren ebenso für den Grünbeschnitt zuständig wie für die Reinigung der Käfige und das, was heute Tierpfleger eben so tun. Mein Großvater muss damals sehr stolz gewesen sein. Der Zoo war ein Prestigeobjekt für Zürich, und Großvater trug mit großem Eifer seine Zoouniform mit dem festen Schuhwerk, der Arbeitshose und -jacke und einer dazu passenden Schirmmütze. Es existiert irgendwo ein Bild von ihm und seinen Kollegen, wie sie eine Netzpython auf den Armen tragen. Ich vermute es in den Unterlagen, den Kisten, die du im Flur gesehen hast; es müsste dort irgendwo sein. Also, mein

Großvater war als recht einfacher Mensch vorwiegend für die Käfige und Gehege der Fischotter zuständig. Das entspricht so viel wie der untersten Sprosse der Zooleiter, da die Fischotter zu den geruchsintensivsten Tieren gehören. Aber das weißt du ja bestimmt. Nun, mein Großvater hat oft davon erzählt, wie es ihn Mal für Mal rückwärts wieder aus dem Gehege geschlagen hatte, so streng war ihr Gestank. Auch davon muss irgendwo noch ein Bild zu finden sein, er bei den Ottern, ich hatte bislang einfach nicht die Zeit, danach zu suchen.

Als man 1933 das Raubtierhaus erweiterte und der Zoodirektor beschloss, die 265 Säugetiere, die der Zoo damals besaß, um einen weiteren schwarzen Panther auf 266 aufzustocken, erkannte mein Großvater darin seine Chance. Er trat einen Schritt aus der Reihe und meldete sich als freiwilliger Helfer bei den Raubtieren. Er würde diese Aufgabe zusätzlich übernehmen, die Käfige reinigen und instand halten, und daneben auch weiterhin auf die Fischotter besorgen.«

Tom hob die Augenbrauen und suchte in Audes Blick so etwas wie vorzeitiges Verständnis.

»Nun gut. So war er also einer der Wärter geworden, die für Hege und Pflege der Zürcher Zootiere verantwortlich waren, als aus Hannover ein schwarzer Panther geliefert wurde. Ein Weibchen, das man wild gefangen hatte und das auf ungeklärten Wegen nach Europa gekommen war. Sie hatte in Hannover noch Junge gesäugt, das war alles, was mein Großvater über sie wusste. Er verliebte sich vom ersten Augenblick an in dieses Tier. Und er hat uns immer erzählt, dass er so viel Zeit wie möglich mit ihr verbringen wollte. Vielleicht kennst du das Gefühl ja auch, Tieren ganz nah sein zu wollen.«

Aude verharrte in ihrem natürlichen Zustand, das heißt, sie schwieg.

»Eines Abends übernachtete er im Zoo, obwohl das strengstens untersagt war. Er las dem scheuen Tier wissenschaftliche Texte über schwarze Panther vor, eine ganze Nacht lang. Er hatte wohl die Idee gehabt, es mit seiner Stimme vertraut zu machen und ihm dadurch die Eingewöhnung an die neue Lebenswelt zu erleichtern.«

»Über das Gehör ...«, staunte Aude.

»Bei aller Liebe vergaß er wohl, den Käfig zu untersuchen. Irgendwie ist es dann so gewesen, dass da eine Bruchstelle oder eine Öffnung im Deckengitter war, klein genug, dass man sie übersehen sollte, aber groß genug, dass sich dieses Weibchen hindurchzwängen konnte. Es haute ab.«

Tom drängte eine angriffslustige Struppige von sich weg und ließ zwei kleinere Katzen gewähren, als sie sich an sein Handgelenk krallten.

»Als man den Verlust bemerkte, wurden natürlich zuerst die Pfleger zitiert. Ich glaube, man hat meinem Großvater ganz gehörig den Kopf gewaschen, er hat sich von dem Schrecken nie so ganz erholt. Er war sein Leben lang ein Angepasster gewesen, einer, der sich jedes Aufsehens schämte. Die Presse raste, gegen 800 Pressemeldungen im In- und Ausland verzeichnete dieser Ausbruch. Du musst dir die Zeiten damals vorstellen. Die Bevölkerung verlangte nach dem Abschuss des Tieres, nach einem schnellen Tod. Mein Großvater hat damals alle Presseberichte, deren er habhaft werden konnte, ausgeschnitten, aufgeklebt und in einem dieser zeittypischen graumelierten Bundesordner aufbewahrt. Nur wenige Berichterstatter erkannten das wahre Drama. Die meisten verschrien das Tier als mordlustige Bestie. Schlimm, wenn man bedenkt, was dieser Panther wohl alles hatte durchmachen müssen auf seiner Reise durch die Welt. Und überhaupt.«

Wieder wartete er auf eine Reaktion, seine Hände verloren sich im Fell einer Katze. Dann fuhr er fort: »Nun, diese

Geschichte findet kein gutes Ende. Ein paar Tage oder Wochen vielleicht, ich weiß es nicht genau, konnte sich das Tier am Leben erhalten. Den Spürhunden war es erfolgreich ausgewichen, und es muss eine ganz beachtliche Strecke zurückgelegt haben, denn irgendwann wurde es von einem Taglöhner unter einem Stadel entdeckt. Da der Mensch alles, was er nicht kennt, erst einmal beherrschen muss, schloss er es unter dem Stadel ein. Ich glaube, mein Großvater hat damals erzählt, der Taglöhner hätte das Schlupfloch mit einem Brett zugenagelt und den Panther bei lebendigem Leib eingesargt, gewissermaßen. Jedenfalls, danach ging der seine Jagdflinte holen und schoss blindlings unter den Schopf. Er hatte das traurige Tier durch den Bauch ins Kreuz getroffen, so dass es die Hinterbeine nicht mehr bewegen konnte. Irgendwann ist es dann aus seinem Versteck hervorgekrochen, und da hat ihm der Depp mit seinem Zapi auf den Kopf geschlagen. Tja, dann war es also tot. Und weil er noch immer nicht wusste, um was für ein Tier es sich da eigentlich handelte, beschloss er kurzerhand, es sich einzuverleiben. Eine Tragödie. Aber gell, wie weit kann einer aus seiner eigenen Haut? Er und ein Mitwisser zogen der Katze jedenfalls den Balg über die Ohren, das Fleisch wurde gekocht und gegessen, aus dem Fell wollte sich der Mann warme Sohlen als Einlagen für seine Schuhe machen. Und so kam das dann wohl auch heraus, dass da einer den schönen neuen schwarzen Panther zu Tode gebracht hatte, durch das Fell. Tja. Das ist für mich auch irgendwie das, was den Schweizer ausmacht: Was er nicht kennt, was er nicht versteht, ist prinzipiell einmal schlecht und muss totgemacht werden. Er will es weghaben, über den Rand der Welt hinausgeschubst. Oder zumindest über die eigene Grenze.«

Tom seufzte. »Entschuldige, aber ich als Dreivierteldeutscher kann das ja sagen. Deutsche mag man hier nicht. Besonders während der Fußballmeisterschaft, hast du das schon mal erlebt? Meine Mutter, sie kommt aus der Bodenseegegend, Kippenhausen, das kennst du sicher nicht, sie möchte dann immer am liebsten ganz weit wegfahren …«

»Das ist eine sehr traurige Geschichte«, sagte Aude schleppend, »aber ich verstehe immer noch nicht, was das mit den Katzen hier zu tun hat?«

»Ach ja. Man sagt ja, jede gute Geschichte ist erst dann zu Ende erzählt, wenn sie ihre schlimmstmögliche Wendung genommen hat, nicht wahr«, er lachte kurz auf mit geschlossenen Augen. Er schüttelte seinen Kopf. »Also, mein Großvater war damals überzeugt davon, dass er, wenn er nur ein bisschen besser aufgepasst hätte, dieses Unglück hätte verhindern können. Er gab sich die Schuld daran. Und es tat ihm unendlich leid, dass das Tier so hatte enden müssen. Immer wieder hat er uns diese Geschichte erzählt. Wie ein Song auf Repeat. Danach war er übrigens zu seinen Fischottern zurückgekehrt. Er hat nie mehr die Hand gehoben, war nie mehr aus irgendeiner Reihe getreten. 1991 ist er dann gestorben. An Alter, er ist einfach eingeschlafen. Schön, eigentlich. Warte –«, sagte er, als er bemerkte, dass Aude einhaken wollte, »ich will das jetzt zu Ende erzählen. Mein Großvater hatte auch einen Sohn, meinen Vater. Ja, und der erkrankte vor ein paar Jahren an Altersdemenz. Mit der Zeit wurde es schlimmer, und manchmal hielt er sich tagelang für seinen eigenen Vater, sprach davon, dass er das Deckengitter ausbessern müsse, dass er den Panther füttern gehen müsse und solches Zeugs. Wir wussten das damals nicht richtig einzuschätzen. Das Ganze war so schon verrückt genug. Dann, einige Monate bevor mein Vater starb, hat er damit angefangen, Tierheime nach schwarzen weiblichen Katzen abzuklappern. Meine Mutter schämte sich und sagte mir zuerst nichts. Erst ab der vierten Katze, die er anschleppte, fasste sie sich ein Herz. Ich glaube, sie hat ihm diese kleine Freude gönnen wollen, bevor er ins Heim musste. Als ich das realisierte, war klar, dass es so nicht gehen könnte, und ich bestand darauf, dass damit Schluss sein müsse. Sie aber wollte noch abwarten, bis er wieder ansprechbar, für einen Moment der Alte wäre, so dass sie sein Einverständnis würde einholen können. In der Zwischenzeit wuchs der Katzenbestand an. Ich weiß auch nicht, was für Deppen einem Mann wie ihm noch Katzen verkauften, aber er brachte insgesamt neun Stück nach Hause.«

Tom blies sich eine Strähne aus der Stirn.

»Noch nicht lange her, da verstarb mein Vater.«

Er holte einmal tief Luft, Aude sah wieder den Spalt zwischen seinen Zähnen, als er mit hilfloser Geste in die Runde sagte: »Seither sind die Katzen hier.«

»Das tut mir sehr leid, das alles.«

Ohne darauf zu reagieren, sagte er: »Als du mir damals wegen der Musik hinterhergefahren bist, war ich auf dem Weg zu einer Katzenstation. Ich wollte mich nach Möglichkeiten erkundigen, all diese Katzen abzugeben. Man hätte sie dort auch tatsächlich samt und sonders aufgenommen. Aber irgendwie habe ich es dann auch nicht übers Herz gebracht, sie wegzubringen, solange er noch lebte. Ich weiß, es ist dumm, aber ich mache mir Gedanken wegen der Weitervermittlung der Katzen. Weil, gerade im Rheintal oben isst man doch Katzenhaschee zu Weihnachten.«

»Bitte?«

»Hackfleisch. Ich habe das einmal irgendwo gelesen.«

Toms Hand wich einer Pfote aus, die nach ihm langte. »Meine Mutter hat mir erzählt, dass am Abend, bevor mein Vater starb, alle neun Katzen bei ihm auf dem Bett gelegen hätten. Stell dir das mal vor. Sie hat zu mir gesagt, dass sie das nie zuvor gemacht haben.« Ein Spalt zwischen zwei weißen Zähnen, ein Atemzug und dann: »All das und vermutlich auch das Neue an der ganzen Situation haben mich dazu bewogen, erst einmal abzuwarten. Ich weiß zwar, dass sie hier nicht bleiben können, aber im Moment sind sie jedenfalls noch hier.«

»Das tut mir alles so leid«, flüsterte Aude, aber Tom hatte es wieder nicht gehört, er sagte: »Da fällt mir gerade ein: Es gab auch etwas Lustiges an der ganzen Sache. Die Polizei hat damals, 1933, hinter vorgehaltener Hand davon gesprochen, dass es jetzt wenigstens keine Sexualgänger mehr am Zürichberg gäbe und das nächtliche Ausrücken wegen einer verstörten Villenbesitzerin, der man durch die Jalousien ins Schlafgemach gespienzelt hatte, getrost ausbleiben konnte. Zumindest für die Dauer, da man den Panther noch dort oben wähnte. Verrückte Welt, was!«

Die Stille, die jetzt wieder einkehrte, umarmte mit ihrem Gefieder Mensch und Tier und ließ alle in eine wohlige Ruhe versinken. Unbeirrt schob sie ihr lautloses Weberschiffchen zwischen den beiden Menschen hin und her und vertraute darauf, dass dieser Teppich, der da aus zarten Daunenfedern entstand, sie dereinst in die Lüfte heben und auch tragen würde.

Nach einer Weile, die eine Minute oder zwei, aber auch eine Stunde hätte sein können, sagte Aude: »Du, Tom? Können wir auch einfach so weiter sein und das mit den Musikbändern ein anderes Mal machen? Ich würde jetzt gerne noch eine Weile so mit dir dasitzen und dir beim Erzählen zuhören.«

die Welt auf einem Stecknadelkopf

Büttenhardt, 2011

Nach und nach entwirrte sich der Faden, und Aude gewann ein Bild ihrer eigenen Herkunft; es war ein buntes Muster. Ihr Stammbaum wuchs gleichermaßen in die Länge und in die Breite. Sie hatte bereits weit über zweihundert Namen, Orte und Schicksale gesammelt und logisch aufbereitet in Files, die sie auf eine DVD für Aurelio aufspielen wollte. Aber noch war sie nicht so weit. Noch trudelten von hier und dort Briefe von Verwandten oder beauftragten Ahnenforschern ein mit Hinweisen, denen sie nachgehen musste. Ach, es war eine endlose Sache, über die Aude ihre Vögel beinahe vergaß.

Aber noch etwas trug dazu bei, dass ihr die Vögel dieser Tage aus ihrem Bewusstsein entflogen: ihr Umzug nach Büttenhardt. Tom hatte das Angebot eines Freundes angenommen, für ein Jahr dessen Bauernhaus zu bewohnen. Dieser Freund, ein leidenschaftlicher Sammler von Musikinstrumenten, wollte die Welt umreisen und dabei die Tonleitern fremder Völker erforschen. Sein Haus stand seit über hundert Jahren in Familienbesitz und sollte derweil weiter gehegt und gepflegt werden. Und Tom, der noch immer nicht wusste, was er mit den neun schwarzen Katzen anfangen wollte, brauchte nicht lange zu überlegen. Für ihn war dies die Gelegenheit. Zeit gewinnen. Die Katzen vorerst behalten.

Alles hatte sehr schnell gehen müssen, und so hatte Aude beherzt zugegriffen, als er ihr die Hand entgegengehalten hatte. »Wenn du herausfinden willst, ob du mit mir zusammen sein willst, dann komm. Mach Feldforschung. Probier es einfach aus. Wir haben ein Jahr lang Zeit, spätestens dann entscheiden wir, ob's passt.«

Die Furcht vor der Nähe, die schreckensvolle Idee, Entscheidungen gemeinsam treffen zu müssen, und die fast panische Angst vor dem ersten Vogel, den eine der neun Katzen zwischen ihren scharfen Zähnen unweigerlich nach Hause tragen würde, wogen dann aber doch nicht so schwer wie die Vorfreude auf das Ungewisse, der Ruf des Abenteuers und die stille Verheißung einer möglichen Gefährtenschaft mit Tom. Zudem hatte der Gedanke, etwas näher an den Bodensee zu rücken, durchaus auch seinen Reiz. Nun denn, Aude, auf.

Die kleine Bauerngemeinde Büttenhardt mit der Gemeindenummer 2914 und der Postleitzahl 8236 umfasste gerade mal eine Fläche von vier Quadratkilometern. Sie zählte etwas weniger als 350 Einwohner. Und obschon ihre Maße alles andere als beeindruckend waren, schaute die Gemeinde auf eine Geschichte zurück, die in jedem Fall sowohl einzigartig als auch kennzeichnend für den Lauf der ganzen Welt war. Drei Höfe bildeten im 16. Jahrhundert das Dorf: der Maulenhof, der Tannerhof und der Verenahof. Die niedere Gerichtsbarkeit oblag der Stadt Schaffhausen für den Tannerhof, und den Familien Im Thurn und Peyer über die beiden anderen Höfe. Die hohe Gerichtsbarkeit allerdings lag bis 1723 in den Händen von Vorderösterreich. Als 1811 der Verenahof ans Großherzogtum Baden fiel, umschloss die Gemeindemarkung die deutsche Enklave vollständig. Grenzsteine wurden auf- und abgebaut, Nachbarn separierten sich zu Diesseitigen und Jenseitigen, Eigenen und Fremden. Bald schon ersah man es als immens wichtig, weil identitätsstiftend, endlich ein eigenes Wappen und Siegel zu erfinden. Ein währschaftes sollte es sein, ein sittsames auch, eines, das die noble Gesinnung, die moralische Gesundheit und die Prosperität der Gemeinde und der Gemeindler eindeutig und unzweifelhaft verkünden sollte. Und so kam Büttenhardt zu seiner in den Boden gesteckten Pflugschar, umgeben von blühenden Ähren. Ein Symbol für die Menschen, die mit dem Grund und Boden unter ihren Füßen verhaftet waren, nicht zuletzt weil man zu den Sonnenwenden sämtliche Gemarkungsgrenzen mit dem Pflug abgefahren war, ein damals noch tief verwurzelter Volksglaube, um die bösen Geister vor dem Übertritt aufs eigene Land abzuhalten.

Aber nichts vermag eben den Lauf der Geschichte aufzuhalten, und so wurde die Enklave Verenahof im Sinne eines Gebietsabtausches und zur endgültigen Grenzbereinigung um 1967 mit der Schweiz, namentlich mit der Gemeinde Büttenhardt, vereinigt. Die letzten Schilder mit Deutschem Reichsadler mussten abgeschraubt werden und wurden eilends durch Schweizer Staatsembleme auf Metall ersetzt. Die Einverleibung war vollbracht.

Draußen schneite es. Tausende von Zugvögeln waren auf ihrer Rückreise nach dem Norden umgekehrt und bevölkerten nun die wärmeren Regionen rund um den Bodensee. Der strenge Winter hatte zu so manchem Kuriosum geführt, die ganze Schweiz lag unter einer weißen Decke, und Aude, heimelig warm an den Kachelofen eines Bauernhauses in Büttenhardt gelehnt, fragte sich, ob sie jemals eine jener Frauen sein könnte, die sich bei Kälte auch an eine Männerbrust schmiegten.

das fehlende Glied

Büttenhardt, 2011

Was ist richtig? Was ist falsch? Was macht man, wenn man jung ist? Was ist da der rechte Sinn? Dies hatte Mondaine einst gefragt, mehr rhetorisch, als dass sie wirklich Antwort erwartet hätte. Daran dachte Aude, als ihr Aurelio verkündet hatte, Şirîn sei schwanger. Mit vierundzwanzig würde Aurin also Vater werden, mit dreiundvierzig Großmutter sie.

»Ich glaube, jetzt ist die richtige Zeit«, murmelte Aude, lüpfte eine der schwarzen Katzen von ihrem Schoß, auf dem diese kugelig eingemümmelt wohlig vor sich hin geschnurrt hatte, erhob sich und ging zur großen Vitrine. »Ich habe hier etwas für dich, Aurin. Ein Geschenk. Ich habe die letzten Jahre über daran gearbeitet. Ich dachte, es würde irgendwann einmal fertig sein. Ich denke aber, das wird es nie. Muss es auch gar nicht. Wie auch immer, ich glaube, jetzt ist die richtige Zeit dafür. Hier. Es ist für dich.«

Aude überreichte ihrem Sohn eine DVD zusammen mit dreizehn dicken Aktenmappen voller chronologisch geordneter, systematisierter und akkurat erfasster Briefe, Fotos, Notizen und Bilder.

»Was ist das?«

»Das ist, wer wir sind, Aurin. Es ist unser Leben. Wir alle. Und alles, was ich habe finden können. Unsere Geschichte. Das Vlies, das uns zusammenhält.«

Mit glänzenden Bernsteinaugen und hochroten Wangen betrachtete Aurelio die Mappen. Diese ganze Arbeit. Diese ganze Pflichtversessenheit. Seine Mutter. Seine stille, stumme Mutter, maulfaul, wie man sie einst genannt haben soll, heute mit einem so beredten Blick. Er sah, wie sie auf ihre Hände starrte.

Langsam blätterte er die Akten durch, stellte hier und da eine Frage, ließ seiner Verwunderung freien Lauf und rief später seine Şirîn auf dem Handy an, sie solle den Wagen nehmen und nach Büttenhardt herausfahren. Es sei etwas im Gange, bei dem er sie dabeihaben wolle.

Zu viert gingen sie die Seiten durch, Aurelio, Aude, Tom und die blühende Şirîn, sprachen über neugefundene Verwandte, tauschten sich über mögliche Legenden aus und schifften ihr Schiffchen durch die Gischt ihrer Existenz. Als sie sich durch die DVD gearbeitet hatten, holte Tom den alten Revox hervor und spannte ein weiteres Band von Abel Ditrich ein. Es schien, es wollte an diesem Abend nie genug sein. Und noch einmal zog Aurelio eine der dicken Mappen hervor, noch einmal fuhren seine Finger über stockfleckiges Bütten, berührten Kopien und alte Daguerreotypien, Reprographien, empfingen seine Geruchssensoren den Odem der Jahre. Dann hielt er inne. Er wollte nach diesem ersten Gesamtüberblick den Fokus auf ein bestimmtes Dokument richten. Nachdem Schübelbach zum wiederholten Male das Einbürgerungsgesuch von Şirîn mit verwischten Worten abgelehnt hatte, interessierte ihn die »Naturalisation« seines Ururgroßvaters, Elia Costantino Italo Israël, ganz besonders.

Aude hatte alles der Reihe nach geordnet und sortiert. Zuerst die Fotos der einzelnen Menschen, dann die Reprographien der entsprechenden Wohn- und Wirkstätten, dann die gesammelten Dokumente pro Mensch und Fall in der Originalsprache und schließlich deren Übersetzung auf Deutsch.

Dokument Nr. 1:
Naturalisation. Auskünfte, gegeben durch den Dienst des Inneren, über den Kandidaten:

Elia Costantino Italo Israël

Herkunft	*Italien*
Wohnsitz	*Lausanne*
Beruf	*Fabrikant*
Zivilstand	*verheiratet*
Alter	*32 Jahre*
Dauer des Wohnsitzes	*7 Jahre in der Schweiz*
geboren (wo?)	*in Triest*
Mutter	*italienisch*
Ehefrau	*russisch*
angenommenes Bürgerrecht	*Préverenges*
Auskünfte	*2 Kinder*
Gemeindefinanzen	*3000 Franken*

Dokument Nr. 2:
Leumundszeugnis

Die Gemeideverwaltung von Lausanne,

auf Verlangen von Elia Israël, wohnhaft in Lausanne, Avenue d'Echallens 80, von Italien nach einem Leumundszeugnis, dessen er bedarf zum Zwecke des Erwerbs der schweizerischen Staatsbürgerschaft,

erklärt, dass der vorgenannte Elia Israël, der am 28. August 1890 geboren worden ist und in dieser Gemeinde seit dem 1. November 1919 wohnhaft ist, einen guten Leumund in Bezug auf Ansehen seiner Führung und seiner Moral genießt.

Gegeben zu Lausanne, den vierzehnten Dezember Tausend Neun Hundert Einundzwanzig.

Der Bürgermeister *Der Sekretär*
sig. x

Gebühr 65 Rp.

Dokument Nr. 3:
Rapport des Polizeimanns FAWER 56, Betreff. An den Herrn Kommandanten des Polizeikorps. Auskünfte betreffend des Einbürgerungsgesuches von ISRAËL Elia.

Gesuch um Einbürgerung zugunsten von:

ISRAËL Elia Costantino Italo, herkünftig von Triest, geboren den 28. August 1890, Kaufmann, (früher Musikkünstler), und seiner Familie, nämlich seiner Ehefrau, Cheina Malka, geborene Moisseiff, geboren den 15. Dezember 1893, und seiner Kinder Abel Lazzaro, geboren den 25. Dezember 1917, und Pierre Isaac, geboren den 26. März 1919, alle wohnhaft Av. D'Echallens Nr. 80.

Die Familie Israël wohnt in Lausanne seit dem 1. November 1919. Herr Elia Israël ist in Triest geboren, wohnte dann in Fiume, wo sein Vater einen Lederwarenhandel betrieben hat, bis zu seinem 24. Jahr. Dort hat er seine Primarschule absolviert und zwei Jahre Handelsschule.

Seit seiner Geburt der Musik zugeneigt, reiste Letzterer als Musiker in verschiedenen Ländern, insbesondere in Amerika, dann in allen Ländern Europas. Er traf in der Schweiz am 29. März 1915 ein, zuerst in Zürich, und arbeitete in allen Städten der Ostschweiz.

Er verheiratete sich in Aarau am 13. März 1917 mit Fräulein Moisseiff, Künstlerin, russischer Abkunft, kehrte dann in die Ostschweiz zurück, wo seine beiden Kinder geboren wurden.

Er kam in Lausanne mit seiner Familie am 1. November 1919 an und wohnt seither dorten in einer regelmäßigen Art. Er war zuerst Orchesterchef im Kursaal, dann dirigierte er bis zum Neujahr 1922 das Orchester im Hotel Central. Daneben leitete er bereits seit dem 1. Mai 1920 eine kleine Fabrik für Sporthüte an der Rue de la Madeleine 9, was ihm in der Folge eine bessere Garantie für Stabilität zu bieten schien als seine erste Berufung, auf welche er demzufolge verzichtete, um seinem Handel neuen Schwung zu verleihen, der heute trotz der allgemeinen Krise auf einem guten Wege der Entwicklung sich zu befinden scheint. Er beschäftigt zurzeit vier Arbeiter.

Um seinem Handelsgeschäft die Ausdehnung zu verschaffen, welche er glaubt, dass sie nehmen könnte, hat er sich mit Herrn Wassermann verassoziiert. Mit seinem Sozius, unter dem Namen Israël & Cie., nehmen sie in Aussicht, größere Räume an der Av. Fleurette (Eigentum von Herrn Wassermann) zu beziehen, um dort eine erweiterte Fabrik aufzubauen, die außerdem der Herstellung von Leder- und Gummimänteln dient.

Wenn er auch erst begonnen hat, genießt Herr Israël das Vertrauen der Kaufleute, welche mit ihm zu tun haben. Andererseits lauten alle Auskünfte, die über ihn und seine Ehefrau erhältlich gewesen sind, günstig. Was als gut erstellt betrachtet werden kann, ist die vollständige Ehrenhaftigkeit dieser beiden, an welcher keinerlei Zweifel besteht. Sie werden wärmstens durch jene Personen empfohlen, bei welchen sie möbliert wohnhaft waren, bevor sie ihre gegenwärtige Wohnung bezogen haben. Sie haben auch im Kursaal sowie im Hotel Central den besten Eindruck hinterlassen.

Herr Janet, Eigentümer der Nr. 80 an der Av. D'Echallens, Angestellter der Bank Crédit Suisse, der sich mit mir in

Kenntnis der Tatsachen unterhalten hat, gibt über sie die beruhigendsten Auskünfte sowohl was ihr Privatleben als auch ihre kommerzielle Situation anbelangt, und spricht sich voller Vertrauen in die Zukunft des Handelsunternehmens aus.

Herr Israël erscheint insbesondere als ein solider und arbeitsamer Mann, dem jegliche moralische Garantie eignet. Er betätigt sich in keinen Vereinen und bindet sich nur sehr wenig in seinen besonderen Beziehungen. Er ist insbesondere als Musiker bekannt. Politik scheint nicht seine Rolle zu sein.

Seine finanzielle Situation ist gut. Zu Zeiten, als er Orchesterchef war, wobei er zusammen mit seiner Ehefrau spielte, verdiente er im Mittel 800 bis 900 Fr. im Monat, was ihm erlaubt hat, die erforderlichen Ersparnisse im Hinblick auf die Ausübung seines Handelsgeschäftes zu machen, in welchem er erklärt, 20'000 Fr. eingelegt zu haben. (Dies wird durch Herrn Wassermann bestätigt.) Im Steuerregister hat er jedoch kein Vermögen deklariert, woraus geschlossen werden kann, dass seine Steuererklärung nicht sehr konform ist. Er bewohnt eine Vierzimmerwohung und bezahlt eine Miete von 1600 Fr. im Jahr.

Der Gesuchsteller befindet sich in einem ordentlichen Verhältnis zu seinem Land. Er ist im Besitz einer regulären Aufenthaltserlaubnis, Nr. 40400.

Die Familie Israël ist israelitisch. Deren Gebrauchssprache ist das Italienische. Der Ehemann spricht fließend das Französische, jedoch mit einem deutlichen italienischen Akzent. Was sein Einbürgerungsgesuch anbelangt, erklärt er, die Schweiz sei das einzige Land, für welches er eine wirkliche Sympathie haben könne; er möchte vor allem seinen Kindern eine Heimat verschaffen, und diese Heimat könne nur deren Geburtsland sein.

Das Strafregister von Herrn Israël ist weiß, und die Poli-

zei hat keinerlei Kenntnisse darüber, dass ihm irgendetwas zum Nachteil gereichen würde.

sig. Fawer

Dokument Nr. 4:
Auszug aus dem Protokoll des Generalrates der Gemeinde Préverenges
Sitzung vom 21. Januar 1922
Vorsitz durch Herrn Fazan, Louis, Präsident

Der Generalrat von Préverenges,
angesichts des von Herrn Elia Costantino Italo Israël, italienischer Herkunft, wohnhaft in Lausanne, vorgebrachten Ersuchens, in die Zahl der Bürger der Gemeinde Préverenges mit seiner Ehefrau und den beiden minderjährigen Kindern aufgenommen zu werden, angesichts der Meinungsäußerung der Gemeindeverwaltung,
gewährt Herrn Israël die Erfüllung seines Antrages und ermächtigt die Gemeindeverwaltung, Vormerk zu nehmen von seiner Aufnahme in die Zahl der Bürger von Préverenges, vermittels der Überweisung der Summe von drei Tausend Franken seitens des Interessierten an das Kapital der Armenkasse der genannten Gemeinde, und unter Vorbehalt, dass ein Einbürgerungsdekret durch den Großen Rat des Kantons Waadt zugunsten der Familie Israël binnen der Frist eines Jahres von heute an gerechnet, erlassen wird; widrigenfalls die vorliegende Entscheidung null und nichtig und demgemäß ohne Wirkung bleibt.
So entschieden im Generalrat zu Préverenges, am 21. Januar 1922.

Der Präsident: *Der Sekretär:*
Sig. L. Fazan *Pierre Borgnano*

Dokument Nr. 5:
Deklaration

Der Unterzeichnete Elia Costantino Italo Israël, Fabrikant, italienischer Herkunft, wohnhaft in Lausanne, Bewerber um das waadtländische Bürgerrecht, erklärt, sollte dem Begehren entsprochen werden, dass er sich verpflichtet, ausdrücklich und endgültig auf jegliches Bürgerrecht seines Herkunftslandes zu verzichten und keine politischen Rechte auszuüben oder militärische Verpflichtungen in irgendeinem anderen Staate als der Schweiz zu erfüllen.

Lausanne, den 1. Februar 1922

Sig. E. C. I. Israël

Dokument Nr. 6:
Einschreiben des Notars W. Merten betr. Einbürgerung Israël, vom 1. Februar 1922

Herr Staatsrat, Chef des Departements

Ich habe die Ehre, Ihnen mitgeschlossen ein Einbürgerungsgesuch an den Staatsrat des Kantons Waadt zu übermitteln für Herrn Elia Costantino Italo Israël, Fabrikant, italienischer Herkunft, wohnhaft in Lausanne, Av. D'Echallens 80, sowohl in seinem eigenen Namen als auch namens seiner Ehefrau Cheina Malka Moisseiff und ihrer beiden minderjährigen Kinder Abel und Pierre Israël, entsprechend 3 und 4 Jahre alt, in gemeinsamem Haushalt mit ihm.

Mein Klient ist in Triest am 28. August 1890 geboren worden; er ist in der Schweiz seit Beginn des Jahres 1915 wohnhaft und in Lausanne seit dem 1. November 1919.

Die Bewilligung, sich als Schweizer einbürgern zu lassen, ist ihm vom Bundesrat am 20. August 1921 erteilt worden, und in seiner Versammlung vom 21. Januar 1922 hat der Generalrat der Gemeinde von Préverenges beschlossen, die Familie Israël in die Bürgerschaft von Préverenges aufzunehmen.

Ich wäre Ihnen äußerst verbunden, das vorliegende Einbürgerungsgesuch dem Großen Rat im Laufe seiner nächsten Session vorzulegen; mein Klient bietet sämtliche Garantien für Ehrenhaftigkeit und Moral, er ist ein guter Arbeiter und seine Geschäfte florieren; ich kann ihn im vollen Vertrauen den waadtländischen Behörden empfehlen, die im Übrigen bereits ausreichend hinsichtlich des Ansehens der Familie Israël durch die Verwaltungsuntersuchung unterrichtet sind, welche stattgefunden hat, nachdem es darum gegangen ist, über die nachgesuchte Einbürgerungsbewilligung zu entscheiden.

Ich füge meinem Brief die am Fuße nummerierten Aktenstücke bei.

Genehmigen Sie, Herr Staatsrat, die Versicherung meiner vorzüglichen Hochachtung.

Sig. W. Merten
Departement des Innern, Lausanne

Beilagen:

1) Gesuch um waadtländische Einbürgerung
2) Bewilligung des Bundesrates
3) Auszug aus dem Protokoll des Generalrats von Préverenges
4) Leumunds- und Wohnsitzbescheinigung
5) Auszug aus dem waadtländischen Strafregister
6) Familienbüchlein
7) Erklärung über den Verzicht auf die italienische Staatsbürgerschaft
8) Italienischer Pass

Dokument Nr. 7:
Naturalisation Israël. Brief W. Merten, Notar, vom 4. Februar 1922

Herr Staatsrat,

Ich beeile mich, Ihnen die Akten des Dossiers Israël zurückzusenden, die gestempelt werden mussten, nämlich Pass und Familienbüchlein (Nr. 237).

Obschon uns nur etwa zehn Tage von der Eröffnung der Session des Großen Rates trennen, wäre ich Ihnen sehr verbunden und dankbar, das Gesuch von Herrn Israël in dieser Session vorzubringen; der Fall scheint mir keine lange Untersuchung zu erfordern, ist doch das Departement der Justiz und Polizei über meinen Klienten informiert.

Genehmigen Sie, Herr Staatsrat, zusammen mit meinem Dank im Voraus, die Versicherung meiner vorzüglichen Hochachtung.

sig. W. Merten
Departement des Innern
Dienst des Innern, Lausanne

Dokument Nr. 8:
Die Präfektur des Bezirks von Lausanne an das Departement des Innern, Dienst des Innern, Lausanne.
Brief Nr. 6102, vom 11. Februar 1922

Wir haben den Vorzug, Ihnen die in Ihrem Briefe vom 6. laufenden Monats Nr. 252 angeforderten Auskünfte über die Angelegenheit von ISRAËL Elia Costantino Italo, Italiener, wohnhaft in unserer Stadt, welcher die waadtländische Einbürgerung verlangt, zukommen zu lassen.

Soweit wir wissen, ergibt sich, dass der Kandidat seit fast sieben Jahren in der Schweiz wohnt, einer Zeit, in welcher er ein Heim gegründet hat und Vater zweier Kinder männlichen Geschlechts geworden ist;

dass die Früchte seiner Arbeit, welche seine Ersparnisse dargestellt haben, es ihm erlaubt haben, in Lausanne sich als Fabrikant niederzulassen, wo er durch seine kommerzielle Ehrenhaftigkeit und seine Rechtschaffenheit es nicht versäumt hat, die Achtung und das Vertrauen jener Personen zu erwerben, mit welchen er in Beziehung steht;

dass es ganz offensichtlich ist, dass sein Einbürgerungsgesuch in erster Linie von Gefühlen materieller Art geleitet ist, wobei er jedoch ein empfehlenswerter Kandidat in jeder Hinsicht ist, der einen ausgezeichneten Eindruck macht und welcher für die waadtländische Einbürgerung geeignet ist.

Beilage: 1 Dossier zurück

Dokument Nr. 9:
Brief von Elia Costantino Italo Israël an den Staatsrat des Kantons Waadt, vom 11. Februar 1922

Herr Präsident, meine Herren,

Ich, der unterzeichnende Elia Costantino Italo Israël, italienischer Herkunft, Fabrikant, wohnhaft in Lausanne, habe die Ehre, Sie darum zu bitten, dem Großen Rat des Kantons Waadt in seiner nächsten Session ein Einbürgerungsdekret zu unterbreiten, zugunsten meiner selbst, meiner Ehefrau Cheina Malka Moisseiff und unserer beiden minderjährigen Söhne Abel und Pierre.

Herr Notar Merten in Lausanne, der mit den Formalitäten meiner Einbürgerung beauftragt ist, wird Ihnen mit dem vorliegenden Gesuch alle Aktenstücke übermitteln, die er für notwendig erachtet, und wird Ihnen alle zusätzlichen Auskünfte liefern, die Sie für gut halten, von ihm zu verlangen.

Ich bitte, meinem Gesuch eine gute Aufnahme zu gewähren, und unterbreite Ihnen, Herr Präsident, meine Herren, meine vorzügliche Hochachtung.

Sig. E. C. I. Israël

»Wie ist das weitergegangen, dieser ganze Zirkus, weißt du das?« Aurelio schaute seine Mutter fragend an.

»Verrückt, gell. Nun, sein Gesuch wurde in der Session gutgeheißen. Er wurde Schweizer, zusammen mit einer Rentnerin, Frau von Baur-Breitenfeld, staatenlos, einer Frau Beal aus Amerika, einem Armenier namens Derbabian, einem Franzosen namens Grandvoinnet, einem staatenlosen Juden namens Lévy, dem französischen Unternehmer Péju, einem weiteren Italiener namens Pettineroli, dem Deutschen Rée und einem Gärtner aus Frankreich, Richardot.«

»Man glaubt es kaum, welch langer, langer Weg.«

»Schau, hier ist das Dokument Nr. 10, ein weiteres Schreiben dieses Notars Merten, verfasst zuhanden des Kanzlers.«

Dokument Nr. 10:
Einbürgerung Israël. Einschreiben.

Herr Kanzler,

Ich habe die Ehre, Ihnen mitfolgend zuzusenden:

1) Der Akt der Bürgerschaft in 3 Exemplaren, von der Gemeinde Préverenges der Familie Israël am 17. Mai ds. übergeben;

2) das Familienbüchlein der Israël
3) die Quittung über Fr. 500.–, bezahlt von meinem Klienten für die kantonalen Kosten der Einbürgerung.

Herr Israël ist von der Kanzlei auf den 16. Mai ds. zur Ableistung des Eides vorgeladen worden; da die Einbürgerungsakte bis zu diesem Datum nicht errichtet sein wird, habe ich Ihnen zur Kenntnis gebracht, dass mein Klient nicht erscheinen wird.

Ich hoffe, seine Vereidigung werde demnächst erfolgen können, und ich wäre Ihnen sehr verpflichtet, diese auf ein demnächstiges Datum festzusetzen, da mein Klient sich vorgenommen hat, sich ab dem 23. Mai für eine Geschäftsreise zu absentieren, und es wäre ihm angenehm, wenn seine Einbürgerung vor seiner Abreise abgeschlossen werden könne: ich stehe Ihnen zur Verfügung, um Herrn Israël aufzubieten, wann es Ihnen beliebt, auf einfachen Telephonanruf von Ihrer Seite.

Genehmigen Sie, Herr Kanzler, die Versicherung meiner vorzüglichen Hochachtung.

sig. W. Merten

Unmerklich hatte sich der Abend über das Land niedergesenkt. Die vier saßen bereits im Dämmerlicht der letzten vagen Streifen.

Außer dem behaglichen Schnurren einzelner Katzen hörte man für einen kleine Weile nichts. Aurelio beobachtete seine Mutter, wie sie sich sanft an Tom schmiegte.

Dann blickte er seiner Freundin Şirîn fest in die Augen, als suche er dort den Fortbestand einer währenden Aufforderung, erst jetzt holte er einmal tief Luft und sagte zu seiner Mutter: »Ich habe dich einmal nach meinem Vater gefragt, nur ein einziges Mal, da war ich etwa vier oder fünf. Du hast es mir nicht gesagt. Daraufhin habe ich angefangen zu warten. Mum, ich finde, ich habe jetzt genug gewartet.«

Aurin

Büttenhardt, 2011

Wie geschickt er mit Worten ist, dachte Aude, wie gut er mit Gefühlen ganzer Jahrzehnte jonglieren kann und dabei keine einzige Empfindung zu Boden fallen lässt. Sie raffte sich kaum merklich auf, löste sich aus Toms Arm und beugte sich vor. Dann sagte sie etwas, worauf er lange, sein ganzes Leben lang, gewartet hatte. Er hörte die Stimme seiner Mutter, er sah, wie sich ihre Lippen bewegten und bat seine Ohren inständig, die Signale weiterzuleiten, an sein Hirn, auf dass er verstand, verstehen konnte, was sie ihm da endlich offenbarte.

»Dein Vater heißt Aidan Finnegan Scott. Ich habe ihn 1986 in Lettland kennengelernt. Ich war gerade mal achtzehn Jahre alt. Ich war ein Kind.«

Aude schluckte und atmete tief ein. Ein Engel ging durch den Raum, und in Aurelios Stimme lag ein Zittern, als er mutig durch die Türe, die er aufgestoßen hatte, schritt und fragte: »Weiß er von mir?«

Aude schüttelte den Kopf. Dann atmete sie laut und geräuschvoll aus. »Ich hatte es kurze Zeit erwogen, damals. Ihn zu informieren. Meinem Leben eine andere Richtung zu geben. Ich habe es nicht getan.«

Verzweiflung bemächtigte sich Aurelios Gesichtszügen. »Aber dann …, dann …«

»Doch. Ich weiß, wo er ist.« Aude schaute ihm dabei fest in beide Augen. Ihr Blick flackerte nicht, er hielt dem seinen stand.

Jetzt war er also da, dieser Moment, von dem er so lange

und immer wieder geträumt hatte. Die Worte wurden gesprochen, die er nie geahnt hatte, und die Zeit tat beides, sie blieb auf geheimnisvolle Weise stehen und raste zugleich wie ein Schnellzug, dass es ihm nur so in den Ohren sauste. Er sah sich als kleiner Junge, sah sich als Jüngling, als junger Mann, als Erzieher in einer Krippe, umgeben von einer Schar von Kindern, und sah sich wie in einem Film noch einmal in der Minute, in der ihm Şirîn in Ruhe und Klarheit gesagt hatte, sie sei schwanger von ihn. »Wir erwarten ein Kind. Du wirst Vater, Aurelio.«

Und plötzlich passierte alles ganz schnell. Es war seine Mutter, die sprach, die zu ihm sprach und ihn inständig mit den Augen um Vergebung bat.

»Ich habe ihn gegoogelt. Und ich habe ihn für dich gefunden. Für dieses Ziel hätte ich sogar eigens ein Facebook-Account eingerichtet, Myspace, Xing, wäre es denn nötig gewesen. Ich fand ihn auch so.«

Aude kramte etwas umständlich ein Papier aus einem Umschlag hervor, das ziemlich zerknittert in ihrer Hosentasche auf diesen Auftritt gewartet hatte. Sie glättete das Blatt mit der Handkante, ein scheuer Versuch, Zeit zu gewinnen für Worte, die sie gerne gesagt hätte. Dann reichte sie das Papier tonlos mit offenem Mund über den Tisch, und alles, was ihr auszusprechen gelang, war: Aurin.

Wieder der Engel, der durch das Zimmer schritt, derweil Aurelios Augen sich in das Papier verkrampften.

»Ein Museumskurator in Dublin? Irland? Ein Ire, ausgerechnet?«

»Eigentlich ein Schotte, wenn man seinen Namen nimmt. Aber ich weiß es nicht. Wir heißen schließlich auch Senigaglia, aber wann die Senigaglias aus dem keltischen Sena Gallica weiter nordwärts nach Bergamo gewandert waren, entzieht sich meiner Kenntnis. Ich habe ihn nicht angerufen, Aurin. Ich dachte, vielleicht willst du das lieber tun.«

Aurelio hob die Augenbrauen. Die Bernsteinseen glitzerten. Şirîn war diskret näher an ihn herangerutscht, ihre Beine berührten nun die seinen, ihre Arme lagen parallel neben seinen auf dem Couchtisch, sie atmete im Gleichklang ein und aus. Aude beobachtete abwartend. Tom schwieg. Seine Ruhe sandte Sicherheit in den Raum. Unumstößliches Vertrauen in jeden Einzelnen der Anwesenden. Und auch in den einen, der abwesend war.

»Wenn du magst, erzähle ich dir das wenige, was ich von ihm weiß, Aurin.«

Er horchte auf die Qualität ihrer Stimme, den Klang jeder Silbe, und schaute seine Mutter erst dann wieder an, als er sich sicher sein konnte, dass sie seine fließenden Tränen richtig zu deuten wüsste.

Windsbraut

Ventspils, 1986

Das Abitur war vollbracht und nichts mehr, das sie hielt. Aude schlug den Atlas auf und bestimmte ihr Ziel. Zwei Tage später war sie unterwegs. Als Rucksacktouristin mit ihrem eigenen Ersparten und dem Geld, das ihre Eltern ihr zur Belohnung gegeben hatten, in Devisen umgewandelt. Sie wollte gen Osten, die Ostsee sehen, unbekannte Erde unter den Füßen spüren und vor allem dies: neue Klänge in ihren Ohren. Ihre erste Station war Deutschland, dann, nachdem sie die überaus umständlichen Visaformalitäten hinter sich gebracht hatte, Ostberlin und Polen. Die Bergseen der Hohen Tatra mit ihrer Vogelwelt hätten es danach sein sollen, aber sie ließ sich treiben, und in der Gegend von Białowieża traf sie unvermittelt auf eine Handvoll Englisch sprechender Forscher, verwegene junge Männer im Alter zwischen vierundzwanzig und dreißig, die nach Rauchfleisch und Abenteuer rochen und die dem Wolf auf der Spur waren. Aude schloss sich ihnen an. Vier Tage zogen sie gemeinsam durch die Wälder, angeführt von einem milchgesichtigen Polen, der stolz behauptete, jeden Baum, auch jedes Stück moosüberwachsenes Totholz, mit Namen zu kennen.

Aude, mit ihren kurzen steilen Beinen, dem aschbraunen Haar und ihrem Hang, nichts Überflüssiges zu sagen, störte nicht weiter in der Runde. Im Gegenteil, es schien, die Männer sahen in ihr einen Kumpel, zwei anpackende Hände mehr, die abends beim Festzurren der Zelte helfen konnten, eine weitere Schulter, um anerkennend draufzuklopfen. Wenigstens empfand das Aude so.

Als am fünften Tag einer der jungen Männer, ein schwarzhaariger mit flachen Augenbrauen, ausrasiertem Nacken, langem Stirnhaar und einem frisch gewaschenen Gesicht, auf sie zukam und sie ansprach, hatte sie bereits vergessen, dass sie eine Frau allein unter Männern war. Er sagte: »Hey. Du willst doch Vögel schauen. Dann hör gut zu. Für mich hat sich da unerwartet eine Möglichkeit aufgetan. Ich kann mit einem Schwager des Jungen weiter in den Norden fahren, nach Lettland hinein. Ich sag dir das, weil ich fänd's nicht gut, wenn du mit den anderen hier bleibst. Die sind, ich weiß nicht, irgendwie wild. Siehst ja, wie sie schon wieder an der Bierflasche nuckeln. Auf jeden Fall, oben in Lettland gibt's Wolfspopulationen, das hat die Welt noch nicht gesehen. Und Vögel hat's da auch. Lettland ist durchzogen von weitläufigen Wäldern und flachen Seen, das reinste Naturparadies. Also, was meinst du, kommst du mit?«

Aude, die auf den Klang seiner Stimme gehorcht hatte, fand, da war nichts Falsches. Sie sagte ja.

Morgen würden sie jenen Schwager kennenlernen, der die beiden mit gefälschten Visa über die Grenze quer durch Litauen und bis in die Wälder Lettlands fahren würde. Gegen harte Devisen.

Der Grenzübertritt war eine Sache für sich. Vier Flaschen Wodka und mehrere Bündel Geld, die den Besitzer wechselten, und das Ganze zweimal. Dann waren sie drin, im sowjetisch regierten Lettland, und bretterten in einem Lada durch ewig lange Wälder der Ostseeküste zu.

In Ventspils, Windau, Windawa, wollten sie sich vom Fahrer verabschieden. Der würde sie an einen anderen Burschen übergeben, bei dem sie wohnen könnten, solange sie noch nicht unterwegs in die Wälder waren. Die meiste Zeit der Fahrt über dösten sie vor sich hin. Die Anspannung wegen des verbotenen Tuns hatte eine Art Lähmung über sie gelegt.

Ventspils war eine Militärstadt. Hier sicherte sich die

Sowjetunion ihren größten Hafen für den Export von Rohöl, einen Hafen, der auch im Winter eisfrei blieb. Keine Frage, musste der bewacht werden; nach dreiundzwanzig Uhr wagte sich niemand mehr freiwillig auf die Straße. Die Quartiere rund um den Hafen waren rigoros abgeriegelt, überhaupt schien das Leben hier unter der Hand zu laufen und nie für alle Öffentlichkeit einsehbar. Die Einzigen, die freies Geleit hatten, waren die zahlreichen kreischenden, klagenden, jammernden und schreienden Möwen im Flug.

Etwas zurückgesetzt von der Juri-Gagarin-Straße, zogen sie zu Zeltīte Bērziņa und Jānis Asaris in ein Holzhaus, genauer: in einen sonnengebeizten Dachstock mit Hitzestau. Jānis war Waldarbeiter und würde die beiden mitnehmen, wenn er demnächst für drei oder vier Wochen in den Hölzern verschwinden würde.

Alles war gut abgesprochen und lief wie am Schnürchen. Zeltīte brachte jeden Tag Einmachgurken, Kartoffeln und gebratenen Fisch nach oben, und Jānis steckte Abend für Abend seinen Kopf herein, um Hallo zu sagen. Die beiden hatten alles, was sie für ein kurzfristiges Überleben brauchten: zu trinken und zu essen, eine breite Matratze auf dem Boden und drei Dachluken, durch die sie den Wind nach Belieben einfahren lassen konnten. »Bist eine richtige Windsbraut«, sagte Aidan einmal, weil Aude stundenlang am Fenster hockte, durch einen schmalen Vorhang verdeckt, und den Vögeln bei ihrem Flug zusah. Durch die Holzdielen drang das lettische Lautgemisch zu ihnen hoch, und Aude fühlte sich wohl so fern von ihrem Daheim.

Das Warten zog sich hin. Und als den beiden die Geschichten ausgingen, die sie einander erzählen konnten – ohnehin hörte Aude viel lieber Aidan zu, wenn dieser mit seinem irischen Akzent Storys aus seiner Kindheit in Dublin zum Besten gab, von seinen sieben Brüdern erzählte und von der einen Schwester, die nie geboren worden war –, beschränkten sie sich darauf, still nebeneinander zu sitzen und mit abgesprießten Spänen auf ein Einweckglas zu zielen. Die Mittsommernacht war zwar vorbei, aber dennoch blieb es weit über die gewohnte Zeit hell, und die Nächte waren schmale Bänder. Da sie die Fenster ohnehin verhängt halten mussten, bekamen sie etwas verdienten Schatten ab. Dennoch dauerte es keine drei Tage, und die beiden fühlten sich matt von der Hitze und verwirrt in ihrem Zeitempfinden. Immer öfter geschah es, dass einer von ihnen eindöste und dabei den anderen als Kissen benutzte.

Eines Nachts, eigentlich war es eher früher Morgen, brachte Jānis eine Kiste kühles Bier nach oben. Aidan und Aude zögerten nicht lange und netzten sich damit die Kehlen. Angeduselt bettete Aude ihren Kopf in Aidans Schoß und merkte erst, als sie wieder aufwachte, dass seine Hand mit ihrer kleinen, festen Brust spielte. Ganz leise führte eins zum andern, und Aude ließ es zu. Fasziniert von ihren eigenen Empfindungen, unerwarteten Regungen, drängte sie sich an diesen Mann, der da mit zarten Fingern über ihren Körper strich. Dann küsste er sie. Es war Audes erster Kuss. Das Bier hatte ihre Zunge pelzig gemacht, und es war, als ob zwei Bärenbabys in ihren Mündern balgten. Mit einer Hand hielt er ihren Hinterkopf, ganz sanft, in seinem anderen Arm lag sie gebettet; es war ein Gefühl wie in einer Schale der Geborgenheit. Als er ihre Hose nach unten streifte, fuhr ihr ein kühler Lufthauch über den Rücken und zwischen die Beine, und sie merkte, wie sich die feinen Härchen aufstellten, die ihren Körper säumten. Goose pimples, hauchte er ihr ins Ohr, du hast ja Gänsehaut. Dann schob er sich auf sie und suchte sich seinen Weg.

Für Aude war der Akt der sexuellen Vereinigung ein Kuriosum, eine Sache, die sie mit offenen Augen studieren wollte, mit beiden Händen begreifen. Nicht nur einmal schob er ihre Hände wieder weg, bis er sie schließlich über ihrem Kopf zusammenhielt, wie bei einer zarten Gefangenen, und sich rhythmisch in und auf ihrem Körper bewegte.

Aude bemerkte, dass sich sein Atem veränderte. Dann, mit einem Mal, spannte sich alles in ihm an, wie ein Pfeil, der angezogen wurde ..., und im rechten Moment losgelassen.

»So. Jetzt kannst du anfassen, wenn du willst«, sagte er, als er sich neben sie auf die Matratze rollte, »aber vorsichtig, bitte«, er grinste. Da war nichts Unfreundliches.

Wieder tranken sie Bier. Und wieder liebten sie sich. Aude bekam einen Begriff davon, wie menschliche Körper funktionierten, und je mehr sie verstand, umso mehr wollte sie testen, ob ihre Erkenntnisse der Wirklichkeit standhielten. Das Bier war dabei nicht gerade hilfreich. Sie tranken und waren von Hitze und Schweiß und Bier völlig durchnässt. Die Laken klebten an ihren Schienbeinen, den Füßen und wickelten sich feucht um ihre Knie. Immer, wenn einer der beiden aufstehen wollte, sich etwas Luft verschaffen wollte, vielleicht am Fenster sitzen wollte, zog ihn der andere zurück zu sich ins Nest. Ihre Blicke waren schon nicht mehr ganz klar, als Aidan sagte: »So, genug jetzt. Ich bin ja nicht nach Lettland gereist, um eine Familie zu gründen.«

Dann schlief er ein.

Nach vielleicht fünf oder sechs oder sieben Stunden Schlaf, erwachten beide gleichzeitig und rappelten sich auf. Aidan sah Aude aus glasigen Augen an. Ein Funkeln, dann ein Stöhnen: »Ach, was soll's.«

Die ganze nächste Woche über liebten sie sich jeden Tag und jede Nacht. Zuerst war es das Bier, dann die Neugier, ob man sich auch ohne Bier mögen würde, und dann wurde alles dem Verstand enthoben und war nur noch Instinkt. Aude dachte, vielleicht das lange Eingeschlossensein, vielleicht die Hitze, vielleicht die Bange, ob wir hier je wieder rauskommen, überhaupt je in diesen Wald kommen und zu den Tieren, ob es draußen noch so etwas wie ein Leben gab.

Aidan streichelte Audes Füße. Spielte mit ihren Zehen und zupfte daran. Er hatte keine Hemmung, sie da zu küssen. Auch da. Aude presste die Lippen zusammen und drückte ihre Zähne dagegen, dann war er bei ihr oben und schob ihr seine Zunge in den Mund. Ihre Finger verhakelten sich ineinander, spielten ein Spiel von Kompression und Dekompression, erforschten des anderen Leidenschaften; seine Arme hielten sie locker und hielten sie fest, seine Beine umschlangen sie; und immer wieder die Schale der Geborgenheit.

Als sich schließlich Jānis blicken ließ, sagte dieser, man könne am nächsten Tag aufbrechen. Es würde ein harter Marsch durch die Wälder, und er hätte nicht viel Zeit für die beiden, sie müssten dann schon irgendwie selber zurechtkommen und schauen, dass sie sich von seinem Lager nie allzu weit entfernten. Andernfalls wären sie ganz auf sich allein gestellt.

In dieser Nacht taten sie kein Auge zu. Es war, wie beim ersten Mal, nur ohne Bier und mit geklarten Sinnen.

»Aude?«

»Hm?«

Aidan räusperte sich. »Nun muss ich aufpassen, wie ich das sage.«

»Hm? Warum?«

»Weißt du das nicht? Die Sprache geht direkt durchs Herz. Schlag das ruhig einmal nach, wenn du wieder zu Hause bist.«

Nachdem er das gesagt hatte, waren sie beide lange still.

»Ich werde dich nicht vergessen«, sagte dann Aude.

»Und ich werde mich irgendwie durchschlagen.«

Am nächsten Morgen verließ Aidan das Liebesnest auf dem Dachstock eines unbekannten Hauses hinter der Juri-Gagarin-Straße in Ventspils, Lettland, und ließ eine Braut zurück, die sich das Gesicht noch lange und immer wieder vom Wind trockenwehen ließ.

das Päckchen

Košice, 2011

Jozef Šťastný kratzte sich am Kinn. Er betrachtete das kleine Päckchen in seiner Hand. Braunes Packpapier mit dunklen Fettflecken, eine unbekannte Schrift, kein Absender. Seine Adresse. Jozef Šťastný in Košice, seines Wissens nach der Einzige. Er drehte das Päckchen noch einmal um und schaute es von allen Seiten an. Die weißen Stoppeln an seinem Kinn kitzelten seine Hand. Hm, man müsste überlegen. Wer könnte einem ein Päckchen dieser Art geschickt haben? Wen kannte man? Mit Vojtech hatte er heute früh noch dem singenden Brunnen an der Hlavná gelauscht. Sie waren im kleinen Stadtpark gewesen und hatten die Wasserspiele betrachtet. Darüber, dass das eine reine Geldverschwendung war, waren sie in ihren Gesprächen schließlich hinweggekommen. Hübsch war es auch und lockte die Touristen an wie der Honig die Fliegen. Mit dem vielen Eurogeld hatte man jedenfalls geschickt die schmucken Fassaden zur Hlavná ulica hin aufgepeppt. Darüber hatten sie sinniert eine oder zwei Stunden lang an diesem Morgen.

Vojtech hätte ihm ein Päckchen ganz bestimmt mitgegeben, hätte er eines für ihn gehabt. Was denn, er hätte es, was immer es sein mochte, gar nicht erst eingepackt, er hätte es ihm bar gegeben. Was auch immer es sein mochte, das da drin steckte. Flach, biegsam, ein bisschen wie eine müde Feder.

Die Federn in meinem Hirn sind auch müde, dachte Jozef Šťastný, sonst hätte ich ja längst bemerkt, dass dieses da ausländische Wertzeichen sind. Keine slowakischen. Irgendetwas Fremdes.

Hm, man käme nicht darum herum, es auszupacken, überlegte er weiter.

Also schlurfte er in seinen Latschen hinüber zur Fensterbank und legte das Päckchen auf seine Knie. Seine Hände zögerten noch einen Augenblick, dann begann er, das Schnürchen aufzubinden und die brüchigen Klebestreifen abzuziehen.

Vielleicht sollte er warten, bis seine Enkel kämen, die wüssten, was zu tun wäre mit einem Päckchen, nach dem man nicht verlangt hat.

Aber wieso warten? Vielleicht sollte man sich vorbereiten, sich schlaumachen und mit dem neuen Wissen die Enkel überraschen? He, ihr da, ich weiß etwas, was ihr nicht wisst!

Ja, so wollte er es machen. Jozef Šťastný drehte den Inhalt sorgfältig aus seiner mehrfach umgeschlagenen Hülle, dann lag es da, das Neue, das auf mirakulöse Weise seinen Weg in Jozef Šťastnýs Haus in Košice gefunden hatte.

Es war ein Wachstuchheft.

Teil 8
Lebenszyklen. 2011–2012

Wir stehen wieder am Anfang aller Dinge. Am Ursprung des Lebens. Staunend erblicken wir wieder das Ei. Und irgendwo in uns dämmert die große Erkenntnis: dass es kein Ende gibt. Das Individuum verbraucht sich. Stirbt. Die Art aber bleibt bestehen …, der Vogel lebt weiter.

Brimsennocken und Salonzucker

Zürich, 2011

Şirîn Arslans Tasche war seit Tagen gepackt. Ein Nachthemd, Unterwäsche zum Wechseln, warme Socken, ein fadenscheiniges Bettjäckchen, das einmal rosa gewesen sein musste und an dem sie sehr hing. Babykleidung, erste Windeln. Handcreme, Zahnbürste und Zahnpasta, Haarbürste, Kamm. Spiegelchen und eine kleine, goldene Pinzette, mit der sie der Härchen zwischen ihren Brauen Herr werden wollte. Sie hatte prachtvoll glänzendes tiefschwarzes Haar, das ihr über den Rücken wogte und an den Spitzen verspielt auf und ab wippte, aber »der Preis, den ich dafür bezahle«, wusste sie ihrem Aurelio vorzuklagen, »sind schwarze Haare auch überall dort, wo ich sie eigentlich lieber nicht haben wollte«.

»Habe ich dir schon erzählt, in unserer Familie muss es mal eine gegeben haben, die war werwolfgleich.«

»Komm!«

»Bei unserem Glück, mit meinen legendären Vorfahren und deinem und meinem schwarzen Haar, wird unser Kind dereinst –«

»Wags nur nicht!« Şirîn lachte, ihr probatestes Mittel, alles, was ihr unschön vorkam, mit Heiterkeit hinfortzuschallen, auf dass es seines Weges ging, eines anderen als des ihren.

Aurelio fand, Şirîns Bauch war ein moderner. Kegelig spitz, selbstbewusst und frech in einer Selbstverständlichkeit, dass es ihm vorkam, nur sein Kind, nur dieses, könnte eine solche Kraft entwickeln, mit der es dereinst die Welt aus ihren Angeln heben würde. Und das würde es. Bestimmt. Aurelio spürte es mit einer Sicherheit, die keinen Zweifel ließ. Dieses Kind wäre ein beherztes, das war es schon jetzt. Der Raum, den es einnahm, in seinen Gedanken, seinem Herzen, im Körper seiner Frau, in dieser Wohnung auch, die sie so farbenfroh eingerichtet hatten, zeugte davon. Alles war vorbereitet. Nichts Gefährliches in greifbarer Nähe, alles in die Höhe gerückt, eine Wickelkommode, umgeben von weichen Polstern, und ein Plätzchen bereit im elterlichen Bett. Wo sonst sollte dieses Kind die ersten Nächte schlafen?

»Wir machen es wie bei uns zu Hause«, sagte Şirîn, »das Beste aus meiner und aus deiner Welt.«

Sie saßen zusammen am Küchentisch, einem buckeligen Stück aus dem Brockenhaus, Resopalplatte, angedellte Beine, ein zusammengefaltetes Stück Karton unter dem einen, und frühstückten. Seit dem dritten Trimester ihrer Schwangerschaft aß Şirîn wie ein Kerl. Ihre Finger droschen die Nahrungsmittel in den Mund hinein, und der verschlang, was immer ihm vorgesetzt wurde. Dabei lachte sie ihr herrlich anmutiges Lachen, und ihre Augen blitzten in aufgeräumter Kumpanei. Aurelio sah ihr dabei zu, wie sie Cornflakes mit Joghurt schaufelte. Als es an der Türe klingelte, war er zuerst gar nicht erfreut. Es war Samstagmorgen, wer wollte sie heute stören?

Seine Mutter klopfte den Schnee aus ihren Stiefeln und trat in dicken Socken über die Schwelle, ein Päckchen in der Hand.

»Du glaubst es nicht, du glaubst es einfach nicht«, war alles, was sie sagte. Noch bevor sie in der Küche Platz genommen hatte, goss ihr Şirîn heißen Tee in eine Tasse. Sie stellte sie mit einem Hallo vor Aude hin. Aude knöpfte sich den Mantel auf und warf ihn hinter sich über die Stuhllehne. Ihre Haare waren zerzaust, einzelne Flocken schmolzen in das mürbe Braun. Sie war in einer halbsbrecherischen Fahrt von Büttenhardt nach Zürich gerast, seit gestern Abend sei sie wie auf glühender Kohle, so unbedingt wollte sie den beiden von dem Wunder, Wunder, einfach ein Wunder, erzählen, da sei es beinahe zum Wahnsinnigwerden gewesen, mit welch beleidigender Dauerhaftigkeit Schnee vom Himmel fiel.

Aurelio kam nicht umhin, zu bemerken, dass seine Mutter aufgeregt war – und darüber sprach. Ihre Worte klangen in seinen Ohren wie kleine erschöpfte Fäuste, die gegen das Trommelfell hämmerten und Klangmuster ausprobierten. Sie merkte es offenbar auch und schaute verlegen zu Boden. Şirîn forderte Aude auf, zu erzählen, ihre Augenlider öffneten und senkten sich, wie die einer Katze, die Vertrauen zeigt, während sie wartet.

»Also gut. Aber ihr werdet es nicht glauben«, setzte Aude schließlich an, »ihr wisst ja, dass ich nach halb Ungarn, Italien und Kroatien Briefe verschickt hatte, um herauszufinden, wer unsere Vorfahren waren und woher sie kamen.«

Aurelio nickte und erwischte gerade noch einen Blick auf Şirîn, die versonnen in sich hineinschmunzelte und sich den Bauch rieb. Bewegungen wie eine sanfte Meereszunge über der Nehrung.

»Also. Jetzt müsst ihr zuhören. Ich habe damals bei meinen Nachforschungen doch auch an den Besitzer des Hauses am Hinteren Tor 1 in Sopron geschrieben. Ich dachte, vielleicht wüsste er noch etwas mehr über die vormaligen Bewohner, Omamas Vorfahren. Ich habe nie eine Antwort erhalten. Dafür jetzt das.«

Aude zückte einen Stoffsack aus ihrer Manteltasche und daraus ein geheimnisvolles Päckchen aus mehrfach umgeschlagenem Packpapier.

»Es zeigt sich, dass der damalige Besitzer des Hauses am Hinteren Tor 1 sehr wohl etwas gewusst hatte. Etwas hatte sogar.«

»Was meinst du, er hatte etwas?«

Aude überreichte das Päckchen feierlich ihrem Sohn. Er hielt es wie einen heißen Stein, und Şirîn blinzelte ihm Zuversicht zu. Dann packte er es vorsichtig aus. Was er nun in seinen Händen hielt, war ein Wachstuchheft. Er blätterte darin. Die Seiten waren dünn und teilweise vergilbt, die Knoten der Bindung wirkten angebröselt und fädig wie Spinnendraht. Aber sie hielten.

Auf der ersten linken Innenseite stand in ordentlich geschwungener altertümlich ziselierter Schrift: Ferenc Dušan Schön, Weihnachtsgeschenk von meiner Mutter Alžbeta Csöke, 1877.

Die Texte auf den ersten paar Seiten konnte er nicht lesen, sie waren in einer alten Schreibschrift abgefasst, die er nicht kannte. Von weit her hörte er seine Mutter so etwas sagen wie, macht nichts, wir finden jemanden, der's lesen kann, aber er blätterte schon weiter. Ungefähr ab der Mitte des Heftes änderte sich die Schrift, und später noch einmal und dann noch einmal. Es schien, dass verschiedene Menschen dieses Heft benutzt hatten für ihre Gedanken, kleine Poeme, Lebensweisheiten und tagebuchartigen Aufzeichnungen.

»Ferenc Dušan Schön war dein Ururgroßvater. Bislang kannten wir ja lediglich seinen Namen. Nun wissen wir endlich mehr. Er war der Sohn einer Alžbeta Csöke und eines František Schön, Posticheur aus Kassa, heute Košice, einer Stadt im Osten der Slowakei.«

»Was, Slowaken sind wir also auch?«

»Hör zu. Dieser Ferenc Dušan Schön hatte doch drei Frauen. Er und sie alle haben dieses Heft für ihre Aufzeichnungen benutzt. Es ist von unschätzbarem Wert. Und es soll dir gehören, Aurin, es ist deines ganz allein.«

Aurelio las die eine oder andere Stelle laut vor:

Ehrlich denke
Redlich thu
Bringt es Glück
So ~~brachtest~~ schufst es Du.

Der Mutter Brief.
Ich halt ihn tiefbewegt, der Mutter Brief.
Und Küsse heiß die müde Zitterhand.
Sehnsucht und Not! – Das Meer, es ist so tief
Obs dich noch einmal trägt ins Heimatland
Verstummt so mancher Mund, der einst dich rief
Bin schon so alt – ich sitze traumgebannt
Und fühle tief der Liebe, die nie schlief
Brennendes Werk, das trotzig ich verkannt.

Ein Wörtchen …
Ein Wörtchen kann oft lindern
Den Schmerz, der dich bewegt
Das ist schon Leid vermindern
Wenn mans gemeinsam trägt.
Das ist schon sanftes Trösten
Wenn man bloß danach fragt
Warum das Herz im Stillen
Sich härmt und sorgt und klagt
Das ist schon für die Wunden
Ein Balsam, der sie kühlt
Wenn wir ein Herz gefunden
Das selber mit uns fühlt.

»Was waren das für Zeiten …«, wisperte Aurelio, dann griff er Şirîns Hand und drückte sie, einmal, zweimal. Fest.

Aude erzählte, dass sie das Heft letzte Nacht mehrfach durchgelesen hätte. Und mit jedem Mal, seien ihr neue Zusammenhänge aufgegangen, mit denen sie den Stammbaum habe präzisieren können. Zudem hätten sie einige Stellen so stark angerührt, dass sie schließlich sogar Tom aus seinem Schlaf geweckt habe, damit sie sie ihm vorlesen konnte. Aurelio stellte sich einen schlaftrunkenen Tom vor, der, geduldiger Gefährte, voller Großmut gegen die eigene Müdigkeit anging, um seiner etwas verschrobenen Freundin Aude zu lauschen, wie sie über hundertjähriges Gedankengut rezitierte. Er musste über dieses Bild lächeln. Es war ein glückliches Lächeln, und auch ein bisschen ein erlöstes.

Besonders schön seien die Stellen über Weihnachten und Neujahr, und Aude proklamierte eines der Kurzgedichtchen, das von zwölf berühmten Kassaer Glockenschlägen und der unerschütterlichen Kraft der Gegenwart berichtete.

»Und zu Weihnachten hatten sie etwas, das nannten sie Salonzucker. Der Christbaum stand bei den vornehmen Leuten nämlich im Salon, und in den Familien wurde Zucker gekocht, dann abgekühlt und in Seidenpapier gewickelt und mit Hilfe einer kurzen Schnur an den Baum gehängt. Es scheint, unsere Familie nannte diesen Salonzucker umgangssprachlich Zöttel. Zöttel, das klingt ja fast wie Schweizerdeutsch!«

»Was ist das?«, fragte Aurelio und hielt Aude einen Umschlag hin.

»Das ist ein Brief, den Alžbeta Csöke ihrem Sohn Ferenc Dušan Schön geschrieben hat. Er muss ihn in dem Wachstuchheft aufbewahrt haben über all die Jahre. Er liest sich sehr schön, Aurelio.«

Bevor seine Mutter ihm den Brief wegschnappen konnte und zu einer neuen Rezitationsrunde lud, wollte Aurelio von ihr wissen, wie denn nun dieses geheimnisvolle Paket an sie gelangt sei.

»Das ist es ja, was kaum zu glauben ist. Das Wunder.« Und sie erzählte in aufgeregten Worten, die hektisch zwischen ihren Lippen durchflatterten und nach Raum suchten, Halt und Glaube, die Geschichte, die sich dahinter verbarg. Offenbar hatte der damalige Besitzer des Hauses am Hinteren Tor 1 es nicht für wichtig gehalten, auf ihr Schreiben zu reagieren. Oder er hatte noch nichts von dem Wachstuchheft gewusst, das sich zweifelsohne bei ihm auf dem Dachstock, im Keller oder weiß der Gugger wo befunden hatte und seit Jahrzehnten seiner Entdeckung harrte. Den Brief, den Aude ihm geschickt hatte, musste er aber behalten haben. Denn als er vor kurzem verstarb und seine Söhne das Haus mitsamt Hausrat räumten, gerieten ihnen sowohl Audes Schreiben als auch das Wachstuchheft in die Hände. Eigentlich hätten sie da Aude das Heft schon schicken können, aber, wenn Aurelio einmal nachschauen wollte, auf dem Brief, den Alžbeta Csöke ihrem Sohn geschrieben hatte, standen auch Adresse und Namen ihrer Familie in Kassa, und das machte die Hauserben eben stutzig. Unschlüssig, was damit zu tun wäre und wem man das Heft nun geben sollte, warteten sie wiederum einen Monat oder zwei ab. Da sich die Angelegenheit nicht von sich aus löste, man das Heft und den Brief mit der Anfrage aber auch nicht mehr länger bei sich behalten wollte, nahm sich der älteste Erbe schließlich der Sache an. Er war Jurist und gewohnt, endgültige Entscheidungen anderen zu überlassen, die es besser wussten. Als er nämlich im Internet nicht fündig wurde, keine eindeutige Adresse eines Csöke oder einer Csöke in Košice ausmachen konnte, setzte er sich mit einem Genealogen aus Košice in Verbindung, tätigte eine entsprechende – bescheidene – Überweisung und verschickte das Heft sowie Audes Brief dorthin. Mochte dieser schauen, was damit zu tun wäre, er und seine Brüder wären die Angelegenheit nun jedenfalls los.

Der Genealoge seinerseits nahm den Auftrag ernst und ermittelte innert Tagesfrist einen Nachfahren aus der Linie des einstigen Adelsgeschlechts Csöke, den über achtzigjährigen Jozef Šťastný.

Wie ein Triumphbanner wedelte Aude nun mit einem zweiten Brief, den sie aus ihrer Manteltasche zückte, und Aurelio horchte auf.

Sehr geehrte Aude Senigaglia

Ich weiß nicht, wer Sie sind, und mein Großvater weiß es auch nicht. Aber es macht den Anschein, dass er glaubt, Sie seien mit uns verwandt. Mein Großvater ist dreiundachtzig, müssen Sie wissen, und nicht mehr ganz alles, was er erzählt, stimmt auch mit der Realität überein. Aber das ist nicht, was er mich gebeten hat, Ihnen zu schreiben.

Hier also nun sein Brief, aufgenommen nach Diktat und auf Deutsch übersetzt nach bestem Wissen und Gewissen.

Sehr geehrte junge Dame, liebes Kind

In meinem Besitz befindet sich etwas, das für dich von Interesse sein könnte. Es ist ein uraltes Fotoalbum, das meine Familie zeigt, meine Vorfahren und all die unzähligen Tanten und Großonkel, auf Festen, auf Jagdgesellschaften, beim Picknick an unserem schönen Fluss Hornád. Erlaube mir, anzufügen, dass es sich um ein sehr großes Album handelt, mit Fotos, deren Anzahl sich beständig ändert und auf mysteriöse Weise vermehrt, jedes Mal, dass ich sie neu zu fassen versuche.

Einschub durch die Enkeltochter: Dies ist, was ich vorhin meinte. Ich selbst schätze die Anzahl auf über zweihundert, aber ich muss zugeben, ich habe sie auch nicht alle einzeln gezählt.

Soviel ich deinem Anschreiben entnehme, das mir meine liebe Enkelin eigens für mich in unsere wunderschöne slo-

wakische Sprache übersetzt hat, bist du, geschätzte Unbekannte aus der Schweiz, engagiert, die Linien deiner Vorfahren zu erfassen. Dazu gehören auch wir. Slowaken aus dem schönen Košice.

Kennst du die Slowakei? Ihre Geschichte? Wir haben einen ganz wunderbaren singenden Brunnen in unserer Stadtmitte, an der Hlavná ulica, das ist unsere linsenförmige Hauptstraße, und überhaupt viele wichtige Sehenswürdigkeiten, die gibt es nur bei uns. Der Alžbety-Dom ist die größte Kirche der gesamten Slowakei, und ja, auch die steht hier bei uns. Unsere Glockengießer und Goldschmiede sind weltberühmt.

Aber bitte. Wenn du mir nicht glaubst, komme und sieh selbst. Als Beweis meiner Aufrichtigkeit lege ich dir ein Wachstuchheft bei, da du ja ganz offenkundig ein Interesse daran haben wirst. Solche Hefte gab es in meiner Familie zuhauf. Bedauerlicherweise habe ich selbst nie eines geführt. Aber, wenn ich nach oben steige, finde ich bestimmt noch das eine oder andere.

Einschub durch die Enkeltochter: Großvater meint damit, wenn er in seinen Taubenschlag auf dem Dach steigt. Dort pflegt er in einer eisernen Truhe aus altvorderer Zeit alle wichtigen Dokumente, zumindest solche, die er dafür hält, aufzubewahren.

Auf seinen Wunsch hin schreibe ich Ihnen das Folgende nun noch wörtlich auf:

Hast du schon einmal Brimsennocken gekostet? Du weißt nichts von der Welt, wenn du noch keine Brimsennocken gekostet hast!

Um slowakische Bryndzové halušky zu kochen, brauchst du 600 Gramm Kartoffeln, 250–300 Gramm weißes Mehl, Salz sowie 250 Gramm Bryndza und 150 Gramm Speck.

Die Kartoffeln musst du fein zerreiben und in einer Schüssel mit Salz und Mehl zu einem Teig verrühren. Dann bringst du Wasser in einem sehr großen Topf zum Kochen und tust das Salz hinein. Den Speck brätst du in der Pfanne.

Wenn das Wasser kocht, gibst du den Teig durch ein Sieb mit Löchern hinein, du kannst es auch auf einem Brett in kleine Stückchen schneiden, aber pass auf, dass sie alle ordentlich rund werden. Das Wasser musst du umrühren, damit die Halušky nicht miteinander verkleben. Sobald die Halušky an die Oberfläche treiben, gießt du das Wasser ab. Den Bryndza musst du sofort darüber tun und alles miteinander verrühren. Am Schluss noch den Speck oben drauf und fertig ist das Nationalgericht.

Wenn es dir selber nicht einwandfrei gelingen will, dann komm nach Košice. Es ist schön hier. Es hat auch einen singenden Brunnen.

Einschub durch die Enkeltochter: Brimsen ist die deutsche Übersetzung von Bryndza, ein Käse, der aus Schafsmilch gewonnen wird. Er wird nicht maschinell hergestellt, sondern die Schäfer auf der Weide melken ihre Schafe dort im Freien, und die Milch wird auf offenem Feuer weiterverarbeitet. Die Europäische Union hat unseren Bryndza zunächst mit einem Ausfuhrverbot versehen, man dachte wohl, aus hygienischen Gründen. Mittlerweile bekommen Sie Bryndza aber auch über die Staatsgrenzen hinaus, zumindest habe ich ihn in Österreich in einem Fachgeschäft gesehen.

Hier endete das Schreiben nach den zu erwartenden Abschiedsfloskeln. Für Aurelio war klar, wohin die nächste Reise seiner Mutter gehen würde. Wer weiß, vielleicht würde sie sogar Tom mitgehen lassen. Er schmunzelte bei dem Gedanken.

Als sich Aude wieder auf den Weg machte und zurück nach Büttenhardt fuhr, blieben Aurelio und Şirîn noch eine Weile in der Küche sitzen. Das konnten sie gut, lange und still beieinandersitzen und die Zeit ihr Werk tun lassen.

Das Teewasser siedete, beide warteten den Pfiff der Kanne ab. Dann goss Aurelio das heiße Wasser in den Samowar. Şirîn blätterte durch das Heft. Er liebte es, wie sie sich einer Sache so ganz konzentriert hingeben konnte. Ihr schwarzes Haar schimmerte blau im Licht.

»Schau mal da«, sagte Şirîn zu ihm, »hier«, und hielt ihm ein Stück Papier hin. »In dem Brief, den diese Alžbeta Csöke ihrem Sohn verfasst hat, steht was ganz Schönes über ihr Leben mit dem ungemäßen Posticheur. Sie schreibt:

Das Leben mit ihm war in jederlei Hinsicht perfekt. Und was nicht perfekt war, war es wert.«

Aurelio starrte sie an. Das war es, wofür er sie liebte. Das, und ihre Gegenwärtigkeit, in die sie ihn zurückholte, als sie sagte: »Wollen wir auch einmal etwas Zucker schmelzen und Zöttel ausprobieren? Das Beste aus deiner und aus meiner Welt?«

Familienzuwachs

Zürich, 2011

»Aidan Finnegan Scott?«

»Am Apparat.«

»Störe ich Sie gerade, oder hätten Sie zwei Minuten Zeit?«

»Worum geht's denn?«

»Waren Sie 1986 einmal unerlaubt in Lettland?«

»Wer will das wissen?«

»Frohe Weihnachten. Mein Name ist Aurelio Senigaglia, ich telefoniere aus der Schweiz. Ich rufe Sie an, um Ihnen mitzuteilen: Sie werden demnächst Großvater.«

Europa

Zürich, 2012

An einem frühen, windig kühlen Morgen im Januar 2012, als mit dreiwöchiger Verspätung endlich die kugelrunde, beinahe vier Kilogramm schwere Samira Europa Senigaglia ihren ersten Atemzug tat, saß eine Taube auf dem Fenstersims. Die Geburt war äußerst anstrengend gewesen und hatte sich über zahllose Stunden hingestreckt.

So schwer gelangt ein Mensch in unsere Welt, dachte Şirîn. Die junge Mutter strich dem Kind mit sanftem Zug übers schwarze Haar. Ein Sonnenstrahl markierte darin rötliche Schimmer. Aurelio saß stumm da und staunte. Es war das Farbenspiel, das beide Eltern faszinierte.

Samira nahm sich eine gute Weile, dann schlug sie die Augen auf.

Zu diesem Zeitpunkt hatte das Kind Eltern, Großeltern, Urgroßeltern, Tanten, Cousinen, Neffen, Onkel und Vettern in dreiundachtzig Ländern dieser Welt.

Epilog

Es gibt Vögel, wie Schwalben, Sturmvögel und Segler, die den größten Teil ihres Lebens im Fluge verbringen.

der Namenlose

ohne Zeit

Es war einmal ein Vogel, der kreiste weit oben am Himmelszelt.

Einst, vor ewig langer Zeit, wuchs er heran in einem Ei.

Die Schale musste er zerbrechen, um ins Nest zu gelangen, und indem er das Nest verließ, gewann er für sich die Welt.

Und doch … Versuch eines Nachwortes

Everyone is born with a bird in his heart.

Frank Michler Chapman, 1864–1945,
amerikanischer Ornithologe und Autor

Diese Geschichte ist nicht meine Geschichte. Obschon ich für die Struktur dieser Familiensaga den Linien meiner eigenen Vorfahren nachgezogen bin, sind die Figuren in diesem Roman und ihre Erlebnisse ein Produkt meiner Phantasie. Einzelne Darstellungen, nacherzählte Begebenheiten und Bonmots, die meine Kindheit lang den schützenden Kokon meiner Welt bildeten und die mit den Jahren zu den Legenden meiner eigenen Herkunft herangewachsen sind, fanden – vielleicht, und wo passend – dennoch den einen oder anderen Eingang in diesen Roman. Und also obgleich der Stoff durchwoben sein mag von einem gelegentlichen »Man erzählt sich noch heute …« oder »Da war doch mal eine, die …«, handelt diese Geschichte weder von mir noch von meinen Verwandten noch von irgendeiner anderen bestimmten Person: Diese Familiensaga ist frei erfunden*)/**).

Vielleicht ist sie aber gerade deshalb die Geschichte von Millionen von Menschen in Europa, die vor rund 200 Jahren aufbrachen, neue Welten zu entdecken. Welten, die sie mitschufen, die sie für sich immer wieder neu erfinden und ordnen mussten, in denen zuweilen Grenzen gezogen worden sind, die nur von Vögeln allein ohne Bewilligungsschein passiert werden konnten, und auch dies nur, wenn sie Glück auf ihrer Reise hatten.

Indem ich mich auf das Wagnis eines Acht-Generationen-Romans eingelassen habe, habe ich nicht nur vieles über diese Menschen des alten und des neuen Europa erfahren, nein, ich habe mir auch Zugänge und Wege geschaffen, die

Geschichte der Schweizerinnen und Schweizer auf ihrer Insel inmitten dieses vereinten Kontinents besser zu verstehen.

Vielleicht, weil es eben doch auch ein bisschen meine Geschichte ist.

*) Ausnahmen bilden einzelne Zitate oder Abdrucke, ganz oder teilweise entnommen aus Briefen, amtlichen Dokumenten, Zeitungen usw. oder davon inspiriert, namentlich bei den Kapiteln:
- Wunsch und Wirklichkeit
- zweite Garnitur
- günstige Gelegenheit
- gesichert
- alle Folgerichtigkeit der Dinge
- das längste halbe Jahr
- das Mazel der Wanderjahre
- selbst ist die Frau
- endgültig Feierabend
- acht Tage Bedenkzeit
- das Wunderkind
- der Gehörnte
- was man alles nicht wegdenken kann
- Bier, Brot und Beromünster
- die große Freiheit
- Nunzio und die Politik des Landes
- Briefe für Amimour
- Überfremdung
- das fehlende Glied

sowie Brimsennocken und Salonzucker

**) Die Vogelzitate eingangs der einzelnen Teile stammen alle aus Dossenbach/Bührer, Von Liebe und Ehe der Vögel, Deutscher Bücherbund, Stuttgart 1971, mit

Ausnahme des Zitats zum Prolog, dieses stammt aus Hans D. Dossenbach, Vögel ferner Länder, Mondo-Verlag, Lausanne 1972, sowie das Zitat zum Epilog, dieses ist entnommen aus Friedrich von Lucanus, Zugvögel und Vogelzug, Verlag von Julius Springer, Berlin 1929.

Dank

Dieses Buch hat viele Helferinnen und Helfer gehabt; ich möchte ihnen danken.

Dank an meine Familie, die alte und die neu gefundene in der Schweiz und in Ungarn: meinen Eltern, Evelyne Coën und Ludwig A. Minelli, sowie meiner Schwester Caroline Minelli und meiner Großtante Marlies Hugentobler, die mir sämtliche bei der Spurensuche mit ihren eigenen Erinnerungsbruchstücken, Bildern und Briefen halfen; meinen lieben Verwandten in der Romandie, im Tessin und in Amerika und meinem Vater ganz speziell auch für das wertvolle Erstlektorat. Dann natürlich Dank an Markus Hugentobler, der mir maßgeblich bei allen Schiffs- und Migrosfragen zur Seite stand und Dank an die wiedergewonnene Mónika Kollmann für ihre unermüdliche Unterstützung bei meinen Ungarn-Recherchen; danke auch an all jene, die mir zeit ihres Lebens ihre Geschichten erzählt haben.

Danke an die Archivarinnen und Archivare, die mich mit Geduld und Präzision an Ziele führten, von deren Existenz ich nichts gewusst hatte: dem Oberarchivar des Stadtarchivs Sopron, Dr. András Krisch, und der Zufälligkeit der Begegnung mit seiner Mutter; Monsieur Pierre-Yves Favez von den Archives cantonales vaudoises sowie den Archives cantonales in Porrentruy, dem Staatsarchiv Appenzell, dem Staatsarchiv Zürich und dem Staatsarchiv Zug und den Mitarbeitenden verschiedener weiterer Staats-, Stadt-, Gemeinde-, Orts- und Kirchenarchive in der Schweiz, in Italien, Österreich, Ungarn, Kroatien und der Slowakei. Dank auch dem Genealogen Jurai Cisarik, und ein ganz spezieller Dank an Othmar Röthlin, Archivar Zoo Zürich.

Danke an das Informationszentrum Lusern und das Istituto Cimbro für die Hilfe bei der zimbrischen Übersetzung; Stephan Sensen und das Drahtmuseum in Altena für das gemeinsame Austüfteln einer möglichen Todesursache in einer Drahtzieherei des 19. Jahrhunderts; Dr. Martin Spiess und die Vogelwarte Sempach sowie Dr. Evi Waiblinger für die Klärung meiner endlosen Ornithologie-Fragen; das Museum Haarundkamm in Mümliswil und das Schweizerische Toxikologische Institut in Zürich.

Danke an Karin Koschak Kardas und das Opernhaus Zürich sowie Beat Messmer für die großartige Unterstützung bei allen Postiche-Fragen.

Danke für die Hilfe bei zahlreichen Einzelanfragen: Margarita Engroñat, Ieva Balode, Dîlan Palanlı, Hajnalka Dobos, Hans Eggenberger, Boris Mersson, Joseph Briller, Frau Erika, Iris Kupecky, Agnes Radasits-Czibulya, Mladen Tomaš, Prof. Dr. Christoph Glanzmann sowie den Dorfchronikern von Küsnacht, Herrn Alfred Egli und Herrn Hans Kämpfer, und den Herren Jörg Staub und Peter Brütsch für die Klärung meiner Büttenhardter Fragen. Speziell Danke auch an Bernard San, Freund der Familie (es gibt keine Zufälle), und an Heinz Hofer für den Ausdruck »zart wie Morgentau«.

Großer Dank gilt meiner Lektorin Angela Drescher und dem Aufbau Verlag. Dafür, dass sie den Mut hatten, sich mit einem so umfangreichen Manuskript auseinanderzusetzen, und für den jederzeit sorgfältigen Umgang und die Umsicht, mit der dieses Manuskript bei seiner Buchwerdung betreut wurde.

Ein besonderer Dank geht an Familie Eberle in Kippenhausen, bei der ich in herrlicher Ruhe und inmitten blühender Apfelhaine die ersten Kapitel verfassen durfte; an die Aktion Novemberschreiben; an Radio Europa 2, das mich bei den Recherchen unterwegs begleitete, und dabei nicht zu vergessen an *Unsere Liebe Frau vom TomTom*.

Bedanken möchte ich mich auch ganz herzlich beim Schriftsteller- und Übersetzerhaus in Ventspils, Lettland. Das Aufenthalts-Stipendium hat mir erlaubt, in kontemplativer und zugleich anregender Umgebung den Feinschliff am Manuskript vorzunehmen – perfekte Konditionen für kreative Arbeit!

Das Projektstipendium der Autorinnenvereinigung AV hat mir die nötige Freiheit geschenkt, um noch einmal mit ganzer Energie alles durchzusehen und nicht aufzugeben – danke.

Mein innigster Herzensdank geht an meinen Sohn Jermaine Jerome Minelli und an meinen Gefährten Michael T. Fetzer, die immer für mich da waren, wenn ich sie brauchte, und die mich ziehen ließen auf meinen Reisen; ihr Glaube an die unbedingte Kraft dieses Buches bestärkte mich auf meinem Weg.

Vorfahren von Samira Europa Senigaglia

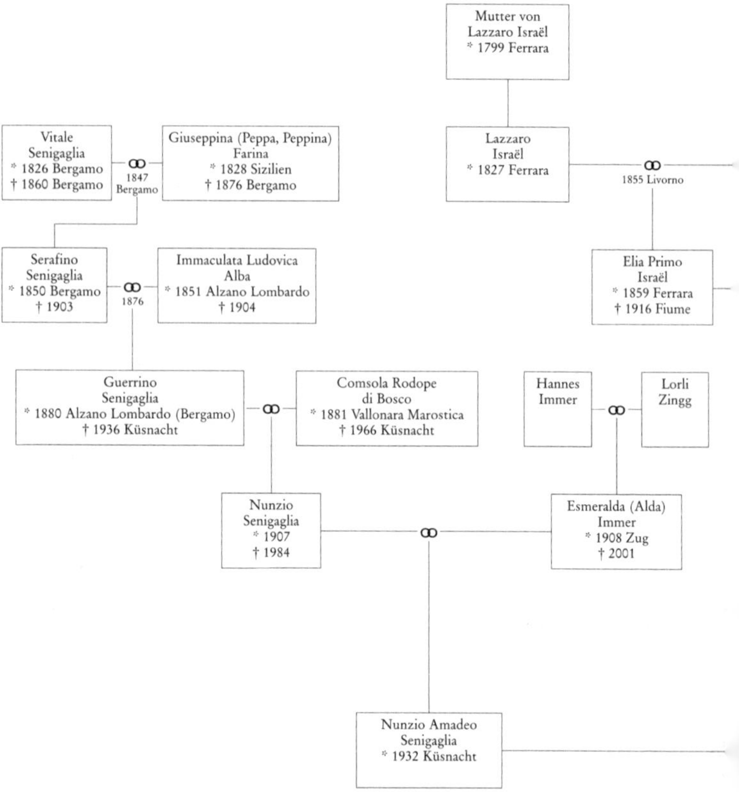

Die Stammbäume der Familien Senigaglia, Israël und Schön befinden sich auf der Rückseite des Schutzumschlages

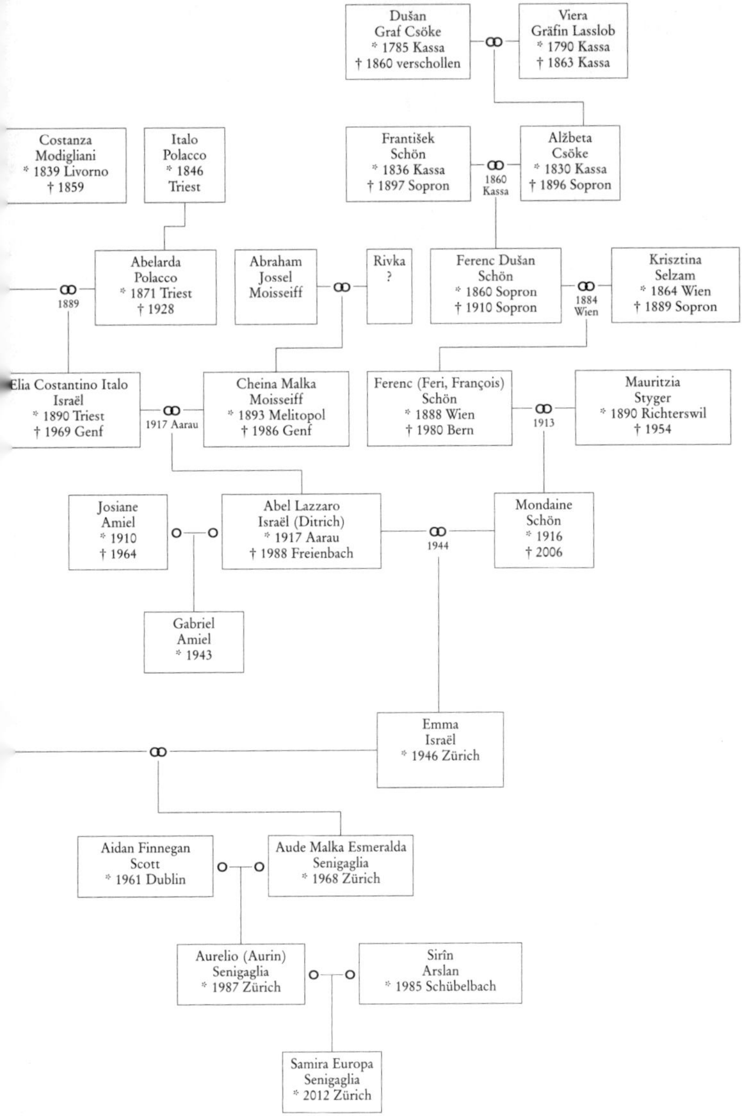
Dušan Graf Csöke * 1785 Kassa † 1860 verschollen
Viera Gräfin Lasslob * 1790 Kassa † 1863 Kassa
Costanza Modigliani * 1839 Livorno † 1859
Italo Polacco * 1846 Triest
František Schön * 1836 Kassa † 1897 Sopron
1860 Kassa
Alžbeta Csöke * 1830 Kassa † 1896 Sopron
1889
Abelarda Polacco * 1871 Triest † 1928
Abraham Jossel Moisseiff
Rivka ?
Ferenc Dušan Schön * 1860 Sopron † 1910 Sopron
1884 Wien
Krisztina Selzam * 1864 Wien † 1889 Sopron
Elia Costantino Italo Israël * 1890 Triest † 1969 Genf
1917 Aarau
Cheina Malka Moisseiff * 1893 Melitopol † 1986 Genf
Ferenc (Feri, François) Schön * 1888 Wien † 1980 Bern
1913
Mauritzia Styger * 1890 Richterswil † 1954
Josiane Amiel * 1910 † 1964
Abel Lazzaro Israël (Ditrich) * 1917 Aarau † 1988 Freienbach
1944
Mondaine Schön * 1916 † 2006
Gabriel Amiel * 1943
Emma Israël * 1946 Zürich
Aidan Finnegan Scott * 1961 Dublin
Aude Malka Esmeralda Senigaglia * 1968 Zürich
Aurelio (Aurin) Senigaglia * 1987 Zürich
Sirîn Arslan * 1985 Schübelbach
Samira Europa Senigaglia * 2012 Zürich

Inhalt

Teil 4
Selbsterhaltungstrieb. 1933–1964 371

Teil 5
Mauser. 1965–1989 503

Mitteleuropa nach dem Ersten Weltkrieg